U0948715

迷茫与超越

学校社会工作案例研究

文军 易臻真 等著

華東理工大學出版社
EAST CHINA UNIVERSITY OF SCIENCE AND TECHNOLOGY PRESS
·上海·

图书在版编目(CIP)数据

迷茫与超越：学校社会工作案例研究/文军，易臻真等著.
—上海：华东理工大学出版社，2017.12
(社会工作理论流派案例研究丛书)
ISBN 978-7-5628-5263-6

Ⅰ.①迷… Ⅱ.①文… Ⅲ.①学校—社会工作—案例
—中国 Ⅳ.①G40-052

中国版本图书馆 CIP 数据核字(2017)第 273274 号

项目统筹 / 刘 军
责任编辑 / 高 虹
装帧设计 / 徐 蓉
出版发行 / 华东理工大学出版社有限公司
地址：上海市梅陇路 130 号，200237
电话：021-64250306
网址：www.ecustpress.cn
邮箱：zongbianban@ecustpress.cn
印 刷 / 上海中华商务联合印刷有限公司
开 本 / 710 mm×1000 mm 1/16
印 张 / 36.5
字 数 / 596 千字
版 次 / 2017 年 12 月第 1 版
印 次 / 2017 年 12 月第 1 次
定 价 / 168.00 元

编委会名单

本丛书由

上海踏瑞计算机软件有限公司与华东理工大学出版社

联合制作

丛书总序

社会工作是现代社会解决社会问题、调节社会关系、促进社会和谐的重要制度安排，大力发展社会工作是现代发达国家和地区解决本国、本地区社会问题的成熟经验。近现代以来，我国经历了由传统社会向现代社会转变的艰难过程。在中国共产党的领导下，经过新民主主义革命、社会主义革命与建设以及改革开放，取得了举世瞩目的成就，距实现中华民族伟大复兴的“中国梦”目标越来越近，但面临的改革发展任务也更加繁重艰巨。在深入贯彻落实“四个全面”战略布局和“五位一体”总体布局，实现两个百年目标的进程中，要着力提升国家治理能力，必须大力改革创新社会治理体制机制和方式方法，需要汲取国际先进经验，立足中国国情，发展与国际接轨、具有中国特色的社会工作理论、政策与实务体系，建设规模宏大、结构合理、素质优良的社会工作专业人才队伍。

中央高度重视社会工作发展。2006 年党的十六届六中全会做出了发展专业社会工作、建设宏大社会工作人才队伍的决策部署。《国家中长期人才发展规划纲要(2010—2020 年)》将职业化、专业化的社会工作人才队伍列为国家六支主体人才队伍之一，确立了社会工作人才在我国人才发展大局中的重要地位。中组部、民政部等中央 18 部门《关于加强社会工作专业人才队伍建设的意见》和 19 部门《社会工作专业人才队伍建设中长期规划(2011—2020 年)》，明确了到 2020 年我国社会工作专业人才队伍建设的指导思想、目标任务及政策举措。2014 年颁布施行的《社会救助暂行办法》、2015 年颁布施行的《中华人民共和国反家庭暴力法》等行政法规和法律均明确了社会工作服务机构和专业社会工作者在相关领域的重要功能。近年来，民政部单独或联合有关部门出台了政府购买社会工作服务以及促进社区建设、防灾减灾、青少年事务、社会救助、社区矫正等领域社会工作发展的专项政策。2016 年经全国人民代表大会审议通过的《中华人民共和国国民经济和社会发展第十三个五年规划纲要》和 2017 年民政部公布的《"十三五"时期我国社会工作发展思路》对发展专业社会工作进一步提出了要求和指明了方向。这些中央重大部署和相关法规政策为我国社会工作发展提供了有力的制度支撑。

十余年来，我国社会工作和社会工作专业人才队伍建设取得了丰硕成果。社会工作专业人才队伍迅速壮大，打造了一支 80 万余人的专业社工队伍；70 余所高职院校设立了社会工作专科、300 余所高校设立了社会工作本科、105 所高校和研究机构开展了社会工作硕士专业学位教育，每年培养 3 万余名社会工作专业人才，各地平均每年培训社会工作从业人员约 30 万人次。社会工作服务平台不断拓展，各地在相关事业单位和基层社区开发设置了近 20 万个社会工作岗位，扶持发展了 6 000 多家社会工作服务机构，在国家、省、市、县等层级成立了近 600 个社会工作行业组织，为广大社会工作专业人才就业和创业，提供了越来越广阔的平台与空间。社会工作服务效果不断增强，民政部牵头实施了"社会工作专业人才服务边远贫困地区、边疆民族地区和革命老区人才支持计划"，每年选派和培养一批社会工作专业人才，支持"三区"开展社会工作服务和脱贫攻坚工作；安排部本级彩票公益金组织实施了"社会工作和志愿服务示范项目"及"特殊困难老年人社会工作服务示范项目"，引导各地加强社会工作服务体系建设；组织实施了"鲁甸地震灾区社会工作服务支援计划"等面向灾区的社会工作服务项目，协助灾区群众开展过渡性安置和灾后恢复重建工作；开展了社会工作专业人才队伍建设试点、企业社会工作试点及社会工作服务示范创建活动，以点带面推动全国社会工作全面发展。同时，各地通过政府购买服务等方式实施了一系列社会工作服务项目，为城乡群众尤其是特殊困难人群提供心理疏导、精神慰藉、资源链接、能力提升、社会融入等关爱型、专业化、个性化服务，有效回应了城乡群众的心理、社工服务需求。经过多年努力，社会工作逐步从少数部门、少数组织推动向多部门、多组织合力推进发展，从民政领域向社区矫正、精神卫生、教育辅导、青少年服务、职工帮扶等领域拓展，从东部地区、发达城市向中西部地区、贫困区县延伸，社会工作服务惠及了越来越多的群众，社会工作专业人才已成为重要的民生服务与社会建设力量。

20世纪初，我国引入社会工作，自此社会工作界的前辈们就积极进行了本土社会工作实务的探索。在新的历史时期，我国社会工作发展的基础已经夯实，但要持续健康发展，就必须与我国文化传统相结合，与我国体制机制相适应，扎根广大群众生活，形成具有中国特色的社会工作理论和实务。此次，华东理工大学出版社组织社会工作专家编写了“社会工作理论流派案例研究丛书”，用中国案例讲解社会工作专业理论，既有利于宣传普及社会工作理念和知识，也有利于社会工作学习者感悟理解、较快掌握社会工作专业理论和方法，更有利于社会工作理论和实务工作者更好地研究思考社会工作专业理论和实务方法在中国文化背景下的运用，为不断总结、创新具有中国特色的社会工作理论和实务做出了很好的尝试，精神可嘉，意义重大。希望有更多的社会工作界同仁积极参与进来，以更大的热情投身于我国社会工作理论研究和实务发展中，为中国特色社会工作发展贡献更多的智慧和力量。

华东理工大学上海高校智库“社会工作与社会政策研究院”院长
国际社会工作教育联盟(IASSW)执委兼国家代表
中国社会工作教育协会会长
现代公益组织研究评估中心(粤·沪)理事长
教授、博士生导师
徐永祥

前言

社会工作自2015年以来已连续三年被写入政府工作报告，从“发展”到“支持”再到“促进”，这表明社会工作作为社会建设与社会治理的专业方法被国家高度重视。民政部公布的《“十三五”时期我国社会工作发展思路》，提出进一步加快社会工作发展步伐、拓宽社会工作服务范围、增强社会工作的惠及面与可及性，力争到2020年基本形成具有中国特色的社会工作服务体系，社会工作在各地区、各领域得到全面发展，社会工作服务基本覆盖到困难、特殊群体，社会工作在创新社会治理、加强社会建设、促进社会和谐中的基础性作用得到有效发挥。此外，十八大以来，民政部及其相关部委又先后发布了《关于加强社会工作专业人才队伍建设的意见》等一系列重要文件；近年来颁布的《社会救助暂行办法》《中华人民共和国反家庭暴力法》《中华人民共和国慈善法》等行政法规和法律均明确了社会工作服务机构和专业社会工作者在相关领域的重要功能。

因此，社会工作在中国的发展与国家的建设目标和宏大战略叙事紧密联系在一起，从社会服务、社会福利、社会建设、社会管理、社会体制到社会治理，社会工作是其中的制度性要件、构成性要素和专业性力量。当前社会工作已成为中央建设社会主义和谐社会、提升国家治理能力和治理体系现代化的一项重要制度安排，加强社会工作事业发展和人才队伍建设已经成为国家的战略需要。社会工作作为创新社会治理、建设和谐社会的重要方法，已被正式纳入国家顶层设计，成为国家社会建设的重要战略部署之一。

一

社会工作的概念起始于19世纪末20世纪初。它首先在美国、英国及德国被使用，之后逐渐扩展到其他国家。就其发展渊源而言，人类在古代社会便已有了社会工作雏形；而就其理论和实践的科学形态而言，社会工作则是近代社会的产物。在世界发达国家和地区，社会工作无论是作为教育领域的一个专业，还是作为社会的一种职业，抑或是作为一种制度化的建制，它已走过了100余年的历史。就是我国的香港和台湾地区，也已基本完成了社会工作本土化建设，社会工作专业的制度化、专业化、职业化格局已大体形成。

我国内地从20世纪80年代开始在高等院校恢复了社会工作专业。在社会工作教育方面，目前全国开设社会工作本科专业的高校已达300余所，有70余所高职高专院校招收社会工作专业学生，有105所高校开设了社会工作硕士专业学位，我国每年从各类院校毕业的社会工作专业学生有3万余人。据民政部2017年8月发布的《2016年社会服务发展统计公报》显示，截至2016年，全国持证社会工作者达28.8万人，其中社会工作师有6.9万人，助理社会工作师已达到21.9万人。而按照国家《社会工作专业人才队伍建设中长期规划(2011—2020年)》的要求，到2020年，要造就一支结构合理、素质优良的社会工作专业人才队伍，使之适应建设社会主义和谐社会的要求，满足人民群众日益增长的社会服务需求。社会工作专业人才总量将增加到145万人，其中中级社会工作专业人才将达到20万人、高级社会工作专业人才将达到3万人。目前，无论是社会工作专业人才队伍的数量还是从业人员的专业素质，都有着极大的提升空间。

二

社会工作作为一种被国家认可的社会职业，近年来发展势头迅猛，但各地社会工作实务发展极不平衡，绝大多数还属于经验型，缺乏专业的规范性。因而，无论在高校社会工作专业的教学中，还是在社会工作的社会培训中，有着国外经典社会工作理论流派解析又具有本土特色的实务案例，是最感缺乏的。

为了及时总结我国一线社会工作的实务经验，同时也为了给社会工作专业教学和社会职业培训提供鲜活的、本土化的范本，我们集结了国内相关领域社会工作的专家，策划了“社会工作理论流派案例研究丛书”。本丛书以经典的社会工作理论流派作引领，精选相关领域实务操作案例，形象化、立体式、多侧面、全方位呈现实务操作案例。为使读者有更宽阔的专业视野，扩大图书信息量，更方便读者自学，部分书还配备了相关的思考题和推荐读物。

三

本丛书由马伊里、吴铎任总策划。本丛书有着以下三大特色：

第一，本丛书涵盖实务领域广泛。每本书的作者均由国内社会工作领域的专家引领，他们来自国内高校和老年、家庭、青少年、矫正、残疾人、灾害、医务、临终关怀等社会工作专业机构，有着丰富的社会工作理论积淀和实务操作经验。

第二，本丛书所选书目贴近社会需求。本丛书中，由中国社会科学院大学陈涛教授主编的《补救与发展：灾害社会工作案例研究》、华东理工大学王瑞鸿副教授主编的《幽谷守望：临终关怀社会工作案例研究》、华东理工大学范斌教授主编的《增能与重构：医务社会工作案例研究》，反映了近年来兴起的社会工作专业领域之实务概貌。由上海大学范明林教授主编的《老化与挑战：老年社会工作案例研究》、华东师范大学文军教授和易臻真讲师合著的《迷茫与超越：学校社会工作案例研究》、华东理工大学朱眉华教授主编的《冲突与弥合：家庭社会工作案例研究》、华东师范大学韩晓燕教授主编的《正面成长：青少年社会工作案例研究》、华东理工大学张昱教授主编的《更生时代：社区矫正个案工作案例研究》、华东师范大学杨福义副教授等著的《缺失与重塑：残疾人社会工作案例研究》、香港理工大学叶锦成教授主编的《中国取向复元模式：精神健康社会工作案例研究》则浓缩了社会工作实务相关领域的经典案例。

第三，本丛书各书配套视频脚本的写作，均以经典的社会工作理论流派为引领，贯穿相关领域案例发展的全过程，有介绍，有解析，力求深入浅出。

我们衷心地希望本丛书能为中国社会工作的发展提供新的理论与实务的支持。我们也期待通过本丛书的出版，有更多热心于中国社会工作事业发展的研究者和实务工作者加入我们的行列，以期共同开创我国社会工作事业发展的新局面。

马伊里　吴　铎

目录

第一章

学校社会工作概述

学校社会工作(School Social Work)作为教育学与社会工作学之间的交叉学科，在发达国家和地区已成为一项专业化的社会事业。社会工作和教育之间具有很多共同点，社会工作者和教师的目标都是为了帮助孩子们充分发展其社会、情感和智力等方面的能力，都是为了帮助孩子们成为有能力、有责任感的公民。[①]而从起源来看，学校社会工作也是社会工作学科发展中较早的一支。早在20世纪初，英国、美国和德国就几乎同时开始发展结合教育与福利两种制度的学校社会工作，创建家庭、学校与社区相互结合的学校社会工作体系。据托雷斯(A. Torres)估计，1996年，仅在美国，就有超过9 000名学校社会工作者在从事专业化、职业化的服务。同时还有针对学校社会工作者的专业刊物、2个职业组织以及4个地区性议会。[②]在我国，专业化的学校社会工作也已在21世纪开始起步，随着我国社会工作事业的飞速发展，学校社会工作的专业化和职业化也越来越受到关注。[③]

第一节 学校社会工作的历史和背景

学校社会工作自诞生至今，已有百余年历史，其发展大致经过了四个阶段：20世纪初—20世纪20年代，学校社会工作的建立与扩张；20世纪30—50年代，个案社会工作的兴起与发展；20世纪60—80年代，社会变迁模式、社区学校模式的转向与运用；20世纪90年代至今的全新发展。1906年，当时的社会条件和不断增加的移民人口数量是支持教育蓬勃发展

① Huxtable M. 1998. School Social Work: An International Profession. Social Work in Education, Vol. 20, Iss. 2.

② Torres S. 1996. The status of school social workers in America. Social Work in Education, Vol. 18: pp. 8-18.

③ 如上海市浦东新区从2001年起就正式在辖区内的300多所小学中开展了学校社会工作。2002年6月，浦东新区教育管理部门从全区抽取38所中小学作为推进学校社会工作的试点，并邀请香港社工专家对学校社工进行专业化培训，以在全市率先开展学校社会工作的实验。参见文军：《学校社会工作论略》，载《社会》2003年第1期。

的重要因素，由此催生了学校社会工作。[①]进入20世纪30年代以后，学校社会工作开始关注适应不良的学生，并且尝试对这些学生使用心理分析的个案工作加以矫治。在20世纪40—50年代，社会工作个案方法更是处于统治地位。随着社会环境的急剧变化，20世纪60年代晚期到20世纪80年代，原先被忽视的学校社会工作作为学校和家庭沟通桥梁的作用重新得到肯定和关注，进而被投入到小组工作与社区工作中，并将学校社会工作作为能被广泛接受的角色定位和更丰富的实践方法来使用。90年代以来，学校社会工作重在推进教育改革及确立学校社会工作的资格与服务标准。

一、20世纪初—20世纪20年代：学校社会工作的建立与扩张

学校社会工作建立的时间大约可以追溯到1906—1907年，起初分别单独地出现在美国的纽约、波士顿和哈特福德三个城市。当时学校社会工作的发展是独立于学校系统的，是私人机构和市民组织提供此类服务，即由校外的私立福利机构或市政单位的工作员以“访问教师”的身份提供服务，促使家庭和学校双方相互配合，以使学校能够尽到照顾学生整体福利的责任。访问教师负责考查学生课余的生活情况，并且帮助他们解决困难，他们的工作是后来学校社会工作的先导。[②]在纽约，来自哈特利(Hartley)之家和格林尼治(Greenich)之家的安置工作者认为必须与安置儿童的教师彼此沟通，并且派两名工作人员走访学校及家庭，通过近距离接触学校和社区组织以增进了解和交流。在波士顿，妇女受教育协会安排人员去学校走访教师，其目的是更多地增加学校和家庭之间的沟通协调，使其对儿童的教育更有效果。在哈特福德，心理门诊主任最早在该领域启动走访教师的项目。门诊主任充分认识到从该项目中可获得的帮助。教师将帮助心理医生确认儿童的经历，使之成为门诊治疗计划和方法的有益补充。直到1913年，纽约的罗彻斯特教育委员会第一个推广并资助“走访教师项目”，这样一来，工作者被安排在专门的部门里，直接对学校监督部

---

① ［美］Paula Allen-Meares：《学校社会工作》，陈蓓丽、蔡屹等译，华东理工大学出版社2008年版，第27页。

② 范明林、张洁：《学校社会工作》，上海大学出版社2005年版，第13页。

门负责。

进入20世纪20年代以后，学校社会工作者的人数迅速增长，主要是因为纽约联邦基金(Commonwealth Found of New York)为美国家访教师委员会(National Committee of Visiting Teachers)提供了经济支持，并计划在全美范围进行社会工作的试点和尝试。[①]30名学校社会工作者被分派到30个不同的社区(包括农村和城市)，以进行全美范围的试点工作。并且，每个地方社区也为这些家访教师提供工资。在这一试点工作中，访问教师主要致力于青少年犯罪的预防工作，学校社会工作者的主要角色是家庭、学校和社区间的沟通者。到1930年，基金会撤销资助，其中的21个社区则继续开展学校社会工作的项目。与此同时，其他一些城市也在忙于建立其家访教师项目。美国教育理事会认识到了该服务的价值，因此在其他社区开始建立家访教师计划。随后，美国家访教师联合会成立，一套针对其成员的专业标准和制度开始建立。

二、20世纪30—50年代：个案社会工作的兴起与发展

到了20世纪30年代，经济大萧条严重阻碍了学校社会工作服务的发展。这一时期，家访教师提供的服务大幅度被取消，原有的工作大都变成了提供食品、避难所和衣物。随着经济状况的继续恶化，联邦政府开始对那些极度困难的家庭实施援助，家访教师也开始对其作用产生了不同的认识。另外，由于20年代以来的心理卫生运动的蓬勃发展，访问教师开始被要求扮演治疗者的角色。[②]这样一来，一些学校社会工作者在联系家庭、学校和社区的基础上，开始寻求一种能够发挥更为专业的作用——为问题学生提供精神支持。在他们看来，之前的角色并不能显示其“专业性”，而现在他们希望能够成为一个具有良好形象的角色——拥有更为专业化的技巧和更少的负面效果。正如美国社会工作专家霍尔(G. Hall)和埃弗雷特

① ［美］Paula Allen-Meares：《学校社会工作》，陈蓓丽、蔡屹等译，华东理工大学出版社2008年版，第32页。

② Huxtable M. 1998. School Social Work as an International Profession. Social Work in Education. Vol. 20(2).

(E. Everett)所认识的，家访教师的重要作用是帮助儿童拥有一个"健康而有意义的童年"。霍尔认识到学校社会工作者的作用正在发生着变化，即从作为学校-社区之间的联络员到预防学生中的精神健康问题的工作者，以及从他们的职责到与个案社会工作发生的联系。①埃弗雷特则指出，"这么多年来与城市学校系统打交道的经验给我的感觉是，若限定我们的专业职责和我们的精力是在学校之中做好个案工作，那么我们可以发挥最大的积极作用"②。美国学者陶瓦鲁(C. Towle)也开始认识到个案工作的潜能，她指出："我们不仅应该认识到长期忽视个案工作的益处是不行的，而且要承担找出社会工作在某些方面不足的社会责任，从而使我们的关注重心和努力可以直接朝向社会行动。"③

进入20世纪40年代以后，学校社会工作者的作用实际上已经不再是家庭与学校的联络员和负责调查旷课的职员，而转变为一种更为专业的角色。在这一时期，社会的变化和邻近环境不再被当作干预的目标，个体儿童的人性需要成为主要的关注对象。④斯莫利(R. Smalley)认为，学校社会工作者专业性的个案工作实际上是一种方法，可以帮助学生利用学校提供的资源。⑤鲍尔斯(S. Bowers)则进一步指出，个案工作是一种有关人类关系科学和关系技巧的艺术，用来动员个体所蕴含的能力。⑥我们可以发现，个案社会工作针对的是学生个体及其家庭，利用个案工作技巧，社会工作者可以与学生个体发展良好的关系。通过这种关系，学校社会工作者可以使学生个体对自己、学校情况以及阻碍其在学校生活中发挥潜能的问题有一个更清楚的认识。直到20世纪50年代，个案社会工作的时代才开始到来。

为促进个案社会工作目标的实现，学校社会工作者开始认识到个案工

---

① [美] Paula Allen-Meares：《学校社会工作》，陈蓓丽、蔡屹等译，华东理工大学出版社2008年版，第33页。

② Everett E M. 1938. The importance of social work in a school program. The Family, 19, 58.

③ Towle C. 1936. Discussion of "Changing concepts in visiting teacher work". Visiting Teachaers Bulletin, No. 12, pp. 15-16.

④ [美] Paula Allen-Meares：《学校社会工作》，陈蓓丽、蔡屹等译，华东理工大学出版社2008年版，第34页。

⑤ Smalley R. 1947. School social work as a part of the school program. Bulletin of the National Association of School Social Workers, No. 22.

⑥ Bowers S. 1949. Nature and definition of social casework. Social Case Work, 30, 417.

作方法有赖于与问题儿童家长的沟通。相当数量的个案工作也证明，与家长的沟通可以帮助其感知和共担学校的关注，以此支持个案工作的进行。一般来说，社会工作者与家长面谈的目的是为了理解学生及其行为，以探知问题的可能原因，然后通过为学生提供更好的环境来帮助他们。为了能够理解学生的情感问题，社会工作者经常向教师进行咨询，同时尽早对其个性达成共识，并在此基础上帮助他们。换言之，社会工作者开始与其他关注学生在学习过程中发生变化的学校人员进行合作，帮助学生解决问题。①

在专业组织发展方面，1943 年美国全国访问教师协会改为全国学校社会工作者协会，1955 年全国学校社会工作者协会又与其他六个社会工作协会合并，成立全国社会工作者协会，并使得学校社会工作成为社会工作专业发展的重要一环。

三、20 世纪 60—80 年代：社会变迁模式、社区学校模式的转向与运用

进入 20 世纪 60 年代以后，公共教育因种族隔离问题备受社会各方攻击，公立学校被认为存在着不公平的教育机会，拉大少数民族、低社会经济地位儿童与中间阶级儿童间的差距，造成教育机会不平等。这样一来，公立学校被认为需要改变，学校社会工作者也随之需要改变。②克劳泽斯(V. Crowthers)极力支持学校社会工作者对学生及其家长开展小组工作，尤为强调理解小组中个人及其行为的重要性。③温特(R. Vinter)和萨利(R. Sarri)的研究报告显示，在处理诸如高中退学、学习成绩不良和学业失败等问题中，小组工作是有效的。④根据他们的研究，学生的不良表现是

① ［美］Paula Allen-Meares：《学校社会工作》，陈蓓丽、蔡屹等译，华东理工大学出版社 2008 年版，第 36 页。

② ［美］Paula Allen-Meares：《学校社会工作》，陈蓓丽、蔡屹等译，华东理工大学出版社 2008 年版，第 40 页。

③ Crowthers V L. 1963. The School as a Group Setting，Social Work Practice 1963. Selected papers，90th annual forum，National Conference on Social Welfare. New York：Columbia University Press，pp. 70 - 83.

④ Vinter R，Sarri，R. 1965. Malperformance in the public school：A group work apporch. Social Work，10(1)，pp. 3 - 13.

学生本身特点和学校环境共同作用的结果。结论则表明，学校社会工作者应该更多地关注学校的环境，而不应局限于单纯地联系学生；学校社会工作者的地位具有战略意义，他们应该鉴别学校的政策和安排是否会对学生产生不良影响；学校社会工作者应该具有双重功能——他们应该帮助具体的个人，同时在学校范围内处理好学生困难的来源。[①]在学校小组工作逐渐被广泛应用的同时，社区工作也开始得到关注，学校社会工作者被赋予担任学校-社区-儿童之间的桥梁。在专业名称上，“学校社会工作者”在此时已取代“访问教师”的称呼，开始建立其专业角色定位。换言之，社会工作者开始认识到一种更为广义的小组工作，目的是能够使学校的社区和地理上的社区更为接近，成为一种双向沟通关系。

20 世纪 70 年代是学校社会工作急剧扩张的时期。学校社会工作者的数量不断增长，且更多地关注和注重家庭、社区及与其他学校相关部门工作人员的合作。到了 1972 年，艾德森(J. Alderson)总结出了四种实务模式，包括传统临床模式、社会变迁模式、社区学校模式以及社会互动模式，呈现了学校社会工作的实务进展。而 1975 年的《残疾儿童教育法案》更是将学校社会工作融入中小学教育法案，与其他部门一起为残疾儿童服务。1986 年，《残疾儿童教育法案》修正为《个别残障教育法案》，改变了学校社会工作的角色，增加了对生态和社会系统的关注，逐渐形成生态系统的社会工作模式。

在其专业性发展上，学校社会工作全国会议分别在 1978 年、1981 年、1985 年、1988 年举行，其中 1978 年的会议决议制订了学校社会工作服务准则，其内容包括能力资格、组织与管理及专业实务三个部分，力图据此提升学校社会工作服务的品质。

四、20 世纪 90 年代以来：学校社会工作的发展趋势

20 世纪 90 年代以来，由于高中辍学率和少女怀孕率的上升、校园暴力事件的频发以及儿童贫穷、滥用药物等问题困扰各地区，以前没有学校

① ［美］Paula Allen-Meares：《学校社会工作》，陈蓓丽、蔡屹等译，华东理工大学出版社 2008 年版，第 37 页。

社会工作者的地区开始公开招聘学校社工。此时，生态观点的社会工作模式流行于社会工作界，学校社工开始重视学生、家长、教师的行为与其所生活的生态环境间的关系。

在专业发展上，学校社会工作服务准则在 1992 年正式修正为能力与专业实务、专业准备与发展、行政架构与支援三部分。除此之外，自 1992 年开始第一次进行学校社会工作师的考试。随着学校社会工作服务准则的修改，从事学校社会工作的专业人员也在增加。在美国有 31 个州成立了州级学校社会工作协会，20 个州的社会工作者协会分会与学校社会工作委员会及四个区域性委员会先后成立。当时全美总共有 15 000 位学校社工师，各社会工作学院硕士班一年就有 1 200 名研究生以学校社会工作作为主修专业，占全部社工研究生的 3.5%。①

当前，尽管许多学校社会工作者都将焦点集中于一个特定孩子的家庭、学校和社区的个案工作上，但从历史上来看，学校社会工作的重点还是着眼于所有的孩子。今天，世界各地的孩子和家庭的流动性越来越强，他们不仅仅在城镇间流动，而且还在各国间迁移。基于社会工作中的社会行动主义传统，学校社会工作者越来越倾向于把世界上的孩子看作是他们的救助对象，并逐步把孩子们的权利、福利以及受教育权纳入自己的职责范围，学校社会工作的内容也呈现越来越多样化的色彩。②

由于历史悠久，美国和英国的学校社会工作发展成熟且具有专业化水准，运作良好并受到教育组织的认可。其他地区学校社会工作的发展水平可谓参差不齐。在加拿大和北欧国家，这一职业似乎能提供与美国相类似的服务，包括咨询服务、危机干预、为教师提供咨询以及与家庭和父母团体进行沟通等。欧洲国家有着社会教育工作的悠久传统，并且在德国、东欧国家之类的地区，学校社会工作成了社会教育工作的一个分支。我国香港地区于 1971 年启动学校社会工作服务。这项服务起初作为实验性的项目在 1979 年接受政府的审查，其目标是为每 2 000 个学生提供 1 名学校社会工作者。这一项目提供的服务与美国相似，包括顾问、咨询、治疗和社会支持工作。迄今为止，香港的学校社会工作者大多隶属于政府基金资助

① 林万亿、黄韵如等：《学校辅导团队工作》，台湾五南图书出版公司 2005 年版，第 77 页。

② Huxtable M. 1998. School Social Work: An International Profession. Social Work in Education, Vol.20, Iss. 2.

的非政府机构，而学校社会工作者也多半属于由学校心理学家和学校顾问组成的队伍中的一部分。

总而言之，目前各地的学校社会工作者都致力于研究与学生教育相关的行为、情感、家庭以及社区方面的诸多问题。随着实务工作经验的增多，学校社会工作也在不断地创新更多、更有效的服务方法和技巧。学校社会工作的演变、资格认定、专业培训、证书授予、标准制订、调查研究、立法游说以及组建专业协会等，都是全世界学校社会工作者共同感兴趣的领域。尽管名称上有所不同，但学校社会工作涵盖的服务领域和发展目标具有较大的相似性，如果这一职业可以被看作一项国际性职业，亦如医生那样，那么它将会变得更为可信、更有影响力、更具有效率。①

第二节　学校社会工作的含义和特征

学校社会工作，有时也被称为教育社会工作(Education Social Work)，泛指教育体系之内的社会工作实务(Social Work Practice in Education and School Setting)。本节在梳理学界有关学校社会工作概念的界定之后，将详细讨论学校社会工作的含义，包括学校社会工作的主要对象和模式、学校社会工作的主要内容和形式，并在此基础上归纳学校社会工作的特征。

一、学校社会工作的基本含义

目前，学界关于学校社会工作概念的界定与理解并不一致，但大体相同。台湾学者徐震和林万亿在1990年出版的《当代社会工作》一书中认为，学校社会工作是将社会工作的原则与方法用于学校，目的在于协助学

① Huxtable M. 1998. School Social Work: An International Profession. Social Work in Education, Vol.20, Iss. 2.

校，使之成为“教”与“学”的良好环境，并使学生得以获得适应今日与未来的生活能力的一种专业服务活动。大陆学者范明林在其编著的《社会工作方法与实践》一书中则是这样定义的：学校社会工作是社会工作者依据专业的理论和方法，在学校教师和管理人员的密切配合下，主要以学校为工作范围，以帮助学生解决问题和促进学生发展作为工作重点，为学生、家长、教师及相应的学校环节提供服务的一种专业活动。①我们认为，所谓学校社会工作就是将社会工作专业的原则、方法及技巧应用于教育机构及其设施中，通过与家长、学校、社区的互动来解决学生问题，促进学生发展，构筑“教”“学”“成长”的和谐环境，使学生更好地适应社会。

需要特别强调的是，学校社会工作就其目的而言，在于实现学校教育，也就是协助学生准备面对现在及未来的生活。②换言之，学校社会工作的目的不仅仅是解决学生此时此刻的问题，更强调在问题解决的过程中使学生获得能力的增长、问题解决的技巧和自身的成熟。所以，学校社会工作需要学校社会工作者和学生一起工作，需要他们从共同的工作中学习如何应对问题，如何运用自己的知识和能力去解决这些问题，而这种“自助”的态度和“自主”的精神将会对学生今后的学习、生活和工作产生深远的影响。

（一）学校社会工作的主要对象和模式

学校社会工作主要的工作环境是学校，但并不局限于学校，也要接触学生家庭、社区以及学校行政管理部门。同样的道理，学校社会工作的主要服务对象是学生，但也包括家庭、校长、教师及其他学校有关人员。③具体来说，学校社会工作的基本对象和工作范围应该包括以下五种。

（1）有各种困难的学生。学校社会工作服务对象的主体是在校的中小学生，服务的范围包括与学生有关的各类问题。从我国的实际情况来看，学生在校期间面临的问题主要包括：① 学习问题；② 身心成长的适应性问题；③ 学校生活的适应性问题；④ 行为或情绪上的困扰问题；⑤ 人际

① 范明林：《社会工作方法与实践》，上海大学出版社 2005 年版，第 229 页。

② 范明林、张洁：《学校社会工作》，上海大学出版社 2005 年版，第 11 页。

③ 文军：“学校社会工作论略”，载《社会》2003 年第 1 期。

关系（包括家庭关系、交友和恋爱）问题；⑥ 特殊的教育对象（如残疾学生、外来移民学生等）。社会工作者可以运用社会工作的原理与方法，分析这些困难学生的问题所在，找出原因，并帮助他们制订解决问题的方案。

（2）学校的教师与管理者。学生的健康成长应该是校内教育者和校外社会工作者共同的目标和心愿。为实现这一目标，校内的教师、管理者是学校社会工作者的重要资源、依靠者和支持者，同时，学校社会工作者的工作又能大大促进校内教师、管理者的教育工作，促使他们改进工作，共同为学生的健康发展服务。

（3）教育行政管理部门的工作者。学校社会工作对于教育管理部门具有监督、协助、咨询的作用。它能够促进教育行政管理部门在制定、执行教育方针和政策上做到科学、有效和公平。

（4）学生的家长。学生在成长过程中遇到的许多问题都与家长及家庭有关，因此，学生家长应是学校社会工作的重要内容。学校社会工作者需向家长了解学生的个性、思想以及家庭生活等情况，并在此基础上向学生家长提供教育方案的咨询服务。

（5）学生生活的社区环境。学生生活的社区环境也是学校社会工作的具体工作环境之一，它不仅能够为学校社会工作提供充足的社会资源，而且是解决困难学生问题的重要背景。因此，学校社会工作的开展不仅要积极推动社区建设和环境改造，而且还要帮助困难学生认识和适应社区环境，促使他们能够主动参与到社区活动中去。

以上述工作对象为基础，学校社会工作在具体实践中逐渐形成了三种不同的工作模式，而且到 20 世纪后期，学校社会工作越来越重视对这三种工作模式的综合运用。这三种工作模式是：

（1）问题导向的工作模式。该模式主要侧重于对问题学生[①]的辅导，它也是传统治疗时学校社会工作者主要采用的一种工作模式。它常常通过个案社会工作方法，为问题学生及其家长提供服务与咨询，先分析其心理行为和造成心理行为异常的原因，然后再加以处理和治疗，且通常运用情绪支持、情绪发泄和理智开导等工作方式来解决问题。

（2）学生导向的工作模式。该模式主要以全体学生为工作对象，对学

① 所谓的问题学生是指那些在心理、行为上有些异常，在学校和社会生活中均适应困难的学生。

生的学习、生活进行全面干预，以期为学校教育体系带来某些新的变化，使每一个学生获得最大、最充分的发展。学生导向的工作模式克服了以往学校社会工作只重视问题学生而忽视正常学生发展的倾向，其采用的工作方式是包括生活辅导、学业辅导、职业辅导等在内的全面辅导。

(3) 社区导向的工作模式。该模式将对学生的服务进一步扩大到对社区的服务。这是现代学校社会工作的一种主要工作模式，它强调学校、家庭与社区之间的密切配合，要求加强它们彼此之间的良好沟通，以充分发挥学校与社区的教育功能。其通常采用的工作方式有：① 为离校学生提供追踪服务；② 为社区提供服务，将学校教育融入社区服务之中；③ 加强与学生家长之间的联系，密切家庭与学校的关系；④ 协调各类教育机构，推进社区教育的大众化发展。

(二) 学校社会工作的主要内容和形式

从各国学校社会工作的实践来看，学校社会工作的重点对象主要包括学生、家长和学校三方，由于对象不同，其具体的需求和工作内容也不一样。 这些不同主要体现在以下几个方面。

(1) 就学生而言，其表现受制于诸多因素的影响，既有学生自身成长的问题，也有社会环境、学校、教师的影响。因此，学生的表现实际上是一个系统性问题。从外界的影响因素来看，我们可以绘制一个如图 1－1 所示的生态图。[①]但在学校社会工作实务中，学生通常亟须帮助来解决的主要问题有：① 刚入学或转学时的适应性问题；② 升学前的心理准备和适应性问题；③ 学业上的具体障碍；④ 情绪和行为偏差问题；⑤ 家庭问

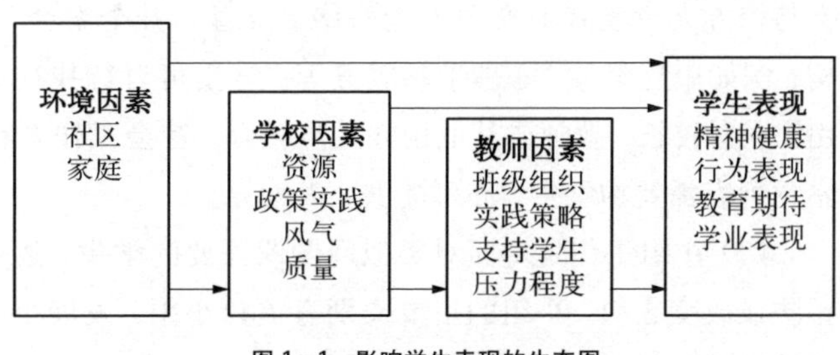

图 1－1 影响学生表现的生态图

① Lynn C J, M Mcka, M M & Atkins, M S. 2003. School Social Work: Meeting the Mental Health Needs of Students through Collaboration with Teachers. *Children & Schools*, Vol. 25, No. 5.

题，包括家庭关系问题、家庭经济问题等；⑥ 同辈关系的处理等。学校社工可以通过提供各种预防性、发展性和补救性的专业服务，来帮助学生解决上述问题。

（2）就学校而言，其亟须帮助的主要问题有：① 帮助处理学生的越轨问题；② 协助处理校园危机和突发性问题；③ 帮助建立良好的校园文化；④ 了解教师的个人需求，提供必要的心理和政策咨询；⑤ 帮助加强与学生、学生家长、社区之间的沟通和联系，使学生真正得到优化的教育；⑥ 了解他们办学过程中的困难和问题，向教育主管部门和有关方面积极反映，以求得问题的合理解决。

（3）就家长而言，其亟须帮助的主要问题有：① 帮助管教子女，促进学生的健康成长；② 协调与校方的关系，加强与校方的沟通和联系；③ 当家庭出现问题时，希望及时介入，以便为学生创造一个良好的家庭环境。①

学校社会工作主要由驻校社工负责。驻校服务被视为一种向学生提供服务的有效方法，因为学生不仅容易获得服务，而且学校社工又可以密切监督学生的发展，并与校方建立良好而密切的合作关系。通过校方的转介或学生的主动求助，学校社工会按照需要帮助学生的个别情况，运用不同的专业辅导方法和技巧，协助他们解决困难，提高处理日常生活问题的能力。就具体的工作方法而言，推行学校社会工作的主要形式包括个人辅导、小组工作、综合性活动及咨询服务四类。

（1）个人辅导的形式主要是社会工作者进行初步评估，然后拟订计划进行辅导。社会工作者会约见学生，有需要时会进行家访或约见家长，也会与校方人员或其他有关人士联络，或者召开个案会议及转介至其他机构，例如康复服务、心理学家服务等。学生可自行找社会工作者求助，或由家长、校长、教师或其他校方人员转介，社会工作者在提供其他服务时察觉到有需要的学生，亦可提供个人辅导。

（2）小组工作是对面对类似问题或需要的学生，运用小组方法，以收预防或改变之效。小组的主要类别有治疗小组、发展小组、学习技巧小组及社交小组等。

---

① 文军、刘一飞：《学校社会工作实务》，载陈良谨、吴铎主编：《中国社会工作发展报告（1988—2008）》，社会科学文献出版社 2009 年版，第 133－145 页。

（3）综合性活动的种类很多，对象包括学生、家长或教师，目的主要是以教育性和预防性为主，形式包括展览、聚会、研讨会、演讲、旅行等。

（4）咨询服务是社会工作者提供给家长、学生和校方人员的服务。社工为他们解答学校社会工作范围等，并提供专业意见和资料，有需要时给予跟进。

总的来说，学校社会工作的开展可以上述内容为重点和突破口，综合运用各种工作形式，以服务学生为目的，努力促进学生健康成长，增强学校教育之绩效。其目标就是要帮助学生发挥潜能去适应学校、情绪和行为方面的发展；培养学生建立正确的价值观、责任感及和谐的人际关系；提高学生对社会的关怀；协调学生、家长和学校之间的关系，以解决潜在的社会问题，促进社会稳定和共同发展。

二、学校社会工作的特征

通过以上对社会工作的定义及理解，我们可以看出，学校社会工作主要有以下特征。

首先，就其本质而言，学校社会工作是一种专业性的服务活动，它需要专业理论和方法，因此，它有别于一般的思想工作和政治教育。具体地说，社会工作的性质是学校社会服务，是运用社会工作的理论与方法在学校领域所实施的一种专业服务。学校社会工作以社会工作的理论和方法为指导，对学校领域的有需求者提供有效服务，帮助他们走出困境，并且使他们从问题的解决中获得能力的增长，从而能够在今后的生活和学习中更好地适应挑战。并且，这样的服务是由专业的社会工作者在一定的机构中提供的。

其次，就其对象而言，学校社会工作的基本对象是全体学生，目的是解决他们在学业、心理、情绪、行为方面的各种问题，尤其是对于学习和“社会-情绪-文化”适应有困难的学生，学校社会工作者运用专业的理论、知识和技巧有效地帮助他们，使他们得以顺利度过人生发展的重要时期。[①]为了全面认识问题的性质，有效地协助学生，学校社会工作者需要与学校的教

① 范明林、张洁：《学校社会工作》，上海大学出版社2005年版，第10-11页。

师与管理者、教育行政管理部门的工作者、学生的家长、社区居民及相应机构的工作人员进行沟通、协调。因此，上述人员不仅是学校社会工作的合作者，同时也是学校社会工作者的工作对象。

再次，就其功能而言，学校社会工作具有以下四种独特的功能：一是学校社会工作可以协助处于不利地位的学生，或是运用个案式的工作为个别学生服务，或是运用小组工作、社区工作的方法，帮助他们解决问题和实现自我；[①]二是学校社会工作可以增强“学校-家庭-社区”的联系，为学生成长创造良好的学习和生活环境，增进教育的功能；三是学校社会工作可以帮助学生获得应对变化的能力以及应对生活问题的各种实用技能，以适应现代社会的需要；四是学校社会工作的过程可以促进学生社会化人格的正常发展。

最后，学校社会工作就知识原则与价值观而言也有其自身的特征。作为社会工作的具体实务领域，学校社会工作除了具备社会工作共有的知识、原则和价值观以外，还有其独特的要求。在知识方面，学校社会工作者需要具备广泛的知识基础，包括有关学校，教育哲学和价值的知识，社会规范及社会的目标；整合并发展个人在学术、情绪、社会方面的能力；协助教师教学的方法和技巧；学习与认知的理论及其技巧，以此作为教育性的诊断；提供矫正的学习经验、学习障碍的知识；如何诊断及策划支持处理这些障碍的具体方法；有关青少年社会化、人格的知识和技术；有关职业辅导和训练的知识。只有具备这些知识和技能，工作者才能提供完善的服务。在价值观方面，学校社会工作者必须坚持每一个学生的尊严不容侵犯，给予学生充分的自我决定的权利，对每一个学生用独特的方法来解决他们的问题。[②]

此外，学校社会工作者还必须与教师保持协作关系，因为两者在促进学生健康成长方面具有许多共同点。许多研究表明，如果在学校社工干预策略中加入强有力的教师咨询板块，那么，学校社会工作服务的效果将会大大增加。比如，学校社工通过与教师的通力协作，不仅可以帮助教师获得各种非正式支持，而且也有利于教师获得更多诸如培训计划（Mentorship

① “学校个案工作”“学校小组工作”和“学校社区工作”或“社区式学校社会工作”是学校社会工作中的常用方法。

② 范明林、张洁：《学校社会工作》，上海大学出版社2005年版，第7页。

Programs)、支持团体和自我服务训练之类的正式支持，以帮助教师应对日复一日的教学压力，提高教学效果（见图 1-2）。①

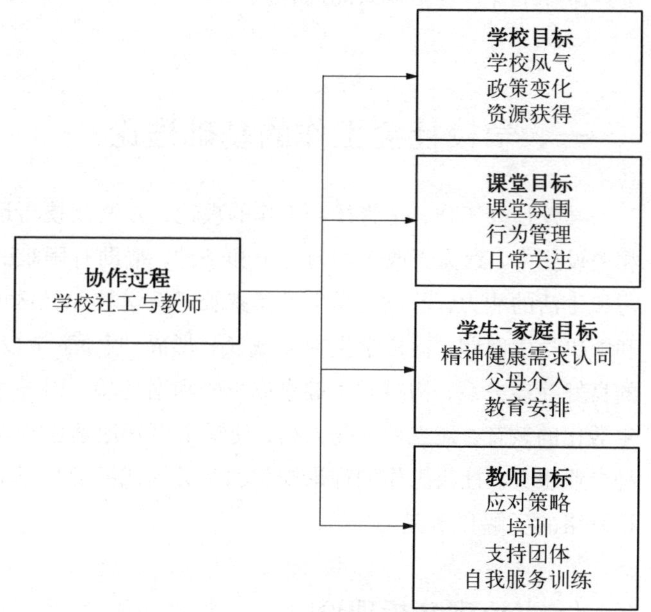

图 1-2 学校社工和教师协作的目标

第三节 学校社会工作的理论与模式

学校社会工作相较于其他分支学科起步较早，但其理论基础主要还是从社会学、心理学理论中关于个人成长、家庭关系、学校教育等论述中借鉴而来，结合实务工作进而形成学校社会工作的基础理论。伴随着学校社会工作的进一步发展，学校社会工作者也开始提出属于自己的理论，这些

① Lynn C J, M Mcka, M M & Atkins, M S. 2003. School Social Work: Meeting the Mental Health Needs of Students through Collaboration with Teachers. Children & Schools, Vol. 25, No. 5.

理论构成了学校社会工作的实务模式。本节我们重点介绍学校社会工作中较为基础的重要的理论和模式，在本书随后的各章节中我们将结合实践案例具体介绍各种理论模式的内容。

一、学校社会工作的基础理论

学校社会工作，是将社会工作的理论、方法及技巧运用于教育机构和相关设施中，致力于改善学习环境和条件，帮助有困难的学生提高适应学习和生活的能力，通过与学生及其家长以及学校和社区的互动，协助预防和解决学生问题，促进学生健康成长，形成“家庭-学校-社区”三者之间的良好互动关系，构筑学生健康成长的和谐环境，引导学生寻求个别化和生活化的教育，建立社会化人格，使学生更好地适应当前与未来生活的一种专业服务。社会工作的理论知识和实务模式的应用基础在于对其基础理论脉络的了解和掌握。

（一）心理分析理论

心理分析理论的创始人是弗洛伊德(S. Freud)，他的理论涉猎范围极广，其中尤以人格发展理论对早期学校社会工作的影响最大。按照弗洛伊德的观点，一个人的人格发展包括五个主要阶段，即口唇期、肛门期、性器期、潜伏期、青春期。其中每一阶段都有自己的发展任务，如果某一阶段的发展任务无法完成，这种被阻断的欲望会被压抑下来，并会在今后的某个发展阶段重新以另外的形式表现出来，并对该阶段的顺利发展产生不利影响。换言之，在学校社会工作中，案主的问题可能就是源自早期的儿童生活经验中未解决的心理创伤。

此外，案主的问题不仅会出现在某一个发展阶段，也会发生在人格发展阶段的转换过程中，如焦虑的产生。在弗洛伊德看来，在各阶段的转换中经常会产生某种焦虑，只有克服焦虑才能向另一个阶段发展，否则便可能被压抑在潜意识中。当然，焦虑的产生更多的还是源于人格结构中的冲突。弗洛伊德将人格结构分为本我、自我和超我三部分，这样的三重人格分别遵循不同的原则，即本我遵循“快感原则”，自我遵循“现实原则”，超我遵循“至善原则”。但是，在现实生活中，本我可能是被压抑的，超我可能无法实现，自我也可能出现冲突，由此导致人格结构的矛盾冲突，出现各种人格偏差问题。为了解决这样的冲突，弗洛伊德又进一步提出人格中的自我防御机制。所谓自我防御机制，主要是借用军事用语来表示人格内在矛盾冲突的自我消解机制，具体的方法包括压抑、投射、转移、否认、理想化、幻想、代替、升华等。正是由于心理防御机制的存在，早期学校社会工作者开始直接或间接地将其应用到学校社会工作实践中。

但是，早期的心理分析理论因过于强调人的本能而受到人们的批评，后来的心理分析理论开始强调人类行为的社会影响。不过心理分析理论对于早期学校社会工作的意义在于：第一，个体早期的经历对个体的成长具有很大的影响，这提醒学校社会工作者应该考虑或重视案主当前状况与过去的成长经历之间的密切关系；第二，在具体的学校社会工作实践中，社会工作者可以尝试采用弗洛伊德意义上的自我防御机制。

（二）行为主义理论

行为主义最早源于巴甫洛夫(I. Pavlov)的传统条件反射理论，其代表人物是美国新行为主义心理学家斯金纳(B. Skinner)。斯金纳的行为主义理论的观点包括以下两点：一是重视环境条件和行为之间的函数关系，曾提出 B(行为) = $f(E)$(环境)的公式，以反对心理分析理论，即在人的心灵内部寻找任何行动的原因，而更强调客观环境对人的影响；二是人的一生都处于学习的环境之中，获得满足的行为会得到加强或强化(包括正强化和负强化)。在此基础上，美国心理学家、社会学习理论创始人班杜拉(A. Bandura)提出了学习理论。在班杜拉看来，学习理论除了承认环境的影响外，亦应注意到认知状态的作用，提出著名的 B(行为) = $f(P, E)$公式，即行为是个人与环境交互作用的结果。[①]班杜拉的学习理论也称交互决定论，具体地说，包括以下三个方面：一是环境对于某一种行为的获得与调整的影响，大部分是由个人的认识历程所决定的；二是个体是行为改变的主导者，具有主动性，具有自我选择和自我调整的能力；三是模仿学习或观察学习对行为者行为的改变至关重要。根据社会学习理论的观点，人类的大多数行为是通过榜样作用而习得的，即个体通过观察他人行为，

---

① 王思斌：《社会工作概论》，高等教育出版社 2001 年版，第 174 页。

形成怎样从事某些新行为的观念，以此作为自己以后行为的指导。[①]行为理论对于学校社会工作的启示在于，案主的行为是案主对当前环境所做的反应，因此学校社会工作的任务就是帮助案主学习和掌握恰当的行为与反应模式。

（三）认知发展理论

根据认知发展理论的代表人物——瑞士心理学家、哲学家皮亚杰(J. Piaget)的观点，人类行为是由个人从环境中所获得的信息中所产生的态度塑造而成的。具体来说，所谓认知发展(Cognitive Development)是指个体自出生后在适应环境的活动中，对事物的认知及面对问题情境时的思维方式与能力表现随年龄增长而改变的历程。皮亚杰采用对个别儿童在自然情境下连续、细致观察的方法，记录他们对事物处理的智能反应，将人的认知发展历程分为四个阶段，即感知运动阶段(感觉动作期，Sensorimotor，0～2岁)、前运算阶段(前运思期，Preoperational，2～7岁)、具体运算阶段(具体运思期，Concrete Operational，7～11岁)以及形式运算阶段(形式运思期，Formal Operational，11～16岁)。[②]认知发展理论对于学校社会工作的启示在于：第一，案主在某一年龄范围或是发展阶段具有他们特定的思考方式，在开展学校社会工作的过程中运用会谈、评估及介入方法都要考虑到案主的心智特点；第二，学校社会工作的主要任务在于帮助案主获得对世界的正确认知或完善其理性思考的能力。

（四）道德发展理论

美国心理学家柯尔伯格(L. Kohlberg)关于人的道德发展学说将道德发展过程分为前习俗、习俗、后习俗三种水平，每种水平又分为两个阶段，共六个阶段，即惩罚与服从的定向、工具性的目的和交换的定向、获得赞赏的定向、维护权威与社会秩序的定向、社会制度和良心的定向及普遍的道德原则定向(见表1-1)。

---

① 其实，这样的习得过程就是班杜拉所谓观察学习的概念，观察学习是受注意、保持、动作再现以及动机等心理过程支配的。

② “运思”是一种特别的心智活动，它能够根据特定的目的转换信息，并且具有可逆性。相较而言，我们可以发现，行为主义理论强调“刺激-反应”，而认知理论则是强调思考、想象力这些心智活动的发展对人类行动的贡献。

表 1-1 柯尔伯格的道德发展阶段性[①]

	第一阶段	第二阶段
前习俗水平	惩罚与服从的定向	工具性的目的和交换的定向
习俗水平	获得赞赏的定向	维护权威与社会秩序的定向
后习俗水平	社会制度和良心的定向	普遍的道德原则定向

根据表 1-1，我们可以发现，处于前习俗水平的儿童已具备了关于是非善恶的社会准则和道德要求，但他们是从行动的结果及与自身的利害关系来判断是非的；相较而言，处于习俗水平的儿童开始拥有满足社会的愿望，比较关心别人的需要；发展到后习俗水平的人们则力求对正当而合适的道德价值和道德原则做出自己的解释，履行自己选择的道德准则。正是在这样的一个发展过程中，柯尔伯格开始关注道德教育，主要体现在以下三个方面：① 道德教育的首要任务是提高儿童的道德判断能力，培养他们明辨是非的能力；② 儿童的道德发展是有阶段性的；③ 学校、家庭和社会应该创造良好的条件，广泛开展各种道德教育活动，激发儿童实现更高阶段的道德水平。道德发展理论对学校社会工作的启发是：学校社会工作者需要充分注意案主道德发展的重要性以及阶段性，进而以良好的道德教育刺激案主的道德认知向更高层次发展。

（五）家庭发展理论

家庭发展理论也叫家庭生命周期理论，早在 1950 年，就有学者将家庭分成八个阶段，即新婚期、育儿期、学龄前期、学龄期、青少年时期、空巢期、中年父母期以及老年家庭成员。[②]美国学者黑尔(R. Hill)指出，由于家庭成员对家庭的生理、心理、社会需要，以及来自社会的期待和环境的因素，促使家庭在不同阶段有所改变，因此提出“家庭发展”的三个重要特征：① 家庭发展是一个组织的、互动的现象；② 它强调家庭生涯中家庭行为的相互、延续关系；③ 确认“发展”是改变的来源，包括功能性改变上的要求及生活压力的发生。[③]家庭发展理论主要建立在以下四个假设之上：① 人们是行动者(Actor)，也是反应者(Reactor)；② 家庭成员的

① 范明林、张洁：《学校社会工作》，上海大学出版社 2005 年版，第 47 页。

② 王思斌：《社会工作概论》，高等教育出版社 2001 年版，第 227 页。

③ 范明林：《社会工作方法与实践》，上海大学出版社 2005 年版，第 103 页。

增加与减少是互动的重要变项；③ 家人在同一处所的互动，不同于家人在不同处所的互动；④ 转型（Transition）事件（急速的改变）会对家庭结构带来改变。

一般来说，家庭就其发展过程而言，在每个阶段会面临不同的任务，在两个阶段的转换与过渡中，既容易导致家庭关系的紧张和家庭成员的焦虑，又可以促进家庭成员的成长成熟和向前发展。[①]家庭发展理论对于学校社会工作的启示在于：在开展学校社会工作的过程中，应区别对待处于不同发展阶段的家庭，充分考虑到家庭的生命周期及要完成的任务。当然，对那些有障碍子女，尤其有生活无法自理的障碍子女的家庭而言，家庭始终处于子女的养育期，因此需要社会工作介入，协助其满足家庭发展阶段任务的完成。

（六）家庭系统理论

系统理论分为一般系统理论（General Systems Theory）和生态理论（Ecological Theory）。一般系统理论认为所有的有机体都是系统，该系统由子系统组成，比如社会成员、家庭、邻里和社区都可视为社会系统的一部分。[②]具体来说，系统理论认为家庭系统由夫妻系统、亲子系统、手足系统等构成，它们之间既相互联系又相互制约，从而形成家庭系统的有序运转，并以此实现家庭的各种功能。家庭系统理论的理论假设包括：① 就一个系统而言，其家庭的各子系统是相互依赖的；② 家庭对其成员、各子系统以及家庭本身有生理、经济和心理社会功能的需求；③ 家庭系统出现的问题主要来自人与人之间、家庭内部（Inter-Family）或家庭各子系统。

家庭系统理论对于学校社会工作的启示是，案主的问题可能源于系统之间的互动关系，因此需要特别强调案主适应家庭环境的改变及个人与环境的互动，尤其需要重视生活形态的转型和环境的压力。具体到学校社会工作实践中，则需要修正不能适应的人际关系，促进人与环境的交互反应，激发个人与环境的资源以及赋权于个人，移开生活空间中的障碍，解决个人及环境的问题以满足需要。

---

① 朱眉华、文军：《社会工作实务手册》，社会科学文献出版社 2006 年版，第 241 页。
② 李迎生：《社会工作概论》，中国人民大学出版社 2004 年版，第 105 页。

（七）沟通理论

美国当代著名人类学家玛格丽特·米德（M. Mead）对代沟问题进行了深入持久的研究，并且取得了突出的成就。在她看来，所谓代沟就是两代人在价值观念、生活态度以及兴趣爱好等诸多方面存在的差异，是一种自然的社会历史现象。为了消除这样的差异，沟通和互动是有效的办法。每一个人在生活中都会与他人进行沟通，问题是如何沟通？在一个有问题的代际关系中，沟通是间接、暧昧不清、不真实和不坦诚的，原因可能是双方对彼此的身份存在一种定势的认识，也可能是双方都抱着抵御、防卫的态度，或者是双方为了某些特定的目的，掩盖自己真实的想法等。这个时候就需要运用沟通技巧，当然需要注意的是，在沟通的过程中，隐藏在沟通方式背后的感受和意义则更为重要。①

米德的研究则指出，后喻文化，即长辈反过来向晚辈学习，有助于缩小代沟，减少代际隔阂。在她看来，后喻文化的发展将依赖两代人之间持续不断的对话，通过这种对话，自由行动的年轻一代能够积极主动地引导自己的长辈走向未来。沟通理论对于开展学校社会工作有很大的启发：① 学校社会工作者应该承认服务对象的独特性和差异性；② 在学校社会工作实践中，社会工作者不能只是一味地把服务对象当作一个受助的客体来看待，而是要把他们视为在社会互动过程中的另外一个主体。

（八）角色互动理论

在社会学中，角色是指与一定的社会地位、社会身份相联系的被期望的行为。个人在社会生活中会基于一种身份和地位，按照一定期望，选择一定行为模式去履行角色所承担的责任。每一个人在社会里不仅仅只是扮演一种角色，而是根据情境以及互动对象的不同，扮演多种不同的角色。如果一个人无法掌握在何种情境下该扮演何种角色，或者是碰到特定的他人应该用何种角色回应的时候，就会产生角色紧张。角色紧张是实际生活中行使角色时经常会遇到的问题，指的是同一个时间里对于一个角色的扮演者或者角色来说，有太多而且不同（或者根本上是冲突或相反）的期待和需求，而角色的扮演者无法完成这些期待和需求，从而

① 范明林：《社会工作方法与实践》，上海大学出版社2005年版，第238页。

产生心理上的压力。角色互动理论提醒社会工作者要注意案主对角色的定义如何，角色行使过程中的冲突是什么，问题在哪里，角色行动的具体情境如何以及怎样帮助案主更好地适应自我的角色，完成角色的任务。

（九）社会化理论

社会化是个人走向群体、进入社会、理解和认同社会规范和制度、逐渐成为社会合格成员的过程。通过社会化，个人了解和掌握有关社会的知识、技能、价值标准、行为规范，从一个自然的人转化为社会的人。社会化可以分为两类：一类是正式的社会化，成人通过有意识的选择与设计，将社会认可的价值、态度、角色、知识、规范等按部就班地灌输给儿童，如学校教育；另一类是非正式的社会化，也就是非刻意的安排与训练的社会内容，如同辈群体的影响等。家庭是个人社会化最早也是最重要的机构。个人从出生开始，就生活在一个特定的家庭之中，在与家庭成员的交往中学习到最基本的生活知识、同他人进行交往的方法等。学校是正式的社会化机构，它传授给学生知识，教导他们做人的道理。在学校中，儿童学习到专门化的知识和技能，认识到即使在自己不愿意的情况下也必须遵守社会共同的价值观、态度与行为规范。老师和同辈群体对学生的社会化也起着重要的作用。

库利的“镜中自我”和米德的“自我概念”是社会化的重要理论。前者认为，在社会生活中，人们彼此都是一面镜子，每面镜子都映照出对方，如同我们在照镜子的时候从镜子中看到自己一样。儿童正是通过镜子这样的社会化过程，想象别人的看法，而且做出别人对他期待的行为。后者认为，在自我概念的发展中，重要他人，也就是儿童所羡慕和模仿的对象，对个人的评估最具影响力。两种理论都强调在社会化的过程中他人的看法和行为对个人社会化的重要影响。[①]因此，在学校社会工作的实施过程中，不能因为一些学生有问题行为，就否定他们的全部，应尝试利用正向的引导帮助学生重建自我形象，激发个人的自尊心和动力，促进问题的解决。同时注重整个人社会化过程中的负面因素，帮助服务对象重建自我概念。

---

① 范明林：《社会工作方法与实践》，上海大学出版社2005年版，第65页。

（十）标签理论

标签理论认为，人一旦被贴上某种标签，就会成为标签所指的那种人。标签理论也叫烙印理论，是社会心理学用来解释人越轨行为的一种理论。标签理论主要从主观层面探讨个人偏差行为的形成，按照其观点，个人偏差不完全是由个人品质所决定的，而是他人应用规范及制裁于违反者的结果。根据这样的观点，如果学校教师或者学生家长随意给学生贴上负面、不良的标签，就会促使这些学生产生更加严重的偏差行为。[①]当这些学生被贴上负面标签以后，可能会不知不觉地开始修正他们的自我形象，将自己归属于这些被标签的角色，导致一种"自我应验预言"的恶果。将此理论运用于学校社会工作，有助于学校社会工作者洞察学生产生偏差行为的可能性因素，减少在开展学校社会工作时的先入为主和偏见思想，进而有效地改善学生处境。

二、学校社会工作的实务模式

学校社会工作在其专业发展过程中，结合其自身的内涵和特色将不少理论模式加以演绎，已形成并发展了很多卓有成效的实务工作模式。在其总结实务工作经验资料的基础上，自 20 世纪 60 年代中期以来，陆续提出若干种学校社会工作的理论模式，其中有很多都已成为社会工作中的经典模式，其他相应模式也在此基础上进一步发展起来。本书旨在介绍各种社会工作理论模式在学校社会工作领域的实践与运用，并通过实务案例的学习进一步了解及掌握各种模式。

（一）心理社会学模式

心理社会学模式是最早发展出来的用于学校个案工作的模式之一。[②]该模式源于 20 世纪 20 年代，以芮企蒙德（M. Richmond）的《社会诊断》

① 朱眉华、文军：《社会工作实务手册》，社会科学文献出版社 2006 年版，第 243 页。

② ［美］威廉姆·法利、拉里·史密斯、斯科特·博伊尔：《社会工作概论》（第九版），隋玉杰译，中国人民大学出版社 2005 年版，第 72 页。

为标志。直至 1957 年，汉密尔顿（G. Hamilton）在《个案工作之基本概念》一文中首次对此理论给予了系统的解释，并完善了其概念体系。

心理社会学派受心理分析的影响很大，同时也受多种理论的影响，如认知理论、系统理论、沟通理论、危机理论等。该模式重视对人的深层结构与行为机制的剖析，认为人的行为失调与障碍并不是一种偶然行为，往往是其内在人格缺陷与自我不完善的外在表现。所以，要真正解决问题，必须理解人的外在行为的内在心理机制，又要考虑到外在的特定环境对人的行为的内在心理机制的影响。 该模式进而强调人的内在心理机制、人格特征与自我是在特定的环境中形成的，也必须在特定的环境中才能治愈。

心理社会学派的实施目标在于改善人际关系和生活环境，促成案主在知觉、反应以及沟通方面的改变，以建立良好关系。其主要方法可以分为两大类：直接治疗和间接治疗。所谓直接治疗指的是直接对案主本人开展治疗活动；间接治疗指的是通过对案主本人生活的环境进行改变，从而达到对案主本人进行治疗的活动。事实上，社会工作者所开展的治疗并不仅仅是直接治疗，也不仅仅是间接治疗，而更多地表现为直接治疗和间接治疗两者的综合运用。

（二）功能主义模式

功能派个案工作起源于 20 世纪 30 年代美国宾州大学社会工作学院，是受弗洛伊德心理分析理论的影响而产生的实践理论。该模式强调个体是其行为的决定者与主宰者，个人能借助专业人员与机构的帮助发挥潜能，解决面临的问题。在功能派学者看来，社会工作者的目标在于发挥个人、团体和社区的力量，以达到满足个人和社会利益的境界；同时发挥社会力量以发展社会政策、社会机构和健全的社会，使社会上所有的人都拥有自我实现的机会。

功能主义模式的理论基础在于：① 强调人的一切都由自己来决定，他可以通过关系的运用而不断地创造自己。人是成长和变迁的中心，可以修正自己及环境，以完成所追求的目标。功能派认为改变的中心不在于社会工作者，而在于案主本身，可以通过专业关系过程帮助案主自我成长。② 强调社会对个人的责任及机构的作用。设置专业社会工作机构是为了发挥社会力量，以发展社会政策。通过制订与实施社会服务计划来促进人与社会的建设性关系，体现社会对人的责任。③ 强调社会工作的实施是一个过程。“过程”具有高度的独特性、整体性和持续变迁性，并含有实现的潜能。社会工作是有着显著的时间阶段、确定的目标和结构的助人过程。

在具体实施过程中，该模式需要遵循以下五项原则：① 诊断过程必须要求案主参与，以了解和诊断案主的情况，并根据实际情况，不断修正诊断的结果；② 运用个案工作服务过程中不同的时间阶段（开始、中间和结束），使案主的潜能得到充分的发挥；③ 机构的功能和专业关系的交互作用，使机构充分发挥功能；④ 有效使用时间、地点、政策和程序等要素，使机构发挥不同的服务功能；⑤ 社工妥善运用专业关系以实现与案主共同追求的目标。[①]

（三）问题解决模式

问题解决模式起源于 20 世纪 50 年代早期，创始人是芝加哥学院的普尔曼（H. Perlman）。鉴于当时对以动态心理学为主的功能派与诊断派的批评（如治疗模式耗时太长，而疗效又不明显等），问题解决派应运而生。相对而言，问题解决派模式针对性强，治疗目标明确，疗程相对较短，因而受到普遍欢迎。

问题解决派的基本理论假设为：① 人的一生是一个持续不断解决问题的过程。每个人在日常生活中都需要不断地面对问题，反复运用问题解决的方法以获得快乐、报偿、平衡和较好的适应。在长期的问题解决过程中，人们形成一套惯常使用的、持久而稳定的问题解决模式，这套模式则形成个人特有的心理与行为方式。② 问题无法解决不是因为病因或自我功能的薄弱，其主要原因在于缺乏动机、能力不足或资源匮乏，必须借由机构所提供的物质、社会和心理的协助才能有效解决问题。

解决问题的过程在于实现以下三个目标：① 引导并增强案主寻求改变的动机，使其自我功能得以发挥；② 发挥与培养案主的心理、情绪及行动能力，增强案主的自我功能；③ 提供案主解决问题时相关的资源与机会。

问题解决派的特色主要体现在实施和治疗手段上：① 问题解决派要

---

① 黄维宪、曾华源、王慧君：《社会个案工作》，台湾五南图书出版公司 1985 年版，第 79 页。

求将问题界定为具体的、可以解决的问题，即在目前情境中实际影响案主个人社会功能发挥的具体问题；② 问题解决派把帮助案主解决现实问题作为个案工作的着眼点，使目标更加明确且更具操作性；③ 把发展人格看成解决问题的自然结果。①

（四）行为学派模式

行为学派源于19世纪末巴甫洛夫和斯金纳的理论，由于当时心理分析正大行其道，故行为学派的影响不大。直到20世纪60年代，该模式才开始出现在社会工作的文献中，成为个案工作的一个分支。与前面的三个学派不同，行为学派不重视个人的内在冲突、需要、自我功能与环境间的交互影响，而是认为个人的行为是在外在环境的刺激和制约下形成和改变的，强调通过学习来改变行为。

行为学派模式的理论假设有：① 强调可观察到的行为。在他们看来，行为包括思想、情感和身体动作，其变化主要由学习而来。② 行为可分为操作性行为与反应性行为两种。操作性行为又称随意行为，是可以由个人意志控制的，行为结果会影响行为是否再次出现以及出现的频率。反应性行为又称不随意行为，不由个人意志控制，主要是由刺激所引发的生理改变。③ 行为持续存在一定的必要条件。此条件为引发行为的原因与维持行为存在的效果反应，两者缺一不可。

行为学派模式撇开了对人的内在心理机制的分析诊断，直接从行为着手，并作为行为修正的出发点。具体地说，该模式不从整体上理解人的行为，不把人的行为看成是内在心理机制的表现，不注重对人的内在心理结构与过程的深层分析，而只重视与问题有关的当前行为，直接以偏差行为或症状作为治疗的对象。这样一来，就能用明确的、系统的方法和科学的手段来进行治疗，且在此过程中注重评估，保证治疗方法的科学性及治疗效果。需要注意的是，该理论不去探讨目前行为的历史原因，认为通过改变环境就可以改变行为本身，而忽视心理因素对行为的作用。只重视目前行为的方式可能导致行为治疗的效果是治标不治本的，当内在冲突未解决时，冲突可能会以其他方式继续表现出来。鉴于

---

① ［美］威廉姆·法利、拉里·史密斯、斯科特·博伊尔：《社会工作概论》（第九版），隋玉杰译，中国人民大学出版社2005年版，第72页。

这样的原因，当代社会工作的新发展是以行为学派与认知学派逐渐混合为趋势，在行为修正模式中引入了行为主体的能动作用，发展出更具科学性的行为治疗模式。

（五）社会目标模式

社会目标模式源于学校小组工作发展初期，是学校小组工作在处理与社会规范和社会价值有关问题时的一种尝试。这一模式的理论主要来源于系统论和社会学的观点，强调社会系统与个人和群体间是相互作用和相互影响的；个人和群体的行为会影响社会系统的正常运转，而个人问题的解决也必须通过社会变迁的途径来实现。“社会意识”与“社会责任”是社会目标模式的中心概念，其功能是增加市民更广泛的知识与技巧。[①]换言之，社会目标模式通过社工的引导，启发案主的社会良知与责任，培养具备这种素质的市民。一个具有社会责任感的市民组成的小组会促进社会的发展。

该模式假设社会行动与个人心理健康是一致的，每一个个体都具有在社会的主流中进行某种有意义的参与的潜能；每一个小组都是一个潜在的资产拥有者，以便影响社会变迁；每一个社工则被认为是一个影响者或社会意识的培养者。如果一个小组及其成员能够在社工的影响下找出一个共同目标，并且培养出一种自我、主动的行为去推动小组进程，那么小组成员便能自我发展，运用技巧去参与一些有意义且负责任的社会行动。

社会目标模式的学校小组工作以社区层级及小组结构框架服务为主。小组结构具有一定的伸缩性和灵活性，以适应各种集体行动的制度，且依照各种社区利益引发不同的社区行动。此外，小组结构也是小组成员进行社会行动的媒介，是社会变迁制度化的支持者，成员也可以从小组中得到技术性和情感性的支持。

在社会目标模式的小组工作中，个人不必去评估他人，它反对对个人的自我印象、身份、技巧、知识及领导潜力进行评估，而只是强调小组成员的参与、共识及任务的达成。因此，一旦小组成员离开社工的引导之后，就会缺乏对个人的了解和自我的认识，对成员个人目标实现的助益效果不明显。

---

① 林万亿：《当代社会工作理论与方法》，台湾五南图书出版公司2007年版，第436页。

（六）治疗模式

治疗模式又称临床模式或矫正模式，是在个案相关模型的基础上发展起来的一种学校小组工作实务模式。该模式以行为修正理论、社会化理论、社会角色理论等为理论基础，将小组视为一种治疗的环境或工具，强调通过小组经验来治疗个人的心理问题或偏差行为。具体地说，小组为其成员提供支持，鼓励小组成员学习，小组成员之间运用知识和技巧来帮助个人获得自我意识，改进社会功能。①

在这一模式中，小组的工作目标是诊断每个个人，通过改变小组结构与小组过程，以达到改变个人的目的。社工在治疗小组中扮演“变迁媒介”的角色，其活动过程为研究、诊断、治疗。社工的权威不是在小组中形成的，而是被认定的，是专业机构所赋予的。社工在对成员进行评估和诊断时，很少强调“与案主一起”工作，而是强调“为案主”工作。

治疗模式包含以下过程：① 分析小组成员的需要、问题，了解问题的成因及历史状况，拟订治疗方案；② 根据治疗方案拟订工作计划；③ 执行计划，并根据具体情况进行修正与及时总结；④ 评估整个工作过程及治疗结果。

治疗模式主要聚焦于对小组成员目前行为的修正与改变，聚焦于成员的个人系统，而对现实世界中的环境因素考虑较少，这是一个很大的局限，有可能成员在离开小组回到原来的情境后又出现问题行为或心理障碍。认识到这样的局限性之后，该模式对其最初的理论进行了修正，加入了对环境因素的考虑，并将“人在特定情境中”的观念及认知理论引入到小组治疗模式中来，认为个人可以通过小组改变自己和环境，改变行为与认知，或者改变生活空间。总而言之，该模式在医院、矫正机构、家庭服务机构、心理咨询服务机构、学校以及健康机构等部门得到广泛运用。

（七）互动模式

互动模式又称调解模式或互惠模式。 该模式在助人的过程中同时

---

① ［美］威廉姆·法利、拉里·史密斯、斯科特·博伊尔：《社会工作概论》（第九版），隋玉杰译，中国人民大学出版社 2005 年版，第 91 页。

关注个人与社会，而不是小组成员本身。它强调在小组的协助过程中，有类似问题的成员聚到一起，通过相互协助，发展有利于问题解决的工作技巧，建立自信心以实现个人的社会潜能。与前面两种模式不同的是，该模式关注的目标既非社会，也非个人，而是互动与互动过程本身。

该模式的理论基础主要来自系统理论、场域理论、社会心理学理论以及社会工作实务方法中的实务原则。其理论假设为：小组是有机的，个人与社会之间存在一个有机的、系统的互相依赖关系；小组是个人和社会发挥功能的平台，也是一个互助的系统。在小组工作的过程中，社工不仅影响着成员间的关系，同时也被这一关系所影响。成员将自己的需求与小组需要联系起来，建立共同的小组目标，追求共同决策，分享共同的成果。

在互动模式中，没有治疗目标，也没有社会变迁的方案，只是强调社工及成员间的互动与互助。其中社工的角色是中介者或协调者，负责促进小组、机构、社区等各个系统间的彼此适应。社工的目标不是针对案主，也不是为了案主，而是与案主一起工作。

互动模式小组工作包含如下内容：① 小组工作中，社工寻求并发现满足成员需要及社会期待的共同基础；② 成员了解实现需要所面临的各种困难；③ 小组工作过程为成员提供解决问题所需要的信息、价值观、理念等；④ 小组为其成员提供分析与解决问题的新观点、新方法；⑤ 社工与成员共同探讨解决问题的途径。

互动模式从个人与社会关系的互动角度来看待小组工作，其最大的贡献在于提供了一个“互动体系”的观念，将小组工作中的成员、社工及外部环境统一在一起看待。但是这一模式过于注重互动过程，而忽略了个人问题的解决，也无法对个人目标的实现与否进行评估。

(八) 社区发展模式

社区发展模式又称地区发展或自助模式。该模式对社会问题的假设为：地方社区缺乏良好的人际关系与解决问题的技术，居民间关系淡薄，且对社区事务漠不关心。社区领导者思想保守，对民主程序一无所知，缺乏解决问题的能力。社区发展模式认为，可以通过激发居民的广泛参与，“让我们聚集在一起来商量这件事”。通过不同的个人、小组、党派间的充分讨论与沟通，来实现一致与共识，以达到增强居民归属感和互助合作的精神，提高其解决问题的能力，并促进社区内部人力、物力资源的发展。

社区发展模式认为，只要社区内的多数人广泛地参与社区活动和决策，就能实现社区的变迁。其采取的策略主要为推动居民的参与和合作，改善沟通渠道，合理利用社区资源。在这一模式中，案主被看成是有相当丰富的未开发潜能的公民。社区社会工作者在实践过程中是一个促成者、协调者或教导者，协助居民表达不满，发现自身的需要，培养良好的人际关系并协助社区建立组织与制度。

社区发展模式采用和谐、渐进的工作手法，强调居民与小组间的互助合作，这有利于建立不同的社区网络以及培养互助关怀的社区氛围。但有时社区问题十分复杂，单纯依靠社区中的资源和鼓励居民参与，未必能够有效和彻底地解决问题。也有学者批评说社区居民及小组间的利益并非总是一致的，当不同群体间利益相对立时，很难达成一致的沟通，也不可能采用和谐一致的方法来解决问题。

（九）社会策划模式

社会策划模式又称社会计划或技术援助模式。该模式假设社区中存在着许多具体的问题，这些问题因缺乏合理的社会计划和实施能力而产生，因而阻碍了社区的发展，而解决问题的途径是专业技术人员的参与。社会策划模式强调专业人员的参与，强调理性设计的社会计划在社会变迁中的作用。它认为只有专门的计划者运用专业技术知识才能制订合理的社会变迁计划，引导复杂的变迁过程，才可能为社区居民提供合适的服务，解决犯罪、住宅、心理卫生等社会问题。

社会策划模式采取的策略是"让我们获得事实真相，并采用合乎逻辑的下一步"，侧重于资料的收集、正确计划的制订与实施。在社会策划的过程中，社区社会工作者扮演的是一个高度技术性的专家。社会工作者从事调查研究、方案拟订，并与各种不同科层体系及各种不同学科的专业人员建立关系，因而社会工作者是事实的汇集者与分析者，也是方案的实施者。案主在其中更倾向于被看成是"服务的消费者"，他们可以直接享受各种社会计划的成果。

社会策划模式强调在制订和实施计划过程中的理性和科学化原则，但是功能上的理性并不能保证策划在政治上及价值取向上也保持客观中立。社区社会工作者如果是受雇于政府或机构的话，那么就很容易偏向从机构的角度来看待问题，会很自然地与现存建制下的各种组织保持良好的关系，很少采用对抗或斗争的手段去进行社会策划的工作。同时，社会策划强调采取科学化及理性化的方法去解决问题，这可能会导致一种倾向，即过分强调专家的意见而忽略了广大市民的参与。

（十）社会行动模式

社会行动模式又称社会行动或冲突模式。该模式对社区及社会问题的假设是：社区问题的产生主要是由于社区中存在着权利与地位的分化，社区中的一部分人处于劣势地位，他们被剥夺、被忽视，失去了权利，由此导致了社区问题的产生。人口中居于劣势地位的人们，为了向社区提出适度的要求，实现社会正义与民主，必须组织起来，采取行动，才能解决问题，达成目标。总之，社会行动是通过动员社区力量来寻求权利和资源的再分配，甚至改变社会基本政策。①

在社会行动模式中，社区社会工作者面对的工作对象是那些处于社会边缘的人群，他们没有社会资源，没有社会地位，忍受着不公正的待遇，得不到社会的关注。社会工作者的角色是社会行动的倡导者，他们鼓励居民团结起来，争取自身权益，采用的策略是“让我们组织起来去对付我们的压迫者”，即组织大众行动起来，以达到切实改变社区中权利关系与资源分配、提高弱势群体的参与意识和解决问题的能力的目的。

社会行动模式通常是从居民最关注且最迫切需要解决的事件入手，因此容易将居民联合起来，并引导他们广泛参与其中。同时，社会行动多采用集体行动或冲突策略，能够给当权者造成一定的压力，使问题较为迅速地得到解决。但是社会行动也可能会激化矛盾，使当权者采取完全不合作的态度。如果社会行动目标不够明确且基础不够牢固的话，社会行动也很容易被政党团体或利益小组所操纵。

① 房列曙、陈恩虎、柴文杰：《社区工作》，合肥工业大学出版社2005年版，第99页。

第四节　学校社会工作的方法与技巧

有着正规教育背景的学校社会工作者面临着很多角色的挑战。与此同时，他们的服务对象往往是还不具备完全民事行为能力的个体或群体，因此，学校社会工作者们应该尽一切可能来确保他们所提供服务的安全性、合法性和道德性，并管理、保护好案主们的个人隐私信息等。这也正是学校社会工作与其他社会工作分支领域所不同的地方，在其实践过程中，学校社会工作逐渐形成了很多颇具特色的实务方法和实施技巧。

一、学校社会工作的实务方法

与社会工作常用的服务方法一样，伴随着学校社会工作的产生与发展，逐渐形成了学校个案工作、学校小组工作和学校社区工作三种常规的实务方法。针对服务对象的不同情况，专业社工可以选择一种或多种方法开展工作。

（一）学校个案工作

学校个案工作（School Social Casework）是学校社会工作直接服务中的三大方法之一，也是最基础和最重要的方法。从狭义上看，学校个案工作最简单的定义是帮助一个人自助。具体而言，学校个案工作是两个人在一种特别情况下的沟通。两个人中的一个是社会工作者，受过专业训练，了解和掌握工作原则，能应用合适的技巧和方法帮助受助者认识自己，适应环境，与人建立融洽和谐的关系，并帮助受助者纠正短处，发挥特长，成为一个内心平和、满足于现状或对社会有贡献的人。从广义上看，个案工作是全人发展，受助者凭借着工作过程学会面对难题和解决难题的原则，从而全面均衡地发展他的人生。①

① 范明林、张洁：《学校社会工作》，上海大学出版社 2005 年版，第 90 页。

首先，学校个案工作是以个人为着手点，换言之，是一种由个人入手的专门工作或方法。实际上，学校个案工作的对象就是学校学生，因此其工作过程、服务设置、手法运用等各个方面都以学生的需要为依归，在服务的过程中始终要坚持学校社会工作的价值和实践原则。其次，学校个案工作的目的在于协助发生问题或遭遇困难的个人，并对他们的问题加以详细的研究及分析，激发个人的潜能，以期解决其问题或困难，促进其个人人格的健全发展，增进其适应社会和解决困难的能力。

从以上学校个案工作的定义中，我们可以总结出学校个案工作有如下特征：

（1）个案工作是以专业知识和技巧作为基础的社会工作方法之一。目前，由于个案工作运用的理论知识重点不同，对问题的看法也不同，因此已发展出各种不同的工作途径。不过个案工作仍是一项专业的工作，只是对其理论没有达成共识，就像律师、医生一样，在实际的服务过程中运用各种不同的理论和技巧来处理问题。①

（2）注重个人的独特性，采取个别化的服务。个案工作者要配合案主自身的实际需要，并强调个别差异的重要性，这样才能提供适当有效的服务。

（3）重视并了解个人发生问题的内在与外在因素。个案工作认为个人的行为反应受其内在心理与生理的力量和外在情境的共同影响，因而个人发生问题时，不仅要考虑自身行为异常的原因，还要综合考虑环境因素的作用。

（4）个案工作以案主的参与和自助为前提。个案工作的助人原则不仅是为案主解决当前的个人问题，而且要积极地助人自助，以便案主能独立应对日后生活的挑战。因此，个案工作是社工与案主一同积极参与的过程，并由案主自己决定和采取行动，以解决问题。

（二）学校小组工作

科勒（G. Coyle）在 1937 年将小组工作定义为一种教育的过程，其目的

① 黄维宪、曾华源、王慧君：《社会个案工作》，台湾五南图书出版公司 1985 年版，第 4 页。

是在小组中通过个人人格的互动，以促进个人成长；以及通过小组成员互助合作的集体行动，以创造小组的情境。20世纪40年代以后，小组工作逐渐被视为一种工作方法，通过有目的的小组经验，协助个人增强其社会功能，以及更有效地处理个人、小组或社区的问题。特雷克(H. Trecker)综合众多意见，对小组工作的定义进行了总结：小组工作是一种方法，个人在各种社区机构的小组中，凭借小组工作者的协助，通过在小组活动中互动的方式，彼此建立关系，并以个人能力与需求为基础，获得成长的经验，旨在达成个人、小组、社区发展的目标。需要指出的是，学校小组工作的对象虽然同学校个案工作的对象一样，也是具有问题或有需要的学生，但是学校小组工作所服务的对象并非是单个的个人，而是在小组中的个人。我们可以认为，学校小组工作就是在学校背景下，通过小组过程及小组社会工作者的协助，使小组中的个人获得小组经验和行为改变，以使其恢复及提升社会功能，并达致个人、小组的成长和发展的一种专业的学校社会工作方法。①

在学校开展的小组工作类型很多，概括而言，常见的有十种，即娱乐小组、任务小组、教育小组、问题解决和决策小组、焦点小组、自助或互助小组、社会化小组、治疗小组、成长小组以及交朋友小组。具体如下：

（1）娱乐小组。这样的小组是提供令人享受和锻炼的活动的，常常是自发的、无领导的。小组服务机构所能提供的可能只是场地和设备。

（2）任务小组。这样的小组以明确规定的任务取向为目的，通过任务的完成来提升组员的能力。当该任务完成后，小组随之解散。

（3）教育小组。这样的小组的主要目的是帮助小组成员进行有关社会和个人方面知识的学习，进而增进小组成员的知识和技巧。小组领导一般是受过系统训练的，或在某一领域具有专长的专业人员。

（4）问题解决和决策小组。这类小组可以被认为是任务小组中更小的类型，社会服务提供者和消费者都可能介入该小组。服务提供者利用小组会议制订案主或者小组案主的治疗计划，决定如何最好地分配稀缺资源，如何完善向案主的服务传递，如何形成机构的政策决策，如何完善与其他机构的协调工作等。消费者则可能形成小组，以便研究社区中未满足的需

① 范明林、张洁：《学校社会工作》，上海大学出版社2005年版，第124页。

求，并倡导建立新项目以满足这些要求。[①]

（5）焦点小组。这样的小组其形成可能是为了确定需求或问题、制订解决被识别问题的方案，检测对解决问题的替代方法的反应等。小组成员被邀请参与有关个人、小组或者社区的问题和利益的讨论，提出自己的观点和意见。[②]

（6）自助或互助小组。这样的小组利用小组成员自己的资源作为支持，以达到转变态度或行为的目的，或者达到解决问题的目的。自助小组类型多样，有学者将其分为五种：① 小组的中心是自我实现或者个人成长；② 焦点在社会支持的小组；③ 主要工作是创设替代生活模式的小组；④ 是被丢弃者避难所或者最底层的小组；⑤ 是混合型小组。

（7）社会化小组。这样的小组主要以有行为偏差的成员为服务对象，其主要功能在于帮助成员学习社会技巧和社会接受的行为模式，纠正有偏差的行为和思维方式，以使他们重新具备在学校和班级里生活的能力。[③]

（8）治疗小组。这样的小组一般由具有相当严重的情绪或个人问题的成员组成。该小组的领袖一定要有高超的技巧，具备敏锐的觉察力，需要理解人类行为与小组动力，需要有小组咨询能力，能利用小组促进行为转变，能够始终意识到每个小组成员是如何被正在发生的事情所影响的，并能在小组中形成并保持建设性气氛。[④]

（9）成长小组。这样的小组重点在于促进健康的社交情绪，而不在于治疗病态的社会情绪。通过成长小组及其活动，为成员提供一定的机会，使其醒悟、思考、扩展和转变他们对自己或他人的思想、行为、情感，最终帮助成员发挥自己的潜能和提升自己的意识。

（10）交朋友小组。这种小组就是人们相互之间以一种密切的人际方式互动的小组体验，它要求自我暴露，其目标是改善人际关系意识。一个交友小组会议可能持续几个小时，也可能持续好几天。一旦人际意识提升的目的达到了，态度和行为的转变也就是可预期的了。一般来说，发生这样

① ［美］查尔斯·扎斯特罗等：《社会工作实务应用与提高》（第七版），晏凤鸣译，中国人民大学出版社 2005 年版，第 161 页。

② ［美］查尔斯·扎斯特罗等：《社会工作实务应用与提高》（第七版），晏凤鸣译，中国人民大学出版社 2005 年版，第 166 页。

③ 范明林、张洁：《学校社会工作》，上海大学出版社 2005 年版，第 125 页。

④ ［美］查尔斯·扎斯特罗等：《社会工作实务应用与提高》（第七版），晏凤鸣译，中国人民大学出版社 2005 年版，第 173 页。

的转变需要经历三个阶段：解冻、转变和重新冻结。[①]

此外，不同类型的小组会有不同的功能，因而人们对于小组功能的界定也各有侧重。特雷克(H. Trecker)认为，各种不同阶段的个人可以借由小组协助自己：① 追求兴趣与获得技能；② 在同辈小组中获得接纳与地位；③ 成为有影响力小组中的成员；④ 从父母或其他监护人之下脱离而学习独立与成长；⑤ 学习与适应和异性相处；⑥ 从参与过程中成为社区的一份子；⑦ 享受乐趣、休闲与社交情趣；⑧ 获得友谊与同伴。这八种功能是立足于行为正常的人而言的，对于有问题或有偏差行为的个人，小组还有治疗的功能。也有学者从个人层次到社会层次列出小组工作的三种功能：① 参与的功能：个人通过小组参与而获得社会化和再社会化；自我概念的转变或确立；身份、动机、态度的形成与改变；价值与行为的建构与修正；归属感与支持的获取；教育与学习的机会。② 合作的功能：共同思考，一起作业；以集体行动来解决问题。③ 社会变迁的功能：修正制度和小组的外在体系；经由压力、资讯传播或小组组织力以及影响力，使社会制度变迁，尤其是社区组织或社会制度。

综上所述，我们可以认为学校小组工作的主要功能有以下几点：首先，它提供一种归属感。在小组中，个人获得被接纳的感觉，得到小组成员的认同，肯定自我的价值，获得自我归属感，而这是个人情感最基本的需要。其次，得到互助合作的资源。小组工作为成员提供了帮助他人和被他人帮助的机会。再次，获得自我发展的能力。小组工作可以使成员培养面对问题与解决问题的能力，学习适应危机情境，促进个人成长。最后，小组具有治疗功能。针对有问题的人，小组工作可以通过各种活动来提供机会，以帮助个人达到治疗的目的。

(三) 学校社区工作

对于社区工作的概念，在美国、英国和我国香港地区都各有不同的看法，对于名称的使用也各不相同：美国多采用“社区组织”一词，英国多用“社区工作”，我国香港地区则将“社区组织”与“社区工作”两者并用。从广义上讲，我们可以将社区组织、社区发展和社区工作视为相同的

---

① ［美］查尔斯·扎斯特罗等：《社会工作实务应用与提高》(第七版)，晏凤鸣译，中国人民大学出版社 2005 年版，第 175 页。

概念。不少学者在对社区工作进行界定和阐述时，也将其互换使用。但是细致而言，三者还是各有侧重的。在美国，传统上社区组织是联系及统筹不同的地区组织，合力为社区服务，以满足社区需要。随着时间的推移，社区组织的意义已大大拓宽，等同于社区工作。总体而言，社区工作用法较为广泛，含义也较为丰富。目前，比较有代表性的可以分为三类：

(1) 英国学者米尔森(F. Milson)、托马斯(D. Thomas)以及美国学者罗斯(M. G. Ross)、邓肯(A. Dunham)等认为社区工作是一个工作过程，通过这样的过程，社区确定本身的需要及目标，以及在社区内发展居民合作的态度及实践。

(2) 霍布斯(D. Hobbs)、克雷默(R. Kramer)、布拉杰(G. Brager)和施佩希特(H. Specht)等认为社区工作是一种介入方法，是个人、小组及社区组织参与有计划的行动去解决社会问题，其目的是加强、发展及改变社会制度。有计划地完成解决问题的步骤和有目的地组织居民积极地参与这样的工作，是社区工作中两个最主要的过程。

(3) 史基摩尔(R. Skidmore)、勒克(M. Thckeray)以及中国台湾地区的学者徐震和林万亿认为，社区工作是方法与过程的结合，即社区工作既是社会工作的一个基本方法，也是促进社会变迁的途径。

概括来讲，学校社区工作就是运用学校社会工作的理念、原则、方法和技术，在社区范围内开展学生工作，协助社区建设、改善教育环境，强化学校与居民的联系以及学校与社区的沟通。在这样的专业服务过程中，学校社会工作者不仅在学校协助学生，而且经由社区影响学校的政策，促进学生的成长。①

社区工作的对象不是个人，也不是家庭或小组，而是整个社区。因此，学校社区工作的特征主要包括以下几点：

(1) 采取宏观的角度分析和解决问题。它认为问题产生的根源不在于个人本身，而是与社区周围的环境、社会制度以及整个社会有密切的联系。社区工作者解决问题的方法不是纯粹的要个人改变，而是要改变环境和不合理的制度与策略。

(2) 强调居民的集体参与。社区工作的目标是鼓励居民广泛参与、合力解决社区问题，通过集体方式解决问题是社区工作与其他工作的不同

① 范明林、张洁：《学校社会工作》，上海大学出版社2005年版，第11页。

之处。

(3) 广泛运用社会资源。社区工作不单是靠专业工作者的力量，而是运用社区内的各项资源，充分发掘及运用居民的潜能。

(4) 任务目标与过程目标相结合。任务目标主要是解决某些特定的社会问题，包括完成某些具体的任务，实现某些社会福利或满足某些社区需要等。过程目标是为完成总体目标而做的必要工作，包括建立社区内不同群体间的合作关系、发掘及培养社区领袖、增强居民解决问题的能力等。在社区工作中，两种目标同样重要，既要求改善环境，改变制度，又关注居民自身能力的提高。

二、学校社会工作的实施技巧

在学校社会工作中，社工为了更好地帮助案主，要使用许多技巧。我们比照前文中三种实务方法的分类，从学校个案工作的基本技巧、学校小组工作的基本技巧、学校社区工作的基本技巧三个方面来讨论学校社会工作的基本技巧。

(一) 学校个案工作的基本技巧

一般来说，社工与案主往往经由建立专业关系，通过会谈、记录收集资料、诊断问题来协助案主最终解决问题。因此，在学校个案工作中，会谈和资料记录是最普遍的技巧，这两种技巧也在学校个案工作中居于十分重要的位置。①

首先，我们必须掌握的是会谈技巧。

(1) 尊重、关怀与接纳。首先需要说明的是，尊重不是用技巧可以表达的。无条件的尊重、关怀是积极的人格发展的条件。至于接纳则表示不评判案主，而不代表接纳案主的思想及行为都是正确的和合宜的。尊重、关怀和接纳可以用不同的方式来表达，如温和的语调、亲切的态度，以及表示相信学生所说的，注意他的感受和相信他有能力改善，等等。②

---

① 李迎生：《社会工作概论》，中国人民大学出版社 2004 年版，第 160 页。

② 范明林、张洁：《学校社会工作》，上海大学出版社 2005 年版，第 119 页。

（2）专注。专注是在面谈时对案主的语言、情绪、心理的高度关注。这样的关注既有非语言的肢体专注表达，如面向案主，面部表情要松弛，手势要自然，眼神要亲切，身体适当向前倾向案主等；也有非语言的心理专注表达，如注意倾听案主说话，观察案主的手势、神态、身体动作及语气语调，揣摩案主的心理以及体会案主话语的“言外之意”。

（3）真诚。真诚与尊重、同理一起被认为是建立助人关系最关键的三个技巧。[①]一位真诚的社会工作者的表达是自然而非装腔作势的，是诚恳、从容、开放地分享自我。真诚最核心的内涵是自我揭露，即有意识、有目的地经由语言或非语言行为来传递出关于自己的信息。适度的个人分享会鼓励案主表露自己和开放自己，帮助案主准确和具体地集中在问题上，进而促使案主对自己进行探讨和了解。当然，真诚并不等于表露所有的感受。

（4）同理。所谓的同理即学校社工对案主的一种“感同身受”和投入理解。同理与同情不同，同情是指有相似经验或相同感受的人之间相互表达了解对方的经验，而同理则偏重于境遇不同的人也能了解他人的感受与处境。[②]一般而言，同情是较自然与本能的表现，在我们的日常生活中较常表现出同情，而同理就比较困难，是一个不容易达到的境界。这样一来，没有共同的经验，却能了解别人的感受，势必有助于社工与案主之间关系的亲密化。同理心也有高低层次之分，高层次的同理心是学校社工尝试运用专业的力量去影响学生，引导学生从更为客观的角度看待自己的问题，同时能够察觉出潜在的、隐含的或透露不足的部分并对此进行有效的沟通。

（5）简洁具体。所谓简洁具体就是学校社工用简洁具体的言语向学生表达其感受和经验。在社工介入过程中，案主的语言往往相当杂乱和空泛，用词不够精确或过分概括化，导致社工无法确切理解案主的思想与感受。因此，社工在回应案主的时候，应尽量采用具体、清楚、准确的字眼，并针对案主的情况做出回应。[③]当然，简洁具体的好处也在于当学校社工的反应符合学生的感受时，学生也会专注于自己重要的感受、经验和

---

① 也有学者将同理、真诚、尊重视为学校社会工作者在社会工作实践中的专业态度，详见张雄：《个案社会工作》，华东理工大学出版社2002年版，第90－104页。

② 林万亿：《当代社会工作理论与方法》，台湾五南图书出版公司2007年版，第339页。

③ 张雄：《个案社会工作》，华东理工大学出版社2002年版，第90－104页。

问题，并鼓励自己准确、简洁以及具体地表达和分析以消除误解。

(6) 对质。对质一般用于社工介入过程的后期，此时学校社工和学生的关系已经建立，双方意见并不一致。对质能够使学生了解和重建对事物的正确看法并改变其行为。具体地说，准确的对质表示学校社工：了解学生，明白他的矛盾；关心学生，希望他有所改变；尊重学生，知道他能够接受被指出的弱点，同时有能力改变自己。

(7) 澄清。澄清是学校社工利用询问来帮助学生把想表达的意思说得更清楚、更明白的一种技巧。学生来向学校社工求助时，情绪往往比较激动，在阐述中有时给出的信息是不连贯、不完整的，甚至是相互矛盾的；有时候学生所要讲述的议题是令人困惑、难以启齿的，或者是“欲说还休”的，对此，学校社工要通过询问来澄清很多模糊不清的信息。

另外，在学校个案工作中，收集和记录学生的资料是工作的重要一环，学校社工收集和记录学生资料的技巧有：综合累积记录，学生的自传、日记和周记，学生实际情况调查会谈，学生自填的资料表，观察与记录，事件记录等。

(1) 观察与记录。最有效的观察包括能清楚地领悟学生在某种情况下的主要行为，行为对学生的含义，与行为关联的态度和感受等，其中最重要的是能够决定引致行为的因素。观察是一个学校社工获取对学生的更准确、更具代表性和更有意义的印象的技巧，社工需要不断完善、提高准确观察的技巧。[①]首先需要观察的是身体语言，如坐姿、手势、衣着、眼神、表情、化妆等，其次需要注意以下五个方面：① 在观察之前，确定观察的行为、特征以及观察的程序和深度；② 先观察学生的一般行为以求得全面的印象，然后详细地观察其某些行为和特征，并屡次重复以上两个步骤；③ 观察不同情况下、不同时间段的学生行为；④ 与学校的老师、同学交流，以获得一个较为全面和真实的印象；⑤ 观察完毕后立即做记录、概要和分析，以使记录准确、清楚和完备。

记录是社会工作者对与案主接触的整个过程及问题的全过程予以记载，不仅可以帮助学校社工分析和评价学生的行为和问题，以便制订有效的助人计划，而且有助于社工结案后的反思、评估。[②]准确记录的原则如

---

① 范明林、张洁：《学校社会工作》，上海大学出版社2005年版，第122页。

② 朱眉华、文军：《社会工作实务手册》，社会科学文献出版社2006年版，第104页。

下：① 要直接记录案主的行为、言语和表情，而非贴标签或形容他的行为；② 记录行为发生时的情况；③ 避免使用形容词、判断词或比较式的言词记录。

（2）综合累积记录。综合累积记录是学生资料的累积记录，通常包括：① 个人资料；② 家庭状况；③ 家居环境；④ 兄弟姐妹的情况和关系；⑤ 学业状况；⑥ 健康状况；⑦ 性格及与同学和老师的关系；⑧ 课外活动的参与情况；⑨ 事件记录、辅导会谈记录。

（3）事件记录。事件记录是对案主在某个重要事件或情况下的行为进行的客观记录。它包括社工对事件的评语和建议采取的行动。当事件累积到一定的时间后，会对研究案主行为的形成及其原因提供有价值的线索。运用事件记录方法的目的不是记录所有学生的生活细节，而是对学生有意义的偶发事件的观察记录，它着重记录的是学生的特质与行为，以及事件的客观性。

（4）录音和录像。由于会谈的录音和录像可以提供说话的全部过程，因此正被越来越多地使用。相比于记录，录音像一面镜子，不仅能精确地反映访谈者，也能反映被访者如何说话。如果是这样的话，它们就具有自我关照或者敏感的价值，因为它们反映出人们与他人交往的情况。[①]

（二）学校小组工作的基本技巧

美国加州州立大学人群服务与辅导系、小组辅导专家科勒曾经指出，按照小组工作的过程，开展小组工作需要采用的技巧包括：① 小组前准备工作的技巧，包括建立小组、招募成员、筛选成员、给定目标等；② 小组开始阶段的技巧，包括小组聚会物理环境的安排与布置、成员相互认识、成员建立信任感、处理抗拒、成员自我评价等；③ 小组转换阶段的技巧，包括处理防卫行为、处理问题成员、处理冲突和处理对领导者的挑战等；④ 工作阶段的技巧，包括处理成员同时产生的强烈的情绪、处理投射和自我觉察到的其他问题等；⑤ 结束小组的技巧，包括结束每次聚会，小

---

① ［美］查尔斯·扎斯特罗等：《社会工作实务应用与提高》（第七版），晏凤鸣译，中国人民大学出版社 2005 年版，第 123 页。

组成员分手、继续评价与追踪、小组评估等技巧。①

第一，在小组工作的开始阶段，以下一些技巧的运用显得尤为重要。

（1）同理。所谓同理就是一种设身处地的态度，是一种能够站在别人的立场来理解他人的行为与感受的能力。对于小组工作者来说，在小组的早期阶段，同理可以帮助小组工作者建立与小组成员间的共鸣，协助成员发展开放和信任的关系，也协助成员分享个人的经验和对某些问题的看法。

（2）真诚。真诚包括诚实与开放的心胸。在小组工作过程中体现为以下三点：① 小组成员会感到与小组工作者的互动是率直的、合宜的；② 小组成员会感到小组工作者没有扮演任何专家或权威的角色；③ 小组成员会感到小组工作者是看得见的。具体来说，“真诚”技巧的运用是在工作中将小组的“生气”表达出来。

此外，小组工作者始终要意识到以下四点：① 当小组成员表现出对小组工作者的敌意和挑衅时，小组工作者应尽量缓和气氛，平和地向小组成员做出解释，消除彼此的误解；② 当小组成员表达对小组的关心时，小组工作者应保持积极、开放、热情的态度；③ 如果小组工作者在工作中犯了错误，面对小组成员则必须承认；④ 如果对小组成员的问题不知道如何解答，不应捏造答案。

（3）示范。在小组初次聚会期间，成员无疑希望能够得到友善、安全的感觉，所以小组工作者要协助成员感受满足、接纳、欢迎和包容，以及协助成员把焦点放在个人与小组的需要上。因此，小组工作者就要以示范作为引导，尝试表现一些行为让成员去模仿，如感受满足感、提问的技巧以及给予回馈的方式等。

第二，在小组形成时期，个别小组成员和小组本身都需要小组工作者的支持。小组工作者有多种提供小组支持的方式。① 鼓励小组成员表达与小组主题相关的想法。小组工作者可以邀请小组成员提出意见和感觉，让

① 不同于按照小组工作的过程归类小组工作技巧的划分，有些学者将小组工作的基本技巧分为一般性技巧、促进沟通技巧、讨论的技巧、程序和设计的技巧。详见朱眉华、文军：《社会工作实务手册》，社会科学文献出版社 2006 年版，第 113－114 页；丁少华：《小组工作》，社会科学文献出版社 2003 年版，第 260－284 页。也有学者将小组社会工作的技巧分为一般技巧、组织小组的技巧、控制小组的技巧以及主持小组的技巧等。详见李迎生：《社会工作概论》，中国人民大学出版社 2004 年版，第 181－185 页。

成员知道他的意见得到小组其他成员的理解，甚至支持。② 当小组成员面对发生在他内在或外在的困惑或危机时，小组工作者可以帮助小组成员。当小组成员正冒险进入一个新的领域时，他不能确定会发生什么，小组工作者此时要积极提供支持。③ 小组工作者可以鼓励小组成员自由地讨论他们的感觉，尤其是像害怕、生气、悲伤、愤怒或悔恨等感觉。①

在小组形成时期，为了推动小组朝着既定的目标前进，小组工作者需要扮演比较主动的角色，积极引导小组成员互动，并不断强化他们之间的互动。具体来说，在这个阶段需要运用以下技巧：

（1）连接。所谓连接是降低成员之间分离的感觉，帮助成员彼此有更紧密的认同，以增强小组的凝聚力。我们可以发现，连接重视的是成员之间的相似性而非差异性，通过将小组成员连接在一起以增加他们之间的互动。

（2）设限。所谓设限就是小组工作者在关键时刻设定好界限，使得小组在一个框架内互动，并避免小组成员的互动逾越或偏离小组的目标。

第三，在小组工作的过程中，冲突是不可避免的。关键是小组工作者和小组成员要创造这样一种环境，即让冲突可以被提出来和被众人了解，并且将之转化为小组成员正向成长的经验。要克服小组的冲突，需要随时运用以下技巧：

（1）避免助长输赢。输赢是以竞争为基础的，它会导致输的一方失去继续参与小组活动的动力，降低小组的凝聚力，从而使小组的冲突或问题更加严重。为了避免冲突演变成这种状态，小组工作者需要首先指出冲突双方共通的立足点，再将问题分歧说明，最后让双方对彼此的立场进行辩论。

（2）澄清和解释。在争议的情境中，对于语言和非语言符号的错误解释，会导致更多的困惑、生气、焦虑和受伤的感觉。对此，小组工作者应该：① 尽快让双方对冲突有一个共同的定义，以便能有效地处理冲突；② 重新回顾引起冲突的事件，尤其是语言和非语言的行为；③ 帮助成员将问题分类，并且澄清彼此同意和不同意的范围；④ 让没有参与冲突的其他成员分享他们的观察和看法。

（3）与整个小组维持关系。在小组冲突的过程中，小组工作者始终要

① 范明林、张洁：《学校社会工作》，上海大学出版社 2005 年版，第 11 页。

引导成员认识到，小组中的冲突不仅仅会影响处于冲突中的两个人，也会直接或间接地影响小组中的每一个人。对小组工作者来说，整个小组越了解冲突的利害关系，则可用来解决冲突的资源将越多。

(4) 设立标准和基本规则。面对冲突，小组需要有一个结构和大家认同的规范，以保护成员免受伤害和尴尬。这些规则最好在小组一开始的时候，就以一个实际的方式进行界定。

第四，在小组维持时期，工作者需要采用的技巧包括导引、支持①，鼓励表达差异性等。由于小组在此时已经拥有自决、自理、自我修正与自我引导的能力，所以小组工作者适合担当催化的角色，并应该处于边缘的位置。导引作为最重要的催化技巧，主要是指小组工作者需要为成员提供忠告与咨询，而不是规定与管理。当然，导引并不是引导小组朝向小组工作者所设计的方向前进，而是朝着小组已经决定的方向探索和前进。即是说，导引就是目标的引介和朝向目标达成的行动。

第五，在小组工作结束阶段，小组工作者需要注意以下技巧：① 如果要有足够的结束时间，通常至少需要三次聚会期，三次聚会依次需要清楚地申明小组工作结束的时间、处理成员的感受和一些未完成的事务、办理结束的仪式。② 结束阶段的沟通。结束必须是离散性和个别化的。小组工作者有时可以采取拖延会期、缩短聚会时间等方法来刻意消除凝聚力。③ 办理结束的仪式。通常最后仪式的方式可以用赠送礼物、颁奖、赠书、拍照留念、临别感言、分别聚餐或其他足以流露自然感情的方式来处理。

(三) 学校社区工作的基本技巧

所谓社区工作，最通俗的说法就是和社区居民一起工作的方法。由此，学校社区工作的关键就是了解社区，发动社区成员对学校教育以及学生成长事宜进行充分参与。一般而言，学校社区工作的整个过程都涉及对社区情况调查分析的技巧、建立与维系关系的技巧以及动员和组织的技巧。

首先，在开展学校社区工作之前，要对所服务或介入的社区进行一番调查，即社区分析，主要涉及以下五个方面的内容：① 社区教育环境分析，包括社区牵连到青少年和在校学生成长的社会、人文与自然环境，以

① 支持主要是指小组工作者通过支持来增强小组自我管理、自我引导的能力。

及教育资源的分布等；② 社区青少年和在校学生人口分析，包括在校学生人口总数、年龄结构、性别结构、学习程度状况、在校学生人口素质等；③ 社区青少年和在校学生社会问题分析，包括社区范围内影响到青少年和在校学生成长的带有全局性的问题，如各类青少年和在校学生违规行为（偷窃、吸毒、欺骗、敲诈、性犯罪以及逃学、逃夜、自杀、斗殴等）、单亲家庭及其子女问题、残疾儿童问题、失学问题、在校学生休闲时间及活动安排问题等；④ 社区青少年和在校学生教育与成长需要分析，包括服务对象要求服务的种类、项目、形式、数量以及服务收费标准、时间安排等；⑤ 社区促进青少年和在校学生成长的资源分析，包括各类机构资源的存量、权属运用等。①

社区情况调查的基本方法主要包括问卷法、访谈法等。问卷法是指根据需要调查的内容，确定问卷项目的设计。但是，限于问卷上的项目或指标的设定，需要访谈法进行更深入的补充。访谈法是指学校社工和被调查者进行面对面的互动与交流，就某些涉及社区青少年和在校学生成长及教育的问题开展深入而充分的讨论。相较而言，访谈法更有助于了解社区的有关情况和社区成员的真实想法，可以为学校社区工作的开展提供坚实的依据。

其次，建立关系的技巧贯穿学校社区工作的始终，也是学校社区工作极为重要的一部分。在与当地社区建立关系时，需要特别注意以下技巧：① 社工应具备社区关系联络以及建立自身形象的技巧，这一技巧对于能否与当地社区建立关系至关重要，甚至是起到决定性的作用；② 社工需要掌握与社区居民初步接触的一般沟通技巧，尤其是接触社区“问题青少年”和“问题学生”的技巧；③ 社工要善于对社区居民展开街头谈话、家访、电话访谈等，家访时，社工尤其需要表现出自己的专业态度以及成熟的社会工作技巧；④ 社工除了与社区居民交往外，还需与社区内的相关社团、政府机构联络。其实，借助社会团体的力量是解决社区“问题青少年”和“问题学生”的重要手段，而促进政府机构更多地考虑到社区“问题青少年”和“问题学生”也是学校社区工作必须认真对待的问题。②

最后，动员、组织的技巧在学校社区工作中非常重要，这些技巧常用

① 范明林、张洁：《学校社会工作》，上海大学出版社 2005 年版，第 163 页。
② 朱眉华、文军：《社会工作实务手册》，社会科学文献出版社 2006 年版，第 121 页。

于开展社区活动。[①]第一，在居民层次，社工要具备动员、组织社区居民的技巧，尤其是具备调动社区青少年和在校学生参与活动的积极性的技巧。社区青少年和在校学生的兴趣多样，对社会文化的需求也是多向度的，要让他们积极参与社区活动，社工就需要多组织一些寓教于乐的社区活动。第二，社工要具备策划活动的技巧。在策划一个主题性活动时，一般要选一个具有针对性的题目，既要符合社区状况，又要适应社区青少年和在校学生学习、生活和思想状况等。当然，社工也要注意活动形式的多样性，以调动社区居民和社区青少年、在校学生的积极性。

第五节　学校社会工作的趋势与展望

1989年美国《校园与社区远离毒品法案》的颁布，联邦政府拨款支持学业失败的高危险学童与特殊需要教育服务的学童方案等，促使学校社会工作得到了快速发展，再度扩大了从业人口的规模。同时，20世纪90年代以来，美国社会出现了大量的青少年问题，包括高辍学率、少女早孕、校园暴力、儿童贫困以及滥用药物等，以前没有学校社会工作者的地区开始公开招聘学校社工。1994年《美国教育法》(103－227号公法法令)签署成为法律，确保了所有学生都拥有平等的受教育的机会。这也促进了学校社会工作的快速发展。

在全球范围内，我们也看到有越来越多的社会工作者进入学校工作。通过为学校里的儿童们提供服务，社会工作者们可以更加容易地找到那些需要他们帮助的个体或是群体，为他们提供更专业的服务，让他们从所受的教育中获益。学校社会工作者通过提供直接服务或是代言倡导，促进了学校环境的变化，最终提升了所有学生的幸福感。在社会工作者意识到如何才能更有效地对学校里的学生及老师们开展服务的同时，学校也逐渐发现了一些为了成功地完成其教育使命而必须解决的障碍。学校需要专业教

① 陆士桢、王玥：《青少年社会工作》，社会科学文献出版社2005年版，第332页。

师，也需要专业的社会工作者。社会工作者把他们关于家庭议题、社区资源以及问题解决的知识贡献给了校园里多元学科的团队。

在其自身的专业发展上，1992 年美国社会工作人员协会的教育委员会修正了学校社会工作服务标准为能力与专业实务、专业准备与发展及行政架构与职员三部分，并于同年进行了第一次学校社会工作资格认定考试。要成为一名学校社会工作者需具备：通过美国教师考试(NET)的学校社会工作专业领域考试；获得社会工作专业硕士学位(Master of Social Work，MSW)后需有两年的专业社会工作经验和专业学校督导管理经验；社会工作督导提供的专业评估和来自学校的鉴定。随着学校社会工作服务标准的修改，从事学校社会工作的专业人员的素质得到了较大提升。有 31 个州成立了州级学校社会工作协会，20 个州成立了美国社会工作者协会分会与学校社会工作委员会及四个地区性委员会。1994 年美国社会工作人员协会首推学校社会工作为其第一服务项目；同年，成立了美国学校社会工作协会，并独立于美国社会工作者协会(National Association of Social Workers，NASW)。作为学校社会工作的领导和先锋，美国学校社会工作者协会也于同年成立，全美总共有 13 000 名学校社会工作者，各社会工作学院硕士班一年就有 1 200 名研究生以学校社会工作为主修课程，占全部社会工作研究生的 3.5%。[①]自 2000 年以来，欧美学校社会工作已成为成熟的专业，社会工作者队伍由不同层次的专业人员构成。

就服务对象而言，尽管许多学校社会工作将焦点集中于某个特定孩子的家庭、学校和社区的个案工作，但欧美学校社会工作者服务对象中传统的“情绪困扰和适应困难的学生”已非主流，学校社会工作的重点开始着眼于所有的学生。就工作内容而言，学校社会工作者越来越倾向把全体学生看作他们的服务对象，并逐步把孩子们的权利、福利以及受教育权纳入自己的职责范围，学校社会工作的内容也呈现越来越多样化的色彩。[②]

学校社会工作受到来自社会多方面的资助：学校系统、当地政府、社会服务机构以及国际救助组织等。在韩国，学校社会工作已经得到了国家教育部的经费支持；在德国，学校社会工作是青年福利机构和学校系统合

---

① 周群英：“学校社会工作实务模式与专业发展初探”，载《社会工作》2014 年第 3 期。

② Huxtable M. 1998. School Social Work：An International Profession. Washington：Social Work in Education，Vol. 20，Iss. 2.

作的结果；在加拿大，不同的地区之间差异较大；在美国，大多数的社会工作者被教育系统长期雇用，这样一来，学校社会工作者在参与教育决策制定中拥有更多的话语权，同时也增加了他们与全体学校成员一起工作的机会。近年来，在美国开展了一项有关学校服务的社会运动，旨在推进社会工作服务经由与学校合作的独立机构来开展。在全美范围内的很多社团组织已经与学校、社会以及健康服务机构建立了正式的关系，把他们提供的服务定位于接近学校或者直接进入学校内部，以便家庭能够在触手可及的范围内接受服务。这些服务是在传统学校社会工作服务之外的，在理想情况下，这种方式有利于建立学校社会工作与跟学校服务相关的工作人员之间的良好互动关系。

在一个首要价值是教育的社会工作环境中，学校社会工作所面临的严峻挑战怎么强调也不为过。为了使工作更有效率，学校社会工作者必须融入学校环境中，但与此同时，学校社会工作者还要保持自己作为社会工作者的独立身份。这是一项非常困难的角色分饰，因为其中一方是一股巨大的“系统拉力”趋向“适应环境”，而不是挑错误、瞎捣乱。而且，这种“拉力战”是非常微妙的。因此，学校社会工作者必须要学着向现状发起挑战，并且促进系统的改变。

此外，大多数社会工作者，自然包括学校社会工作者，更多地会专注于本地问题，往往容易忽视日益变化的全球化背景。我们需要认清的一点是，全球化不仅贯穿了 21 世纪的经济发展和社会生活，也必将对社会工作的实践产生深远的影响。在学校社会工作领域，我们的很多问题已经触及了国际问题，当我们的服务对象涉及移民儿童，特别是饱受战争或是动乱创伤的难民儿童时，我们就需要国际化的视野和资源。全球化的视角帮助我们的社会工作者了解我们所处的社会环境，推动学校社会工作转向成为一个拥有统一目标和行动的全球性专业。与此同时，通过扩大教育机构的知识基础和多元文化教育能力，开阔其教育视野，影响其发展方向也是大有可为的。值得我们强调的是，伴随着信息技术的迅猛发展，学校社会工作者可以与全球各地的同行们实现瞬间联络，积极活跃地参与各种国际性的活动也成为可能。

综上所述，目前各地的学校社会工作呈现出教育、研究及社会服务为一体的趋势。随着实务经验的增多，学校社会工作也在不断地创新出更多、更有效的服务方法和技巧。学校社会工作的演变、资格的认定、专业培训、证书授予、标准制定、调查研究、立法游说以及组建专业协会等，都是全世界学校社会工作者共同感兴趣的领域。尽管名称上有所不同，但在学校社会工作涵盖的服务领域和发展目的上却具有较大的相似性，从这个意义上讲，该职业可以被看作一项国际性职业。教育这一项伟大事业所面临的国际挑战，必将扩展到全球各国，在这一过程中，学校社会工作也将不断向前发展！

第二章

入学新生的适应

——心理社会治疗理论的运用

新生适应问题是因与周围环境不适应、不协调，由此在认知、情绪、行为等方面出现的一种迷茫、困惑、痛苦。每一位从小学升入初中、初中升入高中的学生都会遇到这个问题。而这个时期恰好是学生成长道路上的一个重要转折点，适应的好坏直接关系到整个中学阶段（或高中阶段）的学习，乃至一生的成败。为此引起了广大教育工作者的高度重视。本章所介绍的新生适应案例，是一个刚进入中学学习的初一新生佳佳。受家庭的影响，她从小形成了处处追求完美的观念，初来乍到，刚到一个新环境，佳佳突然发现自己力不从心，经数次努力，自己无法走出困境，为此主动向社工求助。社工运用心理社会治疗理论模式介入该案例，并获得了较好的成效。

第一节　心理社会治疗理论的形成与发展

作为个案工作的基本方法之一，心理社会治疗模式是最基本的理论分析模式，并占有重要的地位。在个案工作的过程中，心理社会治疗模式注重把心理因素和社会因素结合起来帮助求助者。它的起源最早可以追溯到芮企蒙德（Richmond Mary）的《社会诊断》一书，当时这一学派被称为“诊断学派”。20世纪30年代，汉密尔顿（Gordon Hamilton）发表了《社会个案工作的基本理念》一文，对心理社会治疗模式首次做出了系统阐释，成为该派的著名代表人物。后来，哥伦比亚大学的郝里斯（Florence Hollis）将这一派发扬光大，从而使心理社会治疗模式成为个案工作的重要理论派别之一。①迄今为止，心理社会治疗模式本身的发展越来越完善，影响力越来越大，它不仅成了个案社会工作中的主导模式，而且创造了个案社会工作的标准处理流程。②

此外，20世纪中期，随着西方发达国家开始由现代工业社会步入后工

① 李迎生：《社会工作概论》，中国人民大学出版社2004年版，第147页。

② 张雄：《个案社会工作》，华东理工大学出版社2000年版，第136页。

业社会，其文化思潮也由现代主义进入后现代主义，后现代主义思潮被视作是对现代文明的批判和解构。后现代主义思潮是对“现代”西方文化精神和价值取向的一次重要变革，是对现代的主流科学认识观的怀疑，特别是对长期主导自然科学和社会科学的实证主义思想和原则的一种批判。心理社会治疗理论就是这种变化趋势的一个明显体现。从后现代主义思潮中脱颖而出的心理社会治疗理论从根本上不同于现代心理学领域中的心理治疗，并对现代心理治疗范式进行了深刻的批判。由于心理社会治疗理论的重心和关注基点，已由现代心理治疗对个体内部认知结构的注重转向了历史的、文化的方面，并在方法上充分体现了后现代精神的超个体性、创造性以及视角多元性，因而也成了美国学界后现代主义思潮中影响最大的理论流派之一。

心理社会治疗理论强调社会环境和人际方面而不是精神内部方面的治疗形式，其中由美国当代心理学家、后现代心理学思潮的倡导者弗莱德·纽曼(Ferd Newman)、路易斯·赫兹曼(Lios Holzlman)等人自20世纪70年代所开创的以表演疗法为基础的心理社会治疗模式，因其反对传统心理治疗中的诊断方法，并强调表演方法在治疗中的使用，其在全美的社会治疗中心已遍布亚特兰大、波士顿、纽约(包括东部中心、布鲁克林中心和长岛中心)、费城、华盛顿及旧金山等地，很多案主都在该模式的帮助下开始了新的生活。

心理社会治疗理论强调人类的双重需求与人类的心理层面和社会层面的整合力量，其理论基础立于人之成长与发展受到生物的、心理的及社会的三方面因素之影响，同时还受到三者交叉的影响。换句话说，心理社会治疗是兼顾一个人的成长过程中的生理、心理以及社会因素及其相互之间的互动作用。这种治疗的主要目标，是促成一个人健全的成长形态，也增加一个人获取心理社会适应的平衡与满足的途径。①

心理社会治疗模式一度被认为是理论内容最丰富、理论涵盖最宽广的社会工作理论模式。这主要是因为心理社会治疗模式广泛吸收了众多理论流派，集大成于一体。心理社会治疗模式最早接受的是心理分析等心理学流派的影响，后来，心理社会治疗模式逐渐拓宽了视野，并进一步吸纳了社会学、人类学等众多理论学科，从而成就了自身丰富多彩的理论。具体

① 廖荣利：《社会工作理论与模式》，台湾五南图书出版公司2002年版，第15页。

来说，心理社会治疗理论的主要理论基础有心理分析理论、沟通理论、角色互动理论、人在情境中理论和自我发展理论等，结合本章内容，在此，我们着重介绍人在情境中理论和自我发展理论。

（1）人在情境中理论。心理社会治疗模式的理论基础是心理学理论（如精神分析理论、人格理论、认知理论、角色理论、小群体理论）、文化人类学理论以及系统理论。该流派将系统理论运用于个案工作过程中，强调人与环境的互动体系。“人在情境中”（person in situation）是该模式的核心概念，强调人与环境的互动关系。其中的“人”是指个人内在的心理体系；“情境”是指个人生活的社会网络以及物质环境。人、环境以及两者的交互影响是其中的三个最重要的因素。在人与环境的交互影响过程中，任何部分的改变都将引起其他部分的改变。如此不断地相互影响、塑造，最后达到平衡状态。因此，该模式认为治疗的首要任务在于调整个人的人格体系及环境体系，以增进人格的成长与适应。协助的目标在于适度满足受助者的基本需求，帮助其处理好需面对的问题，增进有效处理问题的能力，减轻痛苦，以增加实现目标与期望的机会与能力。在环境改善方面，则应尽量使案主自己担当改善环境的责任，只有在案主遇到困难时，社会工作者才介入协助。①心理社会治疗模式关于人的假设主要是建立在系统论基础之上的，按照心理社会治疗模式的特点，理解一个人不能够仅仅从生理因素出发，还必须充分考虑到心理与社会这两个重要因素。换句话说，心理社会治疗理论认为，人的行为是生理、心理和社会三重因素综合作用的结果。也正因为如此，对一个人的行为进行分析就应该充分考虑到这三重因素的综合作用，不是把人看作孤立的个体，而是把人放到特定的情境中来理解。

（2）自我发展理论。自我发展理论是在精神分析理论的基础上发展起来的。哈佛大学教授埃里克·埃里克森接受了弗洛伊德的大部分思想，并通过把人的社会性融进其中，发展了弗洛伊德的理论，提出了贯穿整个人生的八个发展阶段理论。埃里克森认为，每个发展阶段都可能出现两种截然相反的结果：一种结果是获得相应阶段的积极属性，另一种结果是获得相应阶段的消极属性。每一个阶段的发展任务就是克服这两种相反属性的矛盾和冲突，获得相应的积极属性，避免消极属性。健康的人在积极、有

① 李迎生：《社会工作概论》，中国人民大学出版社 2004 年版，第 146 页。

利的社会环境中能顺利完成每一个阶段的发展任务。但是，在病态的社会环境中，再健康的人也无法顺利完成发展任务。完成了各个阶段的发展任务，就会获得相应阶段的积极属性，就会成为有力量的人。埃理克森把这种人性的力量叫作基本的活力。有了这种基本的活力，人才能形成健康的人格，并从人格中获得力量，确保内部秩序的稳定以及与环境之间的协调。反之，如果无法完成各个阶段的发展任务，就可能获得相应阶段的消极属性，就会陷入心理危机之中，表现出明显的不成熟和软弱，并可能因难以适应环境的要求而出现病态行为。心理社会理论把人生发展分为八个阶段，每个阶段都有各自的积极属性和消极属性。精神不健康往往是因为在以前各个发展阶段积累了过多的消极属性，当进入新的发展阶段时，缺乏或根本没有力量适应发展的要求。因此，应该帮助案主努力获得积极属性、避免消极属性。详见表 2 - 1。

表 2 - 1　埃里克森的发展阶段

阶　　段	社会心理任务	成功的解决方法
婴儿期(0～2 岁)	信任对不可信赖	希望
儿童早期(2～4 岁)	自信心对羞怯、疑惑	意志力
儿童中期(4～6 岁)	主动性对内疚	目的性
儿童晚期(6～12 岁)	勤勉对自卑	自信
青少年期(12～18 岁)	自我认同对角色模棱两可	忠诚
青年前期(18～25 岁)	亲密对孤独、寂寞	爱
成熟期(25～60 岁)	创造力对停滞	关怀
老年期(60 岁以上)	自我完善对绝望	智慧

心理社会治疗理论对于学校社会工作开展的重要意义在于，它指出了儿童和青少年在不同的年龄阶段有着不同的人生任务和危机。学校社会工作就是要帮助服务对象顺利地处理这些可能面临的人生危机，从而不断获得成长。社会工作的主要目的就是帮助案主从各个阶段的消极属性向积极属性转化，以完成各个阶段的心理社会发展任务。①

① 范明林、张洁：《学校社会工作》，上海大学出版社 2005 年版，第 39 - 41 页。

第二节　案例背景介绍

佳佳(化名)，女，13 岁，现就读于某重点中学初中一年级。佳佳从小就是家里的掌上明珠，家庭结构完整，父亲是某公司的项目经理，母亲是一家公司的财务总监，都有稳定的收入，家庭经济条件不错。为了佳佳的学习，全家人倾注了很多心血。小时候，佳佳基本上没有周末，除了额外补课，佳佳利用周末的时间还学过钢琴、舞蹈和画画。可以说，从小她就养成了勤奋刻苦的好习惯，老师、家长，包括社区的居民，都夸佳佳是个很乖的孩子。佳佳在小学时，年年被评为“三好学生”，这一点连父母的同事都知道，并为他们有这么一个聪明的女儿而赞不绝口，为此父母在公司里也增光不少。

不过由于父母工作繁忙，佳佳小时候是由爷爷奶奶一手带大的。作为家里唯一的孙女，爷爷奶奶对她更是疼爱有加、呵护备至。佳佳出去玩，总是有爷爷或奶奶陪着，他们从来不让她一个人单独出去，她自己也从来没有单独坐过公交车，更不用说跟同学一起出去玩了，渐渐地，佳佳养成了一个人玩的习惯，性格也偏内向。家人就像呵护温室里的花朵一样，栽培着佳佳。就这样，在家人的陪伴下，佳佳度过了她快乐的童年和令人骄傲的小学阶段。

佳佳小时候，由于爸爸妈妈工作繁忙，无暇顾及自己的宝贝女儿，所以佳佳是由爷爷奶奶带大的。在佳佳两岁的时候，妈妈由于工作需要，到外地出差一个半月。回来之后，佳佳竟然不认识妈妈了，怎么也不让妈妈抱。从那个时候起，妈妈心里就总是觉得自己身为母亲，没有尽到一个做母亲的责任。自那以后，不管吃的、穿的还是用的，佳佳的妈妈和爸爸总是给她买最好的，生怕自己的女儿受一点委屈。佳佳就这样在家人的呵护下度过了快乐温馨的童年。可以说她是典型的当代中国小公主式的人物，从她的出生便确定了其在家庭中的中心地位。天资聪颖的她，在小升初的考试中，凭借优异的成绩考上了一所重点中学。只要在这所中学里学习成绩保持中上水平，就能继续留在这所学校读高中，将来上重点大学也就稳操胜券。这对全家来说，无疑是个好消息。对于佳佳来说，这所学校唯一的不足就是采取封闭式管理。作为住宿生，她对学校“严格”的作息制度很不习惯，早上六点起床收拾好被褥，洗漱完毕去跑操。由于佳佳动作缓慢，几次被老师点名批评，为此她还流过泪。可以说，她经常因为生活上的不如意掉眼泪，为此也影响了听课效果，导致成绩一再走下坡路。

有一次上数学课，老师看到佳佳心不在焉，就在黑板上出了三道题，点名让她上去做，结果最简单的三道题，她一道都没有做出来，所以老师严厉地批评了她，当时她就像一个三岁小孩似的，当场哇哇大哭。正好快要下课了，老师就把她叫到办公室，经老师一番劝说，佳佳的情绪才渐渐平复下来。其实，初中以前，佳佳一直是老师的宠儿。上幼儿园时，佳佳就常常得到幼儿园老师的表扬。小学一至三年级时，佳佳在老师、家长眼里是“乖孩子”，学习成绩好，多次名列全班第一，六年级时她以全校第一的成绩考到某重点中学。作为初一年级的新生，她的语文成绩特别棒，每周她还写一些小的文章，在校报上发表，并且，作文也经常被老师作为范文在班上朗读，同学们都称她为“小作家”，佳佳非常高兴。然而，半个学期下来，几乎与作文一样“闻名”的是她的数学成绩，一直在全年级倒数几位，每次考试成绩下来，她的语文成绩几乎是全年级最高分，可是数学成绩很差，总成绩一直都处于班级里的下游水平，这令她十分伤心。

为了能够提高自己的学习成绩，她每天学习到宿舍熄灯，中午也不休息。周末回到家，她也把自己关在屋里面做作业。迫于将来升学的压力，她一直在痛苦之中挣扎着。因为她明白，按照自己目前的状况，将来在中考中数学肯定会拉后腿，那重点大学的理想也将随之破灭。每次一想到这些，她就感觉头好像被针扎一样的痛。夜里经常十二点左右才能睡着，有一次做梦，她梦到自己数学仅考了 30 分，半夜里被惊醒，一看表才凌晨四点过五分，离出早操还有将近两个小时。可是她翻来覆去怎么也睡不着，最后心里特别煎熬，偷偷在被窝里哽咽了起来，为了不打扰熟睡的室友，她把声音压得很低。后来，她在日记中写道：“人不长大多好，不上中学多好，那样的话，我就不用因为数学而烦恼，也不用为自己的将来而担忧。真的，还是小学好，每天无忧无虑，学习还不是很累，每次考试下来，老师家长都对我满意。而现在，虽然爸爸妈妈嘴上说‘没关系，下次考好就行了’，其实他们在背后还是会跟小学一样，拿我跟自己同事的孩子相比。真的，作为他们的女儿，我不再是他们的骄傲，现在的我让他们在同事面前没有了脸面。现在的我是怎么啦？难道是我的智商出了问题？我现在的成绩连我小学同学言言都不如，小学的时候，她的成绩可是不如我的。”

言言，是个热情、开朗、快乐的女孩。看到佳佳这样，她知道佳佳心里很痛苦，她也一直想帮助佳佳，觉得佳佳可能是压力太大，需要好好放松一下。正好周末是言言的生日，她邀请佳佳参加自己的生日聚会。佳佳也想通过聚会好好调整一下自己，整个晚上她都在竭力表现自己，大声说话、唱歌，就像是换了个人。接下来的一个星期，情况有所好转，上数学课效率也高了点，佳佳自己感觉好多了。可好景不长，班上的一次小测验，佳佳又考砸了。第二天正好是周五，早晨跑早操，佳佳突然觉得头晕，眼前发黑，不得不回宿舍休息。吃了早饭，她仍然感觉头很不舒服，于是班主任拨通了她妈妈的电话，让她妈妈把佳佳带到医院好好检查一下。父母当天就带她到医院做了脑部CT，还做了其他常规项目的检查，结果显示一切正常。家长不放心，又去另外一家医院做了全身大检查，结果仍然是一切正常。医生给她开了一些营养药，并提醒家长说，会不会是心理问题。因为每当考试临近的时候，医院经常会碰到这样的案例。佳佳的妈妈觉得医生说得有道理，自己也曾经在电视上看到过这样的报道，并且佳佳从小到大从来没有头晕、头疼的症状。经过周末的休息，佳佳说自己感觉好多了。佳佳的妈妈不放心，担心女儿万一真有心理问题怎么办。周一妈妈亲自把女儿送到了学校，并把医生的想法转达给了佳佳的班主任，班主任也觉得很有道理。

那佳佳为什么要装头疼呢？想来佳佳肯定有她的理由，这个问题班主任感觉自己处理起来有点棘手，决定请社工老师来介入。但目前最重要的问题是，如何让佳佳主动向社工求助。考虑再三，班主任决定让言言做佳佳的工作。言言找到了佳佳，但佳佳说自己头晕症状消除了，不过不知什么原因，心里总感觉很不舒服。言言说：“我们每个人成长当中都会遇到烦恼，我知道你心里委屈，不想跟我讲，也不想跟父母说，更不想跟老师交流。但如果你总是憋在心里面不说，会憋出毛病的，我给你推荐一个地方，在那里你可以畅所欲言，毫无顾忌地跟他们说，他们不仅可以给你好的建议，而且会替你保守秘密，你说过的话，他们不会跟任何人讲。这个地方就是学校社会工作服务咨询办公室。”随后，言言把社工的电话号码给了佳佳。

第三节　社工介入的过程

学校社会工作是注重实务取向的应用型学科，作为社会工作者，不仅要通晓社会工作的理论知识与方法，更重要的是在实践中把所学知识转化为合适的服务传递给大众。社会工作者就是运用社会工作的专业知识、方法和技巧来帮助有需要的学生解决各种问题。正如扎斯特罗所说："在个案、家庭、小组、组织和社区工作中，社工使用问题解决方法。该方法可用多种方式加以描述，但是总会包括下述步骤：第一，尽可能清晰地界定问题或者问题范围；第二，提出全部解决方案；第三，评价各种方案；第四，选择一种或者几种方案并制定目标；第五，实施解决方案；第六，跟踪评价解决方案的效果。"①也就是说，社会工作有一些基本的程序，概言之，即接案、预估、计划、实施、评估、结案。

一、接案：建立关系

在学校社会工作咨询处工作的是社工晓晓老师，这是她在这里工作的第二个年头。经过一年督导老师的指导和自己的实践，她现在已经能够独当一面，针对学生的各种问题，能够很快地做出判断，并熟练运用学校社会工作的各种理论模式，帮助同学们排忧解难。

吃过午饭后，佳佳手里拿着言言写给她的电话号码，走到校园公用电话处，慢慢地从书包里掏出电话卡，按照语音提示一步步操作，就在电话里传来了"请输入您所拨打的电话号码"的声音时，佳佳犹豫了，反复地问自己要不要拨？社工咨询处的老师真的能让她走出泥沼，解决她的烦恼吗？可是如果她自己不说，又肯定解决不了问题。如果再这样下去，自己就真的与重点大学无缘了。佳佳抱着不妨一试的态度，鼓起勇气拨通了社

---

① ［美］查尔斯·扎斯特罗等：《社会工作实务应用与提高》，中国人民大学出版社 2005 年版，第 11 页。

工咨询处的电话。

以下是佳佳与社工晓晓的电话谈话片段：

……………………………………

社工：喂，你好！这里是社工咨询处，我是晓晓老师，请问我能帮你什么忙？（电话那头传来了晓晓老师甜美而温柔的声音）

佳佳：老师……好……我叫佳佳，初一年级的新生，有些心里话想跟老师您聊聊。（电话那端先是一阵沉默，大概五秒钟后传来了一个女孩微弱的声音。佳佳刚开始很胆怯，声音断断续续，后来慢慢地调整过来，用很平稳的口气述说了自己打电话的缘由）

社工：好啊，我很乐意听你讲你的故事，慢慢说，别着急，我会替你保密的。（社工晓晓用温和的口吻跟佳佳说）

佳佳：老师经常听别人讲故事吗？（佳佳在电话这端疑惑地问道）

社工：是的，我知道，每一个人都是有故事的，并且每个人的故事都是不同的。我很乐意听你讲自己的故事。（晓晓依然以她一贯和蔼可亲的声音答道）

佳佳：老师，我有很多心里话想说，我的故事也很长，老师您有耐心听吗？（佳佳被晓晓老师那亲切的声音和郑重的承诺所打动，以响亮的声音说道）

社工：我保证，我会认认真真地听你讲每一个字每一句话（社工晓晓以坚定的口气说道），请你相信我。（社工晓晓知道，很多来这里咨询的同学都有这个顾虑，怕老师没有耐心听，担心老师会取笑她，这也是可以理解的。晓晓知道，刚开始跟案主建立关系时，让对方对自己产生信任是最关键的。只有获得了对方的信任，以后的工作才能顺利地开展）

佳佳：老师，您说的是真的吗？您会替我保密，您会认真听我讲，不会觉得我烦？（晓晓的猜测果然没错，随着佳佳心中的疑团一步步地解开，电话这端佳佳的声音也越来越清晰）

社工：当然是真的啦，就请佳佳同学放一百个心，如果我撒谎了，我是小狗，好不好？

佳佳：（咯咯的笑声……）

社工：佳佳，你看这样好不好？再过一刻钟，就到上课时间了，你先去上课，明天中午我在办公室等你好不好？（社工晓晓觉得佳佳应该是认可她所说的话的，于是就顺水推舟地说道）

佳佳：好的，明天中午见。（佳佳的声音比刚通电话时更加平稳，更加响亮）

……………………………

就这样，通过电话交谈，社工晓晓成功地获得了佳佳的初步信任，并确定了第一次会谈的时间和地点。

第一次面谈：

一个风轻云淡的中午，三三两两的老师和学生各自围成圈儿，散布在操场上，尽情地沐浴着阳光。咨询室里没有来客，只有值班的社工静静地等待佳佳的到来。忽然，一个长得纤细白净、眼睛里有一丝隐忧的女生出现在社工咨询处门口，向咨询室张望。

……………………………

社工：是佳佳吧？快进来，请坐。（晓晓十分热情地说道）

佳佳：老师对不起，我迟到了！（佳佳歉意地说道）

社工：没关系，我理解。

（随后社工为佳佳泡了一杯花茶，佳佳的目光深沉却又稚气未脱，看着茶的气息袅袅上升）

佳佳：谢谢老师！（佳佳略带微笑地向社工晓晓说道）

佳佳：老师，我心里有话想讲，不讲出来憋得慌。

社工：大胆讲吧，老师绝对给你保密，你放心。（社工晓晓知道佳佳需要一个倾诉对象，她自己应该做一个好的倾听者，随即鼓励道。这么说，是为了进一步扫除佳佳的顾虑，让佳佳可以毫无顾忌地讲自己的故事）

佳佳：老师，那我应该从何说起呢？（佳佳感觉脑子里很乱，不知道从哪里开始）

社工：就从你上初中说起，你看怎么样？（社工晓晓鼓励道）

佳佳：（以她那银铃般的声音轻轻地向社工晓晓倾诉着自己心中的疑惑与苦恼）上初中之前，一直跟爸爸妈妈在一起。可上中学之后，一个星期才能回一趟家，并且这里对什么时候起床、什么时候睡觉都有严格规定，打水也不方便，我很不习惯这里的生活。我每天都睡不好，所以上课效率也不是很高。语文、英语学得还不错，可数学怎么也学不好，有时候上课就感觉老师像在“讲天书”一样，速度很快，我还没反应过来，又开始讲另外一道题，自己越听越没有兴趣。我感觉自己越来越没出息了，照这样下去，我肯定不能继续留在这所学校读高中了，我爸爸妈妈看到我现在这个样子也很着急，很失望。上初中之前，我可一直是他们的骄傲，爸爸妈妈逢人便夸我聪明好学，年年考第一名。而现在，他们在别人面前再也没有了夸耀的资本，我真给爸爸妈妈丢人。一想到这些，我就觉得自己很没用，在学校也不想跟别的同学多说话。在班里我跟言言说的话最多，我们俩小学就是同班同学，以前她没有我成绩好。可是现在，她每次考试都在我前面，并且她属于那种很有人缘的人，很多同学都愿意找她玩，有很多同学去参加了她的生日聚会，我在聚会上也像换了个人似的，极力地表现自己，可是等到聚会结束，我就特别后悔了，感觉自己很做作。几个星期过去了，我始终不能忘记那个夜晚，不能忘记那次聚会。我觉得那天的佳佳不是我自己。可是我又很讨厌现在的状态，住宿不适应，学习、交友不如言言，曾经的我再也找不回来了。老师，我从小就一直希望赶快长大，现在想想还是小时候无忧无虑的好，人不长大多好，什么烦恼都没有了。我知道父母对自己也很失望。说实话，我自己都不认识自己了，我怎么会变成这样呢？真的很讨厌、很讨厌自己。我越想就越头疼，经常睡眠不好，感觉头晕晕的，书也看不进去，真的，现在一上数学课，我就想逃。

（说着说着，佳佳泣不成声）

……………………………

过了一小时左右，社工晓晓觉得差不多了，就结束了谈话。社工咨询本身就是咨询双方交流沟通的过程。初次咨询主要是缩短彼此的心理距离，建立信任度。整个第一次面谈中，社工晓晓一直在仔细地倾听，从中收集到了很有价值的信息。但社工并没有急着跟佳佳讨论。社工只是让佳佳知道，自己对她的感觉和想法很感兴趣，并且愿意和她做进一步的探讨。然后约定了下次见面的时间，由此，社工晓晓正式接案。

二、预估：从事调查

佳佳离开之后，社工晓晓这样评估：

……………………………

显然，今天佳佳来见我时，仍然对我的承诺有所顾虑。通过循序渐进的对话，她的顾虑才逐步消除，最终肯打开心扉，畅所欲言，跟我讲她自己的故事。虽然她今年才刚刚 13 岁，但给我的感觉是，她比同龄的孩子考虑得多。她知道自己成绩不好，会考虑到父母的感受，并且也试图努力去改变这一现状。但由于她从小的成长环境，使得她很不适应现在的住宿生活，由于性格使然，她虽然努力过了，但情况并没有好转，反而因为自己追求完美的个性而将问题扩大化。本来学习上就不适应，佳佳又发现自己在交友方面跟好友言言相比也相差很多，就这样使自己越陷越深，形成恶性循环，觉得自己真的没救了，有了不想上课的想法。

根据评估记录，社工晓晓以佳佳为中心画了一张图，将佳佳自述中提到的关键人物一一呈现出来，以此来理清自己的思路，帮助自己进一步开展工作。佳佳在自述中提到她成绩不好，会觉得给爸爸妈妈丢人，这是一个很重要的线索。为此，社工晓晓决定了解一下她的家庭情况。当然，虽然社工一直在学校工作，但仅仅通过一两次的接触，对佳佳在学校的情况也未能完全了解，所以社工决定从她班主任、数学老师及她的好友言言那里入手，来进一步了解她在学校的情况。家庭情况方面，出于保密考虑，再加上佳佳父母工作比较忙，晓晓决定以电话的形式进行访谈；学校情况方面，社工决定采用直接面谈的方式获取基本信息。

（一）家庭情况

佳佳的家庭结构完整，父母都有较好的工作，经济条件不错，平常佳佳跟爷爷奶奶住在一起。在家里，佳佳妈妈性格开朗活泼，在家庭中处于强势地位，佳佳爸爸话语不多，但总体来说夫妻关系是比较和谐的。通过电话交谈，社工晓晓发现爸爸对女儿的期望还是挺高的，佳佳好几次成绩不理想，爸爸虽然嘴上说没关系，但还是会拿自己的女儿跟同事的孩子相比，并且佳佳周末回到家，爸爸明显比以前管得严多了，不许看电视、听音乐，让女儿专心致志地看书学习，把成绩提上去。相对而言，佳佳的妈妈跟女儿相处起来更随和一些，考虑到佳佳因为头疼专门看过医生，虽然医生说没有什么大的问题，但做母亲的还是希望周末的时候让女儿多放松一下，不要总是把神经绷得太紧。社工晓晓在谈话中提到，佳佳上学一直都很顺利，小学在班里总是名列前茅。佳佳的母亲回应，佳佳从上幼儿园起就常常得到老师的表扬，常得“红五星”。小学一至三年级时在老师、家长眼里是个“乖孩子”，学习成绩好，经常名列全班第一。四年级时有所放松，成绩下滑，为此佳佳的母亲很严厉地惩罚过佳佳。

通过跟佳佳父母的电话交流，社工晓晓了解到佳佳谈话过程中提到会给父母丢脸，是受爸爸的影响，而她现在之所以不敢敞开心扉跟父母交流，是因为她在小学四年级时由于没考好，曾经被妈妈惩罚过。正是佳佳父母的这种家庭教育方式，让“考不到第一，就意味着给父母丢脸”的不正确观念在她心中扎根，并一直深深地影响着她。在这所高手如林的中学，让她最终因为自己无法扭转局面，不能够正视所面临的现实，产生逃课的想法。

（二）学校情况

通过跟班主任的面谈，社工晓晓发现佳佳由于从小娇生惯养，所以现在对住宿制生活还不能适应，生活节奏总是比别人慢半拍，不能按时出操，自己的床铺也总是不能达到学校的要求。社工晓晓从她的数学老师那里了解到，每次考试下来，她的数学成绩总是班里面倒数几名，有一次竟然考了倒数第一名。佳佳的数学老师这么一说，晓晓还以为数学老师肯定会对佳佳持否定的态度。让晓晓出乎意料的是，数学老师认为，现在越差的学生，证明她的潜力就越大，只要她自己想提高，相信她肯定有能力赶上来，他也很愿意帮助佳佳。言言作为佳佳最好的朋友，佳佳有很多心里话都会跟她讲。不管佳佳遇到哪方面的问题，诸如生活适应、同学相处、学习适应等，言言都会给她出谋划策。这次向社工求助，也是通过言言，佳佳才有勇气找社工主动倾诉自己的心声。通过跟言言聊天，社工发现了一个很重要的线索，言言曾经真心实意地帮助过佳佳，让她能够像自己一样每天过得很开心。但佳佳有一天突然跟言言说，以后不要教她应该怎么做了，她自己永远也学不会，她自己也不想学了，太累了。

社工晓晓在了解了佳佳在学校的种种表现后，更加坚定了自己的想法：佳佳是一个完美主义者，不仅希望在学习上排名第一，生活上、交友上也都希望自己比别人好。数学成绩的不理想只是一个诱因，生活自理和跟同学相处的能力差都严重困扰着她，她自己也深深地意识到了这些问题。升入中学后，自己就不能像小学生那样，遇到不顺心的事情就哭鼻子或跟爸爸妈妈撒娇，这不是长大的表现，而是应该提高自己各个方面的能力，这才像个青少年，才意味着自己真正地长大了。佳佳是这么想的，也一直是这么要求自己的。但有一天，当她突然发现自己无法像自己想象的那样去处理生活中遇到的各种问题时，她选择了逃避，希望能够躲开这一切。但她发现逃避只是暂时的，之后还得面对现实。

三、计划：分析诊断、设定目标

通过第一次会谈和相关资料的收集，社工晓晓发现佳佳出现的种种新生不适应症状及所面临的困惑，是由于她是完美主义者，给自己订了一个高得不合理的目标造成的。“只有考到班里的第一名，才没有给父母丢脸”，“希望样样都比别人好”，这些理念盘踞在她的脑海里，始终挥之不去。现实与理想之间的差距，让她深深地陷于“自我”与“超我”的挣扎当中。社工晓晓为了帮助佳佳尽快走出困境，适应初中生活，做出以下目标规划。

总目标：运用助人自助的理念，引导佳佳构建一个新的、合理的、积极的标准，逐步增强佳佳适应新生活的能力。

1．具体目标一

心理分析理论认为，童年的生活经验会对成年生活产生很大影响。① 从预估的结果来看，佳佳现在的问题与她的成长经历有很大的关系，并且小学因为没有考好，妈妈的惩罚使她有了心理阴影，还有佳佳的爸爸太注重“面子”，这给她的心灵也蒙上了一层阴影。所以，社工晓晓决定运用沟通理论的技巧，通过跟佳佳面对面的交流，让佳佳意识到自己现在所面临的困惑与自己儿童时期的经历有很大的关系。

2．具体目标二

“人在情境中”理论认为，佳佳现在所面临的问题，与她生活、学习环境中的人有很大的关系。从某种程度上可以说，佳佳的问题是她自身所处的环境造成的，要想解决佳佳所面临的困境，就应该对她所处的环境进行介入。所以，社工晓晓决定与佳佳的母亲进行一次深度交流，同时也希望与班主任、数学老师和言言进行交流，从而为佳佳创造一个良好的家庭氛围和学校氛围。

3．具体目标三

“自我发展理论”认为，处于青少年期(12～18 岁)的人，首要任务是

---

① 朱眉华、文军：《社会工作实务手册》，社会科学文献出版社 2006 年版，第 144 页。

通过“忠诚”来防止角色冲突，确立自我认同。佳佳所面临的困惑，正是由于“超我”角色和“本我”角色混乱，导致自己很讨厌现在的状态，出现了认同障碍。所以，为了解决这个问题，社工晓晓决定协助佳佳真正“忠诚”地面对自我，确立一个合理的准则，让佳佳的状态得以稳定，避免出现反复无常的状态，以使角色混乱的问题得以解决。

针对佳佳所面临的新生适应问题，社工晓晓希望运用心理分析理论、自我发展理论、角色理论、“人在情境中”理论、沟通理论的相关知识，对佳佳本人以及她所处的社会系统中的人进行个案辅导，进而让她逐步了解所面临困惑的原因。可以说，这三个目标循序渐进，离总目标越来越近，自始至终贯穿着助人自助的理念，逐步地引导佳佳确立一个合理的标准。确定好目标后，下一步就是如何去实施。根据具体目标中运用到的具体理论知识和技巧，以及佳佳的实际情况，社工晓晓决定采用心理社会治疗模式。

四、实施：心理社会治疗模式的运用

心理社会治疗模式一共有四个步骤，通过前面的建立关系(接案)、从事调查(预估)和分析诊断并设定目标(计划)，已经做好了心理社会治疗模式的前期准备工作。社工晓晓下一步就是通过四个阶段对佳佳实施治疗。

第一阶段：让案主认识到自身存在的偏差行为对其现实生活的适应会有不良的影响。具体到佳佳，就是让她意识到她给自己定的标准太高，正是这些不切实际的信念，让她出现了初中之后的种种不适应症状。

此阶段一共分为三次谈话，以下是社工晓晓与佳佳谈话中的两个小片段。

片段一：

佳佳：对不起，我上次太情绪化了。每个人生活中都会碰到困难，我不应该发牢骚。(很显然佳佳意识到自己已经长大了，很多问题应该理性一点，不能情绪化处理)

社工：我知道你对我很信任，自己也很想改变。俗话说“一个好汉三个帮”。遇到困难，寻求帮助是一个不错的选择。接下来，咱们一起探讨一下你所面临问题的症结所在，这样才能对症下药，你看好不好？

（佳佳点头表示同意）

社工：我不知道你是否还记得上次谈话时，有好几次你都提到了“讨厌自己”。

佳佳：记得，我现在都有这种想法，一直挥之不去。

社工：那你能不能跟我说一下，你在哪些方面讨厌自己呢？不急，想好了再跟我说。

佳佳：（沉思了几十秒钟）我生活节奏太慢，数学成绩一落千丈，还有不会跟同学相处。可以说，升入初中后，我在生活、学习、交友三个方面，跟我的好友言言相比，做得都不好，不对，是很不好。

……………………………………

助人自助的理念告诉社工晓晓，作为一名社会工作者，在介入案例的过程中应起到引导作用。只有佳佳认识到自己在哪些方面存在问题，而不是社工告诉佳佳所面临的问题，才能激发起佳佳转变的动机。

……………………………………

社工：你能这么想，我很高兴。这说明你长大了，不再只局限于自己的小天地了，知道“天外有天，人外有人”，知道全方位地思考自己面临的困境，这一点真的很不错。

……………………………………

社工运用同理技巧，理解她这么想是对的。现在的佳佳可以说是比较自卑，所以很需要有人鼓励她、认可她，哪怕是对她一些想法的褒奖，也对她树立自信心有很大的帮助。

……………………………………

片段二：

之后的两次见面，佳佳不仅谈到了自己的兴趣爱好，而且还谈到了自己的理想等话题。

……………………………………

佳佳：真奇怪，每次和您谈话后的那个晚上学习效率总是特别高。

社工：是吗？

佳佳：是的，我也不知道怎么会这样的。

社工：你想想看，这一晚和平时有什么不同？

佳佳：（思考了十几秒钟）好像心情特别放松。

社工：你肯定是这个原因吗？（社工想让她澄清一下自己的感觉）

佳佳：是的。我比较轻松的时候效率就高，注意力也能集中。越是到了考试时，拼命叫自己集中思想，就越是不行，越不行越急。可以说这是一种恶性循环。

社工：很好，佳佳，你解决了一半的问题。

佳佳：可是我不知道怎样才能让自己放松。（佳佳忧虑地说）

社工：这就是我们接下去要做的工作，你知道是什么东西在逼迫你吗？

（佳佳摇摇头）

社工：我从你的谈话中知道你有一个信念，就是你应该样样都比别人好，是吗？

佳佳：是的，这不对吗？

社工：是的，这不对。或者说这不够准确。

佳佳：为什么？（佳佳万般疑惑地问道）

社工晓晓知道要理解这个问题对佳佳来说很不容易，需要时间去考虑。于是社工晓晓和佳佳一同看了一个纪录片，希望她从中能看懂些什么。

佳佳：没有人能够做到样样都比别人好，即使伟人也不能。所以我也不能。

（她终于读懂了这一点。社工知道这对她来说是痛苦的，然而又是她必须承受的）

社工：（默默地看着佳佳，然后问）想不想说点什么？

佳佳：不。

第二阶段：协助案主觉察并认清生活适应方面各种“本我”和“超我”的不满足和满足的不同感受。以下是社工晓晓与佳佳谈话中的一个小片段：

佳佳：一个人如果觉得自己并不是样样都能做好，那这个人还怎么发展进步呢？

社工：一个人的发展进步以什么为基础？当然是以现在的你为基础，对吗？如果你不能接纳自己，欣赏自己，那么你又以什么去发展进步呢？我们所说的欣赏、接纳，不仅要意识到自己的不足，更要看到自己的长处，这样才能有勇气去面对，并且积极地寻求解决途径，从而发展并超越自己。

……………………………

社工晓晓想到，弗洛伊德心理分析理论认为，面临人格发展阶段的转换过程中的焦虑，“自我防卫”是大多数人应对的方法。解决“自我防卫”的方法有很多，针对佳佳的问题，社工晓晓认为“投射”（指把自己的愿望与动机归于他人，断言他人有此动机、愿望，这些东西往往都是“超我”所不能相容的[①]）更为有效。

……………………………

（受弗洛伊德的启发，接下来，社工晓晓问了佳佳一个问题）

社工：一个木工在木匠堆里是个好木工，你让他去弹琴，他弹不好，你能指责他吗？

佳佳：这显然是不讲理。

社工：（顺水推舟，接着说）因为你生活节奏比别人慢半拍，不善于跟同学相处，数学成绩不理想，就说你是个坏学生、坏孩子，你能接受吗？

佳佳：坏啊？我不坏，我很乖！

社工：我们五个指头都有长短！

（佳佳伸出自己的手指看了一下，嘴角上扬，微微一笑）

……………………………

社工晓晓知道她心领神会。佳佳知道自己在某些方面还是不错的，在第一阶段谈到自己的兴趣爱好时，就像换了个人似的，是那么的无忧无虑。

……………………………

佳佳：父母对我的期望值一直都很高，我现在这个样子，他们很失望。我该怎么办？（佳佳是一个心思多的孩子）

（社工晓晓正愁着怎么跟佳佳讲，她想跟佳佳的父母谈一谈）

社工：让我跟你的父母谈一谈好吗？

（佳佳点头表示同意）

……………………………

第三阶段：帮助案主联系早年的情绪（不良）经验和当前的行为表现之关系所在，尤其是过去情绪及生活经验对目前行为功能的不良影响。

以下是社工晓晓与佳佳及其父母谈话的节选片段。

① 范晓林、张洁：《学校社会工作》，上海大学出版社2005年版，第39页。

片段一：

（佳佳的父母来到社工咨询处，社工将佳佳的一些基本情况告诉了他们，并说明了邀请他们来的目的）

社工：佳佳是个很懂事的孩子，她知道自己现在这种状态很令你们失望，而且每次回到家会感受到压力，说爸爸虽然严厉了一些但也是为她好，妈妈每次都忙前忙后，更是让她觉得对不住你们。

佳佳的父亲：啊？！原来我们的所作所为女儿都知道。看来我低估女儿了，还以为她像小时候一样，非得给她念紧箍咒才能够认认真真地学习。看来我给她造成了很大的心理负担。

佳佳的母亲：都怪我小时候太溺爱她了，我也有责任。如果小时候狠心一点，多培养一下她的生活适应能力，那她现在也不至于这么苦恼。学习上，我一直都对她很放心，自从小时候那次狠狠惩罚过她之后，她的成绩就一直很好。真没想到，她今天的成绩突然下降了很多，连她的好朋友言言都不如。说实话，做母亲的也很着急，现在我一点办法都没有。

社工：你们的心情我理解。为了女儿的今天，你们付出了不少。不过，跟佳佳的几次面谈下来，我发现她自己头脑里有太多的“应该”，要求自己样样都要比别人好。她现在所需要的就是你们的支持，不要给她太大的压力，让她自己在轻松的环境氛围中不断地调整自我。

佳佳的母亲：你的意思是说，不要给她太大的压力，不要拿她跟别的同学相比？

社工：对的。

片段二：

社工：我跟你父母交流过，他们知道你能为他们考虑，很开心，觉得你长大了，懂事了。

佳佳：真的呀，爸爸妈妈好久都没有夸过我了。

社工：你妈妈知道你为自己生活节奏比别人慢而苦恼，懊悔不已，自责她这个母亲没有当好。

佳佳：其实也不能怪妈妈，我自己也有责任。我想只要我每天早起几分钟就可以跟她们一起出操了。

社工：我相信你，只要调整好心态，没有什么不可以的。我记得你说过，小时候你一直是班里的佼佼者。一直都是吗？

佳佳：老师，您怎么突然问这个？

社工：我就是想了解一下。

佳佳：其实，小学四年级的时候我成绩也出现过滑坡，妈妈为此还惩罚过我。后来，我就非常刻苦。上初中后，我的成绩又出现了滑坡，我很害怕妈妈惩罚我。不过她不仅没有惩罚我，还对我特别好，这让我心里很难受。

社工：佳佳你知道吗？通过跟你和你爸爸妈妈的面谈，我发现，小学四年级的那次经历让你意识到，只有考班里第一，才能上重点中学。这样一个信念一直支撑你读完小学。如今，到了重点中学，这里高手如林，要想保持第一是一件不太容易的事情。如果你还是一直拿这个标准来要求自己，无疑是给自己上了一道"紧箍咒"，就会越想越头疼，越想越着急。

佳佳：老师，您说得太对了。那我应该怎么样，才能够摆脱现在的状态呢？

……………………………………

谈话接近尾声，社工建议佳佳调整好心态，不要总是给自己太大的压力。经过共同商量，佳佳给自己写了三点小要求：

第一，每天早上比别人早起五分钟，以保证与同学的生活节奏同步。

第二，遇到数学难题，主动向老师请教，以此来提高自己的学习成绩。

第三，每一个人都有自己的交友方式，没必要总是跟别人比，做到真心相待就好。

第四阶段：使案主运用其所获得的支持，一方面对目前各方面的行为有效支配；另一方面对其可预见的将来的生活情境加以预估和控制。具体到佳佳，为了能够提高她的适应能力，需要制订一个合理的标准。

社工晓晓与佳佳谈话的节选片段：

……………………………………

（通过前面的交谈，社工晓晓帮助佳佳打破了一个高得不合理的准则和梦幻，目的是希望佳佳能替自己松绑，能活得更真实，目标更合理，而不是要挫伤她的进取心，破灭她的理想。因此，此刻社工必须陪佳佳一起构建一个新的、合理而积极的标准。这一点实在太重要了）

社工：佳佳，现在我们一起来修正你的标准。

佳佳：修正？

社工：是的，修正。让它变得更合理。

最后，佳佳写下了这样一个准则：许多方面我可以比别人好，有些方面我不如别人，而在某些方面我还是有提升空间的。

……………………………………

经过一段时间的咨询，佳佳建立起一个比较实际、合理的自我评价标准，对自己也有了比较成熟的认识和理解。解除了自我束缚和重压之后，学习变得轻松、有乐趣，她的成绩也提高了，重新进入良性循环。当然，其间有波动，有挣扎。 每当这个时候，社工晓晓只是轻轻地提醒佳佳：允许这种情况发生，想想已经达到过的状态，然后像以前那样去做。

五、评估与结案

经过两个月的治疗，佳佳基本能够适应初中的新生活，通过建立一套合理的标准，佳佳重新树立起人生的信念，不再讨厌自己，而是能够欣然地接受自我，从而摆脱“自我”和“超我”冲突的困境。在整个治疗过程中，佳佳强烈的治疗愿望和良好的治疗态度以及佳佳家庭成员的积极配合，再加上学校老师和她的同学持续不断的心理支持，最终提升了佳佳的自信心，让她不再自卑，真正地接纳自己。虽然已经结案，但对于社工而言，跟进服务也是必需的。社工晓晓在结案一段时间后，对佳佳的情况开展了如下跟进服务：3个月内不定期地和佳佳保持电话交流，频率逐渐降低。在交流中，社工知道佳佳适应得不错，逐渐喜欢上了住宿制生活，和同学相处也没有压力，原先和同学争第一、比成绩的非理性状态转变成能客观地评价自己。

整个个案结束之后，社工晓晓进行了反思、总结，写成书面评估材料，并将整个案例中的所有资料汇集成一个完整的个案档案，以备日后查阅和借鉴。

第四节　理论研习与案例反思

社工采用心理社会治疗理论模式，同时结合了精神分析、“人在情境中”、社会角色、沟通和自我发展等专业理论，利用专业技术和方法，增强了案主佳佳的自我适应能力和“人在情境中”的系统功能，在帮助佳佳排解新生适应的困惑上取得了很大的成功。本节将进一步细化阐释心理社会治疗理论，并对社工的介入过程进行反思，以期对学校社会工作者日后实务工作的开展有所帮助。

一、心理社会治疗理论的基本假设及实务技巧

心理社会治疗理论认为，案主所面临的困难是案主本人同时受内在的生理、心理因素和外在的社会因素影响的结果，其理论假设大体分为以下三类。①

1. 关于人的基本假设

第一，人的行为受到生理、心理和社会多重因素的共同影响；

第二，人的行为是可以认知的，也是可以被改变的；

第三，人的早年生活经验会对现在或未来生活产生重要影响；

第四，人的行为是可以被预测的。

2. 行为分析的基本原则

第一，人的当前行为往往受到了早年生活经验的潜在影响；

第二，当前社会环境的不适会引发案主的行为问题；

第三，人的行为出现问题是因为人格结构出现了内在问题。

3. 关于治疗过程的价值取向

第一，要充分尊重案主、接纳案主；

第二，应该承认案主的需要，并以案主为中心；

第三，应该承认案主自决的权利，引导案主自我成长；

第四，应该鼓励并协助案主通过改变环境来改变自我；

第五，应该尊重案主的差异性，强调个体化治疗。

在了解和掌握了心理社会治疗理论的基本假设之后，社会工作者就需要开始有针对性地为案主提供专业服务。有学者提出应该主要从以下四个步骤着手。②

第一步，建立关系：指在社会工作者与案主之间建立专业助人关系，使受助者对社工的能力产生信任，从而减轻案主的焦虑感和恐惧感。

第二步，从事调查：社工需要通过调查了解案主个人及家庭信息、求

① 朱眉华、文军：《社会工作实务手册》，社会科学文献出版社 2006 年版，第 145 页。

② 李迎生：《社会工作概论》，中国人民大学出版社 2004 年版，第 147 页。

助动机以及案主对其所遇到的困难的看法。

第三步，分析诊断：社工需要将调查收集的信息加以分析、归纳、整理，从而对案主问题的性质做出推论；

第四步，实施治疗：根据诊断结果制订并实施治疗计划，调整个人人格状态、环境状态，使人与环境之间达到理想的适应状态。

当然，这些步骤通常很难一次全部完成，社会工作者应随着案主与环境的改变不断推进。概括来讲，可通过以下四个阶段完成。首先，协助案主把生活适应上的一些事情和行为中的偏差倾向联系起来，以发觉不良行为的症结所在。案主在初期往往不易从自我认识过程中觉察那些不良行为，因此，社工应以委婉的口气向案主指明其偏差倾向所在。只有当案主了解到这些偏差行为对其现实生活的适应会有不良的影响时，才会产生改变的意念，并寻求自己行为的进一步改变。其次，协助案主觉察并认清其生活适应方面各种“本我”和“超我”的不满足和满足之间的不同感受。这样，案主即可开始了解其失去正常能力的行为形态的动力关系所在，并进一步分辨主观感受和客观事实之间的区别，从而引发其对现实的意识感受、对理智的认识（Intellectual Awareness）和情绪上的体验（Emotional Experience）。这样，案主才可以逐步增强改变的动机。再次，协助案主将其当前的行为与早期人生经历相联系，尤其是对目前行为产生不良影响的经历，进一步促使案主思考过去的经历对自身行为的束缚，然后通过反复的练习，促使案主妥善控制影响其当前行为的过去不良情绪体验的干扰力量。渐渐地，案主对目前的生活适应即有足够健全的力量，其行为也越来越富有弹性，也就是自我统合量越来越强。案主就是这样不断地进行自我审查、自我了解，从而使得自身适应社会的能力得以增强。最后，案主通过妥善地运用其所获得的支持，比如，对目前各方面的行为可以有效支配、对其可预见的将来生活情境加以预估和控制，使得自身有能力来适应各种生活逆境，发挥潜能，创造幸福美满的人生。①

此外，社会工作者在运用心理社会治疗理论提供专业服务时，可采用直接治疗和间接治疗两大主要方法。直接治疗指的是直接对案主本人开展治疗活动；间接治疗则指的是不直接对案主本人进行治疗，而是通过对案

① 廖荣利：《社会工作理论与模式》，台湾五南图书出版公司2002年版，第23－25页。

主本人生活的环境进行改变，从而达到对案主本人进行治疗的活动。①相应地，直接治疗主要是在案主和社工之间直接展开；而间接治疗除了涉及案主和社工之外，还进一步扩大到了案主的重要他人。

其一，直接治疗。直接治疗的方法可以进一步划分为两种：反思性治疗技术和非反思性治疗技术。反思性治疗技术对案主的要求相对较高，主要是通过评论、发问等方法来鼓励和推动案主自我反省、自我解决问题并达到对自我的满足和实现。反思性治疗也被称为反思性讨论或反思性沟通动力技术，主要包括三种方法：人在情境中、心理模式动力、人格发展。

其二，间接治疗。所谓间接治疗其实就是曲线治疗，因为种种原因，有的案主可能无法或不愿意直接接受社工的治疗。心理社会治疗模式认为，每个人都是生活在特定环境之中的，人们的行为往往受到了环境的深刻影响，因此，我们可以暂时避开案主，直接对案主生活的环境进行改变，然后通过环境的改变进一步促成案主的改变。在间接治疗活动中，社工本人所担当的任务和扮演的角色与常规情形有所不同，大致说来，在环境改变过程中，社工所充当的角色主要有以下几种：资源寻找者、资源提供者、资源创造者、信息传译者、案主中间人、案主保护人等。

事实上，在日常的实务工作开展中，社工所采取的往往并不仅仅是直接治疗或是间接治疗中的一种，而更多地表现为直接治疗与间接治疗两者相互结合的综合性实务运用。

综上所述，心理社会治疗理论的服务过程尤其注重前期调研、诊断治疗等，它们之间相互影响、紧密关联。只有把案主放回到具体的人际交往场景中，并把其目前的内心冲突与以往的经历联系起来，才能准确揭示案主困扰产生的真实原因。同时，运用综合的诊断方式确定案主问题的症结所在，随后采用多层面的服务介入方式帮助案主，才能更好地达成服务目标。

二、心理社会治疗理论的主要特征

心理社会治疗理论的确立是以批判传统心理治疗的诊断形式为前提的。心理诊断是传统心理治疗必不可少的一部分，它的任务主要是对患者

① 朱眉华、文军：《社会工作实务手册》，社会科学文献出版社 2006 年版，第 145－147 页。

的问题及其原因进行分析和确认，治疗者对患者的帮助和改变是在心理诊断的基础上展开的。心理语言的图式论是心理诊断的依据。图式论认为，心理语言的基本功能是真实、准确地描述心理状态，包括动机、态度、心理事件等，与这些描述相应的是内部的客观状态，有时是外部现实。依据图式论的观点，在心理治疗中，患者被要求对所谓心理的客观状态进行描述，治疗者则不停地敦促患者诉说病情，对“内部现实”做出尽可能详尽、忠实、深度的描述，并对患者所表述的真实性、意义、一致性、清晰性、价值等进行盘问和质疑。可以说，诊断的大部分时间是对心理事实进行描述、再描述的过程。而诊断本身，便是按照诊断手册的最新版本，针对患者的症状对号入座，贴上诸如“学习障碍”“躁狂抑郁”“妄想症”“临界智商”或“精神分裂”等标签。①这样的诊断实际上已经改变了患者的处境，或者说，对患者的生活形式产生了影响。患者一旦被贴上诸如此类的标签，便构成了其个人生活史的一部分。这是传统的心理治疗者难以理解，也无法改变的一个基本事实。简言之，诊断本身在给患者造成心理压力的同时，也把消极影响渗透到患者未来的生活中去，给其造成更多的心理困惑。因此，心理语言的图式论及以此为基础的心理诊断的有效性越来越多地受到批判。

维特根斯坦后期的哲学思想彻底否定了语言图式论的观点，提出关系性的活动理论，指出语言不是对事物的本质特征的描画，而是一个活动或一种生活形式的一部分。随着维特根斯坦的影响在心理学中的不断深入，越来越多的心理学家已经放弃了心理语言图式论，主动探索活动论的方法，而心理社会治疗理论就是对传统的诊断疗法的彻底否定，并努力发展非诊断性的方法。即不贴标签，不去挖掘患者生活中的“真实”，而是通过帮助人们创造性地表演新的生活形式，从而创造新的情绪。可以说，这在方法论上是具有后现代意义的。后现代思想家霍格认为，如果说“现代”是怀旧的，那么“后现代”则是摒弃旧有。抛却过往、着眼未来、笑看世界、戏谑人生是后现代的生命基调。后现代“去中心”化的精神使我们认识到，人类不是宇宙的中心，个人不是社会的中心，谁都不是他人的救世主，完全没有必要给自己加载太多的责任。如果说“现代”是生活在痛

① 乐国安、郝琦：“社会治疗的理论与方法——后现代主义心理治疗述评”，载《南开学报》1999年第6期。

苦的夹缝中，被不堪的重负压弯了最后一根肋骨还在低吟所谓“生命中不可承受之轻”，那么“后现代”则是漫步在轻松的人生旅途中，倾其生命之全部来高扬“生命中不堪负载之重”。难怪会有“嬉皮笑脸的后现代”与“愁眉苦脸的现代”之戏称。

心理社会治疗理论主要致力于帮助案主寻找自己错误行为的动力原因，该模式坚信，个体的当下行为主要是受到了早年生活经验的影响。因此，社会工作者在运用该理论模式的时候，需要对案主行为背后的原因甚至早年的生活经验进行深度反思，最终寻找到偏差行为产生的内在原因，这也是弗洛伊德理论投射到心理社会治疗模式中的一个浓重阴影。此外，行为的深层原因其实也是人格本身。人格发展反思使案主从对行为的认知深化到对行为背后的人格进行反思，这是案主行为问题得到真正解决的根本，弗洛伊德的人格结构理论也是对心理社会治疗理论的内在支持。

三、案例思考

这是一个典型的运用心理社会治疗模式来处理新生适应的案例。社工运用相关理论，通过一系列的工作方法和技巧，为出现新生适应症状的佳佳开展服务，促使佳佳发生了改变，取得了良好的效果。成功之处主要体现在以下三个方面：

第一，较强的理论分析能力。本案例中，社工在心理分析理论和自我发展理论的指导，深入分析案主行为的内在心理动力机制，并制订详细的服务计划。社工在整个服务过程中，结合人在情境中理论、社会角色和沟通理论的相关知识，开展对佳佳的治疗服务。“人在情境中”理论认为，案主的问题和她所处的环境，即家庭、学校息息相关，社工除了针对案主开展个案服务外，还致力于改善案主的环境，促使案主问题的解决，这凸显了心理社会治疗模式重视社会环境资源的运用这一特点。

第二，选择了一个合理的服务治疗模式，成功地运用专业实际操作知识。本案例中，社工在运用心理社会治疗模式时，仍然能够严格遵守接案—资料收集—诊断—制订计划—提供服务—结案—评估这一整套连续完整的工作程序，具有系统性和规范性，前一阶段为后一阶段打下了基础。

第三，社工过硬的专业素质。追求完美的佳佳是一个很受压抑的孩子，她在“自我”“本我”和“超我”中挣扎着，不断地循环着，使得自己的脾气有时会急躁，因此要帮助佳佳走出这个困境是一件非常不容易的事情，这不仅要打破她对父母观念的认同，还要帮助她去面对“她不过是个普通孩子”这个“冷酷”的现实。这些挑战都不是轻易可以完成的，而是要一步步地慢慢实现。社工深深地意识到了这一点。在服务的过程中，社工能够采用尊重、接纳、真诚、同理的原则，通过对案主提供心理支持，使她清楚地意识到自身存在的问题。比如在接案阶段，社工说骗她自己是“小狗”，一下子让案主放弃防御心理，从而使社工成功地接案。在以后的交流中，社工凭借自己熟练的专业技巧，促使案主越来越开放自己的内心世界，并愿意积极地进行自我探索，帮助案主通过发挥自身“主观能动性”的作用来改变自己，真正达到助人自助的功效。

当然，在服务过程中，本案例也存在一些不尽如人意的地方，有待于进一步提升，这主要表现在三个方面：首先，在资源利用上，没有充分利用学校资源，比如案主的好友和同宿舍同学；其次，社工对案主家庭问题的分析，只看到了家庭对案主的负面影响，而忽略了家庭在佳佳成长过程中的积极功效；最后，社工的专业技巧和技能还有待进一步提高。

第五节　心理社会治疗理论的主要影响及评价

心理社会治疗理论是后现代视野下对心理治疗的一种重释，它打破了以往旧观念的束缚，大胆地将现代主义所不容的“异端邪说”融入了生活态度之中，形成了一种新的后现代意义上的治疗观。 它改变了治疗给人们造成的刻板印象，将心理治疗变成了一种活生生的生活体验。它把个人的发展扩展到一个人的一生中，给人们的生活增添了无限的希望。

心理社会治疗理论的理念在根本上是不同于现代心理学领域中的心理治疗的，并对现代心理治疗范式进行了深刻的批判。由于社会治疗的理论重心和关注基点已由现代心理治疗对个体内部认知结构的注重转向了历史的、文化的维度，并在方法上充分体现了后现代精神的超个体性、创造性及视角多元性，因而成为美国心理学界后现代主义思潮中影响最大的理论流派之一。

在现代心理学领域中，大家所熟悉的精神分析法、行为疗法、认知疗法等均以对症状的控制与消除作为治疗的目的，而心理社会治疗则认为通过调试再创人生的发展是治愈精神痛苦的关键。从这个意义上讲，心理社会治疗不仅仅是一种心理调适的工具，更是一种生活规划的方法论。心理社会治疗理论的价值在于它能够作为一种方法、一种技术去指导人们的生活。社会工作者的主要任务就是教会人们如何去发现他们真正想要的生活，并帮助人们去适应这种生活。心理社会治疗的目的并不是仅仅改善人们的行为，而是要创造全新的生活。

心理社会治疗理论对传统心理治疗进行了全新的追问与释义，提出了一系列另类的观点，可以说是在心理治疗发展史上进行了一次另类的表演，使每个人都有机会重新演绎自己的人生。这种全新的治疗观打破了以旧有生活经历定位的匹配治疗原则，治愈过程中的医患关系已不存在，患者与治疗者之间是“演员”与“顾问”的关系。治疗的出发点定位于健全人格的个体，每一个体都是合格的演员，有极大的自主权，在现实的舞台上演绎理想的人生，随心所欲地呈现自我。所谓的“心理疾患”是理想与现实的分野、希望与失望的共存造成的暂时性的心理落差。暂时的不快与失衡，只是某一次不成功的表演，不足以影响人的一生，更不必为此而背负沉重的心理负担。走出阴霾，生命中是永恒的万里晴空。而这种不适也只是一种短暂的偏离，心理社会治疗就是要消除不适，缩小落差。作为顾问的社会工作者只以观众的身份提出合理的建议，这种建议是委婉的“推销”，而不是强行的“兜售”。治疗的最终目的是让出现偏差的表演者掌握高超的表演技巧，使未来的剧目赢得“鲜花”与“掌声”，而不是回忆与咀嚼过去的忧伤。

心理社会治疗理论者所倡导的这出“人生剧”，是每个人自导自演的一出“人间喜剧”，甚至可以说是一场失范的表演，但这的的确确又是一种自由、本真的表演，是对生命本真的感悟与追寻。在当今高度科学化、机械化的现代社会中，正是这种自由、本真的自我呈现使人类远逝的精神家园得以重建，诗意的栖居成为可能。人类不再是美好人生的“追梦人”，而是幸福生活的缔造者。这种表演延续人的一生，直至生命的帷幕缓缓落下，这又使那些孤独、无助的心灵在冰冷无情的客观世界中获得了一份终极关怀。

对于这种后现代视野下的心理社会治疗理论，究竟该如何恰当地评价其是非功过、合理地赋予其赏罚鉴析、理智地对待其狂澜热潮、客观地把握其雅俗精髓呢？首先，这一理论对影响心理状态的历史、文化因素予以了更多的关注。将日常出现的心理问题置于生活的大舞台上加以考察，而不只是从个体内部认知结构的变化来寻求致病原因，这大大拓宽了心理治疗理论的视野。其次，这一理论消除了传统心理治疗对患者造成的固有的消极心理暗示。传统心理治疗首先将被治疗者当作疾病患者来看待，采取诊断方式，对以往的心理事实进行再描述，这无疑是将已渐痊愈的伤口重新撕裂，促使患者本人也不得不将自己置于病人的位置上。这就在治疗的同时对患者产生了新的消极影响。而心理社会治疗理论则着眼未来，将患者看作内心健全的个体，在消除消极暗示的同时予以积极暗示，真正做到了助人自助。最后，心理社会治疗理论推崇“乐观主义”原则，相信每个人都能享受快乐人生，对生命有着美好的憧憬，这无疑是给予了那些现实生活中的不幸者一剂心灵安慰剂，帮助其走出命运的低谷。这种后现代的心理社会治疗理论无论是理论基础、治疗原则还是治疗方法，都令人耳目一新，的确有其闪光之处，但其中的空幻与偏激也是显而易见的。对传统心理治疗彻底颠覆、全盘否定，这是不可取的。

随着时代的变迁，旧有理论的弊端日益显露，但不能因此而将其全部抹杀。同时我们也应该看到，心理社会治疗理论奉行后现代主义的游戏性、无序性、无常性，追求一种绝对的快乐人生，这是超现实的，至少在当今社会生活中是无法实现的，这就使这一理论缺少现实根基而陷于空幻。心理社会治疗理论倡导的“后现代式”的生活态度会对现实的社会生活造成巨大的负面影响。任何一个社会中的人都无法按照后现代主义所标榜的非理性原则置人伦、亲情、义务于不顾，随心所欲、无所顾忌地扮演生活“嬉皮士”。生命拒绝浅薄，只有尴尬的人生，没有透支的幸福。对生活不负责任的人，最终等待他的会是寂寥无望。不管我们如何希望我们的生活愉悦轻松，但生活本身是厚重的。如果所有的人都不去正视现实，不去理智地对待生活，在反复无常中游戏人生，那么整个社会生活就会无序、混乱，人类的正常发展进程也将被中断，人类文明更无从谈起，理论与现实的脱节并不可取。但是，如果我们因此而走向另一个极端，对之一概否定，也是万万不可的。

第三章

迈向青春健康教育

——行为治疗理论的运用

随着人们物质生活水平的提高，青少年的青春期大大提前。面对青春期，青少年群体明显表现出生理、心理、社会三方面成长不同步的现象，这使得青春期健康教育承受着其他学科少有的责任与风险。处在青春期的青少年独立意识、性意识和性情感开始萌发，他们渴望与异性交往，希望了解性知识，却又往往因为得不到科学的指导而陷入迷惑、焦虑或冲动之中。因此，学校社会工作应该为青春期少男少女提供指导、关怀、帮助和教育，保护他们的青春期性健康及心理健康，为他们有一个健康而美好的人生打下基础。

第一节　行为治疗理论的形成与发展

行为治疗理论模式与心理社会治疗理论模式、人本中心理论模式并称为社会工作中个案工作的三大主流治疗模式。美国心理学会 1995 年的一项实验证明：行为治疗、认知治疗及认知行为治疗等模式占据了整个心理治疗方法的 78%。[①]行为治疗理论自 20 世纪 60 年代被引入社会工作领域之后，取得了不错的疗效和认可度，并在日后的发展和运用过程中，通过大量的经验数据证明了它是一种实用且有效的社会工作理论模式。

一、行为的定义

行为是行为治疗理论中的核心概念。行为一般被定义为有机体对所面临情况的一种反应态度。它不仅包括人的身体反应动作，还包括语言和主观的经验。这种反应态度取决于个体本身内在与外在环境的条件。一个人行为的发生，首先必定少不了外在信息对有机体的刺激，经此种刺激后就会产生某种行为。此种行为反应的过程，往往被描述为“刺激-反应”过

① 刘哲宁、姚树桥：“认知行为治疗”，载《中国临床康复》2002 年第 21 期。

程，心理学家将此过程看作行为的主干，即行为反应的模式，图 3－1 即可表明行为反应的整个过程。①

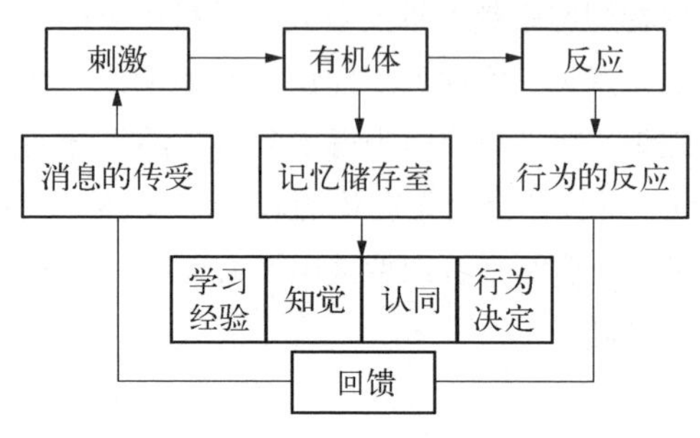

图 3－1　行为反应过程

二、行为治疗模式的形成

行为主义的基本理论原则在 20 世纪 20 年代已有它的原型。行为治疗作为一种可供临床应用的系统心理治疗方法，却是 20 世纪 50 年代的事情。行为治疗的概念最早由斯金纳（Burrhus Frederic Skinner）于 1953 年提出。②行为主义理论由美国心理学家华生（John B. Watson）在 1913 年所创立，其后还融入了苏联心理学家巴甫洛夫（Ivan Petrovich, Pavlov）的经典条件反射学说、美国斯金纳的操作条件反射学说以及班杜拉（Albert Bandura）的社会学习理论。20 世纪 40 年代末，南非的精神病学家沃尔普（Joseph Wolpe），在实验室条件下研究动物的所谓实验性神经症，即布置特殊的紧张情境造成动物行为的异常和生理功能的紊乱，然后用行为治疗的技术将其消除或纠正，此方法即称为系统脱敏疗法（Systematic Desensitization Therapy）。到了 20 世纪 50 年代，沃尔普把行为治疗的技术系统地应用到临床上，他在 1958 年发表的《交互抑制心理疗法》是行为治疗发展史上的一个重要里程碑。此后行为治疗被广泛地应用于心理治疗领域。③

---

① 廖荣利：《社会工作理论与模式》，台湾五南图书出版公司 2002 年版，第 95 页。

② 李勇等：《个案工作》，合肥工业大学出版社 2005 年版，第 44 页。

③ 王蕾："行为治疗法及其最新进展和评论"，载《渝西学院学报（社会科学版）》2003 年第 4 期。

行为治疗又称为“训练性心理治疗”，它是心理治疗的方式之一，与支持性心理治疗、分析性心理治疗并称为心理治疗的三大方法。行为治疗模式个案工作又被称为行为修正模式个案工作或行为进路个案工作等。20世纪50年代以来，许多学者并没有明确地划分哪些属于“行为治疗”，哪些属于“行为修正”。后期一些理论家认为两者有些不尽相同之处。“行为治疗”的主要目标在于考虑与处理个人失调行为的现象本身，而不分析目前行为发生的前因。在细心观察案主的行为时，不做内在及隐藏情绪的假设。它是本着心理学中的学习法则来改变行为的失调部分。“行为修正”的基本论点则是，由于人或世界上任何一种动物都期望一些令人满意的行为，而反对造成不适的行为，因此行为会时常改变，行为被假设为“对外来刺激的反应行为是经过学习而来的”。社会工作者在消除案主的不适当行为时，多半会给其一个“再学习”的机会，以修正其所希望且能够达成的行为。两者之间最大的不同之处并不是使用技术方面，而在于“行为治疗”的治疗对象单指行为失调者，但“行为修正”的修正对象则不仅仅是行为失调者，还可以是正常行为者欲改变其行为使之合乎其环境的需要者。①

行为治疗能够在社会工作领域得以运用，源于行为治疗的两个基本假设：其一，不适应行为是习得的，即个体是通过学习获得了不适应的行为，但要注意并非所有行为变化都是学习引起的，而不适应的行为也像适应性行为一样，是可观察的；其二，个体可以通过学习消除那些习得的不良或不适应行为，也可通过学习获得所缺少的适应性行为。②

从运用的专业化来看，行为理论依其运用和实施的不同可分为六种派系：① 效果派(Operant)：主张使用增强治疗法、夺取与交替法等已达到效果的技巧；② 感应派(Respondent)：此派多属行为治疗家，主张用感应制约的原则和技术来治疗患者；③ 人格派(Personality)：用人格倾向理论来解释人的行为；④ 认知象征派(Cognitive Symbolic)：它除了分辨行为的前因后果外，还着重行为变迁过程中认知、象征以及替代制约等因素的作用；⑤ 专门性的技巧派(Specializic Techniques)：它着重于行为清除的技巧的运用，如有系统地除去不安的感觉或隐蔽去除技巧；⑥ 折中派(Eclectic)：

① 廖荣利：《社会工作理论与模式》，台湾五南图书出版公司2002年版，第98-99页。
② 李勇等：《个案工作》，合肥工业大学出版社2005年版，第170页。

它综合了其他各派理论。折中派对社会工作的贡献极大，因为它为社会工作的专业技巧提供了较多选择。因此社会工作者所选用的行为治疗的方法与技巧，与纯心理工作有所区别，并且是经过慎重选择与折中而形成的。①

三、行为治疗模式的发展

传统的行为治疗除了“条件反射”“学习过程”之外，对精神内部的活动过程并不感兴趣（人被看作是结构复杂的仪器）。20 世纪 70 年代中期，行为治疗受认知技术的影响开始出现了转变，因此它也被称为“认知的转折”。此后，行为治疗放弃了单纯机械论的方法，关注对象不再局限于狭义的行为，治疗过程也不再仅是针对“症状”，而是考虑到患者的认知、体验、相关情感因素，以及导致行为的原因。如今的行为治疗已不再是单纯消除或建立某种行为的技术，而是涉及多层面、从实践中得以验证的一系列治疗技术的总称。现代的行为治疗也被称为“多元行为治疗”（Multimodal Behavioral Treatment）。②

通过矫正认知或思维方式来改变案主的行为、想法及情感体验的方法被称为认知治疗（Cognitive Therapy）。认知疗法与行为疗法有许多共同之处，如它们都认为不良行为是不恰当的或错误学习的结果，治疗上都采用自我观察、自我评估、分等级的家庭作业、行为训练、假设验证等技术。认知与行为的关系非常密切，两者常结伴而行。认知的变化可导致行为的转变，行为的转变又可引起认知的更新。事实上，认知治疗离不开行为技术，行为治疗也离不开认知的要素，严格地将认知治疗与行为治疗加以区分并无实际意义。因此近年来多将两者统称为“认知行为治疗”。认知行为治疗也被视为现代的行为治疗，它源于人本主义心理学家艾里斯（Albert Ellis）的理性情绪疗法（Rational-Emotive Therapy）和与之相似的贝克（A. T. Beck）的认知技术。角色扮演、自我控制和自我指导的方法，解决问题的训练及交往训练等均属于认知行为治疗的措施。

---

① 廖荣利：《社会工作理论与模式》，台湾五南图书出版公司 2002 年版，第 97－98 页。

② 王希林：“现代行为治疗纵谈”，载《中国心理卫生杂志》2002 年第 11 期。

认知行为治疗的发展有三个主要的进化期：① 行为治疗（Behavior Therapy：1950—1970 年）；② 认知治疗（Cognitive Therapy；1960—1980 年）；③ 认知行为治疗（Cognitive Behavior Therapy；1980 年后期至今）。[①] 认知行为学派更趋向认知和行为的统一，其理论依据主要是：致病的原因不是外界环境，而是对这种环境的认知。其治疗主要针对非理性观念，应用许多行为疗法的手段进行认知重建等。从某种程度上来说，这一学派的某些理论甚至已超出了行为治疗的主流。行为治疗模式发展到现在，已经从传统的行为治疗理论转向更多元的认知理论，最近更是有走向建构主义理论的趋势。它强调人们借由建构与再建构其生活事件，以及对个人经验的意义归因，而造就自己的现实。[②]行为治疗模式的发展已非常全面、成熟，其运用也已越来越广泛。

第二节 案例背景介绍

15 岁的阿鸣（男，化名）是某重点中学的一名高一学生，是家里的独生子女，身高有些偏矮，身体健康状况良好，没有特殊病史。父亲是某国企中层管理干部，母亲是一名小学教师，收入稳定，家庭生活状态良好。

阿鸣一家和爷爷奶奶同住在市郊的一套三室两厅的房子里。由于是家中的三代单传，阿鸣一生下来家里的长辈就特别疼爱他，尤其是爷爷奶奶，更是对他呵护备至，吃喝穿用样样都顺着他。也因为家里同辈的小孩不多，阿鸣在成长过程中很少有机会与亲戚中的兄弟姐妹来往，加之家里人对他的期望都很高，希望他能够出人头地，因此在很多课余时间里，阿鸣不太出门玩，养成了内向和腼腆的性格。阿鸣平时不爱主动和其他人说话，偏爱自己一个人玩耍或是做游戏，也不像其他男孩子一样喜欢户

---

① 刘哲宁、姚树桥：“认知行为治疗”，载《中国临床康复》2002 年第 21 期。

② 林万亿：《当代社会工作——理论和方法》，台湾五南图书出版公司 2003 年版，第 203 页。

外运动，家里人都觉得他是个特别乖的孩子，奶奶总是夸他“一点也不调皮”。

从进入校园学习开始，阿鸣的小伙伴就特别少，更多的时候，他都是一下课就由爷爷奶奶领回家了。好在阿鸣是个比较聪明的孩子，加上父母的严格要求，他的学习成绩一直都比较优秀，这也使得他经常得到老师的表扬，父母长辈也都比较满意和放心。总体上看来，阿鸣成长的道路还算是比较顺利和正常的。

通过努力的学习和稳定的发挥，阿鸣通过中考顺利进入了一所寄宿制重点高中。开学前一天，父母和爷爷奶奶一起陪阿鸣来到学校，帮助他整理好宿舍，并嘱咐他要好好读书，争取将来考进名牌大学。等家人走后，阿鸣一个人坐在寝室的床上，面对完全陌生的环境，他心里感到一丝不安。

开学一个多星期了，班上的同学也都是来自不同学校的佼佼者，阿鸣觉得自己不再像以前一样得到老师的特别注意。同时，更重要的是，离开了家人的关心和自己熟悉的环境，要独自和陌生的新同学、新老师接触交往，阿鸣不知应该如何做才好。他几乎不主动接触其他同学，同寝室的男生和他说话时，他总是低着头。除了与同桌女生小 Q 接触比较多之外，阿鸣和班上其他同学几乎都没怎么讲过话，他开始感到苦恼，不知所措。

几周后，班上的其他男同学都已经互相熟悉，课余经常一起打篮球。每当看到同学们在操场上奔跑打球的身影，一种强烈的孤独感就会在阿鸣的心中涌出。一次偶然的机会，他听到宿舍里的男生们一起讨论班上的女生，还提到了自己的同桌、班上的新文艺委员小 Q。不知为什么，阿鸣开始回忆起平时自己和小 Q 讲话时的情景，觉得小 Q 总是非常友好。想到这里，突然阿鸣心里产生一种莫名的想法，他觉得自己对这个女孩好像有种特别的感受，从此以后开始慢慢注意起她，总是不自觉地从远处注视她。

一个月前，阿鸣终于鼓起勇气，在放学前趁小 Q 不注意将带有表白含义的纸条放进她的课桌内。第二天早晨，他的心几乎提到了嗓子眼，连走进教室的勇气都似乎没有了。当他来到课桌旁时，发现小 Q 连看也不看自己，也没有主动和自己打招呼问好，甚至有意不理睬自己。

不久后，教室重新调整了座位，小 Q 和阿鸣不再是同桌了，也不再和他说话了。阿鸣甚至还发现，每次自己鼓足勇气想走近她和她说话时，她总是避开或是装作没看见，或是表情十分冷淡。有时，看见小 Q 和其他男同学在一起聊天时，阿鸣就会感到失落。为了能够再次引起小Q的注意，他努力学习，在一次物理考试中考了班上第一名。除此之外，在庆祝圣诞节的班级活动中，他还下定决心报名参加朗诵表演，希望通过这些尝试能够让自己在小Q心中留下良好的印象。然而，一段时间过去了，小Q并没有任何主动示好的表现。在无比沮丧的时候，阿鸣无意中听到一个同学说小Q和班上另外一名男生关系不错。顿时，他感觉自己所有的努力都白费了，从此每次看到小Q，总觉得她看自己的眼神怪怪的、不太正常，阿鸣觉得自己太懦弱了。“难道喜欢她真的是我错了吗？”这个想法开始整日盘旋在阿鸣的脑海之中，让他常常坐立不安。时间长了，他甚至觉得其他同学看自己的眼神都是那么不自然。从此，只要眼前有人，特别是异性，他就很紧张，学习做事注意力都无法集中，常常莫名紧张、心跳加快。久而久之发展到与同性、与老师交往都不敢看对方的眼睛，也越来越不喜欢和别人交流了。

时间不知不觉过去了，阿鸣与同学的交流越来越少，班上的集体活动中几乎看不到他的身影。他与同学之间的感情也越来越淡漠，班级和宿舍里的同学发现阿鸣常常出现情绪低落、食欲不佳的现象，甚至有时连饭也不吃就在宿舍里发呆。情绪的不稳定也使得他精力很难集中，学习效率非常差，成绩急剧下滑。后来父母无奈，只能将阿鸣接回家休息，暂时休学。由于父母的工作也比较忙，阿鸣甚至在与家人交往时也言语较少、目光躲闪。老师和同学都说他性格太内向，与人相处不太会表达自己的情感，近来与人交往都不敢抬头，很紧张，好像在躲避什么。

第三节　社工介入的过程

眼看着期末考试即将来临，阿鸣却无法再正常去学校上课。一段时间后，学校老师与家长联系，针对阿鸣目前的状况，学校准备向专业机构申请专职的社会工作者介入，以便帮助阿鸣解决所面临的困难。接到学校打来的电话，社会工作者沈萍便立刻开始了接案前的准备工作。

一、初始准备阶段

在申请与接案环节中，学校社工沈萍老师做了充分的前期准备工作。首先，在确定阿鸣此前并没有看过心理医生或向其他社会工作机构咨询的经历后，沈萍查阅了学校方面提供的阿鸣入学后的成绩单和课余活动的记录表现。同时，从阿鸣父母口中得知阿鸣的身体状况一直以来都比较好，以往也并无任何精神上的疾病史或是任何过激行为的记录。此外，她还走访了阿鸣的老师和同学，大家对他的印象是：感觉他平时的举止行为和思维都比较正常，就是性格上有些内向。

在大致了解了阿鸣的基本情况之后，沈萍决定正式接受阿鸣的案子。在她看来，阿鸣只是一个需要人来帮助和正确引导的青春期男孩，需要他人的尊重和理解，从而能够向别人敞开心扉。于是，沈萍开始尝试与阿鸣进行联络，以便确定初次见面的时间和地点。考虑到阿鸣平时一直待在家中，又不善于同陌生人交流，沈萍决定第一次还是到他家中去聊聊，进行一次较为轻松的家访。电话中，沈萍小心地征询了阿鸣的意见，她发现起初阿鸣并不十分乐意接电话，经过妈妈的劝说后，他才愿意和自己对话并同意周末晚上在家中进行第一次见面。放下电话，沈萍在记录本上记下了见面的时间和地点，并仔细地回忆起刚才阿鸣在电话那头的语言表现。她隐约感觉到，想要和阿鸣顺利地建立起专业关系，可能需要花费一定的时间和努力。

接着，沈萍开始拟订周末见面时的谈话提纲，以便让谈话能够达到所需要的效果。考虑到阿鸣本身个性比较腼腆，在交往行动中缺乏主动性，同时目前看来对于治疗可能还存在一定的排斥情绪，因此如何有效地使对话能够成功展开，也需要动一番脑筋。此外，在阿鸣家中见面，对于沈萍自身来说也是一个完全陌生的环境，准备不充分可能也会给自己带来一定的紧张情绪。为了能够保持社会工作的专业性，在内容安排、时间顺序以及所需完成的目标等多方面有效地控制好谈话、做好充分的准备，她依次列出第一次见面可能要涉及的谈话提纲。

…………………………………

（1）自我介绍，包括自身的兴趣爱好、表达友善的信号，以便拉近与案主的距离。

(2) 简要说明这次会面的目的和彼此之间的角色关系，目的是进一步了解案主所面临的情况和所希望得到的结果，以便能够有的放矢地提供适当的帮助。

(3) 向案主介绍社会工作者的基本职能和相关的规定，比如机构的特点和工作性质、保守秘密的工作原则、工作的大致过程等。

(4) 询问案主是否能够理解自己所说的内容，观察其反馈的情况。

(5) 询问其他家庭成员的基本情况。

(6) 确定案主所面临的最大的困惑和最大的期望。

(7) 小结本次面谈的要点，商量下一次见面的时间、地点等。

……………………………………

除此之外，沈萍还需要调节好自己的心理状态，告诉自己必须有足够的耐心。首先要尝试与阿鸣建立起良好的关系，赢得他的信任，其次要争取到其家人对接下来工作的有力支持。

大致拟订一个谈话提纲，完成了谈话前的了解和准备工作后，沈萍迎来了和阿鸣的第一次见面。

社会工作者和案主的初次面谈意味着实质性的工作关系开始建立，对于双方而言，在这一过程中会互相观察和试探。一般来说，面谈的风格因人而异，同时包含着各种技巧。在开始的时候，社会工作者应当真诚地表达出对案主的友好与关心，让案主能够主动参与其中。沈萍和阿鸣的谈话主要涉及了下面一些内容，在每一个谈话步骤中，沈萍都尽量运用社会工作者所掌握的一些谈话技巧，顺利地引导案主阿鸣。

步骤 1：自我介绍。

按照约定的时间，沈萍准时来到阿鸣家。见到阿鸣时，她立刻走到他面前，亲切地跟他打招呼："阿鸣，你好！我是阳光爱心屋的社工沈萍，你可以叫我萍姐。听你的家人和老师说，你最近心情不太好，我的工作就是专门为大家解决困难的。阿鸣，你要是有什么不开心的事或是遇到了困难的话，可以跟我聊聊，看看我是不是能帮上一些忙？"之所以用这样一种非正式的自我介绍，沈萍主要是考虑到第一次见面是在案主家中，而不是在机构的办公室里，同时也是为了消除案主由于排斥学校而对由学校请来的机构社会工作者产生的反感情绪。

步骤 2：明确此次谈话目的和机构性质。

看到阿鸣并没有强烈的排斥感后，沈萍和阿鸣面对面坐下，准备立刻顺其自然地向他介绍面谈的主要目的和双方应当承担的角色。“阿鸣，前些天，我听说你已经在家而没有去学校了，今天我来的主要目的，就是想和你聊聊，了解一下来龙去脉，看看我们能不能想出一个具体的方法来解决这些困难。你说好吗？”这一次，沈萍特地表达出让案主在接受帮助的同时有一种自身参与的概念，这实际上也是一种让其从被动接受到主动参与的暗示。阿鸣并没有语言的回应，他看着沈萍，似乎是作为一种同意的认可在等沈萍继续。

“正像开始提到的，我是一名来自阳光爱心屋的社工，你听说过我们这个机构吗？我们的工作说得简单些，就是运用一些专业的方法，来帮助人们克服困难或是解决问题。接受我们帮助的人可以是任何人，只要他的确需要别人的帮助，我们都十分乐意伸出援手。当然了，如果是要我们帮助去做坏事或是违法的事情，那肯定是不行了(笑)。”说到这里，沈萍观察了一下阿鸣，她用一种自然的方式向案主介绍了社会工作者的工作性质，同时也恰当地开了个小小的玩笑，以缓和谈话的气氛。

步骤 3：介绍伦理原则，引导案主表达。

看到阿鸣稍微放松了一些，沈萍继续说道：“你不用担心谈话的内容会泄露，这只是我们俩之间的秘密，即使别人想了解，我也一定会征求你的意见，得到你的同意之后才会说，你看行吗？你瞧，到现在为止，一直都是我在说话，接下来，如果你信任我的话，能不能和我聊聊目前你有什么困扰？听说你有几天没去学校上课了，是什么原因能告诉我吗？”在这一过程中对案主告知社会工作者的基本工作伦理是必需的，沈萍注意到了避免过于死板地复述这些原理，而选择在恰当的时候向案主介绍，这种效果更好。在介绍诸如保密等原则时，不要把话说得过于绝对，以避免让案主在之后的过程中产生被欺骗的感觉。同时，沈萍很快将谈话过渡到引导案主开始说话的部分。在沈萍的提问下，阿鸣轻声地说道：“我现在害怕去学校，可是在家里的话，爸爸妈妈和爷爷奶奶都很担心我，我真的不知道该怎么办才好。”

步骤 4：探讨问题和专业关系的建立。

在阿鸣开口表达了内心想法之后，沈萍将问题的开放程度进行缩小，继续问道：“能不能告诉我为什么害怕去学校？以前有没有同样的感觉呢？”

“……”

看见阿鸣沉默不语，沈萍感觉到或许让这个腼腆的男孩在初次见面时就敞开心扉，可能会有些困难。不过在面对阿鸣沉默的状况时，沈萍从阿鸣之前的回答态度中排除了抵制治疗和拒绝合作的可能性，认为或许是案主仍存有顾虑或是思绪有些混乱而不知如何回答。想到曾经从同学和老师的口中了解到阿鸣在学校时就比较内向，沈萍打算用一个更为简单的问题来进行提问："是不是在学校中觉得和其他同学相处有些困难，或者说很少和同学们有沟通呢？"

"是的，看到他们我就觉得特别紧张、不自在，我总觉得他们看我的眼神很奇怪，让我受不了。"阿鸣突然有些激动地回答。沈萍隐约感觉到可能找对了提问的思路，于是她轻声地说道："可是听你的家人说，以前你并不害怕去学校啊，而且学习成绩还不错。我还从你的同学那里得知，这个学期你的物理考过第一名，你看大家觉得你是个聪明的男孩呢！"沈萍尝试着用这种鼓励刺激的方式，让阿鸣能够多说一些，从而更加明晰问题的症结所在。果然，阿鸣继续说道："如果真是这样，那为什么我喜欢的女孩还这么讨厌我？我做了很多努力，可是为什么她还是不理我呢？"这句话让沈萍感到已经触摸到了阿鸣的内心，或许这就是这个青春期男孩内心所面临的问题的核心所在。为了使情绪有些激动的阿鸣能够继续表达心中的困苦，沈萍没有继续追问下去，相反，此时她故意选择了一段短暂的沉默。然而阿鸣并没有按照沈萍的预期说下去，而是露出沮丧的神情，又陷入沉默。于是，沈萍立刻站起身，走到阿鸣面前，轻轻拍拍他的肩膀说："如果你真的喜欢那个女孩，在家里一定也会想起，在学校至少可以看见她吧？你想不想让我帮助你，和你一起渡过这个难关，重新回到学校呢？"阿鸣望着沈萍，没有说话。

"你能不能具体和我说说现在心里的感受呢？比如为什么觉得她讨厌你呢？"

"我知道自己从小就不太会和别人相处，进入高中后，生活和学习方面都适应不过来，从一开始我就觉得很孤独。我喜欢小 Q，那段时间里，我每天都想着她念着她，甚至晚上做梦的时候都梦到她。可就是一层纸捅不破，或者是怕被拒绝，或者是别的原因，一直把她放在心底。后来我鼓足了勇气向她表白，为了引起她的注意，我努力地学习，甚至还参加了以前都不太尝试的班级活动。可是，换来的结果却是她讨厌我，总是躲避我，不理睬我。我觉得也许是因为我平时太不起眼了，而且我个子矮，每次看到其他男生一起打篮球我就觉得很羡慕，女孩子也许都喜欢那种运动型的男生，要是我再长高十厘米就好了。我很想和她多说说话，邀请她一起吃饭，可是我觉得自己太差了，根本配不上她，真是癞蛤蟆想吃天鹅肉。但我觉得自己就是喜欢她，现在真的很矛盾，这种滋味真是不好受。我真的好想亲口问问她，可是又不敢，真是太懦弱了！现在我觉得同学和老师似乎都知道了这件事，他们好像都不太喜欢我，尤其是女生们，好像都看不起我，她们看我的眼神都不一样。所以我不愿意和别人交往，觉得和别人的关系都很冷淡。爸爸妈妈和爷爷奶奶都不在身边，我心里特别空虚，成绩也没以前好了，真的很痛苦，我不想再去学校了。是不是我喜欢她真的错了？为什么要这样惩罚我？！”阿鸣的一番话完全表露出他内心的所有想法，让沈萍感到她和案主之间的专业关系基本上已经建立起来。与此同时，她依次把阿鸣的话记录在本子上，以备之后案例预估时需要。

“说出来之后，你是不是感觉到一丝轻松呢？阿鸣，谢谢你这么信任我，把自己真实的想法都告诉了我。想听听我的第一感觉吗？我觉得你现在所遇到的问题是我们每个人在你这个年龄段都有可能产生的困惑，只不过在每个个体身上的表现程度不一样吧。你现在所面临的情绪困扰可能是内心的一些非理性的信念所造成的，不要太忧虑了哦！如果你继续信任的我的话，我想我们接下来的这段日子会有很多见面机会的。在这一过程中，我们会共同寻找出问题的根源，然后来一起做一些改变。我有信心你会渡过现在这个难关的。”为了使谈话避免太过草率地结束，沈萍对这次谈话做了一个简单的总结，帮助阿鸣理清思路并表达出鼓励的信号。

二、深入了解阶段

与阿鸣的接触，让沈萍对案主有了一个初步判断，同时，通过谈话，在还算轻松的氛围内让沈萍与案主阿鸣基本上建立起了专业服务关系。完成了初期的准备试探工作后，沈萍和阿鸣约定一周后再进行见面，将治疗服务逐渐引向更深一步。

（一）资料收集与诊断预估

接下来的一周之内，沈萍进入到接案后的资料收集与诊断预估阶段。

为了能够有效地利用时间，具有针对性地获取资料，沈萍再次走访了阿鸣的老师和同学。放学后，沈萍来到学校操场，找到活跃在篮球场和足球场上的阿鸣的同学。几个同学都说大家从来没有和阿鸣一起玩过球，有时候想邀请他，但阿鸣似乎不感兴趣。和孩子们聊了许多，沈萍还见到了阿鸣的室友，她一边了解情况，一边希望大家能够在今后的日子里尽可能地帮助阿鸣，对这个性格内向的男孩给予更多的关心。此外，通过几次与老师、家长的谈话，也让沈萍对自己所面对的这个正处于青春期的男孩有了更多的侧面了解。他有着这个年龄特有的敏感，第一次面临懵懂的情感困惑，而内心的变化因为腼腆的性格很少向周围人倾诉，久而久之便在与异性的情感和关系处理上形成了一种认知上的偏差，并逐渐封闭自己。结合与案主本人的沟通及与案主接触时所观察到的信息，沈萍从以下几方面制订了初步的预估报告。

1. 案主的需求和问题的界定方面

（1）案主目前主要急需摆脱对学校环境的排斥心理，恢复正常的学习生活。

（2）案主自身对于所面临的问题缺乏思考和判断的能力。

（3）产生问题的主要原因在于案主在情感上遇挫，造成对人际交往的认知偏差。

（4）结果是，案主在与异性交往中的能力发展受限，开始逃避正常的人际交往。

2. 案主个人系统的分析方面

（1）生理功能：案主身体状况良好，无精神疾病、长期性疾病和遗传性疾病，体态正常，个头偏矮。

（2）家庭情况：案主自小生活在父母和祖辈的宠爱之中，父母平日工作比较忙，家庭经济情况适中，成长道路风平浪静，基本没有遭遇过挫折。

（3）自我接受：案主的自我身体想象中身高占有较大部分，由于个子偏矮，常会在意别人是否注意到自己的身高，致使案主自我接受的程度较低，与人接触时会有紧张表现。

（4）自我价值：案主通常习惯于通过他人，如同学、家人的评定标准来判断自身价值，对自身的能力、价值认识不足，与理想中的自我存在较大差距。

（5）自我满足：案主对目前的生活缺乏安全感，对未来害怕失败。

（6）个人系统中的积极因素：案主基本上能够面对问题，而非一味逃避；能与社工共同分享其所面临的问题；对家人表达爱与关心的感觉。

3. 环境因素及社会支持情况

具体见表 3－1。

表 3－1　案主社会网络情况①

案主：阿鸣 姓名	生活方面 1. 家庭 2. 其他家庭 3. 工作/学校 4. 组织 5. 朋友 6. 邻居 7. 专业人员 8. 其他	具体支持 1. 几乎没有 2. 有时 3. 总是	情感支持 1. 几乎没有 2. 有时 3. 总是	信息/建议 1. 几乎没有 2. 有时 3. 总是	帮助方向 1. 双向的 2. 案主主动 3. 对方主动	接近程度 1. 从不接近 2. 有限接近 3. 非常接近	多久相见 1. 不见 2. 每年 3. 每月 4. 每周 5. 每天	认识多久 1. 少于1年 2. 1～5年 3. 5年以上
谢某	1	3	3	2	1	3	5	3
陈某	1	3	3	2	3	3	5	3
林某	1	3	3	3	1	3	5	3
陈某	1	3	2	3	3	3	5	3
张某	3	2	1	1	3	2	5	1
蔡某	2	2	2	2	1	2	2	3
葛某	3	1	1	1		1	5	1
谭某	3	2	2	2	3	2	4	1
顾某	5	2	2	2	1	2	3	2

社会交往的网络表反映出案主的社会支持系统绝大多数来自家庭，情感功能全由家庭承担，与同辈群体交往频率偏低，程度偏浅。由此可能导致其独立性及个人责任人格发展受阻，人际交往技巧和问题解决技巧存在不足，对他人抱有过高期望和过分依赖心理。

① 朱眉华、文军：《社会工作实务手册》，社会科学文献出版社 2006 年版，第 55 页。

（二）确定目标与制订计划

当基本的预估工作完成后，沈萍根据与阿鸣的见面情况对他所面临的问题进行诊断，制订出一份治疗计划。计划的内容主要由治疗目标和具体的行动方案两方面构成。

1. 治疗的总体目标与具体目标

根据目前案主所面临的困难和处境，治疗的总体目标是帮助案主克服在青春期人格发育成长过程中的不良情绪，建立他在与异性交往中的正确的自我认知与自我认同。

为了实现治疗的总体目标，根据与案主及其家人的沟通，可将具体目标分为以下几部分：

(1) 计划治疗初期至中期与案主正式会面辅导治疗 4～5 次，每周保持与案主阿鸣的见面辅导，每次时间为 1 个小时。

(2) 定期为案主进行放松练习，缓解案主情绪上的紧张与焦虑。

(3) 通过与案主的交流，使案主认识到所面临的问题和行为与其目前所持有的非理性想法有关。

(4) 反驳案主的非理性信念，帮助其建立理性的人生哲学，以使他将来不再陷入情绪困扰中，让案主的情绪较开始有所改善。

(5) 帮助案主改变思维方式，放弃非理性的信念，建立积极的有建设性的态度和观念。

(6) 在辅导中后期(预计 2 月初前后)，帮助案主恢复正常的学习生活，回到学校参与学校组织的集体活动，尝试与同辈群体主动交流。

(7) 在辅导末期，基本达到所设定的总体目标，使案主逐步培养和建立起适当的理性情绪和自我认识，良好地掌握与异性及他人的交往技巧。

在目标确定之后，沈萍继续与案主交流，制订在实施治疗过程中的行动方案。

2. 行动方案

(1) 经过前期的准备，1 月 10 日沈萍在自己的办公室对阿鸣进行第一次正式治疗。首先给案主充分的机会说明在最近一段时期内令他困扰和痛苦的事，然后社工帮助案主找出引发他情绪背后的非理性信念。

(2) 1 月 25 日之前，安排案主完成一定的理性功课，以便案主阿鸣去除其脑海中“应该”“一定”等非理性的想法。

(3) 会面辅导后期，从与案主探讨人生哲学等方面帮助案主阿鸣澄清对他人的看法和认识，从正面积极地帮助其建立理性观念和态度。

(4) 每次见面都要重复理性情绪治疗法，确保案主逐渐领悟其重要内涵，其间结合实际灵活使用自我表露、理性情绪的想象及冒险等，帮助案主从非理性向理性信念发展。

(5) 每两周介绍一部适合案主的立志影视作品，推荐给案主一本有关青春期成长发育的辅导读物，帮助案主摆脱单一思维的谬误，提高案主对治疗的兴趣。

(6) 2 月份进入跟踪辅导阶段，为案主布置家庭作业并定期了解情况，从思维上的辅导过渡到实际行为的治疗，以助其更正非理性信念。

(7) 跟踪辅导后期(3—5 月份)，帮助案主重新适应学校环境，定期询问其在校情况，主动和校方进行沟通，记录其表现，督促其学习和掌握强化良好行为的基本原理。

3. 签订服务协议

沈萍向阿鸣进行服务协议的介绍和说明，签订服务协议。案主阿鸣起初似乎不是十分明白，有些犹豫，沈萍进一步解释道："阿鸣，服务协议的内容基本上就是我们之前在计划目标和行动方面所讨论的结果。如果在接下来的日子里遇到变化，我们可以考虑调整计划，甚至重新签订一份新的协议。事实上，协议的签署，表明了我们彼此对对方的信任，你说呢？"沈萍的耐心解释得到了案主阿鸣的肯定回答，同时对协议的规定性留下一定的空间，以减轻案主心里的顾虑和负担。签订服务协议之后，沈萍和阿鸣约定 3 天之后的下午 2 点，在阳光爱心之家的办公室见面。

三、实施治疗阶段

在这一环节中，沈萍运用社会工作介入的方法和技巧，为帮助案主阿鸣成功地解决困难和改变自身而创造环境和提供条件。

(一) 第一次面谈辅导："让我们共同找出你的非理性观念。"

三天后，天气晴朗，阿鸣在妈妈的陪同下来到阳光爱心屋。这一次见面的首要目标是要帮助阿鸣寻找其脑海中存在的非理性观念，实现这一目标是接下来继续治疗的首要前提。

为案主递上一杯橙汁后，沈萍和阿鸣面对面坐下。看到阿鸣似乎有些不知所措，沈萍笑着说："阿鸣，在萍姐这儿就和在家一样，不用紧张。你瞧，就我们两个人，我们还是和先前一样聊聊天。可能学生不喜欢喝茶，我特意准备了点橙汁，刚冲的，趁热喝。"沈萍以社会工作者所具有的娴熟的谈话技巧，迅速地帮助案主适应办公室的环境。"谢谢你，萍姐。"阿鸣坐在沙发上，环视了办公室的环境，显得稍稍放松了一些。

……………………………………

社工：有一些时候没去学校了，会不会有点想念和同学们在一起的时光呢？（为了了解案主最新的情绪状况，沈萍试探性地问了问）

阿鸣：没有，我不喜欢学校，觉得还是待在家里好。

社工：真的一点也没有想回到学校去吗？

阿鸣：反正他们，尤其是那些女生都不喜欢我，学校里真是觉得很没意思。

社工：（听到阿鸣开始谈论自己的想法时，沈萍立刻说道）是什么原因使你认为班上的同学，特别是女同学都不喜欢你呢？是因为小Q？

阿鸣：是的，我为了她努力学习。因为她是班长，我还参加了班级的活动，希望她能对我有好印象，可是她却不怎么理我，还和另外一个男生关系不错。

社工：如果事实的确像你说的那样，最多也只能说明小Q可能不喜欢你，并不能代表其他人啊，况且也可能只是你的感觉，或许她并不讨厌你呢？要知道不喜欢并不等于讨厌啊。

阿鸣：那为什么我对她这么好，她还不理我呢？连她都不喜欢我，别人就更不用说了！

社工：你认为，假如我对一个人好，那么……

阿鸣：假如我对她好，那么她应该对我也很好。

社工：现在假如小Q不和你说话，那么……

阿鸣：那说明不管我怎么努力，她还是认为我是个很差劲的人，其他人也一定会这么想。

社工：对，阿鸣，这就是你头脑中潜意识里对自己说的话。正是这些不理性的想法，让你在和异性接触的时候缺乏信心，养成害怕和别人交往的习惯，现在我们就这些想法具体来谈谈。

……………………………

在了解和掌握了案主阿鸣所持有的非理性信念后，沈萍开始尝试运用几种方法干预阿鸣的这种想法。首先，她利用最常用的质疑的方法向阿鸣提问。

……………………………

社工：阿鸣，你刚才说，假如你对一个人好的话，那么这个人也应该对你好，是这样的吗？

阿鸣：是的。

社工：也就是说，你觉得这样才公平，不然就不公平？

阿鸣：是的。

社工：但是你应该仔细想想，你喜欢一个人，对她好，她可能不一定会对你好。同样的道理，她也能喜欢一个人，对那个人好，但是那个人也不一定会对她好，不是吗？事物之间没有绝对的公平，而会以另外一种方式体现出事物之间相对的公平性。你刚才的这种想法，其实是一种单极的思维，不是吗？你有什么证据来支持你刚才的这种想法吗？

……………………………

听完沈萍的话，阿鸣似乎一时间不知道该如何回答，他觉得沈萍说的有一定的道理，但是很难一下子接受。他低下头，似乎在思考些什么，但始终没有说话。

……………………………

社工：（一阵短暂的沉默后，接着说道）阿鸣，可能你这会儿还不能完全接受我的观点，对吗？不如我们一起看看，有没有别的出路可以尝试吧。（她准备采用一些带有辨析的技巧进行对话）

社工：阿鸣，你现在的沮丧和痛苦的最为直接的原因来自你对小Q的主动表白没有被她接受，对吗？

阿鸣：是的，这件事情给我的打击实在太大了。

社工：遭遇一次别人的拒绝，自己的人生就没有希望了吗？阿鸣，你可以想一想，我们是否一定要求自己人生中的每一件事情都这么完美？俗话说“人生不如意的事十之八九”，也就是说一个人活在世界上，总是会不断地遇到挫折和考验。再说你现在才念高中，将来念大学、毕业、工作，还有很多人生的机会在等着你，同样也有很多好女孩会出现在你的周围，到时候回头想想现在很有可能也只是人生中的一段小插曲而已了。

阿鸣：也许你说的有道理，但是我现在还是感到非常沮丧……说别人的时候都是很简单的，但是事情发生在自己身上，就不会这么容易解决了。

……………………………………

见到案主仍然比较坚持，为了让他能够逐步放弃所持有的绝对化观点，沈萍继续说道："阿鸣，你沮丧的原因正是一些不理性的想法给你带来的，不如我们用一些比较的方法来看清那些不理性的想法会给你带来怎样的负面影响吧。比如一开始，你所面临的问题在于，你的表白并没有得到小Q的回应。我们可以假设，大多数人碰到这样的情况，都会对自己的处境有一个解释。从理性的角度可能有这样几种解释：觉得自己可能在某些方面还需要继续努力；或是觉得这个女孩不喜欢我是她不懂得欣赏，以后总会遇到懂得欣赏自己的女孩儿；又或许可能是因为自己表白的方式有些不妥，等等。而非理性观念所产生的解释，就包括她一定也应该喜欢自己，不然就是讨厌自己。不难看出，后者的这种想法是非常绝对和单极化的，用俗话说，就是在钻牛角尖。我们画一张ABC性格理论比较表可以发现，在理性的观念下，人会产生正面的自我告白，帮助个人克服由于挫折所带来的诸如悲伤、后悔、生气等适当的负面感受；而非理性观念只会加剧诸如沮丧、紧张、失望、敌意、自我贬低等不适当的负面情绪。"一边说，沈萍一边拿出纸笔，为案主画出一张比较两者之间的表(见表3-2)。

表3-2　非理性信念与理性信念对比

引发事件A	非理性信念B_1	情绪结果C_1	理性信念B_2	情绪结果C_2
表白没有得到来自所喜欢的女孩儿的回应	"她没有理由不喜欢我、不理我，她一定是讨厌我。"	沮丧、自我贬低，害怕被排斥	"最好能够让她喜欢我，但不一定是必须喜欢我。" "即便她不喜欢我，我的人生道路还很长，又不是世界末日。" "或许是我有些方面还不足，继续努力就是了。"	悲伤、希望、自信等

"你看，这张表格非常清楚地把我刚才提到的理性和非理性的观念做出了区分。阿鸣，你要知道，正是这些非理性信念造成了你现在的情绪困扰，小Q对你的不理睬只是一个诱导的因素而已。如果能够将非理性信念转换为理性信念，把不适当的负面情绪逐渐转为适当的情绪，积极正向地

看待问题，你就不会像现在这样受到这种负面情绪的影响了。”

听完沈萍的一番话，阿鸣认真地看着手中的表格。沈萍意识到案主对她的话开始有了一定的理解和反应，她认定案主的逻辑思维能力正常，达到一般青春期男性的正常思考能力。沈萍决定让阿鸣尝试做一定的理性功课，来加强其理性化的思维方式。她根据案主的情况，假设事件A是“过节时我希望得到好朋友的礼物，但没有得到”，让阿鸣根据表格的样式，填写可能会产生的信念解释和结果，然后每天用几分钟的时间在脑海中重复这个过程，并在下次见面的时候把表格一起带来。

考虑到案主情绪比较低落，思想压力大，沈萍决定配合认知治疗，同时为阿鸣进行一次放松治疗，让其通过放松练习，来缓解紧张和焦虑情绪。沈萍向阿鸣介绍了较为简单的“腹式呼吸法”，开始时可把手放在腹部，然后深深地吸一口气，保持时间尽量长一些，再深深地缓慢地把气吐掉，用手感觉腹部的起伏。等做习惯了，就可以将手从腹部拿开。通过几次示范，阿鸣基本上掌握了这种练习方法。面谈接近尾声时，沈萍和阿鸣约定一周后的下午两点在办公室再次会面。阿鸣和他妈妈走出办公室后，沈萍开始整理会谈记录，发现案主有一定配合治疗的意愿，其非理性信念有松动的迹象，但仍然抱有较为强烈的非理性思维逻辑，在接下来的治疗过程中还要不断说服案主，使之摆脱非理性的思维方式。

（二）第二次面谈辅导：“来，学着放弃那些绝对化的想法。”

七天后，第二次见面如期而至，阿鸣仍然在妈妈的陪同下来到沈萍的办公室。沈萍询问了阿鸣这几天的状况，出乎意料的是，阿鸣没有完成理性功课的练习。沈萍并没有直接指责阿鸣，而是进一步询问其没有完成的原因。

“萍姐，做放松练习可以起到放松心情的作用，但是我不知道做这个理性功课的练习有什么用处呢？我不想做这个。”

听到阿鸣的回答，沈萍意识到有几个方面要向案主做出说明。首先，她直接回答了阿鸣所提出的问题：“阿鸣，我没有特别详细地向你解释清楚理性功课的具体的作用和方法，这是我工作上的疏忽。理性功课是一种理性训练方法，通过这样一种训练，能够帮助你修正非理性信念。在填写这个表格的过程中，能够帮助你去除一些‘一定’‘应该’等非理性想法。要知道，一个人的语言和思想是互相影响的，做理性功课的过程，是一个把自我语言由负面转为正面的过程。其实，表格只是一个载体，你也可以在头脑中重复，每天花十分钟左右，有系统地否定自己那些非理性信念，减少那些非理性信念出现的次数，用理性信念的语言去替代它，坚持做会对去除非理性信念有所帮助的。阿鸣，现在你明白了吗？”

“每天都要做吗？”

“是的，当你每天都能够用那些理性信念反复来代替非理性信念的时候，效果就会逐渐显现出来的。”

解释完之后，沈萍略带严肃地继续说道：“阿鸣，这次你没能按照我们上次约定的完成理性功课，是我之前的疏忽，但是你也有一定的责任，知道吗？你还记得我们之前共同签订的服务协议吗？在协议中，你可是有责任需要完成必要的家庭作业的，还记得吗？如果在治疗的任何方面有问题和不清楚的地方，随时都可以打电话问我，明白了吗？希望今后我们能够避免这样的情况。”针对案主治疗态度上的不足，沈萍需要进行不断引导和修正。况且案主阿鸣处在思想变化比较大的年龄阶段，加之其本身比较内向，沈萍认为自己以后要更多留心案主在情绪态度上的变化。

接着，沈萍开始认真询问案主最近的情绪状况，案主的回答表明其内心的紧张情绪和压力感仍较为明显。

社工：阿鸣，你一直说，无论你怎么对小Q好，她都不理你是吗？

阿鸣：是的，她不理我，我觉得没什么希望了。

社工：你能说具体些吗？比如告诉我，你究竟觉得是什么没希望了？

阿鸣：……我被一个这么好的女孩拒绝，感到没有脸见人。我辜负了爸爸妈妈和爷爷奶奶的希望，成不了一个有用的人，会让他们伤心，让别人看不起。

社工：嗯……你说会让妈妈伤心，你能告诉我妈妈伤心时会是什么样吗？

阿鸣：妈妈会对我失望，没心思工作，茶饭不思。

社工：嗯，没错，妈妈会很长一段时间不开心，吃不好睡不好，然后呢？

阿鸣：然后……不知道，可能她还是继续每天工作、做家务……

社工：你瞧，你想象的可能很害怕的事情，事实上呢？

阿鸣：好像事实上也不会那么吓人……

利用这种将事物具体化的方式，沈萍期望帮助案主化解心中长期以来的绝对化的想法。

……………………………

社工：是啊，阿鸣，很多事情并不像你想象的那样糟糕，没有必要那么害怕和紧张的，就像刚才的那个例子。同样的道理，爷爷奶奶、爸爸妈妈也一样，最后都不会有什么事的。

阿鸣：……这么想下来好像是有点道理……但是我始终成不了一个有用的人，我看不到自己的前途，那该怎么办？

社工：为什么总是这么认为呢？难道就是因为被一个女孩拒绝，就会变成没用的人吗？阿鸣，我们之前不是讨论过这个问题吗？那并没有什么大不了的啊！

阿鸣：她拒绝我，肯定是因为我个子太矮了！我没有男子汉气概，所以才会没有女生喜欢我。

……………………………

阿鸣的这句话，突然使沈萍意识到案主内心潜藏的另一个非常重要的非理性信念，即由于对身高缺乏信心，而产生过度自我贬低的情绪。于是，沈萍立刻决定再次对案主的这一非理性信念进行辅导。

“阿鸣，一个人个子矮就一定没有希望吗？你试着这样想，个子矮本身并不会使你痛苦，而会使你产生自我贬低的负面情绪。”沈萍决定改变原本理性功课的内容，而以“我的个子偏矮”作为事件，让阿鸣每日重复练习，并适当为阿鸣举一些例子，如理性的信念会认为“虽然我个子不高，但是世界上个子矮的人不止我一个，别人能够好好地生活，那么我也应该能”等。在辅导的最后，沈萍向阿鸣推荐了一部国外励志电影作为教育性辅助品，同时相约一周后的下午一点再次会面。离开前，她再次提醒阿鸣，要每天坚持做理性功课练习。

辅导结束后，沈萍整理了笔记，并记录下之前被自己忽略的案主非理性信念，同时在笔记中提醒自己，要时刻注意案主信念系统的变化，并随时了解案主练习理性功课的情况。从成效方面来看，在采用具体化问答后，案主在调整自我压力方面有了一定的积极反应。

（三）第三次面谈辅导：“看看理性功课能帮上我们什么忙。”

在第二次会面之后，沈萍每隔一天会通过电话询问阿鸣完成理性功课的情况，回答其在完成过程中所遇到的问题。家人反映，阿鸣的情绪紧张情况有所好转，表现为单独沉默的时间减少，与家人的沟通开始增多。

这次会面一开始，阿鸣就主动将自己完成的理性功课交给沈萍。从中可以看出，阿鸣如实地列出了自己原先的非理性信念，同时能够成功地列出两条正确的理性信念与自己的非理性信念进行辩论(见表3-3)，这表明案主已经开始接受并运用理性的思维方式。沈萍对阿鸣的表现给予了肯定。

表3-3 案主理性功课练习

引发事件A	非理性信念B_1	情绪结果C_1	理性信念B_2	情绪结果C_2
我的个子长得矮	“个子矮,会被别人嘲笑、看不起,自己的前途没有什么希望。”	沮丧、自我贬低,害怕被排斥	“虽然我的个子矮,但我也有其他方面的优点。” “每个人都有缺点,我个子矮,但是比起那些身体有残疾的人,我是幸运的。”	希望、自信、懂得珍惜

阿鸣：我觉得虽然有时还是忍不住往不好的方向去想，会很失落，但在做理性功课的时候，我尽量按照你说的，用理性信念的想法告诫自己，感觉会好一些。

社工：是的，阿鸣，我还能告诉你其他更多的理性信念，比如“一个人活着就一定要获得周围人对自己的赞扬和喜爱”的想法是不对的。每个人都有自己的想法，我们并不能左右其他人的想法。

阿鸣：嗯，这听上去挺有道理的，可以把它加上去。

阿鸣的话让沈萍感到理性功课不仅使案主逐渐开始运用理性的思维方式来进行思考，同时也有助于案主缓解紧张情绪，进而对提升案主治疗的主动性具有促进作用。

在案主基本理解了理性信念之后，沈萍尝试着与这个15岁男孩聊聊人生哲学，帮助案主进一步建立和培养一些积极的、有建设意义的态度和观念。

社工：你说你经常觉得很沮丧，不开心。那么，你认为人活着究竟是为了什么呢？

阿鸣：对我来说，现在就是为了将来考一个好大学，成为一个有用的人，不让家人失望。

社工：似乎你觉得不让周围的人失望就是你的人生目标？

阿鸣：嗯……被人看得起，人才会有出息啊！

社工：阿鸣，看来让你现在闷闷不乐、愁眉苦脸的并不是被异性拒绝这件事，也不是身高的问题，而是你自己的信念。因为你认为人就是为别人而活着的，是活给别人看的，不然就实现不了人生价值，没有意义了。其实对人对事，重在尽力而为，没有必要过分苛求与自责。

阿鸣：嗯……

……………………………………

通过谈话，沈萍观察到案主已经基本被说服，从其反应来看，案主已建构起理性信念系统的架构。但在谈话期间，阿鸣仍时常有情绪波动，语言中多次提到“每次想起小Q不理我，心里还是非常难受，我要是能再长高些就好了”。这说明案主虽然接受了理性信念系统，但长期的非理性信念对他的影响仍旧比较大，加之案主自身系统中长期存在过分依赖他人、自我认同偏低等因素，非理性信念对其情绪上的影响难以在短时间内消除。由于一小时的谈话时间即将结束，沈萍决定下次与案主会面时将治疗的重点放在为案主减轻情绪压力上。结束谈话前，沈萍继续为阿鸣布置了两项理性功课，嘱咐其每天在家进行练习，并推荐给阿鸣一部描写社会工作者个案实务的纪录片。同时，沈萍将此次谈话内容的录音让阿鸣带回家，抽时间仔细聆听，进一步领会ABC理论的核心内容。

（四）第四次面谈辅导：“勇敢尝试建立新的理性信念吧！”

经过前三次的治疗，案主的理性信念基本得到建立。在最近与阿鸣电话联系期间，案主对于理性功课的理解情况和理性信念的掌握都有所进展。

见面时，沈萍向阿鸣问起上次的纪录片：“阿鸣，那个纪录片讲述的内容都是一个个真实的故事，片子里那些受助者，虽然他们的容貌和身份被保护隐藏了，但每个人都走过一段不断努力的过程，最后克服了困难。”

“嗯，萍姐，我能明白。我现在好像能朦朦胧胧地感觉到自己的问题，但是要跨过这道坎真的挺难。通过你教我的理性练习，想起每次见面时你跟我说的话，我在理智的时候能够想明白非理性信念是导致我情绪问题的原因。但当我一情绪化时，就什么都忘了，只能自怨自艾。我不敢去想小Q，不敢去想那些女生，不敢去想学校……”

此刻面对阿鸣，沈萍想起情绪治疗法中关于无条件接纳的方式。她尝试一方面对案主表示一定的支持，另一方面教导案主学习接纳别人、接纳自己。“你现在有这样的想法也是人之常情，因为我们的许多非理性信念是从小积累起来的，很难一下子纠正过来。你应该学习接纳自己，理性的信念系统是需要每个人通过不断的努力才能长期获得的，中间出现倒退的现象也很正常。你现在的反复和波动，都是正常的，不要太担心了。从我的角度看，你是在不断进步的。”

在对话中，对案主表示出鼓励有助于双方的互动。同时，在这一次辅导中，沈萍主要将精力放在如何抚慰案主的情绪上，并在谈话中注意对情绪治疗法的运用。

阿鸣：我有个温暖的家庭，学习也还行，可就是喜欢的女孩儿看不上我，这真的让我很难接受，让我很沮丧、很自卑，开始痛恨自己为什么会遇到这样的挫折。

社工：你的心情萍姐可以理解，但我们都知道人不可能十全十美。就拿我来说吧，阿鸣，你不知道我曾经也有很自卑的时候。在念大学的时候我也喜欢过一个男孩儿，可是他喜欢唱歌好听的女孩儿，偏偏我从小唱歌就走调，甚至连唱卡拉OK都不敢去，那段时间我也很低落。但当我想通后，就发觉要求自己十全十美是非理性的，这个世界里没有人能当全能明星，你说呢？

此外，沈萍还介绍了一套新的行为放松治疗方法——“肌肉松弛法”给案主练习。她让阿鸣闭上眼睛，全身放松，把注意力放在自己的身体上，由手部开始放松。右拳紧握3秒，放松10秒，可以感觉右拳和右臂肌肉同样拉紧。在肌肉拉紧放松的同时，心里数着“一、二、三”来帮助放松。重复两三次后，会感到右手松弛，然后以同样的方式放松左手。之后是身体其他部位——肩膀(肌肉往耳朵贴紧)、面部(眯起眼睑肌肉)、背部(挺直背肌)、脚部(屈膝平放)等。同时回家后可以反复练习，直到全身放松为止，时间也可自己掌握。大致做完一遍后，沈萍让阿鸣尝试想象被喜欢的女孩儿拒绝时的情景，并说出自己的感受。

阿鸣：我感到沮丧、失望、紧张和后悔。

社工：把注意力集中在那个情景上……注意你的感受……描述一下是怎样的感受。

阿鸣：一开始我很紧张，后来发现她不理我时，我开始很慌张，脑子全乱了。

社工：那正是我要你找的感受。现在请继续保持刚才的情景……然后把慌张、绝望换成有点担心或者遗憾，想想只是有点遗憾……

阿鸣：太难了……我无法做到！

社工：你能做到！一定要坚持，深呼吸两下，做一下放松练习，想想理性信念会告诉你该怎么办：即使她不喜欢我，也不是天大的事情……

阿鸣：（一两分钟之后）是的……或许不会太糟糕……我感到轻松一些了。

社工：嗯，做得不错，有没有感觉沮丧和紧张的心情减轻了一些呢？

阿鸣：好像感觉好些了……我告诉自己，即使她不理我，也不代表什么，我还是应该继续先做自己的事情，或许还需要继续努力吧……

社工：太好了！你明白自己是怎样改变自己的情绪了吧。

沈萍让阿鸣记住这样的感觉，让其慢慢学会将理性功课中所感受到的理性信念在控制自己的情绪时发挥作用，回家后多做行为放松练习，保持良好的精神状态。接着，沈萍决定告诉阿鸣一个新的消息。在这次见面之前，她与阿鸣的学校联系时得知学校已经放寒假，两周后将组织高一和高二年级参加由社区街道组织的冬季迎新长跑活动以及其他一些假期团体社会实践活动。她试探性地问阿鸣是否愿意去参加。阿鸣明显露出了犹豫的神情。

社工：我们辅导和治疗的结果不就是要让你能够战胜自己的困难吗？我从专业的角度看得出你能够做到的，想想纪录片里的受助者，他们的成功，最终依靠的还是自己。

阿鸣：可是……

社工：这也是辅导过程中的一项家庭作业啊，只是形式改变了一下，需要与实践联系。这样吧，我和你妈妈商量一下，如果每次集体活动你都能够参加，并且能够通过辅导对自己的行为有所改善，那么就好好地奖励你一下。听你爸爸说，你从小喜欢汽车模型，如果每次都能顺利完成的话，就让妈妈给你买个新的模型。如果做不到的话，就小小地惩罚一下，帮妈妈做件家务事。你看怎么样？

阿鸣：嗯……好吧，我试试看。

……………………………………

经过为期一个多月的定期会面和谈话辅导，案主基本上达到了社工预设的这一阶段治疗辅导计划的目标要求，其非理性信念得到了一定的控制，基本掌握了运用理性信念系统进行自我暗示和告知。但由于先前长期的非理性信念所带来的情绪压力仍然较为严重，在接下来的实际行动的跟踪辅导过程中，需要社会工作者对其情绪方面进行留意，以便能够及时帮助其克服随时可能出现的情绪波动。

（五）进入跟踪辅导

与案主达成进行实际行动练习后，沈萍立即与阿鸣的家人及学校方面进行联系。一方面，与老师配合做好校内工作，对案主在校的进步予以表扬和鼓励，增强案主的成就感，逐步建立起案主对学校的兴趣。同时，让班主任挑选几名学生和班干部一起，主动在活动中多接触阿鸣，让其感受到同学的友善，放弃原先对他人的排斥感及对异性交往的认知偏差。另一方面，沈萍提醒阿鸣的家人注意他的情绪状况，协助案主定时完成行为放松练习，从而减轻案主内心的紧张焦虑感，增强案主努力改变自我的信心。

沈萍还找到小Q，了解她对阿鸣的看法。小Q告诉沈萍，自己并不讨厌阿鸣，只是不知该如何面对阿鸣对自己的主动表白。沈萍为她出了个点子，建议她在新年里作为班长为班上每个同学发送一份新年贺卡的电子邮件，在邮件贺卡中向阿鸣表达同学间的良好祝愿，以帮助阿鸣早日摆脱心中非理性信念所产生的不良阴影的影响。

在跟踪辅导初期，沈萍每周定期与阿鸣通电话，对其理性功课的坚持情况、放松练习的效果等进行了解。每次集体活动之后，都积极倾听阿鸣的感受，同时从老师、同学及家人的口中，侧面了解他的表现并做下记录

(见表3－4)。几次活动之后，阿鸣对学校的排斥感有了明显的下降，看到同组活动的女同学有时会主动打招呼，回家后也开始谈论与同学交往时的情景。

表3－4　跟踪辅导活动表现记录

日　期	活动内容	回家后是否谈论同学	是否主动与异性打招呼	是否出现情绪紧张
2月12日	集体长跑	是	否	是
2月19日	看电影	否	否	是
2月21日	慰问敬老院老人	是	是	否

从阿鸣的表现来看，沈萍判定案主已经具备了开学后准时入学上课的心理及情绪状态，于是联系校方，安排老师和同学为其辅导落下的课程。同时，在开学之前，沈萍特意再次来到案主的家中，鼓励阿鸣情绪放松，不要紧张。

社工：阿鸣，寒假中几次集体活动感觉怎么样？

阿鸣：嗯……我都参加了，妈妈也给我买了一套新车模作为奖励。

社工：是啊，我也对你在寒假几次活动中的表现挺满意的，现在见到女同学还会紧张吗？

阿鸣：还是有点紧张，但是和她们说过话以后，感觉她们好像并不是很讨厌我。对了，萍姐，小Q给班上同学发了一份新年邮件，她也发了一份给我，这是不是说明她没有不理我？

社工：是啊，阿鸣，这就更证明了原先你的那些烦恼都是由于你自己的非理性信念造成的，不是吗？现在你已经能够努力克服非理性信念，控制好自己的情绪，可以正确地感知身边的人和事了。你们这个年纪，正处于青春期的萌芽时期，要注意控制自己的情绪，遇到情感上的挫折时要学会用理性的信念去分析。对异性产生仰慕的感觉是很正常的，但是爱情的果实只有成熟的时候才是最为甜美的。你们现在的年龄可能还不懂得真正的爱情，容易受到情感因素的影响，甚至损害人格的健康成长。我很高兴你能通过治疗克服情感上遇到的挫折，希望你能够多把精力放在学习上，把这次的经历作为你人生中走向成熟的重要一课。

沈萍借此机会，也忠告阿鸣正确看待青春期的情感问题，不要影响了自己的学业。在接下来两个月的跟踪辅导中，她仍然每周与阿鸣联系一次，了解其近况，帮助解答他的情绪问题。从整体上来看，案主情绪基本稳定，并能够与同辈群体保持正常的互动交往。

四、评估与结案阶段

5 月初，根据案主阿鸣在跟踪辅导期间的表现，且鉴于案主已回到学校开始了学习生活，沈萍对此次个案辅导进行了总结评估。其主要内容包括以下六个方面：

（1）个案发展过程。本次的助人过程对案主基本有效，案主从初期摆脱了非理性信念后，逐步构建起理性信念系统，并通过治疗放松心情，达到稳定情绪的作用，并回到学校正常学习。通过治疗改变了案主对异性认知的偏差，缓解了其与异性交往的紧张感，目标基本达成，因此结案。

（2）社工提供的服务和专业介入手段。本次辅导中主要采取了见面会谈辅导与后期实际行动跟踪辅导相结合的方法；采用了理性情绪治疗法，帮助案主摆脱旧的观念，放松情绪，从而树立积极的理性系统观念。

（3）以案主目前的状况，可谓辅导成功，为防止案主回到以前生活的环境后重蹈覆辙，社工尽量保持与家长联系，继续鼓励案主。

（4）这次辅导，对社工本人自身的理性信念系统是一次巩固和加深的过程。同时，帮助案主的过程，使社工对于青春期青少年可能存在的情感问题有了更多的认识。

（5）对于跟进的建议。继续关注案主可能出现的情绪波动，案主处于青春期，思想波动较大，理性信念系统不成熟，应该继续加以辅导。

（6）启示与检讨。本次治疗主要在于对案主进行理性教育，在一定程度上对案主青春期情感本身的不恰当性有所忽略，值得在方法上进行完善。

在结案之前，沈萍来到阿鸣的家中，与阿鸣聊聊回到学校后的感受和与异性同学互动时的心得体会。同时，沈萍告诉阿鸣，他们之间的服务协议到此为止，不过以后还可以继续聊天。最后，沈萍将一本介绍中学生如何正确与异性交往的书籍送给阿鸣，希望能对他有所帮助。

第四节　理论研习与案例反思

行为治疗理论由于发展历程久远，又经常用于临床诊断，所以形成了许多实用的方法和技巧，它们都有各自的特点和适用情境。与此同时，它也是一种非常强调实用性和操作性的社会工作理论模式，因而其处置原则和操作过程都有比较严格的界定。在本节中，我们将一同学习该理论模式的相关理论基础、处置原则及实务技巧等。

一、行为治疗模式的理论基础

行为治疗模式的理论基础源远流长，相较于其他社会工作模式来说非常丰富，主要包括刺激反应理论、经典条件反射理论、操作条件反射理论、社会学习理论和认知行为理论。对于行为治疗模式的特征，许多学者都进行过论述，本节将对其进行归纳。

(一) 刺激反应理论

美国心理学家华生曾做过一项老鼠走迷宫的实验。他用模板制作了一个迷宫，在出口处放置食物，小白鼠只有走出迷宫才能吃到东西。开始的时候，小白鼠要不断尝试，很长时间才能走出迷宫，但是随着实验次数的增加，小白鼠慢慢地熟悉了路线，因而走出迷宫的时间也越来越短，最后可以毫不费力地走出迷宫吃到食物。华生从这个实验中受到启发，并进行了其他许多类似的实验，据此提出了行为主义理论。华生认为心理学是自然科学，就像其他自然科学一样，可以从外部进行观察并进行客观的研究。他反对对心理或意识进行研究，因为这些都没有客观指标。他强调心理的目的在于预见并控制人的行为，解释行为的普遍公式是“刺激-反应”，即著名的“S-R”公式。①华生的这种观点决定了他对人格的看法，

① S是英文Stimulation(刺激)一词的缩写，R是英文Response(反应)一词的缩写。

他认为人格是我们各种习惯的最后产物，是各种动作的总和。比如一个人起得早、做事快、爱读书，等等。把所有的行为综合在一起，就是他的人格。华生认为人格的形成和改变完全依赖于环境。环境变了，人的行为习惯也不得不改变，以形成新的习惯。环境改变的程度越大，人格改变的程度也越大。[①]华生有一段名言："给我一打健康的婴儿，一个由我自己支配的特殊环境，让我在这个环境里养育他们，不论他们的祖宗的才干、爱好、倾向和种族如何，我保证能把其中任何一个训练成为任何一种人物——医生、律师、美术家、大商人，甚至于乞丐或强盗。"[②]

（二）经典条件反射理论

经典条件反射理论的创始人是苏联著名的生理学家和心理学家巴甫洛夫。 他通过外科手术将狗的唾液腺做成瘘管，使分泌的唾液能够通过瘘管流入收集器里。实验开始时，用一块肉在狗面前展示，瘘管里流出唾液，巴甫洛夫称为"非条件反射"，这是自然的生理现象。然后在展示肉的同时拉响铃声，狗分泌唾液。反复多次后，单独拉响铃声，狗也分泌唾液，这就称为"条件反射"。铃声是使狗分泌唾液的条件，当条件反射形成后，又加入一个条件如脚步声，最后狗听见脚步声也能分泌唾液，巴甫洛夫将此称为"条件反射的泛化"。我们常说的"望梅止渴"就是一种条件反射，而"一朝被蛇咬，十年怕井绳"则是条件反射的泛化。现实生活中这样的例子随处可见。

（三）操作条件反射理论

操作条件反射理论又被称为条件强化理论，其创立者是新行为主义者斯金纳，其研究至20世纪50年代开始广泛应用于医疗实践。此理论直接来源于巴甫洛夫的条件反射理论，但是又有明显的不同之处。它非常强调中间变量的重要性，主要利用中间因素作为干扰变量进行治疗，将习得的行为通过再学习加以矫正。如恐惧症的中间因素是焦虑，因此干扰焦虑即能治疗恐惧症。[③]像大多数行为主义者一样，斯金纳回避有机体内部的东

---

① 李勇等：《个案工作》，合肥工业大学出版社2005年版，第42页。

② 高觉敷：《西方近代心理学史》，人民教育出版社1982年版，第264页。

③ 李鸣："行为治疗的进展与现状"，载《临床精神医学杂志》1998年第3期。

西，如认知、生理过程等，集中探讨环境事件与行为的关系。斯金纳设计制作了一套后来被人们称为“斯金纳箱”的装置。该装置包括一个操作器和一个传递强化物的工具以及一个记录器。这个操作器或是一根让老鼠踩的杠杆，或是一把让鸽子去啄的钥匙，或是一个开关、一个把手、一个有人控制的活塞。强化物通常是某种食物，但也可以是作为奖惩的任何东西，像音乐、电影或是电击等。每一次操作和强化物的送入都由记录器记录在纸上。以老鼠为例，它每踩一次杠杆，箱子的门便打开，滚进一粒食物。此处食物就是强化物，它对老鼠进行踩杠杆的动作进行强化。为了获得食物，就必须踩杠杆，老鼠通过强化学习如何获得食物。斯金纳把这一过程称为“操作条件原理”，并认为行为的发生都是强化的结果。假如以往没有经常受到强化，那么相应的行为就不会出现。斯金纳认为人在社会文化环境中的行为也完全符合他由动物实验所发现的操作强化规律。通过了解和控制人的生活环境，完全可以达到对语言和行为进行控制的目的。斯金纳把人格看作是个体独特行为方式或这些方式的组合。人格的研究就是去发现有机体的行为与行为的强化之间的独特联系，这就是从学习角度研究人格。学习使人格获得各种行为，从而使个体能在复杂环境中生存。个体学会辨别在哪些刺激或情境下行为会得到强化，在哪些刺激或情境下同样的行为不会得到强化。①

（四）社会学习理论

社会学习理论也称为模仿学习理论，最早由班杜拉提出。其理论可以用图形作一个简单的描绘，其中行为、认知和环境的关系如图 3-2 所示。

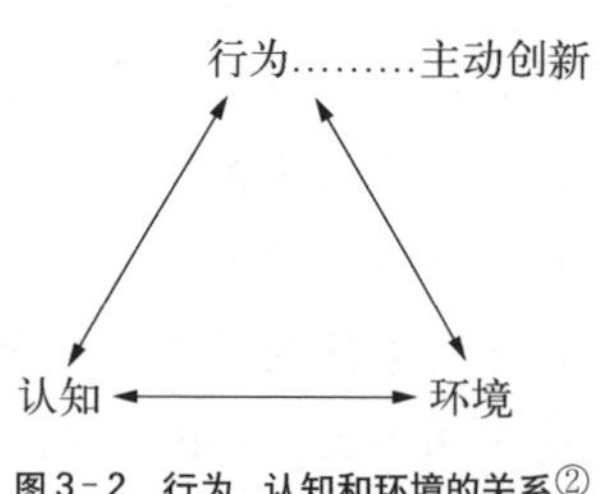

图3-2　行为、认知和环境的关系②

个人在处理认知、行为与环境三者之间的关系的时候，至少具有三种能力：① 自我调整的能力，即个体能使用象征性（认识的）的符号代表环境和他人去沟通，有选择和自我调整的能力；② 自我衍生的能力，即个体是行为改变的主导者，具有自行导向行为改变的潜在能力；③ 自我改

① 李勇等：《个案工作》，合肥工业大学出版社 2005 年版，第 43 页。

② 范明林：《社会工作方法和实践》，上海大学出版社 2005 年版，第 42 页。

善的能力，即个体的模仿学习或观察学习，对于行为者的行为改变具有非常重要的意义。

他将之前的学习理论扩大，认为很多学习是通过人们的观察和思考自身经验获得的。人们通过模仿周围的人来学习，而在这个过程中，提供帮助能增强治疗效果。①班杜拉是在对儿童做了大量的实验研究之后提出社会学习理论的。他认为人具有复杂的社会文化背景，所以人的行为也是极其复杂的。这种复杂的行为不只是通过经典性条件反射和操作性条件反射就能习得或可以简单地加以控制和改变的。个体还可以通过对范型的观察与模仿来习得各种行为。这种范型可以是现实生活中具体的某个人，也可以是影片、小说中的某个人物。当儿童在注意观察这些范型的行为及其行为结果时，也驱使他去学习这种行为或阻止这种行为。这一过程被称为"替代强化"。②如一个小孩看到其他小孩骂人受到了大人的批评，那么这个小孩就可能不会去学习骂人的行为；反过来，若骂人还受到奖励，他就很可能去试一试。在这种情况下，儿童本人既无行动，也未受到什么直接强化，但模式所受到的强化会影响儿童以后的行为，这正是替代强化的表现。按照模仿学习原理，通过观摩示范，人们可以形成各种各样的行为，也可以改变业已形成的各种行为，更可能习得不良的行为。与"替代强化"相对的一个概念是"自我强化"，即个体通过社会化，就能自己设定标准并根据这种内在标准来评定和奖惩自己的行为。③这是一种双向的过程，人们通过观察学习获得强化，最终来规范自己的行为。

（五）认知行为理论

认知意义的凸显被称为行为科学中的"认知革命"。认知理论基于这样的观念：在我们想什么、怎么感觉和怎么行动之间有一种互动作用，我们的思维决定我们的情绪，我们的情绪决定我们的行为。④认知行为理论的代表人物是艾里斯和贝克。艾里斯的理性情感治疗聚焦于非理性思维和

---

① ［英］Malcolm Payne：《现代社会工作理论》，何雪松、张宇莲、程福财等译，华东理工大学出版社 2005 年版，第 124 页。

② 毕金仪："几种行为治疗理论的介绍"，载《中国社区医师》2006 年第 15 期。

③ 李勇等：《个案工作》，合肥工业大学出版社 2005 年版，第 169 页。

④ 何雪松：《社会工作理论》，上海人民出版社 2007 年版，第 60 页。

非理性信念，认为它们是导致自我伤害行为和心理痛苦的重要因素。贝克基于对抑郁的研究提出了认知治疗，考察思维模式与抑郁和焦虑之间的关联。无论是认知理论还是行为理论都有一种整合对方的取向，旨在进一步扩展解释能力和应用空间。没有认知的行为也许是偶发的或徒然的；反之，没有行为的认知也可能是空洞的或不切实际的。由于情绪是认知和行为的润滑剂，正向的情绪带来积极的思考和行动，负向的情绪引起消极的思考和行为，所以情绪、认知和行为三者之间的结合，也应该是符合常理的。[①]因而才有学者尝试将社会学习理论、认知理论和行为理论整合起来形成认知行为治疗理论。

二、行为治疗模式的处置原则及过程

对于行为治疗模式的处置原则，有许多学者从不同的角度进行过总结和归纳。宋丽玉等人认为，行为治疗模式运用于社会工作，主要有三个处置原则。[②]廖荣利在其《社会工作理论与模式》一书中指出，行为治疗模式的处置原则包括四个方面。[③]而何雪松在《社会工作理论》中引用了甘布里尔(Gambrill)论述的行为治疗十个处置原则。[④]依据这些学者们的总结，再结合近年来其自身的发展以及实务经验，我们将行为治疗模式的处置原则归纳为以下八点：

(1) 建立良好的专业关系：社工应取得案主的信任与合作，并鼓励案主积极投入，教导和期待案主成为本身的自助者。

(2) 明确了解和界定案主的问题，并教导案主有效地辨识、评估和回应其不当的思考和信念，聚焦于让案主和他人焦虑的特定行为，如果行为改变了，治疗就完成了。

---

① 宋丽玉、曾华源、施教裕等：《社会工作理论——处遇模式与案例分析》，台湾洪叶文化事业有限公司2005年版，第69页。

② 宋丽玉、曾华源、施教裕等：《社会工作理论——处遇模式与案例分析》，台湾洪叶文化事业有限公司2005年版，第83页。

③ 廖荣利：《社会工作理论与模式》，台湾五南图书出版公司2002年版，第108－109页。

④ 何雪松：《社会工作理论》，上海人民出版社2007年版，第65－66页。

(3) 处置的形式是结构性的会谈，本质为问题中心与目标取向，强调当下的问题处置，注意处置过程及结束均有时间限制。

(4) 通过改变情境中的因素和搜寻所导致的改变，来辨别行为的影响因素，发现并运用案主有价值的资源，引入案主环境中的重要他人。

(5) 个别化：依个人需要及个性的不同，分别采用不同的技巧与不同的增强物。不宜千篇一律地使用相同的技巧，应运用不同的技巧以协助案主改变思考、感觉和行为。

(6) 评估与修正：在治疗过程中，要不断地检讨、评估与修正治疗计划。

(7) 监控：运用客观指标和主观指标，将现在的数据与干预前的数据做比较，以明确治疗所取得的效果。

(8) 社工致力于在案主关注的方面取得成效，要帮助案主在不同的情境中运用新行为(即“一般化”)，并在干预撤除后继续保持。

此外，行为治疗模式是一种非常强调实用性及操作性的社会工作理论模式。从某种程度上来说，只要具体的方法选择适当，基本上就可以按部就班地来实施。当然行为治疗中不同的具体方法有不同的操作步骤，但总体来说还是可以归纳出一些通用的操作步骤的。虽然有学者总结了行为治疗的四步法①，但是明显比较粗略，而廖荣利关于行为治疗模式操作步骤的论述非常全面和具体，以下即是他的归纳。

行为治疗个案工作方法在一般的社会福利机构实施时，大致包括 12 个步骤。每一个步骤均有社会工作者应注意的工作内容。②

第一步：详列问题的范畴。目的在于使案主与社工对现有问题的大小获得一致概念。社工也可通过观察分析，弄清楚案主不适当行为发生的时间、地点、发生情境及刺激源等。

第二步：选择和凝结。目的在于使案主在口头上或文字上了解并同意诸问题中某一问题是应该立即注意并解决的。

第三步：要求合作。目的在于使案主对诊断和打算治疗的行为委以充分的合作。

---

① 王蕾：“行为治疗法及其最新进展和评论”，载《渝西学院学报(社会科学版)》2003 年第 4 期。

② 廖荣利：《社会工作理论与模式》，台湾五南图书出版公司 2002 年版，第 109 页。

第四步：探究问题。充分全面地了解当事人的情况，对其经历中的成功与失败，其人际关系、行为适应等应了如指掌。目的在于使案主和其关系亲密者了解其特别行为，挖掘形成问题的主要因素。

第五步：收集问题的基本资料。在对问题进行干预前，应对特殊的问题行为做精确的估计，如该种行为发生的次数、严重性以及间隔情况等。

第六步：识别可控制的情境。目的在于摒除产生问题行为前后的刺激，并控制该问题行为的发生。

第七步：估计有利的环境资源。目的在于决定在行为治疗过程中，应该利用何种环境资源。

第八步：明确行为的目标。在咨询过程中，社工应对案主的多种问题进行分析，了解问题之所在，找出一些特别的关注点，以此为依据制订适当可行的咨询目标。其目的在于逐一明确行为治疗计划的目标。

第九步：形成治疗计划。目的在于为社工选择一个适当的行为治疗角色和治疗技巧，以达成治疗的目标。

第十步：干预。目的在于治疗或维持某种行为，使其合乎治疗的目标和案主所做的承诺，并按计划实施治疗。

第十一步：评定治疗的结果。目的在于收集有关干预成效的资料。

第十二步：维持已获得的治疗效果。目的在于维持和稳定所希望的行为，并做持续不断的干预工作。

三、行为治疗理论的主要实务方法及技巧

行为治疗理论模式中有很多应用广泛的干预方法和实务技巧，它们已经成为社会工作实践的主要方法。何雪松将这些方法归纳为四种：社交技巧训练、认知重建、系统脱敏法和压力免疫训练。[①]还有学者对行为治疗模式的基本方法和技巧做了更为细致的划分，包括基础资料的收集、设计评估方案以及治疗方法和技术三个方面。具体到治疗技术又将其分为反应

---

① 何雪松：《社会工作理论》，上海人民出版社 2007 年版，第 68 页。

性技术、操作性技巧和综合性技术等。[1]由实验心理学发展而来的有关“学习”的心理知识认为，影响人们学习新反应的因素有两点：其一是行为产生时的状况；其二是行为产生的后果。基于此原理，廖荣利将行为治疗的基本方法分为两大类，即调节行为产生时的状况及调节行为产生时的后果。[2]

（一）以调节行为产生时的状况为主的治疗

1. 系统脱敏法

系统脱敏法又称为减敏感法（Desensitization Technique）或交互抑制法，这一方法是20世纪50年代由精神病学家沃尔普创立的，它是最早被系统运用的行为治疗法之一。[3]它经常用来治疗广场恐惧症或学校恐惧症。[4]其基本思想是让一个可引起微弱焦虑的刺激，在病人面前重复暴露，同时病人放松全身予以对抗，从而使这一刺激逐渐失去引起焦虑的作用。系统脱敏法一般分为四步进行：首先，向案主介绍相关的量表，评定案主主观的焦虑程度；其次，案主开始学习肌肉深层松弛，经过训练达到随时可以放松的程度；再次，社会工作者在案主的协助下建构一个引发不良反应的事件的层级，确定每个层级都与不同主题相联系；最后，实施脱敏程序，先进行放松训练，在案主达到一个非常深入的放松状态（如双眼紧闭）时，社会工作者询问案主的放松程度，然后给出一个控制的场景，如果这个场景不导致焦虑，社会工作者就从任一等级列表的最低级开始，要求案主去想象，直到案主不再感到紧张焦虑时为止，此时算一级脱敏，接着让案主想象高一等级的刺激物或场面，这样慢慢升级，实现脱敏目标，直到迁移到现实生活中，并不断练习，巩固疗效。[5]

2. 相对抑制法

相对抑制法是指社会工作者试图去训练案主学习自我松弛的方法，以

---

① 李勇等：《个案工作》，合肥工业大学出版社2005年版，第170－177页。

② 廖荣利：《社会工作理论与模式》，台湾五南图书出版公司2002年版，第101－103页。

③ 毕金仪：“行为治疗的简要介绍”，载《中国社区医师》2006年第18期。

④ ［英］Malcolm Payne：《现代社会工作理论》，何雪松、张宇莲、程福财等译，华东理工大学出版社2005年版，第127页。

⑤ 何雪松：《社会工作理论》，上海人民出版社2007年版，第69－70页。

便相对抑制各种紧张、生气、不安等不愉悦感。如一个孩子很怕狗，当他看见狗而感觉害怕时，如果爸爸在旁边安慰他，告诉他“不用怕，爸爸在旁边，你可以放心”，当小孩放心时就可以把怕狗的感觉相对地抑制下去。再如，一个人感到紧张时，身体肌肉就会收缩，倘若把肌肉放松时，人也就随之松弛下来。肌肉是否放松可以随我们的意识来调节。因此一个人试着放松其肌肉，也就可以随着感觉松弛下来。此种方法对深呼吸及其自我暗示等都会有帮助。通常把减敏感法与相对抑制法合并使用，效果更为显著。

3. 厌恶疗法

厌恶疗法又称为条件回避法（Conditioned Avoidance Technique）。它是指当一项行为反应正在进行时，假如制造一些不舒服的状况，让此种行为反应因其他不舒服状况的存在而被条件化，而产生回避作用，即可消除此种行为反应。比较正规的厌恶疗法首次报道于 1929 年，康托罗为奇（Kantorovich）用电刺激治疗酒瘾，他在酗酒者看见酒、闻到酒和喝酒时都给予电击，从而治好了酗酒者的酒瘾。①这一疗法也是行为治疗中应用最早和最广泛的方法之一，在临床上多用于戒除吸烟、吸毒、酗酒、性行为异常和某些适应不良性行为，也可用于治疗某些强迫症。厌恶刺激可采用疼痛刺激（如橡皮圈弹痛刺激和电刺激）、催吐剂（如阿扑吗啡）和令人难以忍受的气味或声响刺激等，也可以采取食物剥夺或社会交往剥夺等措施，还可以通过想象作用使人在头脑中出现极端憎恶或无法接受的场面，从而达到厌恶刺激强化的目的。②比如一个人在喝酒时，酒中掺入一些起嗝剂，让他一喝酒就同时发生呕吐。结果由于不舒服的感觉与喝酒这件事联想在一起，以后每当想喝酒时，他就会同时想起呕吐，结果他就不想喝酒了，从而回避想喝酒的念头。

4. 冲击疗法

冲击疗法（Implosive Therapy）又称为满灌疗法或洪崩疗法。此方法把能引起案主极大恐惧的刺激暴露给案主，猛打猛冲，置他于极度恐怖的情境之中，期望能达到物极必反的效果，从而消除恐怖情绪。冲击疗法

---

① 李勇等：《个案工作》，合肥工业大学出版社 2005 年版，第 172 页。

② 毕金仪：“行为治疗的简要介绍”，载《中国社区医师》2006 年第 18 期。

最早是由一名内科医生克瑞弗特斯(Cratfs)提出的，他在1938年出版的《心理学最新实验》一书中报告了他的一项成功案例。克瑞弗特斯治好了一名不敢驾驶和乘坐汽车，尤其是恐惧汽车通过隧道和桥梁的妇女，但他不知道给这种疗法取什么名称。20世纪60年代初，行为治疗家迈尔森(Malleson)、斯泰普费尔(Stampfl)及伦登(London)等人进行了一些临床实验，并将这种治疗方法命名为冲击疗法。尽管冲击疗法曾有一些成功的报道，但它还是受到了不少批评。因为它可能引起患者无法承受的焦虑而导致恐惧加剧。所以在实际应用中，应该对使用冲击疗法时的各种影响因素进行周全的考虑和有效的控制，这样才不致承受更大的风险。[①]

(二)以调节行为产生的后果为主的治疗[②]

1. 正增强法

所谓正增强(Positive Reinforcement)是指一种操作性行为，它在某种情境或刺激出现后即时得到一种增强物，假使此种增强物能满足行为者的需要，则以后在类似情境或刺激之下，此种操作性行为出现的概率会升高。

2. 负增强法

负增强法(Negative Reinforcement)的原则与正增强相同，其区别在于不是给予正奖励，而是在行为发生时有痛苦的存在。在行为发生后，马上给予案主减少原有的痛苦，即等于给予“负奖励”。当正增强物无法满足案主的需要时，案主不肯发出“所欲行为”，而只发出“非欲行为”，有时需要利用厌恶性刺激物，即以负增强的形式来建立“所欲行为”，也就是借由取消其厌恶性刺激而建立其“所欲行为”。

3. 处罚法

处罚法(Punishment)又称条件嫌恶法，它是指当案主在某一情境或刺激下做出某一行为时，给予其负增强物或损失正增强物的一种治疗方法。它用处罚的方法来帮助案主除去一些症状和不正常的行为。此种方法的缺

---

① 李勇等：《个案工作》，合肥工业大学出版社2005年版，第49页。

② 廖荣利：《社会工作理论与模式》，台湾五南图书出版公司2002年版，第102-106页。

陷在于给予案主一种痛苦的处罚。惩罚只能暂时性地压抑被惩罚的行为，而不能完全消除被惩罚的行为。

4. 削弱法

削弱或消除法（Extinction）指的是经增强原理所建立的行为，若以后此种行为再出现，不继续予以增强，则该行为出现的概率会逐渐降低。当引起症状的发生不但可以使案主获得“原本收获”，并且还可以获得“附带收获”时，即可以使用消除法。换句话说，当案主表现出不良行为时，不再给予任何奖赏，如此做可消除其不良行为的再次出现。

5. 负性练习法

让行为者拼命去做想除去的异常行为，练习的结果是案主无形中会对他的这种异常行为产生反感，结果就不再做出这种异常行为。①

行为治疗理论模式在实务工作中的技巧，是建基在有关行为治疗方法的操作中心理论的外力增强论点之上的。此种理论认为，在个人社会开始及发展过程中，其人际关系的种种反应是被个人所决定的，尤其由于“外力增强”的刺激结果，它呈现在不同的情境中，会给予个人许多暗示作用，致使修正或调整个人的行为，使之适合于其所处的情境。因此，外力增强作用是决定个人行为的关键因素。当我们想要增强个人的某种行为或除去其某些行为时，其支配的因素不外乎两种因素，即外力增强的基本方式及外力增强的类型。②

在外力增强的基本方式上，有以下两种：其一，持续性增强（Instinction）可分为连续增强式与削弱式两种。连续增强是指消极或积极的外力增强，一直连续不断地刺激行为，助长行为的趋势。削弱是指无一般外力增强呈现于继续的行为，渐减行为的趋势，其过程中除需要时间帮助外，还需要条件反应。其二，间歇式增强（Intermittent）包括以下五种类型：一是固定比率时制（Fixed Ratio Schedule），在辨别性刺激或情境下，行为者每发生 N 次行为，即可在第 N 次获得一次增强。如按件计酬工作，每完成一件即可得一份工资。二是可变比率时制（Variable Internal Schedule），外力增强刺激间隔，无固定比率，例如买奖券或赌博。三是固

① 范明林：《社会工作方法和实践》，上海大学出版社2005年版，第236页。

② 廖荣利：《社会工作理论与模式》，台湾五南图书出版公司2002年版，第103－107页。

定时距时制(Fixed Internal Schedule)，在辨别性刺激或情境下，行为者在每隔若干固定时间后发出行为，即可得到一次增强，时间没到，行为者发出行为是无效的。例如等公交车，十分钟一班，错过只能再等十分钟。四是可变时距时制(Variable Internal Schedule)，在辨别性刺激或情境之下，行为者要经过若干时间发出行为才能得到增强。比如钓鱼，鱼何时上钩是难以预期的。五是混合时距时制(Combination Schedule)，此类型为上述任何类型的混合。

在外力增强的类型方面，我们分为物质、社会以及活动性三种。首先是物质的增强物(Material Reinforcement)：此种增强物对儿童尤其有效，也是对成人来说最普遍的一种方法。对儿童的物质增强物有糖果、玩具、食物，对成人则是加薪、升级以及礼金等，案主反应不同给予的物质增强物也应该不同。其次是社会的增强物(Social Reinforcement)：此种增强物指言语上的褒奖，面部表情如微笑，表示兴趣、点头示意等，在身体接触上有握手、拍肩、拥抱等动作。最后是活动性增强物(Activity Reinforcement)，它指一些社交活动，如逛街、游玩、露营、旅行、宴客、读书以及听音乐等，通过一起活动来达到增强的目的。

在阿鸣的案例中，针对案主因情感受挫而造成对于异性交往的认知偏差所产生的情绪困扰，社会工作者沈萍采用行为治疗理论模式提供专业服务。这一理论模式的基本理念是，认为人的情绪问题并不是在生活中遇到难以解决的困难和挫折，而是因为人本身持有的非理性信念。因此，该模式从案主的思想和观念入手，协助案主找出其非理性信念，进而使案主放弃其非理性信念，建立一套新的更为宽容和富于弹性的人生哲学，达到消除困扰、快乐生活的目的。[①]运用这一理论观点，学校社会工作者沈萍通过前后与案主进行若干次的见面辅导及一段时期的跟踪辅导，帮助十五岁的阿鸣摆脱了由于青春期情感受挫所带来的与异性交往中产生的认知偏差，并逐步协助其建立起新的理性信念，让他能够重新恢复与异性和同辈群体的交往，并回到学校继续学习。

① 李勇、李卫华、张金俊：《个案工作》，合肥工业大学出版社2005年版，第188页。

第五节　行为治疗理论的主要影响及评价

行为治疗理论早在 20 世纪 20 年代就已初具模型，只是当时受弗洛伊德精神分析理论的影响而没有受到足够的重视。20 世纪 50 年代后，行为治疗模式取得了很大的发展，相继融入了认知等理论的相关内容，形成了认知行为治疗模式，这也是行为治疗模式发展的必然趋势。

行为治疗的出现是心理学发展史上的一次革命。它的出现打破了传统精神分析学说一统天下的局面。行为治疗模式被应用到社会工作领域之后发展迅速，并成为个案社会工作三大主流模式之一，其应用领域也非常广泛。行为治疗模式不仅用于治疗各种神经官能症和各种身心疾病，而且广泛地用于矫正儿童或成人的各种不良行为问题，如吸烟、吸毒、酗酒、赌博及各种反社会行为等。此外，在艺术表演和体育竞赛领域，在特殊教育、工读学校和劳教所等部门，该模式也都得到了广泛的应用。虽然行为治疗模式在某些方面受到了一些批评，但是总体来说，它是一种非常有效的社会工作模式，特别是针对一些特殊案主的治疗，其效果是其他社会工作模式所无法比拟的。

行为治疗理论模式之所以能够在 20 世纪 60 年代后期被个案社会工作者所接受，并成为公众认为有效的治疗方法之一，与其理论上的独到之处有关。①总体上看，作为一种个案社会工作的模式，它的主要理论贡献体现在三个方面：第一，强调非理性信念对案主情绪和行为的影响。在解释案主的情绪和行为困扰时，强调非理性信念的作用，认为真正导致案主问题的因素是其非理性信念。这一模式强调，要消除案主的情绪和行为困扰，就需要对案主的非理性信念进行检查和辩论，使案主学会理性的生活方式。第二，强调社工积极、主动介入个案过程。行为治疗模式要求社工积极、主动地影响案主，帮助其消除各种非理性信念。因此，这一模式的效果比较好，辅导的效率比较高。第三，这一模式综合运用各种辅导技

---

① 宋林飞：《个案社会工作》，社会科学文献出版社 2001 年版，第 277 页。

巧，比较强调辅导技巧的运用与总结，它具有自己独特的检查和辩论技巧，这一点在沈萍每次与阿鸣的对话中都可以看到。同时该理论模式广泛采用其他社会工作理论实务分析技巧，从而形成了比较完备的辅导技巧系统，既包括行为、情绪调整技巧，也包括认知、信念改变技巧。

结合案例来看，在整个实务过程中，社工对于行为治疗理论的把握基本到位，也注意到从理性认知、情绪和行为三个方面较为全面地对案主进行辅导。从治疗模式的选择来看，其不足之处在于，主要从受助者的观念入手并采取辩论的方式，如运用不好会显得说服力不足。因此，在治疗中应结合对案主实际行动的追踪辅导作为补充，以便能够更有效地帮助案主摆脱情绪困扰。同时，在辅导过程中，社工综合运用了各种谈话技巧，较为成功地对案主进行了劝导，使得案主基本消除了在接受辅导之前的封闭自我、紧张、沮丧等情绪问题，也使得处于青春期的阿鸣学会了正确面对成长中的烦恼，并能够逐渐养成运用理性信念的思维习惯，从而通过治疗辅导达到助人自助、助人成长的目的。

目前的行为治疗流派众多，其共同特征主要是以治疗为导向，强调行为，重视行为作用，并强调严格的诊断与评估。[①]因此，行为治疗模式运用之前，理论设想和方法应能被验证，具有可操作性，并尽量参照之前成功的案例。而治疗只是针对案主当前的问题进行，至于揭示问题的历史根源等通常被认为是无关紧要的，其目的并不在于帮助案主理解其问题发生的缘由和性质。同时，社会工作者与案主共同确定治疗目标，明确要解决的具体问题。所有治疗内容、过程以及可能遇到的问题都要事先向案主讲清楚。在实务工作中，社会工作者应根据每个案主的问题和自身情况，采用适当的行为治疗技术，并根据治疗过程的实际情况，随时进行适当的调整和改变。我们必须承认，行为治疗理论模式的操作技术通常都是从实验中发展而来的，即以实验为基础。但实务工作是不能局限于实验室内的，社会工作者要教会案主在日常生活中治疗自己，即“助人自助”，反复练习不断尝试，最终使得案主成为自己的治疗师，并由此提高案主“自助”和解决问题的能力。

---

① ［美］Gerald Corey：《谘商与心理治疗的理论与实务》，李茂兴译，台湾扬智文化事业股份有限公司 1996 年版，第 363 页。

行为治疗理论一般采用主动的、向导式的治疗方法，治疗过程就是灌输给案主一套新的人生哲学与价值观，此过程可以看成是一个再教育的过程。该理论否认这一过程中专业关系具有一定的治疗功效。它认为良好的专业关系是促使案主改变的一个必要前提，但仅靠良好的专业关系并不能达成案主的改变，关键性的工作在于帮助案主建立理性的信念。这一理论模式强调对案主的“完全的接纳与容忍”，认为只有这样无条件的、完全的接纳才能避免案主的自责，接纳是社会工作者与案主关系的最主要原则。它强调案主此时此刻的观念、感受，而不追问案主早期的历史，也不探讨其早年的经验与他现在行为的关系；而且只重视案主的非理性信念是如何导致情绪困扰的，而对案主何时、为何及怎样会有这些非理性的信念都不感兴趣。因此，在治疗工作的设计中并不仅仅针对眼前的单一问题，其目标不仅仅只是消除案主的表面症状，而更加希望能彻底针对案主的价值观和人生信念进行根治。

行为治疗理论模式的适用性相当广泛，它虽然可用于大部分案主，但较适用于中学程度或以上的成人，儿童、老年人、弱智人士和精神病人不适用。在本案例中案主已年满 15 周岁，基本可以运用这一理论模式，但也需考虑到案主还未成人，还未形成完整的价值理念系统这个因素。与此同时，行为治疗模式也是一个非常适合自我治疗的方法。治疗过程实际上是让案主接受一套理性的人生哲学，然后通过作理性功课的方式不断与日常生活中产生的非理性思想斗争，理性功课是由案主独立完成的。这一疗法强调案主的自我帮助，大部分工作案主不必依赖社会工作者，可以自己独立完成，所以特别适合“自我治疗”。行为治疗理论模式能使案主在较短时间内获益，而且疗效较持久。这是因为它不纠缠于案主的历史，直截了当地以案主的思想观念为切入点。

当然，行为治疗理论模式也有其局限性。因其哲学成分复杂，同时又包含了多个理论流派和相关体系的观点，使得其在自身发展的过程中没有一贯地支持和完全采纳某一种理论，也没能提出一套完整的哲学理论体系。相较而言，行为治疗理论模式中蕴含着逻辑实证主义、实在论、相对主义、自然主义、科学主义、存在主义等多种元素，我们可以将其归纳为逻辑-经验论(Logico-Empiricism)。但行为治疗理论的局限性还在于其内部认知过程的考察机能障碍的产生机制具有很大的片面性，而同时它的哲学基础趋于折中和混合，发展初期以实证主义为主导，在快速发展过程中人文主义思想成分的比重愈来愈大，与其他的治疗模式的认知理论相比，行为治疗理论的哲学立场并不鲜明。

第四章

自杀意念与防范

——危机干预理论的运用

自杀是一种恶性的社会事件，历来引起社会工作者的极大关注。当自杀事件发生的时候，人们一般重视其直接诱因，如家庭问题、事业问题、经济问题或身体的、精神的疾患问题等。心理咨询工作者则更加重视在自杀行为发生前自杀心理的形成以及准备状态，即自杀倾向的产生机制。危机干预理论以其短期干预为导向，强调运用心理分析与自我心理学的概念协助危机状态中的个人并提供快速与短暂调适的专业服务。在本章中，社工运用危机干预理论对一名高二女生小雯开展专业服务，体现出其实务工作中的处置原则、步骤及实务技巧等。最后，本章将对该理论的主要影响及评价做一个总结。

第一节　危机干预理论的形成与发展

危机干预，从心理学的角度来看，是一种通过调动处于危机中的个体自身潜能来重新建立或恢复危机爆发前的心理平衡状态的技术，危机干预已经日益成为临床心理服务的一个重要分支。危机往往是突发的，出乎人们的预期。如果不能得到很快控制和及时缓解，危机就会导致人们在认知、情感和行为上出现功能失调以及社会的混乱。因此，危机干预便成为人类处理危机，给处于危机之中的个人或群体提供有效帮助和支持的一种必然的应对策略。

一、模式介绍：危机干预的基本含义

危机干预(Crisis Intervention)，也称危机调适或危机介入，始于 1943 年林德曼(E. Linderman)医师对于波士顿火灾难民及其遗族所做的适应性研究。[①]之后，心理学家卡普兰(G. Caplan)于 1945 年开始对心理危机进行

① 顾东辉：《社会工作概论》，上海译文出版社 2005 年版，第 108 页。

系统研究，并于1964年发表心理危机干预理论。大约在20世纪60年代，危机干预理论开始被运用于社会工作实务领域，80年代以后，以危机干预为主的短期干预工作模式已普遍融入社会工作实务中。近年来，该模式更是成为社会工作领域中最广泛使用的短期治疗方法。

从理论上说，危机干预运用了来自心理分析的自我心理学中的元素，所以它关注对外界的情感反应和如何理性地控制这些情感反应。①换言之，该模式是从短期心理治疗的基础上发展起来的理论，它是对危机情境中的个体给予短暂帮助和关心的过程，又称情绪急救。一般来说，在案主无法通过自身的调整处理自己的危机的时候，就应该进行危机干预，以制止不良后果甚至恶性事件的发生。

危机干预的概念最初来源于林德曼和卡普兰的著作，是指对危机状态之下的个人、家庭以及团体，提供一种短期治疗或调适的过程。国内外学者大都同意林德曼和卡普兰的概念界定，即认为危机干预就是及时帮助处于危机中的人们恢复心理平衡；不同之处在于，一部分学者强调案主的自身潜能与优势，一些学者则更加注重外界的帮助与支持，还有一些学者则不会考虑这样的问题，而视危机干预为一种助人的技术。具体地说，季建林认为，危机干预是给处于危机中的个人或家庭提供有效帮助和支持的一种技术，通过调动他们自身的潜能来重新建立和恢复其危机前的心理平衡状态。②在翟书涛③、胡泽卿④看来，危机干预是一个短期的帮助过程，是对处于困境或遭受挫折的人予以关怀和支持，使之恢复心理平衡。樊富珉则认为，危机干预是对面临着危机的人采取迅速而有效的应对措施，使其能够在避开危机的同时，达到进一步适应那种危机所运用的治疗方法。⑤按照笔者的观点，危机干预是案主与社会工作者共同参与、共同努力的助人过程或技术，社会工作者在帮助案主的时候，应充分发现案主的力量、挖掘案主的潜能、提高案主解决问题的能力。

---

① ［英］Malcolm Payne：《现代社会工作理论》，何雪松、张宇莲、程福财等译，华东理工大学出版社2005年版，第104页。

② 季建林、徐俊冕："危机干预的理论与实践"，载《临床精神医学杂志》1994年第2期。

③ 翟书涛："心理危机干预"，载《心理与健康》1998年第2期。

④ 胡泽卿、刑学毅："危机干预"，载《华西医学》2000年第1期。

⑤ 樊富珉："'非典'危机反应与危机心理干预"，载《清华大学学报（哲学社会科学版）》2003年第4期。

二、理论分析：危机干预的阐释与实践

危机干预旨在通过对处在心理危机状态下的个人采取明确有效的措施，使之最终战胜危机，重新适应生活。我们可以发现，正是围绕着如何采取措施、采取什么措施等形成多种危机干预的理论模式与实践方案。

（一）早期的危机理论

"危机"（Crisis）一词的希腊语源是疾病转好或转坏的转捩点，有离开、转机的意思。就中国文字的意义来说，"危机"一词可以拆分理解为"危险"与"机会"。美国学者吉利兰（B. Gilliland）和詹姆士（R. James）将"危机"定义为对一个事件或一个情境的一种感知或体验，感觉该事件或情境是一个不堪承受的困难，超出人们现有资源和应对机制的范围。而罗伯特（A. Robert）则认为危机可能是个人性的（如一个所爱的人去世）或公共性的（如一场重大火灾）。①台湾学者廖荣利则指出，危机一般指的是个人的生活危机，是一种严重的扰乱事故，是个体料想不到的情境。②归纳以上观点，我们通常视危机为个人目标实现受阻或经历紧张性的事件时，因找不出解决的对策，而陷于无力感的状态。

按照上述关于危机的界定，美国学者亚诺希克（E. Janosik）将危机理论概括为三个不同的水平：基本危机理论、扩展危机理论和应用危机理论。所谓基本危机理论主要是指林德曼和卡普兰早期根据其研究所提供的一种对危机的理解，即将焦点集中于帮助危机中的人认识和矫正因创伤事件引发的暂时的认知、情绪和行为扭曲。该理论的提出主要是为了否定当时的流行观点，即应把求助者所表现的危机反应当作异常或病态进行治疗。③

① ［英］马尔科姆·派恩：《现代社会工作理论》（第三版），冯亚丽、叶鹏飞译，中国人民大学出版社 2008 年版，第 110 页。

② 廖荣利：《社会工作理论与模式》，台湾五南图书出版公司 2002 年版，第 140 页。

③ 其实，危机干预理论的基本假设之一就是认为个人面对危机时，并非处于病态，而是个人对目前压力的正常反应。详见宋丽玉、曾华源、施教裕等：《社会工作理论——处遇模式与案例分析》，台湾洪叶文化事业有限公司 2005 年版，第 164 页。

在林德曼看来，在强烈的悲痛面前，人不能沉湎于内心的痛苦中，而要让自己感受和经历痛苦，通过号哭等方式发泄情感，消除罪恶感、羞耻感、孤独感，进而接纳事实，找到生命的意义。[①]与林德曼关心悲哀反应的即时解决相比，卡普兰则将其结构扩大到整个创伤事件。卡普兰认为，危机是一种状态，而造成危机的原因则是生活目标的实现受到阻碍，且用常规的行为无法克服。因此，卡普兰强调将危机干预扩展到去除那些最初促发心理创伤的认知、情绪和行为问题。[②]

扩展危机理论的发展是因为基本危机理论完全基于心理分析的方法，而没有恰当地考虑到影响危机产生的社会、环境和境遇因素。[③]因此，扩展危机理论不仅从心理分析理论中获得知识来源，而且更为注重从一般系统理论、适应理论和人际关系理论中汲取养分。简言之，相较于心理分析理论通过获得进入个体无意识思想和过去情绪经历的路径，来理解危机的不平衡状态，系统理论更为强调人与人、人与事件之间的相互关系对个体危机产生的影响。适应理论则认为，适应不良行为、消极的思想和损害性的防御机制对个体的危机起维持作用。在治疗的时候，如果适应不良行为改变为适应性行为时，那么危机就会消退。人际关系理论的理论要点是，如果人们相信自己，相信别人，并且具有自我实现和战胜危机的信心，那么个人的危机就不会持续很长时间。

相较于基本危机理论和扩展危机理论而言，应用危机理论更为强调危机干预者必须将每一个人和造成的危机的每一个事件都看作是独特的。美国学者布拉莫尔提出的应用危机理论包括三个方面：① 发展性危机；② 境遇性危机；③ 存在性危机。所谓发展性危机(Developmental Crisis)是指在正常成长和发展过程中，急剧的变化或转变所导致的异常反应。境遇性危机(Situational Crisis)则是出现罕见或超常事件且个人无法预测和控制时出现的危机，比如意外交通事故、绑架、失业、突发疾病等。存在性

---

① Linderamann E. 1944. Symptomatology and management of acute grief. American Journal of psychiatry, No.101, pp.141－148.

② ［美］Burl Gilliland, Richard James：《危机干预策略》，肖水源等译，中国轻工业出版社2000年版，第20页。

③ Janosik E. 1984. Crisis counseling：A Contemporary approach. Monterey, CA：Wadsworth Health Science Division.

危机(Existential Crisis)是指伴随着重要的人生问题，如关于人生目的、责任、独立性、自由和承诺等出现的内部冲突和焦虑。①

(二) 危机干预模式

美国学者贝尔金(G. Belkin)提出危机干预的五个重要观点：① 危机干预的目的在于应用解决问题的技巧激发案主的能力；② 危机干预的焦点集中在案主人际关系冲突和角色功能失调等方面的特殊的相关问题来源上；③ 通过主动集中技术将案主的注意力保持在特别的问题领域；④ 矫正案主的性格特征或人格类型不是危机干预的目的；⑤ 危机干预基于以人格、自我功能、社会文化功能等知识为基础的信息背景。②从上述观点出发，贝尔金将目前心理咨询危机干预的理论模式分为三种，即平衡模式(Equilibrium Model)、认知模式(Cognitive Model)、心理社会转变模式(Psychosocial transition Model)。按照平衡模式的观点，危机状态下的案主，通常都处于一种心理情绪的失衡状态，他们原有的应对机制和解决问题的方法不能满足当前的需要。因此危机干预的工作重点应该放在稳定案主的情绪上，并使他们重新获得危机前的平衡状态。这种模式在处理危机的早期干预时特别适合。在危机早期，个体处于极度茫然、混乱和自我失控状态，这一时期的干预目标应主要集中在稳定个体的心理和情绪方面，在其达到某种程度的稳定之前，不宜采取其他干预措施。

根据影响个体心理平衡的因素——对事件的知觉、有无情境支持、应对机制是否充分，美国学者阿吉莱拉(D. Aguilera)总结出危机干预的基本模式，见图 4-1。③

① Brammer L. 1985. The helping relationship: Process and skills (3rd ed.). Englewood Cliffs, NJ: Prentice-Hall.

② Belkin G. 1984. Introduction to counseling(2nd ed.). Dubuque, IA: William C. Brown.

③ Aguilera D, Messick J. 1982. Crisis intervention: Theory and methodology (4th ed.). St. Louis: C. V. Mosby.

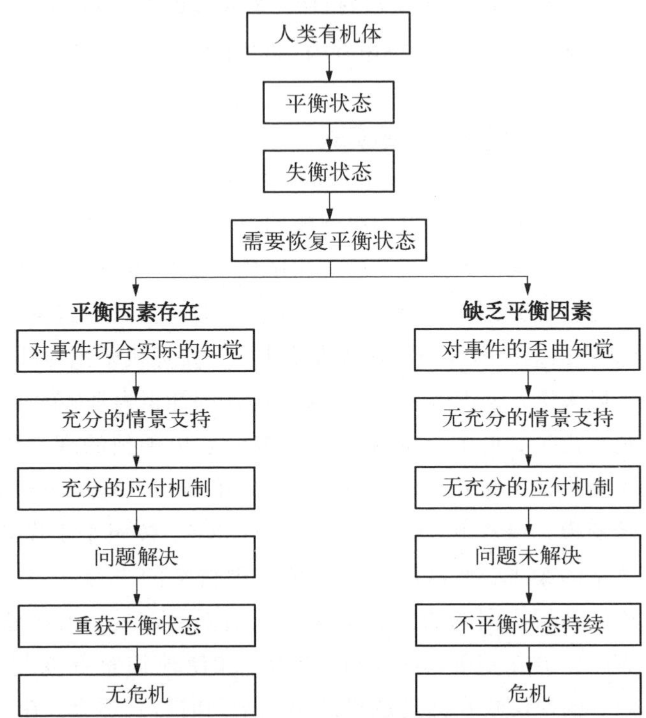

图 4-1 危机干预基本模式

20 世纪 60 年代，美国学者贝克（A. Beck）提出了认知模式。在他看来，危机导致心理伤害的主要原因在于案主对危机事件和围绕事件的境遇的错误思维，而不在于事件本身或与事件有关的事实。[①]该模式要求社会工作者帮助案主认识到存在于自己认知中的非理性和自我否定成分，重新获得思维中的理性和自我肯定的成分，从而使受害者能够实现对生活危机的控制。认知模式较适合于那些心理危机状态基本稳定下来、逐渐接近危机前心理平衡状态的案主。[②]按照心理社会转变模式的观点，当社会工作者在分析案主的危机状态的时候，应该从内外两个方面着手，即除了考虑案主个人的心理资源和应对能力外，还要了解案主的同伴、家庭、职业、宗教和社区的影响。此时，危机干预的目的在于将个体内部适当的应对方

① Beck A. 1976. Cognitive therapy and the emotional disorders. New York: International University Press.

② 吴增强：《当代青少年心理辅导》，上海科学技术文献出版社 2003 年版，第 425 页。

式，与社会支持和环境资源充分地结合起来，从而使案主能够有更多的问题解决方式的选择机会。①

目前更为流行的则是折中危机干预理论。它是指从所有危机干预的方法中，有意识地、系统地选择和整合各种有效的概念和策略来帮助案主。正因为如此，折中危机干预理论很少有系统的理论框架，而是各种方法的混合，它更强调操作。折中危机干预理论的主要任务包括：① 确定所有系统中有效的成分，并将其整合为内部一致的整体，使之适合于需要阐述的行为资料；② 根据对时间和地点的最大限度的了解，考虑所有相关的理论、方法和标准，以评价和操作临床资料；③ 不确定任何特别的理论，保持一种开放的心态，对得到成功结果的方法和策略进行不断的验证。折中危机干预理论并非意味着漫无目的地进行干预，而是为了不局限于任何一种教条式的理论方法，将各种理论和方法很好地结合在一起，选择适当的方法以切合求助者的需要。②折中危机干预理论始终遵循着两种观点：① 所有的人和所有的危机都是独特的；② 所有的人和所有的危机都是类似的。这是其可以将不同理论和模式进行整合的认识基础，也正因为这样，折中危机干预理论不局限于任何一种教条式的理论和模式，而是将各种理论和模式根据实际需要结合起来，再进行综合运用。

（三）危机干预的方法、步骤及技巧

在早期，林德曼和卡普兰已对危机干预的原则进行了研究。卡普兰强调：第一，让案主接受帮助，利用“哀伤辅导”的理论，使其经历痛苦后能够宣泄情感；第二，帮助案主正视和处理危机，对其哀伤心境表示同情和关注；第三，为案主提供有关的信息，否则陷入危机的人会产生错觉。继林德曼和卡普兰之后，治疗师派约尔（D. Puryear）指出，危机干预的原则包括：及时接案与处理；主动地采取行动；有限的目标；希望与期望；支持；重点在于问题的解决；自我影像以及自我独立。③

---

① 王群：“危机干预与大学生自杀干预”，载《上海师范大学学报（哲学社会科学版）》2005 年第 2 期。

② ［美］Burl Gilliland，Richard James：《危机干预策略》，肖水源等译，中国轻工业出版社 2000 年版，第 28 页。

③ Puryear D. 1979. Helping People in Crisis. 转引自廖荣利：《社会工作理论与模式》，台湾五南图书出版公司 2002 年版，第 146－149 页。

人们一般认为危机干预的基本原则如下：① 社工应尽快与案主建立信任与委托关系，协助案主减少其负面情绪的影响；② 危机干预是短期进行的，社工应聚焦案主的问题；③ 通过澄清与咨询过程处理案主的核心问题；④ 不断评估案主受到的潜在伤害，进而提供保护性措施；⑤ 拟订干预计划，帮助案主恢复自理能力；⑥ 社工应扮演积极角色；⑦ 运用案主个人与环境的资源来处理危机。①

危机干预模式的目标在于帮助案主克服危机，再建心理平衡，重新面对生活。主要包含三个层次的目标：一是帮助案主减轻情感压力，降低自伤或伤人的危险性；二是使其心理平衡恢复到危机前的功能水平，避免出现慢性适应性障碍；三是提高案主应对危机的能力，使其更加成熟。为此，社会工作者应该尝试回答如下问题：什么事困扰着案主？为什么案主现在来求助？何时何地发生的这些问题？与何人有关？如何提供帮助？因此，社会工作者应该发掘案主的资源，以及对案主具有影响力的资源；适当运用危机情况协助案主及其家庭，使他们不仅有能力解决困难，也能创造性地遏制未来可能出现的问题。

目前，国外学者主要使用的危机干预方法包括关键事件应激管理法(CISM)、关键事件应激报告法(CISD)和 ACT 干预模式。具体地说，关键事件应激管理法强调在危机中将家庭看作全面干预的重要成分之一，重视对家庭的服务，并概括案主所面临的应激阶段与时间线、不同阶段的不同情感状态，针对每一阶段提出不同的干预策略。纳什(Naser)等使用 CISM 研究科威特士兵在伊拉克入侵后的应激时发现，认知解释在减少人类创伤性事件的应激反应中具有重要作用。积极的认知解释一般与对应激事件的更加健康和有效的反应联系在一起，而消极的认知解释则与更无助、无效的反应联系在一起。②

关键事件应激报告法(CISD)首先由米切尔(J. Mitchell)于 20 世纪 70 年代末提出。它产生的最初目的是为了维护应激事件救护工作者的身心健康，后被多次修改完善并推广使用，现已经开始用来干预遭受各种创伤的个人。CISD 以危机干预理论和教育干预理论为基础，包含若干心理和教

① 宋丽玉、曾华源、施教裕等：《社会工作理论——处遇模式与案例分析》，台湾洪叶文化事业有限公司 2005 年版，第 167－169 页。

② Naser F. 2001. Overcoming the effects of disaster：A rationale for the Kuwaiti CISM program. International Journal of Emergency Mental Health，Vol. 3，No. 1.

育的要素，是关键时间应激管理类别的延伸，是综合的、多要素的危机反应技术。CISD的方针是为了降低创伤性事件症状的激烈度和持久度，迅速使个体恢复常态。一般来说，CISD分为正式援助和非正式援助两种类型。①非正式援助由受过训练的专业人员在现场进行急性应激干预，整个过程大概需要1小时。而正式援助型的干预则分为7个阶段，通常在危机事件发生的24小时内进行，一般需要2～3小时。具体步骤包括：① 介绍小组成员和干预过程，与案主建立相互信任的关系；② 要求所有案主从自己的观察角度出发，提供危机事件中发生的一些具体事实；③ 鼓励案主说出与自己有关事件的最初和最痛苦的想法，让情绪表露出来；④ 挖掘案主在危机事件中最痛苦的一部分经历，鼓励他们承认并表达各自的情感；⑤ 要求小组成员回顾各自在事件中的情感、行为、认知和躯体体验，以便对事件产生更深刻的认识；⑥ 要求案主认识到，他们的应激反应是在非常压力之下正常的、可理解的行为，并为他们提供一些如何促进整体健康的知识和技能；⑦ 总结修改有关的应对策略和计划。

ACT干预模式是由美国学者罗伯特于"9·11"恐怖事件后，针对事件罹难者的干预而提出的，是一套连续的评估和干预策略。其中，A、C、T分别指评估（Assessment）、危机干预（Crisis Intervention）和创伤治疗（Trauma Treatment）②，具体见表4-1。

表4-1 ACT干预模式

A(Assessment)	评估：治疗主要评估，对公众安全和财产的威胁评估，包括治疗类选法评估（Triage Assessment）、危机评估（Crisis Assessment）、创伤评估（Trauma Assessment）、生物心理学和文化评估（Biopsychosocial and Cultural Assessment）
C(Crisis Intervention)	干预：灾难救济和社会服务的交付、关键事件应急报告的执行（CISD）、危机干预步骤的实施、强化观点和应对支持
T(Trauma Treatment)	治疗：创伤应急反应、创伤后应激障碍（PTSD）和应急管理的十步治疗草案、创伤治疗计划和康复策略的应用

① Sacks S, Clements P &, Hillier T. 2001. Care after chaos: use of critical incident stress debriefing after traumatic workplace events. Perspectives in Psychiatric Care, Vol. 37, No. 4.

② Roberts A. 2002. Assessment, Crisis Intervention, and Trauma Treatment: The Integrative ACT Intervention Model. Brief Treatment and Crisis Intervention, Vol. 2, No. 1.

对于危机干预步骤的认识国内外学者并不一致。一般来说，国内学者倾向于危机干预四步法和危机干预五步法。[①]危机干预四步法包括危机评估、制订心理危机干预方案、实施干预和确定心理危机干预的结果并对其有效性进行评估；而危机干预五步法则包括接触危机个体、评估危机程度、确定干预目标、具体实施干预以及评估干预结果与终止干预。相较而言，吉利兰和詹姆士在其所著的《危机干预策略》一书中提出危机干预六步法，而提出 ACT 干预模式的罗伯特则认为是危机干预七步模型。[②]

吉利兰和詹姆士提出的危机干预六步法包括确定问题、保证当事人安全、给予支持、提出并验证可变通的应对方式、制订计划、得到承诺。[③]具体如下所示：

（1）从案主角度，确定和理解案主本人所认识的问题，这一步特别需要使用倾听技术。

（2）在危机干预过程中，社会工作者要将保证案主安全作为首要目标。 简单来说，就是将自我和他人的生理和心理危险性降到最低。

（3）强调与案主的沟通与交流，使案主了解社会工作者是其完全能够信任、给予其关心帮助的人。

（4）危机干预工作者要让案主认识到，有许多可变通的应对方式可供选择，帮助案主采用各种积极应对方式，充分利用支持资源。

（5）社会工作者在考虑到案主的自控能力和自主性的前提下，与案主共同制订行动步骤，矫正其情绪的失衡状态。

（6）让案主复述所制订的计划，并从案主那里得到明确按照计划行事的保证。

---

① 樊富珉：“‘非典’危机反应与危机心理干预”，载《清华大学学报（哲学社会科学版）》2003 年第 4 期；崔杨：“心理危机干预方法和学校心理危机干预模式”，载《卫生职业教育》2009 年第 2 期。

② 宋丽玉、曾华源、施教裕等所著的《社会工作理论——处遇模式与案例分析》一书则指出，危机干预可以分为三个阶段、八个步骤，具体而言：第一阶段为开始阶段，包括建立良好的沟通关系和评估致命性与安全性需求；第二阶段为危机问题指认与处遇，包括指认主要问题，处理感受和提供协助，探讨可能的各种选择以及协助列出处遇目标和行动计划；第三阶段为结束与追踪，包括结案的决定标准和追踪的处理方式。详见宋丽玉、曾华源、施教裕等：《社会工作理论——处遇模式与案例分析》，台湾洪叶文化事业有限公司 2005 年版，第 171－176 页。

③ ［美］Burl Gilliland，Richard James：《危机干预策略》，肖水源等译，中国轻工业出版社 2000 年版，第 37－40 页。

危机干预七步模型由罗伯特在 1996 年提出，用于帮助处于急性心理危机、急性情境性危机和急性应激障碍的人群，包括七个步骤：①

(1) 彻底的生物心理社会评估和危机评估。涉及对危险性的迅速评估，包括自杀、杀人或暴力的危险性，药物治疗需要，积极和消极的应对策略，毒品和酒精滥用情况评估。

(2) 迅速建立友善的治疗关系(多与第一步同时进行)。向对方表示你的尊敬和接纳是这一步的关键。要极力去迎合案主的话题，并保持中立，不做评判，尽量确保不表露我们的个人观点。保持冷静，并使局面处于我们的掌控之内。

(3) 识别问题。用开放性的问题让案主用自己的语言来解释和描述其所遇到的困扰，这样便于社会工作者了解问题的真相。能够感受到社会工作者的关注和理解，对案主来说非常重要，而且也有利于友善、信任关系的建立。第二、三步采用问题解决中心疗法(SFT)来识别案主的能动性和应对资源，包括对其以往有效应对策略的辨别。

(4) 用积极的倾听技巧来处理感情和情绪问题。利用鼓励性的语言，如“啊”“哦”等，让案主感到你正在仔细聆听，这些口头的反馈在电话干预中尤其重要。除此之外，反应、解释、情绪定性等都是可使用的技巧。 反应包括重复案主所说的话、所表达的感情和想法；解释包括用社会工作者自己的语言来重复案主的话；情绪定性包括总结出隐含在案主话语中的情感，如“你听起来非常生气”等。

(5) 通过识别案主的能动性和以前成功的应对机制，探索可供选择的方法。社会工作者和案主的合作能使潜在的应对资源和可供选择方法的范围更为广阔。因此，社会工作者的创造性、灵活性和应变能力是成功干预的关键。

(6) 贯彻行动计划。社会工作者应在限制性最小的模式下帮助案主，使案主感到有自主性。这一步骤中的重要环节包括识别可供联系的人和转介资源，以及提供应对机制。

(7) 反复制订计划并达成一致。第一次会面后，社会工作者应与案主达成一致，共同确定能使危机得到有效解决的计划，这一步可以通过电话

① Roberts A. 2002. Assessment, Crisis Intervention, and Trauma Treatment: The Integrative ACT Intervention Model. Brief Treatment and Crisis Intervention, Vol. 2, No. 1.

或面对面的交流来完成。

笔者按照一般步骤，将危机干预划分为以下四个步骤来进行：

第一，问题评估要解决的主要问题在于：确定是何种事件使案主陷入危机；案主对事件的感受如何；案主目前的功能水平如何；案主是否具有自伤和伤人的危险性存在；案主以往具有哪些应对策略；现有可利用的应对资源有哪些。

第二，制订计划即干预决策。一般来说，危机干预决策有五个过程：① 确定危机是偶然发生事件还是异常行为；② 区别相关和无关资料；③ 通过对当事人的观察和交流进行验证；④ 将获得的资料组织成有意义的材料；⑤ 按有益于恢复正常状态和有益于交流两种类别将材料归类。

第三，实施干预是整个步骤中最为核心的阶段。社会工作者要探查出可供选择的解决问题的方法，并将几种可尝试的方案详细地提供给案主，与案主共同商讨。具体地说，社会工作者需要帮助案主舒缓和发泄情绪，帮助案主正确理解现状，以便和案主一起学习新的应对方式，帮助案主学会利用外界资源在危机状况下获得情境支持，进而从案主那里得到诚实、直接和适当的承诺，以便案主能够坚持实施为其制订的危机干预计划。

第四，效果及反馈。经过一段时间的干预，案主的情绪危机得到解决或得到一定程度的缓解，这时应及时中断治疗，以减少其对社会工作者的依赖。在结束阶段，应该注意强化案主多应用刚刚学会的新的应对技巧的想法，鼓励和支持他在今后面临逆境或重大挫折时，应用新的应对方式和有关社会支持系统来独立解决和处理问题，避免或减少危机的再次发生。

当然，社会工作者在实施危机干预计划的时候，还需要注意以下六个技巧：

第一，社会工作者要完全接纳案主。完全接纳表现在：① 理解案主的情绪和行为。② 尊重案主的个人观念和境遇，使案主感到自己受尊重、被接纳，获得一种自我价值感。此外，在案主叙述的过程中，社会工作者应聚精会神地倾听与关注。首先，社会工作者需要与案主保持适度接近的距离，呈 45 度角，注意不要面对面，这样会让案主感到紧张和不安。其次，社会工作者要通过点头、保持眼神接触、微笑、给予适当的言语反馈（注意语调和措辞）等，向对方传达出关心、参与和信任的态度。

③ 通过对案主的关注，可以密切注意其言语和非言语反应，掌握案主未明确表达出的信息，这有助于建立信任关系，使案主融入治疗性关系之中。在以下的案例中，社工李老师就特别注意与小雯建立信任关系，她清楚地意识到，当小雯信任她的时候才会接受她的帮助，甚至接受她的观点。

第二，倾听是危机干预中必不可少的环节。倾听并非仅仅用耳朵听，更需要用心去设身处地地感受。倾听技能应包括观察案主的非言语行为，如姿势、表情、举动、语调；理解案主言语所传达的信息；注意叙述的前后连接，并与其生活的社会环境相关联等。此外，倾听的一个重要方面是在开始时用自己的语言向案主真实地说明自己将要做什么，并在倾听的过程中以某种方式回应案主。这样的交流过程可使社会工作者澄清案主的问题和理解情绪体验，也可以使双方的信任关系得到进一步的强化。当然，社会工作者通过语言和动作等方式向案主表达理解的时候，应立足于案主的情感立场，用案主的眼睛看世界，并用自己的方式表达其内心体验。还应注意的是，社会工作者在回应案主时应避免使用太多案主的原话、重复使用开头语(如：“我听到你说……”或是“听起来……”)以及为了回应案主而经常打断会谈。①

第三，封闭式提问用于向案主了解特别的或具体的资料，对某些特别行为资料进行确认，以“是”或“否”来回答，常用词有“是否”“有没有”“能否”“对不对”等。一般来说，封闭式提问常在危机干预的初期使用，用来确定某些特殊资料，帮助社会工作者快速判断正在发生什么。②但封闭式提问的过多使用，会使案主陷入被动，因此社会工作者需把封闭式提问与开放式提问结合起来。开放式提问一般以“什么”或“如何”来进行，要求深入和详细的表达。开放式提问鼓励案主完整地叙述经过并深入地表达其内涵，常用来引出有关案主感情、思维和行为方面的内容。需要注意的是，避免问案主“为什么”，因为这样会让案主产生心理防御。除提问外，在交流过程中，说话要讲究分寸，不可伤及案主的自尊，更不可给案主的行为定性。

---

① ［美］Barry Cournoyer：《社会工作技巧手册》，朱孔芳、杨旭、丁慧敏译，华东理工大学出版社 2008 年版，第 87 页。

② ［美］Burl Gilliland，Richard James：《危机干预策略》，肖水源等译，中国轻工业出版社 2000 年版，第 50 页。

第四，在交流过程中，案主很可能出现长时间的沉默。此时，社工不要认为是自己的交流能力不足，也不要试图发表意见来打破这段沉默，更不要一遍又一遍地去催促案主做出回答。案主需要时间进行思考，连珠炮式的提问和无休止的说教无助于解决危机，反而会使案主产生厌烦心理，而适当保持沉默会加深理解和达到共情。双方的沉默可以给案主传达出这样的信息："我知道你现在很难用言语表达你的苦衷，我理解你，并且随时都会帮助你。"社工应不加限制地让当事人进行思考，一段长长的沉默之后，往往会出现有价值的信息。在这段时间内，社工也可以对自己的问题以及案主的表现进行消化和理解，给自己充裕的时间来思考如何更好地掌控局面。

第五，需要适度引导。所谓的"适度"表现在：不对案主的人格进行评判；不能通过情绪反应等流露出对案主的好恶感情；对于案主的行为做出价值引导；适当使用表扬、鼓励等正强化来表达对案主良好表现的赞赏。

第六，案主可能会通过不同的身体语言来表达自己的情绪，如愤怒、恐惧、忧郁、怀疑和绝望等。社工要关注这些非言语的内容是否与案主的言语表达相一致，从中发现与案主言语表达不一致的信息。值得注意的是，这样的非言语沟通毕竟是试探性的或推测性的，有时并不可靠，建议社工不要过多地对躯体语言进行推测。[①]与此同时，社工必须重视自己的非言语性表达，并使之与自己的言语性表达相一致，向案主传达关注和理解的信息。非言语内容可以用多种方式来表达，如目光接触、上身前倾、动作、语调、眼神变化、面部表情以及房间的布置等，都应该让案主感到放松、平静，认为自己所处的环境是安全的，对方是可以信任的，让案主认为对方愿意毫无保留地接纳他，为他提供帮助。

① 吴增强：《当代青少年心理辅导》，上海科学技术文献出版社2003年版，第425页。

第二节　案例背景介绍

小雯①是一名高中二年级的学生，她很喜欢读书，对文学有特别的爱好。同学们经常看到她在课间的时候抱着一堆书在看，不管是散文、诗歌还是小说，她每次读这些文学作品的时候都特别认真，旁边的同学不管怎么打扰都不为之所动。小雯还会把在书里读到的一些精彩的内容或者人生哲理抄录下来，或者在笔记本里写上一些自己读书的体会、感悟之类作为读书心得。小雯有时候也会自己尝试着写一些小说或诗歌，班里的同学们在学校的校报上经常可以看到小雯的文章。

小雯的脾气很“牛”，即使很要好的朋友冒犯她，她也会与之翻脸，有一次她的语文老师就是这样“得罪”了她。小雯的语文老师——高老师是一位性情温和且很有才气的中年女教师，她们的关系一直很好。下课的时候小雯经常去高老师的办公室聊天，她们一起讨论读过的诗词、小说等文学作品，有时候还会为了其中一些内容争得面红耳赤。时间长了之后，小雯便邀请高老师到她家去做客，高老师起初爽快地答应了，小雯就像燕子一样快乐、高兴，蹦蹦跳跳地回到教室。后来临近做客的时间，高老师因为其他事情谢绝了小雯的邀请，小雯的脸上立即“晴转阴”，骑上自行车，玩命似地横冲直撞，冲出热闹的校园，冲上车水马龙的大街。 高老师看到后一下子失了魂似的，赶紧跑过去跟在后面拼命喊她，她却理也不理，头也不回地跑了。高老师第二天早上一来到学校就和她道歉，小雯又很开心地和高老师交流，津津有味地向高老师介绍她最近几天看到的小说和诗歌。从此以后，高老师再也不敢“怠慢”她。

小雯待人很热情，很喜欢交朋友。在校园里，随处都可以看到她和一群同学边走、边聊、边笑。她很喜欢帮助别人，对朋友可谓是掏心掏肺、说一不二。有一次，有个同学突发疾病去医院，她就一路陪着同学到了医院。 检查后晚上需要在医院吊盐水，她就一直待在同学的床边，整个晚上

① 本案例节选自徐光兴主编的《学校心理咨询优秀案例集》，在笔者引入本文的案例时有重大修改。

都没有休息，回到学校以后她又无微不至地照顾同学直到康复。平日里遇到同学有难事，她总会尽自己的力量去帮忙。不过她和班里的同学经常会有些小摩擦，起因则大多是看不惯班里同学组成小帮派，而她则是一个特立独行的学生。

小雯最要好的朋友要数同住一个小区的同班同学小强。小强家是在他刚开始读高一的时候才搬到小雯家的这个小区住的，并且他们两家住同一栋楼，还是同一个单元，小强家住三楼，小雯家住五楼。小雯虽然是个女孩子，可是她的性格比较独立爽快，小强则是一个比较随和、内向的男孩子。和小强一起出去玩的时候，小雯总是喜欢海阔天空地聊天，小强则在一旁静静地倾听，偶尔发表一些感言。小强的写作能力也很高，不过他的文字写得很细腻，颇有婉约之风；与此相对，小雯的文字中则透着一股豪放的气息。每次两人写好文章后都会相互讨论，仔细点评，可谓“佳文共欣赏，疑义相与析”。在一起谈论文字的时候，他们好像总有说不完的话，两人似乎完全陶醉在文学里，外面的一切对他们不会产生任何影响。这样一来，他们俩就很合得来，关系也就显得十分密切，形影不离。

时间一长，正处于豆蔻年华的小雯喜欢上了小强，而小强的反应起初比较冷淡，现在则开始和小雯渐渐疏远起来。小雯为此感到非常苦恼，不知道是不是可以将心里的想法直接告诉小强。小雯接连几天把小说、诗歌堆在房间的角落，不愿意也没心思再去品味这些文字带给她的酣畅淋漓的感觉。她想了很久，终于找了个合适的机会，把自己的想法告诉了小强。小强那个时候似乎还是在躲避，没有告诉小雯他的真实想法。直到后来，小强写了张字条告诉小雯他的想法，其实，小强也被活泼的小雯吸引住了，只不过小强的父母对小强管得很严，尤其在交朋友的问题上更是如此。在小雯的鼓励下，他们两人又开始和以前一样，一起上学、一起回家、一起讨论，渐渐地，两人经常在一起的消息不胫而走，同学当中也悄悄地流传开两人交往的故事。

今年开学后，小强的一些反常举动还是未能逃脱父母的眼睛，在母亲的严厉“拷问”下，小强把一切都“招”了。父母面对儿子“早恋”这一事实，做出这样的决定：不准小强再和小雯有任何来往，不准私自外出……由于父母的干预，小强终止了和小雯的密切交往，但他认为和小雯还是可以保持正常的同学关系，做好朋友，没必要不相往来、形同陌路。没多久，这一行为再次被小强的父母发现了，他们又一次把小强严厉地训斥了一顿，强制小强与小雯断交。从此以后，小雯每次在学校里看到小强的时候，都会主动找小强说话，而小强则反应冷漠，只是出于礼貌应一声。小雯为此又是懊恼不已，常常精神恍惚，觉得生活没意思，未来没有希望。小强的父母有一天还跑到学校把这一情况向班主任薛老师反映，要求老师在学校严加监督。薛老师有一次开完班会，把小雯和小强叫到自己办公室，对两人大加斥责，小强之后更是不敢和小雯讲话了。然而，小强的母亲做了这么多工作，还是有点不放心，又把这件事情告诉了小雯的父母。

小雯的父母听到这件事情之后也是大为震怒，回到家里，小雯向父母解释他们只是希望做好朋友，不是谈恋爱，而她的父母则一口咬定他们是“早恋”。大吵一顿之后，小雯离家出走了，但是三四天后，她还是被找到了。之后，小雯的母亲每天都亲自接送女儿上下学。小雯对于母亲“无微不至”的“关怀”终于受不了了，她多次在家扬言要自杀，但是父母以为小雯只是开玩笑，并未当回事，反而看管得比以前更严了。

出事的那天下午，小雯的妈妈刚好有事出门。小雯放学后去小强家想问个究竟，结果遭到小强母亲劈头盖脸地一阵谩骂。小雯一气之下，回到家中，心里非常难过。她在盥洗室找出父亲刮脸用的刀片，在左手腕上划了3刀，又吞下一大把安眠药片，不久就倒在盥洗室的地板上……小雯的父母回到家中，看见倒在血泊中奄奄一息的小雯大惊失色，马上送医院急救。醒来以后，小雯一直流泪，不愿见人，也不愿说话。

第三节　社工介入的过程

这天，社工李老师正在值班，耳边传来急促的脚步声，抬眼望去，只见一个身材魁梧的男子已经站在办公室门口，看起来忧心忡忡。

一、接案：建立关系

李老师热情地招呼他坐下，但他很焦急，怎么都不肯坐下，直接就说他的女儿小雯昨天下午差点自杀，现在的情况非常不好，不愿意和任何人见面，更不愿意和别人讲话（包括家里人、同学和老师），于是她的班主任薛老师建议他找李老师帮忙。他接着告诉李老师，孩子自杀的决心很大，家里人怕她再出事，所以请李老师无论如何都要抽出时间跟她谈一下……李老师看着小雯父亲焦急、忧愁的神情，想到事情紧急，答应马上就去。在去小雯家的路上，李老师抓紧时间询问了小雯自杀事件的大体情况以及她的一些基本情况。

来到小雯家后，小雯的母亲就端茶送水，匆忙张罗。坐下来等了好一会儿，小雯才在她父母的耐心劝说和陪同下从卧室里走出来。她看起来精神很差，脸色苍白，不过给人的感觉可以用“洒脱”两个字形容。她礼貌地打过招呼之后，就一直低着头，一声不响地坐在和李老师隔开一段距离的长沙发上，一手托腮，眉头微锁，就像是在“受审”。李老师看着小雯腕上的几条红色的血痕，心里很不是滋味。短暂的沉默之后，李老师关切地询问她的睡眠情况，她微微抬起头，瞟了李老师一眼之后点点头，算是回答，也算是对李老师的又一次打量。她有点放松地侧侧身子，不过紧紧抿着嘴，准备就这样沉默下去。

李老师有意识地挪动自己的位置，免得小雯再次抬起头的时候发现正前方有“法官”正对着她。李老师看出小雯有点紧张，而且好像还有点排斥她。想想也是，谁在自杀后还会有好心情呢？作为一个学生，在出了这样的事情之后再面对学校里的老师，总免不了有点尴尬，即便是面对来帮助她的社工老师。况且，社工李老师是她父亲请来的，而她本人说不定心里并不愿意。李老师心想，如果小雯觉得和她不是同一条战线上的人，和她没有什么共同语言，甚至对她产生抵触情绪，那么对她进行危机干预可能就困难重重了。

李老师想起在来小雯家的路上，小雯的父亲告诉她，小雯喜欢文学作品。于是李老师决定刚开始可以避开敏感的话题，尽量让谈话轻松一些，就笑着先打破了沉默："从你今天给我的印象来看，你精神状态好的时候一定是很活跃的吧！"小雯开始注意李老师说的话，情绪也放松多了。接着李老师微笑着问她："我听说你十分喜欢文学，都喜欢谁的作品呢？"李老师随口说出一串小说的名字，还背诵出一些散文、诗歌里的话，询问她读过没有，并简单地谈到其中的一些生活哲理。

小雯终于慢慢加入所谈论的文学话题中。李老师和小雯一起讨论了三毛的小说、席慕蓉的诗歌、林清玄的散文。小雯像一下子打开了话匣子似的，开始眉飞色舞起来，而且讲话也是妙语连珠。李老师则始终对她的评说表现出极大的兴趣，还向她询问正在讨论的问题，鼓励她继续讲出自己的想法。时间很快就过去了，小雯的情绪明显好转，李老师则开始转移话题，并约定小雯下周来李老师的办公室继续聊一聊文学。

二、预估：收集资料

李老师在接案的过程中，始终坚持在信任关系未建立起来的时候不触及敏感问题的原则，因此初步获得接案的成功。她回来之后做出初步判断，她认为引发小雯自杀的最初起因与小雯、小强间的交往有关，她决定最近几天先初步了解一下小雯和小强的交往经历。在此之前，社工李老师打算先评估小雯的危机严重程度。参照危机干预的分类评估量表（THF），李老师将小雯的危机行为和情感的严重程度初步确定为中等。

李老师通过班主任薛老师联系到小强。小强刚开始提到小雯时还是很内疚的，他很少抬头看李老师，也不想讲话。过了一会儿，小强眼睛红红地、很激动地告诉李老师，小雯是一个好女孩，待人热情，喜欢帮助别人。有时候，小雯处事稍微有些毛躁，他就帮着小雯解决一些人际冲突。不久之后，一些同学就开始莫名其妙地说他们是在谈恋爱，后来大家全传开了。由于小强的学习成绩不如小雯，小强的父母听到这样的传言之后，就让小强与小雯断绝交往，以避免"名声"上的不利影响，以使他全身心地投入学习。在父母苦口婆心的劝说和严厉训导下，小强屈服了。小雯在学校里则像往常一样关心小强，常常找他解答学习上的难题。小强则会赶紧躲开，怕同学说闲话。有一次在回家的路上，小强看到小雯走过来的时候，他就装作不认识一样，连招呼都没有打一个。虽然他看到小雯的眼睛里强忍着的眼泪，但想到父母的责骂，他就赶紧径直走开了。出事的那天，小雯来找小强，小强怕父母责备，不敢理会。小强的父母则以为小雯又来纠缠小强，不禁怒火中烧，狠狠骂了小雯一顿。小雯回家之后就选择自杀了。说完后，小强开始伤心起来。他告诉李老师，他对小雯是很有好感的，甚至很喜欢，他也知道小雯喜欢他。不过，很多同学已经在议论他和小雯，他就决定不与小雯过多交往，以免引起误会。况且他的父母又是那样严厉的态度，他只得全力以赴地学习。

说完后，小强直接问李老师：我们这样到底有什么错？父母为什么就不能容忍我们做好朋友？提起他的父母，李老师随即询问小强的家庭情况。他的父母都是军人，态度十分严肃，平时对他的要求也很严格，对待他的学业更是喜欢唠叨。他的姐姐大他 6 岁，姐姐日常生活当中能够容忍他的自由散漫，唯有在他的学业上很较真。小强因为计划生育的问题，从小和爷爷奶奶住在农村，他的姐姐则和父母一起住。因为他的父母不在身边，爷爷奶奶对他就管得比较严。可能正是因为这样，内向的小强从小习惯了按照爷爷奶奶的规定生活，从来都是听大人的，自己很少拿主意。父母每年回家两三次，并且一般都是他的父亲一个人回来。后来，小强的父亲转业到地方，那时小强十多岁，于是小强就进城和父母住在一起，但与父母、姐姐之间总是客客气气的。此外，小强和他的母亲之间好像没有什么共同语言，像陌生人一样，和爸爸、姐姐则稍微亲近一点。小强刚读高中的时候，他的爷爷奶奶相继去世，他很伤心，从此也就断了和他最亲近的人的沟通。

李老师听完后安慰小强说："你和小雯在一起相互帮助对方是一件很好的事情，没有什么错，只是你们的父母不理解。小雯现在处于很艰难的时刻，可能的话希望你帮助小雯，以后见到小雯主动和她打招呼。"小强则焦急地问："父母知道后肯定会责罚我的，我该怎么办？"李老师微笑着表示可以帮助他们。小强听完后，很高兴地接受了。

李老师和小强谈完之后，对小雯和小强之间的事情以及小强的家庭情况已经有了初步了解，她认为首先是双方的父母对于他们二人交往的认知存在问题，接下来需要做的事情，则是了解小雯父母的一些基本情况。

后来，李老师从小强那里知道，小雯的父亲是一个十分和蔼的人。小强每次去小雯家里，小雯的父亲总是笑嘻嘻的。许多时候小雯跟父亲说话也没大没小，她的父亲也不在意，总是乐呵呵的。不过小雯的父亲很在意的一点是，小雯与同学交往，尤其是和异性的交往，对于这点小雯的父亲则盯得很紧。在小雯和小强讨论问题的时候，小雯的父亲会经常走过来关注一下。小雯的母亲则比较严厉一些，经常训斥小雯。好几次，小强去小雯家的时候，正好碰上小雯母亲在责备小雯。这样一来，小雯就经常与母亲之间发生冲突。这些冲突的起因往往是一些很小的事情，要么是看电视的时候或讲话的时候声音大了一些，要么是小雯把水洒在地上。一般都是小雯的父亲在中间做个好好先生，把气氛缓和下来；如果碰巧小强在的话，小雯就和小强跑出去，然后小雯对小强大讲特讲她母亲的唠叨，甚至是吹毛求疵。此外，小雯还会负气地跑到外面去，等气消了再回来。

李老师在接下来的几天里继续了解小雯、小强及他们家里的基本情况，大体上得到以下信息：小强从小就远离父母，与爷爷奶奶住在一起。爷爷奶奶是他最亲近的人，小强在情感上对他们有很强的依赖性。长期以来，小强的内向、顺从家长也和他家里的情况有很大关系，这也就不难理解他和小雯之间的无话不谈。小雯的成长史中缺乏安慰、接纳以及温和的劝导，和高中语文老师交上朋友、和小强成为好朋友都与此有关。另外，与内向的、善于理解别人的小强在一起谈天说地，弥补了小雯母亲对小雯的不理解。正因为如此，小强与她断交就使她非常难受，加上父母的霸道，最终让小雯选择走上割腕自杀的路。

李老师认识到，小强与他父母的关系属于权威型，即父母对子女实行高度控制，反过来又不能接受子女的意见和想法。一般来说，这样的家长会对孩子进行严格的控制管理，力图使孩子的行为与家长的目标一致，不采纳孩子的任何意见和想法，也很少与孩子交流。小雯的父亲和小雯则属于宽容型，即对小雯宽松、宠爱，很少用权威或规则来管束她；她的母亲很少和小雯在一起，缺乏亲子之间的感情沟通，但对小雯的期望值过高。对于小雯来说，她渴望得到母亲的关爱。缺乏沟通、缺少关爱、压力过大，这些都给小雯的心灵蒙上阴影，久而久之就容易产生自杀的心理倾向。

三、计划：目标规划

根据接案的谈话和收集的资料进行评估的结果，使社工李老师了解到在小雯自杀问题的背后，小雯的学校人际关系、家庭人际关系、邻里人际关系都存在着一定的问题。这些问题相互缠绕，纠结在一起，通过她的认知结构与性格中的问题，引起强烈的情绪纠葛与震荡，以致酿成这次严重的自杀事件。社工李老师打算设定以下目标实施干预计划。

（一）总目标

采用合理的干预手段，帮助小雯、小雯的父母、小强及其父母、老师、同学认识到，正是由于他们对亲密交往的认知结构存在问题，进而带来小雯自杀危机的产生。李老师试图通过外界环境的支持与鼓励，让小雯再次成为以前的那个活泼可爱的女孩子。

具体目标一：

帮助小雯认识到她对亲密交往的认知结构存在问题，进而引发她的自我探索，最后达成价值澄清。在此，小雯认识到这一点是很关键的，这将直接影响到干预的效果。具体地说，通过和小雯讨论她与小强之间的“过分密切交往”，让小雯意识到她自己所面对的这些问题，以及在这些问题面前小雯所具有的行动能力，并鼓励她充分利用好这些优势，帮助她调整认知结构。

具体目标二：

从评估的结果来看，父母的不理解对于小雯是一件非常苦恼的事情。小雯和小强的父母对于亲密交往未能形成正确的认识，也没有充分注意引导方式，而是一味地指责、阻拦，反而容易使孩子造成逆反心理，带来相反的结果。另外，小雯回到学校以后，能否开始正常的学习、生活，和学校里的老师、同学的态度有莫大的关系。

（二）行动方案

1. 帮助小雯调整认知结构

首先采用认知疗法，通过和小雯的交谈，对她进行16PF人格测试，让她自己对她和小强之间的交往有重新的认识，发现自己理解“友谊”时存在的问题；其次采用现实疗法，让小雯对生活的目标有清楚的认识，帮助小雯走出迷失自我的误区，做出正确的决定。

2. 父母情感支持

通过父母和孩子之间的沟通，鼓励家长尝试着和孩子多进行交流，多倾听孩子的一些想法。另外，通过和小雯、小强家长的交谈，让家长认识到：对于小雯、小强来说，学习固然重要，但在学校里不仅需要掌握知识，还应该让孩子的人格、心理等得到成长与完善。当今的社会在发展，人们的思想观念也应该随之发生改变。男女同学之间的正常交往是可以理解的，只要把握好分寸就行。

四、实施：危机干预

在确立目标规划之后，社工李老师开始实施危机干预的行动方案。需要注意的是，考虑到小雯的自身情况，在实施方案的过程中，李老师以小雯为中心，让小雯逐步意识到自己认知结构中的问题，进而一起寻找解决方案。

（一）和小雯在办公室的第一次会谈

一周后，小雯如约来到李老师的办公室，看起来她心情还不错。刚一进门，小雯就对李老师说，她正在读三毛的书，并滔滔不绝地讲了起来。讲完之后，神情一下子有些沮丧，显得很痛苦的样子。她告诉李老师，当她看三毛的文字时，想到三毛有一个喜欢她的荷西的时候，未免会有些怅然。

李老师在谈话间的停顿时发问：“有些人认为，喜爱文学的人比一般人更敏感，你觉得自己也比较敏感吗？”

小雯则回答得比较从容：“我觉得我这个人还是比较敏感的。”

李老师接着说：“敏感的人常常会比别人多一些烦恼，你觉得是这样吗？”

小雯好像找到知音似的说："我的烦恼太多了……"

她开始向李老师倾诉许许多多的烦恼。她谈到，她最大的烦恼是与同学之间的关系总是不理想。在小强这样的好朋友不理她之后，她更是感到非常难过，觉得活着没有什么价值了，就选择了自杀。

李老师不慌不忙地说："我理解你现在的心情，愿意的话，可以把详细情况说出来给我听听。"

于是，小雯开始讲起她和小强一起同学很多年，也非常要好，无话不谈。可是由于家长的反对，他们现在见面时就像陌生人似的。她很想和小强继续做好朋友，不然这么多年的友谊一下子没了，太可惜了。

李老师关切地问道："这只是你一个人的想法，你有没有和小强好好谈过？"

小雯激动地说："我和他早就说过了，他也是放不下，可是就是不理我，对我很冷淡。"

李老师安慰她说："小强也有他的难处，有他的自尊心，希望你能理解。"

沉默。

李老师接着说："我也体验过喜欢一个人而不被理睬的感觉，但做朋友是两个人的事情，你有没有这样想过，也许小强不愿意与你做你所希望的那种好朋友呢？"

小雯听了李老师的话，很着急地说："我只是想与他做好朋友，又不是谈恋爱。李老师你怎么和我父母想的一样呀！"

小雯焦急的表情告诉李老师，她非常喜欢和小强交往。李老师接着说："我的看法是这样的，你和小强认识这么长时间了，也许小强只是想和你做普通朋友，保持一种同学关系呢？"

小雯听完后，没有立即反驳，开始沉思起来，然后慢慢地说："我和小强谈过一次，他说是他的父母反对我和他走这么近，他也不敢违抗。那次就因为和我多说了几句话，被他父母知道了，回家后又是好一顿责骂。小强很怕他的父母的。"

李老师接着问道："你希望小强回到家里后，经常被他的父母责骂吗？"

小雯直接回答道："当然不希望了，可是小强完全可以和父母好好聊一下，如果他坚持的话，他的父母应该不会很霸道的。”

李老师笑着说：“你知道小强很内向，很怕和他的父母讲话。如果他能和他父母好好聊一下的话，你是不是也可以尝试着和你的父母沟通一下？”

小雯想了想，然后告诉李老师，她会回去和父母讲的，她想让李老师鼓励小强也和他的父母好好聊一聊。时间很快就过去了，小雯快离开的时候，李老师叮嘱她和父母平心静气地坐下来谈谈，尽量不要发脾气。

……………………………………

社工李老师打算抽出时间和小雯、小强的家长通一下电话，一起探讨小强和小雯的过分密切交往问题，以及如何帮助小雯尽快走出阴影。

(二) 和小雯、小强父母的电话会谈

第二天早上李老师刚上班，就接到小雯父母打来的电话，他们告诉李老师，小雯昨天回家后，心情似乎好了很多，和母亲讲话也很客气。李老师还了解到，小雯的父母昨天晚上已经和小雯谈过话，并答应不会限制小雯和小强的交流与沟通。李老师建议小雯的父母，多了解小雯的想法，也告诉小雯他们自己的真实想法，以及他们是怎样一点一滴关心小雯的，要尽可能鼓励小雯勇敢地面对生活。李老师还建议小雯的母亲用心去观察小雯，并且尝试着把观察到的结果告诉她，母女俩谈谈自己的私房话。

与小雯的父母结束通话之后，李老师和小强的父母通电话，告诉他们小雯的现状，以及小强和小雯之间的真实交往，请求小强父母给予理解、配合与支持。小强的父母刚开始还是有些想不通的，在李老师的劝导下，他们开始意识到高中阶段的教育应该注意到孩子的人格、心理等方面的成长。他们表示，男女同学之间的正常交往是可以理解的，只要把握好分寸就行。

在与双方父母沟通之后，社工李老师打算继续和小雯交谈，让她慢慢意识到自己现在的情况，走出情感的误区。

(三) 和小雯在办公室的第二次会谈

两周后，小雯再次来到李老师的办公室。她脸上洋溢着的笑容告诉李老师，她的精神状态很好。她花了很长时间，说她自己怎么和父母、小强

沟通，小强怎么和他的父母交流。她的父母表示愿意接受她和小强的同学交往，前提是不影响学习，母女之间的“冷战”慢慢开始解冻，进入积极的互动之中。小强的父母好像也开始理解她和小强之间的好朋友关系。

看见外界的情感支持已经产生效果，李老师想再次和小雯谈谈她与小强的问题。与小雯进行的对话如下：

……………………………

李老师直截了当地问：“小雯你想过没有，你以后就一定与小强在一起吗？”

“没想过。可是我就想现在和他一起学习、相互帮助。”小雯直接回答。

“这样很好呀。问题在于你和小强现在背负的思想包袱太重，会不会影响你们的学习呢？”李老师这样问道。

短暂的沉默后，小雯点点头。李老师建议小雯说：“你回去之后认真想想，再来告诉我你的想法好吗？我觉得你现在好像迷失了自己，让我帮你找回真正的自我好吗？”

小雯显得有些不解地问道，“我有时也不知道自己怎么想的。”

……………………………

李老师笑着告诉小雯，她想对小雯进行一次16PF人格测试，即在一张纸上面写着10句“我________”，让她回去填写，不用考虑对错，只要是她真实想法就好。小雯高兴地答应了，快乐地离开了李老师的办公室。社工李老师则开始担心小雯是不是能走出情感的误区。

（四）和小雯在办公室的第三次会谈

一周后，小雯拿着自己填写好的人格测试量表来到李老师的办公室。李老师发现小雯都是从否定方面评价自己的，写的都是缺点。

具体的自我评价如下：

我是一个自私的家伙。

我很粗心。

我没有尝试着去理解任何人。

我的脾气很犟。

我很偏激。

我是一个固执的人。

我很招人讨厌。

我很笨。

我常常自以为是。

我总是夸大其词。

……………………………………

李老师看着小雯填写好的量表，疑惑地问小雯："这是真实的你吗？你真的有这么多缺点吗？"

她回答李老师说："是的，我什么问题都处理不好，我就是这个样子的。"

李老师意识到，提高小雯的自我认知和自信心是解决问题的关键。李老师告诉小雯，人格测试的结果表明，小雯实际上是一个很有思想、很有主见而且重感情的人，只是偶尔会有些偏激、固执。

小雯听完后，高兴地望着李老师说："李老师，你说的是真的吗？"

李老师点了点头。

小雯很自信地说："这么说，我还是相当不错的。"

李老师接着鼓励小雯说："对，其实你本来就是一个很出色的女孩子。如果你愿意的话，你还可以做回原来的那个乐观、上进的你。"

小雯又有些疑惑地问："我真的还能做回以前的我？"

李老师发现小雯的心情好了很多，接着说："当然能。如果你不反对，现在我们来谈谈你与小强的问题好吗？"

小雯点点头。

李老师接着问道："你觉得现在与男孩子保持过分密切的交往合适吗？"

"我觉得没有什么不合适的。"小雯回答说。

李老师听后，随口问道："你能确定将来的想法与现在还会一样吗？"

小雯不假思索地说："会一样的。"

"你能确定吗？你能知道几年之后自己会发生什么变化吗？"李老师问她。

小雯低着头。

李老师用关爱的口吻说："老师、家长反对中学时男生与女生过分密切地交往是有他们的道理的，因为你们现在还没有长大，还不知道将来自己真正需要的是什么。你明白我的意思吗？"

小雯默默地点了点头。她告诉李老师，她选择自杀是自己没有原谅自己，而背后则首先是尚未原谅小强。最重要的就是理解朋友，谅解别人方能谅解自己，方有真正的友谊，方有平静的心态。"发展自己，成全朋友"才是真正的友谊。

李老师发现小雯已经在默默地接受她的想法了，于是进一步说："感情是需要推敲的，我觉得高中时期男女同学之间保持过分密切的交往是不合适的。"

……………………………………

李老师相信，这样的谈话以后，如果小雯能够走出迷失自我的误区，她自己会做出正确的决定。

（五）和小雯在办公室的第四次会谈

今天，李老师和往常一样来到办公室上班，刚进门一会儿，小雯就跑来告诉李老师，她和她的父母现在相处得很融洽，他们很高兴，她的心情也很好。小强来她家里看过她，他们约好以后继续做朋友，一起努力学习。她已经想通了，现在最主要的任务是搞好学习，因为自己还没有真正地成熟起来。她要把感情分成两部分来处理：一部分丢掉，另一部分珍藏。老师和很多同学都来家里看过她了，她也正打算下周就去学校上课。

……………………………………

李老师说："那是很好的事情呀。耽误了一段时间，回学校学习，有什么担忧的吗？"

小雯带着一些疑虑说："现在的课程进度很快，有些同学建议我重读一年，不然学习上欠账太多，怕影响后面的成绩。"

李老师考虑到应该充分给予案主自主权，就问道："你认为该怎么办呢？"

小雯若有所思地说："我心里现在没有底，也不知道该怎么办，不过班上的一些同学还是希望我回到班上去。这样大家一起学习，一起努力。”

李老师试探着问她：“这样也好，可是以前班上有一些同学说过令你难堪的话，你不担心他们再说那些话？”

“我不会在乎的。”小雯自信地说。

李老师接着问道：“你就不怕他们传开来？”

小雯想了想回答：“我相信班上也许不会有人再说了。就是他们再说我也不会理会。我要全身心地投入到学习当中去，可能也就不会有心思去听那些话，去想那些事情了。”

李老师知道小雯很想回到以前班里继续学习，就说：“其实，我猜你自己心里是很想再回到原来的班上的，对不对？”

小雯目光一闪，高兴地说：“我真的不愿意重读，那样的话太浪费时间了。我想努力夺回损失的时间，可是我还没有想好究竟怎么办。”

李老师和小雯一起分析她的有利条件，以及制订后面的学习计划，大致如下：

（1）分析自己的学习资源，主要包括可利用的时间以及可获得的同学的帮助。具体地说，把自己能够支配的时间分段，对困扰自己的学习问题或需要补课的科目做一个统计，可以按照问题和知识点的个数进行计算；然后把需要解决的学习问题按时间段分配到相应的有效的时间中，并具体分配到每一天的每一个时间段中。

（2）努力在每天的有效时间内完成分配的任务，若提前完成，可把后边的任务提前，也可以根据自己的时间安排一些自我奖赏性的活动，比如出去玩、看电视等。

（3）在每天的学习中，把所学内容的要点归纳出来，记在一个小笔记本上。晚上睡觉前，用 10 分钟的时间把今天学到的要点在脑子里边想一遍，然后自我暗示：“我今天的任务完成得很好，在香香的睡梦中，我会把所学的内容牢牢记住……”

（六）和小雯在办公室的第五次会谈

几个星期之后，小雯又一次来到李老师的办公室。她兴高采烈地告诉李老师，她现在已经回到学校里和同学们一起学习了。她的学习计划也已订好，并且开始实施。李老师表明自己很高兴，并告诉小雯要有信心，继续努力。小雯告诉李老师，她发现这样的计划让她感到很有希望。比如说，当她每天完成当天的任务之后，就知道明天的任务有完成的希望了；当一周的任务完成以后，就知道下周的任务有完成的希望了；当一个月的任务完成之后，就知道下一个月的任务有希望完成了。并且她每天的生活都在完成具体的目标之中，注意力会特别集中，而且一旦任务完成，玩一下也会觉得很踏实，玩得也很放心、尽兴。

她告诉李老师，以前总是太多地在意自己的感受，而忽略周围的人。可能人与人之间因为地域、家庭等因素而在兴趣、爱好上有差异，但人的感情是相通的，她自己恰恰忽视了这一点，拼命要求别人和自己志同道合，所以才会有烦恼。多和别人沟通，然后想想别人的心情，才发现别人和自己一样。李老师鼓励她说："我相信你会把一切做得很好，我发现你是一个悟性很高的学生。"

五、结案与评估

两个星期之后，小雯跑过来告诉李老师，自己已经开始替别人着想了。李老师高兴地说："你能这么想我很高兴，说明你已经走出了困惑。现在你已经能独立地处理很多问题，以后不用再依靠我了。当然，我们依旧是朋友，我愿意随时帮助你。"

接下来，小雯又与李老师谈起她与同学交往的问题。她说，最近她与同学的关系很好，发现同学们原来都很关心她。只是因为自己有时候有些偏激，常常得罪同学，但得罪同学之后她会主动道歉，也并没有影响同学间的关系。李老师告诉小雯，她很高兴，为小雯的进步而高兴，也为她找回自我而高兴。如果在她与同学交往的时候能够注意方式，就会比得罪同学之后再去道歉更好。小雯表示自己会努力去做，并尽量会把事情处理得圆满。

就这样，社工李老师对案主小雯的危机干预告一段落。后来李老师在学校里会碰到她，她也经常来找李老师聊天，看到她与同学们有说有笑的样子，李老师感到很欣慰。

第四节　理论研习与案例反思

针对本案例，社工李老师采用自杀危机与干预模式，干预小雯的自杀行为，并取得了很大成功。本节主要阐释自杀危机干预的理论及其干预实践，进而对社工的介入进行反思，以期对社会工作者有所助益。我们可以看到，在本案例中，社工李老师采用自杀危机与干预模式已取得很大的成绩，不过在社会工作实践中也存在以下四个突出的问题：

第一，自杀危机的评定标准问题。社工李老师接案之后，在开始收集资料进行预估的时候就对小雯进行危机干预的分类评估，将小雯的危机行为和情感的严重程度初步确定为中等，具体表现为：对生活的兴趣明显减退，不愿参加娱乐消遣；自我评价低，夸大自己的缺点，自卑、内疚；觉得生活无意义，对个人前途悲观失望；具有社会退缩行为，不愿与他人过多交往，社交时缺乏自信；对学习、生活缺乏信心。我们可以发现，对危机做出准确的评定对于制订干预计划、实施干预方案极为重要，这是危机干预工作的重中之重。[①]但是，目前的社会工作者并没有统一的、科学的危机评定标准。此时如果评定错误，就会导致干预失败，甚至对案主造成严重的破坏性影响。此外，目前已有的社会工作干预实践主要是从认知、情绪、身体和行为四个方面的特征来判定心理危机。而所谓“特征”是一个比较主观和模糊的概念，在实际操作过程中往往会出现以社会工作者个人的好恶进行判断的情况，从而导致判断失误而收不到良好的干预效果，甚至将问题扩大化。

第二，自杀危机干预的主体性问题。在危机的处理中，案主自我的作用要大于外界的干预作用，平衡失调之后，归根到底要依靠案主自我的调节才能摆脱危机，他者的干预只能起到辅助作用。自杀危机干预的主体性问题表现为：目前社工实施的危机干预机制大多强调外因，忽视内因；只强调他者的主动作用，案主只是被动接受他者的调节；干预力量的传输是单向的，不是互动的。这样一来，一是可能导致干预效果不佳，即使在短期内控制住

① 曾庆娣：“大学生心理危机干预研究综述”，载《心理》2006 年第 12 期。

案主的危机状况，一段时间过后也会出现“反弹”或“周而复始”的情况；二是可能使案主的危机恶化，导致案主反感干预或将心理问题扩大化，出现彻底毁灭性的结局。本案例中的社工李老师从接案一开始与小雯的谈话，到商讨干预计划、实施干预方案，都特别重视对小雯自我能力与优势的培养与发挥。因此，我们可以这样认为，真正有效的机制应该是以案主为主体，依靠案主自我的力量，在社会工作者的协助和指导下克服危机。

第三，自杀危机的后干预问题。在危机干预机制中，一个重要的步骤是后干预，即强化效果的问题，而目前大多数研究者忽略了这一步。短期的自杀危机干预为案主带来的影响有三种情况：一是心理平衡恢复到危机爆发前的水平；二是留下永久性的心理创伤；三是暂时实现调节平衡，但随时可能反弹或爆发。可见，危机干预是一个连续性、长期性的工作，特别是第二种和第三种情况，需要有足够的时间来强化干预效果。如果危机情况长期反复并导致恶化，则需要对案主重新进行干预。

第四，自杀危机干预是一个系统工程，需要各方面支持系统的相互联合。目前的社会工作实践都把目光聚焦在学校支持系统方面，而对其他方面的关注则相对较少。毋庸置疑，学校是危机干预最为直接和最为关键的支持系统，但家庭和社会也是影响案主心理素质成长的重要因素。要让案主真正走出自杀危机的困境，还必须依靠家庭、社会等其他系统的支持。因此，一个完善的自杀危机干预机制，必然是多方面支持系统各司其职、各尽其能的工程。在本案例中，社工李老师在收集资料的时候就特别注意到小雯的家庭情况，关注小强父母的态度，实施干预计划的时候也是特别强调家庭的支持系统。一般来说，家庭作为案主生活的空间，亲情对案主的支持将会发挥极大的作用。当然，我们也可以发现，在小雯回到学校之后，她与同学们一起学习、生活、解决问题，也充分展示出学校支持系统的巨大作用。

第五节　危机干预理论的主要影响及评价

危机干预理论运用了来自心理分析的自我心理学中的相关元素，而在其发展道路上还借鉴和吸收了大量相关理论，例如认知行为学等。危机干预理论的主要关注点集中在对外部突发事件的情感反应，以及理性处理和控制这些情感反应之上。通过半个多世纪的发展，该理论日趋成熟。

一、危机干预理论的影响

危机干预的主要目的在于排解案主的不良情绪及心理，同时包括调适案主面对危机时的生理和行为反应的强度。与此同时，它还强调帮助案主恢复到其危机发生前的状态，乃至于通过学习新的应对技能等方式，使得案主超越其本身对危机的承受能力，即是说，改善及提升其处理危机的能力，以便其更好地应对未来人生道路上的种种困境。

而当今社会，竞争激烈，人们的工作、生活压力也日趋增加。如何更好地应对突发事件，是一个刻不容缓的问题。作为一名专业的社会工作者，在实务工作中，经常运用的技巧包括自我肯定训练、面对现实、改善环境等。①与此同时，危机干预理论的实务工作对社会工作者提出了更高的要求。它要求社会工作者具备更加专业及丰富的相关知识及技能。因为在危机期间，案主可能会随时出现新的状况、新的障碍等，因此还要求社会工作者拥有较好的应急能力。②

值得强调的是，危机不是一个突如其来的或者灾难性的事件，而是一个过程。在这一过程中，我们更为关注的是人们如何应对这一突发事件。危机干预理论主要可用来解决危机(如自杀、家庭暴力、性侵犯及其他突发事件)所带来的问题。危机干预的时间长度范围可以从 7 天到几个星期，国际惯例一般平均为 4 周。而每次会面的长度范围可以从 20 分钟到 2 个小时不等。危机干预适用于儿童、青少年以及老年人。而它可以在很多场所内开展，如医院急诊室、危机处理中心、咨询中心、心理健康诊所、

---

① Raymond B Flannery, George S Everly. 2000. Crisis Intervention: A Review. International Journal of Emergency Mental Health, No.2.

② Knox K S, Roberts A R. 2008. The crisis intervention model. In N Coady, P Lehmann (Eds.). Theoretical perspectives for direct social work practice: A generalist-eclectic approach, 2nd ed. New York: Springer, pp.249 - 274.

学校、惩教机构以及其他各种社会服务机构。

二、危机干预理论的优势及不足

危机干预是一个描述特定过程的理论模式，通过这一过程，人们开始思考突发事件给其自身带来的情绪反应及影响。它为社工的实务工作提供了一个颇为有用的基础，帮助人们处理和应对严重的情境事件。它的优点还体现在此理论不把危机个体化或问题化，对危机有着更为积极和正面的态度。它也强调了个体在应对危机时的差异性，是一种更具弹性和动态的助人自助的理论模式。

危机干预理论基于其深厚的心理动力根基，更重视案主情绪性反应以及非理性行为或者是无意识的行为。但是客观来看，我们也要承认危机干预理论还有其不足之处。

首先，危机干预理论主要传承了个人主义以及改良主义等理论传统，却鲜少关注社会变革。危机干预理论受到了系统理论的影响，通常只集中在案主遇到特殊事件变化时的内在互动反应和适应方面，对于环境的影响却没有深刻的描绘。譬如，社会对事物的定义、对案主看法的影响等。危机干预理论忽视了社会环境及人们可以运用的资源与他们的适应和处理事件的方法也有关联。

其次，它注重简短快速地处理危机，有人批评它回避长期的个人问题以及社会议题。对于那些持续性的危机或是长期的心理问题，危机干预理论就显得有些力不从心了。它不能为因贫困和社会排斥而在整个人生中遭遇连续不断危机的人群提供帮助。危机干预，可能会改善因普遍化的社会缺陷而造成的后果，但是不能处理影响人们生活的重要社会议题。

最后，虽然它能帮助处理重要的紧急问题，并为实务工作提供了理论支撑，但是在其发展道路上，却在一定程度上丧失了原本所应该强调的预防功能。危机干预理论在社会工作的实务工作中往往扮演了应急处理的角色。而每一次新的危机的出现，基本是个体自身已有经验无法应对的情境。这也应是危机干预理论进一步发展的重要方向。

近年来，危机干预理论模式已然成为社会工作领域中最广泛使用的短期治疗方法之一。纵观危机干预理论的各种处置模式，我们不难发现它并不专用于某一学科领域或专业体系，而是建立在一些不同的理论与实践基础上。其实，危机干预模式并不是新奇理论，它有折中的性质，并表现出一种新的综合结果。这正是它在实务工作中能够被接受并广为使用的原因之一。它将许多熟悉且可接受的知识、临床的观点、对人格与行为改变的相关原则与技术加以统合，并最终形成一套特有的、极具针对性的方式方法。

第五章

自卑障碍与调制

——人本中心理论的运用

青少年在社会化的过程中，既习得各种社会角色和规范，也被社会规范和普世价值观所影响。因此，不少青少年在青春期容易产生自卑心理，这多半与外界系统的社会认知紧密相连。本章中所提及的案例，是因长相而引起的自卑情绪障碍。介入的社工主要运用人本中心理论加以辅导干预，力图发掘案主自身的潜能和主观能动性，不仅解决其现有的自卑问题，更推动了案主自我能力的培养和发展，使其得以独立应对日后的更多挑战。

第一节　人本中心理论的形成与发展

人本中心（Person-Centered）理论也被称作案主（当事人）中心（Client-Centered）理论或者非指导疗法（Non-Directive）理论，是人本主义心理学、人本主义哲学和社会工作实务经验共同融合而发展出来的社会工作理论模式。人本中心理论倡导案主中心、同理心、真诚、接纳、表里如一等价值理念，强调人的价值与尊严，从而突破了社会工作专业发展早期的心理分析学派和行为治疗学派把案主当作“病人”的做法，为社会工作实务的有效发展提供了开拓性的指导原则。

人本中心理论最早形成于20世纪中期①，但是人本主义的思想却源远流长。人本主义思想从古希腊罗马时代就已萌芽，历经中世纪的压抑，后在文艺复兴、启蒙时代得到重新唤醒并有所创新。到了20世纪已然成为一股思潮席卷了各个领域。以人本主义哲学作为思想基础，发展出了人本主义心理学理论，在与社会工作的实务经验相结合以后，就成了社会工作人本中心模式的直接来源。从人的意识的觉醒，到关于人类存在和世界本源的问题的探究，再到理性意识的崛起、反理性主义的兴起，人本主义总是围绕着人类对自身的探索和思考。与此同时，人本主义也是一个庞大的理论体系，它的构成的多样性和复杂性，决定了其对社工实务

① 杨韶刚：《人性的彰显——人本主义心理学》，山东教育出版社2009年版，第4页。

工作的影响力。社会工作与人本主义的密切关联在于，专业的内涵是解决人的问题，专业的过程必须尊重人的协调、人的尊严，以及人的自决。社会工作者的人文素养也是一项重要的专业能力，如果对社会事务不能理解，对个体不能尊重，就无法在社会工作的专业服务过程中展现人文主义的基本原则。

一、人本主义思想的来源与发展

早在古希腊时期，普罗泰戈拉(Protagoras)就提出了“人是万物的尺度”，这一命题标志着人类的主体意识的觉醒，被认为是古代哲学中人本主义的萌芽。苏格拉底(Socrates)、柏拉图(Plato)等哲学家也在其著作中表达了人本主义思想，如苏格拉底从对人类日常生活的考察中获得深刻的哲理、柏拉图对“认识你自己”(Know Yourself)的强调，询问“人的本质是什么？”“人怎样才能至善？”等。这些思想的中心是，人的动机、美德、情感和真理等不能被归结为一种超自然的教条，对这些事物的认识应该依赖人的理性和反思能力，强调以人为中心，重视人的主观感受，从人的立场出发去解释信仰。①

文艺复兴时期，人本主义思潮风起云涌。这一时期的人本主义思想家呼吁“以人为中心”，而不是“以神为中心”，反对中世纪的宗教神学和经院哲学，主张以“人性”取代“神性”，思想集中体现在倡导自由意志和个性自由，反对蒙昧主义和专制主义。人本主义思想强调站在人的立场去解释神，以理性的角度去看待神，而不是以信仰的方式去寻找宇宙和人生的真理。欧洲近代的人本主义继承了文艺复兴时期的人本主义思想，并将其与唯物主义自然观和理性主义相结合。

在启蒙运动时期的法国，卢梭(Rousseau)强调人性本善，实际上就是人本主义。在启蒙时代的人本主义是站在人道的立场，谈人性的尊严与人性的价值，其特征总是针对具体的人，不否定人性的任何一种能力。启蒙运动强调自由，强调理性的普遍性，以及万物的可发现性；强调人

① 叶浩生：“人本主义心理学：后现代主义的挑战”，载《华东师范大学学报(教育科学版)》2008年第4期。

的本性、人的认知能力，并充满了批判性、世俗性、实证性和实践性。18世纪的人本主义思想带动了欧洲的社会变革，鼓励个体的创造，坚信凭借教育可以改善人格，没有宗教人也可以活出自信与完美，凭借沟通、讨论、互助与批评，人类的生活就可以得到改善。19世纪初的德国，费尔巴哈(Feuerbach)将自己的哲学称为人本主义，以彰显与“唯物主义”的区别。①

根据吉利兰德(B. Gilliland)等人的观点，人本中心理论在现代的发展大致可以划分为四个阶段：非指导性治疗阶段、当事人治疗中心阶段、治疗的条件阶段和理论继续发展与广泛应用阶段。②

1. 非指导性治疗阶段(1940—1950年)

1942年，罗杰斯在其《咨询和心理治疗》一书中提出了“非指导性治疗”的概念，两年之后，《咨询与心理治疗：实践新观》出版，在这本书中，罗杰斯介绍了该咨询原则的目标是释放个人的整合能力。③

2. 当事人治疗中心阶段(1950—1957年)

这一阶段，罗杰斯开始逐渐把自己的注意力从早期单纯强调治疗技术的运用转向强调工作员的品质上。他在1951年出版的《当事人中心治疗法》一书中指出，社会工作者应重点关注案主的情绪状况，敏锐地反映案主的内心变化，把握案主的主观感受，并帮助案主关注自己的内心世界，使其形成协调统一的自我概念。④

3. 治疗的条件阶段(1957—1970年)

在1957年出版的《导致治疗性个性改变的必要和充分条件》一书中，罗杰斯指出，治疗的重点不是单纯地反映案主的感受，而是创造一些可以促进案主发生改变的充分必要条件，如表里一致、无条件关怀、同感、真诚和尊重等。因此在这一阶段，罗杰斯注重工作人员与案主的伙伴关系，以及双方的情感和体验的相互交流。在1961年出版的重要著作《成为一个人》中，他阐述了成为真正的自我的本性，认为成为一个人的主要特征

① 董东林：“试论人本主义哲学对心理学的影响”，载《长沙铁道学院学报(社会科学版)》2009年第1期。

② ［美］科瑞(G. Corey)：《心理咨询和治疗的理论及实践》，石林等译，中国轻工业出版社2004年版，第112页。

③ ［美］卡尔·罗杰斯(C. Rogers)等：《当事人中心治疗：实践、运用和理论》，李孟潮、李迎潮译，中国人民大学出版社2004年版，第8页。

④ 陈志霞：《个案社会工作》，华中科技大学出版社2006年版，第219页。

是在此过程中个体共享体验、相信自己、评价内心以及实现成长愿望。①

4. 理论继续发展与广泛应用阶段(19 世纪 80 年代至今)

这一阶段以人本中心疗法及其指导原则被广泛应用于教育、工业、群体、解决冲突及对世界和平的研究为标志。近些年来，人本中心模式的思想已被借鉴和使用到许多实务领域的研究和辅导中，发展成为以学生为中心的教育原则和以人为中心解决各种社会问题包括国际纠纷的指导原则。②

二、人本中心理论的哲学基础

人本中心理论的哲学基础是人本主义思想，其中最重要的假设是：人类在所有的事物架构中占最特殊的地位。人本主义不应该是思想的流派之一，而应该是普世价值。人本主义拒绝用科学来看人类，只把人当作自然秩序中的一部分；认为人具有独特的能力与才能，可以凭借教育而成长。

人本主义哲学流派强调人是哲学的出发点和归宿，反对把人归结为科学理性的存在，要求揭示人的生命、本能、情感、意志等非理性或超理性存在的意义；有的学者甚至认为，只有后者才是人的本真的、始源性的存在，并应当成为哲学研究的核心。人本主义哲学思想的发展历程大致可分为三个阶段：第一阶段是以叔本华(Schopenhauer)、尼采(Nietzsche)为代表的意志主义；第二阶段是以狄尔泰(Dilthey)、柏格森(Bergson)等人为代表的生命哲学和胡塞尔(Husserl)的现象学的部分哲学理论；第三阶段是海德格尔(Heidegger)、萨特(Sartre)的存在主义，梅洛·庞蒂(Melo Ponti)的知觉现象学以及法兰克福学派。③

20 世纪 20 年代兴起的存在主义是最具代表性的人本主义哲学思潮。④海德格尔对人的本真存在和非本真存在进行了本体论意义的思考；

---

① ［美］科瑞(G. Corey)：《心理咨询和治疗的理论及实践》，石林等译，中国轻工业出版社 2004 年版，第 113 页。

② 陈新、严由伟：《心理咨询与治疗》，南京师范大学出版社 2001 年版，第 126 页。

③ 简春安、赵善如：《社会工作理论》，台湾巨流图书公司 2010 年版，第 163－167 页。

④ 魏金生："现代西方人本主义思潮的由来与发展"，载《中国人民大学学报》1994 年第 4 期。

萨特提出了“存在先于本质”这一存在主义第一原理，并认为人的存在就是自由，强调人的能动性和创造作用。[①]萨特的存在主义体现了对人的现实存在的关注，具有明显的人本主义倾向。人本主义哲学的各个流派致力于统一主客、心物、思有等二元分立，并将它们视为一个不可分割的过程。重视以“人”为中心的哲学思考，强调人的能动性和创造性。现代的人本主义哲学家摒弃了近代哲学主体的形而上学，“自我”不再是抽象的存在，而是人类生活和行为实践活动本身，其中包括：克尔凯戈尔(Kierkegaard)的孤独个体“内在性”生活、叔本华的生命意志、尼采的强力意志、柏格森的生命冲动、海德格尔的“亲在”、萨特的“自为的存在”等。[②]

三、人本主义心理学的理念

人本主义心理学是社会工作人本中心理论的核心组成部分，它兴起于20世纪五六十年代的美国，被称为心理学上继行为学派和精神分析学派之后的第三势力。学者普遍认为人本主义心理学的诞生是以1963年在美国费城召开的人本主义心理学会的成立大会为标志的。[③]人本主义心理学有狭义和广义之分。狭义的人本主义心理学为人本主义心理学的主体，主要代表为亚伯林罕·马斯洛(Abraham Maslow)、卡尔·罗杰斯(Carl Rogers)、罗洛·梅(Rollo May)、詹姆斯·布根塔尔(James Buergenthal)等。从广义上来说，可以包括一切具有人本主义倾向的心理学思想理论，其中的代表人物包括人格心理学家戈登·奥尔波特(Gordon W. Allport)、默里(Murray)、墨菲(Murphy)，新精神分析学家霍妮(Horney)、弗罗姆(Fromm)，机体论者戈尔德斯坦(K. Goldstein)，精神病学家维克多·弗兰克(Victor Frank)等。存在主义哲学、人性论、人道主义和现象学是人本主义心理学产生的基础和思想来源，并受到新精神分析学派和格式塔心理学的影响。

人性观是人本主义心理学的理论基础。关于人性的问题，就西方的哲

---

① 路淑英、张宏、姚艳：《神话的启示：人本主义问题研究》，西南交通大学出版社2004年版，第191页。

② 李燕萍：“人本主义哲学思潮解读”，载《重庆社会科学》2003年第6期。

③ 杨韶刚：《人性的彰显——人本主义心理学》，山东教育出版社2009年版，第4页。

学和伦理学而言，存在两种基本观点。第一种是以柏拉图、康德(Kant)、卢梭等人为代表的性善论，他们认为人具有潜在的善性，并且主张人格的自我完善和自我发展；第二种观点为性恶论，以亚里士多德(Aristotle)为代表，认为人性是由本能决定的，并且认为人性不可能有大的改变。①马斯洛、罗杰斯和奥尔波特等人本主义心理学家对人性的看法继承的是第一种观点，认为人性就是人的内在本质，即人独特的本体论存在状态，且人性的基本性质是本能。②他们认为人性根本上是善的，至少是中性的，是具有建设性的、积极的、向上的、可信赖的，人性中的恶是由于后天的环境造成的；他们反对人性的先天决定论，认为人是自主的，并且他们承认存在内在和外在的条件限制，但人有一种必不可少的自由和自主，可以自己做出选择。同意人格是自我完善的，是发展的，人性的显著特点是“持续不断地成长”；他们认为只要有适当的成长和自我实现的环境与机会，人性就会在自我实现的先天动机驱动下不断向着健康的方向发展。③马斯洛认为人性的核心在于人类有机体内部有一个生物学的“本能的内核”，它包含着趋向实现的潜能，等待个体进行主观的开发和实现；罗杰斯的观点基本相似，他坚持用成长和发展的观点来描述人性，认为人性应是积极成长倾向的，且这种倾向是人的内在趋势。

人本主义心理学家不同程度地受到克尔凯戈尔、海德格尔和萨特等存在主义哲学家的影响。存在主义的中心主题是人的自由、选择和价值。人本主义心理学的许多观点来自存在主义，罗洛·梅等存在-人本心理学家受其直接影响，同时也间接影响了马斯洛和罗杰斯等人本主义心理学家。但是人本主义心理学和存在主义在某些观点上有很大差别，人本主义心理学坚持人性中有一种先于存在的生物学内核或本质，认为人均有生物学上的潜能和价值。马斯洛反对萨特“存在先于本质”的观点，该观点否认人的生物本性及全人种的价值存在，把人看作是他自己的一种专断的、没有价值标准选择的产物。人本主义心理学的人性观是积极乐观的，而欧洲的存在主义对人性持悲观态度，认为人性是恶的。人本

① 马欣川：《现代心理学理论流派》，华东师范大学出版社2003年版，第259页。

② 车文博：《人本主义心理学》，浙江教育出版社2003年版，第365－367页。

③ 公长伟、徐虹：“人本主义心理学的人性观以及‘个人中心’的现象学治疗取向”，载《科技信息(学术研究)》2007年第27期。

主义心理学批评德国和法国存在主义过分关注“绝望”“虚无”和“荒谬”。[①]从心理学背景上说，人本主义心理学是对精神分析学的扬弃，是对行为主义的批判，同时又深受整体论心理学和格式塔心理学的影响。在20世纪60年代末，人本主义心理学中又发展出了超个人心理学。在20世纪末兴起并在当今流行的积极心理学，也是对人本主义心理学的继承和超越。

第二节　案例背景介绍

11岁的李璐(化名)是一名小学五年级的女学生。她身材娇小瘦弱，平时走路习惯性地驼背。从外貌而言，李璐的长相虽谈不上出众，但也算眉清目秀。仔细看，虽然她眼睛不大，却有着浓密的眉毛和纤长的睫毛。些许的不足，就是牙床和牙齿有凸出的现象(俗称“龅牙”)，脸颊上分布着密密麻麻的小雀斑。

2006年春节后，李璐随外出打工的父母从江西老家来到上海。到上海的头几个月，李璐只能待在家中，因为外来务工子弟异地入学，有许多手续要办。从办理暂住证到联系学校，再到办理相关入学手续，来来回回耽误了好几个月的时间。那段时间她初来乍到，在上海没有任何同伴，每天最主要的事情就是做家务。按照在江西老家的习惯，李璐每天还是不到六点就起床，为父母做好稀饭买好早点。早上，爸妈几乎都是匆匆忙忙吃过早饭就出门。中午爸妈没时间回来，她的午饭就从简。傍晚四五点钟，李璐会到附近的菜市场买菜，晚饭时间是全家人一天中唯一一次可以好好坐在一起说说话的时候，也只有晚饭的时候，爸妈才有可能到齐，尽管通常要等到爸妈七点多钟回来了才能开饭。在这几个月里，李璐一个人待着，除了做家务，就是看看以前老家学校发的教科书，还有几本自己喜欢的童话书，写写字，做做手工。 在李璐的生活里，没有电脑网络、没有游戏，

① 车文博：《人本主义心理学》，浙江教育出版社2003年版，第25页。

只有自己，还有她的家庭。

2006年暑假结束后，李璐终于能正式以一名小学生的身份进入学校学习了。9月1日这天，她既激动又不安。激动的是，她终于可以和很多同龄的小朋友一起学习，回归校园生活，而不再是一个人看书、写字、画画了；不安的是，她十分担心自己在陌生的环境里，面对陌生的人会怎么样，大家会怎么看待自己……带着忐忑不安又兴奋的心情，李璐开始了她在异乡的求学生涯。

李璐现在就读的小学，是上海一所专为外来务工子弟开办的公立学校——唐安小学(化名)，与市内其他公办学校相比，该校师资及教学设备条件一般，但比起其他民办的外来子弟学校而言，基础设施还是要相对完善一些。由于师资紧张的缘故，李璐所在班级的班主任一人同时兼任语文与数学的教学工作，虽然工作量大，但对学生较为关心。李璐平时与他人交往不多，不擅于主动和别人打交道，经常独来独往，很少看到和她结伴而行的朋友。平时李璐与同学、老师说话时总是怯生生的，声音很小。

因为李璐乖巧而不善言谈，老师安排她与一名调皮的男生张辉同桌，张辉常会搞些恶作剧调侃李璐，偶尔还会拿李璐的牙齿开玩笑。一天早晨，同桌张辉到学校后一坐下来就和周围的同学聊开了："我昨天看了李连杰演的《黄飞鸿》，真威风啊！你们看过没？对了对了，黄飞鸿有两个徒弟，一个胖子叫'猪肉荣'，另外一个，牙齿露出嘴巴来的，叫'牙擦苏'，龅牙的，哈哈……"这时候，李璐正好走到座位上，几个围在一起讨论得正欢的同学看到李璐，又想起刚刚张辉描述的"牙擦苏"，彼此交换了一下眼神，偷偷地笑着交头接耳。李璐不解地问："你们笑什么呢？"张辉说："你知道'牙擦苏'吗？你们长得有点像，哈哈……"其他几个同学听后笑得更欢了。从此以后，张辉和几个调皮的男生就常拿这个外号打趣李璐，喊她"牙擦妹"。李璐虽然仍不知道谁是"牙擦苏"，但她知道，这一定是个被人取笑的角色，就像现在的自己一样……

来到唐安小学，英语是李璐学习上最大的心病。一上英语课她就紧张，因为老师总是喜欢提问同学。发音和单词记忆是李璐的软肋，每次念课文的时候，她都紧张得手心出汗，因为很多单词念不出来，以前老家的村办学校英语课上得很少，也从没教过音标，只是模仿着老师来记住每个单词的发音，更没有标准的英语磁带可以参照跟读。

一次英语课上，新来的陈老师要求四人组成一个小组，根据课文内容，每人扮演不同的角色进行对话，内容为前一天已经布置好的背诵课文的任务，在这天的英语课上，以小组形式上台表演。前几组同学都顺利地通过了，有的小组还自行发挥，按照身边的实例改编对话内容，博得老师的频频称赞。轮到李璐这组了，她怯生生地跟着其他三名组员上台，选了对话内容最短的那个角色。其实前一天晚上，李璐已经把整篇课文都背下来了，自己的那个部分，也反复背诵了不下五遍，为的就是上台表演时不会出丑。对话终于在李璐的忐忑不安中完成了，但陈老师几乎没听清李璐说的是什么，于是耐心地问："李璐，你能把你的对话再说一遍么？老师刚刚没听清。"李璐红着脸又说了一遍，陈老师发现，李璐的发音存在很大的问题。看着老师紧锁的眉头，李璐心里的不安再度增加。

李老师说："李璐，我知道你的问题了。我们在发 M 音的时候，要把双唇抿起来，用鼻子，有点像牛发出叫声时候的样子。 来，跟着老师一起发一下，M……"这时候，底下有同学大喊："老师，她嘴巴合不拢的，哈哈……"这一声玩笑话，犹如一把利剑横空划过，李璐明明感觉到，自己的心正一点一点地撕裂开来……此后的英语课，老师只要提问到她，她就只是站起来，但多半一言不发。

2008 年 4 月，学校组织了一次春游，出行的费用由学校负担，学生只需要自备午餐就可以了，但李璐没有参加。班主任单独和她谈心，问她为什么不参加这次春游，了解她家里是否遇到了什么困难。她沉默了半天，最后终于小声地说："我长得不好看，同学们看不起我，我也不喜欢人多的地方。春游要大家自己找同学组队聚餐，可是我不知道谁愿意和我组成一队。别人都可以一起玩得很开心，但是我不行……"

李璐身上并非真如她自己所言样样不如人，她有着勤劳和节俭的品质。平时做值日生，她几乎都是最早到学校，把责任区打扫得干干净净，用完的劳动工具也摆放得很整齐。遇到班级大扫除的时候，她也是最卖力的一个，把自己的任务完成之后，有时还悄悄帮助其他同学做些事情，只是仍旧很少与人交谈沟通。有几次评比，她所在的班级都被评为年级第一，卫生红旗的获得有不少是她的功劳。她也常因为这个受到班主任的表扬。

第三节　社工介入的过程

5月的某个下午，社工小张接到了唐安小学五年(二)班班主任宁老师打来的电话，礼貌的言辞中带着焦急，他向社工寻求专业帮助，希望能够帮助李璐这个孩子，因为近期发生的一些事情让他感觉很不安。

一、接案

宁老师向社工谈起近日来发生的一次“导火线”事件：当天下午第二节为自习课，同学们都在教室里安静地自习、写作业。临近放学时，趁班主任离开教室的一小会儿时间，班里几个“活跃分子”按捺不住快要放学的躁动心情，开始嘀嘀咕咕小声讲话，笑声逐渐增大，班级开始喧闹起来。李璐[①]的同桌张辉天生调皮，开始和周围的同学打闹，前后左右夹击，桌子摇晃得厉害，李璐根本无法专心写作业。忍耐了几分钟之后，她终于开口，十分不满地对他说：“张辉，你不要说话好不好？别人要写作业的。”该男生见状，不服气地说：“做什么作业啊，要下课了你不能回家写啊，多管闲事，大龅牙……”其他听到的同学也跟着起哄。李璐感到深深地被伤害，虽然早就认为自己长得不好看，但被人当众如此直接地说出自己长相上的缺陷还是难以接受，加之张辉平日拿她的外貌开玩笑已经不是一两次了，她当场怒气一发，打了张辉一耳光，自己也趴在桌上大哭起来。张辉先是愣了一下，后来也愤怒地将她的铅笔盒和作业本一股脑儿地扔出窗外。班级里顿时乱成一锅粥，起哄的、劝解的，还有跑去告诉老师的。班主任闻讯立即跑到教室制止，部分同学也加以劝阻，紧张的气氛才慢慢缓和下来，此时放学铃声响起，宁老师让李璐和张辉留下，将他们两人一起带到办公室。

“李璐，听说你动手打人，是这样吗？你平时不是都很听话的嘛，这次是怎么回事呢？”李璐虽然心里憋得慌，却又不知道如何开口，一句话

---

① 本案例中所有人物均采用化名。

也说不出来，只是一个劲儿地咬着嘴唇掉眼泪。此时张辉耐不住性子，指着李璐说："这个大龅牙，她……打我耳光。"李璐听到"大龅牙"三个字，脸色立马一变，再次动手用劲推了张辉一下，张辉险些跌倒。宁老师想，继续追问，事态很有可能再次被激化，两个当事人的情绪都还十分激动，这时候询问原委并不会有好效果，只好让他们先回去反省，写一份书面说明，详细说说事情的经过。

当天晚上，宁老师就接到李璐父母打来的电话，电话里是十分着急的声音。他们说，8点了李璐还没有回家，以前最晚6点就到家。宁老师听后也十分着急，打电话到平时和李璐有接触的几个同学家里询问，都没有消息，于是他和家长商量好分头去找。最后，在学校附近的一个大广告牌下，找到了坐在那里发呆的李璐，她的脸上还挂着泪水。再三劝导下，李璐终于起身和宁老师一起回家。临走时，宁老师无意间抬头一看，那个巨幅广告牌上，是一名面容姣好的女性正在热情地微笑，最吸引人的是，她有一口洁白无瑕的牙齿……途中宁老师联系了李璐的父母，他们赶过来后，妈妈抬手就给了她一巴掌，心疼又焦急地骂开来："你这个死孩子，怎么那么晚了还在外边不回家，你一个女孩子家，万一出了事情怎么办啊？"宁老师见状忙上前制止。

第二天是周末，宁老师却一大早接到了李璐父母打来的电话："宁老师，我是李璐的妈妈，实在不好意思这么早吵醒您。我们家李璐这孩子，昨天回来后问她到底是怎么回事，她也不肯说。今天更奇怪，早饭不起来做，到现在还赖在床上不肯起来。这也就算了，她居然说不想念书了……我们俩软的硬的都使了，打也打了，好话也说了，她居然还坚持说不想上学了，您说这到底是怎么回事儿啊？我们都急死了……"

宁老师感到了事态的严重性，于是即刻前往李璐家进行家访。一番深谈后，李璐对他说："老师，我不想去上学，总是被人嘲笑，我打了张辉，也不知道怎么面对他……"宁老师费了好大一番口舌，才劝说李璐继续到学校上课，李璐最后勉强答应了。

回去后思考了良久，宁老师决定与社工部门取得联系，希望可以得到专业的帮助和指导，彻底解决李璐长期以来的心理和情绪问题。社工小张与宁老师交谈了半个多小时，留下了宁老师的联系方式等基本信息。咨询中心经过讨论，决定让有相关经验的社工小郑负责此案。第二天，小郑与宁老师取得了联系，决定到学校走一趟，亲自认识一下李璐同学。

考虑到李璐的具体情况，如果直接以老师的名义或者社工的名义请她到办公室，其他同学必定会议论纷纷，认为李璐心理有问题、有“毛病”，这无疑会加剧李璐的自我怀疑心理。于是，小郑想了一个办法，以宁老师朋友的身份，等下午放学班里同学们基本散尽后，和李璐进行初次接触。

当天下午四点半，小郑提前来到学校。下课铃响起后，宁老师先到教室，以作业讲解为由，悄悄告诉李璐让她稍微留一下。等同学们差不多都离去了，社工小郑走进教室，趁宁老师给李璐讲解题目的间隙，开始了和李璐的初次交谈。

…………………………………

李璐见到陌生人，眼神中带着疑惑和些许不安。宁老师借机介绍了小郑：“李璐，这是咨询中心的郑老师，我的朋友，她英语不错，这个题目估计她有好的建议，正好她来了，那你们讨论讨论怎么样？”小郑趁此机会接着宁老师的话打开话题：“你就是李璐吧？我经常听宁老师说起你，说你听话懂事，而且学习勤奋认真，是个很不错的学生啊。”李璐依旧带着疑惑的眼神面无表情地看着她。

“这个题目你不是很理解，对吧？这么巧，我记得我在上小学时，也学过这个语法的，我以前和你一样也错在类似题目上，要不我给你讲讲？”李璐点了点头。

小郑就从这一道题开始了与李璐的对话。在几道题的讲解之间，小郑十分注重让李璐开口，用提问的方式与她互动交流。几道题之后，李璐对她的讲解似乎有了较好的理解，于是小郑准备表明身份：“当然我不是专职的老师了，我是阳光咨询中心的社工，你知道什么是社工吗？”李璐摇摇头说：“不知道。”

小郑觉得这是个打开话题的好机会，她说：“其实社工很简单，就是一个可以信任的倾听者和诉说对象，是对你们成长可能有帮助的朋友，你心里有什么不开心或者想不明白的事，都可以问我。你看，我们现在就算是新认识的朋友了，你又交了一个新朋友，多好啊！”李璐看着小郑，脸上终于露出了一丝浅浅的微笑。这是个顺利的开始，但小郑认为不能急于求成，于是打算下次再来，她和宁老师一起陪李璐走过每天必经的那条马路，而后彼此道别，并口头约定好第二天再见面，李璐答应了。这意味着她对小郑的到来并未感到排斥，对小郑而言，这也是建立服务关系的良好开端。

…………………………………

第二次面谈，为了保证谈话氛围，小郑选择了一个安静的空间，以便和李璐单独沟通。在一番简单的问候和交流之后，小郑正式开始与李璐的面谈。

…………………………………

“李璐，今天只有我们俩，你可以放心地讲出心里真实的想法，而且我保证，如果你有‘悄悄话’想告诉我，我一定保守秘密，除非征得你同意，否则谁都不告诉，好吗？”小郑在谈话一开始，就注意创设一种自由的氛围，与李璐建立起面谈中的信任关系。

李璐沉默，没有回答。

“李璐，昨天的英语作业，老师批改后发了没有呢？”小郑从彼此都熟悉的话题开始引入。

“发了。”

“那我们一起讨论的那几道题，是不是都做对了呢？”

“嗯……对了。”

“那带来了吗？我能看看吗？”小郑也想借着这个机会了解一下李璐的学习情况。

李璐拿出本子递给小郑。她翻开一看，上面的评语写着：good！

“太好了，作业被老师评为‘good’，真棒啊！我看看前面的……老师奖励给你不少面‘小红旗’嘛，‘小红旗’是代表‘好’对吧？”小郑试图让李璐主动说话。

“嗯，是的。不过以前很少拿到‘good’，‘小红旗’也不多的……”李璐有些沮丧地说。

“怎么会呢？我们来看看，一共10次作业，你有5次拿到了‘小红旗’，再加上今天的‘good’，一共6个表扬，挺棒的了！”

李璐看着自己的作业本，似乎以前没发现过这些，脸上渐渐露出了笑容。

“那李璐，咱们来说说你最喜欢的科目吧。你最喜欢哪科？”小郑从李璐感兴趣的学科入手。

想了一会儿，李璐说：“我……可能是语文吧。”

“为什么呢？”

“语文好像学得好一点，成绩比其他科好。”李璐想了想说。

“我也听说了，你的语文成绩挺不错的，经常能排到班级前几名对吧？宁老师还特别跟我表扬过你作文写得好！”小郑尽量从李璐的优势入手，激发她自我肯定的情绪。

“还行吧，作文一般般吧……好像还可以。”李璐淡淡地说。

“那作文写得好，你是怎么做到的呢？”小郑力图引导李璐说出自己的成功经验。

“可能是……我比较喜欢看故事书、童话书吧。”李璐谈起她的作文，似乎有了那么一些兴趣。

“你喜欢看故事书和童话书啊，那你能告诉我你为什么喜欢看这些书吗？”小郑想知道李璐兴趣的出发点。

“因为……我觉得，看这些书，我可以自由想象，想象我是书中的那个人，我会怎么样……”

“那你有特别喜欢的童话或者故事吗？”

“有！”李璐更来劲了，“我喜欢《白雪公主和七个小矮人》！”

“很经典的童话呀，我们小时候也喜欢看。那你为什么喜欢这个童话故事呢？”

“因为……因为……白雪公主很漂亮，七个小矮人都很喜欢她。”说到这里，李璐的眼神里掠过一丝伤感，“我也想像她那样，大家都欢迎我，那就好了，不像现在……”

“现在怎么了？”小郑继续问。

“现在……我长得这么丑，又这么笨，总是会被别人嘲笑，大家都不喜欢我……”李璐眼里开始闪动着泪花。

“李璐，你为什么会觉得自己长得丑，觉得自己笨呢？”

“我……我在班里有个外号……叫……叫……‘牙擦妹’，说我跟《黄飞鸿》里一个叫‘牙擦苏’的人很像，好像是形容牙齿不好看的人，这个外号经常被同学拿来开玩笑，我就不愿意跟他们说话了。我学习成绩也不好，有些时候功课会跟不上，老师也不喜欢我的……”泪珠顺着李璐的脸颊滑落下来。

小郑没有马上制止李璐的哭泣，她让这种状态延续了约 1 分钟，然后轻拍着李璐的肩，顺着她的思路继续谈话：“李璐，那你觉得作业上老师给你这个大大的‘good’代表什么呢？”

李璐继续沉默着。

“或者我们换个角度，你看到老师对你这次作业上的评价，你感觉如何？”

"感觉……还是挺开心的！可是……可是只有这一次……"李璐说。

小郑把手轻轻地搭在李璐瘦小的肩膀上，说："在学习上力争上游，不满足于目前的成绩，这是非常好的想法。不过呢，除了努力达到更高的目标之外，我们是不是也应该多留意自己每一次的进步呢？比如说，你这次的英语作业，不是比上次做得更好、得到了一个'good'吗？这说明你在进步啊！"

"是吗……"李璐有些迟疑，但抬起一直低着的头来看着小郑。

"是啊。下一次，就争取再拿一个'good'好吗？我相信你一定做得到的！"小郑微笑地看着李璐，李璐擦干了眼角的泪水说："嗯……好吧！"

……………………………………

二、收集资料和预估

通过几次正面接触以及对李璐身边熟悉者的访谈，小郑对李璐各方面的行为做了初步分析。小郑判断，她的症状是典型的自卑情绪，更突出地表现为因长相不佳而感到自卑。自卑是一种过低的自我评价所产生的消极情绪体验，表现是对他人或社会的恐惧，害怕被取笑。自卑的人总认为自己像个小丑，是个笑料，被取笑便是对人格尊严的侵犯、贬损、虐待。一般自卑的人具有以下几种行为特点：① 自我封闭，人际关系疏远；② 消极被动，人际关系淡化；③ 高傲自大，人际关系紧张；④ 抵触仇视，人际关系恶化。①

就案主李璐而言，典型地表现出第一种和第二种行为特点。李璐性格内向，不擅于人际沟通，尤其是在心情不好或是遭到一定挫折打击的时候，更是不愿将内心的真实想法表达出来。除了对自己的相貌感到自卑外，学习成绩不够稳定，尤其是英语成绩一直得不到提升，也是加剧她自卑情绪的主要原因之一。当学习成绩不好或下降时，更降低了她的自我认同感，失败的经验让她愈发贬低自己。这种自卑情绪被过度延伸，影响到其他方面的自我认同，例如，在智商上，李璐觉得自己很笨；在人际关系

---

① 张国民："大学生自卑心理及防治刍议"，载《山西农业大学学报（社会科学版）》2007年第6期。

上，李璐觉得同学们都不欢迎她。

从自我认同上，李璐认为自己相貌不佳，不愿接受自己的外形，认为没人愿意和自己接近，继而感觉自己不如别人，什么都比别人差，做事缺乏信心，担心做不好而被人耻笑，于是在内心不断地回避与他人的交往。李璐非常注重别人对自己的评价，但对自己的个人目标没有明确认识，始终以他人为参照系统和评价标准，忽视了对自身的判断。

在社会支持和人际沟通方面，李璐身边缺少可以沟通和信任的人，社会资源少，社会支持度低。平日里除了和父母的日常对话外，她较少说话。长此以往，口头语言表达能力得不到提高，致使其自我表达的自信心进一步降低，从而更不愿意与人交往，害怕在人前表达情感和想法。此外，李璐跟着父母从农村老家来到上海，环境的转变改变了原有的社会支持网络，需要她重新建立新的社会支持系统，主要包括学校的老师、同辈群体、家庭中与父母或邻里间的关系等。然而从目前的情况看，这种支持系统尚未成功地建立。

三、制订社会工作计划

小郑针对以上分析结果，设定了工作开展的目标和具体计划。

（一）总目标

纠正因外表上的不足而导致的自我认知误区，减轻其自卑情绪的长期心理影响，提高自我认同度。培养李璐的人际沟通能力，推动她与周围社会系统的有效互动，让她能积极主动地融入群体，建立起良好的社会互动关系。

（二）分目标与工作计划

（1）引导李璐将参照体系从外部转移到自身，更加关注自身的进步和改变，逐步接纳自己的外貌，树立积极认知，减少自卑情绪。

（2）改善家庭成员内部的沟通方式，提高互动频率，通过某个主题连接李璐和父母的日常沟通，并将其长期化、常态化，从社会支持系统的最内核开始影响。

（3）鼓励她与他人交流，并创造条件促使其参加同辈群体的集体活动，学会与群体进行互动，提高自信心。

四、实施社会工作计划

有了前几次的接触，小郑已经大致掌握了李璐的外显性格特征，但内隐的性格和深层次的因素还需要进一步挖掘。小郑准备更加深度地走入李璐的生活，从其中一个重要的社会支持网络——家庭入手，去详细探寻根源，发掘案主自身更多的能力和社会资源。于是在某个星期六的下午，小郑来到了李璐家。

（一）家访

尽管是周末，但李璐父母的工作是没有固定双休及节假日的，小郑到的时候，李璐的父母不在。小郑先和李璐聊开了。

聊天中，小郑得知，李璐父母是在2004年先从江西某县来到上海的，两年后才把李璐接过来。李璐一家现暂住在某个外来务工人员较为集中的社区。父母亲的教育水平均不高，父亲为初中毕业，母亲则是小学还没毕业就出来打工了。

李璐说，爸妈小时候经常教育她说，“你还小，少和陌生人讲话”。在老家时，每次逢年过节父母才会回一趟家，而每次离开前，也一定叮嘱她，不要轻易向别人透露太多事情，免得被人欺骗。“我觉得我挺笨的，就不敢说太多，不然被骗了怎么办？”李璐说。因此她从小就很少和外人说话。

李璐的父亲现在从事快递员工作，母亲通过熟人介绍，在一家小卖部当售货员。两人每天在外工作时间都较长，很少有机会和孩子沟通，平时跟李璐说话，也多是问起她在学校成绩如何等，其他方面则很少关心。家里的家务多由李璐一人承担，每天下午放学后，她都要步行20分钟回家，到附近的菜市场买好菜，争取在父母回来前把饭做好。小小年纪的她，已经学会自己到市场买菜、烧饭、炒菜，日常家务她更是娴熟。

谈话中小郑发现，李璐并不是不会表达，而是不知道可以说给谁听，久而久之，就变成了习惯性的沉默。在她的生活圈子里，真正缺乏的是一个能认真听她说话，并且让她感到值得信任的人。这种信任，就是无论她说些什么，都不会被对方嘲笑。

小郑还细心地发现，在李璐家的窗台上，放着好几个用藤条编成的小动物摆设，像是手工艺品。

小郑好奇地问："这是什么？好漂亮！"

"这是我编的！"李璐略显骄傲地说。

"你亲手编的啊？这只鸟展翅欲飞的样子真是活灵活现。"小郑称赞道。

"好看吗？我在老家经常编这些东西，是妈妈和奶奶教我的。老师，你看，这是我给布娃娃做的衣服！"李璐又从她的床头拿出一个布娃娃递给小郑。

"这是我用妈妈做衣服剩下的布料缝的。她（指布娃娃）穿的衣服脏了，我就想帮她做件新的。不过这件衣服还没全部完成，我打算再缝上个蝴蝶结，更好看些。"李璐满意地看着眼前的娃娃。

"李璐是个心灵手巧的好孩子呢！那现在妈妈还教你手工吗？"

"不教了，她和爸爸都很忙，有时候晚饭也不一定能回来吃……"

"那，你现在还希望妈妈再教你么？"小郑问。

"想啊，当然想，有时候自己摸索一些做法，但还是会有不懂或者忘记的地方，我很想问问妈妈，可是他们经常不在家，回家了也很累的样子，我就不敢问了。"李璐有些沮丧地说。

谈到深处，李璐充满伤感地告诉小郑："爸爸妈妈总是说我笨，怎么不能争气些。我想让他们觉得我很乖，我天天都回家把饭菜做好，他们回来看到了就会对我笑笑，夸我一下，我就很开心了……"

小郑在李璐的情绪里发现了李璐对家庭支持的渴望，而她和家庭成员交流的暂时性阻断也许可以通过家庭成员间某个可以共同完成的互动来实现。

这时已到晚上7点，李璐的父母先后下班归来。小郑抓紧机会，与李璐的家长进行了长时间的沟通。

"郑老师，你看我们两个学历都不高，也不会指导她学习。这个孩子以前还会跟我们说些事情，现在基本都很少说了，上次不去上学，我们好说歹说也没用，还不是要班主任宁老师来才说通……真不知道拿她怎么办！"李璐父亲说。

"您刚说到，李璐以前还会跟你们说说事情，那是什么时候？"

"大概……以前在老家的时候，我们过年过节一回家，她就会抓着我们说些事情，在老家怎么样啊，遇到什么事情啊……那时候，她的话比现在多。到上海以后，有段时间她自己一个人待在家里，我们工作也忙，回来得晚，从那时候起，话好像就少了很多……”李璐的妈妈回忆说。

“不知道你们发现没有，她其实并不是天生不喜欢言语，有可能是到了新的环境遇到了问题，但是找不到可以倾诉和能帮助她的人，就慢慢地习惯一个人承担。父母是她最亲密的支柱，你们的建议对她的成长一定非常重要。也许学习上你们无法给予她足够的帮助，但是，父母却可以是她一辈子的心灵导师！”小郑说。

“其实我们也不是不愿意，就是有时候工作太忙就忽视了，也不知道怎么沟通好……”李璐爸爸说。

“沟通的方式有很多，比如李璐妈妈，以前您不是教孩子做手工编织吗？跟她一起做她那件还没做完的布娃娃新衣，对她来说，这也许就是你们之间共同的成果和回忆……”小郑对李璐的妈妈说。

李璐妈妈望向窗台上李璐编织的那些手工作品和床上的布娃娃，若有所思。

这次家访，小郑收集到了许多有效信息。除了进一步了解到李璐的生活环境和内心想法外，还发掘了李璐身上的能力和优点，这对接下来的治疗有很大帮助。小郑将李璐的优势与目前的问题详细列出，以便有针对性地开展工作，详见表 5－1。

表 5－1　案主自身的优势与不足之比较

优势(能力)	问题(不足)
具有勤劳节俭的品质，独立意识强，懂得替家里分担	对自己的长相认同度低，自我认知和自我接纳存在障碍，自认为外形不佳而产生自卑心理
有良好的手工制作技能，动手能力强	总认为自己不如别人，觉得自己笨，会被人嘲笑
语文成绩稳定，有较好的写作能力，喜欢看书	学业上存在一定的困难，英语的学习无法得到有效提高
父母愿意配合社工，改变家庭互动方式	家庭原先的教育理念存在误区

(二) 长相的自我悦纳

造成李璐自我悦纳存在障碍的最直接因素，是其对外貌上的不足所直接感受到的压力和自卑，因此小郑决定抓住这个主要矛盾。

又一次的谈话，小郑着重从李璐的自我悦纳开始。[①]

…………………………………

"我的牙齿经常被同学们笑话，他们说这个叫作'龅牙'……老师，'龅牙'是爆炸的'爆'吗？那不是很可怕？我们班的张红燕，她的牙齿就很整齐，笑起来很美，同学们都喜欢和她玩儿……"提到自己的外貌，李璐的情绪开始悲伤起来。

小郑拍拍她的肩膀说："李璐，来，你看看我，说说我的长相。"

李璐凑近看着小郑，认真地说："老师，你的眼睛很大，睫毛很长，很漂亮……"

"然后呢，再仔细看看，还有吗？"小郑继续把脸凑近让李璐观察。

"老师的鼻子挺挺的，皮肤白白的……啊！老师的脸上也有'斑点'，牙齿好像也有一颗是向外突的，虎牙？"李璐又仔细观察了一下小郑，瞪大眼睛说。

"对啊，你看，老师长相上也有不足，又有雀斑，牙齿也不整齐，可是，你每次见我时，是不是都看到我开心地笑呢？这些并没有影响到我快乐地生活！"小郑露出她的虎牙笑着说。

"可是，我之前怎么没发现啊。我一直觉得您长得挺漂亮的呢！"李璐说。

"那你现在觉得老师还漂亮吗？"小郑问。

"当然了，老师还是很漂亮的。"李璐坚定地说。

"为什么？你不是看到我也有缺点？"

"可是，老师对人很好，很亲切，笑起来可好看了……"李璐微笑着说。

"所以，你觉得我长得漂亮，并不一定是因为我的外貌真的完美无瑕，主要是你认可了我这个人，认可了我对人对事的态度，是吗？"

"好像是的……"李璐若有所思。

"那你知道老师为什么还是生活得很开心吗？因为我知道，外表是天生的，是最自然的状态，不是很多人都说'自然就是美'吗？这些别人

① 白建银："扬起自信的风帆——学生自信心辅导个案及反思"，载《小学德育》2005年第1期。

看来也许不那么完美的地方，对我来说反倒是最正常不过的事情了，没有什么特别好或特别坏，所以它也不会影响到我的生活。比起整天担心我的外表来说，还有更多更重要的事情等着我去做。”小郑真诚地对李璐说。

李璐眼睛望向窗外，思考着什么。

小郑让这种思考和沉默的气氛持续着，直到李璐自己回过神来。

“李璐，小白兔和乌龟，你更喜欢哪个？”小郑笑着问。

“当然是小白兔，它洁白的外表多漂亮啊！”李璐毫不犹豫地回答。

“那么，你听过《龟兔赛跑》的故事吧？在这个故事里，你喜欢兔子还是乌龟呢？”小郑继续问。

“那我喜欢乌龟。”李璐脱口而出。

“你刚才不是说喜欢小白兔？”

“可是……龟兔赛跑的时候，小白兔输了，因为它骄傲。乌龟倒是没有偷懒，一直努力爬行，最后赢了，我比较喜欢乌龟。”李璐认真地说。

“是啊，兔子虽然有矫健的身材，迷人的外表，在赛跑上有比乌龟优越得多的先天条件，可是它并没有好好把握，最后反倒是其貌不扬的乌龟获得了大家的认可。那么，是不是漂亮的外表，好的先天条件，就能够完全决定一个人成不成功，受不受大家欢迎呢？”小郑接着李璐的话继续深入。

“好像不完全是……”李璐再次陷入了思考。

“就像老师喜欢和你做朋友，是因为觉得你善良、勤劳、懂得体贴父母。而且，你并不像自己以为的那样什么都不如别人，看，你的手工不就很棒吗？你有你自己的手工作品，别人无法代替，对吧？”小郑指着桌上李璐亲手编制的藤条玩具说。

李璐脸上逐渐浮现出笑容，这次，她看着自己的手工作品，有点害羞，却笑得很灿烂。

（三）人际关系冲突的化解

分析了李璐目前的状况后，小郑认为要提高李璐自我悦纳的程度，还应该从她现有的社会支持系统入手，小郑决定采取以下介入途径（见图 5－1）。

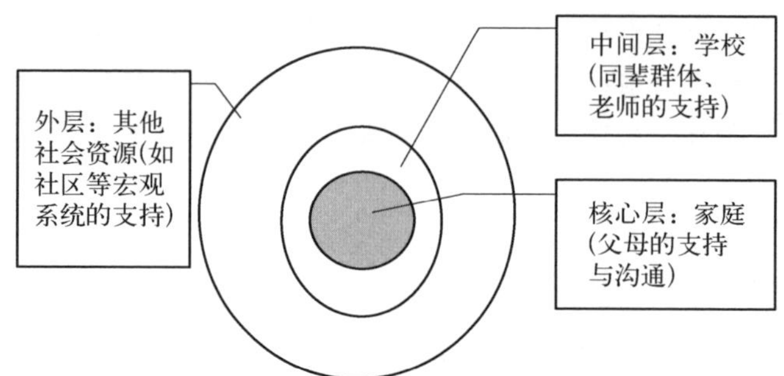

图 5-1　李璐现有的社会支持网络

在李璐的社会支持系统中，家庭是核心，且是最容易接近的部分；支持系统圈层的第二层(中间层)则是学校系统，包括李璐的同学和老师，这是她平日接触最多的次级群体，他们的支持对李璐的社会化也是至关重要的；外层的支持系统则是更为庞大的社会资源系统，例如李璐所在的社区街道对外来务工人员子弟的关心等。但就目前而言，关键要解决的是核心层和中间层的问题。

事实上，李璐对自我外貌的认识误区，多少也受外部系统的影响，特别是受到同辈群体评价的影响。 要想改变其自卑心理，打破自我封闭，构建良好的人际关系是其中关键的一步。现阶段来看，李璐人际关系方面最大的矛盾在于她和同桌张辉的吵架事件，但小郑并没有将此次矛盾看作障碍，相反，她认为这可能是改变的契机，于是决定鼓励李璐主动打破僵局，学着修补和张辉的关系裂痕。

……………………………………

“李璐，在张辉这件事情上，你如果有什么想不通或者不开心的，假如你愿意的话都可以和我分享，而且不用担心怎么说才能让我感觉你是对的，因为无论你说什么，我都会耐心倾听，然后再一起试着找出解决办法，好吗？”小郑在面谈一开始就再次表达出对李璐的“无条件”积极关注。

李璐既认真又沮丧地对小郑说：“老师，当时我真的很生气、很难过，但其实事后也知道自己挺不对的，打了他(张辉)……现在我不知道该怎么办……”

“你说的‘不知道该怎么办’，是指什么呢？”小郑进一步挖掘李璐的想法。

“就是……比如说，怎么跟他说话……”李璐支支吾吾。

“说话的方式有很多种，你能说说具体指哪方面吗？”小郑促使李璐也跟着思考。

“就是，不好意思也不知道怎么跟他道歉……”

“看来，你其实是希望去解决你们之间的矛盾的，对吧？那么，你自己有想过或者尝试过用什么方法去改变现在的紧张状态吗？”小郑力图引导李璐自主思考解决办法。

“我……我想过的，不过没去做……”李璐低着头说。

“是什么方法呢？可以告诉我吗？”

“就是……我想给他写个纸条道歉，但是，我觉得这样做挺丢人的，而且，他也有不对的地方，不应该我先道歉吧！”李璐说。

“李璐，其实你已经有解决矛盾的办法了，只不过是缺少一点点行动的勇气而已。老师认为，如果你自己可以主动跨出第一步，勇敢地去跟他道歉，比起采用躲避的方式更加值得称赞。你认为呢？”小郑不断激发她的主动性。

“是吗？我这么做行吗？他会不会再嘲笑我？”李璐还是很犹豫。

“你认为你的同桌是个正常的人吗？”小郑问。

“正常的人？那当然是！”

“如果是正常的人，那都会有情感，也有羞愧心，既然你觉得两个人都有错，那么我相信你主动去表达你的真诚，他一定也会有所触动的。”小郑坚定地看着李璐说，“如果不去尝试，可能你永远也不知道将得到什么结果，那么你们的矛盾也就永远无法得到解决了。”

李璐犹豫了一会儿，点了点头：“好吧，我试试看好了。”

隔天，小郑接到了李璐的电话，电话里她的声音欢快而轻松：“郑老师，我成功了！张辉他亲口跟我道歉说‘对不起’！”

“是吗？你是怎么做到的呢？”

“昨天回去后，我给他写了一封信，主要是向他道歉，说上次动手打他是我不对，而且……我还说了，请他以后不要再嘲笑我的牙齿，我长成什么样我也改变不了……”李璐和小郑聊了很多，小郑耐心地听着，愈发地感到欣慰，李璐开始学着接纳自己，并逐渐愿意表达自己的想法了。

（四）小组活动的开展

尽管李璐近期人际关系紧张的问题得到一定缓解，但要减轻她长期以来的自卑心理，还需要更多外界系统的支持，为她提供一个宽松的环境。于是小郑计划开展小组活动，通过团体性的互动来减轻李璐的孤独感和自卑感，帮助她感受到外部的支持，逐渐学会和周围的系统交流。

在与班主任宁老师商讨方案后，小郑决定借助开班会的机会安排主题为“自我剖析系列之一——优点轰炸”的座谈会，为五年（二）班全体同学开展一次自我认知的心理辅导座谈。

座谈会一开始，小郑就请每个同学分别说出一个他们目前为止最欣赏的人，不一定是身边的亲人、朋友，也可以是书中或电影里的人物，但要说出欣赏他们的原因。

同学们开始陆续发言，有的说到最欣赏自己的父亲，因为父亲很有能力；有的提到了母亲，说母亲很伟大，很贤惠；还有的提到了电影里的人物，例如《黄石的孩子》里的外国战地记者乔治·霍格，因为他超越国界的无私奉献……同学们都畅所欲言，表达了自己的看法。

一轮发言过后，小郑做了阶段小结：“看来同学们都很注意发现你们所欣赏的人物身上具备的优点，那么我们就接着‘优点’这个话题，在欣赏自己偶像的同时，也发现一下自己和身边同学的优点，来个‘优点轰炸’吧。”

“老师，那是我们自己评价自己，还是别人来评价呢？”有同学问。

“你们认为呢？有什么提议吗？”小郑希望激发学生的主动性。

“自己说自己的好话，不好意思吧，哈哈……”底下开始交头接耳。

“李璐，你有什么建议或看法吗？跟我们分享一下。”小郑把目光投向低着头的李璐。

“我……我想，可以让平时和自己比较熟悉的同学来评价吧？”李璐轻声回答着。

不少同学听后，纷纷点头。

“不错的提议，对你们比较熟悉的同学，应该是平时和你们互动比较多的人，他们的感受应该最深吧？其他同学还有什么看法吗？”

有同学举手说：“我同意，比自己评价自己好多了！”

大家最终达成一致，于是小郑说：“好，我们每个同学各自熟悉的人都不一样，但是有一个人——你们的同桌，应该是平时接触最多的人吧？而且我们每个人其实都扮演着对方同桌的角色，那么，你们就来互相评价自己的同桌，说出对方身上的优点吧。同桌说完了，其他同学也可以接着补充。从这边第一位同学开始……”

大家开始按顺序轮流评价起自己的同桌，气氛逐渐从沉默到活跃，还不时发出阵阵笑声。

轮到评价李璐了。她的同桌张辉首先站起来，顿了一会儿说：“我和李璐同桌一个学期，我觉得她学习上很用功，每次下课后都会充分利用时间认真写作业。做事细心，她的书桌和抽屉，从来都是整整齐齐的。还有，她也挺勇敢的，上次我们吵架的事情，我也有做得不对的地方，可是她后来主动先跟我道歉了，这一点，我应该向她学习……”

全班都静静地听着，张辉说完后，又有一名女生站起来发言：“我也说说，李璐的勤劳是我们有目共睹的。这学期我和她同一天值日，她总是很早到校。有时候我迟到了，她会帮我把我的责任区也打扫了。而且，有几次早晨，我到校后，看到她正在擦黑板，但其实那天并不是她值日。”

“是啊，我也有同感。”班长张莹也发言了，“虽然李璐平时不爱说话，但其实她蛮热心的。这学期开学初发课本的前一天，我下午放学去办公室领书，因为好几个科目的书都摞在一起，所以要一一数出我们班的39本，数得我头昏脑涨。后来李璐经过看到了，主动进来帮我一块儿整理，很快就弄好了。这件事我一直记得。”

同学们的发言让李璐深感意外，小郑看到她微笑的眼里闪烁着泪光。她站起来，当着全班同学的面说：“谢谢大家，我以前都不知道自己还有这些优点，原来，我不是不受欢迎的‘丑小鸭’……”李璐的话语里带着哽咽。班级的气氛凝固了片刻，随之，响起雷鸣般的掌声……

最后一个环节，小郑安排以四人小组讨论的形式，分别向自己的组员提出中肯的建议，让大家学会听取他人的意见，从而改善自身的不足。一个多小时的班会，在同学们热烈的讨论和欢笑声中结束。

放学后，李璐面带笑容地和小郑道别，然后热情地挽着两名女生的手，有说有笑地走出教室。夕阳的余晖在她们身后拉出长长的身影，这一次，李璐不再是一个人孤单前行……

经过这次活动，李璐逐渐悦纳了自己，对自我的评价也越来越清晰，至少她已经知道，自己是受同学们欢迎的。

五、评估与结案

经过一个多学期的辅导治疗，李璐的情绪状态较之以前有了很大的改善。现在，她在班级里已经有几个比较谈得来的同伴了，以前一个人独自发呆默默看书的日子已经越来越少。小郑每次和她见面时，都能看见她灿烂的笑容。

为了参加学校的文化艺术节，李璐的班级决定排演一个小品剧，班主任宁老师鼓励大家报名。李璐出乎大多数人意料地报了名，并主动要求承担起小品剧里的所有美工和道具制作任务。小郑得知后，心里一阵激动，李璐挑战自我的举动，让小郑看到了工作的成效。在那段时间里，李璐放学后就和几个同学抓紧时间排练，回家后，还和爸妈一起将剧本里所需要的美工道具一一制作完成，这时的李璐，充满活力。

一个多学期的治疗，总的来说取得了不错的效果，李璐长期以来由自卑心理所引发的不良情绪较之前已有了很大改变。小郑成了李璐愿意信赖的朋友，同时成为五年(二)班同学们眼中亲切的“大朋友”，在与宁老师的交流中，小郑也学到了许多宝贵的教育经验和工作方法。当然，自卑心理的辅导并不是短期就能解决的，还需要案主自身不断的努力和周围系统的长期支持。此外，巩固成果，预防消极影响，胜过事后的治疗。

到了结案的时候，小郑邀请宁老师对此次工作过程进行了评价，并互相交流了教书育人的心得。同时小郑也对李璐表示，今后仍会和她保持联系，关注她的进步，只要她自己做出改变和努力，就能够有所突破。

第四节　理论研习与案例反思

在本案例中，社工小郑主要选用了人本中心模式来开展工作。该模式认为，是自我概念而不是经验性的自我决定人的行为。因此，社工的首要任务在于创造一种和谐的治疗气氛，以促进案主的自我成长。社工事先不应该对案主做任何价值判断，对案主的问题应采取迂回的解决办法，通过社工本人真诚、关怀、尊重、接纳的态度来改变案主原先的不适当的观念，从而促进案主自发地改变其行为。

一、人本中心模式的理论基础

人本中心理论强调以求助者或当事人（案主）为中心，重视发挥案主的主动性和创造性，主张通过协助案主重新整理自我概念来使之成为一个能够充分发挥潜能的人。①人本中心理论来源于人本主义心理学，它与美国心理治疗的两大主流——心理分析学派和直接辅导学派并列，以“心理学第三势力”的形象出现，从人性观、自我实现和自我概念等层面来建构社会个案辅导工作的话语体系②，其理论基础大体集中于以下五点。

（一）奥尔波特的“统我”和健康人格

奥尔波特是人本主义心理学的创建者之一，人格心理学的先驱。他融合了人本主义与人格心理学，其著名的对人格的定义是“人格是个体内部决定其独特的行为和思想的那些心身系统中的动力组织”。③奥尔波特提出了“统我”的概念，即自我统一体，并以此来代替自我的概念。“统我”以自我的意识性、一致性、统合性和独特性为其主要特征，认为健康人格的发展是自我统一的追求，“统我”的形成则是健康人格必不可少的。他还提出了健康、成熟人格的标准：人际关系融洽、自我感的扩展、安全感、现实性知觉、技能和任务、自我客观化、统一的人生观。这与人本主义自我实现的要求相似。奥尔波特强调人具有自主的能力，能支配自己的行为，并且自我负责。奥尔波特明确了以人为主体的人本主义方向，他崇尚人的价值和尊严。

（二）马斯洛的“自我实现”模式

“自我实现”作为一个心理学的概念，首次是由另一位人本主义心理

① 陈志霞：《个案社会工作》，华中科技大学出版社 2006 年版，第 109 页。
② 林孟平：《辅导与心理治疗》，台湾五南图书出版公司 1988 年版，第 87 页。
③ 叶浩生：《西方心理学理论与流派》，广东高等教育出版社 2004 年版，第 404 页。

学奠基人戈尔德斯坦提出的。他认为，自我实现是人的机体潜能发挥的一种内驱力，是人的本性中的一种创造性倾向，是人的主要动机和生活最高目标的表现形式。马斯洛认为，自我实现是人内在的、朝向完整的倾向，自我实现者是向经验开放的。①

马斯洛提出的需要层次论是解释人格的重要理论，也是解释动机的重要理论。他认为人的需要是有层次的，在需要等级中，最基本的需要是生理的需要，然后依次是安全的需要、归属和爱的需要、自尊的需要，最高的需要就是自我实现。只有低级需要充分满足后，人才会关注高级需要。马斯洛对社会工作的影响在于，他的需要层次理论让社会工作者明白"他们正在满足案主的什么需要，以及在创造性活动中案主向何处发展可以获得更高的潜在水平"。在社会工作实务操作中就体现在，社会工作者注重对案主的需要的评估，并提供服务和帮助以满足案主需要。"自我实现"是马斯洛人格理论的核心。马斯洛认为个体之所以存在，之所以有生命意义，就是为了自我实现。他认为人本主义的目的，追根究底就是人的自我实现。马斯洛的"自我实现的人"所共同具有的人格特征包括如下几点：① 对现实更有效的洞察力和更适宜的关系；② 对自我、他人和自然的接受；③ 行为的自然流露；④ 以问题为中心；⑤ 超然的独立性（离群索居的需要）；⑥ 自主性（对文化与环境的独立性、意志、积极的行动者）；⑦ 体验的时时常新；⑧ 社会感情；⑨ 自我实现者的人际关系；⑩ 民主的性格结构；⑪ 区分手段与目的、善与恶；⑫ 富有哲理的、善意的幽默感；⑬ 创造力；⑭ 对文化适应的对抗。

马斯洛还提出了"高峰体验"这一概念。高峰体验是自我实现的短暂时刻，是通向自我实现的重要途径。经常产生"高峰体验"也是自我实现者的人格特征之一。自我实现是一个人的内在本性和潜能最充分、最正常的外露、展现和发挥的状态，是人性的完美状态，也就是说自我实现是人所能达到的最高度的发展。达到人的自我实现关键在于改善人的"自知"或自我意识，使人认识到自我的内在潜能或价值。马斯洛还认为自我实现不是一种终止的状态，而是一个连续不断的发展过程。

（三）罗杰斯的"自我实现"模式

罗杰斯是公认的人本主义心理学奠基人，甚至是20世纪最有影响力

---

① 叶浩生：《西方心理学理论与流派》，广东高等教育出版社2004年版，第399页。

的心理学家之一。罗杰斯的《案主为中心的治疗法》在1951年的出版标志了社会工作人本中心理论的初步形成。[①]人本中心理论在心理学领域是一项重大的创新，在社会工作领域，这不仅是对既有理论的肯定和完善，更是对社会工作的实践和教育有着不可磨灭的影响。[②]他既反对弗洛伊德先天本能冲动驱使人格发展的动力论，也反对行为主义后天外在环境决定人格发展的机械论，建构了以自我为中心、以自我实现倾向为动力、以成为充分发挥机能(作用)的人为目的的人本主义人格理论。[③]

罗杰斯的人格理论被称为自我实现模式，他认为一个人在自己的发展过程中，由于与环境交互作用，逐渐把"自我"与环境分化开来。人的自我实现是在与周围他人的交往过程中通过他人的态度和反应方式影响来形成的，周围他人的价值标准会影响服务对象的自我概念，使得服务对象的真实需要与自我概念形成了冲突。

罗杰斯概括了自我实现服务模式的核心概念：真诚、接纳和同理心。[④]首先，社工是真诚一致的，即所说的及所做的反映出真正的态度。"真诚"就是社工对自身经历的意识与社工跟案主之间的沟通应该是一致的。然后，是积极地、非批判性地接纳案主，推动他们自身的成长，增强他们的能力。无论案主过去的经历如何，社工都会无条件地接纳案主，这种接纳并不是赞同案主的所有行为，而是以一种开放的状态让案主体验到外界支持其改变的可能性；社工尊重案主的独立性、自主性和创造性，不可将个人的价值观、自我需求、信念强加于案主。最后，社工应该以同理心理解案主对周围世界的感受，所谓"同理心"，即准确地领悟和沟通现时感受，并能感知他人经历的意义和重要性的能力。"自我实现者"就是"充分发挥机能(作用)的人"，即"机能完善者"。[⑤]充分发挥机能者不是指人的发展状态和终点，而是指人的发展趋势和过程。自我实现是不断进行的过程，它永远不是完成的或固定的状态。

---

① 文军：《社会工作模式：理论与运用》，高等教育出版社2010年版，第9页。

② Coady N，Lehmann P（Ed.）. 2007. Theoretical Perspectives for Direct Social Work Practice：A Generalist-Eclectic Approach，2nd Edition. NY：Springer Publishing Company，p. 299.

③ 车文博：《人本主义心理学》，浙江教育出版社2003年版，第181页。

④ ［英］马尔科姆·派恩：《现代社会工作理论》(第三版)，冯亚丽、叶鹏飞译，中国人民大学出版社2008年版，第197页。

⑤ ［美］卡尔·罗杰斯等：《当事人中心治疗：实践、运用和理论》，李孟潮、李迎潮译，中国人民大学出版社2004年版，第9页。

罗杰斯更强调人格的动态性和应用机能，突出“我”和“我的现在”，（“此时此地”）以及经验的开放性和情绪体验的强烈性。[①]他认为影响自我发展的因素包括：正向关怀的需要，即得到温暖、关心、尊重、认可等情感的需要；价值的条件，即有条件的积极关注；无条件的正向关怀，即无条件的积极关注；自我和经验的一致性，此因素会导致人格的稳定。[②]

罗杰斯的当事人中心治疗，被认为是“和社会工作实务及方法有关的理论”，它详细地指出理论如何被运用到社会工作者与案主之间的互动。[③]罗杰斯的疗法更多地会被称为人本主义模式或人本主义倾向，而不是疗法，因为罗杰斯是把对人性的一种积极的信念根植于整个助人的过程中，这是助人者的一种信念和价值观，而不是一种工具性的治疗模式。[④]这种治疗方法是由面向“过程”的理论主导的，不使用有关性格研究的专业理论、与家庭不睦相关的知识或者至关重要的生态系统理论来帮助案主；相反，它通过提供一种独特的友善关系和有品质的交流来帮助案主成长。

（四）罗洛·梅的“存在人格”理论

罗洛·梅认为，人格的构成包括自由、个性、社会整合、宗教紧张等四要素，这是他早期的人格构成论；后期他又从存在本体论出发，提出并阐述了自我中心性、自我肯定、参与、觉知、自我意识、焦虑等构成人格的六大基本要素或基本特征[⑤]，并探讨了人的存在感、自我意识、价值观、社会整合、自由选择等人格观念。[⑥]罗洛·梅认为，人格发展阶段经历了天真无知、寻求内在力量的反抗、日常自我意识的发展、自我的创造意识四个阶段；同时，罗洛·梅强调人格的意识和潜意识的完整分析，重视意识在促进人格发展中的作用。“存在人格”理论试图揭示人在运用其自由和责任来实现自己的存在时的基本人格特点，突出自由、创造性、勇

---

① 车文博：《人本主义心理学》，浙江教育出版社 2003 年版，第 184－185 页。

② 王华刚：“罗杰斯的人格理论及其对人生的启示意义”，载《科技信息》2007 年第 19 期。

③ 林万亿：《当代社会工作：理论与方法》，台湾五南图书出版公司 2006 年版，第 213 页。

④ 杨晶：“人本主义模式与社会工作”，载《贵州师范大学学报》2006 年第 1 期。

⑤ ［美］夏洛特·布勒、麦琳·埃伦：《人本主义心理学导论》，陈宝凯译，华夏出版社 1990 年版，第 253－261 页。

⑥ 叶浩生：《西方心理学理论与流派》，广东高等教育出版社 2004 年版，第 414 页。

气、权力、爱、意志和力量在人格发展中的作用，强调自我的主动性。

（五）弗兰克的“自我超越”模式

弗兰克认为，人类存在的特征是“自我超越”（Self-Transcendence），而不是“自我实现”，人的特征是“追求意义”而不是“追求自己”。他认为人的本性在于探求意义，而健康人格发展的最终目标是超越自己，成为完善的人。

与此同时，弗兰克确信，人在任何情境下，对自己的行动都是自觉选择的。自我超越者的主要特征为：在选择自己行动方向上是自由的；对自己的生活负责；不被自己之外的力量所决定；选择适合自己的有意义的生活；有意识地控制自己的生活；能够表现出创造、体验和态度的价值；超越了对自我的关心。

二、人本中心理论的基本假设及主体目标

人本中心理论是从人性观、自我实现和自我概念等层面来建构社会工作话语体系的。[①]它建立在这样一种假设之上：有效的辅导在于促使当事人在信任和被接纳的自由氛围之下了解自己，并朝自我潜能开发的新方向积极迈进。因此治疗所使用的技术，都是为发展社工与当事人的自由接纳关系、激发当事人积极性的自我辅导行为而服务的，而这些假设主要基于以下几个关键概念。

（一）人性观[②]

人本治疗模式的人性观是积极、乐观的，从罗杰斯的观点来看，其人性观的具体内容可以归纳为三点：

第一，人性本善。从根本上来说，人性是善良、理智、仁慈、现实、可信赖和有目标的。

第二，潜能无限。每个人都有无穷的潜能，每个人都是理性的，有自己独特的价值，有能力掌握自己的命运。

---

① 林孟平：《辅导与心理治疗》，香港商务印书出版社 1988 年版，第 87 页。

② 朱眉华、文军：《社会工作实务手册》，社会科学文献出版社 2006 年版，第 155 页。

第三，自我实现。每个人都应该对自己负责，自立并实现自我。

(二) 自我概念

自我概念是罗杰斯人本中心疗法的一个核心概念。自我概念，就是有关“我们是谁”的看法，是一个人内心深处对自己的主观体验。然而，自我概念并不是天生就有的，它是在成长过程中通过我们与环境的作用逐渐形成，通过重要他人(Significant Others)如父母等对我们的态度反应而不断积累的。基于这些自我经验，我们产生了对自己喜欢或讨厌的感觉。可以说，自我概念是一个动态过程，是可以培养和改变的。①

(三) 有价值的条件(Conditions of Worth)

所谓有价值的条件，是指个体为获得认可、关怀、赞许而接受的他人的期望、要求和准则。②罗杰斯注意到，人们在日常生活中要得到家人的关怀并不是无条件的，当事人必须满足家人的要求、期望或家庭规则，而这些东西正被认为是“有价值的条件”。有价值的条件会直接影响我们的自信、自我价值感或对自我概念的接受程度。如果个体能够达成这些有价值的条件，就会得到重要他人的喜爱，从而更加积极地接纳与重视自己，如果达不成，就出现相反的结果。

然而这些条件也会使当事人忽略或牺牲自己内在的真正需要，为了博得他人的好感，会不自觉地内化(Internalize)他人对自己的要求，这也有可能造成与自我真正需要的脱节，导致不能肯定自己的行为和能力。③

人本治疗模式注重社工与案主的合作关系，通过创造宽松的工作环境来促进案主的成长。罗杰斯指出：要促进案主发生改变必须具备三个必要条件，也就是同感、真诚和无条件的关注，这三个条件涉及表里如一、不评价、同理心、接纳、情感和保持独立性六个方面的内容。这些内容是保持社会个案辅导工作有效进行的充分必要条件，如果缺少其中的任何一个条件，社会工作的效果就无法得到保证。④

---

① 陈志霞：《个案社会工作》，华中科技大学出版社 2006 年版，第 223 页。

② 汪新建：《西方心理治疗范式的转换及其整合》，天津人民出版社 2002 年版，第 180 页。

③ 陈志霞：《个案社会工作》，华中科技大学出版社 2006 年版，第 224 页。

④ 王瑞华：“罗杰斯人本治疗模式的特色及启示”，载《长沙大学学报》2005 年第 1 期。

此外，人本中心模式的主体目标与其他理论模式的不同之处，在于其辅导目标是让当事人“变成自己”以及“从面具后面走出来”，去掉当事人身上那些受有价值的条件影响所形成的自我概念及其衍生出来的思维和行为方式[①]，使当事人更加独立，从而发现自己的真实需要，变成一个能充分发挥自我机能的人。罗杰斯认为，经过人本中心治疗之后，案主会逐渐放松自己，能够坦然面对不愉快的经历，重新确定自我形象，减少自我概念与经验的冲突矛盾。[②]简而言之，人本中心理论不仅着眼于解决问题，更注重当事人的自我成长。

三、案例反思

本案中的李璐自我评价偏低，而这进一步导致了案主为自己贴上了不受欢迎的失败者的标签。社工小郑在运用人本中心模式介入的全过程中，有以下几点值得思考和讨论。

（一）对案主真实需要的辨析

在整个专业服务开展的过程中，事实上有一个目标是贯穿始终的，那就是寻找并发现案主内心真实的需要，从而辨清问题本质所在。往往案主的行为和内心的真实想法并不总是处于一致状态，这就需要社工去探寻，仔细分析和确认。

以本案为例，根据求助人宁老师初到社工机构寻求帮助时所提及的情况来看，案主李璐短期内最直接的问题是不愿上学，对校园有抵触情绪。根据她平常的行为表现来看，又有性格内向、与他人交往主动性低的问题。从表面上来判断，可能会认为李璐是自我封闭的性格，不愿与人交往，只专注于自己的世界。然而，这是不是案主李璐真正的问题所在？或者说，案主内心是否真正排斥与周围人群的交往互动？

通过几次面谈和观察，社工小郑发现，李璐并非不愿与人交往，从社工与她的对话中可以看出，李璐十分在意周围同学、老师甚至家人对自己

---

① 陈志霞：《个案社会工作》，华中科技大学出版社 2006 年版，第 226 页。

② 王瑞华：“罗杰斯人本治疗模式的特色及启示”，载《长沙大学学报》2005 年第 1 期。

的评价，在谈话中她多次提到“同学们都不喜欢我”“希望成为像白雪公主一样受欢迎的人”等，这些言语表明李璐内心对于与外界互动的渴望。然而其之所以在群体中常表现出孤独和沉默，主要是因为她缺乏与周围人积极互动的能力，由于自我相貌上的不足产生了自卑心理，从而选择消极逃避。因此，在社工的服务策略中，就不可避免地要涉及如何协助案主自动培养自我的人际互动能力。

（二）创设自由信任的专业氛围，发掘案主自我概念的冲突

从人本中心模式的假设出发，有效的辅导在于促使案主在信任和被接纳的自由氛围下了解自己，因此治疗所使用的技术，都是为发展社工与案主的自由接纳关系、激发案主积极的自我辅导行为而服务的。社工前期通过辅导李璐学业的介入方法，与她逐步建立起信任关系，在正式面谈中，社工又非常注意在谈话一开始提出“保密”承诺，目的在于创设出轻松自由的专业氛围，减少案主心中的顾虑，激发其内心表达的渴望。在辅导中小郑发现，李璐缺乏的不仅仅是表达的能力，更重要的是一个可以让她自由表达又不担心会被嘲笑的氛围。因而，像李璐这样对外界评价过分关注和敏感的对象，更需要“没有人会说三道四”的信任感和安全感，使她能够完全释放压力，体验内心的冲突与感受，从而发掘自我概念。

此外，在专业辅导过程中，社工还注意对案主表达出这样的意思：喜欢和她做朋友，并不是因为她长相好看与否，从而排除案主内心关于“如果你这么做，我才会喜欢你”的感觉。另外，社工还在辅导中传达出“无条件的积极关注”，即无论李璐和张辉的那次矛盾谁对谁错，都不会影响到社工积极地关心她、接受她，并和她共同努力解决问题。像李璐这样具有自卑情绪的案主，往往非常在意外界评价的积极与否，因而时常会掩饰自己的内心，或采用一些有利于自己的表达，以便让外界更容易接受自己。然而这么一来就很可能失去辅导的真正意义，只有社工表达出无条件的积极关注，取消了种种束缚，才有利于促使其真正释放内心，在自由的互动氛围中发现自我价值。

（三）从“去问题化”转向对“有价值条件”的认识

个体的自我概念并非天生的，它是在成长过程中通过重要他人

(Significant Others)如父母等对当事人的态度和反应不断积累的。[①]处于李璐这个年纪的孩子，其自我概念和评价除了自己的体验外，多半从外界反馈积累得来，本案中的李璐曾提到，认为自己学习不好，但是每天放学回家都会做晚饭，等爸妈回来，希望能够通过自己乖巧的行为，得到爸妈的肯定。李璐的这种想法事实上是受到了家庭，乃至社会上所认可的有价值条件的影响，从而对自己的行为产生规训。社工小郑发现了李璐自我概念的主要来源，并从这一方面入手解决。

在谈话中，社工引导李璐把先天的外貌看作自然的正常状态，从社工自身实例出发，提出“再好的人都有缺点”的观点，将“问题”正常化，去除她附加在自己身上的“丑”的污名。社工小郑还注意引导她将评价的标准从外表转向内在，说明“长得好看”并非是“有价值”“受欢迎”的唯一条件，转变她对“漂亮就受同学欢迎”的认识误区，减少案主身上那些受有价值条件影响所形成的自我概念，更强调内在品质的培养和自我进步，从而使她逐渐树立对自己更为客观的认识标准。其辅导目标是让案主“变成自己”、接受自己，“从面具后面走出来”，从而悦纳自我。

（四）把主动权还给案主，激发案主自我改变的潜能

遵循人本中心的原则，社工很强调案主潜能的开发，为其提供自我发现的机会。其中最重要的一步是将主动权还给案主，推动案主主动走出自我封闭的困境，鼓励其通过自身的积极行动打破僵局，从而体验到与外界沟通的成功感。在本次辅导中，社工带着李璐走出了非常重要的一步，协助她主动思考人际关系冲突的解决方法，并亲自付诸实践。在解决她和同桌张辉的矛盾冲突上，社工小郑并不是强加给李璐一个既定的方案，而是询问和启发她说出自己的解决办法，鼓励她按照自己的思路做，从而发掘案主的个人潜力。这充分体现了人本中心模式的核心——相信案主才是自己的主人，有解决问题和自我实现的能力。

此外，社工还注重从外部系统中借助相关的资源，扩展案主与外部社会支持系统的互动，尤其是重要他人的支持，包括了李璐的家人、班主任老师以及同辈群体。在此过程中，不仅积累了案主周边的系统资源，也同时推动了案主与其身边系统的互动，促发其逐渐学会与周围他人、社会系

---

① 陈志霞：《个案社会工作》，华中科技大学出版社2006年版，第223页。

统对话，形成良性循环互动。这种互动方式可以用图 5－2 来表示。[①]

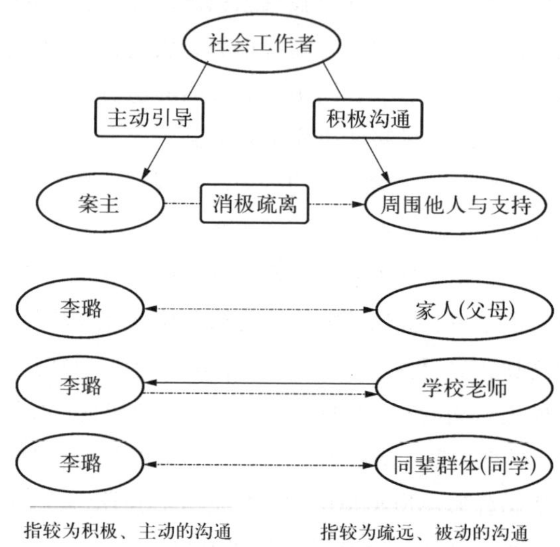

图 5－2 治疗初期的互动方式

经过一段时间富有成效的辅导后，达到的积极效果应为如图 5－3 所示。

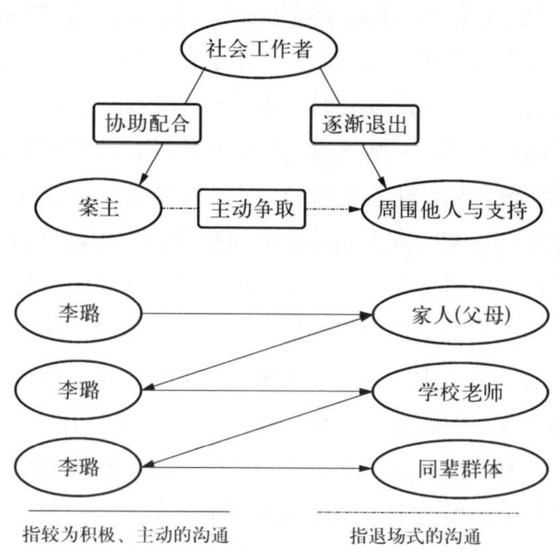

图 5－3 治疗后期的循环互动方式

① 童敏：《社会工作实务基础——专业服务技巧的综合与运用》，社会科学文献出版社 2008 年版，第 182 页。

(五) 注重案主自身的能力建设，将案主的自我成长当作核心目标

以人为中心，而不是以问题为中心，是本案中采用人本中心模式的重要出发点。本案中，社工不是仅仅针对李璐目前的"问题"而解决问题，除了看到其所面对的障碍和困境外，还同时发掘案主身上具备的优势，运用"储存成功"的办法，不断提醒李璐注意自己的进步和优点，强化其积极动机，积累更多的成功经验以增强自信心。也就是说，辅导的重点是人及其感受，而不仅仅是问题。

社工在介入和制订计划时，就将案主所面对的长相、人际关系问题看作其成长道路上必经的过程和磨砺，而非病态，将促使案主的积极成长作为长期目标。长相这类被案主认为是"问题"的问题，如果能够据其引导案主把它看作是和男女性别等先赋条件一样的自然状态，就能较好地减轻其心理负担，使案主轻松面对生活，从长远来看，是把人的发展看作终极目标，这也是人本中心模式核心原则的重要体现。

如何实现自我成长？在本案中，可以说社工采用了能力建设、心理调制、社会支持三方综合的辅导策略。我们可以借助图 5-4 来展现社工在本案中介入的过程。[①]社工小郑在辅导过程中并没有超越协助者的角色，其职责是配合和协助主角（案主），通过适当的引导，使案主更好地发挥自我价值和能动性。同时，社工也并不是毫无批判地遵循人本治疗模式中的非指导性原则，而是有所创新，有所指导，从而在混沌和迷茫

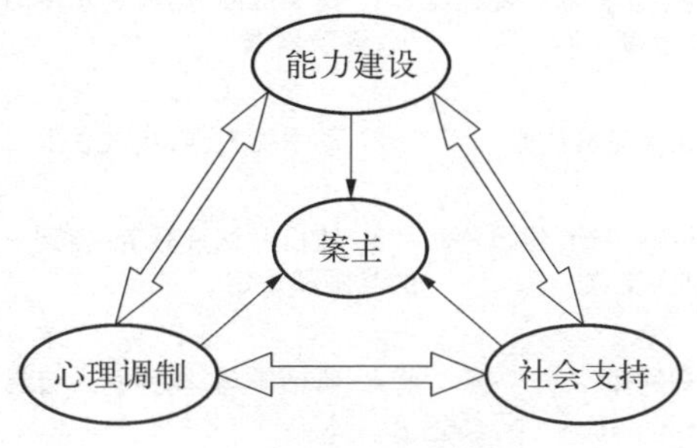

图 5-4 社工的实施策略

① 童敏：《社会工作实务基础——专业服务技巧的综合与运用》，社会科学文献出版社 2008 年版，第 15 页。

中为案主指出多种可能性，尤其是帮助案主自己做出选择和判断。然而在整个过程中，她仍然始终注重李璐主动性的发挥，给予其自我表达的机会。因此，人本治疗模式对于该案例的实施应用来说应该是成功的。

（六）待改进的部分——对案主能力和优势的评估细化

尽管此次治疗对案主的自卑心理起到了调制作用，而且发展了其部分能力，但回顾整个过程，还是有值得探讨和改进的地方。例如，在评估案主的能力和优势上，社工小郑做到了关注当事人所具备的优点，并将此作为一种资源纳入工作计划的考量范围内，但其实还可以再进一步细化这些优势，从三个方面来区分以更有针对性。

根据能力建设为中心的原则，将案主及其生活作为一个整体系统加以考虑，我们可以将案主的能力分为三个更为细致的方面，以便有针对性地加以辅导治疗。这三方面可以归纳为：①“问题”中的能力，即在案主目前所面临的困境和问题中，发现其所具备的能力；②优势中的能力，即案主本身所具备的优点和长处；③日常生活中的能力，即案主日常生活中的积极方面。以本案为例，李璐的三方面能力可列表如下（见表5-2）。

表5-2　案主的三方面能力

“问题”中的能力	优势中的能力	日常生活中的能力
1. 对英语学习一直保持着勤奋态度	1. 语文成绩好，作文水平较突出，喜欢看书	1. 作息规律，放学后按时回家做饭
2. 能认真完成作业	2. 动手能力强，会做手工	2. 经常帮助父母亲料理家务
3. 交往不主动，但也不排斥和别人交往	3. 值日时认真勤劳，得到一定的奖励和肯定	3. 没有其他不良嗜好
4. 遵守纪律	4. 听话乖巧，能为别人着想	4. 生活开支上懂得勤俭节约

当然还有很多方面可以进一步细化，这需要社工更专业的知识技能和更加敏锐的洞察力，也对社工的工作提出了更高的要求。

李璐这一自卑障碍与调制的案例，运用了人本主义模式以及能力为中心的治疗方式，在案主身上，我们看到了社会工作实施治疗手段的专业性和针对性，从专业社会工作角度来讲，案主逐渐走出自卑心理，实现了其与周围的良性互动，更重要的则是案主自身能力的培养和提高，只有从案主本身出发，才能将服务的正面效果维持在最佳状态。

人本中心理论的主要代表人物基本上都是心理学家，他们将人本主义哲学思潮运用于心理学临床治疗而总结提炼出了人本主义心理学理论。社会工作发展的早期借用了许多心理学的理论，其中的部分心理学理论被社会工作吸收进来，通过社会工作者在实务中的运用，发展形成了具有社会工作特色的社会工作理论。社会工作的理论普遍是从外部思想中选择而来，并对之加以修改、发展而成的。有学者将其称为“理论外借”，并将外借理论视为社会工作理论构建的一个重要特色。[①]

第五节　人本中心理论的主要影响及评价

人本中心理论是社会工作伦理中的必要态度，它更像一种普适性的哲学观点，可以供实务工作借鉴，但它并不是一种阐释特定实务方式的方法。人本中心理论涉及社会工作的根本价值理念——相信人性提高自我的能力，强调社会工作的目标和理想的博爱性。[②]人本中心理论的发展对于社会工作而言是专业理念上的一次重大突破，但同时也因其过于宏大的理念而受到应用方面的诟病。

人本中心理论对社会工作而言无疑是值得肯定的，它改变了案主和社工的传统角色，不再将案主看作有问题的人，而是有价值、有潜力、可以自我改变的人；由案主来主导整个助人过程，社工不再是权威。可

---

① 何雪松：《社会工作理论》，上海人民出版社2007年版，第220页。

② ［英］马尔科姆·派恩：《现代社会工作理论》（第三版），冯亚丽、叶鹏飞译，中国人民大学出版社2008年版，第197页。

惜，此理论不光缺乏具体操作的指导准则，而且只关注个人的改变，没有关注个人所处的宏观系统的改变。当然，人本中心理论强调良好的治疗氛围以及案主和社工的有效关系，这也是有积极意义的。社会工作者的终极目标是致力于案主潜在能力的开发和自我实现，目标的改变是对案主的长远发展有助益的。但这个笼统的目标不光难以测量，而且过于理想化以致很值得怀疑其能否实现，如果目标通常都难以实现的话，无疑会对社会工作者的服务乃至社会工作专业的权威造成重大的负面影响。

一、人本中心理论对社会工作的贡献

首先，人本中心理论对社会工作介入模式的影响十分深远。特别是罗杰斯对社会工作的影响，一方面在于他的咨询理论，另一方面在于他提出的基本的助人要素。社会工作者在工作中也坚信人有成长和改变的潜能，所以无论案主过去的经历如何，社工都会无条件地接纳案主，传达一种真诚、同理心，强调“此时此刻”(Here and Now)的感受。社工也相信每个人都是独特的，因此没有一种万能的诊断和治疗模式能解决案主的问题，只有帮助案主发挥其自身的潜能，才能促进案主的成长，改善其生活质量。

其次，人本中心理论将治疗由一种“疾病模式”转变成为一种正常化的“成长模式”。罗杰斯非常反对将案主作为患者，而用一套心理治疗的方法去治疗案主的问题。他认为案主目前问题的解决并不意味着达到了一种心理健康的状态，案主的问题不过是表面上得以解决，但是这些问题会在以后的生活中被迁移到其他的问题上。所以，治疗的重点并不是问题本身，而是案主的成长潜能的挖掘，如果案主能够自我导向、自我负责的话，任何问题都会迎刃而解。

然后，人本中心理论允许社工有自我发展的空间。人本主义模式没有一种固定的治疗工具，它所要求的是一种助人信念，所以社工在具备真诚、表里一致、无条件接纳和理解这些条件后，可以结合其他治疗模式的方法和自己的特质发展自己独特的风格。人本主义所认为的个体的独特性，不仅体现在案主身上，也体现在社工的助人风格上。赋予社工更大的发展空间，其本身就是一种人本主义的做法。

再次，人本中心理论属于一种安全的助人模式理论。与精神分析和行为疗法不同的是，人本主义模式不需要对案主的潜意识进行分析，也不需要制订一套行为改变的方法，它所需要的是倾听案主、尊重案主、建立一种真诚的人际关系。所以，人本主义模式不会伤害案主，也不会因为诊断和分析的失误给案主造成负面影响。

最后，人本中心理论重视科学研究。无论是马斯洛还是罗杰斯，都是以科学家的高度来要求自己的，都愿意将他的概念转换为可验证的假设，并对它们进行研究。正如罗杰斯所教导学生的那样：有一种最好的治疗学派，就是不断地严格检视在治疗关系中的方式和效果，这就是你为自己所发展的最好的学派。所以，研究的目的并不是把蛛丝般的理论编织成链条般的理论、巩固专业地位和树立专业霸权，而是以一种开放的状态不断“成长”。这体现了人本中心理论开放的理论框架和极具包容的思想内涵。

二、人本中心理论遭受的质疑

首先，人本中心理论对社会工作的影响被认为是边缘的。①边缘的原因可能在于它自身有丰富的理论来源，但是人本主义的概念本身就是模糊的，具有人本主义倾向的统统囊括在内；另一点原因可能是其来源多为哲学，人本主义哲学对本体论和认识论的关注多于方法论，而人本中心理论的另一主要来源是人本主义心理学，其本身就被其他流派的心理学家批判概念模糊，只能算作哲学，称不上是心理学。社会工作从人本中心理论借鉴最多的是其哲学基础，即人性观、价值观等，这些其实已经内化为社会工作者的基本伦理价值和态度了。不同于行为主义、系统理论等，人本主义理论没有提供给社会工作完整的理论体系，最有影响力的只是关于治疗关系的建立。由于人本中心疗法缺乏技术指导和理论体系，虽然具有核心的价值基础，但人本中心理论仍

---

① ［英］马尔科姆·派恩：《现代社会工作理论》（第三版），冯亚丽、叶鹏飞译，中国人民大学出版社 2008 年版，第 196 页。

被视为是边缘的。

其次，人本传统的社会工作的缺陷之一就是，它的理论模式更多聚焦于个人层面，而对宏观实践层面的论述极少。①这是因为人本中心理论文化性的假设在美国实用主义价值观和新教徒救赎信念的灌输下成长，使得人本中心模式方法强调（有时要排除其他所有因素）案主的个人能力和才智以使人们能够有效地在生活中运用这些理论，但这些实际上都受到历史环境的作用。其服务理念的核心是反身性-治疗性的，目的不在于社会变革，而在于实现人类的潜能和发展，因此仅仅将自我实现作为社会工作的目标。然而，仅仅改变案主是不够的，有时候需要改变案主所在的系统。例如当工作遇到困难的情形时，社会工作者很容易意识到一个处在饥饿或者被家长或伴侣残忍虐待环境中的案主并不需要优先探究这些经历对案主自身的意义——而人本中心理论只是停留在个人的发展层面，没有关注社会问题和体制改变。②虽然罗杰斯晚年的工作致力于改善社会条件和发展更加人性化的社区，但无论如何，他的理论确实仍然在提倡把重点放在案主自身，而不是着重关注案主所处环境中的情感剥夺和压迫的根源。③

再次，质疑人本主义心理学人性观的学者们同样认为人本主义社会工作的人性观过于积极。批评观点主要认为人本中心模式不会伤害到案主，但也有可能无法带给案主积极的帮助和改变。④批评者质疑人本中心理论指导下案主达到自我实现的可能性，以及我们根据什么来判断目标是否完成。他们认为案主可能会质疑治疗关系的“真实性”，并且对社工的能力产生怀疑。⑤

最后，还有一个普遍存在的值得担忧的问题——人本中心理论可能是不切实际的产物并且可能带来风险。这并不是使用人本中心理论的必然结果，而是一个可能出现的需要被防范的结果，因为人本主义实务方法可能

① 何雪松：“社会工作的四个传统哲理基础”，载《南京师大学报》2007 年第 3 期。

② ［英］马尔科姆·派恩：《现代社会工作理论》（第三版），冯亚丽、叶鹏飞译，中国人民大学出版社 2008 年版，第 192－193 页。

③ Coady N，Lehmann P（Ed.）. 2007. Theoretical Perspectives for Direct Social Work Practice：A Generalist-Eclectic Approach，2nd Edition. NY：Springer Publishing Company，p. 312.

④ 杨晶：“人本主义模式与社会工作”，载《贵州师范大学学报》2006 年第 1 期。

⑤ 李红艳：“罗杰斯人本主义心理咨询理念及技术的发展脉络”，载《社会心理科学》2008 年第 3－4 期。

带来更加普遍的问题。如果社工干预的目标是为了使案主达成自我实现，或者是实现他们自身的完全协调，抑或是其他形式的救赎，那么这个理想化的目标永远都不会完全实现。①

① Coady N，Lehmann P（Ed.）. 2007. Theoretical Perspectives for Direct Social Work Practice：A Generalist-Eclectic Approach，2nd Edition. NY：Springer Publishing Company，p. 312.

第六章

朋辈交友指导

——成长小组理论的运用

朋辈交友是青少年成长阶段中不可缺少的人生体验。朋辈的接纳和认同不仅能给他们带来归属感，确立自己在团体中的存在价值，而且有助于他们树立正面的自我形象。反之，处于青少年时期的中学生，如果在学校被朋辈群体排斥，可能会使他们产生疏离、不被接纳和不被支持的感觉。这不仅会影响青少年自我形象的建立，还会影响他们的学业及心理健康，由此凸显了朋辈交友指导的重要性。

第一节　成长小组理论的形成与发展

成长小组理论的形成与发展主要来源于两方面：一是以自身实践累积为主的“实施理论”；二是社会科学的相关理论作为其理论基础。两方面的“理论取材”都离不开社会现实背景以及小组工作本身的发展及其多元分化。到目前为止，伴随成长小组的迅猛发展势头，成长小组理论也逐步得到发展和完善。

一、成长小组理论的形成基础

成长小组理论的发轫展现了历史上将团体过程应用于社会工作的三股力量的综融。它们分别是团体心理治疗(Group Psychotherapy)、敏感性训练团体(Sensitive Training Group)以及会心团体(Encounter Group)。

首先是自20世纪中叶起在心理学领域被广泛应用和推广的团体心理治疗。此类团体每周聚会一到一个半小时，聚焦于与案主一起解决传统的心理问题。

其次是敏感性训练团体。1947年，美国社会心理学家勒温(Kurt Lewin)与其同事和学生在麻省理工学院发展出一种训练人际关系技巧的理念。勒温去世后，贝瑟(Bethel)与缅因(Maine)首先采用所谓的“训练团体”来继续勒温未完成的工作。训练团体除了在麻省理工学院得到发展外，也被密歇根大学所接受。之后，华盛顿特区成立了全国性的训练实验室，名曰“国家训练实验室”（简称NTL）。NTL团体主要被运用在工业界，用于训练经理人员与执行人员，后来它也被其他领域的对象如学生、家庭主妇等所采纳。“训练团体”，顾名思义是用来训练人际关系的技巧，个人被教导在团体中观察成员互动的性质，借此来进行自我了解，以及提高在生活和工作中的人际沟通能力。它要求个人参与并完成若干天或数周的密集团体经验（Intensive Group Experience）。该团体经验有助于个人信赖与关怀的增长。

最后一种团体经验（会心团体）大约同时为芝加哥大学所发展。罗杰斯（Carl Rogers）与芝加哥大学谘商中心的同事们参与了美国“退伍军人局”（Veterans Administration）的谘商员训练计划。他们发展出一套训练谘商员的密集团体经验。即通过短期而密集的课程，使受训练者获取较佳的自我了解，并在互助中学习如何与他人有效交往，使其在谘商工作中能够胜任并获得愉快。[①]

二十世纪五六十年代的美国处于“人类潜能开发运动”的社会大背景下，且恰逢鼓励自由表达的文化革命时期。上述的密集团体经验带动起一股“密集团体经验运动”。该运动发展的核心就是将经验及治疗的导向与纯粹强调人际关系技术的培训融合在一起，强调个人成长以及人际问题的探索。后来，这类团体开始迅速发展、传播及多元化。借此，我们可以看到，成长小组理论的发展基于符号互动论、团体力学理论以及社会学习理论等的发展和完善。

1. 符号互动论

符号互动论最先由米德（George Herbert Mead，1893）在芝加哥大学提出。布鲁默（Herbert Blumer，1969）则是将当代符号互动论进行系统化的主导者。符号互动论的主要理论概念是社会过程，这在了解个人与环境的互动中有显著意义。个体，如同智慧与自我意识般被视为是经由与环境的互动而稳定地改变自身。他们的集体行动能影响社会的结构因素，进而带来角色关系的变迁。据此，过程是个动态的理念，社会是一个行动取向的概念，过程与行动稳定地创造、支持与改变社会中个人的角色。这就提供

① 林万亿：《团体工作：理论与技术》，台湾五南图书出版公司2007年版，第19－20页。

了一个了解行为与团体过程的分析方法论，使得小组工作者了解个人行为是其与他人互动的结果，意义是经由小团体的互动而产生的。

符号互动论的另一主要概念是自我身份。身份不只是安顿个人在社会世界中的位置，而且也涉及在社会网络中角色与行动的安置。个人身份信息持续地被其重要他人(Significant Others)所影响。发生于团体的过程能循着符号互动的“参考群体”加以分析，它带给我们一种理解，即社会工作者如何去理解特殊的个人之所以被其同伴所理解。他人的理解将有效地运用于个人得到自我理解与对他人的理解上。[①]总之，符号互动论对于成长小组工作“在互动过程中实现人性化，积极塑造自己的行为，促进人的全面成长”有着重要的启示意义。

2. 小团体理论与团体动力学

小团体理论是一个发展的概念，海伦·诺森(Helen Northam)认为，它泛指自20世纪30年代发展起来的小团体研究方法。团体动力学则是最有价值的小团体研究学派之一。[②]“团体动力学”一词最初由库尔特·勒温提出。作为格式塔完形心理学的弟子，勒温将格式塔概念应用到团体研究中，先后形成了场域论和团体动力学。[③]场域论的基本命题是个人及其环境是彼此依赖的诸因素的一个整体。它帮助团体工作者理解团体成员特质与团体社会情境的互动决定了成员的行为。据此，经营团体的社会情境可作为改变个人行为的一部分；改变团体社会情境也将给个人行为改变带来可能性。[④]

随后，勒温将场域论应用于团体行为研究，并于1944年提出团体动力学，对团体的形成和发展、领导、团体气氛、成员关系、团体凝聚力、冲突和价值观等团体行为进行了研究。该理论有三个特点：① 团体是一个动力整体，团体过程来自认同以及相互作用部分的合力；② 研究与实践必须密切联系，特别要敢于对实际社会问题进行合理研究；③ 变化和反变化的张力刺激有助于实现共同目标。[⑤]

---

① 林万亿：《团体工作：理论与技术》，台湾五南图书出版公司2007年版，第45－47页。

② Helen Northen. 1988. Social Work with Groups, 2nd (ed). New York: Columbia University Press, pp. 16－17.

③ 黄丽华：《团体社会工作》，华东理工大学出版社2003年版，第72页。

④ 林万亿：《团体工作：理论与技术》，台湾五南图书出版公司2007年版，第42页。

⑤ 黄丽华：《团体社会工作》，华东理工大学出版社2003年版，第73页。

团体动力学对于成长小组的沟通过程、互动模式、人际吸引与凝聚、权力与控制以及团体发展等提供了一定的理论解释和支持。它启示社工在团体动力场域中与成员建立良好的动力机制，达成小组目标。

3. 社会学习理论

社会学习理论的奠基人是美国心理学家班杜拉（Albert Bandura）。社会学习理论主要有三种观点：① 传统条件反射理论：该理论认为人类的行为是与刺激相关联的。成长小组的目标对小组成员提供某种外部刺激条件，从而引起成员行为的改变。② 强化条件反射理论：该理论认为人类的行为受行动结果的影响。如果某种行为导致的结果加以肯定，那么这种行为就会得到强化。社工利用赞赏、表扬及奖励等方式强化和鼓励积极的行为，可以引导小组成员行为的改变。③ 社会学习理论：该理论认为人类的行为是在对他人行为观察和评价过程中习得的。例如某个成员的行为得到表扬，那么小组其他成员也会为了能得到褒奖而追随这种行为。[①]

二、成长小组理论的发展历程

尽管“成长小组”发端于“非社会工作取向”，但是成长小组理论之后的发展却非常贴近社会工作理论的发展趋势，并且在其发展历程中彰显出自身的理论特征。

（一）1960—1970 年：普及期

20 世纪 60 年代，人本主义心理学兴起，被称为心理学的第三势力。代表人物美国心理学家罗杰斯发现，在个人咨询中行为改变的潜力以小组活动的形式也可以得到发挥，之后就以会心团体的形式进行集体咨询。会心团体受到社会各部门的欢迎，吸引了 500 万～600 万美国人自愿参加。[②]罗杰斯指出，会心团体在美国的产业机构、教会组织、政府单位、

① 张洪英：《小组工作：理论与实践》，山东人民出版社 2005 年版，第 64－65 页。
② 樊富珉：《团体心理咨询》，高等教育出版社 2005 年版，第 41 页。

种族关系、国际张力、家庭团体、教育机构等多个领域被运用。①它的具体形式有多种，如成长小组、自我肯定训练小组、基本交朋友小组、T 小组等。这些“人本取向”团体的共同特点是基于心与心之间交流沟通基础的团体体验。

人本主义心理学思想逐渐延伸到社会工作中的小组工作，于是形成了“人本主义小组工作”的模式。②人本主义心理学强调人的主体性，尊重人的价值，推崇人的自我实现。它特别注重“自我”对于寻求个人成长的重要性，并且强调“此时此刻”，而不是案主的问题历史。它探究人们的思考和感觉过程，而且注重人们的互动形态。上述都构成了成长小组的价值关怀和理论特征。成长小组的特点是：成员探索和发展个人目标并更好地理解自己与他人；成员的自我揭露和表达程度较高；创设分享和倾听的氛围，强调分享当下的经验；团体成员彼此相当亲密、信任。③

成长小组工作在人本主义心理学的基础上也有所区别、有所发展。社会工作者关心小组成员的社会功能和社会关系，运用内外在资源促进个人的全面发展。比如，有时社会工作者会挑选不同背景、利于增加彼此经验的成员来组成小组。

（二）1970—1980 年：反思期

进入 20 世纪 70 年代以后，随着团体工作理论模式的普及，许多学者对其进行反思、质疑和归纳。

一部分质疑反映了领导力训练及筛选成员的重要性。如亚隆（I. D. Yalom, 1971）确认三种类型的领导：攻击的、权威的和对质的，对团体的气氛和生产力均为不利。利夫顿（Lifton, 1972）批评会心团体的反道德倾向。④一部分研究探讨成长团体经验是否对成员态度和行为改变有效。学者们以不同类型的参与者或者不同目标的团体为试验对象，对成长取向团体的适应性和有效性展开研究。

---

① ［美］卡尔·罗杰斯：《卡尔·罗杰斯论会心团体》，张宝蕊译，中国人民大学出版社 2000 年版，第 121－132 页。

② ［英］马尔科姆·派恩：《现代社会工作理论》（第三版），冯亚丽、叶鹏飞译，中国人民大学出版社 2008 年版，第 209 页。

③ 顾东辉：《社会工作概论》，上海译文出版社 2005 年版，第 128 页。

④ 樊富珉：《团体心理咨询》，高等教育出版社 2005 年版，第 40 页。

也有学者对成长取向团体进行系统的归纳，并且通过与其他社会工作的比较来认识成长小组的特质。成长小组最初提出时，恰逢传统的小组工作受到精神分析观点的重要影响。在1947—1963年期间，团体工作进入医院，治疗性的团体工作因而产生，在团体中个人的功能成为考虑的重心，而环境因素却不太被重视。所以成长小组的工作者往往来自心理治疗这样的专业背景①，对此，研究者强调：首先，成长小组工作与治疗团体有着不同的关注点。治疗团体往往是检视问题，从各种解决方案中选择策略。而成长小组不涉及病理学主题，不处理情绪和行为问题，而将焦点集中在诸如人际交往、沟通、价值等成长性主题上。它注重当事人的优势，希望增强团体成员的潜能、意识和内省，使他们学习到更有效的思维和行为模式、更正确的立场和态度。其次，成长小组工作者关心成员发展的环境和外在动力，比如提供小团体以面对面沟通的情境来达成效果，以角色扮演、心理剧、社会剧、团体活动等作为辅助工具，借助受过训练的领导者来推动团体动力，重视团体的发展过程，持续性的团体经验分享等。②

（三）1980年以后：深入发展期

20世纪80年代以后，成长小组工作在世界范围内再度普及和蓬勃发展。在社会工作处于萌芽和上升初期的国家和地区，由于生活质量的提高和教育改革的推进，广大民众渴望实现自我、提高社交技巧、提高婚姻及家庭生活质量和保持心理健康，因而对这类团体存在大量需求。③与此同时，在社会福利和社会工作发展处于制度建设和专业队伍建设时期，从业人员一方面需要在专业上获得提高和培训，另一方面渴望在力所能及的领域从事社会工作实践，所以在个人治疗和社会行动之外，强调社会与心理成长及改变的成长小组很容易成为专业人员活跃的领域。④如今成长小组的类别日趋多元化，它被强调的重点也越来越广泛。它从原来的帮助人们学习“如何与他人有效交往”这个单一主题，逐步拓展为以个人发展为核心目的，强调自我改善与人类的潜能，协助个人完成和适应人生正常的发展阶段。

---

① ［美］Charlesd D Garvin：《社会团体工作》，曾华源校阅，孙碧霞、刘晓春、邱方晞等译，台湾洪业文化事业有限公司2003年版，第23页。

② 范克新、肖萍：《团体社会工作》，社会科学文献出版社2001年版，第26页。

③ 黄丽华：《团体社会工作》，华东理工大学出版社2003年版，第110页。

④ 黄丽华：《团体社会工作》，华东理工大学出版社2003年版，第110页。

成长小组理论在普遍融入社会工作实务的同时也得到了深入发展，特别是在团体过程、团体技术、团体动力等方面涌现了很多研究成果。目前，西方学者对成长小组理论的特点形成了较为一致的认识，具体参见表 6-1。①

表 6-1 成长小组工作的特点

成长小组	
目的	发展成员的潜能、觉察与洞察力
领导	领导者充当催化者及角色典范
焦点	依照取向不同，以成员或团体为中心；通过团体经验促成个人成长
联结	成员间共同的目标；运用团体，以达成成长的契约
组成	可以是异质性的；基于成员朝向成长与发展的能力
沟通	高度互动的；成员通常要为团体沟通承担责任；中度至高度的自我揭露

第二节 案例背景介绍

上海某中学过完春节的每个新学期开始，学校社工都会开展一系列工作，了解学生在生活、学习、交友方面的基本情况，并有针对性地开展咨询服务，帮助同学们健康快乐地成长。2008 年开学后不久，学校社工就通过设计问卷、发放问卷，了解到该校有绝大部分同学期待能提高自己在交友方面的技能、技巧，以交到真正的朋友。社工认为要想提高这方面的技能，就应该有一个氛围，所以决定采用成长小组模式来为这些同学服务。考虑到小组工作的开展组员人数以 10 人左右为宜，社工决定对问卷进行整理、分类，并且根据班主任的极力推荐和强烈要求以及社工的调查与观察，社工邀请了 15 名同学与他们面对面交流，了解他们的需要和想法，最后本着自觉自愿的原则，有 10 名同学愿意加入小组。

① ［美］Ronald W Toseland，Robert F Rivas：《团体工作实务》，莫藜藜译，台湾培生教育出版股份有限公司 2008 年版，第 30 页。

接下来社工通过访谈(包括面谈和电话访问)这些学生和班主任、任课老师以及他们的家长，详细了解了学生情况，收集学生基本资料，并将其进行简单管理归类。① 学生基本情况：包括年龄、性别、兴趣、学习成绩、人际关系、班里职务以及老师对学生的品德评语。② 学生问题情况：包括学生交友属于什么类型，学生对自己交友困惑的看法，学生寻求帮助的动机以及学生希望自己的问题如何解决。③ 学生环境情况：包括学生的家庭情况(家庭的社会和经济地位、家庭成员结构)，社区环境以及同辈群体对学生的评价。

通过前面一系列的准备工作，社工对 10 名小组成员进行了初步评估，基本情况如下(以下均为化名)：

毛毛：女，16 岁，高一年级学生。学习成绩中等水平，自诩处事原则是“人不犯我，我不犯人，人若犯我，我必犯人”。在跟人相处的过程中，只要稍稍有点意见不合，就会有想吼的冲动。有几次甚至因为跟同学闹别扭，自己打电话把父亲也找来了，是一个令班主任头疼的学生。

豆豆：男，16 岁，高一年级学生。豆豆所在班级的气氛非常活跃，但与他关系不错的男生却只有两个，与女同学的交往更是少之又少，并且一说起话来心里就紧张，不知道说什么好，总认为自己嘴很笨，不能像其他男生那样天南海北地神侃，担心女生笑话自己。

东东：男，16 岁，高一年级学生，父母离异，由父亲抚养，学习成绩处于中上水平。由于从小成长环境中母爱的缺失，再加上父亲工作太忙，没有时间陪儿子聊天，可以说他是一个极度缺乏父爱母爱的孩子。在班上，因为他总是回避大家，很多同学都与他保持一定的距离。

亮亮：男，17 岁，高二年级学生。上个学期转到该校，一个学期过去了，感到在班里几乎找不到一个知心朋友。他感觉其他同学似乎都比较排斥他。他反省自己，好像除了调皮捣蛋之外没有什么不良嗜好，为此而苦恼。

吕吕：男，18 岁，高三年级学生。在学习方面，他算得上是一个勤奋刻苦的学生，马上就面临高考了，他更是不敢怠慢。可是，就因为他的倔脾气，平时跟同学说话阴阳怪气的，很多同学都躲着他，对于这一点，他是心知肚明的，为此他自己也很苦恼。

彤彤：男，16岁，高一年级学生，初中毕业被直接保送到该校读高中，学习成绩优异。但他总是以成绩好自居，并且沾沾自喜，总认为自己很了不起，在跟同学相处的过程中，倾向于把自己的观点强加给对方。即使有时明知自己错了，也不愿意承认。

妞妞：女，17岁，高二年级学生，学习成绩中等。善良、温柔是对她最好的形容，生活在一个幸福的家庭里。可惜，她总是待在自己的座位上，很少跟同学出去玩。周末回到家也是一直待在家里不出门，甚至节假日也不会主动跟亲朋好友带个祝福。

洋洋：女，17岁，高二年级学生，从小性格内向、胆小、孤僻，虽然学习成绩一直很好，但性格使然，每次老师提问，都低着头回答，不敢正视老师的眼睛，心里特别害怕。再加上长相不出众，从小就有人说她是丑小鸭，所以她一直都小心翼翼，除了学校和家，很少在外面玩耍，也不和男生交往。

柱柱：男，17岁，高二年级学生。学习成绩总是班里的前三名，父母也都为有这样的儿子而自豪。不过，他有一个小毛病，就是别人问他借笔记时，他总是以各种理由回绝。慢慢地，大家就疏远了他，突然有一天，他生病了，想借同学的笔记看一下，同学拒绝了他，他才开始反思，极力想改变这一现状。

莹莹：女，18岁，高三年级学生，学习成绩中等。天资聪颖，爱好广泛，是一个很懂得享受生活的人。大家都专心致志地备战高考，她却每天过得很轻松，很是让人羡慕。由于她的生活节奏不能跟大家同步，她感觉自己马上就要脱离班集体了，同样也感觉自己很孤单。

尽管这些学生在交友方面呈现出差异性，但有一点是共同的，即常常被其他同学和老师视为“孤僻者”。孤僻主要是两方面的原因造成的：其一，他们未曾意识到信任在人际交往中的重要性；其二，缺乏助人意识，使得他们跟同学的关系若即若离。当然这些学生自身也有弱点，如不讲究交友技巧、太过于功利、让同学感受不到友情的纯洁等。此外，社工在预估中发现，这些学生除了自身缺乏交友技巧之外，还与家庭教育有一定的关系。因此，在介入过程中，社工也会邀请这些学生的家长加入到成长小组。

第三节　社工介入的过程

在前述评估的基础上，社工决定运用成长小组模式，首先和小组成员一起制订了小组工作计划书，然后按照小组工作的计划一步步开展成长小组活动，直至成长小组的结束。

一、成长小组工作计划

（一）计划书名称

“告别孤独——我交友、我快乐、我成长”成长小组计划书

（二）理论依据

根据学习理论，人的行为是可以通过学习和再学习来改变和增强的，可以通过正强化使得个人学习到新的行为。青少年时期是人的社会性发展的关键时期，热情和探索精神使青少年渴望与人交往，但青少年由于各种因素的影响，使得他们在人际交往方面存在一定的问题。另外，由于人际交往活动是一种十分复杂的社会活动，影响和制约这一活动的因素也十分复杂，青少年由于知识、经验的不足以及能力和技巧的欠缺，会使得他们在这种社会活动中遇到一些困难和挫折，甚至是失败。①社工希望能够通过开展10次成长小组活动，在小组成员的互动和团体动力的作用下，使小组成员能够达到提高自身人际交往能力、增强人际交往自信心的目的。

（三）工作目标

通过成长小组的互动，一方面，增进学生对自我的了解，并发掘个人的长处和优点；另一方面，提高人际交往的技巧和能力，让自己不再孤单

① 丁少华：《小组工作》，社会科学文献出版社2003年版，第321页。

和寂寞，能够真正地获得同辈群体的接纳和认同。

（四）活动安排

成长小组活动每周开展一次，每次 90 分钟，共 10 次。具体情况见表 6－2。

表 6－2 成长小组工作计划安排

小组阶段	时期	活动名称	目　标	活动详情
准备期	1～2 周	未雨绸缪	招募组员并了解组员的基本情况	1. 发放问卷并分析；2. 开座谈会并进行家访、电话访问等
前属期	3～4 周	共建家园	增进组员之间的感情并建立小组规范	1. 初来乍到；2. 棒打薄情郎；3. 无家可归；4. 画“自画像”；5. 家有家规
权利与控制期	5～6 周	体验信任	增进组员对成长小组的归属感，以及组员与人交往的信任感	1. 流沙岛；2. 疯狂叫喊；3. 信任驮；4. 信任传递
亲密期	7～8 周	体验助人	树立组员求助和助人意识，培养助人之心，并乐意帮助别人解决难题	1. 盲人旅行；2. 狭路相逢；3. 优点大轰炸；4. 集思广益
分辨期	9～11 周	体验成长	提高和完善交往技巧，并切身体会自身成长	1. 现在的你与现在的我；2. 行为诊断；3. 哼哈奇妙；4. 看你不一样；5. 众人七巧板；6. 角色扮演
结束期	12 周	温馨祝福	通过总结进一步强化和巩固小组活动成果	1. 扔糖果；2. 写祝福卡片

二、社会工作活动安排

（一）第二阶段：前属期——共建家园

小组目标：增进组员之间的互相信任与接纳，并建立小组规范。

1. 第一次活动

开场白：社会工作者首先介绍小组活动的目标及内容，并向大家介绍自己，此过程约 3～5 分钟。

（1）初来乍到[①]

操作：每个组员取一张纸，将纸折成四栏，在第一栏中写出自己的昵称或外号（实在没有自己编一个），第二栏中用图画的方式画出自己家乡的特点，第三栏画出自己喜欢的三样东西，第四栏画出自己最讨厌的三样东西。社工告诉大家，不擅长画画并不影响活动的开展，只要尽力去做就可以了。社工可以把自己事先做好的胸卡给同学过目，并做一些解释说明的示范，此步骤有5分钟的准备时间。下一步是组员将做好的胸卡用透明胶布或别针挂到胸前，然后寻找组里的其他组员相互交流名片内容，了解对方胸卡的内容，并用心记住，进行下一部分活动时要检查。交流的方式先是一对一（社工配对，异性学生组成对子），然后是二对二，直到五对五，滚雪球似的不断地认识小组的成员。

讨论：大家畅所欲言，可以讨论在交流过程中的点点滴滴。

（2）棒打薄情郎

操作：大家围圈就座，顺时针依次报出自己前面同学的昵称，如果报不出或报错，由当事人持由彩纸卷成的“棒子”给其当头一棒。这样做，一方面是检查大家是否记住了其他组员的名字，另一方面可以增加彼此之间的熟悉程度。

社工小结：成长小组已经有了一个好的开始，希望大家在以后的交流中有更多的交流。此外，提醒小组组员微笑着向其他组员说“再见”，下次见面时微笑着向组员问“你好”。

2. 第二次活动

（1）无家可归

操作：所有成员自由站立在活动场内，社工喊“马兰开花，马兰开花”，接着组员喊“开几瓣？”，社工再喊“开×瓣”（这里的×表示小于10的任意数目）。成员听到后，尽快以相应×个人数围成一个圈，手拉手，圈外学生就成了“无家可归者”，然后请“无家可归者”谈谈自己的感受。接下来，组员再次回到随意站立状态，重复以上步骤，直到差不多有五个不同的人成为“无家可归者”时游戏结束。

讨论：当找到小组时有什么感受？当自己是“无家可归者”时，又是

① 本节中对游戏活动内容的叙述主要参考张麒：《青少年环境适应团体训练手册》，北京师范大学出版社2006年版。

怎么想的？并结合生活中的实际例子，来谈谈自己的感受。

社工小结：大家通过游戏体会到了归属感的重要性。

（2）画“自画像”

操作：所有组员在一张16开大小的白纸上画一幅“自画像”。游戏不是绘画比赛，只要求大家画的内容、形式等形象地反映了自我认识即可。“自画像”可以是形象的肖像画，也可以是抽象的比喻画；可以是一色笔画成，也可以是多色笔画成。小组内(共分3组)交流“自画像”的含义，并且组员可以质疑。

讨论：围绕“自画像”展开，每个人都通过“自画像”的形式向他人展示一个自己心目中的“我”，可能是一个“公开的我”，也可能是一个“隐蔽的我”，每一幅画都包含着一个“秘密”、一段“经历”。让组员们就自己听到的和自己在展示“自画像”的过程中所想到的，与大家进行分享。

社工小结：通过组员之间的交流，大家彼此之间的认识进一步得到加强。

（3）家有家规

操作：社工说明组规的作用与意义，以及作为组规可能涉及的方面。社工还找了一份之前小组开展的组规供大家参考。随后，请每一位组员写下自己对小组的期望，并制订一份组规写在纸上。每一位组员轮流讲述自己的组规，并邀请一名志愿者将其写在黑板上，最后大家一起讨论并表决通过。

讨论：有组员提议小组应该有一本“成长小组”日记本。随后大家就“日记”展开讨论，最后达成共识。先由社工在日记本的第一页记下组规，并领头写下第一篇日记，之后每位组员每次活动结束后都要写一篇，长短、内容不限，只要有感而发，表达自己的真实想法即可。

社工小结：大家齐心协力共同参与成长小组组规的制订，这对每一个组员都很重要。我们大家就像是一家人一样，在接下来的日子里，成长小组工作的开展还需要各位组员的积极配合，大家共同体验、共同成长。

（二）第三阶段：权利与控制期——体验信任

小组目标：增进组员对成长小组的归属感，加强组员与人交往的信任感。

1. 第三次活动

（1）流沙岛

操作：社工用多根3米长的绳子打结成圆圈，作“流沙岛”，可大可小。告诉组员大家一起去沙漠旅行，这是一个流动沙漠，每次大风吹过，沙丘都移动，只有待在流沙岛上才安全，但流沙岛的大小、数量每次大风起时都会变化。所以，当宣布“大风来了”时，组员要尽快站进流沙岛，不让一位同学的双脚站到岛外。待风沙过去，宣布“风和日丽”后，大家可以走出圈外，和朋友聊天，认识新朋友。每次流沙岛的大小不一，摆放在地上不重叠，每次“风和日丽”后社工合并圆圈，减少绳圈数量，直到最后合并成一个大圈，并不断缩小圈的大小，直到极限为止，由学生来定标准，挑战他们的极限。

讨论：原来你相信可以完成任务吗？你们是如何完成任务的？游戏中采取了什么策略？从这个游戏你想到些什么？

社工小结：通过这个游戏，大家都体会到了团体的力量。我们每个人在日常生活中不仅都需要有这样一个团体，而且需要每个人在团体中尽己所能，发挥自己的作用。这样不仅能体会到团体带给我们每个人的归属感，而且能体现个人的价值。

（2）疯狂叫喊

操作：社工让学生以两人一组的形式自由组合或就近配对，并且各组为自己起一对代号，代号是两个有关联的词，比如火和消防栓、太阳和向日葵……分好组后，组员将眼罩戴好，社工移动成员的位置，让他们分散站在场地里的不同位置。然后组员通过喊同伴代号的方式来找搭档（比如，“太阳”喊“向日葵”），搭档找到后就地站停，握住对方的手，不再移动、发声。在移动的过程中，要学会自我保护，即在胸前伸直双臂，掌心朝前。游戏持续到所有人找到搭档为止。

讨论：游戏中有何感受？大家是怎样找到搭档的？怎么保护自己以及周围人的安全？成长小组领袖人选是谁？

社工小结：通过游戏，大家体会到了在人与人的交往中，彼此之间都是平等的，不能争强好胜。在这个游戏开展过程中，如果大家横冲直撞，就不可能在这么短的时间内完成任务。可见，在交友过程中摆正自己的位置和心态很重要。当然在今天还选出了成长小组的领袖彤彤。

2. 第四次活动

(1) 信任跌

操作：组员三人一组(其中有一组为四人)，A背对B、C两人握成的臂栏，站于臂栏前1米左右的地方。B、C准备好以后，大声说“我们准备好了，请后倒吧”，A在听见B、C的口令后，双手交叉抱于胸前，仰面后倒，后倒时双腿挺直。后面的B、C两人用臂栏接住后倒者，然后扶他站起或让他慢慢坐于地上。三人轮换角色，进行这一训练。

讨论：后倒时有什么感觉？觉得后倒容易吗？为什么？同伴将你接住时，是怎么想的？作为一个保护者，心里是怎么对自己说的？最后大家共同讨论这个游戏对交友有何启示，以及被信任和不被信任分别有何感受。

社工小结：希望大家通过这次活动，能够体验到与人交往中相互信任的重要性。

(2) 信任传递

操作：本次活动，邀请10名同学的父亲或母亲加入，成长小组的成员增加到20人，18个人面对面站成两行，前面的5对是家长，后面的4对是组员面对面的双方，双手前举，互握对方的手腕，双肩与两边的同学相隔一拳，形成臂桥，构成一条传送带。一个组员(学生)站在形成的传送带的一端，背朝传送带，然后仰面倒在传送带的臂桥上，身体放松，可以闭上眼睛。担任传送带的组员和家长利用手臂的摆动，开始把组员向传送带的另一端传递，方法各异，要求保证安全。等这个组员传递到另一端后，小组的最后一位同学托住被传递同学的头部，慢慢地将他放下。每个组员都传递一次，直至游戏结束。

讨论：被传递者在传送带的前端和后端有何感受？父母担任传送带是否觉得比组员更值得信赖？游戏经验对大家交友的启示是什么？

社工小结：通过这两个游戏，让大家真正地体会到信任是交友的基础和前提。如果大家彼此缺乏信任，这两个游戏将无法开展。信任与被信任是相互的，只有自己信任对方，给予对方被信任的感觉，才能真正地获得别人的信任。

(三) 第四阶段：亲密期——体验助人

小组目标：树立组员的求助和助人意识，培养学生的助人之心，培养学生乐意帮助别人解决难题。

1. 第五次活动

(1) 盲人旅行

操作：在背景音乐中(大千世界充满着精彩，诱惑着每个人去索取、去享受、去追求……大千世界也充满着艰难，迫使着每个人去面对、去承受、去改变……)，社工说着："在茫茫人海之中，有谁能与你同行、与你分担忧愁、与你分享快乐？不妨去找一找，不妨去试一试，体验一下自助与他助、信任与被信任、爱与被爱的幸福与快乐。"首先是每个组员戴上眼罩扮演一个盲人，在室内独自一人穿越障碍旅行，体验盲人的无助、艰辛甚至恐惧。其次所有组员中一半人继续扮演盲人，另一半人扮演帮助盲人的"拐棍"，由"拐棍"帮助盲人完成室外有障碍的旅行，完成后交换角色重新体验。最后，所有学生均扮演盲人，然后两个盲人相互帮助到室外走过一段障碍旅程。

讨论：组员们交流，在不同情况下扮演不同角色的感受。

社工小结：通过"盲人"与"拐棍"角色互换的体验，反思自己在帮助他人与信任他人中的不足。在与人交往的过程中，的确需要彼此之间的相互帮助。

(2) 狭路相逢

操作：所有组员分成两组，面对面站在一字排开的地垫上，留中间一个地垫不站人。移动的方式是只能前进一格或跳一格，不能后退，只要有人后退就要重来。完成两边人的互换，并且维持由中间向两端的原来站位顺序为止。

讨论：完成这个游戏困难吗？在游戏中是如何协作的？完成游戏有什么感受？在个人经历中有类似的情况吗？对自己有什么启示？

社工小结：通过这个游戏，大家再一次体会到团结、互助的重要性。在与人交往的过程中，碰到困难是在所难免的，这就需要大家充分发挥自己的才智，顺利渡过难关。

2. 第六次活动

(1) 优点大轰炸

操作：大家坐成一圈，从社工旁边的一位组员顺时针开始，每位组员在充分尊重该组员的基础上对其优点逐一列举。每位组员轮完之后，游戏结束。在这期间，被优点轰炸的组员要及时回馈。大家边游戏边交流。

社工小结：通过该活动，一方面是促进彼此之间相互沟通，使得组员获得自信和自我成长的机会，另一方面是想让大家知道自己身上有很多优点，在别人遇到困难的时候能够伸出援助之手。

（2）集思广益

操作：每位组员在事先准备好的白纸上写下自己交友中最头疼、最想解决的问题(越具体越好)，然后把这张纸装在准备好的漂流瓶(塑料饮料瓶)或信封里。请一位志愿者将小组成员的“求助信”在组员之间“漂流”，每位组员负责对漂流到自己手里的求助信献策(每人不必拘于只献一计)，并署名(自愿原则)，最后“物归原主”。

讨论：首先，组员把自己收到的“计策”进行交流。其次，组员向为自己提供可行并且有效方法的同学表示感谢，走过去握手并说“谢谢你”(或用自己的方式表达)。再次，社工请组员在自己收到的方法中评选出“最佳创意奖”“别出心裁奖”“‘智多星’荣誉称号”等奖项。最后，社工就组员所提供的建议给予点评，让组员更好地知道提出解决问题的办法时应注意哪些方面，以及如何使得自己的建议更有效。

社工小结：只要我们有一颗助人的心，积极开动脑筋，并且遇到困难能够积极求助，那么一切问题都可以迎刃而解。“世上无难事，只要肯登攀”，交友中不管遇到什么困惑，都要有自信心。

(四)第五阶段：分辨期——体验成长

小组目标：提高交往技巧，并切身体会自身成长。

1. 第七次活动

（1）现在的你与现在的我

操作：首先分成三组，社工要求大家用贴在墙上的语句开头，进行四个回合的交流，表示自己的所见、所感、所思。第一回合“现在我看到……”，第二回合“现在我想……”，第三回合“现在我感到……”，第四回合“现在我想你感到……”。要求组员每个回合相互观察，然后交流5分钟。每做一个回合，按照困难程度从1到10进行打分。

讨论：讨论各自的感受与体验，并回答每次交流的不同点在哪里？不同交流带给每个人不同的体验是什么？被人关注和关注别人的感觉如何？哪一个回合的练习最困难？为什么？有何体会？

社工小结：在人与人的交往中，人们关注的焦点不同。通过本次训练，希望大家能对自己人际交往中个体的习惯意识进行反省。针对自己游戏中表现出的弱项，建议大家在一周之内多练习，并适当地记下心得感受。只有从多个角度认识自己与他人的关系，才能帮助自身在人际交往中更好地管理好情绪。

（2）行为诊断

操作：社工把在准备阶段通过访谈收集的个人信息以及查阅的相关资料，编制成了一份交友过程中呈现的不适当行为表现信息单，并将其发给每位组员，请同学们就自己表现出的不适当行为打钩，然后邀请两名志愿者将信息条及相应的人次在黑板上标出。

讨论：做练习前后，是否发现了自己不曾察觉的问题行为？这些问题行为对自己的影响如何？对于一些共性问题，大家准备如何对待？

社工小结：我们每个人都有不同的行为习惯，当环境变化后，其中有些习惯可能在新的环境下难以适应。因此，探讨组员在群体生活中存在的一些不合时宜的、不文明的行为举止，让其意识到自己的不足，有助于促进个体的人际交往。

2. 第八次活动

（1）哼哈奇妙

操作：社工将组员分成A、B两组，并将准备好的两个故事分别发给A、B组的组员，请同学们各自阅读。大家阅读完成之后，把材料收起来，然后面对面，把刚才看过的故事讲给对方听。（讨论：刚才交流时，有怎样的感受？）随后两人一组完成以下任务：① 请一对同学到圈中，背对背，相距1米，请A谈他对刚才故事的体会，也可以谈加入成长小组以来的感受，要求B不发出声音，观察交流结果；② 再请一对，同样背对背，A同样讲述自己的那些体验，要求B对对方谈到的体验做出否定评价，表示对对方的不满，观察交流的结果；③ 再请一对，相同的做法，A谈同样的内容，B不给予评价性言语反馈，而仅仅像听电话那样，不时地发出“嗯”，或者对一些语句的尾词做重复，观察交流结果。

讨论：首先，分别请三对同学反馈他们的体验。比如，在刚才的交流中，对你们的交流有怎样的感受？作为A，你认为对方理解了你所说的内容了吗？为什么有这样的感受？其次，全组讨论。比如，三次谈话效果有什么不同（尤其在交流时间长短和交流深度方面）？三次谈话中，听的一方的表现有什么不同？由这个示范练习，你得到了什么启示？

社工小结：人际交往中，倾听的能力比言语更为重要。家长常常因为说话时孩子不专注听而发火。在人际交往中，我们不难发现，其实人人都需要忠实的听众，懂得如何去倾听在人际交往中也同样重要。

（2）看你不一样

操作：请大家配合来完成一项有趣的实验，两人一组，完成以下任务：① 背靠背坐，谈论“我们初次见面时的情景与感受”；② 肩并肩坐，谈论“我们之间的共同点”；③ 面对面坐，目光注视对方膝盖，谈论“我们之间的差异性”；④ 面对面坐，注视对方下巴，谈论“我们在一起时最想做的一件事”；⑤ 面对面坐，目光对目光，谈论“我们一个共同的好朋友”，并以一人说“谢谢你的合作，有你的帮助，我真高兴，我喜欢你的……”，另一人回答“我也很高兴，谢谢你对我的肯定，你同样……”结束游戏。每次任务限时 2 分钟。

讨论：分享各种状态下交流的感受。在哪一种状态下进行讨论感觉最好？哪一种最差？给五种状态排序。谈谈不同坐姿下进行谈论的不同心理体验，以及经过本次小实验有何感想。

社工小结：体验语言在人际交往中的重要性。希望通过本次游戏的亲身感受，让大家在人际交往中意识到这一点。建议大家一周之内有意识地用第五种方式与同学交谈，体会交谈中的感觉。

3. 第九次活动

（1）众人七巧板

操作：将学生分成两组，向每组分发一套多边图形的信封袋，每人一个信封。要求每个小组利用手中的材料拼出 5 个相同大小的正方形。每个人在小组拼图形的过程中，只能用其他人给予自己不需要的图形，不能索取，并且每个人只能拼一个，不能多拼。社工要做观察员，负责监督小组的协作过程。

讨论：拼图过程中能否按规则去做？为什么？拼图中发现别人拿着你所需要的图形时，有什么感受？当你持有用不上的图形时，怎么处理？当你看见别人完成后，有什么感受？看到小组完成后，又有什么感受？游戏给你交友带来什么启示？

社工小结：通过活动来培养大家的合作精神与协调能力，让组员认识到协作的基础是相互的信任，而非自我表现。

（2）角色扮演

操作：邀请 10 名组员的家长共同参与，告诉大家玩一个角色扮演的游戏，并将学生和家长分成A、B两组，各自互换角色，即A组的每位成员可以邀请B组的若干成员帮他（她）做几件事，例如“请为我倒杯茶”“请为我梳头发”……B组成员被邀请提供服务和帮助后，可以自由选择帮助或拒绝，15分钟后，A、B组互换角色，同样15分钟。

讨论：提出请求与提供帮助哪个更容易些？在请求和提供帮助时，自己认为做得不错的地方有哪些？家长就学生的表现给予什么样的评价？

社工小结：本次活动中，各位组员的表现都不错。在语言运用、倾听、体态语言等方面都有所进步。尤其是毛毛、吕吕和他们的父母都说出了平时很难说出的话，令我们在场的每个人都很感动。

（五）第六阶段：结束期——温馨祝福

小组目标：结束团体，处理离别情绪，送出祝福，快乐交友。

第十次活动

（1）扔糖果

操作：小组组员分成两组，请志愿者给每个人若干糖果，但游戏结束之前不能吃。小组中的每个人都必须讲一个自己做过的特别的事情，或者是一个小小的经验。听完后，没有同样经历的组员必须给讲述者一颗糖果。每个人都有一次机会来讲述自己的故事，轮完一圈为止。全部轮完后，比比谁的糖果多，然后请大家品尝。

（2）写祝福卡片

温馨祝福：祝愿每一位组员不再孤单，打造自己的交友圈。

操作：每位组员说一只动物（不能重复），要求这个动物要比较能代表自己的性格和爱好，或代表自身的理想状态。然后在一张较硬的白纸上画下这只动物，并在下面写上自己的名字。卡片分成两部分，上半部分写上对自己的评价，下半部分写上“祝福”二字，然后大家依次传递。

毛毛：一张“狮子大开口”的画像

自评：皮球都可以被我踢烂，可见我的脾气怎样了。加入成长小组，让我领略了猴子的可爱、牛的平易近人、海豚的聪明……我发现自己也越来越离不开你们，我爱你们。

组员：你是疯狂了些，不过也给了我们很多的快乐。呵呵，不过，为了自己的形象，不要轻易动怒哦，动怒会发胖的。

社工："张着大口"的狮子，肯定有很多话要说，相信你会建立起一个属于自己的"快乐王国"，王国里的人会以你为自豪，相信你，加油！

豆豆：一只狼狗

自评："生活就像一条狗"，你越是害怕狗，狗就越刁难我们。交友也一样，只有主动迈出第一步，我们才会活得充满希望，才能活得斗志昂扬。

组员：你说得太形象了！"世上无难事，只怕有心人"，只要我们一起努力，提高人际交往技能，就肯定能有一个属于自己的交友圈。

社工："生活就像一条狗"，一句很有哲理的话。狗的忠厚，肯定会赢得一个属于自己的交友圈，Come on！

东东：一只熊

自评：我有熊一样的身材，更有"熊"心壮志。

组员：你是最帅气的熊，我的最爱。你是最义气的熊，我的信赖。愿你周围有更多的熊。

社工：你是一只不错的熊，心肠也很好。但我希望你别学习熊的身材，而要成为一只懂得交往的棒棒熊。

亮亮：一只猴子

自评：我是一只活泼、开朗、热情、喜欢帮助别人的猴子。可是，转到这个学校之后，我虽然整天在笑，但内心却是孤独的。现在有了你们，我又重新找回了自己，谢谢你们的陪伴。

组员：我们都很喜欢你，希望你能尽快适应这里的学习生活。

社工：齐天大圣"美猴王"有一座属于自己的花果山，相信你很快就会打造一座属于自己的"花果山"。

吕吕：一头驴

自评：驴有时候勤勤恳恳，可有时候脾气也倔强得不行。我也一样，有时候很好说话，可有时候脾气倔得像头驴。幸亏我加入了这个大家庭，我长大了，成熟了，懂得做人要谦逊，友谊是我的精神食粮，我相信自己有一天会像马一样强壮。

组员：愿你和驴一样有坚强的毅力，将来出人头地了不要忘了我们哦。

社工：谁说“黔驴技穷”，你是一头勤恳而又有创意的驴，相信你的朋友会为拥有这么一个兼实干与创意于一身的你而欢心不已。

彤彤：一只海豚

自评：自己就像一只顽劣的海豚，渴望无拘无束的生活。幸亏我加入了这个大家庭，让我知道自己一直深爱的海豚还会帮人治病，我也应该向海豚学习，做一个乐于助人的人。

组员：海豚是聪明的，相信聪明的你，能够在友谊之海中尽情遨游。

社工：你的眼睛证明你是一只聪明的海豚，要注意保护眼睛，你见过戴眼镜的海豚吗？要想在友谊之海中尽情遨游，就需要像爱护自己的眼睛一样去爱护朋友。

妞妞：一头牛

自评：和牛一样倔强的我，也挺平易近人的。加入这个大家庭后，让我明白一个道理，不要光顾着低头吃自己田地里的草，有时候去别的田地里窜窜门，会感受到别样的口味。

组员：不错，你的确是头倔强的牛。不过朋友眼中的你，总是那么的温柔，我喜欢。

社工：有句话叫“牛眼看世界”，送给你。希望谦逊谨慎的你，凭借着你这双慧眼，在茫茫人海中找到属于自己的朋友。

洋洋：一只羊

自评：我是一只温顺的羊，但不想任人宰割。走自己的路，让别人说去吧！这是我的个性，加入这个大家庭，让我知道很多人跟我一样性情温和，有自己的个性，我想今后的日子，只要我敞开心怀，就不再孤单。

组员：羊儿，温顺不屈服，牧羊人最忠实的伙伴，好朋友。

社工：你是一只养，注定要“羊”帆起航，航行的路上有朋友相伴，注定航行得更稳、更远。祝福你！

柱柱：一头猪

自评：我是一头特立独行的猪，只顾自己吃饱了睡。加入这个大家庭，让我对“如果你有一个苹果，我也有一个苹果，彼此交换，我们两个人仍只有一个苹果；如果你有一种思想，我也有一种思想，彼此交换，我们两个人就有了两种思想”这句话有了更深刻的认识。加入成长小组后，我的确成长了，谢谢你们，这是你们的功劳。

组员：一只贪吃贪睡的猪宝宝，终于长大了，懂事了，知道自己吃饱喝足，顾及自己的同伴了，不错。可爱的猪猪，我们都喜欢你。

社工：“人怕出名猪怕壮”，一头懂得跟别人分享的猪，“壮”的烦恼将远离你，快乐跟随你。

莹莹：一只鹰

自评：鹰击长空会有时，朋友是我最大的动力。

组员：目光锐利、心灵手巧的你，各种机遇会眷顾你，作为你的朋友，我会支持你。加油！

社工：再有雄心壮志的鹰，高空飞翔终归是会累的，朋友是累了之后最好的心灵驿站，短暂的停留是为了以后飞得更高更远。别忘了他们，他们时刻都惦念着你，祝福着你！

(3) 朋友：在歌声中回顾走过的成长心路，感受成长小组中的点点滴滴。

操作：大家彼此胳膊挽在一起围成一个圈，共同唱起周华健的《朋友》。

三、成长小组工作评估

社工通过将小组成员近期表现和相关的访谈资料与小组开始阶段组员的基本资料(包括组员对成长小组的期待)进行比较发现，小组中大部分成员的人际交往能力有了很大的提高。以下是组员评估的部分资料记录。

毛毛：在跟同学相处的过程当中，脾气不再那么暴躁，班主任对社工说：“想不到通过成长小组，让毛毛改变这么大，她不仅自己能够很好地处理跟同学的关系，而且还帮助其他同学处理人际交往的困惑，真的变化不小。”

豆豆：他在人际交往中表现很积极，主动跟班上男同学一起打篮球、踢足球。在学校组织的一次“象棋大赛”中他获得了二等奖，并成为学校象棋队的一员。这让一向自卑的他信心倍增。他的交往圈不仅仅在班里得以拓展，而且还有了一个跟自己志同道合的兴趣圈。据社工对班里女生的访谈发现，现在的豆豆已经不再像之前那么腼腆了，跟女生的交往也逐渐多了起来。

东东：他能够主动敞开心扉，跟大家相处，同学之情和师生之情能够让他这个缺少家庭温暖的孩子在跟同学、老师相处当中感受到“家”的温暖和关怀，“原来跟人相处是如此的美妙”，这是他在一次跟社工交流中所说的话。

亮亮：作为一名转学的学生，来到陌生的环境，一切都得从头开始，要找到知心朋友，不仅需要技巧，更需要时间。通过成长小组活动的开展，现在的亮亮还是那样的活泼好动，随着时间的推移，他很用心地跟同学相处，并且同学对他的了解也逐步加深，他已经不再孤单了。

吕吕：现在的他不再为交友的事情而烦恼，脾气也变得温顺了很多，说话语气平和了很多，不再像以前那样说话那么“冲”。意识到自己交往中存在问题的他，很用心地去改正。

彤彤：自以为是的她，不再那么高高在上，懂得谦逊地跟同学相处，知道“尺有所短，寸有所长”。在跟同学和家人相处的过程当中，能够虚心接受他们提出的意见。

妞妞：她能够主动地跟同学相处，跟同学一起吃饭，聊彼此的兴趣爱好，慢慢地找到自己跟别人相处的感觉，课后主动跟同学交流学习问题。在这个过程中，不仅扩大了交友圈，而且学习成绩也有所提高。

洋洋：性格内向的她，通过成长小组活动体验到，其实跟同学相处没有自己想象的那么“恐怖”，只要迈出一小步，就会发现自己的业余生活可以如此丰富多彩，现在她经常跟同学一起出去郊游，能够体验到大家庭的温暖。

柱柱：他是一个很聪明的学生。懂得“吃一堑，长一智”的他，通过成长小组的开展，知道了自己的不足以及人际交往努力的方向。不会再像从前一样吝啬自己的笔记，并且同学有什么学习上的困难，他也很乐意伸出援助之手。收获成绩，收获友谊，是他目前最真实的写照。

莹莹：通过成长小组活动的开展，她不仅学会了换位思考，而且主动调整了生活节奏。在跟同学相处的过程中，学会了运用在成长小组中习得的交往技巧，现在的她不再寂寞。

通过小组活动后期的观察，社工发现大部分成员能够主动地将成长小组中习得的社交技巧巧妙地运用到日常生活中，逐步地改善自己在人际交往中的表现，以便树立自身在人际交往中的良好形象。可见，通过成长小组活动的开展，组员们体会到了信任和助人在人际交往中的重要性，并习得了一些基本的人际交往技巧，为此在人际交往方面的自信心也得到了提高。

第四节 理论研习与案例反思

在社会工作发展模式中，成长小组理论因反映了社会工作及社会本身的发展趋势而备受关注。成长小组是以个人的正常、健康发展为宗旨的团体。它使成员们有机会探索和发展个人目标，更好地认识自我和理解他人，其基本假设是适应良好的人可以生活得更好。但相对于一般的小组活动而言，成长小组更侧重于人生阶段的转变，其成长主要是就个人内在能力与人格的改变而言。①

一、成长小组理论的主要代表人物及其观点

成长小组理论旨在通过积极正向的团体干预，促进成员自我觉察和自我改进，提升其社会情绪的健康程度，发展其最佳的能力。西方成长小组理论的形成与发展得益于学者们基于自身的价值体系、知识构成及研究成

① 刘华丽："浅议成长小组的社工模式"，载《华东理工大学学报(社会科学版)》2003 年第 1 期。

果去建构理论。

(一) 约翰逊的五大目标

成长小组，顾名思义，是以个人的成长发展为主要目的。大卫·约翰逊(David Johnson)和弗兰克·约翰逊(Frank Johnson)将成长小组的个人成长发展目标进行比较全面的细化：① 自强。协助团体成员改变消极和自我危害的行为模式，发展自我增强的态度和行为，使他们有能力和他人建立并维持有效的关系。② 心理健康。使团体成员在人际关系中意识到信任、合作、受尊重和相互依赖的人际互动的重要性，并有效管理健康的人际关系。③ 人性化的关系。提高团体成员在人际关系中展现亲切、宽容、体谅、关怀、热情、友好、富有责任心等人性化品质的能力和技巧。④ 有效的人际关系。提高团体成员将人际交往目的转化为人际互动行为的能力。⑤ 自我实现。协助团体成员达成成长、发展和实现潜能的心理需要。在实现这五个个人成长小组的目标中，社会工作者除了为团体提供改变态度和行为所必需的温暖和安全的环境外，还必须帮助确定和诊断团体成员的问题，向团体成员示范建设性地运用人际技巧和团体经验的认知、情绪的行为，鼓励他们在团体中表达情绪，进行自我探索。[①]

(二) 肖斯通的 POI 评估

很多西方学者关注成长小组工作在多大程度上实现了自己的目标，组员在小组介入下实现的正向改变又能持续多久。他们制订了适用于评估的测量工具，对组员在自我实现、人际关系取向、态度、人格、行为等方面的改变进行测评。

肖斯通（Shostrom，1974）在整合了马斯洛（Maslow）、里斯曼(Riesman)、罗杰斯(Rogers)、珀尔斯(Perls)等学者的观点后，提出了“个人定向目录”（Personal Orientation Inventory，简称 POI ）这样一种用来评估成长小组成员态度和行为改变的主要工具。POI 能够对马斯洛提出的“自我实现”过程进行测量。[②]

---

① David Johnson，Frank Johnson. 1997. Joining Together：Group Theory and Group Skills. 6th ed. Boston：Allyn & Bacon，pp. 491 - 492.

② Robert R Knapp，Everett L Shostrom. 1976. POI Outcomes in Studies of Growth Group：A Selected Review，Group & Organization Studies，Jun. 1(2).

POI包括了150个含价值判断的二选一选项。所有这些选项可以被归纳为两个主要维度和十个亚维度(详见表6-3)。一个主要维度是“支持比率”(Support Ratio)，它通过评估个人对于自我内在和外在的任务指令的平衡来界定其自主能力。另一个主要维度是“时间比率”(Time Ratio)，它用来评估一个人生活在当下现实中，并且能够将过去的经验和对未来的期待共同形成一种有意义的连续性(Meaningful Continuity)的能力。十个亚标准包括：自我实现价值(Self-Actualizing Value)、存在性(Existentiality)、意识觉察(Feeling Reactivity)、自发性(Spontaneity)、自我尊重(Self-Regard)、自我接纳(Self-Acceptance)、秉性建构(Nature of Man-Constructive)、协同性(Synergy)、对攻击性的接纳(Acceptance of Aggression)、亲密联系的能力(Capacity for Intimate Contact)。每个项目都有标准的分数作为参照。研究者对于参加成长小组成员的前后态度和行为进行测量，或者是将不同构成的成长小组成员分为实验组和对照组，从而评估成长小组的效能。

表6-3 POI的评估项目

活在当下现实的时间性能力(Time Competent level in the present)	自我支持、自主能力(Inner Directed Independent Self-supportive)	价值		感知		自我认知		协同意识		人际敏感度	
		自我实现价值	存在性：灵活运用价值	对自身需要和情感的回应	自由表达情感、自发行动	自我尊重	自我接纳	建构性地看待人的秉性	将生活的消极面与生活意义相联系	对愤怒、攻击性的接纳	亲密关系的建立

(三) 罗杰斯的会心团体理论

罗杰斯于20世纪70年代提出了会心团体的理论构想。它的前提假设是：在领导者不作前期判断和经验主导的情况下，成长小组能产生出一种“心理安全”的气氛和环境。这个假设衍生出下述十个彼此相关的假设：① 如果一个人在团队内感到安全，他就会展示表达的自由；② 如果一个人展示表达的自由，他就会与他人真诚地交流；③ 如果一个人真诚地与他人交流自己的想法和感觉，他人就会给予他真诚的反馈；④ 如果一个人得到真诚的反馈，他就会增强对他人的“移情”；⑤ 如果一个人增强了对他人的“移情”，他就会增强自我认知；⑥ 如果一个人在成长小组内感到安全，他就会表现出减少防备；⑦ 如果一个人减少了防备，他就会有更多的自我接纳；⑧ 如果一个人接收到了增强了“移情”的反馈，他就会获得存在于其他个体中的可能的新信息；⑨ 如果一个人接受关于其他可能存在方式的新信息，那么这将增强其自我认知；⑩ 如果一个人展示出自我认知和自我接纳，并且如果一个人拥有了存在于其他个体中的可能的新信息，他就会更可能获得自我实现(见图 6-1)。[①]

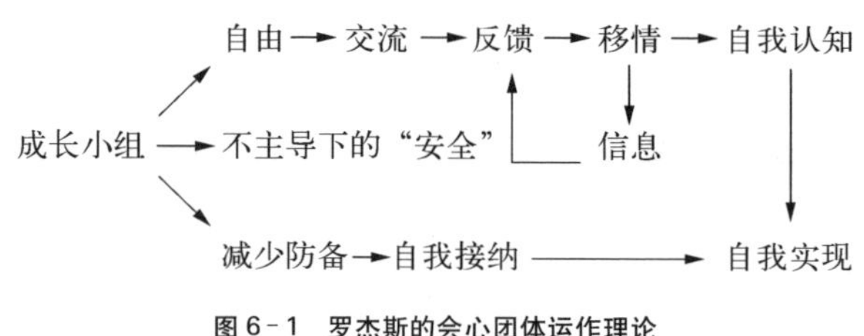

图 6-1　罗杰斯的会心团体运作理论

在上述理论假设下，罗杰斯认为团体领导者的态度比技术重要。团体只要能提供促进成员改变的心理气氛，成员就能自我了解和改变。为此，领导者必须做到三种基本态度：真诚、无条件积极关怀、共情。[②]

(四) 珀尔斯和史蒂文的“格式塔意识提升”成长小组理论

珀尔斯和史蒂文(Perls，1973；Steven，1971)提出了“格式塔意识提升”成长小组理论。其前提假设是：小组领导者提供能促进意识提升的试验，可以增加成员的自我认知。这个假设衍生出下述八个彼此相关的假设：① 如果一个人参与由领导者发起的试验，他将增强对当下经历的感受意识；② 一个人若增强了对当下经历的感受意识，则会有助于他有意识地去体会内在冲突的对立；③ 如果一个人体会到内在冲突的对立，他将会整合人格中的对立面；④ 如果一个人整合了人格中的对立面，他将会增加自身的正能量；⑤ 如果一个人参与由领导者发起的试验，他将增强对反抗当下意识的觉察；⑥ 如果一个人增强了对反抗当下意识的觉察，他将更多地自我接纳；⑦ 如果一个人增加了自我接纳，他将在团队中联系现实需要的目标来进行交流和采取行动；⑧ 如果一个人借由对当

---

① Joseph D Anderson. 1978. Growth Groups and Alienation: A Comparative Study of Rogerian Encounter, Self-Directed Encounter, and Gestalt. Group & Organization Studies, March 3(1).

② 黄丽华：《团体社会工作》，华东理工大学出版社 2003 年版，第 258-259 页。

下体会的交流来行动，并且增加了由正能量带来的行为，他将更有可能达到一种自我实现(见图 6－2)。[①]

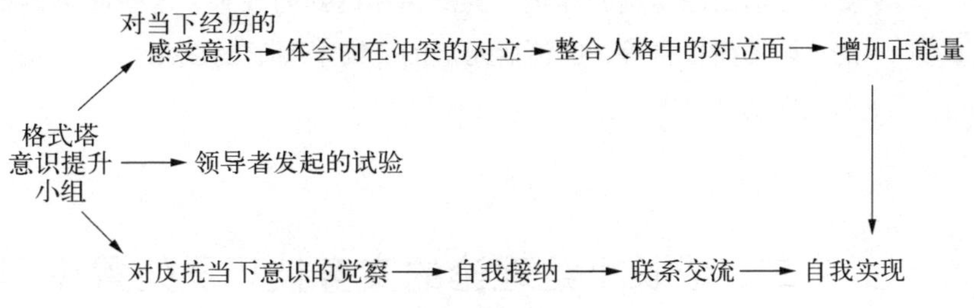

图 6－2 格式塔意识提升成长小组理论

(五) 埃利斯和费希尔的团体动力系统

埃利斯(Ellis)和费希尔(L. Fischer)提出影响团体动力系统的变量因素主要有三类：输入因素、过程因素、输出因素，这三类变量因素互相影响、交替循环，且在互动的过程中，团体会因环境的变化而做适当调整，见图 6－3。

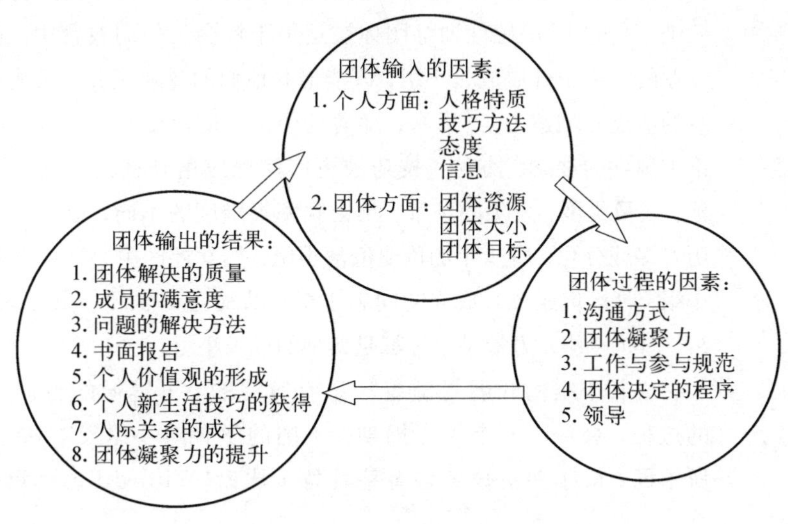

图 6－3 团体动力系统

---

① Joseph D Anderson. 1978. Growth Groups and Alienation：A Comparative Study of Rogerian Encounter，Self-Directed Encounter，and Gestalt. Group & Organization Studies，March 3(1).

输入因素指那些能帮助建构团体的因素和条件，即资源，一般包括个体和团体两方面。过程因素指团体动力过程中对团体产生影响的那些实际活动。输出因素指团体运作的产物和达到的成果，这些成果包括有形可见的，如书面报告等，也包括无形的、较不明显的成果，如个人生活上新技巧的获得等。①

二、成长小组理论的实务技巧及处置原则

西方成长小组理论在发展初期主要运用在以“改善人际疏离”“达成自我实现”为主题的社会工作实践中，在教育机构、家庭团体、产业机构、教会组织中得到较多应用。比如，在20世纪70年代的北美，伴随着“人性化运动”，出现了以中产阶级夫妻为成员的“婚姻会心团体”。团体领导者引导夫妻去关注金钱、健康、时间、工作、休闲、子女、家庭气氛、刻板角色期待、性、死亡等议题，并且帮助并引导他们正确地处理行为。夫妻间通过坦诚的交流交换信息，获得反馈，彼此达到更深的理解和接纳。②再如，敏感性训练团体被运用于社会工作的教育中。在社会工作专业的学生中开展成长小组，既能培养他们的专业素养，又能激发他们自身的潜能和创造力。③后来，随着社会需求的改变和多样化，成长小组理论中蕴含的理念、方法、技巧被更广泛地应用到社会工作之中。依据目标、成员类型、发生的场景、集会频率等维度的不同，成长小组本身也经历着多元分化。青少年的价值澄清小组、妇女社区中心所发起的意识提升小组、社区健康中心成立的同志小组，以及交友小组、敏感小组、学习小组、对抗小组、力量小组等都是典型的成长小组。

成长小组的开展是随着一个有脉络的、可遵循的方向、速度推移的过程，会经历一个生命周期。不同的学者对小组发展阶段的划分有所不同。威尔弗雷德·鲁普莱希特·比昂（Wilfred Ruprecht Bion）1962

① 樊富珉：《团体心理咨询》，高等教育出版社2005年版，第146页。

② Christopher Berry Gray. 1976. Comparison of basic couples' encounters and marriage encounters. Small group behavior, May. Vol. 7, No. 2.

③ Pallassana R Balgopal. 1974. Sensitivity training: a conceptual model for social work education. Journal of Education for Social Work, Vol. 10, No. 2.

年提出三阶段论，斯蒂芬·沃切尔(Stephen Worchel)等人于1992年提出六阶段论，戴维·琼森(David W. Johnson)等人提出七阶段论。其中七阶段分别是制定程序与结构化、遵守程序和熟悉成员、互相认可和建立信任、反叛与分化、融合期、实效期、结束期。较有代表性的是布鲁斯·塔克曼(Bruce Tuckman)提出的五阶段论：形成期、动荡期、规范期、实绩期和终止期。[①]国内学者在结合五阶段论和七阶段论的基础上，基本形成六阶段论：准备期、前属期、权利与控制期、亲密期、分辨期和结束期。[②]

(1) 准备期。准备期是成长小组正式开始前的阶段。此时，社工除了巩固相应的专业知识和技巧外，还需要考虑小组的目标人群，并寻求机构的认可。在此阶段，社工主要做好以下四个方面的工作：第一，初步确定小组开展的目标；第二，初步确定组员的资格；第三，招募组员；第四，确立小组结构(包括年龄、性别等)。此阶段，是社工与将来的组员相互了解并建立初步关系的好机会，社工在整个准备阶段树立好自身友善、耐心回答来访者问题的形象，并做好相关的记录与资料整理工作，对以后小组的具体开展是很有帮助的。

(2) 前属期。前属期是组员相互熟悉、了解之前的阶段，这时小组工作刚刚开始。在此阶段，组员之间大多互不相识，彼此处于相互熟悉、彼此了解的阶段。社工要随时观察组员的反应，避免给组员造成压力。组员与社工之间的交流是探索性的，对小组的功能与社工的能力持观望、怀疑态度。社工针对这种情况，要注意安排好小组成员的第一次见面，努力消除他们第一次见面的紧张和陌生感，帮助组员较快地相互认识、熟悉。同时要向组员进一步澄清小组目标，消除其顾虑、不安的心理。

(3) 权力与控制期。经过初期的接触，小组成员之间有了初步的认识和了解，对小组活动参与的积极性有了明显的提高。在此阶段，小组成员开始角逐小组内的权力，并开始留意自己在小组中的地位，因而试探别人对其权力的认同，从而确立自己在小组中的地位。有些组员可能会因为不能在小组中获得权力而有退出小组的想法，有些组员也会因为不愿接受小

① [美] David W Johnson，Frank P Johnson：《集合起来——群体理论与团队技巧》，谢晓菲等校译，中国轻工业出版社2008年版，第27－29页。

② 朱眉华、文军：《社会工作实务手册》，社会科学文献出版社2006年版，第109页。

组规范的限制而产生某些变化。面对这些情况，社工应注意协调组员关系，鼓励他们都参与进来，协助他们产生归属感。

（4）亲密期。经过一系列活动的开展，此时小组步入亲密期，这一阶段小组成员之间更开放、更亲密，并能接纳彼此的不同。可以说，小组像一个家庭，组员之间开始相互了解，互相依赖，凝聚力大大增强，开始意识到小组经验在其成长过程中的重要性，开始寻找小组的目标。社工在此阶段要协助组员理性看待各自的需要，从而确定小组的具体目标，并找到实现这些目标的方法，从而促进小组目标的达成。

（5）分辨期。此时，小组进入成熟期，组员能够较理性地看待问题，懂得处理不同意见，对小组有较高的认同，组员之间相互尊重。在此阶段，组员之间的沟通已经到了最为融合的程度，不再产生权力上的争斗，小组已经开始整合，成员之间可以自由地发表意见，彼此之间更联合、更客观、更合作，能提出更现实的建议或计划，并实施大型的方案、项目。社工在此阶段要努力帮助他们扮演好各自的社会角色，使得小组成员为实现共同目标而努力，同时也为他们离开小组做好准备。

（6）结束期。每个小组的生命都有终结的时候。当小组既定目标已经实现，小组就会进入结束期，成员开始面临彼此的分离。在此阶段，小组已趋于成熟，小组的目标大致完成。当工作人员提出结束时，小组成员情绪上会有波动，因为经过一段时间的相处，彼此之间建立了友谊。这就要求社工运用一定的技巧让组员知道“天下没有不散的筵席”，小组成员无论如何得处理好分离的问题，让自己带着在小组中获得的那份成长迈向新天地。此外，社工在此阶段有必要将每次的活动记录加以整理，结合对组员的评估，撰写调查报告，以利于今后工作的开展。

在发展进程中，成长小组已经出现了不少实践形式。其中，有些小组活动已经上升为小组活动的经典，成为小组活动的主要象征。交友小组、学习小组、训练小组、力量小组、意识唤醒小组、价值澄清小组等都是成长小组非常著名的实践代表。从不同的成长小组发展来看，成长小组在专业目标上出现了明显的共同取向，几乎所有的成长小组都是以小组个体成员的发展为专业目标，主要活动内容集中于人际交往、问题解决、沟通方式、价值观念、认识自我、了解他人等成长性主题上。通过小组活动，促进小组成员了解自我、发掘潜能、实现自我。不过，与其他小组不同，成长小组的主要服务对象不是社会，而是小组成员；服务内容不是治疗，而是自我探索。此外，在构成上，小组成员主要是常态人员而不是异常人群。①

在实务工作中，成长小组首先要符合小组工作的基本处置原则。Trecker(1972)提出的原则目前被大多数小组工作者所接受，主要有：① 团体要有健全的计划；② 团体目标明确可行；③ 社工与团体间建立专业关系；④ 协助团体及成员的个别化；⑤ 引导团体成员互动；⑥ 鼓励民主式的团体自觉；⑦ 弹性的功能组织；⑧ 团体活动经验质量渐进；⑨ 善用社会资源；⑩ 效果评估。②在上述基本原则指导下，成长小组工作者还需要特别注意以下实务原则：③

第一，引导小组互动的原则。促使小组及组员变化的主要动力来自组员之间的互动，社工要鼓励组员根据自身能力参与到活动中，促使他们之间实现有益、有效的交流与沟通。具体方法有激励、刺激、示范、提供资讯、反映、质疑与开放式的讨论等。

第二，小组民主自决原则。在小组工作中，社工扮演的是指导者而非独裁者的角色，小组有最大权利决定小组活动，社工应尊重小组的决定。社工可以采用说服、劝说、澄清、讨论等方式引导组员展开民主讨论，协助小组形成和发展一种自决的责任意识，从而使得小组成熟起来。

第三，小组活动经验成长的原则。社工应根据组员的兴趣、需求、经验、能力以及小组的成长而设计由易而难的活动。初期简单易行的活动能较好地为组员提供成就感，激发组员的参与兴趣。复杂有深度的主题则有助于提升组员潜能。在整个过程中，小组要注意对个人和小组的进步进行评估，从而对活动内容加以调整。

第四，功能组织的弹性原则。每个小组都能产生正式与非正式的组织以维系小组的生存与发展。小组作为一个正式组织，其应该能适用而且能随着小组变迁而适时加以调整。在这个过程中，社工要协助组员对小组进行重新组织，使得小组更加适合组员的需要。

第五，运用小组个别化原则。社工要认可每个人的独特性及行为的多样性，也要看到每个成长小组有不同的主题目标、组成因素、环境安排，

① 朱眉华、文军：《社会工作实务手册》，社会科学文献出版社2006年版，第174页。

② Trecker Harleigh B. 1972. Social Group Work: Principles and Practices. New York: Association Press, p. 23.

③ 文军：《社会工作模式：理论与应用》，高等教育出版社2010年版，第192－193页。

以及发展速度、互动内涵。所以社工应随时了解小组所处的发展阶段以及组员的不同特性与需求，协助小组与组员满足其特殊的需要。

三、案例回顾及反思

这是一个典型的运用成长小组模式来指导朋辈群体交友的案例。社工运用相关理论，通过一系列的工作方法和技巧，为存在交友困惑的高中生开展服务，并取得了良好的效果。本案例总体来说是一个比较成功的案例。成功之处主要体现在以下三个方面：

第一，相关理论的运用方面。社工在相关理论的指导下，完成了成长小组模式的开展。小团体理论的基本思想是整体比部分重要得多，认为引起社会团体变化而改变其个体要比直接改变个体容易得多。社工正是受这一基本理念的指引，决定采用成长小组模式而非个案的方法来解决学生在交友方面遇到的困惑。社会支持网络理论认为在小组系统以外，家庭、学校等都是作为整体的小组和作为子系统的个人成员之间存在互动的系统。这一点在社工对整个小组准备阶段以及在正式介入时期邀请家长加入成长小组活动上，都体现了对该理论的运用。而小组成员最终的成长，就是社工引导他们运用社会学习理论和镜中我理论的结果。

第二，成长小组模式的运用方面。本次开展的成长小组活动历时两个半月，总共10次活动。成长小组活动开展的每一个阶段都有各自的主题，社工以游戏和讨论为主要形式，增进了小组成员之间的交流与沟通，而后通过小结，鼓励各位组员自我改变，使得他们体会到与人相处过程中信任、互助的重要性，并且通过组员间建立的信任和互助来实现大家的共同改变，以提高和完善人际交往过程中语言交流、体态语言、倾听的技巧。经过开展一系列活动，整个成长小组的目标基本完成。最后，社工通过写祝福卡这种可以自然表达感情的方式来结束成长小组活动。

在整个小组的发展中，小组的开始阶段是最困难和最具有挑战性的时期。社工花了很多时间设计第一次活动，目的是使每一个组员参加小组不是听讲，而是有话可讲，最终使得整个小组的气氛立刻活跃起来。这给小组今后的发展做了很好的铺垫。通过体验信任和助人，小组进入分辨期，这个时候小组对于组员来讲是最有吸引力的。强烈的内聚力促进组员及时并相互地自我表露，并且把观念内化为行为本身。

总的来讲，社工在成长小组的开展过程中安排了一些热身活动和一些针对性的游戏让组员互动，并彼此分享感受和体验。这不仅调节了成长小组的气氛，增加了小组的凝聚力，促进组员的情绪情感体验，而且为他们认识和思考自己的人际交往提供了一个很好的平台。

第三，社工运用成长小组模式的表现方面。在整个活动中，社工有意识地观察每一位成员的表现，并且每次活动开展都会邀请一到两位志愿者，自己只是发挥“带领”和“引导”的作用，让小组成员对小组的目标有所认识和了解，为小组成员创造一个自由交流和良性互动的平台，将活动的主导权和交流机会留给他们。

在小组讨论环节，社工结合自己所学知识，运用了以下几点小组工作技巧。① 倾听。在组员分享时，他们有意识地用点头、表情式的回应让组员了解到他们在倾听。② 反映。在组员表达感受后，社工加以重新整理并且复述出来，以帮助组员更清楚自己所讲的内容和感受，但是本案例中社工这方面的技巧把握得还不是很好，显得有些生硬。③ 鼓励和支持的技巧。当组员不愿意或者感到害羞而拒绝回答时，社工运用鼓励的话语和放松的姿势来传达对组员的支持。当组员仍然不愿自我表达时，社工首先自我表露，将自己的亲身经历呈现在小组中。此外，社工对组员的反馈能够给予比较中立的回应，体现了专业理念中的价值中立思想。由此，小组气氛逐渐活跃，在社工的引领下，组员一次比一次投入，在游戏、交流、分享过程中，大家都能畅所欲言，互动效果也越来越好。组员推选出的小组领袖，在整个小组活动中起到了先锋模范作用，每次发言都能带头交流，并能引领组员互动，组员对他也比较信任和依赖。他对整个小组活动的完成起到了一定作用。

在服务过程中，也显露出一些问题和有待进一步提升的地方，主要表现在以下三个方面：

第一，控场能力有待加强。控场不是看声音的高低，也不是看自己是否占据话语权，而是看能否引导小组向正常轨道行进。本案例中，社工在这方面的技巧需要完善。比如，虽然多数成员对活动表示肯定，也相对投入，但个别活动中，社工发现有部分组员把活动纯粹当成一次游戏，缺乏对活动总体目标的认识。不过，社工能够及时调整，在以后的小组活动开展中就小组目标进行重点强调和分享，使得组员对小组目标有更深的认识，让组员们带着目标参加活动。此外，社工在开展活动中引导话语的技巧也直接影响到控场的能力，所以社工说话的艺术有待进一步提高和完善。

第二，成长小组模式评估方法有待完善。小组工作评估是对小组工作效果、助人目标的达成程度、工作方法的正确性、成员的感受、小组工作者的反省等多方面进行评价和反思。作为小组工作的最后一个重要环节，小组工作评估是必不可少的。小组工作的评估方法除了观察法和访谈法外，还有焦点小组法和问卷法等。本案例中，社工如果除了采用观察法和访谈法外，再配合另外两种方法，就可以使得评估更加科学和细致，能够更好地了解和反映组员的真实情况。

第三，对异质性和同质性的把握需要提高。在开展小组活动的过程中，把握同质性和异质性是非常重要的。同质性的存在是开展本次成长小组活动的基础，感到孤单，渴望交到朋友，是他们宣泄自我和分享、交流经验的基石。没有这种同质性的存在，他们就不愿参加本小组。但是在开展小组活动的过程中也不可忽视异质性，组员的异质性主要体现在性别、年龄、性格、家庭结构、家庭经济条件等方面，忽视这些问题会导致组员有疏离感，这会严重影响小组的凝聚力，使得小组工作的效果降低。本案例中的小组活动开展过程中，由于社工没有完全意识到这一点而出现过冷场现象。

第五节　成长小组理论的主要影响及评价

西方成长小组理论的起源主要以心理学为基础，建立在以人为中心理论的运用上，也借鉴和吸收大量相关理论。虽然并非社会工作领域的主流理论，但是随着社会的发展和变迁，随着成长小组工作在促进社会成员全面成长、寻求社会积极改变方面产生的重要影响，其理论也必将日趋成熟和完善。

一、成长小组理论的主要影响

成长小组理论对今昔中西方社会的价值理念有着重要的影响和启示。

首先，成长小组理论蕴含着“人本主义”的价值追求。它倡导重新注意被社会工作视为核心的对人性自我提高能力的重要性，启示人们重新关注自我，认知自我，寻求个人成长和自我实现。在成长小组理论诞生之初，创始人罗杰斯曾说过，我们所生活的文化越来越不重视人类存在的价值——只依靠社会安全卡号码(Social Security Number)或是IBM公司员工卡来辨识人们的身份，这种否定个人特性身份的情况，存在于每个机构中。[①]可见，罗杰斯为了回应并警醒当时社会的主流价值，将人本主义视角运用在团体工作领域，以期发挥更广泛的影响。

其次，成长小组理论倡导个人积极的成长发展，而非治疗或问题取向。与治疗性团体不同，成长小组并没有直接试着去确认问题以及改变特定的情绪或个人问题。这在一定程度上避免了精神分析运动当时对于团体工作发展的负面影响，并且也促使团体工作去重视社会环境对个人的影响。当前，我国香港、内地社工界的一些学者在实践的“青少年正面成长计划”正是对成长小组理论中这一价值取向的实践回应。[②]

最后，成长小组理论注重成员间的“会心交谈”，分享感受和想法，进而加强成员的“同理心”。“同理心”的价值观强调了社会工作应有的价值取向，对于改善当代社会人际疏离、促进社会成员间的和谐共融有着重要的价值指向。

与此同时，成长小组理论的价值追求被贯彻到实践层面，也给社会结构发展带来了全新的变化。

首先，成长小组理论的运用帮助改善现代社会中的“人际疏离”。在现代化进程中，社会初级群体的衰败(初级群体中的那种亲密关系弱化了)几乎成为全世界社会发展所面临的共同问题。而在转型期的中国社

① ［美］卡尔·罗杰斯：《卡尔·罗杰斯论会心团体》，张宝蕊译，中国人民大学出版社2006年版，第8页。

② 韩晓燕、文旻：“青少年正面成长核心能力评估”，载《中国青年政治学院学报》2009年第6期。

会，在单位制走向消解的背景下，更容易出现人际关系疏远、社会组带松弛、个人与公共世界疏离这样的情形。在这种社会背景下，成长小组工作的方法、技巧会发挥更大的作用。小组工作者为成员们设计各种成员合作的活动，而体验通常都伴随着讨论和分享，进而可以据此增进成员间的彼此了解。参与成长小组的也有青少年学生、职业团体、家庭成员等多种群体。一个人能走出自我并与另一个人“相交”，他也就不那么孤独了。可以说，成长小组能够帮助修复或建立人与人之间的和谐联系。

其次，成长小组理论的应用可以帮助社会成员积极地应对个人生命历程中以及所处社会中发生的改变，帮助人们在面对较大的变化压力时，去觉察内在的感受，并尽可能使这个改变富有建设性。比如地震灾区青少年成长小组通过社会和心理支持，帮助灾区青少年调整心态，在一个轻松愉快、相互促进的环境下恢复自我并获得个体成长。[①]又如，成长小组被较多地应用在大学新生群体中。对于这个年龄段的群体而言，他们大多面临着学习压力、情感困惑、首次离家的思乡情绪、人际关系紧张、专业与兴趣不符、经济困窘等种种问题。成长小组引导他们肯定自我存在的价值，帮助他们更了解自己、悦纳自己、提高自信心，并且帮助他们学习有效的人际沟通技巧，整合个人的特质、兴趣。

最后，成长小组理论的运用为某些社会弱势群体提供了社会支持。成长小组模式最初是用来训练经理及负责人的人际交往能力的。随着它在社会工作领域的推广，它的目标对象开始“下移”，开始更多地去关怀弱势群体。比如，在美国，一些少数族裔的成长小组引导成员将生活中痛苦的感受自由表达出来，让他们感受到更多的理解以及相互的帮助和支持。又如，在中国上海，大量来沪打工者携家小租住在城乡接合部的自然村民房内。由于入园难、宝宝年纪小等因素，很多有小宝宝的来沪妈妈选择了做全职妈妈，“来沪亲子妈妈成长小组”协助她们分享并交流科学育儿方式，提升育儿能力与信心，以收获更多的社会支持。

① 陈世海、辛婷茹：“阳光下的我们——地震灾区青少年成长小组”，载《社会工作》2010年第4期(上)。

二、对成长小组理论的评价

罗杰斯认为，成长小组理论的开创是在发展一个更适合了解人类科学的途径。他认为，如果我们能诚心诚意地将成长小组成员视为研究伙伴，他们的洞察力与能力，会帮助我们更多地了解人类的神秘性。[①]虽然罗杰斯对于“人性科学”的创想建立在心理学研究的渊源上，但不可否认的是，成长小组理论确实提供了一个有用的、社会认可的人类探索及表达自己、改善自己的路径。

成长小组理论强调成员挖掘其自身优势和潜能，寻求资源，探索和发展个人目标，这和之后诞生的优势视角理论有着内在的关联性。该视角认为，个人有能力去学习、成长、改变，社会工作在实务活动上不把案主视为有问题和缺陷的人，而是视为有待开发的具有丰富潜能的对象。可以说，成长小组理论蕴含的思想为优势视角的推广做了一定铺陈。

从成长小组理论的起源和构成来看，它对于理论“综融”也做出了贡献。成长小组理论发端于心理学理论，汲取了社会学的符号互动、系统理论，以及社会心理学的群体动力学、社会学习理论等知识，并且在社会工作理论基础上逐渐发展和完善，成为一个具有典型整合意义的小组社会工作理论。这不仅促进了社会工作理论的创新和内生，也有助于成长小组理论在社会工作实务中发挥更有效的作用。

成长小组理论在为“理论的综融”做出一定贡献的同时，也暴露出其一大缺陷，那就是“外借理论多，内生理论少”。虽然“外借理论”是社会工作理论的一个“通病”，但是相对于其他社会工作理论，成长小组自身的理论和概念框架都不够明晰和全面，所以这一局限显得更为突出。此外，我们从现在形形色色的以“成长小组”命名的活动中可以看出，成长小组理论的发展滞后于它在实务应用中的发展，而只有当实务经验更多地被总结上升为理论时，理论才更具强大的生命力。

但伴随着成长小组“实施理论”的发展，目前学术界对该理论也存在

① ［美］卡尔·罗杰斯：《卡尔·罗杰斯论会心团体》，张宝蕊译，中国人民大学出版社2006年版，第148页。

着一些分歧或争议之处。

首先，是针对小组领导者的。一方面，学者对于社会工作者在成长小组中的角色地位有着不同意见。比如伯顿（Bertain）、赖泽尔（Reisel）、戴维斯（Davis）等人挑战了成长小组理论中的主流观点，即社工是小组活动的催化者和典范，提出了“无领导成长小组”的运作理论。他们认为自我主导的小组通过运用录音资料、工具，在促进成员自我开放、认知以及自我接纳、驱动上有更为积极的改变。另一方面，研究者在“领导的专业能力要求”上也存在争议。有学者指出，在一些案例中，一些不适当的训练及专业能力不足的人却自称能作为带领人，通过夸大的广告来诱使人们参加团体。[①]这实际上指出了社会工作者的实务伦理和实务训练对于成长小组的成功运作有着重要影响。

其次，是针对小组成员的。尽管成长小组理论中对于招募的成员没有明确的界定，但是一些权威人士指出，成长小组不是一种心理治疗的方式，所以不应该让有严重个人问题的人参加此类团体。对此，罗杰斯也曾指出过自己的一些关注点：“人可能变得深度沉陷在揭露自我但却陷入自己无法解决的问题中。值得注意的是，有些有精神疾患的人需要考虑到场合。我们必须了解并非所有人都适合参与在团体之中。”[②]

最后，成长小组理论运用的有效性存在争议，特别是对于“成员获得的成长改变能否长久”的问题。由于成长小组是以短期密集的形式展开的，而小组的目标是“让成员了解、增加与改变他们对自己及他人的思想、感觉及行为”这样需要较长时间来达成的目的，所以，一些西方学者对此提出了质疑。尽管学者们对于成长小组经验带给成员的人格和行为上的改变进行了相关研究，证实了这种改变的现实可能性，但是他们中有些人认为，成员的改变和成长往往是在小组活动期间，在小组动力的推动下达到“最大化”的。[③]

如今，伴随着人类社会的发展，结合社会现实的需求，以及知识体系的发展，我们可以洞察到成长小组理论未来的发展演进的基本方向如下：

---

① 林万亿：《团体工作：理论与技术》，台湾五南图书出版公司 2007 年版，第 49－50 页。

② 林万亿：《团体工作：理论与技术》，台湾五南图书出版公司 2007 年版，第 14 页。

③ Melvin L Foulds. 1971. Changes in locus of internal-external control：a growth group experience. Small Group Research，August，Vol. 2 No. 3.

首先，在多元化的成长小组实践模式中内生出完善的理论体系。成长小组多元化局面的形成主要有两个原因：一是成长小组模式在社会工作领域的应用人群和小组的具体目标越来越广泛；二是成长小组模式在不同国家和地区的“本土化”实践衍生出更多的现实需要。这样的情势为成长小组内生理论的发展创造了契机。如何将多元化的实践经验提升至统一的理论体系中，如何让现有的概念框架和实践框架更为明晰，这些都是理论建构前进的方向。

其次，对成长小组实践的多视角分析成果将纳入其理论体系中，比如学者们对于“成长小组成员态度及行为的改变”“成长小组成员在团体外的互助关系”以及“成长小组实践与小组工作方法本土化的联系”等方面的研究会促进成长小组理论体系的不断完善。

最后，成长小组理论和优势视角理论的整合，不仅可以增加社会工作实务中的运用策略（比如优势为本的成长小组在青少年社会工作中的尝试运用）[1]，而且可以促进理论本身的成熟和壮大。

① 陆士桢、徐选国：“优势为本的理论价值在青少年成长小组工作中的运用策略初探”，载《浙江青年专修学院学报》2010年第4期。

第七章

亲子沟通技巧

——结构家庭理论的运用

现代家庭结构随着社会的变迁正发生着巨大的变化。近年来，核心家庭中亲子关系紧张、特殊家庭中子女教育问题成为社会普遍关注的话题。家庭结构残缺及功能的失衡，可能给生活于其中的家庭成员带来不利影响。不少现代家庭面临着各种各样的困境，家庭成员之间缺乏有效的沟通和友好相处的体验，亲子、夫妻间情感日渐疏远，人际关系交往的不顺利逐渐从家庭外部(社会环境中)转移到家庭内部。本章展示了一个普通家庭中的亲子关系紧张的案例，接案社工运用结构家庭理论来改善案主家庭中的母子冲突问题，同时也将夫妻关系的改善纳入了治疗过程中。从整体的家庭结构视角进行干预，该模式及其治疗方法的运用，为调节亲子关系提供了有益思路。

第一节 结构家庭理论的形成与发展

家庭作为社会的基本单位，承担了个体社会化、教育、情感等多方面的功能，家庭关系对个体成员的影响无疑是巨大的。家庭是一个互动系统，任何家庭成员的变化都可能影响到其他成员。和睦的家庭关系和良好的家庭结构能产生积极的正向作用，相反，冲突甚至破裂的家庭关系也容易引发负面效应。正是基于整体主义视角所带来的新理念，结构家庭理论逐渐在社会工作领域中凸显其重要地位。本节将从宏观体系视角来梳理结构家庭理论的整体形成与发展历程。

一、结构家庭理论的形成

结构家庭治疗(Structural Family Therapy)是由美国学者米纽钦(S. Minuchin)及其同事在20世纪60年代创立的。1954年，米纽钦在纽约贫民窟工作，使用当时极盛行的心理分析疗法去帮助不良青少年，但后来他发现这种方法的效果很有限。而后他借用帕森斯核心家庭理论中的概念，认为贫民窟青少年的问题很大程度上与家庭结构的不完整和功能的失调有关。因此，米纽钦以家庭作为治疗的重心，认为治疗的目的在于去除阻碍家庭功能发挥的结构，取而代之以健全的结构，使得家庭成员在这样的结构中扮演恰当得体的角色。他与合作者不断探索和创新，发展了多种行动技巧，并邀请家庭成员以演出的方式将问题事件带进治疗室，以便让治疗师或社工进行观察并设法改变。这种治疗方式功效显著，使其在20世纪70年代盛极一时，成为治疗领域中最具影响力的模式。①

结构家庭理论起源于家庭治疗模式。不同学者从不同视角对家庭治疗进行了界定。查尔斯·扎斯特罗（C. Zastrow）等认为，严格地讲，家庭治疗是比较广泛的小组治疗类型的集合，这些小组治疗的目的是帮助家庭处理日常生活中出现的互动、行为和情绪问题。这些问题包括婚姻冲突、亲子互动问题、与祖辈或其他亲属间的冲突等。②精神病学家阿克曼（N. Ackerman）则从治疗目标出发，认为家庭治疗作为一种临床治疗的方式具有三个特点：① 立足于家庭关系系统来理解各成员的意识和潜意识的关联性诊断；② 注重探讨行为如何影响家庭系统，以及何时影响和为何影响；③ 一种群体性的治疗方式，运用小团体动态知识和技巧同时处理一个以上的家庭成员。③也有国内学者认为，家庭治疗（Family Therapy）是以家庭为对象而实施的心理治疗模式，它主要通过改变家庭结构和成员间的互动方式，协调家庭各成员的人际关系，改进家庭心理功能，使得个别成员的问题得到真正解决，促进家庭成员的健康发展和家庭和谐。④

我们认为，结构家庭理论是一种整体介入家庭的方式。它以家庭中某个成员或家庭关系问题为起点，调动部分或全体家庭成员共同参与治疗，通过系统、整体地干预家庭人际关系和互动的方式，促进个别成员或家庭整体问题得以有效解决。

从起源上讲，现代家庭治疗运动萌芽于20世纪40年代的美国。50年代中期，处于二战余波中的美国家庭问题丛生，单靠传统的个人心理治疗方法无法完全解决，为此，心理治疗者将注意力转向家庭在创造和维持一

① 陈志霞：《个案社会工作》，华中科技大学出版社2006年版，第265－266页。

② ［美］查尔斯·扎斯特罗等：《社会工作实务应用与提高》，中国人民大学出版社2005年版，第248页。

③ 张文霞、朱东亮：《家庭社会工作》，社会科学文献出版社2005年版，第120页。

④ 陈志霞：《个案社会工作》，华中科技大学出版社2006年版，第264页。

个或更多家庭成员的心理困扰中所扮演的角色上。[①]因此大多数权威人士认为，二战后的十年间是家庭治疗研究的开始，之后从业者将注意力转向家庭在帮助一个或多个家庭成员的心理障碍中的作用。[②]

最早以家庭作为治疗对象的是心理学与精神病学家阿德勒(A. Adler)。他于20世纪30年代在伦敦对患有精神疾病的儿童及其家庭进行座谈和心理教育。结构家庭理论的出现还得益于美国斯坦福大学著名人类学家贝特森教授(G. Bateson)以及精神病学家阿克曼。

贝特森在20世纪50年代和60年代对精神分裂症患者和家人关系进行研究时发现，精神分裂症患者的病情与其家人的反应有密切关系。受其影响，1959年，精神病医生杰克森(D. Jackson)在美国加州成立了一所心智治疗中心(MRI)，从事家庭关系的训练、研究和治疗，这是世界上第一个家庭精神研究中心，并作为美国结构家庭理论的发源地，培养了许多举足轻重的家庭治疗大师，如萨提亚(V. Satir)、斯特温(Steve de Shazer)等。[③]

阿克曼则是家庭治疗最早的倡导者和比较正规专业的家庭治疗者的代表。他认为，异常的人来自异常的家庭，与其说来访者需要帮助，不如说整个家庭需要帮助，进而提倡治疗师把治疗重点从来访者“个体”立场扩展到“家庭”整体。[④]他于1960年在纽约建立了家庭治疗中心。

此后，许多临床治疗师逐渐接受了系统理论框架，并将重点放在探索构成总体的家庭各部分之间的关系上。根据戈登堡(I. Goldenberg)的说法，战后十年间，五个看上去独立的学科和临床发展为结构家庭理论的诞生打下了基础[⑤]，它们分别是：

(1) 对家庭在其成员患精神分裂症中的作用的研究。战后，人们认为在检验特定的家庭动力背景是否能够解释不同形式的成人精神病问题上，家庭环境提供了一个令人兴奋的方向。研究人员开始重视精神分裂症患者的养育过程和家庭生活。这一研究都基于一个共同的基本假设：家庭关系障碍通常是心理障碍的主要起因，以及人们或许可以单独发现

---

① 张文霞、朱东亮：《家庭社会工作》，社会科学文献出版社2005年版，第120页。

② [美]戈登堡：《家庭治疗概论》，李云正等译，陕西师范大学出版社2005年版，第71页。

③ 张文霞、朱东亮：《家庭社会工作》，社会科学文献出版社2005年版，第118页。

④ 刘宣文：《心理咨询技术与应用》，宁波出版社2006年版，第157页。

⑤ [美]戈登堡：《家庭治疗概论》，李云正等译，陕西师范大学出版社2005年版，第74页。

一种独特的家庭动力模式来解释每一种形式的心理疾病。它帮助确立了功能失调家庭对精神分裂症的作用，为研究其他类型的家庭作用模式提供了基础。

（2）系统论对探究系统各部分之间如何组成一个整合整体所起的作用。系统论主要致力于研究构成整体的、相互关联的各部分的关系并将知识应用在对家庭系统的观察方面。

（3）婚姻和婚前咨询领域的进展。婚姻和婚前咨询是家庭治疗的前奏。它建立在这样的一个观念基础上，即人与人之间的冲突和个人内心产生的冲突对心理障碍产生的影响相当。它针对夫妻双方使用联合治疗以解决人际的冲突，而不是使用单独的治疗。

（4）儿童指导运动的发展。儿童指导运动对家庭治疗发展的影响值得一提，它注重对整个家庭的干预，其产生于 20 世纪早期，假设基础是：如果情绪问题确实从童年开始(如弗洛伊德主张的)，那么儿童早期的自居作用和治疗就可以阻止以后的精神病态。阿德勒特别注意早期家庭经历在决定成人后行为中的关键作用，他于 20 世纪头十年在维也纳创立了儿童指导运动。

（5）团体动力学和团体治疗的进展。团体动力学和团体治疗应用小团体过程以获得疗效，并为整个家庭的治疗提供了一个模式。团体治疗实践的一个根本原则是：一个小团体能够充当改变的载体，并且对选择成为该团体的一员产生强烈影响。塔维斯多克的团体治疗就是很好的证明：团体被当成一个正在受伤害的失调病人，因为他的某些功能不能顺利运行。在这个团体中，领导者帮助团体以一种更平衡、协作、互相强化的方式运行，以便团体能更高效地完成创造性的工作。一些治疗家将团体动力学和小团体行为看作具有家庭功能运作的模型，这对功能失调家庭进行团体治疗有重要意义。

20 世纪 50 年代，家庭研究和家庭治疗以不可阻挡的趋势向前发展。因此人们大多将 20 世纪 50 年代确立为结构家庭理论的奠基年代，许多家庭治疗的研究中心也正是在这一时期开始建立的。

二、结构家庭理论的发展

由于家庭治疗模式解决问题的有效性，它很快引起了广泛注意。20 世纪 60 年代以后，家庭研究者与家庭治疗师逐渐将结构家庭理论的应用对象扩展到神经官能症、行为问题的家庭上来，扩展了结构家庭理论模式的应用范围。①

1962年是家庭治疗发展史上具有里程碑意义的一年，“家庭治疗”这一名称得到了学术界的正式确认，本专业第一份学术刊物《家庭历程》(Family Process)得以创刊。②1970年到1985年是各著名流派的成熟期，家庭治疗的先驱者建立各自的训练中心，并致力于将他们的治疗模式运用到实践中。③二十世纪七八十年代，欧美各地分别成立了许多家庭治疗中心及诊所，除大力推广家庭治疗外，也有大量工作者从事理论研究，有学者将这一时期称为“家庭治疗的黄金时代”。

20世纪90年代，真正出现了家庭治疗各学派不再固守一方而走向整合的趋势。④经过近三十年的发展，家庭治疗被证明在情感障碍、身心疾病、儿童青少年情绪和行为障碍以及婚姻问题等诸多领域都有相当显著的疗效。时至今日，各种取向的结构家庭模式纷纷崛起，具有代表性的实务方法有多世代家庭治疗法、联合家庭治疗法、经验家庭治疗法、结构家庭治疗法、策略家庭治疗法、认知行为家庭治疗法、精神分析家庭治疗法、社会建构主义家庭治疗法等。⑤这些实务模式为社会工作领域的家庭治疗提供了坚实有力的后盾。

第二节 案例背景介绍

砰！门又一次被重重地关上了。

① 刘宣文：《心理咨询技术与应用》，宁波出版社2006年版，第157-158页。

② 陈志霞：《个案社会工作》，华中科技大学出版社2006年版，第265页。

③ [美]尼科尔斯、施瓦茨：《家庭治疗基础》，林丹华等译，中国轻工业出版社2005年版，第32页。

④ [美]戈登堡：《家庭治疗概论》，李云正等译，陕西师范大学出版社2005年版，第90页。

⑤ 陈志霞：《个案社会工作》，华中科技大学出版社2006年版，第265页。

陈斌[①]已经不记得这是第几次这样摔门，更不记得是第几次跟妈妈“开战”了。

门外妈妈的责备声还在继续：“我一说你给我争气点你就摔门，每次都这样，我说错了吗？你看看你现在的样子，像什么话啊？！”

陈斌用枕头捂住耳朵，脑袋埋进被子里，不想听，不想看，不想想。

“烦死了，整天就是骂啊，唠叨啊，管这管那的。在她眼里，我就真的一无是处么？”陈斌想着，妈妈说起自己的时候，好像总是责骂多于夸奖。

“难道我不是她亲生的吗？别人都好，那她怎么不去做别人的妈？”陈斌曾经无数次这么想过，虽然他明明还能够回忆起小时候妈妈说过难产生下他的经历。

在床上翻来覆去，心里堵得慌，陈斌嗖地坐起来，迅速穿上鞋袜披上外套。

“你要去哪里？”妈妈看到陈斌准备出门的样子问道。

“出去就是出去，透透气，待在这里我受不了！”陈斌语气很硬。

“什么叫作‘受不了’？哪里还能比家里好啊你说？我是你妈我还没权利知道你的行动了？”陈斌妈妈一下急了。

“我妈？别人的妈都这样成天管这管那的么？我看我同学的妈妈都不这样！我是你生的吗？”陈斌还是把这句话说出口了。

“什……什么？你不是我生的，是垃圾堆里捡的，行了吧？你以为当你妈容易啊？”陈斌妈妈气得声音颤抖。

“好啊，捡的，这样更好，反正我看起来也不像你亲生的！那刚好随了你的心意，你也不用认我这个儿子了！”陈斌撂下一句狠话摔门而出。

陈斌，15岁，某中学的初二学生。他身体健壮，身高约175厘米，性格较为外向，目前与母亲关系紧张。近期和母亲发生冲突时，曾扬言要“脱离母子关系”，对母亲失去信任和亲切感，用他的话说就是：“我好像根本就不是她亲生的，什么母爱啊，我已经不知道那是什么东西了。”

陈斌平时在同学中人缘不错，篮球方面颇有潜力，因此同学都愿意和他组队，课余时间打打篮球。在学校，陈斌的“知名度”颇高，一来是因为他在同学中人缘好，人气高；二来是因为他是教务处和老师办公室的“常客”，其学习成绩的极速下滑令老师担忧。

① 本案例中所有人物均采用化名。

小学时候，陈斌的成绩在班里一直都是佼佼者，几乎从未掉出过班级前五名的梯队，也被老师委以重任担当班长。而现如今，这些光辉历史都只存在于陈斌的记忆中，却未能在之后的学习生活里继续为他带来光环。上初二后，陈斌的成绩开始大不如前，从班级前十的位次，渐渐退步到二十多名，现在已经可以开始用“倒数”来计算他的成绩了。目前能让陈斌感到愉快和沉迷的就是篮球和游戏，下课或放学后打篮球是每天必备的“功课”，还经常跑到网吧里，一泡就是一个下午，有时甚至逃课去上网。

陈斌现在生活在一个不完整的“类”单亲家庭中，父母分居半年多了，现在他和妈妈住在一起。父亲原是某机械厂的科室主任，为人相对和善，对陈斌宠爱有加，甚至到了有些溺爱的地步，陈斌有什么要求基本上他都会满足，陈斌和父亲的关系相对较为亲近。一年前，陈先生因为单位效益不好裁员而下了岗，至今仍没有找到一份安稳的工作，暂时先在朋友开的公司里帮帮忙，没有固定收入。

陈斌的母亲张女士是某公司的副总，属于企业的中层管理人员，性格较为泼辣、办事干练。张女士对陈斌较为严格，要求孩子考试必须在班级名列前茅，至少是前五名。在孩子的教育问题上她经常和丈夫发生冲突。

第三节 社工介入的过程

本节中，我们跟随社会工作者小衣的脚步，按照社会工作者介入案例的传统步骤，一起走进陈斌案例，了解全过程。

一、接案

陈斌的母亲张女士拨通了社工机构的电话。

“我觉得我的孩子最近出了点问题，现在我很着急，但是又不知道怎么去管教他，有点拿他没办法了。电话里可能也说不清，要不您告诉我地址，我去找你们吧？”陈斌母亲语气里的诚恳和焦虑让接电话的工作人员感受到这位母亲紧张却无助的心情。

“张女士，您先不要着急，我们机构的地址是××××，您可以在方便的时候到我们这里来，我们再详细谈谈。”接电话的助理仔细地和张女士约定好时间，做好记录，并把这个信息转告给了相关社工。

按照约定的时间，张女士来到了社工机构。接待她的是社工小衣。

“张女士您好，我是小衣，欢迎您来我们这里。您有什么困难请慢慢说，看看能帮到您什么？”小衣耐心地安抚着她焦虑的情绪。

“是这样的，我的儿子叫陈斌。上周五，他到夜里十一点多了还没回家，以前他出去我都规定他在十点前必须回来，结果那天把我给急坏了，打他的手机，一开始是不接，后来就干脆关机了。联系不到他本人，我只好挨个打电话问亲戚，但都说他没去。我自己一个人又不知道上哪儿去找，后来几经周折好不容易联系到学校老师，最后一直到凌晨，才在学校附近的网吧里找到在电脑前睡着了的这个家伙。这眼看都要到初三毕业了，怎么还这么放肆啊！”张女士一边叙述一边抱怨着。

小衣耐心地听完张女士的叙述后询问：“您说他那天特别晚才回家，是不是遇到什么困难了？还是发生了什么事情呢？”

“唉，说起来啊，就是因为那天我们吵了一架。主要是因为周五下午学校开家长会，关于期中考试的问题，我特地请假去了。结果呢，看到他的成绩我一下子火了，语文、英语凑合着还能拿个七十多分，虽然英语还没达到班级平均分。数学呢，不及格！物理、化学也是一塌糊涂，数理化老师都对他没啥好说的。你看看，怎么能考到不及格呢，我以前读书从来没不及格过。我问了老师才知道，他总分排在班级倒数第八名，我都替他丢人！”

“那么家长会后，您跟您儿子谈起过开会的内容了么？”小衣问。

“有啊，我当然要跟他说了，不说他哪能知道自己现在多差劲呢。回去后我火冒三丈，拿起皮带正想狠狠地抽他两下，他居然还手，拦住我，把皮带一把拽住扔在地上，还威胁我说：‘你别再打我了啊，小心我以牙还牙，暴力反抗，大不了脱离母子关系，我去我爸那里住，省得你看到我心烦！’你说这孩子，怎么说出这种话呢？”张女士情绪开始激动起来。

“从小到大，我对他教训的次数也不算少，但这一次，说实话，我第一次感到了害怕，不是因为他还手，而是因为那句‘脱离母子关系’……眼看着他就要进入初三毕业班了，再这么下去怕是连高中也都考不上的……希望你们能帮忙解决这孩子的学习问题。”

小衣说：“张女士，您作为母亲对孩子的关心和担忧我能理解。不过有个问题想冒昧地问您，刚才您提到了孩子说要去他爸爸那里住，这是指……？”

“哦……我们……我们现在分居，半年多了吧。他爸爸现在自己住在外面，我和孩子住一起……”张女士声音有些低沉地说。

小衣安抚道：“张女士，您的心情我理解，我们也很乐意和您一块儿解决问题，当然具体的情况还需要再进一步探讨，也需要您和您儿子的配合，我们再约定一个时间详细谈谈，您看行么？”

“好的好的。”张女士表示同意。

……………………………………

结束面谈后，社工小衣和专业督导王老师取得了联系，向他说明了情况。一番讨论之后，他们决定由小衣接下这个案子，于是小衣着手准备进入，首要的一步就是观察陈斌和他母亲的直接互动方式，以便判断问题症结，为进一步治疗提供基础。

二、介入与适应

光凭张女士对陈斌的描述，并不能获得对陈斌及其问题的全面认识，于是小衣决定来一次“三方会谈”。

社工在与陈斌取得联系之后征求了他的意见，希望他方便的时候和母亲一起到社工机构来一趟，好好谈谈心。联系之前，小衣已经做好了“艰苦”的准备，一般情况下，由家长主动提出的辅导案例，孩子作为案主有抵触心理是很常见的，但出乎她意料的是，陈斌比较爽快地就答应了：“去你们那儿我同意，反正我和她（指妈妈）也难以沟通，不过问题不是我啊，是她！”无论陈斌对于此次辅导的理解和定位是什么，至少他接受了社工的介入，并愿意来参与配合，这是辅导得以实施的重要一步。按照约定，张女士和陈斌来到社工机构。陈斌跟在妈妈后面，脸上带着不痛快的表情，母子俩没有任何交谈。小衣第一次真正和两位案主面对面接触，职业的敏感性让她感觉到母子间沉默中的紧张关系。

“欢迎你们，来来，请坐。”小衣简单地表示了欢迎，请母子俩落座。

“陈斌你好！我姓衣，是这里的社工，咱们上次电话联系过的。今天是第一次和你见面，很高兴你能和妈妈一起到我们这儿来。”小衣礼貌地伸出手。

“您好！”陈斌也礼貌地回应小衣，伸出手握了握。

“今天天气这么好，又是周末，我们会谈之后，陈斌和妈妈有什么其他活动安排吗？”小衣借助这个话题开始进入谈话。

“没有，今天我早就告诉他约好要来这里了，待会就回去，他还得做作业呢！”陈斌妈妈张女士说。

“那么平时休息日，你们二位都是怎么安排的呢？”小衣继续问道。

“工作日我都忙着上班，他也要上课的，周六有时候我还要加班，我的时间不太固定。他周六和周日休息，但是周六我给他请了数学和物理的家教，上午和下午都有，他数学和物理太差了，不补不行。”张女士继续回答。

“是吗？那看起来您很忙，陈斌的学业任务量也不算小啊。那陈斌在学习之余有什么兴趣爱好呢？”小衣希望把话题转到案主陈斌身上。

“他啊，玩电脑呗，打游戏什么的。有时候去网吧，还以为我不知道。我为了不让他经常去网吧，还特意在家配了一台电脑，就这样，他还是去，那次还玩到晚上十二点都不回家，你自己说是不是？”张女士始终在说，而陈斌在旁边一言不发。

小衣意识到，尽管她有意将话题引向陈斌，但她所问的几个问题，都完全由张女士在主导话语权，陈斌懒懒地靠在椅子上，偶尔四处看看，或者拿出自己的手机，无精打采地玩玩。

“陈斌，妈妈说了好多关于你的事，我想听听你的看法，好吗？”小衣引导案主参与到谈话中。

“说啊，人家老师问你问题呢！你听到没？别再玩你那个手机啦！”张女士把陈斌的手机一把抓过来。

“我？我说什么？”陈斌有气无力地问。

“你能告诉我，刚才妈妈说的，关于你的兴趣爱好，都对吗？还有补充没有呢？”小衣接着刚才的话题继续问。

“啊？她刚刚说什么了？”陈斌一脸茫然、漠不关心的样子。

“什么？我说了半天你居然没听进去？你在干吗呢？就会玩儿，衣老师你看看，他就是这样！”张女士不满地说。

“陈斌妈妈，您先别急，陈斌刚刚可能没有机会参与到我们的谈话中。我们现在都认真地听他说，好吗？”小衣把谈话的主动权交给陈斌：“陈斌，你平时学习之余，有什么兴趣爱好吗？”

“爱好，嗯……我吧……我喜欢打打篮球，体育方面都还比较喜欢。还有就是，听听音乐吧……”

“好啊，你的爱好看起来还是挺广泛的嘛。那刚才妈妈说，你还喜欢电脑游戏，是不是这样呢？”小衣让母子的话题得以对接。

“还行吧，现在谁不上网啊？好多同学都玩游戏啊，不玩就落伍了！”陈斌说。

“那么，你能按照你的兴趣大小排个序吗？”

“嗯……要排序的话……篮球第一吧，然后……听歌听音乐。玩电脑，其实好像是消遣，算不上什么爱好吧？”陈斌想了想说。

“什么？消遣？那你的‘消遣’未免也太频繁了吧，那还‘消遣’到十一二点不回家？你现在还有心思消遣啊你！”张女士又打断了陈斌的话。

“陈妈妈，我们先听听陈斌他自己是怎么想的，好吗？等陈斌说完了我们再来发表言论，如何？”为了加强对陈斌的继续了解，小衣暂时打断陈斌母亲的话。

“就是，你总是不让我说完！”陈斌也开始表现出不满。

“哦，好吧……”张女士似乎意识到了不妥。

“陈斌，这么说上网玩游戏不是你最大的爱好。那么上一次去网吧很晚才回家，让妈妈很着急担心的那次是因为什么呢？家里不是也有电脑吗？”小衣继续问。

“有是有，但是……她（指妈妈）也在家啊……”陈斌说。

“那这是什么意思呢？”小衣进一步追问。

“就是……就是那天我们吵了一架，我不想在家待着，就出去了，实在不想回家。”

“那能告诉我，为什么不想回家吗？”

“因为在家里就要吵架啊，她一直唠叨，说我怎么怎么不好，从家长会一结束就开始说。回家了还要打我，我都这么大了，怎么还用这种方式啊，受不了！”陈斌渐渐将当天的感受吐露出来。

“那能不能具体说说，让你‘受不了’的有哪些方面呢？”小衣就陈斌的感受深入追问，也想让在场的妈妈知道陈斌内心的真实体验。

“比如，她会说‘你看人家……看看你堂妹，人家成绩那么好，你天天不务正业’，等等，我是不好，我是没用，怎么样吧？”陈斌说着说着情绪渐渐低落。

“我哪有那么说啊？”张女士辩解着。

“怎么没有？你就是那么说的，有的还要更难听呢。还会说，让你那个没良心的老爸看我们的笑话吧……”陈斌情绪愈加激动起来。

“我如果那么说，也是为了你好，我说的也都是事实啊，你难道不是那样么？”陈斌母亲插话道。

“你为了我好？是为了你自己好吧。要真为我好，那就别管我，我自己能管好自己。”母子俩开始争执起来。

小衣没有马上制止争吵，相反，这也许是最直观地观察母子平日互动情况的机会，也是让双方自由表达的途径。争执了一会儿，母子俩都慢慢不言语了。此时小衣接着说道：“陈斌，我明白你的感受。那么我们一起来想想，如果你的妈妈对你什么也不管、什么也不问、什么都漠不关心，在你需要长辈给你一点意见或者指点的时候却没人愿意理你，你想这是好事吗？”小衣试图让陈斌跳出自己的固定思维，从另一个角度看待母亲的教育。

“……虽然我知道是这个道理没错，但是，她可不可以不用这种方式来教育我啊？”陈斌说。

“那你可以告诉我们，你觉得什么样的教育方式你愿意接受呢？”小衣抓住机会，她认为这是母子二人在教育方式沟通上的关键一步。

“嗯……至少不要一直是我听她说，听她骂，这样有意思么？其实我不过是不想她在我耳边一直唠叨，不要总是拿我跟别人比。我现在是学习不好，那又怎样？不好就不好呗，反正我就这样了，可是我至少不像那些社会上的混混，我没有干坏事啊。”陈斌说。

“好的，陈斌你坦率地说出了自己内心的想法。那么，你问问妈妈，看她是不是同意你的说法呢？”小衣引导着陈斌自己和妈妈进行沟通。

陈斌转过头看着母亲，又马上把头低下来了。陈斌母亲也一时无语，沉默了一会儿说：“我的教育方式真的有问题吗？我怎么觉得没有……”

母子俩在教育问题上确实存在分歧，为了不让气氛继续紧张起来，小衣说：“陈斌妈妈，您看，刚才我们的谈话是富有成效的。陈斌已经表达了他内心真实的想法，他希望可以有人能听他倾诉，这是他可以接受的教育和沟通方式，而责骂和比较的方式并不能让他意识到目前的一些问题。我们还了解到，他最大的兴趣其实并不是打游戏玩电脑，而是体育运动以及音乐，这些发现对您以前脑海中的一些固有想法有帮助吗？”小衣说。

“跟我以前了解的，好像还真有些不一样。”张女士若有所思地说。

“现在，请问你们愿不愿意一起完成一个‘角色互换’的小游戏呢？”小衣将专业治疗的手段运用到谈话中。

“‘角色互换’？那是什么？”陈斌抢着问。

“就是你和妈妈交换一下目前的角色身份，你来当妈妈，妈妈来当儿子，我们模拟平时你们在家妈妈批评你时的场景，来个‘重现’，怎么样？”小衣指导着，“陈斌，这次就让你过把瘾，当一回妈妈。”

“哦，可以啊！那我要怎么演？”陈斌开始感兴趣起来。小衣看看张女士，张女士也点点头。

“那我再详细说一下，现在的‘妈妈’，也就是陈斌你，给你5分钟的时间说话，可以说说现在‘儿子’的优缺点，或者说其他你想说的话，训斥也可以。但是呢，要模仿平时你妈妈的口气和样子来。然后现在扮演‘儿子’的妈妈，就学儿子平时在接受您批评时的样子，是怎么样的就怎么表现，可以吗？”小衣解释道。

“行！”母子俩异口同声。

“好，那我们开始吧，”小衣宣布角色互换开始，“陈斌先来表演妈妈。”

“你你你……你给我争气点啊，成绩老是不能提高，就会玩游戏，我每天说这么多遍，很累的你知不知道啊？！”陈斌开始模仿起妈妈平时的口气，表演起来。

作为“儿子”的妈妈，也开始学起平时陈斌的样子摇头晃脑、左顾右盼的样子，似乎就当那些训斥是耳旁风，根本没去听。

“我说话的时候你怎么不认真听啊？喂，给我认真点！你怎么不学学人家陈斌啊，既听话又懂事……”

陈斌和张女士表演到此，都不自觉地“扑哧”笑场了。陈斌在扮演妈妈时还自我发挥，把自己当作被比较的对象，顺道夸奖了一番。

“我平时哪里是那么说的啊？我哪有一直拿别的孩子跟你比，而且，我就算比，也不会自己夸自己的孩子啊，哈哈……”张女士被儿子给逗乐了。

“本来就是啊，你说别的孩子好，我现在是‘妈妈’，也要拿一个对象来比，那当然举我自己做例子了啊……”陈斌也有些得意地笑了。

在旁的小衣也跟着笑起来，鼓着掌。“陈斌真是个有天赋、有创意的孩子，不当演员可惜了，呵呵。”此时气氛开始温暖起来。

“这个‘角色互换’是让妈妈和陈斌彼此之间做一个换位思考，跳出自己平时的习惯思维，从另一个角度来看待自己，也体会对方。你们有什么感受呢？”

“我觉得蛮好玩儿的，而且，好像平时妈妈说我的时候，我真的比较心不在焉，这样，可能确实会让说话的人有点生气。”陈斌反思道。

“嗯，很好，陈斌开始反思自己了。”

“是啊，我当‘儿子’，好像也不那么好受，被别人数落，不管怎样心里都不那么舒服啊。”张女士自己也意识到了什么。

“陈斌和妈妈都对自己平时的角色和行为做了重现，还进行了自我分析，都很深刻，很好。那么接下来，我给两位布置一次家庭作业好吗？”小衣趁热打铁，为亲子设定一个共同的任务以增强彼此的互动。

“什么作业？怎么做？”母子俩都挺疑惑的。

“我们就把这种‘角色互换’的小游戏延续到生活中，怎么样？但这次不是表演了哦。接下去的几天里，陈斌在家里要以妈妈的身份去做妈妈平时做的某些事情，比如每天固定负责饭后收拾碗筷和洗碗。而妈妈也要偶尔忘记自己的身份，做一回‘儿子’，不要过多操心，控制自己不要唠叨，如果看到陈斌做得不好，可以换一种方式，就像儿子对妈妈应该有的态度一样，用好好沟通的方法来表达，你们认为如何呢？”小衣问。

“好，那应该可以。”陈斌首先表示了同意，张女士也认可了。

“那我们要做些记录吧，这里有两个本子，妈妈和陈斌各一本。从下周一开始，陈斌每天要负责收拾碗筷和洗碗，这个任务有没有完成，由妈妈在这个本子里做记录，完成得如何还要评分。另外，陈斌的这个本子里，就是记录妈妈每天和自己的沟通情况，比如今天你有哪里做得不好，妈妈要让你改正，她是怎么表达的？如果表达的方式你可以接受，觉得不错，那么你也要给她评分。但是每项除了评分外，还要具体写出为什么打这个分数的原因，用文字说明情况，作为备注。”小衣把本子分到母子俩手里，让他们有据可依，也作为一个提醒。

“虽然我知道你们都挺忙的，但是做这样的事情只需要用一点点心思，花非常少的时间就可以了，其实也想让陈妈妈多抽出一些时间和陈斌在一块儿。”小衣补充道。

“应该可以。好，我试试。”张女士说。

“那么我们下次见面时我要检查你们的‘作业’完成情况，呵呵。”

……………………………………

小衣和陈斌母子俩约定好下一次的见面时间后，第一次的面谈到此结束了。

第一次面谈后，小衣又到陈斌所在的学校了解了更多关于陈斌本人的信息。根据学校老师的叙述，陈斌初一入学时的成绩相当优异，初一时候的表现也较好，班主任还曾经想让他在下一个学期担任副班长，但奇怪的是，初二时陈斌的表现开始不容乐观了，行为上也有了变化，学习没以前积极，上课有时也发呆或者睡觉，特别是数理化课。他的数学成绩本来还过得去，可是现在都掉到班级倒数几名了。有一件事情更是直接破坏了陈斌在班主任和其他老师心中的形象。

班主任林老师对社工小衣说：“那一次，他们因为打架被拉到学校教务处。我那时甚至都无法想象他这样的孩子居然会打架，而且，事后他也承认，是他先动手的。”

小衣问：“那是怎么一回事儿呢？”

“那次他们课后打篮球，结果对战双方起了口角和冲突，听说陈斌很恼火地打了其中一个同学，后来其他同学也参与进来，结果搞得像群架一样。这在校园内算是大事了啊，绝对不允许的！教务处老师出面制止以后把他们教训了一番，差一点就‘记过’处理了，还贴了海报全校通报批评。这事情当时闹得挺大的，后来陈斌跟我说，因为打球过程中的一些肢体碰撞产生摩擦，对方队里的一个同学就在争吵时说他是‘没有爸妈管教的孩子’，这让他很恼火，我想应该是这句话刺激了他。但无论如何，那次他先动手打人就是不对，任何借口也不能开脱，否则其他同学都效仿了。后来我们想把他的家长请过来了解一下情况，也顺便寻求他们的配合。联系了他母亲，但她说在外地出差，我们打算联系陈斌父亲时，她坚决不肯，说等她回来了再到学校来。后来我才知道，他父母当时在办理离婚手续，但现在情况如何了我们也不太清楚……”小衣在和班主任的谈话中收集到不少关于陈斌的情况。关于这次“打人”事件，以及班主任所描述的那段时期陈斌的改变，让小衣隐约感觉到陈斌的问题应该不仅仅是厌学情绪或青春期的叛逆这么简单。

三、预估分析

根据所收集到的信息和几次接触，小衣对本案做出预估分析，列出了目前为止所发现的主要问题。

（一）主要问题

（1）亲子关系紧张，突出表现为母子关系的冲突。

（2）案主有厌学情绪，对学业提不起兴趣，无法集中精力学习，成绩下滑。

（3）案主的自我评价较低，对于自身学业抱着破罐破摔的态度，但并不因此否认自我的其他方面。

（4）家庭结构不完整和家庭功能的缺失，给家庭成员心理带来冲击。

根据预估，小衣又和张女士以及陈斌做了简短的沟通，并与陈斌父亲取得联系，决定采用结构家庭治疗法来实施治疗干预，将整个家庭作为治疗对象，而不仅仅是单个家庭成员。

（二）家庭结构分析

结构家庭治疗模式并不单纯地解决个人行为问题，而是致力于改变案主整个家庭的交往方式。因为结构家庭模式认为：个人的问题只是表象，家庭的问题才是导致案主个人问题的真正原因。因此，该模式主张通过多元化、多层次的家庭介入来改善家庭关系，最终解决案主个人的问题。①

通过对所收集的资料加以分析，小衣对陈斌家庭的结构混乱以及功能失调情况做出初步评判②，主要包括：

（1）家庭的形态和结构：陈斌家庭早先属于城市中最常见的核心家庭形态，但目前处于转型期，正经历着结构的变化，即由核心家庭向单亲家庭转变。

所谓家庭结构是指家庭内部成员之间重复出现的一种固定化了的互动关系模式。它由家庭成员在日常生活过程中慢慢形成，并通过家庭成员之

---

① 朱眉华、文军：《社会工作实务手册》，社会科学文献出版社 2006 年版，第 164 页。

② 陈志霞：《个案社会工作》，华中科技大学出版社 2006 年版，第 269－277 页。

间的一些行为角色和互动规则表现出来。这又主要以次系统、边界、权利结构和角色责任分工为评价依据。

在陈斌的家庭结构中，次系统为母子关系、父子关系和夫妻关系，然而目前的三个次系统均处于紧张甚至分裂状态。

（2）家庭系统的弹性：这是指家庭的适应与转变能力。当家庭遇到压力时，正常的家庭通常能够很快适应并重组结构，但有问题的家庭往往固守原来的结构与交往的方式，从而给个体带来困扰。目前陈斌的家庭系统呈现刚性结构，家庭成员间固守原有的互动方式，即“母亲说，陈斌听”，家庭系统缺乏灵活的弹性，家庭成员关系紧张，互动和交流沟通都受到较大阻碍。

（3）家庭系统的反馈：这是指家庭对个别成员的需要、感受、行为和思想的敏感程度。正常家庭应对成员的问题非常了解、关心与支持，同时也会给当事人足够的自主权去决定与处理个人的问题。但有些家庭成员之间过于冷漠，或过分关注成员的一举一动，过分操心和紧张，这都使得家庭系统的良好反馈功能遭到破坏。在陈斌家庭中，这种反馈功能明显地受到阻碍，母亲过分操心儿子，对其一举一动过于关注，但对儿子内心真正的需求却了解不多，并未给予其足够的自主空间，因此家庭反馈系统运行不畅。

（4）家庭生命周期：家庭结构是随着家庭生命周期变化而持续动态变化的，家庭生命周期大致可以分为六个阶段，即形成期、发展期、扩展完成期、收缩期、完成收缩期和家庭解体期。从陈斌家庭现有的情况看，在正常情况下应该属于扩展完成期，即在这一时期内，孩子逐渐长大，夫妻在事业和家庭两者之间都要付出很多精力，既要承担较大的工作压力，又要担负起教育青春期子女的责任。然而目前陈斌家庭的情况又是处于父母分居状态，如果从家庭周期六个阶段划分又有向解体期迈进的趋势，因此此时的家庭生命周期较为复杂。

（5）家庭成员的症状与家庭交往方式之间的关系：结构式家庭治疗假设了个别成员的问题产生于家庭功能失调与不良的交往方式，因此应考虑个人问题与家庭交往方式间的关系。关于这个方面，小衣没有急于做出评估，她打算在下一步的治疗过程中，进一步找出陈斌家庭中母亲与儿子、父亲与儿子、丈夫与妻子之间是如何交往的，陈斌目前的情况(学习积极性低和母子关系冲突)是如何形成的，是谁的问题等。

（三）设定目标

本案例的总目标，小衣定位为：推动家庭结构的调整以及家庭破裂关系的修复，重新完善家庭功能。为了达到这一总体目标，还必须细化具体步骤和分目标来加以实现。

1. 具体目标

提高亲子间的沟通能力，重建亲子和谐，促进愉快的家庭生活。

（1）帮助案主改善与母亲的紧张关系，改善母子间的沟通方式，减少冲突；

（2）提升案主的学习兴趣，促使其发挥优势，提高学业成绩；

（3）改善夫妻之间的分裂关系，重新实现夫妻间的良性互动。

设定好目标后，小衣制订了接下来的行动方案，其中非常重要的一项就是邀请陈斌的父亲也参与到治疗当中。既然是以家庭为整体治疗单位，那么就需要该家庭的全体成员参加，才能够在家庭结构和互动方式上得到整体性的改善。

2. 行动方案

（1）使家庭成员全部参与（包括陈斌的父亲），通过面谈改变家庭看法，让父母明白案主陈斌的症状并非仅仅是他个人的问题，而与整个家庭沟通方式的问题紧密相关；

（2）让成员明白沟通问题是亲子双方面的，而非单个人的责任；

（3）引导亲子双方积极聆听，换位思考，增强正面沟通能力；

（4）促使成员建立良好的沟通模式，打破原有的刚性结构；

（5）通过对亲子游戏、团体活动的参与来增强亲子间的信任感和配合度。

四、介入实施：与家庭展开交互作用

在征求了陈斌和他妈妈张女士的同意后，小衣邀请了陈斌的父亲来参加辅导面谈。家庭三位成员如约到齐。在社工机构的会谈室里，陈斌的爸爸、妈妈以及陈斌坐在各自的位置上，爸爸妈妈互相不看对方，陈斌则坐在他们俩的后面，低着头。

小衣按照专业社工的技巧及个人的经验做了开场白，对陈斌父亲的到来和参与表示欢迎，并且向陈斌及其母亲说明了邀请陈斌父亲一同参与的必要性。三个人虽然都沉默着，但母亲和父亲明显表现出对孩子问题的关心。于是小衣继续进入正题。

……………………………………

“我想请问三位，你们一家三口最近的一次见面是在什么时候？”小衣希望知道家庭成员间互动的频率。

此时一阵沉默，没人开口。

“可能我没有表达清楚，我的意思是，除了这次以外，你们所能回忆起来的，一家三口都在场、有比较长的交谈等互动的最近的一次见面，大概是什么时候？”小衣进一步解释道。

“嗯……大概是两个月前吧，他（指陈斌父亲）到家里来，我们谈……我们谈离婚协议的事情，我把律师草拟的协议书给他看了，顺便他拿走了他的一些东西……”陈斌母亲开口说话了，但在谈到“离婚”二字时，她稍微犹豫了一下，用余光瞥了瞥身后的陈斌。

“那么，陈先生您认为是哪次呢？”小衣转向陈斌父亲。

“我想想……大概也差不多是那次吧。那次我去她家（指陈斌母亲）大概待了半个小时吧，后来小斌回来了，我又跟他稍微聊了一会儿，不过不算久。”陈斌父亲回答道。

“好的，那我们听听陈斌的看法。陈斌，在你的记忆中，爸爸妈妈和你都在场，而且互动比较久的是哪次呢？”小衣转向低着头沉默不语的陈斌。

“我……我不想说……”陈斌拿着自己的手机，一边漫无目的地乱按，一边回答。

“为什么呢？是因为那次记忆不愉快吗？”小衣试图引导他。

“嗯……嗯……”陈斌停下按键，但始终没有抬起头。

“那，是和爸妈说的那次一样吗？”小衣继续问。

“不是，不是的。是……说好的还是坏的？”陈斌稍微抬起头来看着小衣。

“没关系，好的坏的都可以说。我们来一起分享一下。”

“最近一次三个人都在场，就是……他们告诉我，爸爸要搬出去住，好几个月以前了。那天我放学回来后，他们俩（指其父母）晚上说有事情要告诉我，很正经地坐在饭桌前，轮流告诉我他们要分开住的消息……妈妈说……说爸爸要搬出去住，但是我还跟她住家里……”陈斌说着说着便开始哽咽。在旁的爸妈听着听着，情绪也逐渐低落起来，爸爸紧锁眉头，妈妈把脸转向一边，似乎在掩饰眼里的泪水。

“好的，那么，你刚才还说了，记得有好的一次，那你说的‘好的’，是哪次呢？”小衣力图将陈斌内心的感受尽可能多地引导出来。

“好的……那是很久了……一年多以前吧。那年元宵灯展妈妈单位分了票子，我们三个人都去看了，到十点多才回家的。”陈斌继续回忆道。

“好的，谢谢陈斌，你这么细心，对一家三口在一起的事情比爸爸妈妈记得还要清楚。”小衣鼓励道。

“可是……可是那之后就没了，到现在都没了……”陈斌的哽咽更加明显。

“你这孩子，你想去看灯展妈妈再带你去啊，你想要去干吗就告诉我，我带你去……”陈斌妈妈张女士突然插话。

“那能一样吗？爸爸又不来！”陈斌反驳道。

“我带你去不是一样吗？他来不来还不是一样？”陈斌妈妈声调高了起来。

“那……那……怎么能一样……”陈斌声音开始变小，但还是反驳着。

在旁的爸爸忧伤地看着孩子，仍然没有说话。

小衣接着说：“陈爸爸陈妈妈，从我们刚才对于家庭事件的回忆中可以看出，孩子的记忆和父母是不一样的。他们也许更加细微，更加注意家里人的互动，也更加敏感。在他们的记忆中，存在着多个画面，有和谐的、让他感到开心的，也有不和谐的、让他感到难过的，但是这些他都统统保存在他有关家庭的记忆中了。你看，陈斌是个细心的孩子，他多么在意一家三口的互动啊！对他来说，你们一起告诉他你们要分居的这个事情，他记忆深刻。同样的，一家三口在一起看灯展的温暖片段，他也牢记在心。而你们刚才说的离婚协议的事情，他却只字未提，虽然可能这件事情发生的时间离现在更近，但也许在他的记忆里，他并不想将这个事情纳入家庭互动的关系中，他也许不想看到这个画面……”

“嗯……他们要签什么协议。我那天刚回来就看到爸爸了，结果，他们居然是在说离婚的事情……”陈斌开始抽泣。

三个人都沉默了。

“其实，今天找三位来，并不是为了勾起你们的伤心事，但家庭问题是需要所有家庭成员共同面对的。陈爸爸陈妈妈，我记得你们都说过陈斌以前在学校成绩很不错的。你们还记得那是什么时候吗？”小衣将话题渐渐引向陈斌的改变上。

“我记得小学的时候，包括小学毕业考，他的成绩都是很好的啊。刚进入中学，也经常被老师表扬，有一次期末考还进到班级前十名呢。可是后来就不行了，不知道为什么！”陈斌妈妈回忆道。

“那么陈先生呢？”小衣试图促使陈斌父亲讲话。

“大概也是那个时候，他好像初一还当过班委，他跟我说过的。他升初二后，我就不是很清楚了……”陈斌父亲说。

“你当然不清楚了，你哪里把心思放在管儿子身上了？成天也不知道在干吗……”陈斌母亲开始对陈斌爸爸抱怨道。

“陈斌，你觉得爸妈说得对吗？你学习状态开始变得没有以前那么好，自己知道是在什么时候吗？”小衣询问当事人的看法。

“跟他们说得差不多，初一时候还比较轻松，初二的时候物理、数学开始变难了不少，还有化学，我有点应付不过来。还有……还有……”陈斌吞吞吐吐。

“还有什么呢？”小衣引导他说出原因。

“还有就是，那时候我不想学习了，反正觉得学习也没用！”陈斌说。

“什么？学习没用？学习没用什么有用？不学习你能干吗？”陈斌妈妈开始一顿质问。

“就是不想学，我没心思，心思都放在你们吵架上了！”陈斌开始有些忍不住了，顶撞道。

“你不要一直这样骂孩子了，他多难受啊。”陈斌父亲有些看不下去，开口说话。

“你要管怎么不早点管，现在才说，我在教训他，你不要插嘴！”陈斌母亲气势很强。

“陈妈妈，您消消气儿，我们把重点放到你们都很关心的孩子的学习上。刚才陈斌说了，他学习的转变在初二，除了学业上的难度加大外，还有一个很重要的原因，就是他没办法全心投入到学习中，而这个问题又和家庭的变化有关，他说的是‘你们吵架’！您注意到了么？”小衣把矛盾焦点再次转回来。

“他说因为这个，真的是因为这个吗？”张女士转向陈斌。

“你知道同学说我什么吗？说我是没有爸妈管教的孩子！”陈斌情绪激动起来。

陈斌的父母听到这里，又再度陷入了沉默。

这句话，小衣听起来很熟悉，似乎在哪儿听见过……对了，是在陈斌班主任那里，说起他打架事件的时候，小衣更加明白了，于是说道：“陈爸爸陈妈妈，每个家庭都有自己的问题，而家庭的转变也会影响到每个成员，尤其对孩子的影响非常大。你们应该也不会认为陈斌是因为笨才学习跟不上的吧？那么，我们是不是应该去寻找一下，有没有其他什么原因造成他无法专心学业而成绩下降的呢？你们想过这个问题没有？”小衣引导着家庭成员自己去思考家庭内部结构问题。

陈斌爸妈都若有所思，陈妈妈点点头说：“有可能是这样的吧。我已经尽力去照顾他了，也尽量不告诉他我们的事情，为的就是不影响他的学习……”

“是的，你们都在尽力去照顾孩子，这个我们都相信的。但是，是不是真的能让他不受到影响呢？我们还得问问他自己。陈斌，你说呢？”小衣注重案主的感受。

“怎么可能？以前我们一家三口好好的。回到家，如果妈妈还没下班，也会有爸爸给我做好点心。现在呢？回家就总是一个人……妈妈还总是唠叨我，以前爸爸还能替我解解围，现在呢？我自己一个人说什么也没用。我想我那么努力干嘛？爸妈也看不到，也不会再在意我了，他们就忙他们的离婚吧。”陈斌说。

“我们怎么会不管你呢？傻孩子……”陈斌爸爸无比忧伤又心疼地说。

“陈斌，我明白你的感受。其实我们今天来的目的，就是为了帮助家庭澄清一些事实，发现以前大家都忽略的问题，更重要的是，改变一些固有的看法。比如陈妈妈和陈爸爸，你们也许都认为孩子学习成绩下降，变得不像以前听话，甚至有些叛逆，都是孩子自己的问题。其实不尽然，今天陈斌的谈话明显传达出这样一个信息，那就是你们的分开，给他精神和情感上都带来了打击，继而影响到他对自己生活和学业的动力。所以，在我们积极接受治疗之前，必须转变一个观念，那就是，问题的关键不仅仅在于其中某一个家庭成员本身，而是在所有家庭成员的互动上，要陈斌改变的同时，作为家长，你们也应该有所反省和行动。你们说呢？”

“嗯嗯……有道理，也许以前我们忽略了……”陈斌爸爸点着头说。

“我们今天的面谈还是很有成效的，那么请大家回去思考一下，造成目前这种局面有哪些原因？自己作为家庭的一员，在改善现有家庭关系上是否做出了行动？上一次陈斌和妈妈的‘角色互换’作业要继续做哦，再看看彼此有什么改变。下一次面谈，我们还是需要全员到齐，爸爸也要参与进来。”

……………………………………

小衣约定了再次面谈的时间，并把下次面谈的地点放在陈斌和妈妈住的家里，同时确保三位家庭成员都可以到场参加。

面谈结束后，小衣绘制了一张陈斌家庭的结构图，以更加明确案主的家庭关系（见图 7－1）。

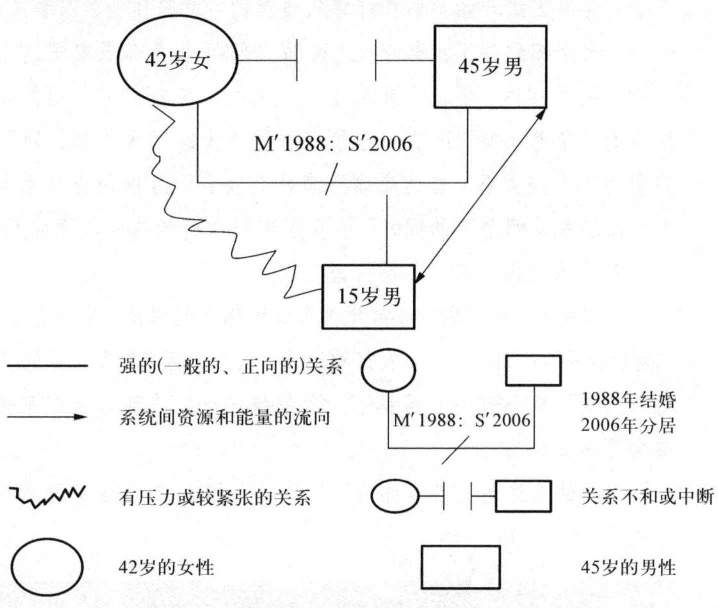

图 7－1　陈斌的家庭结构

约定到家中面谈的这天终于到了，小衣担心不熟悉路程而耽误时间，所以早早就出发了，结果顺利到达陈斌家，比约定时间提前了 5 分钟。她按响了陈斌家的门铃，迎接她的是陈斌的母亲。

“衣老师来啦，欢迎你啊，请进请进！”张女士热情地把小衣请进门。陈斌也从房间里出来迎接小衣，但此时并未见陈斌的父亲。

一番寒暄后，小衣问：“陈先生呢？他今天来的吧？”

“来的吧……我也不知道，我没问他。”陈斌母亲不太关心地说。

“要来的，爸爸说了，我打了电话，他告诉我的！”陈斌抢着说。

小衣发现陈斌和父亲的联系较之母亲似乎要多。

几分钟后，陈斌的父亲果然按响了门铃，陈斌跑去为爸爸开门。

“看，迟到了吧？不知道你是不是关心……”陈斌妈妈对着进门的丈夫埋怨道。

陈先生看了她一眼，没有反驳，直接对着小衣笑了笑：“不好意思来晚了，去另一个地方，结果来这里的道上堵车了。”

“没关系的，也没等多久。”小衣笑着回应。

陈斌给爸爸搬了个凳子，他自己坐在靠爸爸较近的地方。等三个人都坐下了，会谈正式开始，小衣打算从布置的“家庭作业”入手。

“大家都到齐了，真好，这说明我们每个人都很重视这个过程，重视自己对家庭的作用！还记得我们上次说过的‘家庭作业’吗？第一个是陈斌和妈妈的‘角色互换’记录；还有一个是让大家回去想想，如果要改善现有家庭中的不和谐关系，自己应该扮演什么角色，可以做出什么努力和贡献。那么，我们先从哪个开始呢？”小衣用询问和商量的语气面向三位成员。

三个人面面相觑，都没有说话。

“那要不，我们先看看前几次布置给你和妈妈的‘家庭作业’怎么样？就是‘角色互换’的那个。”小衣打破沉默，从母子俩有纸质记录的“作业”开始。

“哦，那个啊……稍等下，我找找……”陈斌母亲似乎想起什么了，进屋去翻柜子。

“我的在这里，老师你看！”陈斌很快从自己抽屉里拿出本子来，递给小衣(见表7－1)。

表7－1 “角色互换”记录(截取)

人物 时间	陈斌		陈斌母亲张女士	
	评分(满分10分)	说明	评分(满分10分)	说明
周一	7	今天没怎么骂我	8	开始帮忙洗碗了，有进步
周二	7	唠叨次数比前几天少了，大约3次	9	自觉去洗碗了，跟我说了学校的一些事情
周三	6	又开始说我了，说我劳动不积极，碗没洗干净	7	今天收拾碗筷不积极，有点懒惰情绪
周四	0	太不了解我了，没法沟通	2	原来和我说学校的事是为了要钱啊
周五	3	表现一般	6	表现平平，不怎么跟我说话
周六	5	比昨天好一些	8	家教老师说他其实挺聪明的
周日	8	跟我说话口气好了一些，答应给我买篮球服了	8	跟我说话多了些，作业有完成

“好好，我看看啊。嗯……不错啊，陈斌做得很认真，还画了笑脸啊……”小衣翻看着几日来陈斌做的记录。张女士也在一阵“翻箱倒柜”之后，找到了本子。

小衣看后说：“很不错啊，陈斌和妈妈都很认真地完成了我们约定的作业，从这个角度看，都是好学生！我看陈斌对妈妈的评价前三天都还不错嘛，妈妈也都给你打了高分。是不是周一到周三这几天两个人都表现得挺好的？”小衣抓住积极的方面询问道。

“上次从你们那里(社工机构)回来后，他是有听进去一些，前几天还按照你说的做，收拾碗筷和洗碗，做得还不错，以前他都不怎么参与家务的，我也怕耽误他学习就没让他干活儿。”陈斌妈妈说道。

“我这几天不也是坚持着洗碗啊？妈妈前几天也还好，不怎么唠叨我了，责骂我的次数好像也比以前少了，不过周四那天就不行了……”陈斌说。

“是吗？我看这个记录里，为什么周四那天你和妈妈都同时给对方打了个很低的分数呢？发生什么事了吗？”小衣抓住特殊情况问。

“那天啊，这个孩子，我还以为他之前跟我说学校的事情，说他们年级有篮球队什么的是为了跟我沟通，后来我才知道，他是想跟我要钱去买篮球服。我不是心疼钱不舍得给他买，问题是，买了以后他们一组队打篮球，那不是更没心思学习了？那还得了？”陈斌妈妈回答。

“什么啊，人家其他班的队员都有自己的篮球服，我们班也想要。别的同学家里人都给他们钱买了，我又不是乱花钱，打球怎么会影响学习呢？我真是不明白了。”陈斌不满地说。

“怎么不会了？你看你上次打球回来满头大汗，臭烘烘的，洗了澡就说累，哪还有精力做作业啊？”陈妈妈继续反驳道。

“我真是没办法跟你说，我那是运动又不是去干什么坏事！”陈斌愈发的不满。

“是啊，他从小就喜欢篮球和体育运动，你也不是不知道，就给他买嘛。”陈斌父亲也站在陈斌一边。

“你就是这么宠他，你看现在宠成什么样了？你说说，平时该管的时候不管，每次我在管教他的时候，你要么就是不在，要么就是帮他说话，让我怎么建立威信啊？我说话他还听得进去吗？”陈斌母亲又对着丈夫数落起来。

“我说的也是实话啊，管孩子没错，但是要管得对头啊！”陈斌父亲轻声反驳道。

“怎么叫作对头？我这么说他错了么？现在他的主要精力当然应该放在学习上，都快升入初三了，还这么无所谓！要打篮球，等他考上个好高中，那个暑假有的是时间玩，我这么管他也是为他好。像我这样严厉的，才能让他成才，你整天心思也不在这个家里，我自己一个人也能照顾好他，不用你操心。”陈斌妈妈越说越生气。

“你就是这样专制，无法沟通……”陈斌爸爸一副懒得多说的样子。

“好了啊，你们又吵架，烦不烦啊，我耳朵都长茧了。”陈斌听不下去了。

在一旁的小衣看着他们争吵，一直保持沉默并未干预，不是因为她无力控制局面，而是为了让平时家庭中的结构和规则充分展现。

三个人都气极了，互相不理睬。小衣看准时机，开口了。

“争吵几乎是每个家庭都会发生的事情，我们把适当的争吵看作一种‘减压阀’，也就是说，通过这种形式比较激烈的互动，表达平时潜藏在和平表面下的冲突和不满，把这些都发泄出来，事实上是有利于家庭成员之间互相了解对方心里的想法的。既然今天三位都到齐了，那么我们就来做一次‘减压放松’，开一次小型‘批评会’，把自己心里对其他家庭成员的不满说个痛快，怎么样？”小衣运用专业技巧试图让家庭的沟通互动模式更多地展现。

“不过呢，有个前提，那就是一个人在批评的时候，其他两个人要保持安静，要学会在争吵中倾听。等对方说完了再进行辩解，不要急于反驳，否则是不利于家庭成员充分表达内心感受和想法的。大家觉得呢？”小衣引导道。

“好，我来说！说……说他（指丈夫）。”陈斌母亲先开口，犹豫了一下先指向陈斌的父亲。

“他啊，从下岗后，就在家里待着，也没怎么见他出去找工作，家里经济都靠我一个人担着。一开始我想他也不容易，一个大男人的，在中年时候遭遇职业危机本来就挺让人尴尬的，我也就没多说什么。可是……可是后来我发现，他是不上进，待业在家的时候，还经常和朋友出去玩，有时候玩到晚上一两点钟才回家。都去干吗了啊？钱从哪里来？我一个人辛辛苦苦地赚钱养活这个家，他却在外面享受，你说气不气人？对孩子，他也是千依百顺，要什么给什么，我不是舍不得给孩子，而是这样会助长他以自我为中心的心理。我也想要他成才，我也想给他好的条件，我不是一直在努力创造条件让他过好吗？孩子现在不爱学习，说自己不行，可是我不信，以前他不是很好很聪明的吗？我的儿子怎么可能会不行呢？你不知道现在社会竞争多激烈，我管人事的，我在公司里见的求职者还少吗？如果没有学历没有知识，你到社会上怎么生存？可是，现在孩子也不听我的，嫌我烦，他（指丈夫）不理解不关心我……”陈斌母亲一口气说了好多，神情渐渐忧伤难过起来，眼里似乎闪动着泪光。

“好，陈妈妈，谢谢你的坦诚。您作为母亲和妻子，承担了家里很多责任，真的不容易，我想他们应该都感受得到吧。那么，陈斌和陈爸爸，你们有什么要说的吗？”

“我来说说。”陈爸爸开口了，“其实你说的（指向妻子）我都知道，我不是不明白你在外面辛苦，可是，你知道我失业那段时间心里的痛苦吗？作为一个男人，应该是家里的顶梁柱，可是在这个家里，我觉得我没什么地位。我知道你是急脾气，很多事情你说了算，这都没有问题，我也尽量让着你，为的就是让家里太平些。失业我也不愿意啊，我也想让我的妻子和儿子因为我骄傲啊，可惜我没做到。那段时间我只有去找朋友，和他们在一起才会觉得很放松，因为在家里，你也不怎么听我说话，只要你稍微温柔一些关心我一下，我就不会一天到晚老往外跑了。再说，我根本不是不上进，其实我在外面和人打交道，也是为了积累人脉资源，看看有什么工作机会可以提供，现在找工作很多单位都是靠熟人介绍进去的，我不多认识点人能行吗？说到对孩子的教育问题，陈斌是我的儿子，我就是疼他，想要给他好日子过，不要像我们以前一样过苦日子，这样错了吗？其实刚才我迟到了，是因为去专卖店给他看球鞋去了，他下下周就过生日了，我听说那里最近在打折，想去给他买一双……”陈爸爸也一口气说了不少，和他前几次的言语不多形成了鲜明对比。

“陈爸爸，您的心情我非常能够理解。在您这个年龄段遇到这样的职业困境确实很让人难受。孩子看起来也和您挺亲近的。那作为爸爸妈妈都关注的焦点——陈斌，你有什么想说的或者想发泄的，都表达出来吧！”小衣转向低着头的陈斌。

“我……我……我想要一个不那么唠唠叨叨的妈妈，可以跟我平等沟通，如果她有道理，我就会听她的。以前小时候，她很疼我的，也不会对我这么苛刻。我还想要一个不那么唯唯诺诺的爸爸，他很疼我，可是，我觉得爸爸有时候太‘软’了，虽然我跟他比较谈得来。其实我不过想要一个像以前一样快乐的家，完整的家……”陈斌不无感伤地说，豆大的泪珠儿从这个个子高高的男孩的眼眶滑落。

看着孩子的样子，听着他内心的话，他的父母都无言，母亲轻轻抽泣，父亲点燃一支烟吸了起来……

小衣让这种沉默和思考维持了一会儿，给他们留出一些回味彼此话语的空间。过了一会儿，小衣说：“今天的谈话真的很棒，每个家庭成员都得到了表达的机会，也许你们平时在生活中已经习惯了已有的模式，也就是妈妈主导话语权，爸爸和儿子都听妈妈的。可是，爸爸和儿子几乎不怎么和妈妈深度沟通，也无法让妈妈更进一步了解你们。换一个角度说，妈妈可能也没有充分表现出她愿意倾听和沟通的主动性。其实形成现在这个彼此疏远的情况，每个成员都有责任，你们任何一个人的努力都会对家庭起到积极作用。”

“比如说妈妈，”小衣继续说道，“现在您和陈爸爸暂时不住在一起，所以回家只能看到孩子。假设您在外面受了些怨气找不到人去倾诉和发泄，您会怎么样？”

“我……我会……”陈妈妈一时语塞。

“您想想，是不是有时一不留神，无心之间就把一些不属于孩子应该承受的怨气都发泄到孩子身上了呢？教育他要好好学习，规律地生活，这些绝对没有错，不过我们作为家长也要时时反省一下自己，哪些做对了，哪些又有可能是不恰当的，就像我们教育孩子一样，我们也应该反思自己，您说呢？”小衣和陈斌母亲沟通着。

陈斌母亲听后，有些惭愧地点了点头。

“那么陈爸爸，妻子的辛苦相信您也看在眼里疼在心里。不过作为她最亲近的人，您是不是应该给她更多的支持和鼓励？在教育孩子的问题上，有时您会站到陈斌那一边，和孩子形成一个小团体来对抗妻子，在她需要您支持的时候，您却站到了另一个阵营中。这种时候，您想她该多无助、多气愤啊？如果她在教育的时候用了一些不太恰当的手段，您可以和她单独沟通，但长辈的权威如果在孩子面前被直接打碎，那对她来说也许是不能接受的。”小衣对着陈爸爸说。

“是啊，有可能我太顾着孩子了，忘了我也有教育的责任，我应该反省。”陈爸爸很赞同。

“好，那我们谈谈陈斌。今天爸爸妈妈给你充分表达意见和想法的机会了，而我们也看出你非常在乎这个家庭，所以他们应该很欣慰，觉得没有白疼你吧？”小衣询问式地看着陈斌爸妈，他们都微笑着对陈斌点点头。

“看，你爸妈都认可你了呢！你看他们都不觉得你是笨小孩，都认为你很聪明，只不过现在在学业上遇到了一些困难，只要你肯努力，一定可以顺利闯过去的，因为你以前就很优秀，现在是，以后也会是的，对吧？”

“嗯……”陈斌有些不好意思地低下了头。

“你看刚才妈妈也说了，她为了你的将来打算，不仅现在在生活上尽量给你创造好的条件来培养你，而且也在精神上不断作为一个引导者鞭策你不要落后，其实她是尽到了一个母亲对孩子的关心爱护的责任的。你现在只需要专心学习，其他的生活压力都不需要考虑，想想还有什么比这个时候更加单纯和幸福的呢！可是你的爸爸妈妈却要承担起生活的重担，在外面奔波打拼，回到家，是不是也希望看到你一切都好，看到你的笑脸呢？你不让他们操心，就是对他们最大的支持了，对吧？”小衣轻轻地抚摸着陈斌的头，他噘起嘴，点了点头。

“嗯，我相信你是个通情达理的孩子。如果你不喜欢妈妈有时候用唠叨的方式来教育你，那么除了跟她好好沟通外，你还能怎么做才能减少她的唠叨呢？”小衣试图启发陈斌自己思考。

“嗯……应该……我做好我自己，不让她有唠叨的机会！”陈斌抬起头，眨着大眼睛说。

“真聪明！我们自身也要做出努力和改变，这样才有可能解决问题，对吧？！你也是个小大人了，如果希望再拥有一个完整和谐的家，是不是自己也应该要做出一些努力？不能总是一味要求爸妈改变吧！”小衣说。

“嗯，是的！”陈斌有力地点点头。

……………………………………

之后，小衣又给他们布置了“快乐家庭作业”，即要求他们到下次会谈之前，每天或者每周记录下家里成员的一个或多个优点，或者是当天发现的改变，并且不要吝啬对对方的赞美，也不要羞于表达。比如陈斌如果发现某天妈妈穿了一件衣服很漂亮，就记录下来，并且记得和妈妈说“妈妈，你真美！”用这种积极的鼓励方式，可以增进成员间情感的正向支持强度，使沟通基于一个更加良好的平台。在接受这个任务时，小衣发现，三个人脸上都不同程度地浮现出了笑容……

几次接触下来，陈斌一家人都对小衣十分信任，而且小衣也很注重在过程中启发家庭成员自身的思考和主动性，让他们自己主动去发现不足，并运用自己的能力去解决问题，因为只有成员本身才是家庭的主体。

一个完整的家庭结构首先是夫妻关系的平衡，良好的夫妻关系才能为整个家庭结构提供支柱，为孩子提供精神支持。于是小衣在陈斌父母的同意下，安排他们参加了多次婚姻关系的辅导课程，主要帮助他们学会积极悦纳对方，学习良好的沟通技巧，学会倾听彼此的感受并进行分享。此外还介绍他们参加了三次“我们的幸福生活”工作坊，其间推荐他们看了一些有利于婚姻关系改善方面的资料及影片，请他们回忆从最初自由恋爱到后来婚姻经历中的点点滴滴，也探讨了家庭生活中的风波如何有效应对等问题，促使双方都用更加积极和宽容的心态去接受彼此，珍惜来之不易的情感。一段时间后，陈斌父母的关系有了明显改善，陈爸爸到家里见孩子的次数多了起来，陈妈妈在谈话中也逐渐减少了强势说话的次数，慢慢学会倾听。在教育孩子的问题上，双方也初步达成了一定的共识。

不能忽略的是，亲子关系仍是治疗的重点。小衣通过社工机构和社区取得了联系，在元旦时组织了一次较大规模的社区游园活动。此次游园活动设置了许多竞赛项目，并要求以团体的形式参与，尤其针对亲子和夫妻。陈斌和他的父母都饶有兴致地参加了，陈斌和妈妈在“谁是猜歌王”的活动中配合默契拿到第二名，和爸爸在“谁是投篮王”的比赛中又联手取得第一名，可谓收获颇丰。

还有一个项目让他们感受最深——“穿越障碍赛”。小组队员互相牵着手，在有限的时间内突破所设置的几道障碍，最先到达终点的获胜。这个项目要求两人参加，爸爸妈妈和陈斌商量了半天，决定由陈斌和妈妈上。一番辛苦的穿越之后，陈斌和妈妈紧紧抓着彼此的手，终于到达了终点，他们用时 5 分 05 秒，获得了第四名。

团体互动游戏结束后，小衣和陈斌一家进行了简短的总结和分享。

“今天玩得还开心吗？”小衣看着气喘吁吁的一家人笑着问。

“开心啊，我们家最后总分排到第三，季军呢！看，还拿了个奖品。”陈斌无比激动地向小衣展示“战果”。

“真棒！那哪个项目你们最喜欢、印象最深啊？”小衣问道。

“哦，那个穿越障碍，真是太难了，我一把老骨头了，不像年轻人啊，小斌跑得真快、真灵活！”陈斌妈妈笑着说。

“唉，我在旁边看都觉得挺累的，你看他们俩满头汗。”陈斌爸爸关切地说。

“对啊对啊，这个比较难，但是挺好玩儿的，我都不敢放开妈妈的手，不然她摔倒了怎么办。”陈斌很兴奋。

“嗯，是啊，因为最难所以被放在最后一个项目啊！陈斌，做完这个游戏是不是觉得挺累的？”小衣问。

“对啊，是挺累的。”陈斌抹了一下额头的汗。

“呵呵，你看，你牵着妈妈的手用了5分钟穿越障碍，都累成这样了。那么，爸爸妈妈牵着你的手，已经走过了15年的风雨，他们伟大吗？”小衣借题发挥着。

“啊……真的是啊。嗯嗯，辛苦了，爸爸妈妈……”陈斌再次拉起他们的手，“衣老师，给我们全家拍张照吧！”陈斌递过相机。

“好，来！一、二、三，茄子……”一家人默契地凑在一起，镜头里定格了阳光下三张灿烂的笑脸，这个温馨的画面，终于再度出现在陈斌的生活中……

五、结案与评估

新的一学期开始了，开学初，陈斌就接到体育组的通知，本学期学校打算组织年级篮球赛。这对陈斌来说是个难得的好机会。可是，妈妈会同意他参加吗？怀着忐忑不安的心情，陈斌回到家小心翼翼地和妈妈商量着："妈，我们老师说，这个学期要组织一次年级篮球赛，我……我是我们班的主力，我想要参加……可以吗？"

"篮球赛啊？那要打多久？"陈妈妈问。

"大概，每个礼拜五下午打比赛，没几次就结束了，我们年级班级也不多，不会很长的……"陈斌解释道。

"那，要花很多时间练习吧？"陈妈妈还是不放心。

"练习嘛，肯定是要的，不过呢，我们班几个经常在一起打球的，配合也挺默契的，应该很快就上手了啊！妈妈，让我去吧……”陈斌稍微和妈妈撒娇了一下。

“嗯……这个嘛……要参加也行，不过我们要有个约定，那就是，你每天训练归训练，但不能占用太多学习时间，要保证当天作业都完成，我会检查的。下午放学后如果要训练，到家时间不能晚于 6 点半，这样回来吃个饭休息一下才有时间写作业啊，能做到吗？”陈妈妈说道。

“能！”陈斌开心地说。

“好，一言为定！”陈妈妈和陈斌勾了勾手指：“男子汉说话要算数！”

“放心吧，一定！”陈斌很坚决。

终于到了篮球赛的最后一场比赛，陈斌所在班的篮球队挺进了冠亚军争夺赛。赛前几天，陈斌灵机一动想了一个主意：制作卡片邀请函，向全班同学的父母发放，邀请他们有时间来观看本次篮球决赛，既可以让家长了解子女，又可以顺便为本班鼓舞士气，可谓一举两得。全班都支持他的提议，于是陈斌也带了一份邀请函回家给爸妈。妈妈第一次收到这样的邀请函，很是欣喜。比赛那天，陈妈妈和陈爸爸果然遵守约定，一起到现场为儿子加油，还拿上了旗子等装备，俨然一副“粉丝团”的样子。看着场上时而灵活奔跑、时而组织进攻的儿子，他们知道，自己的孩子真的很棒。

跟踪辅导期间，小衣还收到了不少来自陈斌家庭积极的信息回馈。例如陈斌告诉她，近日班干部选举时，他得到了很多的票数，光荣地被选上了班级体育委员。但是，同学们也给他提意见，说他应该加强学习提高成绩。他说：“我一定要在期中考试和期末考试时给大家一个惊喜！”

陈妈妈也告诉小衣，陈斌最近回家做作业的自觉性提高了，老师也反映他最近上课认真多了。陈斌妈妈听说儿子很喜欢的一个乐团近期发行了新专辑，他曾经和她提过想要买，为了给他一个鼓励，她瞒着陈斌到音像店里买好了 CD，放在陈斌书桌前，写上纸条：“小斌，妈妈希望你能像他们一样，克服重重困难，追求自我突破，坚持到底，做个有始有终的人！”说到这件事的时候，陈斌脸上浮现出的幸福表情让小衣倍感欣慰和愉快。

根据案主陈斌及其父母的表现，小衣认为陈斌和他的父母，尤其是妈妈，已逐渐学会积极正向地沟通，小衣对此次辅导进行了总结和评估，并将评估报告与案主及其家庭成员分享，借此机会提出结案，同时表示会继续和他们保持联系，关注他们的进展。

第四节　理论研习与案例反思

结构家庭理论打破了早期心理治疗的局限，把考察的范畴从个人层面延伸到家庭层面，注重个人问题与家庭生活两者间的关系，并邀请家庭成员一同参与治疗工作，是一种更为全面的处理成员问题、恢复家庭功能的治疗模式。

一、结构家庭理论的核心概念

结构家庭理论致力于主动、直接地挑战家庭的互动模式，迫使成员不只是注意被认定为患者的症状，更要在家庭结构（支配家庭互动模式的内隐规则）的背景中观察其行为。它的目标是帮助家庭改变其刻板的交互模式，重新定义其关系，从而帮助成员更好地应对他们生活中出现的应激障碍。①

结构家庭模式的理论基础相当宽广，不同学科领域的众多理论对其形成与发展贡献颇多。例如，社会系统论对结构家庭理论的发展影响十分深远，至今许多分支流派仍以系统理论作为基础。根据系统理论，每一个简单的有机体都是整体系统中的一部分，具有其他部分所没有的功能。它们产生于互动，关系存在于各个部分之中，整体总是大于部分之和。于是，从系统的角度来看，要理解某个家庭成员的行为，仅仅访谈他一个人是不可取的。受系统理论启发，许多实务工作者和研究者认为，家庭系统由夫妻系统、亲子系统、手足系统等几个子系统构成，它们之间既互相联系又互相制约，从而保证家庭系统的有序运转，以此实现家庭的各种功能。家庭系统一旦形成，就用其“平衡机制”来满足家庭成员的基本需求，当内部出现危机时，家庭又用“改变机制”来凝聚家庭、增长能力以共同面对

① ［美］戈登堡：《家庭治疗概论》，李云正等译，陕西师范大学出版社 2005 年版，第 166－167页。

困难。[①]此外，依附理论的出现，成为描述最深层次亲密关系的有力工具，它阐明了健康平等的成年人以及未成年人与监护人之间是如何相互依赖的。它为探索成员间关系提供了不同于其他理论的新视野。

正因为结构家庭理论的特殊性，我们在实务工作中要求工作者对家庭的解析主要从家庭结构以及家庭功能入手。因此，实务工作者必须理解和掌握家庭系统、家庭结构、家庭病态结构和家庭生命周期等基本核心概念，并以此作为主要工作内容，从而清楚家庭交往的过程，进而制订出下一步介入的方向和策略。在此，我们详细介绍这四大核心概念。

（1）家庭系统。该模式认为，家庭是一个系统，家庭成员是构成家庭这个系统的基本元素。在家庭这个整体中，其功能并非单个家庭成员功能的简单相加，家庭作为整体重新生成了全新的结构和功能。构成家庭的每个成员彼此之间相互影响、相互依赖，并共同隶属于家庭，家庭内的交互反应是发生在一个相互影响的互动网络内的，一个家庭系统内每个成员的态度和行为都是紧密地、长期地联系在一起的。

（2）家庭结构。在结构家庭治疗模式看来，“家庭的结构是指一组无形的功能性需求，家庭成员借此建立他们的互动方式。家庭是一个借由互动模式运作的系统，这些重复出现的互动模式建立了如何、什么时候和跟谁相联结，而这些模式则奠定了系统的基础”[②]。家庭中诸种互动模式联合起来，就构成了一个家庭的结构。可以说，家庭结构是家庭成员实际交往过程中的产物，家庭结构是固化的家庭关系。结构家庭治疗模式在表述家庭结构时主要采用了次系统[③]、边界[④]、角色、责任分工、权力架构等重要概念来加以说明。

（3）家庭病态结构。常见的不和谐家庭结构主要有以下几种：① 纠缠与疏离，主要指家庭系统中各子系统之间边界模糊，该封闭的不封闭，该开放的不开放，进一步导致家庭角色错位、责任不明、家庭权力混乱，从

---

① 朱眉华、文军：《社会工作实务手册》，社会科学文献出版社 2006 年版，第 164 页。

② ［美］米纽钦：《结构派家族治疗入门》，刘琼瑛译，台湾心理出版社有限公司 1996 年版，第 74 页。

③ 次系统：在家庭大系统中，因为功能、世代等不同而分成很多比整体小的单位，叫作次系统，例如夫妻次系统、亲子次系统等。

④ “边界”或“界线”：家庭本身的“边界”把家庭与外界划分开来。正常、健康家庭的边界是半渗透式的，能让外界新事物渗透进来，同时又会过滤这些事物，把不能容纳的拒之门外。这些界线实际上就是众多无形规条中的一种，它决定了谁参与以及怎样参与。

而引发家庭问题。例如父母对子女过分溺爱，是一种由于边界模糊导致的情感纠葛，容易使子女产生过强的依赖感。② 联合对抗，主要指家庭成员彼此之间“结党营私”，而与其他成员疏远乃至对立，造成家庭问题甚至引发家庭破裂。例如家庭中出现争吵时，母亲总是和儿子站在同一边，而父亲和女儿站在对立的另一边，互相对抗。③ 三角缠，主要指家庭成员之间一种非直接的互动，它是通过第三方来实现的，如夫妻之间长期分居，通过子女作为中间人来传话。此种家庭结构一方面表现出家庭成员的割裂，另一方面表明家庭成员的错置，这很容易引发家庭关系的混乱。④ 倒三角，指家庭权力分配的错位，比如子女反过来支配父母等。倒三角的家庭权力结构对孩子的成长极为不利。

（4）家庭生命周期。家庭生命周期主要用来表示结构化的家庭同时还处于周期性的运动变化过程中，家庭生命周期是对家庭变化的一种理想表达，一般来说，家庭的发展都要经过形成期、发展期、扩展期、完成期和解体期五个阶段，它有助于揭示家庭变化发展的规律。

二、结构家庭理论的特征及处置过程

结构家庭理论并不直接解决个体行为问题，而是致力于改变案主家庭的交往方式，因为结构家庭理论认为个人的问题只是表象，家庭的问题才是导致案主个人问题的真正原因。因此，该理论主张通过多元化、多层次的家庭介入来解决家庭的问题，以最终使得案主个人的问题得以解决。即是说，结构家庭理论是基于如下假设：个人问题与家庭的动力和组织情况具有密切的关系；通过改变家庭动力和家庭组织的过程，可以改变个人及家庭的问题。据此，与其他理论模式相比，结构家庭理论模式具有以下特点：

（1）以家庭整体作为问题的中心，而不是某个家庭成员。从系统论的角度来看，家庭是一个成员相互依赖和互动的系统，家庭社会功能的发挥有赖于家庭中各成员角色的承担与实现。当家庭中任何一个成员无法承担其应尽的义务时，都会影响到其他成员，从而引发家庭整体功能的失调。因此，家庭治疗模式一个最大的特征是以家庭整体作为治疗的单位，从家庭整体角度来观察个人、理解个人，帮助各成员充分发挥其所应担当的角色和功能。也就是说，家庭治疗模式把家庭中任何一个成员的问题看作是整个家庭的问题，从整体的社会功能方面进行必要的改善。①

（2）治疗的目标和焦点是改变家庭内部所存在的不良互动关系。与个案工作方法不同，家庭治疗方法的关注点在于家庭结构是否合理、家庭成员间的交往和沟通方式是否合适、家庭成员间的关系是否协调、家庭正常功能的发挥是否受阻，家庭中存在的不良关系和结构对个体成员又造成了怎样的影响等方面。家庭治疗强调，通过理顺家庭关系，加强家庭积极功能，能达到改变个人所处的家庭环境，帮助家庭和个人共同成长的目标。②

（3）注重家庭此时的境况，发现或改变家庭成员间互动的规则。家庭治疗法并不刻意去追寻一些陈年旧事，也不太注重个人的心理和行为问题的表征。该模式对治疗过程中展现出来的家庭互动的潜在规则给予充分的关注。家庭治疗师相信，家庭现有问题的出现可能是家庭成员之间长期的互动不良造成的，有的也许已经形成习惯，因此在治疗过程中，家庭治疗师往往会细致地观察家庭成员的空间距离和谈话习惯，从而发现家庭的潜在规则，引导并帮助他们建立积极有效的互动模式。

（4）需要家庭中多个成员共同参与治疗，同时做出改变。许多系统取向的治疗师反对在家庭治疗中“仅治愈某种症状”，他们认为，当一种症状治愈后，另一种症状将出现，以填补第一种症状所承担的功能（保持家庭自平衡或者现状）。③家庭治疗师认为，家庭问题的改变不是一朝一夕就可以解决的，家庭状况的好转需要靠家庭各成员的合作与努力来实现。因此，重点在于通过个体问题的呈现，要求全体或部分家庭成员共同参与到治疗过程中，以实现家庭的整体性改变。

从治疗目标上来讲，因为结构主义者认为家庭成员的症状是现有家庭结构不适应正在改变的环境或者发展要求而产生的，所以他们认为如果家庭已经重建自身从而让成员自由地、以非病理的模式彼此联系，那他们就

① 朱眉华、文军：《社会工作实务手册》，社会科学文献出版社2006年版，第240页。

② 张文霞、朱东亮：《家庭社会工作》，社会科学文献出版社2005年版，第122页。

③ ［美］查尔斯·扎斯特罗等：《社会工作实务应用与提高》，中国人民大学出版社2005年版，第258页。

达到了治疗的目标。①

在《家庭和家庭治疗》一书中，米纽钦列出了结构家庭治疗中的三个交叠阶段：① 治疗师与家庭建立关系；② 画出家庭的潜在结构图；③ 进行干预来转换这个结构。尼科尔斯(M. Nichols)和施瓦茨(R. Schwartz)在他们合著的《家庭治疗基础》一书中将结构家庭治疗分为七个步骤：① 介入和适应；② 与家庭进行交互作用；③ 画结构图；④ 突出和修正交互作用；⑤ 设定界限；⑥ 打破平衡；⑦ 挑战没有效果的假设。②通过总结归纳，并参照范明林等人的划分方法③，我们将结构家庭治疗模式的过程按照“连接”“评估”和“介入”三大环节加以阐述，它们往往是同期进行而不是截然分开的。

(1) 连接和进入。这一阶段也可以称为参与家庭、进入家庭、连接家庭。“连接”的意思是社工去接触家庭内的每一个成员，感受案主对社工的容纳与反应。因为家庭结构往往是潜藏的，难以一眼辨明，是在家庭成员日常生活方式中表现出来的，因此要了解家庭，不能仅仅依靠与个体家庭成员的单独交谈，而需要进入家庭的真实环境或邀请所有家庭成员到会谈室，直接观察家庭成员的言行，这样才能更为准确地把握家庭结构。此时社工要注意的是：首先，应该接纳家庭的规则与习惯，不要急于改变家庭的现有规则；其次，要注意了解家庭的交往过程和内在关系；最后，要注意调整自己的立场，是贴近、中立还是远离。

(2) 评估和诊断。在结构家庭治疗模式中，评估与介入通常是同期进行的。有了前期的进入和对情况的了解，治疗师还要注意在这一阶段描述和分析潜藏的家庭结构，对家庭问题做出评估与诊断。具体内容包括家庭的结构状态、家庭系统的弹性和回响、家庭系统的反馈、家庭生活的环境、家庭生命周期，以及家庭成员的症状问题与惯用的交往方式等。

(3) 介入和改变家庭结构。介入是社工实施影响，促使家庭结构发生改变的过程，具体的治疗目标是由家庭与社工共同制定的。在这一过程

---

① Prochaska J O, Norcross J C. 1999. Systems of psychotherapy: A transtheoretical analysis (4th ed.). Pacific Grove. CA: Brooks/Cole.

② [美] 尼科尔斯，施瓦茨：《家庭治疗基础》，林丹华等译，中国轻工业出版社 2005 年版，第 144 页。

③ 范明林：《社会工作方法与实践》，上海大学出版社 2005 年版，第 142－150 页；陈志霞：《个案社会工作》，华中科技大学出版社 2006 年版，第 275－280 页。

中，具体有三大目标，即改变家庭的看法、改善家庭结构和改变家庭错误的世界观。

第一，改变家庭的看法。结构家庭治疗重视家庭观念的改变。一般家庭模式认为，问题关键出在有症状的家庭成员身上，而结构家庭模式的社工却需要使他们认识到问题出在家庭交往方式上。

第二，改善家庭结构。家庭动力功能失常，通常是由于界限过于僵化或模糊所致，结构家庭治疗者需要重新规划界线，通过打破平衡、建立界限等技巧来增加家庭次系统间的亲近或疏远程度，调整次系统间的状态。

第三，改变家庭错误的世界观。每个家庭都会存在既有的期望、要求和价值观，然而有些观点可能无法适应成员需求而产生冲突。通过社工的工作，力图让家庭认识到每个成员都有自我决定的权利，既然将家庭视为一个整体，就需要各成员进行协商沟通从而制定出适合家庭和每个成员健康发展的价值观标准。

值得强调的是，以上的过程划分无非是希望尽可能清晰地说明结构家庭模式的治疗过程。在实际干预辅导中，很难将各个阶段完全割裂开，应视以上阶段为一个联动的过程。

三、结构家庭理论的实务技巧

从本例可以看到，案主陈斌的问题并非像他母亲一开始来社工机构寻求帮助时那么简单，即并不仅仅是叛逆和学习成绩下降等表象问题。社工进一步探究发现，更深层次的原因在于陈斌经历着家庭结构的改变，而这种改变又是破裂式的，从而影响了他对学习的兴趣和积极性。此外，与母亲长时间沟通上的障碍也造成了母子关系的紧张，以及他在学业上较低的自我价值认同。因而，从系统和结构的视角来看待案主陈斌的问题，就不应该单纯地将其归结为个人行为问题，而同时应该看到其周围系统和所处家庭结构的变化所带来的冲击，进而从整个家庭系统入手加以全面改善。

再进一步分析，在实施治疗的过程中，社工小衣注重运用结构家庭治疗模式中的一些关键技巧来引导案主及其父母，使家庭关系从病态、紧张向较为积极、正面的方向发展，取得了一定成效。

(1) 从家庭系统来看。结构家庭治疗模式认为家庭是由一组互相依赖的单位组成的，系统内每个单位都有它特定的功能，系统内的成员互相产生循环影响。在陈斌的家庭中，母亲张女士习惯于喋喋不休，掌握话语主动权，而父亲和儿子陈斌在旁被动地不发言。从家庭系统内看，父亲和儿子的被动及沉默，可能令陈斌妈妈更加喋喋不休，内心担忧他们的境况却无法获得更多反馈，而陈斌妈妈的过分紧张也可能造成丈夫和儿子更加被动，不愿沟通，因此在家庭系统内的因果和反馈都是循环的，然而这种循环却没有朝着较为良性的方向进行。

(2) 从家庭次系统来看。在家庭大系统中，按照功能、世代不同可以划分出很多小单位，也叫作次系统。陈斌所在的三口之家里，次系统可以分为父子关系、母子关系和夫妻关系。从治疗前的情况来看，父子次系统较为融洽，陈斌从小就和父亲比较亲近，而母子次系统则呈紧张和疏离状态，夫妻关系也处于僵化状态。总体而言，家庭内部各子系统之间并未形成良好的结构关系，因此改善各子系统间的关系结构也就成为治疗的重点之一。

(3) 从家庭的权力结构来看。陈斌家的家庭权力基本是由母亲主导，母亲是支配者，形成一个母权为主的结构关系，大事小事基本都由母亲说了算。然而家庭成员的角色定位和责任分工不够明确，母亲既要在外担当中层管理者的职业角色，是家中经济上的主心骨，回到家又要担负家中事务和孩子的管理教育职责，而父亲在这一过程中的角色定位模糊，以至于权力被削弱，责任分散，从而无法获得足够的话语权。

(4) 在家庭规则上，家庭成员的交往方式基本上是僵化的，信息反馈和沟通的渠道以单向为主，由母亲输出，儿子输入，但反向的互动沟通却极度缺乏，由此导致家庭规则僵化，由母亲主导制定。

(5) 不和谐的家庭结构。陈斌家庭的不和谐结构属于疏离型外加联合对抗型。在正常的家庭系统中，各次系统之间应该有清楚的界限，家庭成员间情感纠缠与疏离是指各次系统之间的边界模糊或混淆，该封闭的不封闭，该开放的不开放，从而导致家庭角色混乱，造成成员的问题。界限模糊就会出现情感纠葛，界限过于僵化就会出现情感疏离，比如陈斌母亲与其丈夫以及陈斌之间就都形成了僵化的界限。而联合对抗则往往是由于纠缠与疏离，使得家庭中的某些成员结成同盟，而与其他成员相对疏远乃至对立。例如陈斌家中，当在孩子的教育问题上出现争执时，父亲往往站到儿子一边，儿子也依赖父亲的庇护和支持，从而形成联合对抗母亲的格局（见图 7-2）。

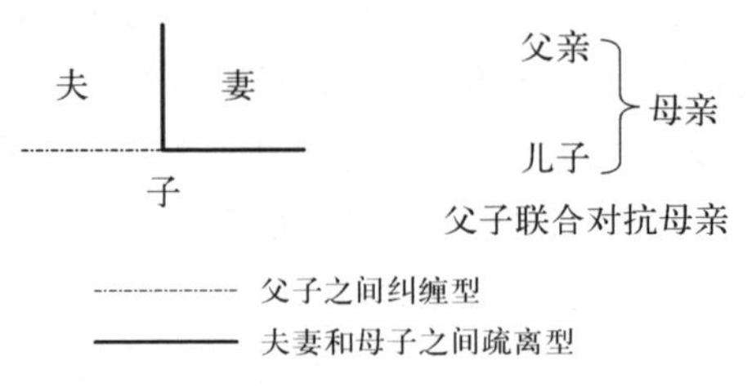

图 7－2　陈斌家庭的不和谐结构

基于上述对家庭结构的深度分析，小衣进一步提出了其工作目标，也就此实施了干预和治疗，最后结果也是颇具成效(见表 7－2)。

表 7－2　治疗过程的目标

	治疗前家庭结构问题	治疗后预期的理想家庭结构
案主的自我价值	认同度低，尤其在学业上	较高的自我认同，学业提升
家庭规则	规则僵化，无法协商	规则恰当，灵活
沟通模式	间接的，模糊的	沟通清晰，具体，真诚

进入和治疗的方式方法：在一开始的进入阶段，社工小衣就很注重熟悉案主的家庭规则。例如第一次面谈，小衣试图让陈斌和母亲说出陈斌的兴趣爱好，以此来寻找共同点，同时也判断两者之间的差异，观察母子间交往互动的方式。小衣发现，母子间的互动基本处于僵化状态，于是提出“角色互换”的方法，力图使彼此跳出既有观点，站在对方的立场考虑问题，但这种做法同时也存在一定风险，即过早地试图改变家庭既有的规则，有可能遭到家庭成员的抵抗，这一点在工作中应多加留心。

实际介入过程中的反思：在介入过程中，主要目标包括改变家庭的看法、改善家庭结构以及改变家庭错误的世界观，小衣着重在改变家庭看法和改善家庭结构中运用专业技巧。

改善家庭结构可以从多个角度切入，但首先是从改变家庭的沟通模式入手。小衣注意到了这一点，因此在话语主动权上尽量进行适当的引导，让陈斌和父亲都有说话和表达的机会，同时促使母亲反思自己的沟通方式，不要总以高高在上的姿态来看待其他家庭成员，为促使家庭结构的改善奠定了良好的基础。

第五节　结构家庭理论的主要影响及评价

结构家庭理论发端于20世纪60年代，此流派以简洁和实用两大特点在20世纪70—80年代称雄于整个家庭治疗界，成为家庭治疗学派中影响最深、应用最广泛的一个流派，同时也带动了家庭治疗实务的发展。家庭治疗在进入21世纪后，虽然后现代和整合式的家庭治疗是主流，但结构家庭治疗理论，无论在理论上还是在技术上，通过在临床实践中不断发展和完善，依然是家庭治疗界最具特点的主流学派之一。

在很长一段时间内，心理学和社会工作都将案主个体视为治疗和辅导的主要对象，这种从个体主义出发的视角尽管将重心和焦点放在案主本人身上，但也在一定程度上忽视了各种群体，尤其是初级群体——家庭的作用。出现于20世纪50年代的结构家庭理论则改变了这一状况。它是一种把关注的焦点置于家庭人际关系上的治疗范式。它认定，个体只有在互动和系统（家庭）中才能被说明、被理解，个体的困扰实际上是关系的困扰，是个体所在的系统出现了问题。因此，实施心理干预的对象应当是关系和系统，而不是个体本身。①结构家庭理论的出现，带给社会工作和心理治疗以崭新的思路。这种模式转变所产生的重大影响使部分研究者将其视为继心理动力学、行为主义和人本主义之后的“第四势力”。

结构家庭理论侧重重建家庭结构，改变相应的规则，并将家庭系统僵化的、模糊的界限变得清晰并具有渗透性，设法改变维持家庭问题或症状的家庭互动模式。因此，它也迫使我们的社会工作者必须是一位变化着的从业者。但变化总是会遭遇到抵抗，而其自身所拥有的选择并不多。只有当我们的社会工作者打破了维护家庭旧有的常规时，变化才可能发生。这也意味着，社会工作者是一个受到限制的变化者，并非是一位可以随意指挥演员表演的大导演。应该说是家庭成员决定着改变方式的可能与否以及其相应的限制程度。因此，改变是一项需要治疗师和家庭成员相互协助的

① 汪新建：“视角的转换：从个体到关系——西方家庭治疗评介”，载《社会心理研究》2003年第3期。

事业。在我们的实务工作中，我们的社会工作者需要随时调整自己适应家庭，进入他们的世界，在与家庭成员的关系互动中做出改变。从治疗目标上来讲，因为结构主义者认为家庭成员的症状是现有家庭结构不适应正在改变的环境或者发展要求而产生的，所以他们认为如果家庭已经重建自身从而让成员自由地、以非病理的模式彼此联系，那他们就达到了治疗的目标。①

当然，这一特点也深深印刻着社会工作者自身的个性特点与变化。萨尔瓦多·米纽钦（Salvador Minuchin）对其五十多年的职业生涯总结道："经过数十年的治疗实践，我已经从一个主动的挑战者——对抗、指导、控制转向更柔和的风格，其中，我可以运用幽默、接纳、支持、建议、引导，去达到以前需要运用犀利的风格才能达到的目的。我已经从指导者转变成为一个协助者，不过，我并没有放弃作为一个专家的角色。"

在此，我们再次一起来回顾我们的这一案例。在一开始的进入阶段，社工小衣很注重了解案主的家庭规则。例如面谈中，小衣以陈斌的兴趣爱好为主要话题来寻找母子之间话语的共同点，同时也观察亲子间交往互动的方式，由此她发现，母子间的互动模式是僵化的，但她并没有急于打破家庭既有的规则，一来是避免过早改变家庭既有的规则，以免遭到家庭成员的抵抗，二来也是需要充分了解家庭互动模式，以便于后续工作计划的实施。这一点在进入的前期，社会工作者要多加留意。

实际治疗和介入过程的主要目标是改变家庭的看法、改善家庭结构以及改变家庭错误的世界观。社工着重在改变家庭看法和改善家庭结构中运用专业技巧，因此联系了家庭的另一位重要成员——分居在外的爸爸，邀请他一起参与，全员到齐为的就是转变原先的错误观念，即认为有问题的仅仅是儿子一人，事实上他的问题（包括学业动力不足、亲子关系紧张）是和父母分居的家庭结构转变以及长期以来形成的僵化沟通模式密不可分的。因此社工遵循结构家庭模式的原则，注重先从认识上改变家庭的错误观点，使成员们都意识到每个人都负有改变的责任。

亲子沟通向来是一门看似简单实则深奥的学问。作为父母，在教育孩子时，需要明确几个原则。首先是平等和尊重。把孩子作为一个独立的个

---

① Prochaska J O，Norcross J C. 1999. Systems of psychotherapy：A transtheoretical analysis (4th ed.). Pacific Grove. CA：Brooks/Cole.

体来看待，充分尊重其思想和意愿，平等相待。其次是真诚和理解。父母在和孩子交谈时一定要表现出诚意，让他感受到被理解，不要剥夺孩子表达自己思想的权利，即使不能同意孩子所说的，也应该试着换位思考，并尝试进行沟通。当遇到意见不一致时，避免用“这些话是你说的吗”或“你真是个小孩子”等话语。最后，是信任和让步。要相信孩子有自己的思想和处理问题的方式和能力，尽量避免做出情绪化反应和过激行为，不急不躁，耐心沟通，争取问题的圆满解决。①结构家庭模式的成功介入，让这个家庭的成员重现笑容和活力，然而最终改变和维持的动力还在于家庭成员自身，社工只能是引导者，却不能代替案主和成员的努力。和谐家庭，快乐生活，家庭成员共同努力去改变的经历，都将成为值得珍藏的家庭回忆！

结构家庭理论的兴起可以说是社会工作发展中重要的里程碑，它将案主的问题从个体的分析视野扩大到更宏观的系统——家庭等群体之中，其治疗原则和方式不仅为解决个体问题提供了帮助，同时也为解决与个体相关的组织系统问题提供了崭新的思路。迄今为止，家庭治疗模式仍旧处在不停的探索和发展过程中，同时，家庭治疗与其他治疗模式的结合，也推动了社会工作的治疗向着有效性、系统性和多元化的方向发展。

① 吴寒斌、高虹：“用心倾听孩子”，载《早期教育》2005 年第 11 期。

第八章

低龄学生依恋障碍的治疗

——游戏治疗理论的运用

当儿童感受到他的照顾者是可以依赖且对自己是有帮助的时候，就会与照顾者形成一种安全型的依恋关系。这类儿童在安全感的基础上，继续发展他们的自主性，并学会处理人际关系。然而，在某些情况下，某种障碍的存在降低了照顾者的可依赖性，从而使儿童与照顾者之间不能形成安全型的依恋关系。本章所讨论的案主小柯由于幼年时家庭变故被父母抛弃，后被收养，但无法和养父母形成安全的依恋关系。于是，他在生活中表现为常做噩梦、对同辈具有攻击性、有强烈的控制欲望等。学校老师征得家长同意后将其介绍给社工小吉。小吉运用发展性游戏治疗理论介入该案例，经过半年的治疗，取得了较好的成效。

第一节 游戏治疗理论的形成与发展

游戏治疗理论的出现主要源于对儿童问题行为进行干预的需要。传统的治疗主要通过语言与社工进行沟通，但由于儿童语言发展水平有限，将情感及事件用语言描述清楚对他们来说有一定困难，而这些又是传统治疗所必需的，因此，传统的治疗对于儿童的实施效果有一定的局限性。为此，以游戏为媒介，利用儿童的游戏活动为儿童提供心理援助的“游戏疗法”就成为一种适合儿童认知发展的理论模式。

从时间上来说，游戏治疗理论最早可以追溯到 1762 年。让·雅克·卢梭(Jean-Jacques Rousseau)在《爱弥尔》(*Emile*)一书中提到了游戏对儿童的重要意义。从专业角度来看，游戏治疗起源于 1909 年弗洛伊德将精神分析理论用于对“小汉斯”的分析，他开创了儿童心理治疗与游戏结合之先河。[①]纵观游戏治疗理论近百年的发展历史，我们可以发现，心理学流派的发展直接推动了游戏治疗理论的发展，为此我们将游戏治疗理论的发

① 1909 年，弗洛伊德在论文《对一名患恐惧症的 5 岁男孩的分析》中介绍了小汉斯的完整案例。在案例中，小汉斯自发参与的游戏活动被用作对他的冲突、恐惧的分析和理解，所以，小汉斯的案例被认为是最早的游戏治疗案例。参见[美] 卡拉·卡迈克尔著：《游戏治疗入门》，王瑾译，高等教育出版社 2007 年版，第 17 页。

展过程主要划分为四个阶段：精神分析式游戏治疗时期、结构式游戏治疗时期、人本主义式游戏治疗时期和认知-行为式游戏治疗时期。

一、精神分析式游戏治疗时期

1928年，弗洛伊德的女儿安娜·弗洛伊德(Anna Freud)开始有系统地整理了如何使用游戏进行儿童治疗。她认为，游戏本身其实并不具有任何治疗的功能，游戏只是进行治疗时的必要媒介，语言依然是心理分析的主要材料。[①]1932年，弗洛伊德的另一个学生梅兰妮·克莱因(Melanie Klein)主张游戏是治疗儿童不可或缺的分析素材。她认为，对儿童而言，潜意识的最主要表现舞台是游戏，而非自由联想和梦。[②]从此，精神分析治疗学派开启了游戏治疗的大门。可以说安娜和克莱因两人都继承了弗洛伊德的思想，将精神分析理论用于儿童心理分析治疗，从而使得游戏治疗走向系统化和理论化。她们是儿童精神分析式游戏治疗的直接创立者。

不过，经典的心理分析疗法主要采用自由访谈和释梦的方法，语言在治疗中起着重要的作用。他们认为只有当儿童语言发展到一定程度时才能借助游戏来帮助儿童，因此参与游戏治疗的儿童的年龄一般在5岁以上。可以说，在精神分析游戏治疗中，游戏是一种鼓励儿童与社工之间建立积极情感关系的方式，如果仅仅提供环境让他去发泄，儿童在发泄后，问题是否能有效地得以缓解，却是游戏治疗本身不能解决的，这也正是游戏治疗向前发展的动力所在。

二、结构式游戏治疗时期

20世纪30年代，游戏治疗的发展进入结构式游戏治疗时期。结构式游戏治疗模式衍生于精神分析，同时受到结构主义哲学思潮的影响。弗洛

① 梁培勇：《游戏治疗理论的理论与实务》，世界图书出版公司2003年版，第26－27页。

② 王国芳：“儿童精神分析中的游戏治疗概述”，载《心理学动态》2000年第4期。

伊德的理论认为，在复杂的人格结构之间，之所以会产生冲突，主要是因为“能量”的存在。戴维·利维（David Levy）就抓住弗洛伊德的这一想法，认为所谓的治疗没有必要去解释儿童的潜意识，只要将儿童心里积聚的能量发泄出来就可以。而对儿童来说，游戏就是能最大限度发泄能量的途径。[①]为此，利维发展了一种释放疗法，主要针对经历过特殊痛苦事件的2～10岁的儿童。他在1938年发展出“发泄式游戏治疗”理论，让儿童在结构化的游戏情境中从事发泄式的游戏活动。所以，在利维的理论中，社工为了帮助儿童释放愤怒、害怕的情绪，主动去设计种种不同的游戏，社工扮演了“场景设计者”的角色，安排儿童进入精心设计的游戏场景中。

三、人本主义式游戏治疗时期

人本主义式游戏治疗非常重视为儿童创设一个温馨而友好的治疗环境。相对于精神分析式游戏治疗，人本主义式游戏治疗更关注社工与儿童的关系。弗洛伊德相当看重的高徒奥托·兰克（Otto Rank）最先主张治疗关系的重要性，并提出“关系治疗法”。受他的影响，卡尔·兰桑·罗杰斯（Carl Ransom Rogers）在20世纪50年代发展出“非指导性游戏治疗”，即社工要提供给儿童一种无条件接纳的成长环境，在这种环境中儿童会通过自己的内在力量改善当时的困扰。他的学生亚瑟兰（Axline）则成功地运用了这种疗法，将个人中心治疗理论运用到游戏治疗中，她以非指导的立场，提供给儿童体验成长的机会，以促进儿童的自我成长。可见，人本主义式游戏治疗不同于精神分析式游戏治疗和结构主义式游戏治疗，虽然它也同意游戏具有使儿童将能量发泄出去的功能，但不同意两种派别的那种“主动式游戏治疗”的做法，因为这些游戏都是社工安排的，而非儿童自发性发现的游戏。基于如此主张，该派学者不重视如何安排游戏，而强调社工的工作是和儿童建立良好的关系，认为在良好的关系之下，儿童自然会产生自发性的游戏，达到发泄能量的效果。[②]

---

① 梁培勇：《游戏治疗理论的理论与实务》，世界图书出版公司2003年版，第54页。

② 梁培勇：《游戏治疗理论的理论与实务》，世界图书出版公司2003年版，第29－30页。

四、认知-行为式游戏治疗时期

认知行为疗法于二十世纪五六十年代在美国逐渐兴起并日益成熟，到了二十世纪七十年代，游戏治疗进入了认知-行为式游戏治疗阶段。认知-行为式游戏治疗的理论基础，是认知疗法的基本理论中影响最为深远的J. S. 贝克(Judith S. Beck)的情绪认知理论和阿尔伯特·艾利斯(Albert Ellis)的理性情绪理论，以及心理病理学。认知疗法的基本假设是人的感受和行为主要是由所建构世界的知觉决定的，它不涉及案主的潜意识，也不试图处理案主的防御系统。[①]该疗法提倡在游戏治疗的范畴中创设一个环境，让儿童积极主动地参与游戏，并通过各种介入手段来帮助儿童提升对问题的了解，教给儿童一些知识和技能。在认知-行为式游戏治疗时期，社工可以使用的介入策略很多，如示范、角色扮演和行为的连接，以及正增强、行为塑造、削弱、增强其他替代行为、认知改变等。当然，由于学龄前儿童年纪尚小，认知和语言能力十分有限，因此，社工通过影片、书本、玩具娃娃以及现场示范等方法，教育儿童如何使用适当的策略以适应困难的环境，这对学龄前儿童有着十分重要的意义。总之，在整个治疗过程中，社工要尝试去发现儿童所面临的问题，并分析某种行为持续出现的原因，并且要扮演好一个教育者的角色，通过鼓励、解释、分析来协助儿童学习新的解决问题的技巧和方法，提升儿童对问题的了解，从而达到使儿童学会一些解决问题技巧的目的。

第二节 案例背景介绍

小柯[②]，男，上海人，8岁，现就读于上海某小学(该小学是家长想方

① ［美］Kevin J O'Connor，Lisa Mages Braverman：《游戏治疗理论与实务》，何长珠译，台湾五南图书出版公司1998年版，第53页。

② 本案例中所涉及的全部姓名均为化名。

设法想送小孩就读的学校）。小柯现在的父母赵先生夫妇是其养父母，小柯在5岁时被他们领养。小柯的生身父母是一对孤儿，结婚后常年吵架，对小柯缺乏照顾。在小柯4岁时，父母在一次吵架中，父亲失手杀死了母亲，遂亡命天涯，后被缉拿归案，判处无期徒刑。小柯先被寄养在一个远方亲戚家，后因远方亲戚家贫穷无力照顾，小柯小小年纪就走上了流浪的道路。流浪到上海后被孤儿院收留，后被赵先生夫妇收养。

小柯的养父赵先生，某世界500强企业驻沪总经理，10岁随家人定居美国，28岁博士研究生毕业后回国任职，有“香蕉人”的特点；小柯的养母赵太太，全职太太，某知名院校英语专业本科毕业。赵先生和赵太太都非常喜欢小柯，尽管是收养的小孩，却视为己出，对小柯宠爱有加。但是小柯总是无法和他们亲近起来，而一个奇怪的现象是，小柯对陌生人表现得很亲切，这让赵先生夫妇很苦恼。

尽管小柯有各种各样的“恶习”，例如，稍不如意就对周围的人恶语相加，莫名其妙地发怒，对家中的阿姨吆五喝六。但是最初，赵先生夫妇觉得小柯在来他们家以前实在是太可怜了，而且有过一段流浪的生活，难免有些“缺乏管教”，只要他们能给小柯温暖，小柯肯定会成为一个“优秀”的孩子。有时候，小柯拿着一些玩具自己口中不知道嘟囔些什么。刚到赵家的时候，一次，小柯站在窗台上大声地喊“妈妈”，并说站在这里叫妈妈，妈妈一定会在天堂里听到的。那个场景给赵太太的触动很大，赵先生夫妇下决心要给小柯“世界上最完美”的家庭之爱。但是，三年来，小柯和养父母的关系总是亲近不起来。

一次赵先生在美国的同学来上海出差，赵先生对同学说起自己的苦恼。赵先生的同学建议带小柯去看心理医生。其实赵先生一直也有同样的想法，因为按照他以前在美国的成长经历，小柯这样的情况肯定是要看心理医生的，但是赵太太一直不同意。赵太太认为需要时间慢慢增进和小柯的感情，不能动辄就去看心理医生，于是这件事就搁置了。

小柯很聪明，虽然5岁以前并没有上过幼儿园，也没有学习过普通话，但是跟随赵先生夫妇一年后，小柯能讲很流利的普通话和上海话。上小学后，小柯的老师也反映小柯非常聪明，不过，由于小柯注意力分散，他的学习成绩很一般。最要命的是小柯三天两头和同学吵架，甚至打架，而且据老师反映，每次还都是小柯主动挑起的争端。小柯成为班主任蔡老师的一块心病，蔡老师曾多次在办公室和同事讲起这个“头疼鬼”，于是同事中有人向蔡老师介绍了学校社工。据说学校社工小吉毕业于知名高校的社工专业，并且到美国进修过社工高级课程，对“儿童问题”很有一套。于是，班主任蔡老师和赵先生夫妇沟通，提出想把小柯介绍给学校社工小吉。赵先生夫妇经过反复考虑，最终同意了这一提议。

第三节　社工介入的过程

小吉在见到小柯之前，和小柯的父母以及班主任老师进行了深入的沟通，初步得出结论，小柯有早期反应性依恋障碍的症状。鉴于此，小吉决定大胆采用发展性游戏治疗模式。

一、对案主的生物-心理-社会评估

现有问题：小柯，一个8岁的男孩，根据小柯父母和老师的反映，小柯表现为多动、注意力分散、缺乏耐性、对同辈有攻击性行为、常做噩梦以及易怒。关于小柯的社会关系，小柯的养母述及，小柯与陌生人可以很亲切，但是与她并不亲近，比较疏远；此外，在一些公共场合，小柯却害怕与养母走失。小柯的养母在述说时，带着相当焦急的口吻指出，小柯认为每个陌生人都是他的朋友，他会跟他们去任何地方。

现有问题的历史：小柯5岁时被夫妇俩领养。因为多年不育，夫妇俩很高兴能收养小柯。赵先生夫妇告诉小吉，孤儿院的工作人员曾告诉他们，小柯以前有被忽略和受虐的经历，还有一些个人行为问题，所以小柯是个不太容易抚养的孩子。收养机构与赵先生夫妇的面谈记录以及有关小柯的心理评估报告表明，小柯在被收养前表现出多动、注意力分散、不安全的社会关系、自控能力差和低忍耐力等问题。

赵先生夫妇指出，较之当初收养时，小柯的行为表现已有了相当大的改善：多动行为有所减少；不再对赵先生夫妇的管教做出强烈的攻击性的

反应；不再将零食积于床下。小柯已能初步适应他们家庭生活的结构和规律，并能与人合作完成一些与他年龄相当的家务和个人卫生的事务。尽管有这些进步，但小柯的养父母仍十分关注他的情绪健康和学校成绩。赵太太说她很少看到小柯笑，而且小柯总担心自己会被带离赵先生夫妇身边。小柯所在学校的老师和管理人员建议赵先生夫妇寻求专业帮助，因为小柯在学校的行为变得越来越难以管理。

发展性历史：根据已有的关于小柯生物-心理-社会评估的报告显示，小柯在与亲生父母生活时，常常被关在屋外，在街上游荡至深夜。亲生父母没能给予他足够的食物，迫使他不得不到垃圾桶里寻找食物。还有一些证据显示，小柯受到亲生父母的身体虐待。至于小柯早期发展的各项重要指标，小吉没能获得相关的数据。最后小柯被赵先生夫妇从孤儿院收养。

在与赵太太的初次面谈中，小吉能感到她对小柯的爱以及积极的抚养态度，但她显得有点焦虑。赵太太目前在家做全职太太，同时她还进修一门关于早期儿童教育的高级课程。赵太太自称她成长于一个温暖的家庭中，父母和兄弟姐妹给予了她足够的支持。赵太太指出，收养小柯的过程并不容易，同时她还必须接受不能生育所带来的内心深处的伤痛和失落。她仍记得第一次与小柯见面时的情景，她很快被小柯的笑容和天真的气质以及那种能拥有一个自己的孩子的感觉所深深触动。

虽然赵先生被赵太太描述为一个十分严厉的人，但在面谈中，赵先生却给小吉一种容易接近和温暖的感觉。目前，赵先生是一家世界 500 强企业的驻沪总经理，他曾有过创伤性的个人历史。20 岁时，赵先生的父母死于一场车祸，当谈及自己的不幸经历及其与小柯遭遇的那种联系时，赵先生不禁潸然泪下。

最初的儿童面谈：小柯与赵太太的分离没有什么困难，他很自然地与小吉下楼走向小吉的办公室。小柯身材适中，穿着简单，看上去与他的实际年龄并无差异。他表现出较强的多动倾向，一进入办公室就开始翻动房间里摆放的玩具。小柯请小吉与他一起玩。他将一盒积木倒在地上，问小吉："你能和我一起建一间屋子吗？"当他开始建屋子时，他让小吉将积木放在他指定的地方。小柯总是对小吉的做法不满意，于是就指挥着："把这块积木放在这里。不，不是那里！"小柯命令着："你要这样做！"然后，他从小吉手中拿走积木，自己摆放起来。显然，在小柯身上，那种全能的想象和控制人的需要展露无遗，正如他自己所说的"我是指挥者"。

通过治疗的最初阶段的置换过程，小柯展示了他在压力重重、不安全的假扮游戏情境中的发展性主题、恐惧和焦虑。例如，他说："让我们将小熊一家放到这个房子里，这是妈妈，这是爸爸，还有一个儿子。他们全部被锁在房子里，我们把这些人也全放到这个房子里吧，让他们与小熊在一起。"小吉试探着问："我不知道这些人与小熊在一起时是什么感觉。""他们很害怕，"小柯回答说，"没有什么超人能救他们。"当问及他的心情和内心的担忧时，小柯说："有时候，我觉得很伤心。当我想到我以前的家庭时，我就觉得伤心。"他担忧他的学业情况，并补充说："我讨厌学校，有时候因为表现不好，我拿不到小红花。"小柯展现了较为全面的情绪反应，针对面谈内容，这些反应也是恰当的。

在第二周的游戏治疗中，小柯显现出他的攻击性性格特征。小柯对小吉说："我们再建一间房子。我们仍然把这些人和猩猩放在房子里。"小柯又补充道："这次，我要把这个房子推倒，可以吗？我想把它弄塌！"当小柯询问了小吉的看法、了解小吉是否能接受他的做法后，就把房子推倒了。"你愿意帮助我再造一间房子吗？这样我可以再把它弄塌。"于是小吉与小柯造了一间又一间的房子，而小柯则把它们纷纷推倒。又有一次，小柯说："如果有个孩子如此踢你，你会死的。"小吉反馈说："如果有一个孩子如此踢我，我会觉得他内心感到很愤怒，而且这种愤怒的感觉令他也感到很害怕。我很想这个孩子能把这些感觉说出来。"那一次治疗结束后，小柯能感到与小吉在一起是安全的，于是靠近小吉，当时他们坐在地板上，小柯请求小吉帮助他穿鞋子。

接下来的那周，小柯显得很渴望能来到小吉的办公室。治疗开始时，小柯彻底地检查了房间内的玩具，然后决定画画。画画的过程使小柯的情感世界得到了更多的表达。小柯拿着一支蜡笔，问："我知道你最喜欢的颜色是粉色，是不是？""你为什么会认为是粉色呢？"小吉问他。"因为粉色是我最喜欢的颜色，我知道这是女孩子们喜欢的颜色，但是我还是喜欢它。我知道你也喜欢它的。"小吉认识到这是小柯对他俩的共同点的一种幻想，于是对他的话给予评论："如果我们都喜欢这种颜色，这真的很好。""是的，很好。"小柯说。画画的过程使得小柯的内心不断地得以展示。"这是一辆粉色的汽车，它正驶向你家。你的父亲开着这辆车。"小柯一边画一边说。小吉感到小柯希望能与她在一起。这一次治疗结束时，小柯对于收拾玩具和离开治疗室这一过程显得有点困难。

攻击性主题在此后一次的治疗过程中得到明显的反映。小柯把玩具汽车撞向墙，挤压小吉做的一个玩具人，弄塌房屋或让动物袭击一家玩具人并杀死了它们(小吉认为小柯的攻击性行为表明，对他们俩之间建立的治疗联盟，他感到矛盾和恐惧)。在小柯游戏的过程中，小吉运用了同感、澄清的技巧，对小柯的游戏内容、过程以及与之相联系的情感反应不断地给予反馈性的陈述，这些都为小柯提供了一个支持性的环境。

评估和诊断：小柯是个聪明的孩子，他能够与他人建立关系，能够在游戏的过程中表达自己内心的冲突。看得出，小柯喜欢与小吉在一起，并能投入到初始的几次治疗面谈中。他能融入治疗联盟中，并在这种良好关系中解释构成他情感世界的一些发展性主题。小柯早期依恋关系的心理表征不断地在他和小吉的互动关系和象征性的游戏过程中得到反映。

通过评估，小吉发现小柯的自我机制在记忆、直觉、语言和对躯体功能的控制方面表现良好。虽然小柯具有基本的认知和语言能力，从而能达到学校和家庭对他学业成绩的基本期望，但是，他在某些方面的能力显然是不足的。由于早年受到父母的忽视，没有与父母形成良好的依恋关系，小柯在许多方面都表现出心理-社会的反功能。具体而言，小柯不能控制自己的冲动，忍耐力很低，不能控制自己的攻击性行为。此外，他也表现出一系列的自我防卫，如见诸行动、替代、退行、认同攻击者、投射等。由于小柯早年受到父母的忽视，使他不能形成安全的依恋关系或对象恒定性的认知。

小柯的行为表现符合 DSM－Ⅳ(Diagnostic and Statistical Manual of Mental Disorders，美国精神疾病诊断标准)对于儿童早期反应性依恋障碍的诊断标准。他缺乏恰当的社会反应能力，特别是不加区分地与任何人交往，对陌生人过分熟悉，以及对依恋对象高度的矛盾性反应。他没有得到父母的爱和关注，而是被不断地调换照顾者，因此小柯同时也表现出DSM－Ⅳ诊断系统中所没有的一些行为特征，而这些行为特征是许多具有依恋问题的儿童所共有的，如注意力低下、多动、寻求关注、易冲动、具有对抗性等。根据相关理论，这些不良的行为特征多与儿童早期父母对其的忽视有关，即父母不能调整自己的行为以满足小柯心理、生理的发展需要，不能在时间和空间上为小柯的成长进行指导，不能为他提供一个安全的可以于其中探索世界的基地。

治疗计划：小吉与小柯的父母讨论了以周为单位的治疗计划。治疗的形式主要是以心理动力学为导向的发展性游戏治疗。此外，社工每两个月对赵先生夫妇做一次指导。对于这种发展性的游戏治疗，小吉和赵先生夫妇分别就短期和全面的治疗目标达成了一致。

其中一个主要的短期治疗目标就是减少小柯的破坏性行为。获得小柯父母的认可后，小吉向小柯的老师做了咨询，帮助她理解小柯的成长过程，并制订了针对小柯主要课堂行为的一个管理计划。

全面的治疗目标包括促进心理-社会过程的成长和变迁，帮助小柯回到正常发展的道路上。治疗过程中持久的、安全的对象关系将为小柯提供一个支持性环境。这种环境预期将能增强小柯的挫折忍受能力，使他形成对自己和他人的正确的心理表征，并且这种能力的增强将有助于促进良好依恋关系和对象恒定性的形成。在良好的治疗联盟的基础上，要运用同感、接纳以及对儿童各种表现的言语性反馈，这些技巧的运用将有助于儿童探索那些冲突、矛盾的生活情境和与之相关的情绪反应。

二、治疗联盟的建立与发展性游戏治疗的过程

第二个治疗阶段的特征主要体现为小柯能认真地投入治疗过程，并与小吉建立了良好的治疗联盟。在游戏中，小柯为那些玩具车建了长长的高速公路，在路上设了路障，同时还建了几个供汽车加油的加油站。他说："这辆车需要许多汽油。"当他在一个加油站为这辆车加油时，他又声称这个加油站没有，于是开车前往下一个加油站。

在此后一周的治疗中，他独自走进办公室的洗手间，然后关上门，以这种方式将自己与小吉分开。虽然洗手间的门在小吉和小柯之间设立了一种界限，但小柯并不认为小吉已完全地离开他。他仍然觉得自己是全能的，并要求小吉进入他的空间以满足他的情感需要。他在洗手间叫着："你能不能到这儿来？我想给你看些东西，我的两颗牙齿松动了，一颗在上面，一颗在下面。"小吉听到后并没有走进洗手间，但同时对他的话回应道："我现在就在洗手间外面，而且，当你看完那两颗牙齿后，我仍然会待在这里的！"对于小吉的反应，以及因没法控制小吉的行为，小柯感到愤怒。他用力拍打洗手间内的垃圾桶，并说："如果一个孩子用手这样打你，你会死的！"最后，小柯以借助另一个对象的方式处理他和小吉之

间的分离。他问道："你能不能给我一块积木，让我在洗手间玩？"当小吉给他一块积木后，他不再对独自待在洗手间有所反应，并且能平静下来。当小柯走出洗手间，回到办公室内的游戏中后，小吉反馈道："我猜你希望我能与你一起待在洗手间，这样你就能看到我仍然在这里！"在这次的治疗面谈中，个体在控制和被控制两方面的冲突有着充分的体现。同时，我们也看到小柯在努力克服这一冲突。

小柯对自己、对小吉以及对他们两人关系的心理表征都在游戏中得到了体现。他对小吉有一种矛盾的情绪，小吉能感到他徘徊在寻求亲近和抗拒沟通、回避、敌对、恐惧这两种对立的情绪之间。在一次治疗面谈中，小柯来到办公室不久，就眼泪汪汪地对小吉说："我想现在离开，可以吗？我想去学校，我今天不想来这里的。"他进一步解释道："我不是觉得不开心！我只是想离开。"然后，小柯走向小吉，坐在小吉的腿上，"我能看你的手表吗？"他平静地问，随后托起小吉的手腕并凝视着手表。他边看边说："我觉得我能在你的手表中看到自己的脸，你看！"

在那次面谈治疗的后半段时间，小柯从手工箱中取出胶水，一边用胶水将纸张粘在一起，一边说"我要做一些东西"。他还将蜡笔粘在一起，最后还将自己的手粘在桌子上。看着他做的这一切，小吉反馈道："你把东西粘在一起了。""别乱说话！"小柯愤愤地说。他的敌意令小吉感到有些诧异。稍后，小吉反馈道："我不知道你今天对我生气是不是因为我们上周没见面？那场暴雨让我们不能见面。"小柯将他的椅子移近小吉，突然说："我想你！"随即，他又命令式地对小吉说："我现在要画一只狗，不要看着我，也不要说任何话！"在这一段时间的治疗过程中，小柯总是试着要帮助小吉，或象征性地照顾小吉，以满足控制小吉的需要。例如，他用餐具为小吉做糕点，并让小吉吃；当小吉要从袋中取出玩具或要把两个拼装玩具放在一起时，他就会马上来到小吉的身边，给予帮助。

通常，小柯一到小吉的办公室就检查室内的环境是否发生了变化。基本每周的面谈开始时，他都会问："你会将一些新玩具放在这里吗？"检查完办公室的环境后，小柯开始玩那些玩具，但不与小吉说话。小柯继续玩着橡皮泥，而且用橡皮泥做了一个自己的手印。拿着这个手印，小柯对小吉说："这是我的手印，我想把它送给你。我希望你能保存它，把它放在一个好地方，这样其他人就不会把它弄坏。我能不能把它放在这个抽屉里？"得到小吉的允许后，他将这个手印放在抽屉里。小柯又以命令的口吻对小吉说："除了我，不要让其他人走近这个地方。如果其他人要碰这个抽屉，你就大声批评他。"在此后的治疗面谈中，小柯会定期地检查他的手印，看它是否还在老地方。这个手印就是小柯本人的一个化身，被小吉支持和保护。

尽管小柯对小吉总有一种矛盾的情绪，但随着治疗的继续，他表现出越来越多的安全感。在此后一周的治疗中，他用积木做了一张长椅，小吉和小柯两人可以坐在这上面。他高兴地说："这张长椅足够结实，可以承受我们两个人的重量。"然后，他又请小吉帮他拿走构成椅子的一块积木。小吉小心地将一块积木取了出来，并且说："好的，不过我得确保你不会摔下来啊。"小柯回答道他觉得自己很安全。小吉自己以为，这个游戏显然符号化了小柯对积木的使用，把它作为小吉的隐喻，描绘他们正在建立的一种比较良好的治疗联盟，而且在其中他感到安全，能自在地探索外界。这次治疗面谈结束时，小柯对小吉说："你可不可以帮我一起把这些玩具整理好？"这个请求显然是一个重要的转折点，是小柯从以往的控制、命令的交往方式转向了人际交往的积极沟通这一方式。

三、结案与评价

进展评价：对小柯的治疗总共持续了 6 个月，进行了 18 次面谈。在治疗面谈结束时，小柯的父母、老师都反映小柯的在校成绩、同辈关系和在家的行为表现都取得了进步。另外，小柯也反映说他的自我感觉好多了，回到了他平时的开心状态。小柯的父母则反映说他们同意维持的行为管理方案也取得了成功，并感到有能力理解并接受小柯是与他们存在异同的一个个体。

儿童工作：在 18 次治疗面谈后，小吉开始了整个治疗的结束过程，对小柯在治疗过程中学到的东西和他现在的不同以往的感受进行了回顾。小柯对结束过程的面谈感觉不错，因为他知道针对不同的环境他已经有了很好的计划和技巧。

在一种安全的母婴关系中，母亲对婴儿而言是一个辅助的自我。婴儿依赖母亲来帮助他组织其内在体验，调节强烈的情绪，使之能够满足各种冲动，并限制某些冲动。随着婴儿各方面的发展，最后婴儿能自己承担这些自我的功能而不需要母亲的帮助。但小柯与亲生母亲之间没有这种良好的共生关系，所以他不能发展并形成自我调控的能力。对他来说，这个心理过程是断裂的。由于沿着这条发展线的心理需要一直都未得到满足，所以在治疗的过程中，小柯常常会基于那些对共生关系的幻想，表现出相应的言行举止。

全能和控制的幻想在小柯的一些言语中是显而易见的。例如，他会说“我是指挥者，按照我说的去做！”对于小柯的治疗方案的一个主要任务，就是满足各种为获得满足的发展性需要和与小柯的明确的发展水平相当的断裂心理过程。然而，因为这些未得到满足的需要之强烈，往往令小柯产生受挫感，他因为小吉不能使他的控制感得到满足而愤怒不已。在家时，他的挫败感和强烈的负面情感导致了他发脾气和发怒。当小柯产生这些不良情绪反应，并采取相应的应激方式时，小吉通过心理治疗的一些技巧，如同感、设立清晰和不变的行为规则以及对他的情感的回应性言语表达等，为小柯提供了一个容器或者支持性的治疗环境。渐渐地，小柯能认同小吉，并将控制感内在化，把自己的情绪反应用语言表达出来，而且能耐受挫折。

被忽视的经历以及与照顾者不安全的依恋关系，令小柯相当在乎小吉的情绪状态，而且相当在意小吉是否能接受和赞赏他。当小柯感到小吉的面部表情、目光投向的方向以及语气有所变化时，就会问：“你在看什么？”此外，每次小柯进入小吉的办公室都会检查屋子和玩具是否发生变化，并指出任何可察觉的变化，这些都进一步表明了小柯认为其他人的内在工作模型是不持续适用的以及社会环境是不可预测和不安全的。

对于小柯的治疗，其中的一个重要治疗任务就是为他构建一个稳定不变的、安全的、没有惩罚的支持性环境。在这个环境中，我们可以帮助他与他人建立一个修复性的依恋始源。

小柯对于早年照顾者的不安全依恋以及之后他在寄养系统中所体验到的不正常的依恋关系和一次次的失落，导致了小柯多种的心理社会问题。通过符号化的游戏治疗，一方面，小柯能够揭示并处理与他早年创伤性经历有关的一个个问题。治疗联盟中的移情帮助小柯处理早年所体验到的被忽略——针对未满足的需要、对象丧失和遗弃。另一方面，那些令小柯维持对自己、不正常的关于自己和他人的心理表征的防卫机制（如见诸行动、认同攻击者、投射等），通过治疗中动态的游戏与言语互动而受到挑战。从长远的角度看，发展性游戏治疗旨在促进小柯的内心发展，特别体现在自我控制和自我与他人关系方面。

第四节　理论研习与案例反思

在游戏治疗理论的发展过程中，始终强调儿童的成长过程是可以通过整个治疗期间儿童的多方向的变化来正视和评估的。在本节中，我们通过对案例的回顾来进一步研习游戏治疗理论。

一、游戏治疗理论的特征及处置原则

游戏治疗模式主要针对 13 岁以下儿童开展，由于他们在语言、认知、社会情感等方面还处于发展期，与社会工作者直接交流存在一定的障碍，所以整个游戏的开展需要父母的陪伴。通过对游戏治疗模式形成及其理论基础的梳理，我们可以发现游戏治疗模式有其独有的特征：

第一，测评和评估量表是游戏治疗模式不可或缺的工具。社工在使用这两个量表时，不仅仅是对儿童的调查，而且包括对教师和父母的调查，这样才能很好地对儿童存在的问题进行一个全面的、完整的诊断和评估。对测评量表结果的分析和判断，直接影响到游戏治疗模式技巧的选择和整个游戏治疗的开展。而整个游戏治疗是否成功，要由评估量表的结果来决定。

第二，玩具是通向儿童内心世界的桥梁。玩具作为儿童的文字，在游戏治疗中有着不可替代的地位。社工通过表达型材料的使用，促进儿童思考的具象化，并将其投射出来的东西作为沟通表达的媒介，减少儿童语言表达防卫与误差，进而在与儿童互动的真诚关系里，重建儿童的自我价值感，这样才能深入了解儿童的思想及情感。

第三，游戏治疗模式可分为指导性游戏治疗和非指导性游戏治疗两种。指导性游戏治疗与非指导性游戏治疗最根本的区别在于治疗过程中社工角色的不同。社工在进行指导性游戏时，主要是通过积极建构和创设游戏环境来挑战儿童的防御机制，刺激他们的无意识领域。而在非指导性游戏治疗中，儿童被认为是有能力自我发展的，社工的主要任务是营造

一个温馨、宽松的氛围，让儿童自由地表达出他们的感情。在整个游戏治疗开展过程中，可以两者选其一，也可以两者兼备，需要社工视情况而定。

第四，游戏治疗的目的呈现出从治疗向预防、发展性转变的趋势。早期提出的游戏治疗理论框架，关注将游戏运用于解决不同年纪、性别、文化背景的儿童的问题，以及那些出现许多一般和特殊问题的儿童。国内外许多研究也都证明游戏治疗是一种有效的帮助儿童缓解问题的方法。近年来，游戏治疗已不再局限于对有问题儿童的分析观察和治疗，通过组织各种互动游戏，游戏治疗在学校教育及教学活动中得到了广泛应用。

与此同时，从游戏治疗模式的发展历程可以看出，尽管不同阶段的理论基础不同，但游戏治疗模式不外乎两种治疗，指导性治疗和非指导性治疗。下面就来介绍一下这两种治疗的基本处置原则。

有学者将指导性游戏治疗的原则归纳为五个方面：其一，社工在做游戏治疗之前，必须和儿童建立良好的关系，这样儿童才不会害怕把他的情绪在社工面前宣泄出来；其二，社工必须很熟悉结构式游戏治疗的程序，且需事先准备材料，才不会在治疗过程中手忙脚乱；其三，社工必须选择恰当的结构式游戏治疗；其四，社工必须先和儿童周围的大人做良好的沟通；其五，在社工和儿童的关系建立好之前，并不适合进入游戏治疗。①

有学者将非指导性游戏治疗的原则归纳为八个方面：其一，社工必须和儿童建立温暖友善的关系；其二，社工必须接受儿童真实的一面；其三，社工在和儿童的相处中，要具有宽容的态度，让儿童能够自由自在地表达他的感受；其四，社工要能敏锐地辨识儿童表现出来的感受，并以能够让儿童领悟到的方式，把这些感受回馈给儿童；其五，社工必须尊重儿童能够把握机会解决自己问题的能力，因为做选择和尝试去改变，是儿童自己的责任；其六，社工不要企图用某种方法来指导儿童的行动或谈话，而应该是让儿童带领，社工跟随；其七，社工对治疗的进度不能太着急，社工要知道治疗是一段渐进的过程；其八，社工应该定下一些必要的限制，这些限制的目的是使治疗能够符合真实的生活世界，以及让儿童知道他在治疗关系中应该要负的责任。②

---

① 梁培勇：《游戏治疗的理论与实务》，世界图书出版公司2003年版，第70－72页。
② 梁培勇：《游戏治疗的理论与实务》，世界图书出版公司2003年版，第114－115页。

二、游戏治疗理论的实务过程

一般来说，游戏治疗模式的开展先后要经过准备期、起始期、治疗期、结束期四个阶段，但这不是一个绝对的划分，只是一个大致的归类。[①]实际治疗过程中可能会根据孩子具体问题的不同而不同。我们在这里分为三个大的阶段。

阶段一：生物-心理-社会的评估。

基本上，介入的第一阶段就是这样一个时期：已经收集和分析材料，并把材料结合到案例表述中。案例表述包括焦点问题、起作用的致病的发展性过程、家庭环境和文化环境、对问题与共变症状的显著特征的诊断以及介入计划。因此，阶段一的两个特有的目标包括：（1）完成生物 心理社会的评估、案例表述、诊断和治疗建议；（2）形成一个协作的、相互同意的介入计划和治疗契约，这能使儿童达到在真实世界中更加理想的适应性治疗的总目标。

无论儿童的父母如何为他们准备第一次面谈，儿童通常想知道在这个新的地方在他们身上将会发生什么事情。在某种层次上，他们可能理解，这个不熟悉的人将会帮助他们解决他们在生活环境中体验到的困难与问题。他们一般这样领会：他们的父母认为他们需要被改变，而且这个陌生人将会改变他们。然而，他们也一起来的事实传达了这样一种期望：他们将说一些发生在他们身上的事情。与这种新鲜和不确定的背景相对应，毫不奇怪的是，被评估的经验唤醒了强烈的感觉和对保护的需要，以及对抗这个陌生人的令人恐惧的权力。

在评估期间，临床社会工作者为了能够在发展性游戏治疗中提供最佳的成长环境，必须有目的地收集和分析资料来澄清儿童当前的发展性水平。对于家庭和儿童，临床工作者考察了儿童过去与现在、正面的与负面的人际关系和生活历史。临床工作者注意到这个儿童做的和说的任何事情的内容和形式，因为它们传达了这个儿童的感觉，这种感觉是关于评估的即时情境，也是关于儿童一般地应对他们生活情境所做出的努力的。这个

① 梁培勇：《游戏治疗的理论与实务》，世界图书出版公司2003年版，第153－191页。

儿童无论做什么和说什么，都已经受到和他在一个陌生的新房间的临床社会工作者的出席的影响。[①]

阶段二：治疗联盟的创造与治疗。

在这一阶段，临床工作者努力工作以深化他们对听懂儿童和真正倾听儿童的直觉、想法、感觉和潜在意义的投入。在这个过程中，与儿童的节奏和存在方式的本能的临床协调得到增强。正好这时，临床工作者日益追随儿童的引领，在儿童的符号隐喻中工作，从评估的半结构的资料收集中离开，越来越把治疗议程的责任转移给儿童。言下之意很简单，就是告诉儿童：当你努力争取和成长时，我会在这里支持你，为你服务，我相信你改变的潜力。

从头到尾，临床工作者都一直支持儿童的应对能力和情感性地转向这个新的成长诱导性的关系的实际能力。当这个儿童愈加进入这个治疗联盟时，焦点更多的是关系经验，即儿童如何使用关系而不是经验内容。最初，儿童在治疗中的情绪表达可能是被放大了的、无差别的、容易激发的，不是与日常现实和关系有特别关联的。随着日益增加的安全与舒适的感觉，表达了的感觉的本质开始转成了负面的，但是这些感觉仍然不是很清楚地集中在特定的情绪经验、议题或者个人方面。通常在这个时候，儿童会保留着一种潜在的恐惧感，这种恐惧感来自害怕被临床工作者放弃，害怕会毁坏这个正变得太重要、太强大以至于无法抵抗的直观且重要的新治疗联盟。儿童很快即时地领会了发展性游戏治疗工作的实用性，发展了变迁的能量，乐意花时间在改变上，而这只是一种理想的状态。由于很多儿童经历了严重的发展断裂与畸变，因此这个过程要慢得多，且更具实验性。在任何情况下，创造一个直观且重要的治疗联盟的过程通常对于治疗师来说都是缓慢的。[②]

阶段三：结案。

结束是治疗的普遍目标之一。的确，结束治疗联盟有目的的共同工作，实际上首先是第一阶段中的问题探索和目标设置过程。那时，隐含的期望是，治疗在目标达到时即结束。然而在发展性游戏治疗中，这个最后

① Elizabeth M Timberlake，Marika Moore Cutler：《临床社会工作游戏治疗》，肖萍等译，华东理工大学出版社 2004 年版，第 111 - 115 页。

② Elizabeth M Timberlake，Marika Moore Cutler：《临床社会工作游戏治疗》，肖萍等译，华东理工大学出版社 2004 年版，第 117 页。

的治疗阶段包含了比事件停止多得多的内容，是一个不可轻视的阶段。对于儿童来说，结束阶段应该是一个意义重大的最后经验，是一个渴望成长的机会，而不应是一个儿童感到被拒绝和放弃的更加失落的情境。如果结束过程被所有相关人员处理得很好的话，那么治疗结束会协助儿童认识到他们愿意继续生活，协助他们处理分离与失落的感觉，协助他们学会进行不可避免的告别，而这种告别会发生在他们的整个生活之中。结束过程一般分为三个阶段：防卫性的反应、退行或协助以及友好谅解。

三、治疗联盟与游戏

在发展性游戏治疗中，治疗联盟被界定为有目的的情感和关系的连通性，这种连通性发生在临床社会工作者与儿童案主之间，他们一起朝向问题解决、与儿童年龄相当的成熟和健康的心理-社会机能而努力。这种专业性的治疗连通性包括三个相互关联的概念要素：以价值为基础的治疗目标、一般关系条件、随着治疗过程不断发展的相互的临床依恋情感联结。

1. 以价值为基础的治疗目标

一方面，发展性游戏治疗中治疗联盟的本质是有目的地、目标导向地和有计划地满足一个特定的儿童和家庭的需求和渴望；另一方面，既定的目的与目标反映出社会架构、文化特色的细微差别和专业界限。也就是说，目标和结果完全建立在关于精神病理学、健康与幸福、与年龄和性别相当的行为、与心理-社会的机能模式的社会的假设之下。他们还进一步受到具有文化特色的信仰、态度的规范。风俗和关于病理学、幸福以及特定年龄的男孩女孩理想的行为的微妙表达出这些要素的影响。①

治疗联盟的目的与目标明确地确定在价值、伦理和社会工作专业介入模式的范围之内。也就是说，一般人对于一个特定的儿童和家庭来说，理想的目标、手段和结果也是建立和被限制在社会工作的价值基础与伦理要求之内的。例如，美国社会工作者协会的道德守则中指出，社会工作者应该认识到每一个人的尊严和价值，承认助人过程中的人与人之间关系的重要性，寻求“推动、恢复、保持和增强个人、家庭的幸福”。就此而论，有必要指

① Jahnson-Powell G，Yamamoto J. 1997. Transcultural child development：Psychological Assessment and Treatment. New York：John Wiley & Sons.

出，治疗联盟是一种专业关系，这种关系仅仅存在于特殊的临床情境中。如果离开了它对既定治疗目标和理想结果的贡献，它将毫无价值和毫无用处。

2. 一般关系条件

在发展性游戏治疗中，临床工作者有目的地努力建立针对所有临床实务模型的基本关系条件，从而促进治疗性条件的互相交换。根据一些学者的观点，这些促进性的条件包括一致和谐、同感、无条件的积极尊重。由个案工作关系的经典分析确定，一个有目的的、专业的、相互交换的主要促进性条件具体表现为：社会工作专业的基本价值、有着心理-社会机能方面问题的个人普通需求、变迁过程的动态的本质。有学者对专业关系的描写提出了建立案主问题解决、发展与变迁所必需的安全保障的原则。这些原则确立了创建与维持一个临床社会工作者的治疗联盟的责任。

（1）有目的的感情表达：承认案主自由表达感情的需要；

（2）有控制的情感投入：对案主的感觉敏感，理解它们的意义，有目的地、适当地利用临床工作者的情感来回应案主的感觉；

（3）接纳：承认内在的尊严、终极命运、人类平等、基本权利、案主的需求；

（4）个性化：认可与理解每个案主的独特性，在帮助每个案主朝向更好的适应性发展中区别使用不同的原则与方法；

（5）不加判断的态度：确信治疗功能避免了让案主对问题或需要的起因负责；

（6）案主自决：支持个人做出选择和决定的权利；

（7）保密：保守在专业关系中透露的关于案主的秘密信息。

3. 不断发展的依恋情感联结

治疗联盟是在社会工作者与儿童案主之间的共享情境空间中发展出来的，而且形成了二元专业关系的核心。当他们共同建立人际的和个人内心的叙事时，一种相互的依恋情感联结就形成和发展了。这种不断发展的情感联结反射出了儿童和社会工作者之间专业关系的重要合成。[①]作为一个过程，治疗联盟的共享关系空间可以被描述为一个支持性环境，在其中临床工作者象征性地抑制他们的儿童案主，使得儿童的先天成长和发展性过程得以再一次把握。在这个安全的人际背景下，儿童的问题与冲突显现出来，并

① Elizabeth M Timberlake，Marika Moore Cutler：《临床社会工作游戏治疗》，肖萍等译，华东理工大学出版社 2004 年版，第 37－39 页。

得到分享和探究。这个互动性的治疗叙事的实验性归属感，让儿童和临床工作者从儿童混乱的内心和人际世界中发现并创造独特的主观意识。

在发展性游戏治疗中，儿童体验到了一种自由，把他们的冲突、症状和焦虑带进了移情或者关系性的游乐场中。他们能够带着一种兴奋和挑战来探究他们的世界，这种兴奋和挑战就好像那些第一次爬上滑梯顶端，从一种新的角度来看待自己的环境的儿童一样。也许他们在攀爬架的顶端尝试体操时感到害怕，也许他们全神贯注于双绳跳的两根跳绳之间，或者他们可能绊了一下跌倒了。正因为游乐场中会有很多不同的游戏活动，所以他们在与临床工作者的移情过程中会体验到很多情感。由于照顾者在准备介入时坐在公园的长凳上观察，所以治疗师保持既遥远又亲近的状态，这样可以全面使用符号化、幻想和在移情背景下的游戏来帮助儿童发展自我意识和自我掌握。

和其他的社会工作模型一样，游戏治疗也是从儿童案主身在何处开始的。为了理解一个儿童对问题的叙事建构，临床工作者不仅注意到其他相同年龄、性别和文化背景的儿童共有的一般要素，还注意到一些独特要素，他们与那些贯穿这个特定的儿童的生活历史及现在的心理-社会情境的发展性问题和冲突主题联系紧密。最初，临床工作者描述性地评论游戏叙事中的扮演者的可观察行为。儿童案主可能会详细描述，临床工作者继续观察和评论扮演者的行动与感觉。这个儿童可能表示同意并详细描述，或者可能更正临床工作者。临床工作者的回应最好是用一个简洁的问题反映出一种想知道更多的期望。在这个过程中，临床社会工作者正在遵循一个原则：反射性评论和简洁的问题更能引发详细的阐述，并开始有益于活动与交谈；直接的问题更可能太过结构化了，会导致叙事隐喻的终止。尽管有这个原则和其他治疗原则，有一点是值得牢记的：并不是所有的原则对所有儿童都同样适用。为了理解和处理儿童对治疗中的临床主题的隐喻表达，临床社会工作者不断地面临着一系列的内心问题，这些问题是在以大量的游戏内容、叙事主题和工作/游戏行为为风格提供的公开信息之外而引人注意的。①

四、游戏治疗理论的实务技巧

游戏是孩子的语言，孩子通常不善于以言语表达其感受，但他们比较

---

① Elizabeth M Timberlake，Marika Moore Cutler：《临床社会工作游戏治疗》，肖萍等译，华东理工大学出版社2004年版，第45－55页。

容易以行为或行动来表达自己，游戏因此自然就成为孩子表达的媒介。如何发挥好游戏的作用，是社工首先要考虑的问题，因为其直接影响到与孩子的沟通。下面就目前在游戏治疗开展过程中用到的技巧，做一些简单介绍。

第一，象征性的游戏技巧。一是对洋娃娃、布偶、面具、电话和积木等的使用：每一个案例中孩子本身感受到烦恼的事件就是该次治疗的焦点，社工的主要目的就是去了解孩子在游戏时（如玩布偶游戏）的行为及背后的意义。这些做法提供给孩子一个表达感受和思考的机会。而孩子借助布偶角色扮演，退后成为旁观者的角色，这给他一个机会去观察他自己的态度或行为，借此呼应个案感受到的主观感受。[①]二是绘画和艺术在游戏治疗中的使用：通过绘画案主可以将其幻想的状态表现出来，而这对缓解他们的冲突来说是一种很好的媒介。[②]

第二，自然媒介的游戏技巧，比如对沙、水、食物、泥土和黏土的使用。沙对儿童而言就像一个磁场——在他想到什么之前，他的手往往已经伸进去了，而各式各样的东西如隧道、山川、河流就随之展现。沙戏是一个过程，沙子是它的媒介，而沙的世界则是儿童所完成的一个成品。社工邀请儿童用沙来做游戏时，对儿童的关注，往往从他选择各式各样的材料时就开始了。每一种物件本身就有不同的象征性的意义，并都能引发儿童的想象。曾经有位学者这样说过，沙的世界所形成的意义是一种象征性的意义，它所描述的是一个人内在系统分配的方式。所以，它可以帮助我们了解案主的心理世界和他的心理发展过程。

第三，说故事、角色扮演与放松想象技巧，它们以互相关联的形式呈现，因为每项游戏都需要借助口语沟通才能达到治疗性的改变。其一，说故事。社工企图给孩子一个指引，以使他们产生顿悟。社工在听到一个故事后，会猜故事里的心理动力上的意义，然后选择其中的一两个主题，创造出一两个自己的故事。在这个新的游戏中社工使用与主角相似的特质，不过不同的地方是，新故事往往是比较健康和比较成熟的结果。其二，角色扮演。角色扮演作为诊断儿童的一个技巧，可以区分儿童呈现和解决问题的能力、对挫折的容忍度、语言的水准、表达的能力和对经验的感受，同时也可以增进案主和社工之间的关系。其三，放松技巧，可用于个人和

① ［美］Charles E Schaefer，Donna M Cangelosi：《游戏治疗技巧》，何长珠译，四川大学出版社 2007 年版，第 10－11 页。

② ［美］Charles E Schaefer，Donna M Cangelosi：《游戏治疗技巧》，何长珠译，四川大学出版社 2007 年版，第 156－212 页。

团体咨询。无论是在体育课上还是在正规的教室里，一旦孩子发展出此种技巧，他们便可自行放松，从而完成更高层次的自我控制。如果成功地掌握了放松技巧，那么孩子自我概念的增强也就是顺理成章的事情了。

第四，使用典型的棋戏、电子游戏和电脑游戏。其一，棋戏。个案进行棋戏时的表情、姿势、话语和反应，都提供给社工某些可供参考的信息。此外，社工在游戏过程中的反应、行动或意见，也可引发治疗性的效果。其二，电子游戏。就像其他游戏一样，这类游戏也会带来规则——与公平、合作、报复、输赢有关的问题。因此游戏不只是游戏而已，与游戏有关的正确态度与行为也是进行此类游戏时的伴随目标。在这类游戏中，社工可观察到的信息包括：① 孩子解决问题的策略；② 孩子接收、回忆及借助细微线索去预测结果的能力；③ 孩子手眼协调的能力；④ 孩子攻击性的发泄和控制的能力；⑤ 孩子在和运动比赛有关的游戏中，发展适当的能力，以处理成功或失败的情境；⑥ 孩子在整体咨询的过程中，产生因回忆而获得的满足感。[①]其三，电脑游戏，主要适用于9～12岁的儿童。相对于传统游戏，它们更容易被操纵，而且又有若干种变化的可能。电脑也变成一种增进社工与案主沟通的媒介，并借助投射来作为一种了解自我、探索问题、解决问题的方法。

第五节　游戏治疗理论的主要影响及评价

在当今社会，许多儿童和成年人一样都面临着严重的外界压力和巨大的内心苦恼。一些孩子有着一定的复原能力，能够设法应对生活的挑战；而另一些孩子则比较脆弱，难以应付这样一个复杂的外在世界，其中充满着家庭与邻里暴力、父母离婚与遗弃、贫困和无家可归。还有一些孩子，他们很容易受到那些明显的内心苦恼的伤害，这给他们带来的内心世界的体验是充满着痛苦与烦闷、焦虑与愤怒、失望与绝望的。同时，他们的父母也苦于不知道如何照顾和帮助他们。无论这些儿童是在什么情况下以及

① ［美］Charles E Schaefer，Donna M Cangelosi：《游戏治疗技巧》，何长珠译，四川大学出版社2007年版，第260－347页。

如何显示出临床症状或表达他们的痛苦，社会工作者常常是最了解他们的一线专业服务人员。然而这些社会工作者为了评估儿童的问题并更成功地介入，必须理解童年期的符号语言——游戏。

游戏治疗理论重视心理动力学的发展性观点，并以此为依托建立起了相应的临床社会工作方式。这样一种发展性游戏的原则、过程和技术，主要来自心理动力学的临床理论家们的著作以及为儿童和家庭进行工作的临床社会工作者的实务经验。它们反映了儿童的生物-心理-社会的发展过程，以及其间发展失调和心理障碍等问题。与此同时，它们也反映了在治疗过程中的游戏是通过什么方式来利用发展性过程以激励其变迁与成长的。

早期游戏治疗理论的实践应用焦点多放在智商和学业成就提升上。到了 1970 至 1980 年间，研究者开始对社会适应和自我概念产生兴趣。由此可见，游戏治疗对儿童问题的关注，正从儿童个人的、单一变量的症状处理，逐步转变为关注儿童在其所处的生态系统和环境互动等多元因素影响下所产生的问题。总体而言，游戏治疗的应用涉及多种类型的儿童，如身体虐待、攻击、情绪不稳定、焦虑、学习困难、阅读困难、社会退缩等。①

儿童时期是奠定未来身心健康发展的重要阶段。那么成人该如何去了解儿童的内心世界呢？让·皮亚杰(Jean Piaget)曾指出，游戏是儿童最自然的一种表达方式，他们习惯通过游戏来玩出他们的挫折和压力。可以说，游戏是了解儿童的一扇窗，是让儿童表达自己感受的一种自然媒介，游戏能提供儿童表达自己的机会。为此，游戏治疗作为一种辅导和治疗儿童问题的方法进入了社会工作者的视野。游戏治疗模式旨在通过社工与儿童之间的互动，让儿童在一个安全的环境中，通过游戏来表达自己的情感、想法及行为，以此来探索他们内心深处的感受，从而提高儿童解决问题的能力，最终达到让儿童得到最佳成长和发展的目的。

现如今，在国外的实务工作中，游戏治疗理论模式已经逐步扩大到了对成人精神障碍患者的治疗矫正领域。而在我国，现阶段仅仅在一些相应的儿童机构中采用了一些游戏治疗的方式，增加了一些相关的设施，并且主要是以 3～12 岁儿童为其治疗对象。由此可见，我国在游戏治疗理论的实践运用上与国际水平还有一定的差距。

---

① 李燕：《游戏与儿童发展》，浙江教育出版社 2008 年版，第 204 页。

第九章

师生冲突与调适

——任务中心理论的运用

现如今，师生冲突已成为学校教育过程中经常遇到的现象，也是教师不得不面对的主要问题。尤其是随着学生自主意识的增强，师生冲突几乎难以避免。在学校教育教学工作中，我们常常可以看到，由于教师对学生的特殊心理现象认识不足，不能客观对待，又缺乏预设的应对策略，往往出现教师反复训斥或命令学生，而学生却拒不执行的现象，双方在“面子”思想的影响下，互不相让、争执不下，致使冲突陷入僵局。师生冲突导致师生关系渐行渐远，乃至互生龃龉，早已非新闻。孰是孰非，并不是我们本章要关注的焦点。作为一名学校社会工作者，应该如何应对师生冲突？如何给予及时的指导和调适以使教学工作不受到影响呢？本章我们通过一个实务案例来了解任务中心(Task-Centered)理论及其实践运用过程。

第一节 任务中心理论的形成与发展

任务中心理论是20世纪60年代后期，在美国形成并发展的一种个案工作模式。它是“问题解决派”的重要处理方法。最提倡任务中心理论的人是雷伊德(Reid)与艾士旦(Epstein)。他们主张将此种理论运用在诊断及服务的过程中时，应当事先制订明确的计划以及时限，只有这样才能有效地达到最终目标。[①]

任务中心理论的特征可以简单概括为“简要”与“时限”。它是短期治疗模式的一种，并且综合了功能论、问题解决派以及危机调适法三者中有关人的观点、问题解决程序以及时效性等方面的内容。在20世纪60年代中期，纽约市的社区服务协会曾进行了一项实验。该实验结果表明，处理家庭关系问题时，简要的心理暨社会个案工作法(Brief Psycho-Social Case Work)比传统的长期治疗方式更为有效。从此肯定了短期治疗法的效

① Reid W J. 1992. Task Strategies: An Empirical Approach to Clinical Social Work. New York: Columbia University Press.

果，同时拉开了任务中心理论的序幕。[①]

在模式理论发展初期阶段，任务中心理论深受波尔曼（Perlman）和史杜托（Studt）两人的影响。波尔曼认为个案工作是一种问题解决的过程，史杜托主张案主的任务是个案工作服务的重点。同时，此种模式的处理方法也被运用于心理暨社会个案工作中，该模式短期治疗的时限结构及技巧对于协助个人以及家庭解决问题都有很好的效果。到了20世纪70年代，雷伊德与艾士旦两人大力提倡任务中心模式，尤其是芝加哥大学社会服务行政学院，对该理论在研究以及教学上的贡献颇多。

在任务中心理论发展初期，它被应用到团体工作、寄养家庭服务、工业社会工作等领域。在英美地区获得基金会支持后开始进行实证研究，发展技术并进行教学上的实验。之后，有更多人投入到任务中心模式的研究中。例如吉本斯（Gibbons）和他的同事们发展其在新问题领域的运用，尤其是家庭与团体工作方面。[②]雷伊德转职到纽约后将研究运用在非自愿性案主的身上，对任务中心理论工作方法做出了更精细的修正。艾士旦则整合短期治疗（Brief Therapy）和任务中心理论，建构出更具体的实施方式。[③]

任务中心理论是一种简单而有一定时间限制的个案工作方法。这种理论模式主要是利用时限的结构与短期“心理暨社会”的个案工作技巧，协助案主实现与履行其自身经约定后的任务，进而解决其问题及困扰。此种理论在运用中结合了行为科学及其他领域的方法，包括危机干预、问题解决以及功能处置等理论模式。

所谓“任务”是指受助者为缓和其问题的严重性欲采取的行动。但这不单单代表受助者所要达到的直接目标，还代表其达到目标的方法。而这一切都是案主与社工共同商洽完成的。[④]

在任务中心模式的运用过程中，核心问题的界定最为关键。确定了“核心问题”后，案主做出的反应就是“任务”。在确定任务时，结合确定的核心问题，社工对案主的能力、动机、任务价值、可行性、次要任务与

---

① 廖荣利：《社会工作理论与模式》，台湾五南图书出版公司2002年版，第113页。

② Gibbons J, Butter J, Bow. I. 1978. Evaluation of Social Work Service for self-poison patents, British Journal of Psychiatry, No. 133, pp. 111 - 118.

③ Epstein L. 1995. Brief Task-centered Practice. Washington DC: Encyclopedia of Social Work, pp. 313 - 323.

④ 廖荣利：《社会工作理论与模式》，台湾五南图书出版公司2002年版，第113页。

联合任务、任务的开放或封闭以及任务的形成过程等都要做出准确的判断和界定。在这个过程中，社工要运用策略及沟通技巧与案主展开职责式的沟通。这种职责式的沟通步骤包括：探究与任务有关的问题，构建解决特殊问题的途径以及增加案主对问题的认知。该沟通过程预期达成的目标包括：增强案主对他人和情境的认知，强化案主对自身的行为及与他人互动的深层了解。[①]下文中我们将通过一个具体的实务案例对此做详细介绍。

第二节　案例背景介绍

九月，这个开学的季节，对于初三(1)班的同学们来说，有两个“坏消息”：一个是班主任小贺老师因为考取了全日制研究生，最终决定离开大家；另一个是接替小贺老师的新班主任居然是全校颇有名气的“灭绝师太”——李老师。[②]

李老师今年才40多岁，却早已两鬓斑白。她是市区级的教学骨干，工作踏实负责，教学成绩显著，几乎年年都带毕业班。李老师平日里话不多，有些不苟言笑，工作上她一丝不苟，非常较真，从来不会轻易放弃任何一个学生。这“灭绝师太”的称号还是她前几届的学生私底下取的，一届一届“传承”着。可以说，李老师绝对是应试教育的推进者。

而这个班，从进校以来就是年轻教师小贺老师带的。小贺老师，年轻、漂亮、时髦，一直都是男生喜欢、女生效仿的对象。小贺老师总是笑眯眯的，从来不和同学们端老师的架子。她活像个孩子王，和同学们完全打成一片。小贺老师还经常带着全班同学出去郊游，抱着吉他，和同学们围坐在草坪上一起唱周杰伦的歌。可以说，小贺老师绝对是素质教育的拥护者。

初三(1)班的同学们和其他班级的同学们比起来分外团结，这自然和

① Reid W J. 1992. Task Strategies: An Empirical Approach to Clinical Social Work. New York: Columbia University Press.

② 本案例中所涉及的全部姓名均为化名。

小贺老师的培养与教育分不开。但是，也正是因为小贺老师的这种带班方式，以及小贺老师后来自己要去读研究生等多方面的影响，整个班级到了初二下学期，学习积极性还是不太高，并且整体缺乏一定的纪律性。加之同学们得知小贺老师就要离开后都非常难过，全班情绪一度十分低落，心情浮躁，课堂上无法集中注意力，纪律更为涣散。不少任课老师都向领导抱怨了这个班级的纪律等方面的问题。然而，就在大家为小贺老师的离开而依依不舍时，让同学们万万没有想到的是，接替小贺老师班主任工作的竟然是鼎鼎有名的"灭绝师太"——李老师，全班同学的抵触情绪可想而知，而李老师接这个"烫手山芋"完全是服从领导的安排。在李老师看来，以她多年的教学经验，初三如此繁忙的一年，抵触情绪不过是一时的，等到将来孩子们考上了重点高中后，长大懂事了，自然会明白老师们的良苦用心。校领导也认为这个情况只是暂时性的，初三一开学，学习压力大了以后，自然而然就会好了。

开学第一天，作为班主任，李老师按照惯例通过点名来认识一下班上的同学。花名册上有一名叫李昶的同学，李老师不认识这个"昶"字，当了这么多年的老师，碰见过不少奇奇怪怪的名字，但这个字却还是第一次遇到。这种情况对于一位老练的班主任来说并不陌生，每位老教师都有自己应对的办法，李老师自然也不例外。于是，李老师从容地跳过了他的名字。点完名后，李老师很自然地问道："还有哪位同学的名字没有点到吗？"

"老师，没有我……"果不其然，一个男生略显委屈地站了起来。

"你叫什么名字？"

"老师，我叫李永。"

李老师看着他，点点头说："好的，你坐下吧！"

两天后在一堂市里的示范课上，同学们看见有外校老师及领导来听课，都表现得非常认真。

"李永同学，这个问题你来回答吧！"临近下课时，李老师看见坐在后排的李昶把手举得老高。

李昶一动也不动，用漠然的表情盯着黑板。

"李永同学，你来回答……"李老师又叫了一遍。

仍然没有反应。

这个时候，李老师走到李昶跟前，用手摸了摸他的头，温和地说："李永同学，上课可不能走神，老师在叫你起来回答问题呢！"

不料，话音刚落，李昶忽地站了起来，扯着喉咙大声喊道："老师，我不知道你在叫我，我的名字不叫李永，我的名字叫李昶（读音同"场"），地球人都知道。"说完后还来了个赵本山式的经典动作。

顿时，全班哄堂大笑。不少同学还对着李昶竖起了大拇指。在场的外校老师和领导也很尴尬，不知道发生了什么事情。

李老师的脸涨得通红，幸好下课铃声随即响起……

但是这件事情对李老师的打击还是很大的。当了这么多年的老师，第一次这么丢脸。她没有想到现在的学生这么小就来设计陷害老师，还当着校内领导和校外老师的面嘲笑自己。生气过后，李老师冷静下来，考虑同学们刚刚进入初三阶段，可能有些焦虑，加上小贺老师刚走，孩子们可能心理上有些接受不了自己，故意针对自己。另外，李老师也"自我反省"了一下，认为自己平时虽然不苟言笑，但是接班以来还没有发过脾气，学生们一定觉得自己好欺负，所以才会出现这种情况。李老师决定从此以后调整自己的"战略战术"，好好整顿一下班风。

林鹏，一个颇有几分傲气的优等生，是校园里小有名气的"才子"，可以说是初三(1)班最大的骄傲了。他曾在学校、市区一级的各项学科竞赛中拿了不少奖。但是，他从不宽容老师的错误或是失误，总是毫不留情地指出来，以前对待小贺老师他也是这样，小贺老师每次都是笑嘻嘻地接受了，并赞扬林鹏同学这种"以批判性的眼光看问题"的方式。于是班上有不少同学都多少有所效仿。

对于李老师，林鹏依旧没有任何改变，而且愈演愈烈。每次李老师如果在课上出现了什么失误，他总是毫不留情地指出，语气中总带有那么一点儿不屑。林鹏就这样给李老师制造了一次又一次的尴尬，李老师认为这一定又是学生们给自己的下马威，于是"依仗"自己为师者的身份对他横加指责，训斥他不懂装懂，扰乱课堂秩序。

李老师决定拿林鹏这个好学生来杀鸡儆猴。因为如果大家看到好学生都被老师骂，一定会听话很多。于是，有一次，当林鹏再次"挑衅"权威时，李老师发飙了。虽然说这一次李老师有作秀的成分，但是效果还是很明显的。除了林鹏，其他同学在很长一段时间内都收敛了许多。同学们这次算是见识到了"灭绝师太"的厉害！可是，林鹏并没有服软，从此和李老师杠上了。李老师的课他基本上不听，干自己的事情。李老师找来了林鹏的家长，林鹏的爸爸得知儿子在学校如此放肆，当即给了林鹏一耳光。

初二下学期的期末考试，(1)班的平均成绩比其他班级低了 20 多分。李老师自打接手后就非常着急，一心想把差距缩小，并尽力赶超。以李老师的经验来看，初三上学年的前半学期如果追不上，那么这些孩子们中至少有一半将考不上高中。因此，她不遗余力，见缝插针地为学生们查缺补漏。每天别的班级下午三点半就放学了，她却把全班同学留下来补课。李老师还亲自动员其他各科任课老师分科目给全班同学补课。另外，她在班级制订了高强度的管理措施：不按时交作业的同学罚抄当天语文和英语课文 10 遍；上课讲小话、开小差的同学下午放学补课后再去办公室补课一小时；数学、物理、化学每天做错的题目除了订正之外，必须再做相应的题目十道……好几次，家长们看孩子六点钟还没有回家就找到学校来了。可是，当家长们看见李老师这么负责、这么废寝忘食地为自己的孩子补课时，当家长们看着孩子们在一次次小考中明显进步的成绩时，当家长们一次次私下想要给李老师一些钱物作为报答而被李老师一次次婉言谢绝时……家长们都为之动容了，觉得自己的孩子能够碰到这么负责任的老师是上辈子修来的福气。

正是由于在这种高压环境下，整个班级的纪律情况有了明显的改善，学习成绩也有了很大的提高。就在李老师以为同学们会对自己这个班主任的态度有所好转的时候，事情却一件件接踵而至。

王飞是学校足球队队长。校队要参加市里的足球比赛，参加比赛的人都需要班主任签字同意，可李老师却不同意让王飞去参加。李老师给出的理由很简单，王飞的成绩不好，加上比赛都是在下午李老师制订的“补课”时段内。在李老师看来，对于初三的学生而言，没有任何事情比学习更为重要。如果王飞再这么贪玩下去，很可能连高中都考不上了。几乎全班同学都去求李老师，保证会帮王飞把落下的课程补上。可同学们说什么都没有用，李老师绝不松口，还把去求情的同学们严厉地批评了一顿。总决赛那天，全班同学想出了一个好点子，同学们下课后故意去办公室排队问问题，缠住李老师，好让王飞上场比赛。结果自然是被李老师觉察到了，虽然王飞为校队的最终胜利射进了关键的一球，但是他和班上好多同学都为此事写了检查，做了检讨。

在一次班会课上，李老师提问：“作为当代中学生，我们应该如何安排课外活动呢？”李威没有举手跳起来就说：“去上网吧，在网上没有人知道你是一条狗！”说完还做鬼脸，惹得同学们哈哈大笑。李老师见状，气得要命："那你去当狗吧！！！"全班顿时安静下来。下课后，李威显然对于李老师的批评很不满，抱怨着："我错了吗？！这可是比尔·盖茨说的！李老师呀，就是个老古董，超女、QQ、MSN她都听不懂，老是天天叫我们在书上画线，每次课前都要背上节课的内容，背不出来就罚抄，我就是不喜欢她！贺老师以前就不会这样……"同学们听后也纷纷点头，对于小贺老师的思念之情油然而生。而与此同时，李老师课后回到办公室，也非常恼火："他自以为见多识广！吃的饭还没有我吃的盐多。他经常讲些怪里怪气的话，在课堂上尽捣乱。学习成绩虽然说得过去，但就是一点都不听话，自以为是！"

"你看看，你睁开眼睛看看！这作业马虎、潦草得还能让人看吗？"李老师一边生气地冲杨明发问，一边啪啪地敲着他字迹龙飞凤舞的作业本，"作业要认真写，写认真！这样的话都跟你说一万遍了，你怎么就是记不住呢？"回到教室，杨明对同桌说："你摸摸，我的耳朵都听得起茧子了！不愧是'灭绝师太'啊！没有人性！"

……

一学期的"辅优提差"总算没有白费功夫。初三上学期的全区定位考中，(1)班不仅超越了其他平行班，还在全区位居前列。正当李老师欲"百尺竿头更进一步"时，一件事情发生了，这对李老师可谓是"毁灭性的打击"。

班上几个平时挺乖巧的女同学在洗手间里议论李老师。

"李××这个'灭绝师太'！！！"

"她就知道一天到晚给我们补课，烦死了！"

"就是就是！她怎么还没有生病啊？这样的话，我们就可以轻松了！"

"有道理！要是'灭绝师太'生病了，我们一定要好好庆祝一下呢！"

"对呀！对呀！说不定'灭绝师太'病倒了，学校会请小贺老师回来代课呢！那就太好了！"

同时在洗手间里的李老师，听到这段"咒语"，恶向胆边生、怒从心中起，气得浑身发抖。

回到家后，李老师几乎茶饭未进。李老师胸闷啊！想不通啊！看着成绩上的飞跃，李老师真的是替这帮孩子们开心！以为同学们会理解她，会从内心里感激她，万万没有想到，到头来，自己换来的却是孩子们这样的咒骂……

李老师自己的女儿今年读高三。为了这个班级，这半年来李老师连顿鸡汤都没有为女儿炖过……这几天晚上，李老师一个人坐在窗前，想着那句"'灭绝师太'怎么还没有生病"的话，再看看熬夜读书的女儿，心中阵阵酸楚，眼泪就掉了下来……

李老师的丈夫不明就里，打电话到学校来询问是否出了什么事情。校领导调查后才了解到一些情况。校领导来看望过李老师几次，李老师始终不说话，最终对领导说："这个班我不想带了……"这下可急坏了校领导。校领导和李老师的家人商量了半天，都不知道该如何处理这件事情，于是大家找到了驻校社工易老师。

第三节　社工介入的过程

事情发展到这一步，已经不能够单纯地来说孰是孰非。有着丰富教学经验的老教师遇到了新问题！和学生们之间的冲突是否真的无法消除呢？学校社工易老师在介入此个案后，依据社会工作以下五个服务程序开展了此次服务。

一、接案

易老师欣然接受了这个任务，虽然平时他和李老师接触较少，不过多多少少还是听到过其他老师对于她的评论。他认为李老师不是一时闹情绪说不想带这个班了，而是深思熟虑后的结果。但是，与此同时，易老师也明白这件事情不能拖，还有半年这个班级的同学们就要中考了。校领导们都希望这个问题可以尽快解决，现在正值寒假期间，易老师决定立即采取行动。

对于整件事情的来龙去脉，易老师询问了与李老师同办公室的其他老师，但是大家都只知道一些大概。因为李老师平时话也不多，几乎很少向同事抱怨，所以大家都觉得这件事情发生得很突然，没有任何征兆。易老师也向初三(1)班的同学们了解了一下情况。但是，由于事发后班上不少同学都被年级组长以及校领导严厉训斥过，所以，对于易老师的询问，同学们非常不配合，而且多少有些添油加醋的成分在里面。

考虑到李老师现在对于学校环境有所排斥，易老师最终决定将初次面谈的地点定在李老师家中。在一个阳光明媚的下午，易老师前往李老师家拜访。易老师进门后，李老师的丈夫指了指书房，摇了摇头……易老师将水果篮放下后，径直朝书房走了过去。

………………………………

"李老师，我是小易，方便进来吗？"易老师轻轻敲了敲虚掩着的书房门。

屋内一片寂静，等待了片刻，易老师轻轻推门走了进去。李老师倚在一把靠窗的扶手椅里发呆，在她脚边的一片阳光很是安静。

"随便坐吧。"李老师有些有气无力地说。

易老师在她身边的一张椅子上坐了下来。"李老师，您好！我是驻校社工小易。来学校刚半年，我听其他老师说您……"

"领导派你来做我思想工作的吧？"李老师打断了易老师的自我介绍，轻声说，"没有用的，我想好了，这个班我不带了……"

"没有没有！我就是来看看您！"

李老师抬起头仔细看了看眼前这位小易老师，又低下头去。

"您脸色看上去不太好，要注意多休息呢！带班的事情等过完年我们再去和领导说。"

……长时间的安静，李老师若有所思的样子……阳光在她的脚边伸了伸懒腰。易老师没有打断这长时间的安静，而是静静地坐着。

"小易，很多事情你不知道……"终于李老师开口了，声音比起先前也大了许多。

"嗯，我来就是想陪您聊聊天。"

"唉……你不了解的……"李老师长叹了一口气，"说来话长啊……"

"没关系，您慢慢说！而且，我今年寒假也不回老家，咱们可以好好聊聊呢！"

李老师又再次抬起了头打量着眼前的这位小易老师。其实，在李老师内心，对于"社工"这个概念还不是很清楚，而对于易老师的此次到访，她以为只是领导派来的又一个说客罢了。

接下来的时间里，李老师没有说到学校的事情，而是时断时续地和易老师讲上几句话。

"李老师，时间不早了，我后天再来，行吗？"

当易老师起身告辞时，李老师从扶手椅中站起来送行，"后天……可以……"

李老师脚边的阳光轻摇着。

……………………………

二、收集资料与预估

在外人看来，这次谈话似乎毫无收获，但对于易老师来说，它却是成功的。李老师接受了易老师的再访，也就是说，社工易老师与李老师之间已经建立了正式的服务关系。

第二天，易老师在学校收集了大量资料，包括李老师曾经带班的具体情况，获得过的市级奖项等。

第三天，易老师信心满满地敲响了李老师家的门。

这次面谈仍然是在书房。

……………………………

易老师并没有开门见山地和李老师聊关于初三(1)班的事情，而是和李老师聊起了往事。

"您的奖状和奖杯不少呢！我听说学校陈列室里好多奖项都有您的功劳呢！"易老师指着书橱里的奖杯说。

"都是过去的事情了……"李老师边说边抬头看了看书橱，嘴角有些上扬。

"您很热爱教师这个行业吧？您是哪一年当老师的啊？"

"嗯，我1982年大学毕业就当老师了。"李老师答着，眼睛却始终看着书橱。

……

接下来的两个多小时里，李老师和易老师说了很多，讲到了她带过的很多班级，聊到了她的不少学生，还谈到了她的丈夫和女儿……

李老师的不少学生如今已经长大成人，有的还颇有作为，过年过节都会来看望李老师，感谢李老师当年对他们的严加管教。李老师的丈夫对于她的工作极为支持，几乎包揽了全部家务。女儿这几年长大了，懂事了，对于妈妈的工作也给予了很大的支持。但是，丈夫和女儿最担心的就是李老师的身体。

“今天和您聊了很多，时间不早了，我先告辞了，我后天再来？”

“是啊，都快五点了！留下来吃饭吧？”

“不了，谢谢您！”

“谢什么！那好吧，后天见！”

……………………………………

接下来的一天里，易老师找到了初三(1)班的正副班长、中队长以及团支部书记，向这几位班干部了解了一些情况，因为易老师平时就和同学们打成一片，而且学校的心理兴趣课就是易老师教的，大家对于易老师并不陌生，所以很快就向易老师抱怨起来。但是，易老师认为孩子们的话里带有明显的报复性。

再次走进李老师的书房后，易老师决定开门见山地和李老师聊聊这次的事情。

……………………………………

“李老师，为什么不要带这个班了呢？您带班后同学们成绩进步很多呢！这就快要中考了。”

李老师没有说话。

“其他老师和领导都说没有您，这次中考这个班……”

“……我……我也希望孩子们都能考上好高中啊！”

易老师见李老师开口说话了，于是在一旁边点头边认真地听着。

“我当初答应领导接这个别的老师都不肯接的班的时候，我是有信心的。现在的孩子们营养都好，聪明着呢！只要我们逼一逼，我们老师不放弃他们，很快就可以赶上的。”

“我知道孩子们和以前那个小贺老师感情好！但是，竞争是残酷的，初三对于他们来说是很关键的，在上海，你进不了重点高中，以后怎么考大学呢？这种时候不可以感情用事，小贺老师刚毕业，年轻没有经验。她太理想化了。我们做老师的，要对孩子们的一生负责任，一步错，步步错！”

“我以为孩子们这么大了，应该懂事了，应该能够明白我们老师的良苦用心的。我女儿今年也要高考，她的压力很大，她知道她是为了自己在奋斗，我这个当妈的今年带了毕业班，没有空来管她，心里也愧疚啊……”说着说着，李老师流下了眼泪……

“当然，可能我对学生太严厉了，但是我是为了他们好啊！眼看中考迫在眉睫了……”

接下来的谈话中，李老师向易老师讲述了自己的带班方式，但是，对于同学们向易老师提及的发生在班级里的事情，李老师并没有谈到。

“您和孩子们之间起过正面冲突吗？”

李老师开始回忆，“应该不算吧！那次……”

李老师谈到了李昶、林鹏以及王飞的事情，“但是，但是我没有想到他们居然叫我‘灭绝师太’……还……还诅咒我……”李老师说到这里，呼吸有些急促，声音开始颤抖，“真是让人心寒啊！我的付出……换来的居然是咒骂……”就在这一刻，李老师号啕大哭起来……

易老师静静地递上了纸巾，他明白了原来这才是症结所在！

回到家后，易老师整理了这段时间以来收集的资料，绘制了李老师的“生态图”[①]，见图 9-1。

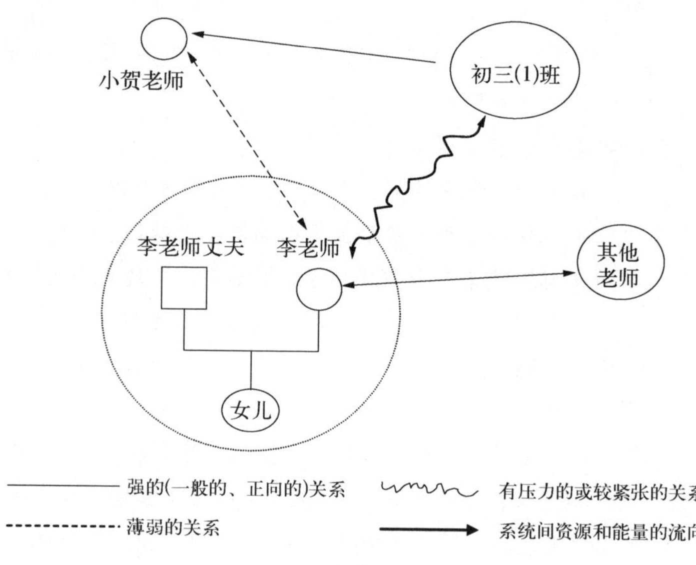

图 9-1　李老师的生态图

① 生态图是用图示法来展示案主的生态系统，即案主的社会生活全貌，它不仅清楚地呈现个人、家庭之内部关联，而且也呈现个人的社会系统与外在世界间关系的消长。参见朱眉华、文军：《社会工作实务手册》，社会科学文献出版社 2006 年版，第 51 页。

三、制订社会工作计划

易老师随后开始制订解决方案。易老师期望最终可以解决李老师和初三(1)班同学们之间的矛盾及冲突，与此同时，可以帮助李老师重新认识自己的工作以及学生，并重新认识自我的能力，重建自信心。

考虑到整个事件的全过程，以及时间的紧迫性，易老师最终决定采取针对李老师个人的个案工作以及针对同学们的小组工作，以个案工作为主，小组工作为辅。其中，针对李老师的个案工作将采用任务中心模式。①

通过前期的资料收集，易老师知道，李老师的核心问题是师生冲突，其次是在班主任这个角色执行上有一定的困难。

核心问题确定后，易老师制订了此次工作的具体目标和计划：

1. 每隔一天和李老师交谈一次，并根据谈话内容以及进度及时修改下次谈话的内容、方式，使李老师在正视此次事件的同时重新认识班主任这个岗位并重拾自信心；

2. 每周开一到两次班会，和同学们进行交谈，调整大家的情绪，并考虑邀请小贺老师回来进行辅助；

3. 积极解决引起冲突的几件主要事件遗留下来的诸多问题；

4. 由李老师带领全班同学举行郊游、逛书城、参观著名高校等三次左右的活动，消除矛盾冲突后进一步融洽师生感情。

易老师再次前往李老师家时，将整理好的计划给李老师看了，李老师拿着研读了很久。

……………………………………

“李老师，您看看这样可以吗？您如果有更好的想法，一定要告诉我。”

“挺好的……”李老师顿了顿，“小易啊，我……我是不是……心理有问题啊？”

“李老师，您千万别这么想，没有的事儿！我只不过是一名社工，可不是什么心理治疗师呢！在这个计划中，我不过是一名协助调解员，您才

---

① 在本章第三节中，我们将对此模式做系统介绍。

是自身的主导者，才是自身改变的媒介呢！”

“真的是这样吗？不是我有病？”

“当然不是！”易老师肯定道。

“嗯……那我们就按照这个计划开始吧！”李老师听到易老师对于自己所认为的“病态”的否定，长长地松了口气。

……………………………

考虑到此案的特殊性质，易老师并没有提及要与李老师签订服务协议。

四、实施社会工作计划

根据计划，易老师再次前往李老师家。在这次谈话中，李老师坦言自己这半年脾气特别不好，所以和学生发生正面冲突的频率很高。

……………………………

“这常常是由于工作压力太大引发的，您这半年里时间紧、任务重，产生压力是正常的！作为一名教师，我们有必要掌握一些快速的心理减压技巧，以及有效控制自己情绪波动的方法，这样才能防止冲突局面的升级。”

“是啊！一开始只是想通过发脾气给孩子们一个下马威，可后来就越来越频繁了，特别容易生气，而且经常觉得头痛难忍。”

“这说明您心理压力较大啊！而且发脾气时，口不择言，很容易使得学生的自尊心、自信心受到伤害呢！”

“对！所以每次发过脾气后，我自己都会陷入情绪陷阱之中，懊恼后悔……”

“是啊！不少专家曾经指出，人在发脾气、愤怒时，是智商较低下的时候，往往做出不理智的判断和荒唐的决定。要做好班主任工作，为了学生，也为了自己，我们做老师的必须控制自己的情绪，少发或者不发脾气才好呢！”

……………………………

随后，易老师向李老师推荐了几种简单的自我心理调节及减压的好方法，并和李老师一起进行练习。首先是“10秒深呼吸”法：要求当事人遇到事情的时候花10秒钟的时间做一个深呼吸，暂缓一下即将要做的某个决定，同时整理一下思绪，对自己所处的形势做一个冷静的判断，然后打起精神重新投入自己正在处理的事情中。这是工作现场中的一种“战略调整”。接着是“3分钟冥想”法：一般人大概可以在180秒内，把你的压力“按钮”从过度的状态“调”到关闭的状态。无论何时，只要是在你集中注意力的时候，你实际上就进入了一种冥想状态。在这种情况下，当事人只关注于一项活动，它可以使人不再胡思乱想，而胡思乱想往往会给当事人造成更大的压力。

“我们一起来试试？”易老师向李老师简单描述过这两种方法后，邀请李老师和自己一起来试试看。“微闭双目，目视鼻尖，以鼻对口，以口问心，气沉丹田，全身放松……”瞬间，易老师俨然变成了一位瑜伽教练，“大脑入静，若能静则万念俱空；若不能静，则开始冥想，以一念压万念。”

接下来，易老师带着李老师做了几次深呼吸，李老师觉得做过后确实有些作用。易老师同时强调，这些方法也不是每个人第一次用就百分之百灵验。第一次可能只管一两分钟，练的次数多，就随时做随时有效了。

另外，易老师还建议李老师从这一天开始写日记。

“我们常常要求同学们写日记，其实这个方法对于我们老师来说也是受益匪浅的呢！”

“我以前都是坚持记的呢！后来带毕业班了，工作太忙了，就慢慢不写了。”

“日记能使我们记住自己做过的事、见过的人、用过的物，记住自己的经验与教训，”易老师谈到了写日记的好处，“人很奇怪，许多过去好的经验、好的做法常常忘了。写了日记，经常翻一翻，使人容易记住自己，不会失去自我，忠于自己真善美的一面。”

李老师听了，点了点头。

“我们俩一起开始写吧！其实，我也好久没有写了。没人监督，特别容易偷懒……”易老师边说边掏出了两个大开的本子，“不单单是记录我们这次的全过程，我们还应该坚持写下去！李老师，您可得多多监督我啊！”

李老师接过本子会心地边笑边点头：“互相督促！”

临走之前，易老师建议李老师可以在家多多练习深呼吸和冥想，同时还嘱咐李老师一定要注意保证饮食营养均衡，少食咖啡、糖，多补充维生素 B、维生素 C 等。[①]

第二天，易老师召集了初三(1)班全体同学返校，召开主题班会。

此次班会的主题为“尊人者，人尊之”，由易老师和班长王淼一起主持。

易老师首先发言：“我们在学校的学习生活中，除了学习知识，增长能力，更多的是应该学会尊重人、理解人、关怀人、帮助人、信任人、原谅人。每个活在世上的人都有强烈的发自心底的需要——需要别人的尊重、理解、关怀、帮助、信任，偶尔犯错误时，需要别人的原谅。然而，我们怎样才能得到这些呢？这便是我们今天一起来讨论的问题。接下来，同学们可以自由发言。”

“啊？放假叫我们回来，就是为了开班会啊……”班上有不少同学发出了抱怨。

“对，就是为了开这个主题班会！”易老师肯定道。

于是大家都低下头，不说话了。

“原来大家都这么不想见到我啊！”清脆的声音划破了教室的寂静。

同学们听到了他们熟悉却又久违的声音，大家纷纷抬起头，瞬间尖叫了起来：“贺老师！”不少同学激动地离开了座位，向贺老师奔了过去。

“大家都坐好！我们的班会还要继续呢！”

“我听说大家这半年成绩进步很多呢！”

“对！贺老师，我们考了全年级第一名！”接着，教室里又乱了套，大家七嘴八舌开始汇报着自己的进步。

“太棒了！你们都很出色，我知道大家这个学期都很用功！这些成绩里有大家的汗水，除此以外，大家是不是还应该感谢各科老师们呢？”

“是！”

“那么，是不是尤其应该感谢李老师呢？”

贺老师话音刚落，整个班级又陷入了寂静……

“贺老师，你回来教我们吧！求求你……”终于班长王淼开口了。

紧接着大家都纷纷开口恳求：“我们不喜欢……李老师……”

“为什么呢？”

① 牧之、张震：《心理学与你的生活》，新世界出版社 2006 年版，第 264 页。

"李老师很凶……总是发脾气……"

"她和我们有代沟……"

大家又是一阵七嘴八舌的抱怨，纷纷向贺老师吐苦水，讲述着这半年发生的事情……

易老师和小贺老师都没有打断同学们。

"说完了吗？"小贺老师轻声问道，"接下来，我想听听大家对李老师有没有什么表扬呢？"

又是沉默。

"……其实，其实……李老师是为了我们好……"

"嗯……我有一次还看见李老师吃药呢……"

断断续续，大家也讲了不少。

易老师看得出来，这帮孩子其实还是很有心的，于是接着说道："其实，人心与人心之间，像高山与高山之间一样，你对着对方呼喊'我尊重你'，那么，对方心灵高山的回音便是'我尊重你'；你喊'我理解你'，对方的回音便是'我理解你'；你若喊声'我讨厌你'，那么对方的回音是什么呢？"

同学们纷纷低下头，若有所思。

小贺老师接着说道："所谓'尊人者，人尊之'，我相信大家都能理解这句话的意思。但是，落到实处，我们应该怎样做呢？"

王淼再次发言："我想，我们首先应该从自我做起，在要求别人尊重我们的时候，我们也应该同样尊重他人，首先向对方、向他人输出尊重的信息，只有这样，我们才能获得尊重。"

不少同学听了，也都不住地点头。

班会临近尾声的时候，小贺老师和同学们叙叙旧、聊聊天，同时，易老师给全班同学布置了一个任务——写信！

"这次我们的班会很成功，大家回家后，可以再认真思考一下我们今天一同探讨的主题。另外，我要求同学们以小组为单位，举行小队活动，而活动的内容是给李老师写一封信。每个小组的同学可以分头写，或是聚在一起写，都可以，但是最终要汇总成一封信，内容不限，可以写你们对李老师不满的地方，但是，语言要真诚，不可以辱骂；也可以写大家对李老师的感激之情，李老师因为工作压力大，都生病在家休息很久了，大家也可以送上自己的问候！两个星期后，我们再次返校的时候，要求以小组为单位交上来。听明白了吗？”

“明白了！”同学们异口同声地回答。

接下来的一天，易老师又来到李老师家。

易老师向李老师详细讲述了主题班会的情况，李老师听得很专注，但是关于写信这个作业，易老师并没有告诉李老师。听到易老师说同学们其实还是很感激自己的，甚至还有同学注意到自己吃药等，李老师的眼眶湿润了。

“其实，我们做老师的，不能把学生当作没有思想、没有情感的被动的受管理者啊！”

“是啊，他们是有思想、有意志、有情感的主动发展的个体。”

“尤其作为班主任，成功管理一个班级的前提是尊重同学们的意愿，尊重他们的人格。”①

“嗯……我这个人特别容易急，一着急，说话就口不择言了。大概是伤到孩子们的自尊心了呢！我老以为学生们才十几岁，还小……其实，现在的孩子们人小鬼大着呢！”

“的确，我们要正视这个问题。现在的孩子绝对跟我们小时候不一样。现在的孩子们接触外界的机会特别多，什么都懂，不像我们小时候，傻乎乎的，什么都不懂，现在的孩子压力也很大呢！”

“是啊，竞争激烈，大环境不同了。”

“所以，我们老师也得跟上他们的脚步，这也算是与时俱进了！哈哈！”

……

这次谈话中，易老师和李老师一起探讨了很多关于班主任这个角色的话题，例如，班主任这个角色所要求的职责有哪些，如何做一个学生喜欢的班主任等。李老师根据自己多年带班的经验谈了很多自己的想法，同时，也讲到了很多自己这么多年的困惑，比如如何把握和学生之间的关系的尺度，如何看待所谓的素质教育和考试选拔制度等。

通过这几天的谈话，易老师觉得颇有成效，无论是李老师还是同学们，多少都已经有些“放下武器”了。于是，易老师决定趁热打铁，针对同学们以及李老师反映的几件导致师生关系恶化的事情来个“各个击破”。

首先是李昶同学。经过易老师的详细询问才了解到，因为名字的关

① 魏书生：《班主任工作漫谈》，漓江出版社2007年版，第51页。

系，李昶从小到大经常被念错名字，碰到过不少老师也都是读错的，而那次的事件，是全班同学“密谋”很久的。其实，同学们并没有恶意。现在孩子们的名字千奇百怪，不少老师都有自己的应对方式，但是除了小贺老师，其他老师即使不认识这个字也不愿承认。所以，大家商量好，决定“见招拆招”。李昶现在也觉得自己当时的做法有些过分了，他很怕老师以后会不喜欢他了……易老师告诉他：李老师早就把这件事忘记了，更不可能因此不喜欢他了，不过，认识到自己错误的时候，应该主动道歉。

这次，易老师和李老师的聊天就从这件事情开始了。

“我们都追求完美，然而玫瑰虽美，但却有刺；孔雀华贵，却不能翱翔蓝天。事实上，瑕不掩瑜，维纳斯断臂反而更添艺术魅力。正如全知全能、尽善尽美的上帝人人敬仰，但却无法喜欢，那些有缺点且不掩饰自己缺点的老师，反而会拉近与学生的距离呢！”

李老师听后，也承认了自己的不足：“是啊！当时，如果我事先查查字典就好了！我们老师其实不单单是害怕没有面子，我们更害怕的是失去一个老师的威严，以免日后学生爬到你头上去了。现在的孩子精怪着呢！不像我们小时候，总觉得老师是高高在上的神！我这个人一直对自己要求很高，我希望凡事都可以做到最好！”

“追求完美其实是一种普遍的心态，也不能说是错误的。但凡事我们不是都讲个度嘛！”

易老师告诉李老师，没有瑕疵的事物是不存在的，盲目地追求一个虚幻的境界只能是徒劳无功。生活绝不可能是一帆风顺的，遇到挫折和处于低谷时，我们要自信和乐观。同时，要学会正确认识自我，既不要把自己的能力估计得太高，也不必过于自卑。不要对自己太苛刻，做事只要对得起自己的努力和良心就好了。除此以外，应学会调节自己的情绪，保持规律的生活和充足的睡眠，学会倾诉和寻求帮助来排解不愉快。①

李老师当天就在日记中写下了自己的看法：“……我的确是太追求完美了，我把自己的压力转嫁给了同学们，希望大家可以化压力为动力，结果可能是适得其反了……另外，作为班主任，我要更加注意细节，更加真诚地和同学们相处，在小细节上，不要太在意师威才好！”

这次，李老师主动开口了：“还有个同学——林鹏，我想应该去趟

① 牧之、张震：《心理学与你的生活》，新世界出版社2006年版，第426页。

他家。”

于是，在易老师的陪同下，李老师来到了林鹏家。打开门的一瞬间，林鹏吓了一跳，因为不知道李老师的来意，林鹏的脸立刻板了起来。看来虽然事情过了这么久，但林鹏的气还没有消。林鹏的父母见是孩子的班主任前来家访，忙将李老师和易老师请进了客厅。

“李老师，是不是这小子又惹什么祸了啊？”林鹏爸爸边说边扬手准备教训儿子了。

易老师急忙拦住了林鹏爸爸：“林鹏爸爸，您误会了。”

“是啊是啊！我今天来家访，是来和林鹏讲和的！”

听到李老师这么说，林鹏睁大了眼睛，林鹏父母也有点儿摸不着头脑。

“上次的事情，是老师处理不得当，今天老师来给你赔不是，希望你可以原谅老师，好吗？”

“李老师，您千万别这么说，是我不好……老是故意和您作对。”

“还有，林鹏爸爸，孩子这么大了，我们做长辈的，教育是应该的，就是这打，还是不要的好啊！”

“是是是！我以后不打了！”

听到爸爸说以后不打自己，林鹏可乐坏了。

误会解除了，大家的心结也打开了。林鹏邀请李老师参观他的房间，给李老师看了很多自己动手做的模型。这一刻，李老师才意识到，自己平时只关心同学们的成绩，对于同学们的了解实在是太少了。

下一个“目标”是王飞。虽然成绩不好，但是王飞在班上甚至在全校都很有人缘，也很有号召力。对于这件事情，易老师说了自己的想法：“当班主任，如果凡事都和学生们商量，一定容易成功。商量，就不全是教师说了算。即使是我们的主张和办法是正确的，你用不容置疑的命令口吻，学生就不愿意接受；用商量的口吻呢，就好接受多了。”通过易老师，李老师得知这周六有一场校际间的友谊赛，王飞将带领校队出征。周六这一天，李老师向丈夫借来了球迷的行头，早早地来到了球场边。当同学们看到李老师的时候，着实吓了一跳，不敢相信自己的眼睛。易老师在开场前，把王飞叫了过来。

“王飞，你看李老师来给你加油了呢！”

“嗯！李老师，易老师，你们放心，我们赢定了！”

整场比赛，李老师和同学们一起为王飞呐喊助威，他似乎比平时更加神勇，最终校队大获全胜。

转眼两周过去了，到了同学们再次返校的时候。这几天，上海下起了大雪，虽然天气很冷，道路又滑，但是同学们都没有迟到。当易老师走进教室的时候，讲台上六封信整整齐齐，每个信封都很精致，看得出同学们都很用心地完成了这项作业。

“看来大家都完成得很好！我现在就把大家的信交给李老师去，大家在教室里自由活动一下！”

李老师这时正在办公室里，自从事发后，李老师已经好久没有到学校来了。被大雪覆盖的校园真的很美！因为事先没有告诉李老师，所以当易老师将六封信交给李老师的时候，李老师惊呆了。

李老师展开一封封精致的信，阅读起来。

李老师：

您好！

这次的主题班会，让我们小组的同学们都很有感触，我们以前不懂事，总是惹您生气，是我们不对，请您原谅我们。

……

我们知道您是为了我们好，不过，您总是板着脸，这样不好，会长皱纹的，我们希望从此以后，李老师的脸上能永远是春天，春意盎然的！我们也会努力学习，不让您操心。

还有一件事情，一定要告诉您！其实，“灭绝师太”这个绰号，不是骂您呢，这说明您武功高强，帮助我们全班同学都提高了成绩！其实我们班上每个同学都有绰号的！如果您想知道，下次，我们一一介绍给您。

以前我们总是想贺老师，但是并不代表我们不喜欢您，所以，您可千万不要生气了。我们听说，当时别的老师都不愿意带我们班，是您不嫌弃我们……我们错了，您可千万不能不管我们啊！

我们保证以后会听您的话！

六封信，满是同学们的真情流露，李老师看到动情处，流下了欣慰的眼泪。读罢，李老师和易老师一起来到了教室，当大家看到李老师的时候，都鼓起掌来。

“谢谢同学们！你们的信我会好好珍藏，谢谢大家！”

"李老师，那您可不能再生我们的气了，以前我们不尊重您，以后，保证不会了！"

"嗯，也希望大家不要再生我的气了！"

"才没有呢，哈哈！"

"我看大家一定坐不住了吧？！长这么大，大家一定是第一次见到这么大的雪吧？我们一起去校园里玩好吗？"易老师的提议正合同学们的心意。

"太好了！"同学们都跳了起来，冲出了教室。

不少女同学过来拉上李老师一起跑出了教室。

想了解学生的性格，最好的办法就是在这种无拘无束、自由自在的玩乐中来了解。你看，那些精力充沛、性格外向的同学打雪仗的时候为了刺激自己，便到处挑战，四面树敌，实在被打得狼狈不堪、抵挡不住了，便跑到老师身边，拉住易老师当作掩体，对手们看在老师的面子上只好暂时饶过了他们。文静的孩子们已经堆了三四个雪人了，高的差不多有一人多高。为了使雪人栩栩如生，有的学生把自己的帽子给雪人戴上，还有的给雪人围上了围巾。李老师的疲惫和委屈早已融化在这雪地里，而李老师的欢乐和幸福也已产生在这雪地里了。

从此以后，易老师和李老师的聊天都是在校园中进行的。校园里几乎每个角落，对李老师而言都有故事，有回忆。李老师也逐渐意识到，作为一名老师，尤其是一名班主任，只在自身教学科目上不断进步是远远不够的，还应该和时代接轨，多多关注科技等领域的发展，这样才更容易与学生们交流和沟通。就在这期间，李老师还向易老师学习了如何使用计算机，尤其是如何上网浏览信息。

时间过得真快，寒假临近尾声了。易老师决定由李老师带领同学们去上海市区的几所著名高校参观。一来可以进一步增进师生感情，二来也可以激发同学们学习上的斗志。

李老师先带领大家参观了复旦大学和上海交通大学，随后，李老师又带领大家参观了自己的母校——华东师范大学。二十多年过去了，但是大学校园的生活还是历历在目，李老师带着大家参观了当年的教室、寝室、食堂等，讲述着丽娃河的历史以及校园里的故事。

最后，大家在校门口合影留念，不少同学都表示自己高中毕业后也要进入这几所名校读书，成为对社会有用的人。

五、评估与结案

伴随着寒假的结束，此个案也进入了结案阶段。总的来说，目标完成得非常不错，而李老师与易老师也已经成了无话不说的朋友。

回首这两个月，易老师觉得很开心。方案取得了一定的成效，李老师与同学们的师生关系也有了明显的改善。当然，易老师认为还有很多事情是需要继续做的，师生关系还需要更长久的时间来巩固，对李老师而言，这短短两个月的辅导也是不够的，还需要她在日后的实际工作中循序渐进地调节。

对于此次工作，易老师选择的任务中心模式是正确的，它确保此次个案工作在有限的时间内解决了问题，协助我们的案主——李老师更进一步地认清了自身的职责。而在整个过程中，易老师也体会到了作为一名老师，尤其是一名班主任的不易；而作为一名驻校社工，易老师希望自己日后有更多的机会能够近距离地接触老师和同学们，比如，在学校教一些课程，只有这样才能使得社会工作者更好地开展具体工作。

虽然到了结案的时候，但是由于易老师是一名驻校社工，所以可以和李老师一起保持已有的进步并不断完善，同时，易老师也邀请李老师对此次工作进行了评估。

开学伊始，李老师带领的初三(1)班的新气象感染着全校师生，除了查缺补漏的延长班，李老师更是带领全班同学一起练字，这次可是同学们自己提出的呢！

站在讲台上，阳光在李老师的脚边跳跃。

第四节　理论研习与案例反思

李老师的问题在社工易老师的帮助下已经基本得以解决。接下来，我们一起对整个案例进行分析和思考。前文我们已经提及，在此次个案中，驻校社工易老师选取了任务中心理论模式来进行介入。下文中我们将通过对案例的深入分析来学习该理论模式在实务工作中的重点和难点。

一、任务中心理论的基本假设及特征

任务中心理论的基本假设是人有解决问题的能力。与此同时，专业的服务可以增强个人解决问题的能力，并且使其能够独立面对日后可能发生的类似问题或是新问题，并借此学习解决问题的有效技巧。它认为人本来是健康、常态、有自主能力的个体，因此我们不应将遭遇问题的人视为病态。任何个人问题的产生往往是个人能力暂时缺损（Temporary Break-Down）的结果。[①]由此，我们可以归纳出任务中心理论的基本前提：

（1）任务中心理论的基本功能在于帮助案主界定其心理及社会问题，并协助案主解决这些问题；任务中心理论的主要改变媒介是案主本人，而不是社会工作者。因此，社工只是提供建议及资源，扮演一个协助者的角色。

（2）人之所以有问题是因为其能力暂时受到限制，而非病理因素所致。任务中心理论对人类行为的基本假设是人不受潜意识控制，也不受环境完全左右，而认为人是有理智（Mind）和意志（Will）的，也就是说人是健康的、常态的，是有自主性、理性和解决问题能力的个体。人之所以有问题产生，并不是缺乏解决问题的能力，也不是人格病态所导致，只是能力暂时受到限制而无法面对和处理问题，才会陷入困境。

（3）解决问题的障碍来自环境或是资源的不足。个体的问题来自个人生活中内在的心理因素和外在环境因素的交互作用，不是病理性的受害者，而是受到问题解决资源缺乏的影响。

（4）人陷入困境时就会产生改变的动力，但人有适应问题的本能。人会想办法调节生活上的问题，尤其是当问题成为其所熟悉的样子时，改变的驱动力就会减弱。长期积累下来，问题的复杂化会使其难以辨清真正需要的帮助。

---

① 廖荣利：《社会工作理论与模式》，台湾五南图书出版公司2002年版，第120页。

(5) 人有改变的动力，但只是想把困难减轻到可忍受为止，而并非根本改变。虽然人在陷入困境时会有改变的动力，但案主在寻求帮助的时候，往往只是想减轻困难，将问题降低到可以忍受的地步，而非寻求根本的改变。因此，任务中心模式强调针对案主想要处理的某一小部分问题进行集中解决，以便可以让案主有系统且实际地去解决问题。这样不仅可以有效率地恢复案主的平衡，也能使案主对进一步的改变产生兴趣。

(6) 当个体意识到问题的存在，且处于一种不平衡的状态下时，一般会自主采取行动解决。案主的行动是提供问题改变的重要手段，因为案主有动机想要采取的行动才是解决问题最有效的动力。任务中心模式的本质在于认定案主是有自己想法的人，不论我们在理论上和价值上有多么合理，案主想要改变什么的想法会限制社会工作者的努力方向。社会工作者要关注案主的意愿，意愿本身就是案主采取校正行动的依据。

同时，我们也不难发现，任务中心理论的主要特征就在于“简要”与“时限”两点上：简要(Brief)主要是指在界定核心问题之后，在规划其任务与实行该任务这一过程中，要使问题具体化，且尽量简化，并使案主能增强自我解决问题的能力；时限(Time-Limit and Duration)，一般情况下，我们要求社会工作者运用任务中心理论进行辅导时，在2～4个月内进行8～12次的会谈。

二、任务中心理论的处理原则与实务技巧

任务中心理论的实务过程与其他社会工作模式基本保持一致，只是在确定使用该模式后，需要首先界定此次案例的核心问题。任务中心理论在实践过程中的首要任务是问题分类[①]，该理论模式将问题分为以下八大类：

(1) 人际冲突。人际冲突(Interpersonal Conflict)是指个人与个人或与群体之间的不协调，理论模式初期多指家庭成员间的冲突，如夫妻间、父母子女之间、兄弟姐妹之间等，此外也包括教师与学生、医生与病人、雇

---

① Reid W J, et al. 1972. Task-Centered Casework. Chicago: The University of Chicago Press.

主与雇员间的冲突。人际冲突通常是在两个人发生互动时所产生的。事实上，人际冲突是与个人需求、人格特质、角色期待以及参与互动者的行为相关的。因此，冲突可被视为人们互动的产物，并且是一种负面互动。

（2）社会关系不满意。社会关系的不满意（Dissatisfaction in Social Relations）现象常常是由于个人在与他人互动中表现得过分积极主动或过分消极被动而产生的。此种现象常常发生在个人本身而非两人或多人之间。

（3）与正式团体间的问题。与正式团体间的问题（Problems with Formal Organization）是指个人与特定组织或机构间的冲突，比如病人家属与医院间、学生家长与学校间的冲突都属于此种类型。

（4）角色执行困难。角色执行困难（Difficulties in Role Performance）是指个人对于如何执行某种特定的角色有困难。在实际工作中，社工常常需要面对的是有关家庭角色，如配偶或双亲的角色等方面。个人在角色执行上觉得困难的原因多为"他如何正确地执行他的角色"与"他比较可能执行的角色"两者间产生了差异。例如，丈夫对妻子过分挑剔，他自己知道不应该这么做，但实际上他却这样做了。社工在处理这类问题时，必须明确指出案主实际上与期望间的矛盾所在。

（5）社会情境变迁的问题。社会情境变迁的问题（Problems of Social Transition）是指从一种社会地位（角色或情境）转移到另一种社会地位（角色或情境）时所产生的问题。社工处理此类案件的时候常会遇到两种难题：第一是案主对于潜在的改变常处于进退两难的情境中，例如未婚妈妈是否要做人工流产，一名学生是要继续升学还是就业等，这些情境都会使一个人难以决定；第二是社会变迁的问题常在环境有了变化后才发生，比如一个刑满释放的人就业的问题，一个移民如何适应新的社会文化等。

（6）反应性的情绪困扰。所谓反应性的情绪困扰（Reactive Emotional Distress）是指个人遭遇到问题时产生焦虑、沮丧、紧张以及挫折等现象，其中的缘由往往不只是他对突发事件不知所措，而是这种突发事件是在他能力控制之外的。譬如，个人遭遇亲人不幸辞世、失业或与恋人分手等，都容易产生此类问题，导致情绪困扰。

（7）资源不足。资源不足（Inadequate Resources）的问题往往是由于个人缺乏具体（或特定）的资源所产生的。这种资源多指金钱、食物、住房以及工作等方面。

(8) 未被归类的心理及行为问题。虽然未被详细归类，但它符合任务中心模式对问题的一般定义，即暂时影响了个体自我调节能力的问题。

在本章的案例中，学校社工易老师和李老师一起最终确定了李老师的核心问题首先是师生冲突，其次是李老师自身在班主任这个角色执行上有一定的困难。第二个核心问题正是易老师根据李老师所关心的事件而做出的归类。

与此同时，正确理解和掌握任务中心模式的处置原则将大大提高我们的工作效率及工作效果。任务中心模式时间短、任务重，哪一个环节出现错误都有可能导致全盘皆输的局面。在此，我们以实务操作的流程为依据，分别介绍各个阶段的处置原则及方法。

1. 确定问题及制订计划的原则

社会工作者应努力理解案主解决问题的行动，特别是当解释性的理论说明了问题是如何产生及如何被解决时。案主的期望促发行动，而案主的信念带来期望，并提供了实现期望的可接受的方式。信念指导行动，信念也会因社工、案主或他人之间的互动而发生变化。这类信念是受力点(Points of Leverage)，能够帮助改变其他的信念。情感产生于信念和期望间的互动。当案主认为希望被剥夺或受到威胁时，就会感到非常恐慌或是焦虑。行动是有意图的行为，因此理解行动就要理解意图。意图的形成与信念、期望、情感互动。行动常常是成系列的，问题可能在开始阶段就存在了。

案主或许没有在特定情况下完成行动所需的技巧。但这些技巧可以通过直接学习或通过从其他场合中提炼而获得。通过一系列的小步骤来进行学习将会是有帮助的。社会工作者也应该从自己丰富的经验中总结出一些简单易学的小技巧，针对案主的不同情况提供不同的小技巧，以帮助其解决问题。

同时，一些社会系统赋予或是影响了案主的信念，或是对案主的进一步行动产生了影响。这些影响有可能是正向的，也有可能是负向的。行动序列在这种情况下可能变成互动序列(Interaction Sequences)，从而使不同行动相互影响，形成一种循环或是螺旋发展。通过对人的称呼或分类，或对某类人产生“集体信念”(Collective Beliefs)，组织(Organizations)也会成为行动的背景。如学校教师可能会认为来自某一片区的学生是具有破坏性的，同时，这种想法也影响了孩子们的自我认同，以及他们的父母或是其他机构对于这一片区孩子们的看法，进而影响了人与人之间的互动。

2. 社工界定核心问题的原则

（1）核心问题必须是案主自行确认并表示愿意加以处理的问题。案主的动机才是最重要的，但案主的想法常常是相互矛盾的。如想要孩子，又不想被孩子绑住；想解决问题，又不想丢了面子。所以社工应考虑案主的各种需求及它们之间的关系。

（2）在核心问题的认定过程中，案主在社工的协助下应有意愿采取某些适当的行动，以缓和其问题的严重性。如果案主的想法不切实际或是无法执行，致使社工无法提供案主想要的资源时，社工就要以其专业知识协助案主做出更有效的选择。如果核心问题是由社工决定的，就必须让案主及时了解，并表示愿意去达成。

（3）核心问题必须是"特定且具体"的，并且要有一定的范围，不能过于抽象、空洞。案主的智商程度、计划与完成能力、情绪控制能力、为人处事的方式等也是必须考虑的因素。此外，还有案主的经济地位、身份认同、身体状况等。

3. 其他相关任务的处置原则

许多情况下，单一的任务也可能再转变成多个次任务（Sub-Task），从而有助于社会工作者和案主执行复杂的任务。次任务可再分为同时性与依序性的次任务（Concurrent & Sequential Sub-Task）。[①]同时性任务是指案主将他要履行的任务分成几个部分，同时进行。例如一个人吃早餐，可以一边吃，一边看报纸，一边听音乐。而依序性任务则是指履行完一个任务后，再执行下一个任务。通常的情况是只有一个核心问题，但也可以制订出一些次任务，这样才能使案主的压力减轻。社会工作者应协助案主找出有限范围内的核心问题，并且要相信案主有处理生活中其他问题的能力。

此外，开放性任务（Open Task）是指没有结束点的任务，如结交新朋友等；封闭性任务（Closed Task）则是指有结束点的任务，如注册入学等。任何任务都应有时间性，社会工作者可通过预估而找到这个节点。无论如何，要在早期确定好大致的起止时间，并在实施过程中有限度地加以调整。

---

① 宋丽玉、曾华源、施教裕等：《社会工作理论——处遇模式与案例分析》，台湾洪叶文化事业有限公司 2005 年版，第 204 页。

4. 社会工作者的价值原则

任务中心模式并非将遭遇问题的人视为病态，而是认为人都是健康的、有潜力的，现在遭遇的困境只是能力暂时性中断。所以社会工作者在助人过程中的服务重点应该是采取一种简单而又有一定结构，可以在短期内协助案主界定问题的类型，与案主共同理清头绪，找出最终解决问题的方法，使案主学习到有效解决问题的新方法、新技巧，内化问题处理模式，实现并履行自身约定的任务，进而解决问题，并增强案主日后面对及解决问题的能力。

任务中心模式相当重视案主对自身问题的认知与解决动机。因此，此模式是“案主中心”而非“专家中心”的工作模式。依据社会工作的基本价值观——尊重、自决和参与，通过协助案主探究问题与解决问题，使案主自决与自我负责。正因为该模式强调案主自身对问题的认知，其主张社工与案主建立一种合作的关系，所以处理问题是在一种短期、有组织、有计划、有实务性的基础上进行的。它不单单符合社会工作的基本假设，并且在社会工作者普遍个案量大的压力下备受欢迎，更被用作家庭处置问题的引导方法。

5. 结案的标准及追踪处理原则

在结案的步骤中，社会工作者必须协助案主检视自己在实施过程中，产生的问题是否得以有效解决，案主自身解决问题的能力是否有所增强，对于后续问题的处理是否要延长期限，或是应转入其他机构等。这些问题都是在结案阶段社会工作者和案主应该一起讨论和协商的。

三、案例反思

通常情况下，面对师生冲突，尤其是中年教师与学生之间发生的冲突案例时，有经验的学校领导会在第一时间“确诊”为教师的职业枯竭。所谓职业枯竭，又称为职业倦怠，“是指人在工作重压下的一种身心俱疲的状态，主要表现为身体疲劳、情绪低落、创造力衰竭、价值感降低、人性化淡漠、攻击性行为等，其中最突出的反应是精神疲惫、攻击性行为和个人成就感的降低”[①]。现代社会对学校教育的期望值越来越高，教师不仅要受到来自家

① 颜慧芬：“学校该如何应对教师职业倦息”，载《思想理论教育》2007年第9期。

长方面的压力，而且要承受越来越多的来自学校内部和学校之间相互竞争的压力，这就会导致很多职业枯竭现象的集中发作，这种消极情绪发作的“泄洪口”，往往在工作现场中发生，即突发性的“师生冲突危机”。

从表面现象来看，李老师当时的情况的确很像是职业枯竭的表现，但是，作为一名社会工作者，易老师并没有很快下定论，而是通过多次和李老师以及其他当事人或老师们的交谈来分析：虽然李老师当时的压力很大，但是李老师对于教学本身并没有出现厌倦情绪，并且有着“更上一层楼”的抱负，可见李老师的情况绝对不属于此类。

不管怎么说，班主任的确难当，而如何处理好与学生的关系是每一位班主任最关心的问题。年轻教师往往把握不准与学生间的尺度，他们思想活跃，与学生之间有很多共同语言，深受学生欢迎，也很容易和学生们打成一片，但是与学生的距离近了，班级纪律就成了大问题，理想中的民主便成了现实中的散漫；而老班主任，或者说经验丰富的班主任又是如何带班的呢？最直观地来看，就是一个字——“凶”。对学生相当严厉，学生们在他们面前也噤若寒蝉，这样的班级在各项评比中经常遥遥领先。于是，不少年轻教师虽然心有不甘，但最终都会选择这条路。

然而，时过境迁，用“凶”的办法来管理今天的学生们，恐怕行不通了。现在的学生见多识广，胆子又大，甚至知道要用法律来保护自己。老师一发火，他不是顶嘴就是抓住老师的“小辫子”……因此现在的班主任太刚不行，太柔也不行，只有做到“刚柔并济”①才能取得最佳效果。

李老师责任心强，经验丰富，工作勤勤恳恳，一心奉献，换来的却是学生不解的议论、没良心的“咒骂”，这的确让她心寒，精神上也大受打击。易老师认为“‘灭绝师太’怎么还没有生病？”这不是极个别学生的叛逆心理，而是一种集体情绪的反映。学生是有个体差异的，学生才是学习的主体。孔子曰“不愤不启，不悱不发”，就是要最大限度地调动学生的学习主动性，只有这样学生接受老师的点拨时才会领悟得深刻，效果才会持久。

在本案例中，明显是李老师的积极性远远超过了学生的主动性。于是，在整个服务过程中，易老师除了帮助李老师调整心态以外，还和李老师一起努力调动同学们的学习积极性和学习主体意识。亲其师，则信其道，李老师通过自身的努力以及易老师的协助，在学生们心目中有了一定

---

① 汪琪：“班主任工作的刚与柔”，载《思想理论教育》2007 年第 10 期。

的亲和力。

在整个服务过程中，驻校社工易老师针对李老师的情况选取了一些卓有成效的方法：

一是写日记。写日记有利于人们改变自己、改造自己。很少有人劝自己狭隘、自私、消极、懒惰，人们一般都在日记中劝说和鼓励自己要宽厚、要助人、要积极、要勤奋。这些发自内心的劝说和鼓励，同来自外界的劝说和鼓励相比作用更大。写日记能磨炼人的意志。写一篇日记容易，坚持下来则比较难。特别是在时间紧、任务重的时候，再坚持写日记就更难。而一旦坚持住了，便产生了心理惯性。写日记，很多时候都是解剖自己，分析自己。现代社会节奏紧张，人们忙于工作，无暇认识自我，即使是思考与分析，也不如形成文字认识得更清楚、更透彻。人只有正确地分析、认识、评价自我，才能更有效地更新、改造自我。

二是写信。心灵相通的人，在一个班级时，说几句话、打两个手势都能表达自己的心声，抒发相互之间的感情。如果离得远，书信显然是表达心声的好方式，是心与心之间沟通的桥梁。书信是心声的录音带，它可以传递心声，保存心声，什么时候想“听”，便将过去的书信找出来，打开，于是一颗颗赤诚的心便在眼前跳动，激人奋发，催人向上。当班主任的应善于使用这个方法缩短人与人之间心的距离，培养学生尊重人、理解人、信任人、关怀人、帮助人、原谅人的思想品质。信之路，心之路。不只山川阻隔的人可以通信，近在咫尺的人有时用写信的方式来沟通，也会有意想不到的效果。信是心声，信是心桥。班主任要善于传声，善于搭桥。特别是现代社会，要求人与人的交往更广泛、更频繁，班主任要更多地建筑心之桥，使学生的心路四通八达。

三是“关键人物各个击破”。在师生冲突中，有的是一对一的，即一个学生与一位老师之间产生冲突；有的则是一对多，即一群学生与一位老师之间产生矛盾冲突。李老师的情况则属于后者，易老师在资料收集过程中就注意到了学生中领头的人物，例如案例中的林鹏、王飞这两名同学。两名同学在班级中都颇得人心，所以他们的态度对于其他同学的影响是相当大的。

除此以外，在整个服务的最后一个环节——结案中，社工易老师的处理也很到位。结案是整个服务程序中的最后一个阶段。当受助者的核心问题获得解决，或者受助者已经具备应对和解决问题的能力时，即可考虑并进行结案的程序。结案程序的主要工作是：① 社工协助案主回顾从接案开始整个个案的进行过程，并与受助者做重点式的讨论，以提出以后需继续努力的地方(或是注意事项)，给予受助者一个可遵循的方向。社工要告诉受助者虽然其协助进行到此告一段落，但是这并不代表以后都不再关心受助者，以后若有问题发生时，社工仍然会随时随地地帮助受助者。② 与案主一起共同解决结案过程中可能体验到的情绪反应，由于此案中易老师是驻校社工，所以这个问题很好地避免了。

著名教育家魏书生在《班主任工作漫谈》中曾说过："班级像一座长长的桥，通过它，人们跨向理想的彼岸。"[①]而班主任就好比学生过桥时的引路人，如果引导得好，一批批孩子将在一座座桥上顺利通过，最后到达理想的彼岸，成为对家庭、对社会、对国家有用的人!

第五节　任务中心理论的主要影响及评价

任务中心理论发展至今已受到社会工作各领域的广泛关注和使用。该理论模式可应用于个人，如个人在角色扮演困难、决议上受困、面对突发事件产生不良情绪等；也可用于双人群体、多人群体和家庭中，如家庭成员间的冲突，包括夫妻之间、父母子女之间、兄弟姐妹之间的冲突等；在其发展过程中，也渐渐被应用于社区工作。

它是一种简要而有时限的社会工作服务模式，它具有明确的方向和富有计划的处置方式。相关研究表明，长期治疗过程被删减后，其治疗效果与全程的长期治疗效果相当，而且有计划的短期治疗效果甚至更显著。[②]

此外，任务中心理论还适用于服务对象多而专业社会工作者不足的情况，这也正是其越来越受到实务工作者关注和欢迎的主要原因之一。近年来，这一模式已经成为社会工作领域中广泛使用的短期治疗方法之一。原

① 魏书生：《班主任工作漫谈》，漓江出版社 2007 年版，第 1 页。

② [英] Malcolm Payne：《现代社会工作理论》，何雪松、张宇莲、程福财等译，华东理工大学出版社 2005 年版，第 104 页。

则上，任务中心理论是一种很少超过4个月的短期性的工作方法。

但在实务工作中，我们也有很多需要注意的地方。任何社会工作理论都需要说明问题是如何产生的、问题是什么、我们可以怎样来处理问题等。有期限的简短治疗是任务中心模式的一个最本质的特征，同时，任务中心理论的目标是相互协作，社会工作者和案主都在这一过程中贡献自己的力量。因此，在任务中心理论模式的实务工作中，对服务人群也是有一定的限制的。

任务中心理论的特定服务对象应具有以下条件和可能性：首先，案主的问题可以通过自己的行动解决；其次，案主有足够的认知能力，可以在治疗过程中与社会工作者合作；最后，案主并不擅长的主要是自我检查。在应用的过程中没有明显的已知风险，在应用中需要案主有能力采取行动去解决问题，也就是说运用任务中心理论来进行实务工作时，案主必须具有一定的自主能力。如果案主处于心智极其混乱、自我功能几近丧失的状况中，则不适宜选用任务中心理论。

通过前文的案例我们不难发现，个体在尝试解决问题的时候，自身也处于改变的过程中。通过这一改变的过程，个人可以增强或恢复其解决问题的能力。案主解决其自身问题的动机是其改变的原动力。通常情况下，案主会努力克服问题，并将问题降低至其能忍受的程度，一旦问题停留于此，案主改变的可能性也会随之减少。

在前文中，我们一直强调任务中心模式解决的问题多为心理及社会的问题，也就是说，问题的存在包含个人生活中内在的心理因素以及外在的环境因素两者的交互作用。因此，在解决问题的过程中，除了案主自身的问题之外，还需要考察案主在社会生活中所遇到的问题。可以说，任务中心模式对于问题的认知是宽泛的。其重心放在问题的分类上，重点是问题类型的剖析与处理。

甘布里尔(Gambrill)认为，任务中心理论(也包括很多其他的简短治疗模式)对严重的社会问题做了最小化处理，从而掩盖了资源不足的事实，也掩盖了政治意愿在现实中回应贫困和社会不平等等深层次问题上的失败。①任务中心模式固然能够有效解决现存的问题，但这种做法的后果也可能使得社会回避对较为严重或是某一类社会问题进行长期深入的努力。

---

① Eileen Gambrill. 1994. Social Work Research：Priorities and Obstacles，Research on Social Work Practice，Vol.4，No.3.

第十章

学业指导与提高

——交互分析理论的运用

现如今，大众对一个学生的评价，尤其是对一名中小学生的评价，仍是“成绩才是硬道理”。每一位教师在教学工作中，都不会放弃任何一个学生。在对成绩不理想的学生进行教育转化的过程中，固然需要进行思想品德和文化知识的教育，但心理教育也不容忽视。如果学生没有良好的心理状态和心理素质，那么任何思想品德教育和文化知识教育都会显得苍白无力，也无法取得预期的效果。因此，在本章中我们将看到学校社会工作者是如何运用交互分析理论对学生的学业进行指导与提高的。

第一节　交互分析理论的形成与发展

交互分析理论（Transactional Analysis Theory）是一种强调人际沟通交流的分析模式。此理论运用于助人专业服务上，强调人与人之间的感情交流与心理互动的分析与治疗功能。从这一理论模式的名称中我们不难发现，该理论的核心即“交流”“互动”及“分析”。它既可以被视为一种理论流派，也可以被当作一种心理治疗方法，还可用来作为训练技巧。因此，其涵盖面是比较宽泛的。

一、交互分析理论的形成基础

交互分析理论是一种相当新颖且乐观的社会治疗与变迁理论。它强烈支持人类的生存价值。因为此种理论的最基本假设是人都是处于良好状态下的（People are OK）。这也就意味着人们能按照自我意愿去思考和行动，并与旁人维持亲密的关系。交互分析理论强调人们通常能感受到身体与精神上的良好状态，并且人们也有一种自觉能力来敏锐地察觉社会情境可能会带来的影响。因此人们能借由自我剖析来及时处理各种困难。在社会工作实务中，交互分析理论不但可以协助案主处理其情绪问题和人际关系的难题等，更可以促使他们对受助机构有所了解，并利于案主运用此项服务为自身带来更多帮助。

交互分析理论的建构及发展充分印证了社会工作专业的跨学科领域性。其理论基础大体可归纳为心理分析理论、行为主义理论、社会系统理论及团体动力学理论四种。

(一)心理分析理论

提起心理分析理论(又称精神分析理论、心理动力学),就必然会谈及弗洛伊德(S. Freud)。作为奥地利著名的精神病学家和心理分析学派的创始人,他于19世纪末从其所从事的临床治疗工作中逐步发展起了心理分析学说及相关的治疗方法。弗洛伊德认为,人们往往意识不到指导他们行为的真正动机,因为这些动机早在个体的孩提时期就形成了,并经常受到自我意识的压抑。心理分析理论比较注重个体早期的生活经验对其人格发展、理性与意识的表现能力以及其不断成长与改变能力的影响等方面的研究。个体可以通过实践建立起他们处理人际关系的技巧、解决问题和适应环境的能力,以此来增强其参与社会竞争的自信心。在实务工作中,心理分析理论主要以个人为工作单位,而鲜以整体为基础来开展工作。

(二)行为主义理论

从1913年到1930年是早期行为主义时期。该理论是由美国心理学家华生在巴甫洛夫条件反射学说的基础上创立,他主张我们应该摒弃意识、意象等太多主观的东西,只研究所观察到的并能客观地加以测量的刺激和反应。他认为,行为就是有机体用以适应环境刺激的各种躯体反应的组合,有的表现在外表,有的隐藏在内部。1930年起出现了新行为主义理论,以托尔曼为代表的新行为主义者修正了华生的极端观点。他们指出,在个体所受刺激与行为反应之间存在着中间变量,这个中间变量是指个体当时的生理和心理状态,它们是行为的实际决定因子,它们包括需求变量和认知变量。需求变量本质上就是动机,包括性、饥饿以及面临危险时对安全的要求;而认知变量就是能力,包括对象知觉、运动技能等。

依照近现代行为主义理论的主要代表人物艾伯特·班杜拉(Albert Bandura)的界定,行为主义理论的主要观点包括传统的条件反射理论、强化条件反射理论及社会学习理论三大组成部分。其中无论哪一部分,在某种程度上都相当重视人们的行为与外界反应之间的关系。传统的条件反射理论强调的是行为与刺激之间的联系。在实务工作中，通过适当的“刺激”使案主的行为朝着小组预设的目标发展；强化条件反射理论，关注的则是人的行为结果所得到的外界反应对于其今后行为的影响。这一点在某种程度上类似于社会学的标签理论，即若某种行为发生后，其结果被加以肯定，则人们就会继续坚持该行为，反之亦然；而社会学习理论则倾向于强调在对他人行为的观察与评价的过程中习得自身的行为。①

（三）社会系统理论

以美国社会学家帕森斯（T. Parsons）、霍曼斯（George C. Homans）为代表的社会系统理论将社会整体看作一个由不同的互动因素相互作用、相互联系而组成的复杂的社会系统。任何社会系统都具备四项基本功能：首先是适应（Adaptation），即当内外环境变动的时候，系统需要具备妥当的准备和相当的弹性，以适应新的变化来减轻紧张、摩擦的不良后果；其次是达成目标（Goal-Attainment），即所有社会系统皆拥有界定其目标的功能，并会动员所有能力、资料来完成目标；再次是维持模式（Pattern Maintenance or Latency），一面补充新成员，另一面又以社会化的方式使成员接受系统的特殊模式；最后是整合（Integration）功能，用于维持系统之中各部分之间的协调、团结，来确保系统并且对抗外来的重大变故。

任何一种组织本身即为一个社会系统，而这个社会系统之中又包含许多的小社会系统。即在大的社会系统之外，家庭、学校或其他社会机构等都是作为整体的一个小组和作为子系统的个人成员之间存在互动的系统。根据社会系统的理论，人的行为是在个体特殊性（Idiographic）与整体规则性（Normative）的两个层面之间的交互作用。因此，在运用交互分析理论开展小组工作时，必须通过增强小组这个系统的开放强度并且恰当利用其他系统来影响小组这个整体发生变化。

（四）团体动力学理论

由库尔特·勒温（Kurt Lewin）开创的团体动力学理论（Group Dynamies，也称群体动力学）试图通过对群体现象的动态分析来发现其一

① Albert Bandura. 1977. Social learning theory. Englewood Cliffs，NJ：Prentice Hall.

般规律。它以群体的性质、群体发展的规律、群体和个人的关系、群体和群体的关系等作为研究对象。这一理论对社会心理学、组织管理心理学的形成和发展有很大影响，特别是对研究群体行为做出了重要贡献。简单地说，群体动力学的基本观点就是在群体中，只要有别人在场，一个人的思想行为就同他单独一个人时有所不同，会受到其他人的影响。它的基本假设是人类的各种需求是相互关联的，且都是在人与人之间的关系中表现出来的。所以，人们在其行为发展过程中，一定要有健全且适当的团体赖以生活，并一直贯穿生命的全过程。这样在开展实务工作的过程中就需要立足于个体与环境交互作用所产生的影响与结果，以此来分析探讨某团体的成因、运作及维持方式等，并协调团体压力与规范之间的关系，增强其内部凝聚力，有效整合个体动机与团体目标、领导与团体功能结构等方面的关系，以此使得个体与社会、个体与环境的关系协调发展。

二、交互分析理论的发展历程

埃里克·伯尔尼(Eric Berne)是加拿大著名的精神科医生。他开创了交互分析理论。他认为映射人际关系的三个“自我状态”(Three Ego-States)分别是父母、成人和儿童。这一部分我们将在后文中着重介绍。他的研究团队从 20 世纪 50 年代起开始发展他的这一理论模式，最终决定用“交互分析”这一词汇来描述他的治疗方法。[①]交互分析理论帮助个体了解到“他自身在此刻正处于哪一种状态”，并协助个体发觉自己在做些什么。它在现代助人专业中，是一套极为有效的归纳工具。它将每个人日常表现的各种行为归纳为三种状态，即“父母”状态、“成人”状态以及“儿童”状态。因此，借由交互分析理论，个体可以认清自己的“父母”“成人”以及“儿童”三种状态，并察觉自己在与旁人的互动中，这三种状态是如何表现的。交互分析的主要目的在于通过认清自己此刻处于哪一种状态来评估自己的想法是否合乎理性。同时，鼓励案主在不压抑“父母”或“儿童”状态的前提下，强化个体“成人”状态的充分表现。

---

① Eric Berne. 1970. Transactional Analysis in Psychotherapy. California: Science & Behavior Books.

交互分析理论强调人与人之间的交流互动的反应关系，强调个人必须从群体生活中不断学习。交流、互动有助于个体发展并形成良好的自我与健康的人格；有助于满足人类娱乐、交往与感情交流的需要；更有助于面临共同问题的人们进行信息交流，并获得心理支持，学习正确的态度与行为，从而缓解个人问题。

总之，由于交互分析理论的相关概念架构浅显易懂，所以其可应用性极广。它在处理人与人之间的一般的交流问题、社会人际关系的调适、青少年问题的辅导、婚姻关系的调适、酒药瘾君子的行为修正、各种教学上的应用乃至于在企业管理及行政决策等方面均有其独到的用途。

第二节　案例背景介绍

小刚[①]，今年 15 岁，是一名初三年级的男生。第一次见到他时，是他的班主任派同学去篮球场叫了三趟才“请”来的。进办公室的一瞬间，他带有一种大义凛然的风范，有点儿英勇就义的味道。

从小到大，小刚都不是老师、家长心目中的“好学生”。学习成绩总在平均分以下，靠着所谓的“小聪明”，总是在班级倒数十名左右徘徊。小刚长得还不错，脸庞帅气，个子又高，篮球打得也很好。但是由于小刚的成绩不好，再加上身高的关系，他一直被安排坐在最后一排。在球场上，小刚总是英姿飒爽；可是在课堂上，他总是眼睑下垂，一副浑身不舒服的样子。尤其是进入初三年级以后，小刚经常说头痛，上课睡觉更加频繁，食欲也有些不振。

小刚的性格略有些孤僻，交谈起来略显困难。班主任老师认为他是全班最顽皮的学生，不听话、上课时不专心听讲、扰乱课堂秩序、常常迟到、打架、不做作业、经常性反抗老师。进入初三后，这些情况越发严重了。

① 本案例中所涉及的全部姓名均为化名。

小刚也因这些过错受过好几次不同程度的处分，但是仍旧不悔改。他自己也真心希望班上的秩序能够变得好起来，免得破坏了班级在学校的名誉。因为爱打篮球的缘故，小刚为班级争得过一些荣誉，但是同学们大多不喜欢他，认为他吹嘘自己的家境，例如他说家中有电脑（其实并没有）。还有一次，班长收齐的班费突然少了一百块，怎么找都没有找到，大家都怀疑是小刚拿了。虽然没有证据，但同学们都很肯定是他干的，这让小刚很难过。

小刚的身世同学们几乎都不知情，曾经家访过的班主任也只是略知一二。小刚生下来还没有满月时，亲生母亲就离开了他，是爸爸又当爹又当妈地把小刚拉扯大。为了小刚，爸爸一直没有再婚。好不容易熬到小刚 15 岁，上了初三，爸爸觉得小刚是大孩子了，才决定再婚。小刚家境也不是很好，住在离学校很远的棚户区。爸爸现在在一家工厂工作，虽然只有四十多岁，但是却显得非常苍老。小刚的家里非常简陋，房子只有一米八高，往下挖了一米，变成两米八，隔成一个阁楼，上面是一张床，一直都是小刚和爸爸一起睡。下面摆了一张桌子后，就显得很拥挤了。

在爸爸看来，小刚绝对不是"坏孩子"！小刚爸爸好几次都被儿子的种种行为所打动。小刚爸爸工作很辛苦，加上省吃俭用，身体一直不是很好。但他总说儿子正是长身体的时候，要多吃一点儿，虽然家里条件不好，但是小刚的牛奶从来没有断过。有一天，小刚放学回到家，看见爸爸在做饭，小刚操起篮球正准备出门，突然听见厨房里"咣当"一声。小刚跑去一看，爸爸脸色煞白，锅铲掉到了地上……小刚从来没有见过爸爸这样，连忙扶住爸爸，爸爸还没有说话，小刚就哭了起来……小刚这一哭着实让爸爸心头一热，人高马大的儿子心地善良着呢！连着几天，小刚都早早回家，虽然帮不上什么忙，但是他总是站在旁边看着爸爸做饭、忙碌。可惜好景不长，没过两个星期，小刚又回到了从前的生活状态——放学后直奔球场！

小刚的学习成绩才是他父亲最担心的事情。早在小刚进初中的时候，数学老师就断言说他的逆向思维较差，缺乏数的概念。其他科目的老师更是三天两头向班主任抱怨小刚在课堂上以及考试时的表现，说"越教越差了"。小刚早就习惯了被认定为"差生"，谈话间自称"我们差生"。

进入初三后，小刚本来就不理想的成绩开始有了更进一步的滑坡。作业情况也从少做到彻底不做；从早晨到学校来抄作业，到现在干脆连抄都不抄了……无论各科老师怎样强化对小刚的思想教育和文化知识教育，他就是“刀枪不入”“无法开窍”。小刚成了班级甚至年级中的倒数“前三名”。

进入初三后，老师带领同学们开始了一轮轮的复习，学习压力明显加大，班上的同学似乎也一下子长大了似的，铆足了劲地学习。可是小刚并没有被这种氛围所感染，反而越来越不努力，好几次在课堂上睡觉、看体育类的杂志，有的时候一个人在球场上打球，上课了也不回教室。老师们都不想放弃他，一次次课后把他叫到办公室“补差”。刚开始小刚还有一点儿起色，但是好景不长，过不了几天，小刚就原形毕露了。

日子一天天过去，不少任课老师私下讨论说：“像小刚这样的学生，反正肯定考不上高中了，自己破罐子破摔！他自己都不想学了，我们干着急有什么用呢？”

小刚自己也说：“我这种差生，老师看着碍眼，同学看着讨厌。反正我就是很笨啊！怎么样都学不会，听也听不懂，老师一讲课我就犯困……那么多作业，我怎么可能记得住，忘记做了也很正常啊！我记得住的作业都做不完……题目难得要命，他们聪明的做起来当然快，我这种差生反正肯定考不上的，我也没有指望要再读书了，无所谓的！”

虽然老师们和小刚自己都这么说，但是老师们并没有真正想放弃他。

初三上学期的期末考试对于初三的同学来说是非常重要的，涉及全区的排名，也就是所谓的“定位考”。成绩好的同学，可以通过这次考试获得直升高中的机会。对于成绩不理想的同学，这次考试全区的排名，一是予以警示，更重要的是对于这些学生填报志愿时的指导作用。谁知道首场语文考试开场后，小刚竟然不见了。15 分钟后，老师在厕所间找到了小刚。当时为了不影响考试，老师并没有详细询问小刚缘由，只是催促小刚立马回考场考试。

没有想到，小刚愈演愈烈。距离中考还有三个月，小刚居然连续两周逃学。虽然说小刚肯定不可能考进高中了，但是老师们还是相当尽职尽责，除了出于为小刚个人的考虑之外，老师们还考虑到小刚的中考成绩将直接关系到班级乃至全校的升学率。老师们和校长花了很大的力气终于把他“抓”了回来。

班主任非常生气，对小刚说：“学校要处分你的！记大过！！”

小刚依旧大义凛然：“记就记，我不在乎！多一个不多，少一个不少！”

班主任老师见这招不管用，继续吓唬小刚道：“你这个样子，我们可是要送你去工读学校的！”

没有想到，这招还是没有吓住小刚，他面不改色地说道：“那正好！我早就想去那里读书了！”

班主任听了，气得脸都绿了，吼道：“那好！既然这样，那你回去就写个申请给我！我们立即送你去！”

更让班主任没有想到的是，小刚顺势拿起桌上的纸笔就写了起来。写完后，义无反顾地交给了班主任。

这下班主任也懵了，没有想到居然这样都没有吓住他。所谓“工读学校”其实是教育那些违反法律、做出越轨行为但还不够进入少管所的未成年人的学校，是一种变相的青少年监管方式。况且工读学校根本不是个人写份申请就能进的，其入学须经当地的区、县教育部门、公安局共同审批。班主任老师之所以这么说，只是想吓唬一下小刚，没有想到适得其反，反而让班主任自己陷入了尴尬的局面。

在这个时候，班主任老师找到了驻校社工刘老师。

第三节　社工介入的过程

班主任老师在和小刚的交流过程中被“将了军”。面对学习成绩不理想的学生，只有真正走进他的内心，了解他们，才能给予学生们行之有效的学业指导及提高。学校社工刘老师在介入此个案后，依据社会工作以下五个服务程序展开了此次服务。

一、接案

刘老师一边安抚不知所措的班主任老师一边笑着说道：“不要着急，

您带他来我这儿吧！”

不久，小刚在刘老师办公室外探出了脑袋。刘老师就笑着迎了上去。

“小刚，我好久没有见你了，很想念你啊！”

小刚原本低着头，听到这里，抬起头看了看刘老师。他实在没有想到，原来还会有老师想念他。

“你没有来学校一定是有原因的！让我来猜猜是什么原因？”刘老师边说边递给小刚一罐可乐。

小刚接过去，并没有打开，只是握在手里，抬着头看着这位不大像老师的刘老师。

“一定是遇到什么困难了吧？”刘老师拿过可乐罐，帮小刚拉开后再递给他，“渴了吧？喝点儿！”

小刚喝了一口，还是不说话，只是盯着刘老师看。可每当刘老师试图与他的目光相会时，他又急忙躲开了。

“说来听听吧！”刘老师用期待的眼光注视着小刚。

小刚感觉得到这目光，他一口气喝完了可乐，一使劲捏瘪了可乐罐。

“我爸要结婚了！”

刘老师继续倾听着。

“我不想和什么后妈住在一起！不要！”

“对的！我非常理解你的心情。”

就在这个时候，小刚紧紧盯着刘老师的眼睛，哭了起来……

刘老师走过去，递给小刚一张纸巾：“这么大的个子了，别哭了！”这个时候，刘老师清楚他已经走进了小刚的世界，走进去的目的就是为了带他出来。

“小刚，刘老师特别喜欢你！我这里每天都欢迎你！你课间或是放学后都可以来我这里找我哦！”

“真的吗？”

“那当然！男子汉，一言既出，驷马难追！”

二、收集资料与预估

这天晚上，刘老师就针对小刚的其他情况展开了调查，接下去的几天，刘老师除了去小刚家家访之外，还约见过几次小刚的爸爸。听说学校的社工老师肯帮助小刚，小刚的爸爸开心不已，对这位刘老师更是感激不尽，于是保证一定尽全力配合。

刘老师了解到，其实小刚和爸爸两个人相依为命，感情一直很好。虽然爸爸工作很忙，但是，每天都还是会和小刚聊聊天，听小刚说说在学校发生的故事。在小刚心目中，父亲是慈祥的。小学的时候，小刚的成绩还是不错的。小刚爸爸想到小刚没有妈妈，所以对小刚的要求并不是很严格，他希望小刚能成为一个快乐的孩子。

但小刚进入初中后，爸爸渐渐感到“信息短缺”，以往“特别了解”儿子的信心开始动摇，小刚和父亲之间的交流也越来越少。同时，小刚的成绩也开始直线下滑，尤其是小刚的强项——数学。小学的时候，小刚的数学成绩在所有课程中是最好的。进入初中的第一次期中考试后，小刚气急败坏地回到家，爸爸小心翼翼地问：“怎么了？”小刚沮丧地说：“老师说我没有数学脑子……”

听到小刚这么说，爸爸也懵了，是不是自己的儿子真的有问题呢？看着小刚，爸爸也不知道该怎么说。很明显，在学校里，老师对孩子的评价具有决定性的影响。作为家长，小刚爸爸是很信任老师的，他认为老师一定比自己更了解儿子，也许小刚真的缺乏逻辑思维能力。但爸爸一想到小刚从小没有妈妈，就开始心疼儿子：“没关系的，你已经尽力了，爸爸不怪你的！”可慢慢地，爸爸注意到，小刚厌学的倾向越来越明显。

另外，小刚的爸爸等了十四五年才再婚，也算不容易了。刘老师说道：“您这次再婚绝对没有错，我能理解！但是，您犯了一个天大的错误！再婚这个事情，您没有和孩子做好工作啊！”小刚的爸爸听到这里，点头承认自己处理欠妥，说自己是个粗人，不知道该怎么跟孩子说。

小刚的家里是有阁楼的，房屋很简朴，说简陋也不过分。现在后妈来了，在下面放了一张床。但是，下面的床小刚不肯睡，在上面又不能和爸爸睡一张床了，于是小刚就天天睡在爸爸床旁边的地板上。因为小刚要和爸爸睡在一起！

其实，自从升入初三，小刚就经常说头痛。这个学期伊始，小刚上课睡觉更加频繁了，食欲也有些不振。小刚甚至有些憎恶学校，他不止一次跟刘老师谈起过自己感到孤单，对什么事都提不起兴趣，并且憎恶学校刻板枯燥的环境。“为什么我需要每天早上八点来到这里？老师们都不喜欢我！同学们也不愿意和我玩！我觉得我不属于这里。”

通过初期的资料收集，刘老师心里已经有底了。首先，对于小刚而言，人际关系问题可以说是最核心的问题，尤其是和爸爸、后妈，以及老师、同学的关系。小刚不太善于表达自己的情绪，这在一定程度上也影响了他的人际交往。其次，小刚对父亲的依赖感很强，很多时候说话做事还像个小孩子一样。最后，小刚自己处于自暴自弃的状态，而小刚最近的表现以及身体状态都与他的情绪不稳定有关系。

三、制订社会工作计划

根据初期的分析，考虑到中考迫在眉睫，刘老师针对小刚的具体情况，最终决定采用交流互动分析模式来实施这一次的工作。

考虑到时间的紧迫性，刘老师和小刚达成协议，每周他们将会有三次“活动”，聊天、做游戏或者参加一些活动等，当然其中包括了小刚最喜欢的打篮球。此外，周末要抽一天时间和刘老师一起补习功课。

刘老师决定要从心理、学习习惯以及意志力的培养三个方面下手。目前最大的问题是小刚的学习目的不明确，这才是所有问题的症结所在。与此同时，刘老师还需要小刚的任课老师、同班同学以及小刚父亲的配合与帮助。

首先，从小刚自身角度来考虑，小刚要学会自我调整。

(1) 明确学习目的，树立积极、正确的学习态度。作为一名初三学生，要将学习看作是成为社会栋梁之材、报效国家和父母，全面发展个人潜能、获取个人幸福的必经之路。积极正确的学习态度可以正向影响学生对学习的评价与体验，可以使学生乐于学习，勇于学习，不至于把学习看作是一种沉重的负担和痛苦。

(2) 学会自我解嘲。人的一生总会碰到很多不如意的事情，其实很多时候并非是自己的过错，只是自己的力量有限，或者是客观条件不允许，又或者是“运气不佳”，甚至属于天灾人祸。如果考试没有考好，要客观分析原因，不要一味否定自己的能力；要面对现实、调整心态，“拿得起，放得下，想得开”，来点儿自我解嘲，不要陷入苦闷、烦恼、消沉、自暴自弃的泥潭。

（3）注意心理健康，保持一种愉快、和谐、宁静和相对稳定的积极情绪，这才是有效学习的保障。小刚作为一名学生，要经常和老师、家长沟通感情、交流思想，或找同学倾诉心中的想法，这样可以有效缓解压力。相对稳定积极的情绪，可以为学习创造更佳的环境。和同学、老师之间保持良好的关系，在为自己提供愉悦心情的同时，更为自己的有效学习保驾护航。

其次，小刚的任课老师也要进一步地配合。

（1）老师们要树立正确的学生观——要相信学生、尊重学生、理解学生、鼓励学生。教师不仅仅要做知识的传授者，更应做学生精神的关怀者。只有做到细察学生心理，理解学生、关怀学生，才能真正有效地帮助学生提高成绩。

（2）老师们要特别重视指导学生养成良好的学习习惯，掌握正确的学习方法。多数情况下，学生没有学习兴趣、学习上有困难、成绩差并不是因为智力不够，而是因为没有养成良好的学习习惯，没有掌握正确的学习方法，所以才导致效率低下，信心受挫。这个时候，如果老师们能够帮助学生们找到适合自己的学习方法，那么一定会事半功倍的。

（3）在教学上，老师们要树立“以学定教”的观念。老师们不能只管完成课堂教学任务，而应该看学生是否真正掌握。如果学生们上课不知老师所云，课后必定承受较大的学习压力。

最后，从小刚父亲的角度来看，他对于小刚没有过高的要求，可以说没有给过小刚过大的压力。这种纵容，尤其是出于小刚从小没有妈妈的一种补偿心理，也使得小刚在遇到困难后首先想到退缩，没有面对问题、解决问题的勇气。另外，关于父亲再婚的问题，也需要和小刚做进一步的沟通，这种沟通绝对不是长辈对晚辈的训话，而是需要一种朋友之间的对话模式。

此外，刘老师还强调了几个重点：

（1）情感鼓励，建立信心。在转化工作中，我们要坚持正面引导，努力发现并肯定小刚哪怕是最细小的进步。如小刚上课没听清题目就抢着答题，以此来表现自己，老师应该肯定地说：“你能积极答题，比过去进步了。如果把题目听仔细点再想想，我相信你能答出来。”老师应尽可能地鼓励他，使他有成就感，激起他积极的心理反应，从而使他建立起追求“新我”、战胜“旧我”的信心。

(2) 创造条件，改变情境。由于定势的作用，学生一旦在特定的环境下就会自然进入差生角色，相应的自卑、压抑心理就会产生。因此，老师们要注意多创造条件，改变使学生形成不良心理的情境，转移小刚的情绪。让小刚多参加有趣的活动，减轻他的抑郁情绪，使他的心情变得愉快起来，并为他提供更多的参与机会，改变小刚不受重视、不被注意的情况。

(3) 沟通思想，疏散积郁。有退缩性行为的“差生”，其心灵就像一只“闷葫芦”，每次失败带来的苦闷都积压在心里。要疏散内心的积郁，需要与他进行心与心的交流。比如一起外出，让他尽量说出心中的不快、疑虑和希望，融化他内心的积郁，缩短师生之间的距离。

“这个学生很差的，这就快中考了……刘老师您有没有把握啊？”当校领导以及任课老师质疑刘老师的时候，刘老师笑着说道：“我以性命担保他行！”至此，刘老师投入到了下一步的工作中。

四、实施社会工作计划

小刚下课后如约来到了刘老师的办公室。

“小刚，我一直觉得你很聪明！你不想和后妈住在一起，那有没有想过有什么好方法呢？”

小刚很少听见老师表扬他聪明，所以特别兴奋，抢着说：“刘老师，我来想！”

不一会儿，小刚抬起头说：“我想到一个办法，不知道好不好？”

“说来听听！”

“读一个有住宿的学校，我就可以不住家里了！”

“你果然聪明，这是个好办法！”刘老师知道这个时候要点他的穴位了，“这办法虽好，但是有几个问题要解决……”

“还有什么问题？”小刚急切地询问道。

“第一，有住宿的学校比没有住宿的学校，考分的要求高还是低？”

“高。”

“那么你就需要更卖力地读书，你不能逃离学校！”

小刚点头。

“第二，这个住宿的学校学费是贵还是便宜？”

“贵。”

“第三，学费谁帮你出？”

“这个……应该是我爸爸，但是，现在钱都在那个女人手里。她对我有意见，肯定不会帮我……”

“那你怎么离开你后妈呢？”刘老师步步紧逼。

小刚没有声音了……

“小刚，目前你想离开她，只有这一个办法。所以不能继续恶化双边关系了呢！”

小刚听到这里频频点头。

“我也会帮你再敲敲边鼓的，但是主要还是要靠你自己哦！”

“那你可一定要帮我啊！”

“那我讲的话你听吗？”

“听！一定听！”

接着，刘老师找到了小刚爸爸，和他深入沟通了一次。

“因为您和小刚没有讲清楚，没有采取相应的措施，现在的矛盾才会这么尖锐。但是，你们有很好的维系点。我问过小刚，爸爸妈妈分开是谁的责任，小刚坚定地回答我，说是妈妈的责任！可见，在小刚心里还是一直很感激您的。您一定要稳住他！现在这个矛盾，一定要做工作！不能让您现在的太太也和小刚闹，初三最后三个月一定要稳定他的情绪，否则对于孩子可是一辈子的影响啊！”

“好的好的！刘老师那就拜托您了……”

“你现在首先要做的是你太太的工作。小刚是个孩子，希望她不要和孩子生气，要用爱心多多感化孩子。我觉得小刚这个孩子内心其实是很温暖的。要和小刚来一次成人间的谈话。”

当天，小刚放学回家，抱起篮球就准备出门，爸爸跟了上去，说道：“儿子，敢不敢和老爸较量一把？”

小刚听了喜出望外，说道：“我可不会让你哦！”

两人一场球下来汗流浃背，煞是痛快，顺势就躺在了球场上。

“儿子，你球打得不错嘛！爸爸老了啊！”

“才不是呢！你也打得不错呢！”

“儿子，你要知道，在爸爸心中你永远都是最重要的！但是爸爸老了，爸爸不能陪你一辈子，将来你还有好长的一段路要自己走……爸爸没有本事，让你从小就没有妈妈，爸爸也很希望给你一个完整的家。李阿姨人不坏的，她其实挺喜欢你的，真的！她来了以后，牛奶都是她帮你热的，她怕你赌气不喝，从来不说呢！再说了，咱们爷儿们不要和女的计较嘛！”

小刚笑了笑，从地上跳了起来，伸手去拉爸爸，说道：“老爸，走了，我还要回家复习呢！不过，下次你还得陪我来打球！”

……………………………………

刘老师也和小刚的任课老师交谈过了，老师们也表示从来没有放弃过小刚，只是这个孩子太不上进了，有的时候实在拿他没有办法。

刘老师说道：“我们必须坚信每个学生都至少有两个自我在内心深处并存。尽管有的学生很气人，似乎是铁板一块，那也仅仅是‘似乎’而已。实质上，没有矛盾、没有对立的头脑是不存在的。当教师的一定要善于发现后进学生心灵深处藏着的那个先进的自我，发现打架学生脑子背后躲着的那个不想打架的自我，发现自私学生偶尔表现出的关心别人的自我……用学生心灵深处的能源照亮学生的精神世界，是最节省能源的方法啊！”

随后，刘老师召集了小刚所在班级的班主任、班干部以及几门主课的任课老师开了一场小型座谈会。小刚也应邀到场。

“今天，我们聚在一起，大家不用太拘束，放松一些，我们就是随便聊聊天！我想听听看，大家心中的小刚是什么样子的。”

班上的同学们看见小刚在场，疑惑地看着刘老师。

“没错，当着小刚的面！我已经和小刚说过了，咱们有优点不骄傲，但是缺点也要虚心接受！对吧，小刚？”

“对！”小刚点点头。

一开始大家还是比较拘束，慢慢地就放开了，开始畅所欲言。

“小刚同学篮球打得好！上次我们和三班打校决赛，小刚投进了好多球！不过，他后来摔了一跤，就不打了。”

“我摔得好严重的，都流血了！”小刚也开始为自己辩护了。

……

小刚这次在刘老师事先的辅导下，是做足功课来参加会议的。他带了笔记本和笔，试着将大家提到的有关自己的缺点和优点分开记了下来。不一会儿，一张纸就写满了。

转眼两周过去了，小刚有了明显的进步。

刘老师一直鼓励着小刚，希望他可以坚持住。不过，反复期还是来了，但这些都在刘老师的掌握之中。刘老师清楚，现在对于小刚而言已经进步很多了，而且他也有了较为明确的学习动力。

………………………………

这天，小刚拿着刚完成的作文匆匆忙忙地跑了进来，按照惯例递给刘老师检查。他一副着急走的样子，刘老师知道他一定又是想去打球了。这次刘老师决定好好培养一下小刚的意志力。

“且不说中心、选材、语言，单说卷面字迹，你觉得怎么样？”

小刚自知不好，但一心想走，因此不愿承认，默不作声。

刘老师说：“你脑子里面有两个小人，一个知道自己写得不好，愿意留下来；另一个呢，也知道自己不好，但想现在去打球，毛病以后再改，对吧？”

小刚点了点头。

刘老师说：“老师脑子里也有两种想法，一种是小刚作文写得乱，都乱了8年了，不好改了，何况跟我关系也不大，我不管他。”说到这里，刘老师看到小刚脸上掠过一丝不快。落后的学生也不希望老师嫌弃他。

刘老师接着说：“老师的另一种想法是，你已经乱了8年，再不严格要求，还可能再乱8年、16年、32年，将来咱们见面，看你文章还这么乱，咱俩都会感觉惭愧。为了将来都问心无愧，今天即使费力，也要帮你写好。你说老师这两种想法，哪种想法正确？哪种想法你愿意接受？”

小刚看着刘老师，犹豫了一下，最终还是撕掉了两页近800字的作文，在刘老师给他专门安排的桌椅上重新写了起来。

过了不久，小刚递过了自己重新抄写的作文。他看着经过努力写得工工整整的文章充满了自豪感，笑眯眯地说：“我头一次这么认真地写作文呢！”

“快乐吗？”

“快乐！”

“自豪吗？”

“自豪！”

“你知道这快乐、自豪是怎么产生的吗？”

“说不清。”

“你经历了战胜自己弱点的痛苦，刚开始重写时是不是挺痛苦的？”

“是。”

“你战胜自己的痛苦越深，后来享受的快乐和自豪就越强烈。你愿意再享受更强烈的快乐和自豪吗？”

“愿意！”小刚脱口而出，却还没有认真想老师会让他做什么。

“愿意，那咱们就试试。再重写一遍，比这次还认真。写完以后，体验体验！老师在这里陪你。”

小刚犹豫了一下，但“愿意”二字已脱口而出，男子汉要讲信用，何况刘老师一直陪着他呢！

他走回课桌，迟疑了一下，撕掉了新写的作文，一笔一画地又写了起来。刘老师不时看一看，鼓励小刚把字写得更加认真些。

快8点了，小刚终于写完了，刘老师将仿佛出自三人之手的三篇作文展开，从心底感受到了小刚无尽的潜力。

“刘老师，我读了8年书，从来没有这么轻松快乐过。”

“也从来没有这样苦过累过，是吧？你今晚吃饭一定比哪一天都香，睡觉也一定最甜！”

小刚很快就进入了初三学生应有的状态。

刘老师继续对他严格要求。首先，刘老师要求小刚建立起自己的计划系统；其次，建立起自我的监督检查系统；最后，建立起反馈系统，看看为自己制订的计划、规矩是否符合自己的实际。小刚也按照这三点努力着。

经过紧张的训练调适，在老师、同学及父母的帮助配合下，特别是在小刚本人的积极努力下，小刚身上发生了许多喜人的变化。首先在行为方面，他已经减少了许多过去常犯的过失，自主自制能力有了很大的提高。其次，在情绪方面，他已经渐趋稳定，比过去自信多了，譬如，开始喜欢和别的学生玩耍，不想离家出走，觉得大家开始了解自己，心理烦恼减少，觉得老师们对自己比以前好多了……这些都是好的现象。最后是在学业方面，他的各科成绩均有进步，作文进步最快。

小刚自从接受辅导训练后变化很大，正如小刚在日记中写的：“近来我感觉自己好像换了个人似的，比以前精神多了。我觉得首先要管好自己，虽然困难很多，但我相信我会克服它们的，因为我不能再让老师和同学们对我失望了。我想我真的长大了，因为我有理想，还有希望。”

刘老师一直对其他老师们说：“显然，小刚在自己不长的人生路上经受的批评打击是够多的，也可以说是过剩的。他不缺少批评，缺少的是鼓励，缺少的是肯定，缺少的是别人帮他找到长处，使他的自信心有个落脚的地方，有个根据地。事实上，每个学生都有长处，而且都不止一个长处，最后进的学生，也会有三个五个的长处，有的长处还非常独特，不是一般人可以赶上的。问题不在于学生有没有长处，而在于老师和学生自己有没有发现长处的能力。在犯错误的学生面前，困难的不是批评，不是指责，更不是数落他的一系列错误，而是找出他缺点的对立面——长处。只有找到了长处，才算找到了错误的克星，才帮他找到了战胜错误的信心。

“后进的学生有上进心，也能上进，但上进的过程充满了坎坷。要反复抓，抓反复。后进学生的反复是正常现象，不要因为看到他又后退了就灰心，就气馁，而应当认识到这是情理之中的，倒退了，再想法前进就是了。进退皆在自己理解之中，便容易把握自己的理智与情感，在反反复复的过程之中把后进同学引入上进之路。许多后进同学都有过这种发自心底的呼喊，遗憾的是，他心中自由散漫的那一面的势力太强大了。多年来扎下根，长出了懒惰的大树，散漫的大树，拖拉的大树，一句誓言，几天的热度，当然砍不倒这多年生长的大树。

“老师们无须因为后进同学缺点多就连他们的决心也不相信，以为是假的；也无须因为他有了一句真的誓言就以为真的能砍倒多年生在心灵深处的懒树，而是应该帮他将这一句誓言变成具体的实际行动。只要行动就好，他头脑中的正义之师和不义之师肯定要斗上几百甚至上千个回合。只要他开始向自己的后进面作战，就应当表扬，就应当鼓励。这样大家才会珍惜后进同学的每一点进步，才会在他们出现反复的时候不至于丧失信心，不至于指责埋怨。”

转眼中考就来临了。刘老师亲自送小刚去考场，在小刚临进考场的时候，刘老师带着他大喊了三声——“我能成功！”

五、评估与结案

中考成绩出来了，小刚考上了一所不错的寄宿制中专学校。

针对小刚这个个案，刘老师也做了详细的总结。

不少所谓的“差生”因犯错次数太多而常常受到处罚，以至于对团体生活无法适应，产生精神紧张、敏感、胆怯等反应。小刚在家里也没有养成自理自制的能力，又因离校太远，常常迟到，由迟到又产生了种种教室内再适应的困难。学业退步与情绪不安，又互为因果，使问题愈发严重。

在对“差生”进行教育转化的过程中，固然需要进行思想品德和文化知识的教育，但更重要的是心理教育。如果学生没有良好的心理状态和心理素质，那么任何思想品德教育和文化知识教育都会显得苍白无力。

所谓“差生”，首先是从心理的变化开始的，当心理的变化经历了一定时期后就必然外化为思想品德和学业成绩水准的下降。由于思想品德和学业成绩水准的下降，又改变了他自身在家庭、学校、老师、同学心目中的地位，这种不良的处境，又强化和加速了他的心理变化过程。这种心理的内在变化与思想品德和学业成绩水准下降的外在变化相互促进、相互影响。在我们平常的工作中，只注重学生在思想品德和学业成绩方面与正常学生的差异，却忽视了他在心理品质、素质方面与正常学生的差异。只有拨开教育中的这些迷雾，才能找到转化与教育的行之有效的方法。“心病还需‘心’来医”说的就是这个道理。

第四节　理论研习与案例反思

小刚的问题在学校社工刘老师的帮助下已经得以解决。接下来，我们一起来反思一下整个案例。前文我们已经提及，在此次个案处理中，驻校社工选取了交流互动分析模式。交互分析理论的内涵可以归纳为以下四点：一是交互分析是一种心理治疗的方法；二是交互分析是一种人格结构的理论；三是交互分析是一种人际交流的理论，旨在分析并描述人与人之间是如何互动的；四是交互分析的目的在于提高个人的知觉水准，使个体对未来的行为做出更适当的决策。

一、交互分析理论的基本假设

交互分析理论的创建基于一系列对人性的基本主张认识。其中包括：第一，社会力量对个体行为有其重要影响力，不过，个体也有能力自动和自觉地重新设计出自己独特的生活模式，尤其是当他发现原有的决定不再适用当前情境时，个体便会自动调整；第二，尽管人们的行为在有些时候多少会出现某些程度上的不合理现象，但是在整个人生中，人们大部分行为还是维持在合理范围内的；第三，人的本性是善良的，他们之所以有时候会做错事、坏事，是因为受其内在情绪力量的影响；第四，人的问题大多来自其童年时代的不良学习结果，因此，只要适时察觉并采取明智的决定与行为，其问题和不良行为仍然可以解决和改变；第五，人们均具备一种潜能，使他能借由对情境的理解而产生自动觉悟，从而达到自动实现的境界。①

交互分析理论的基本出发点主要是个体人格的结构分析。这里所指的结构分析（Structural Analysis）即分析个体的人格。弗洛伊德的精神分析理论把人格分为本我、自我和超我三部分，但交互分析论者认为这种分法太过抽象，不够具体。因此，交互分析理论主张以一种比较实际的“自我状态”来表示人格的结构。它认为每一个完整的个体，其人格中必定有三种自我状态，即父母的自我状态、成人的自我状态以及儿童的自我状态。②这三种自我状态有其共同的特性，主要表现在以下两点：一是每一种自我状态具有其特有的姿势、态度以及表达方式；二是各种自我状态均具有在某一时刻控制个人态度、思想、感觉以及行为的能力。从比较的角度来看，精神分析论和交互分析论这两者并无对错之分，只是其强调的侧重点有所不同而已。前者强调心理结构，后者强调比较具体且可察觉的行为。因此交互分析理论中所涉及的人格结构分析主要是指一种以自我状态为基础，分析个人的思想、感觉及行为的方法。

① 廖荣利：《社会工作理论与模式》，台湾五南图书出版公司2002年版，第239页。

② Eric Berne. 1957. Ego states in psychotherapy, American Journal of Psychotherapy, No.11.

(一) 三种自我状态

概括来讲，自我状态是指一种具有一致性的感觉和经验，它与另一具有一致性的行为反应有直接关联。三种自我状态各有其内涵和特色。①

1. 父母的自我状态

父母的自我状态(Parent State)，通常是指一种父母行为的翻版。它是从幼小时期模仿得来的，它经常以偏执、批评以及抚养的姿态显现于外在行为上。它对内则以“训示”的方式不断地影响其内在的儿童自我状态。进一步分析可发现“父母”又可分为“抚育式的父母”(Nurturing Parent)和“批判式的父母”(Critical Parent)两类。②所谓抚育式的父母，是指惯于以抚养、关爱以及无微不至的姿态出现，比如在语言上的表现，常常为“你累了吧，休息一下”“多吃一点，多穿一点”等；而批判式的父母则是指惯于使用批判、责骂的口吻，比如日常口头上的“不可以这样、那样”“你实在太笨了”“你应该……”等。

如今，现代社会变迁速度加快，儿童往往提早学习模仿，他们除了向父母学习之外，还在学校或是电视节目中通过模仿学习。这些也都成为一个人父母的自我状态的来源。也就是说在当今社会中，一个人父母的自我状态来源增多，其影响因素也更为复杂化。

2. 成人的自我状态

成人的自我状态(Adult State)是指与客观事实有关的自动知觉。它可将外界的资源转化成知识并加以评估，并以最适当的行为表现出来。因此，成人的自我状态是一种有组织、有智慧、有应变能力且有理解力的自我状态，或者可以说它是一种理性的自我状态。“成人”的自我状态不像“儿童”或“父母”的自我状态那样是静态的，而是不断变化的，并且它有能力评价、支持以及改变“父母”及“儿童”。在不成为人格的统治者的前提之下，“成人”能帮助“父母”和“儿童”运作，它也在适当地保持三个自我状态间的平衡。因此，成人的自我状态常用的话语往往是“根据……”“照理……”“让我想想看”等。

---

① 廖荣利：《社会工作理论与模式》，台湾五南图书出版公司2002年版，第250页。

② M Duane Thomas，Thomas L Morrison. 1977. Interdisciplinary team communications TA as a tool. Clinical Social Work Journal，Vol. 5，No. 2.

3. 儿童的自我状态

儿童的自我状态(Child State)指的是婴儿所有自然的冲动行为，以及早期儿童和外在世界接触的经验，当然也包括反应方式所得的经验等。换句话说，一个人的儿童自我状态也就是他在儿童时期的所见所闻、他的感受、他的反应以及他接触经验的记忆。儿童的自我状态对一个人的正常发展是十分重要的，因为它是个体自我概念建立的基础，对个体日后行为反应的方式影响很大。不论是儿童自己所体验到的，还是接受父母的抚养和训练所习得的，儿童的自我状态都会发展成以下三种类型，即自然型儿童、适应型儿童以及学者型儿童。自然型儿童(Natural Child)，其特色是所有的表现都是未经训练的，所以它是一种天真的、冲动的、甘心的以及喜怒哀乐形于外的。适应型儿童(Adapted Child)是指自然型的儿童经过外在的修正，发展成为一种适应的儿童，适应父母的要求或情景的需要。这种适应外界的结果使儿童的自我状态分化出“适应型儿童”自我状态。学者型儿童(Little Professor)，一部分是与生俱来的，其特色是会察言观色，喜欢冒险、探索世界，能满足自己的好奇心，会利用自身的直觉力，富有创造力，有的甚至具有操纵能力。

(二) 自我状态之间的相互影响

这三种自我状态的发展过程是依据年龄增长逐渐形成的。它的发展过程大致如下：首先，婴儿从出生起，就将注意力集中在自身的需求和舒适上，自然的趋向是婴儿会尽力逃避痛苦，并且利用原本的感觉来与外界应对。所以说儿童的自我状态是最早出现的。接着，当幼儿开始模仿父母或是扮演父母角色过家家时，父母的自我状态便逐渐形成。最后，当儿童企图去理解外在世界，且想操纵他人时，其成人的自我状态便逐渐出现。因此，三种自我状态之间也会相互污染及排斥。

1. 污染

所谓污染是指某一自我状态受到其他部分的自我状态的干扰时所显现的状态。自我状态的污染通常可分为三种情形，即“成人”受“父母”的污染，“成人”受“儿童”的污染以及双重污染等。

第一，“成人”遭受“父母”的污染。此种情况下的行为往往表现出偏见的态度和看法。其污染状态如图 10－1 所示。其中，P 为父母的自我状态，A 为成人的自我状态，C 为儿童的自我状态。

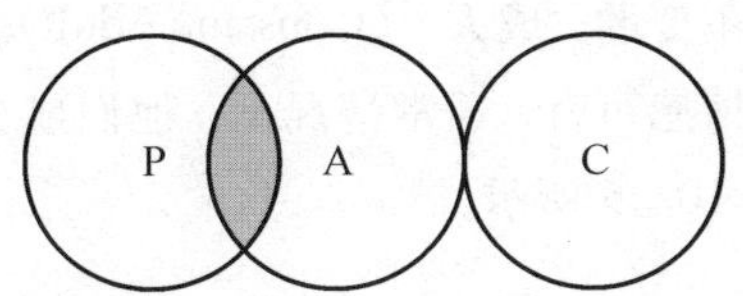

图 10-1 “成人”遭受“父母”的污染

第二，“成人”遭受“儿童”的污染。在这种情况下，个体易于将妄想带入事实中，造成事实和认知的扭曲。其污染状态如图 10-2 所示。

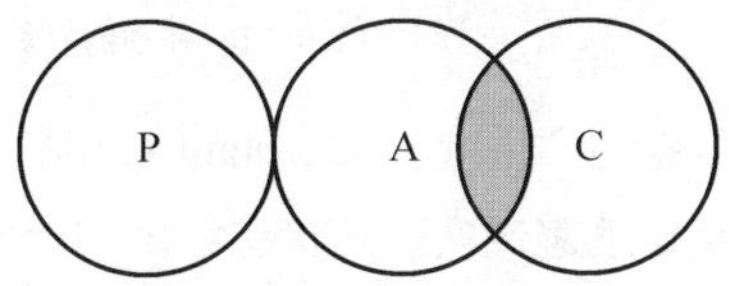

图 10-2 “成人”遭受“儿童”的污染

第三，“成人”遭受双重污染。这时以上两种情形同时发生，其污染状态如图 10-3 所示。

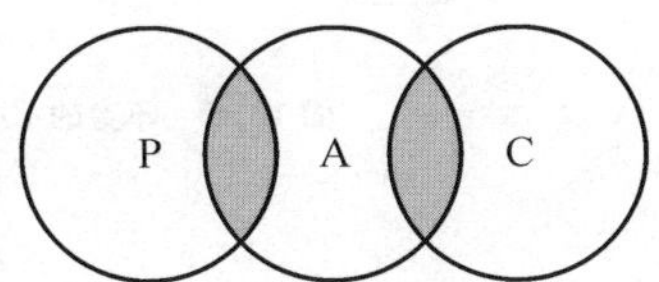

图 10-3 “成人”遭受双重污染

2. 排斥

排斥是指个人在行为表现时，总有清一色的“父母”“成人”或“儿童”状态，他们均不知变通且毫无弹性可言，只固执于一种状态。他们对事情会有刻板印象，也将会产生人际交流上的问题。自我的排斥现象可分为以下三种情况。

第一，不变的“父母”(Constant Parent)。此种状态下的个体常会表现出操纵他人或捍卫权威的行为，其状态如图 10-4 所示。

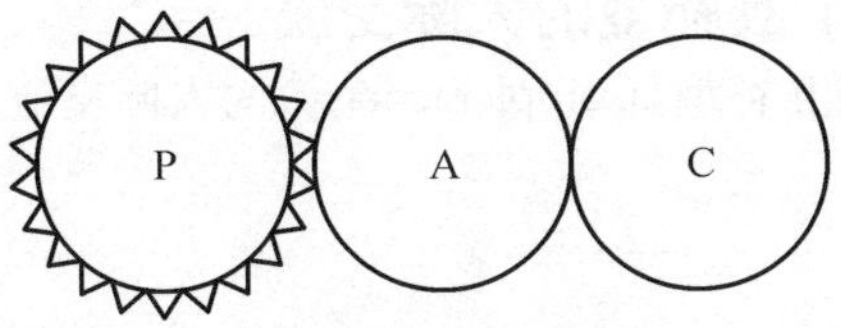

图 10-4 不变的“父母”

第二，不变的“成人”(Constant Adult)。此种状态下的个体常会就事论事，毫无情感可言。通常情况下，他们成为精神病患者的可能性极高。其状态如图 10－5 所示。

图 10－5 不变的“成人”

第三，不变的“儿童”(Constant Child)。此种状态下的个体往往高度依赖他人，或是逃避现实。其状态如图 10－6 所示。

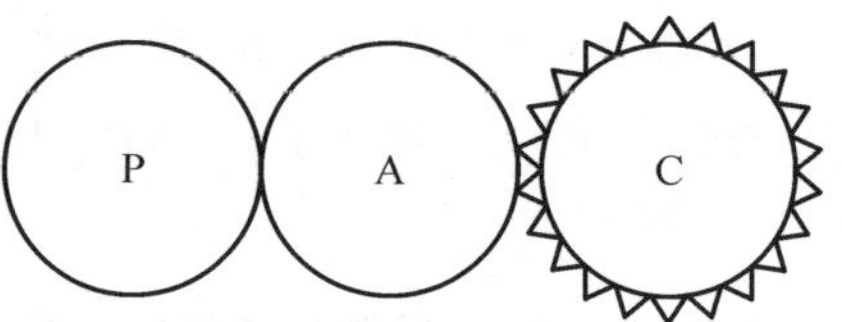

图 10－6 不变的“儿童”

二、交互分析的三种形态

埃里克·伯尔尼(Eric Berne)是交互分析理论的奠基人。伯尔尼总结了三种人际交流的形态：互补型、交叉型、隐藏型。①他认为人与人之间的交往互动必定涉及各自的自我状态。个体与他者交往过程中，可能处于“父母”“成人”或是“儿童”的状态上，也正是因为自我状态的不同，人们在交流互动过程中往往呈现出以下三种形态。

(一) 互补型的人际交流

所谓互补型(Complementary)的人际交流，是指对方的反应是在预期

① Eric Berne. 1964. Games People Play: The Psychology of Human Relationships, Grove Press.

中的，是一种配合刺激，也是平行且开放的互动。因此，两人对对方的期望都能获得满足，所以能继续不断地互动与交流。此种沟通可以发生在任何两种自我状态之间，其状态如图 10－7 所示。

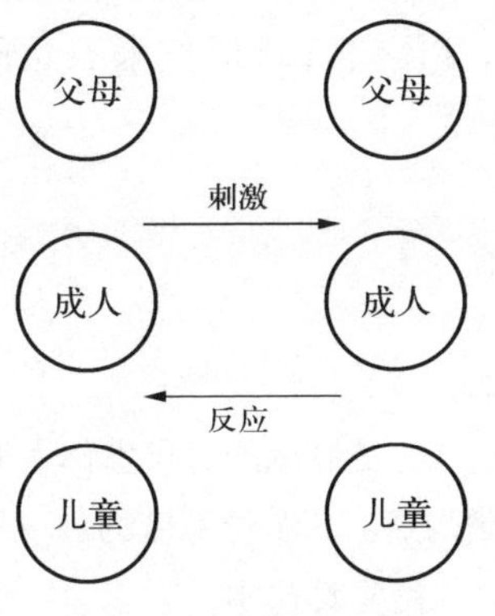

例如：

甲："请把报告递给我。"

乙："好，我找到了，马上给你。"

图 10－7　互补型的人际交流

(二) 交叉型的人际交流

所谓交叉型(Crossed)的人际交流，是指对方对刺激所做出的反应并非在预期之中，此时个体会体验到痛苦的人际关系，因而可能逃避、退缩、吵架或转换成另一种交流形式，而使沟通中断。其状态如图 10－8 所示。

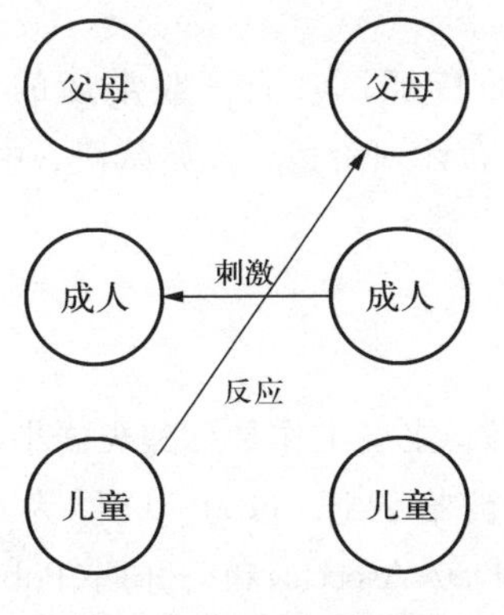

例如：

甲："我想买参考书好不好？"

乙："书买多了会看不完。"

图 10－8　交叉型的人际交流

(三) 隐藏型的人际交流

所谓隐藏型(Ulterior)的人际交流，又称为暧昧式的人际交流，它是一种相当复杂的现象，在表面上是以社会可以接受的方式表达意愿，而实际上却是另有动机的，即有其言外之意。换言之，当此种交流发生时，往往牵动两种以上的自我状态，一种是表面的，另一种是暗藏的。此种交流通常都是“成人”对“成人”自我状态的交流，它并不是以口语方式表达出来的，而是以身体语言或语气来表达的。其状态如图10－9所示。

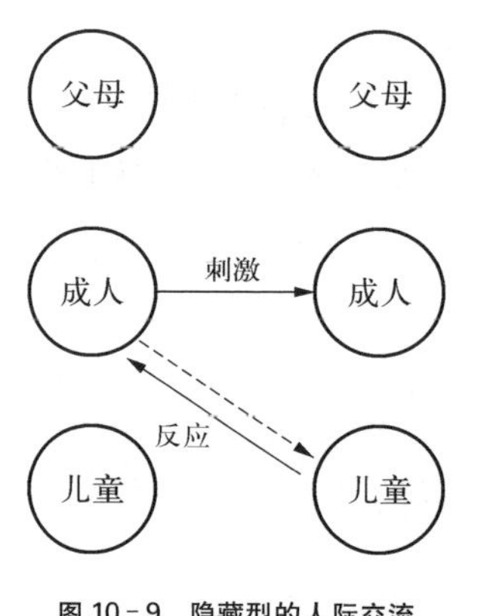

图10－9　隐藏型的人际交流

例如：

甲：“这是最深的，我想你大概想看……”

暗藏沟通：“你看不懂的……”

乙：“我要看这本。”

三、交互分析理论的处置过程

根据交互分析理论模式的特征，除了一般常规的社会工作流程外，还可以将其处置过程划分为计划阶段、开始阶段、中间阶段和结束阶段。

（一）计划阶段

这是实施工作前的准备阶段，主要工作是酝酿成立小组、设计目标、招收和选择组员。这个阶段被哈佛德（Harford）称为小组前期（Pre-Group），且将其分为私下期（Private Aspects）和公开期（Public Aspects）。私下期是指社工未将小组组成的信息公开，也就是小组成员都是未知的，此阶段小组仅存在于小组发起者的心中。社工一方面需要尝试设定小组目标，以便得到机构的认可；另一方面需要就开设小组的具体事项做出安排，例如人选、时间、方案等。当这些私下的构思逐渐成熟之后，社工将予以公开，由此小组进入公开期。与此同时，小组工作开始接受可能成为小组成员的咨询，此时也是相互沟通的好机会。社工通过会谈来决定成员的资格和能力，并通过会谈解释小组的目的。所以说此阶段是社工与小组成员建立初步关系的好时机。

（二）开始阶段

开始阶段包括小组最初的几次活动。从第一次小组聚会开始，小组成员就进入了新的情境。通常一开始小组成员还不能全身心地投入到小组中，总是会表现出谨慎，小组中充斥着不满、紧张的情绪。本阶段是带领小组的困难时期，需要处理很多内容，如可以让组员相互认识，简述小组内容，澄清小组工作者的角色，发展与支持小组文化，帮助成员为自己和小组的发展制订一个实验性的计划，澄清机构和成员间的期望，建立小组的基本守则，鼓励组员对于小组的有效与否提供诚实的反馈意见等。社工应尽量营造一种和谐的气氛，了解组员的情况，表现出对每一个组员的接纳和友好。

（三）中间阶段

此阶段小组的规范和结构开始形成。小组的角色开始分化，小组形成公认的目标。此阶段社工协助成员达成小组目标，例如开始准备小组聚会，为小组过程提供内容架构，使成员参与并增强能力，协助成员达成目标，处理非自愿与对抗行为，监督与评估小组活动的进行等六个方面的工作。准备小组聚会极为重要，其中活动策划最为关键。如何设计与小组目标有关的小组活动，并不是一件容易的事情。在小组工作中常用的活动有游戏、音乐、舞蹈、戏剧、角色扮演、讲故事等。每一次小组活动都应是有计划的，围绕着某一主题开展的。一般而言，社工会预先计划各个部分的先后次序以及每一部分所用的时间。该阶段社工如何有效地促进组员间的分享交流，协助组员达成目标，处理小组过程中的抗拒和冲突，这些对社工来讲无疑是一项很大的挑战，这也是其专业能力的体现。监督与评估是本阶段的关键任务，社工在每次小组聚会结束之前应收集成员对现阶段工作的意见，以不断修正小组过程和维持小组的有效性。

（四）结束阶段

在结束阶段，组员彼此间建立了互相接纳和正常的工作关系。大部分组员的需要得到了满足，问题得到了解决，自我认识和自我接纳都得到了增强。同时，小组成员会在一定程度上出现愤怒、哀伤、失落、担忧、依依不舍、紧张、压抑等负面情绪反应，并可能由此衍生出不同的行为表现，如不承认小组的终结、投入程度降低、行为倒退、愤怒等。社工要做好小组结束的有关安排并注意处理这些离别情绪。处理方法大致包括：社工申明小组结束的时间，适时提醒成员做好分离的准备，并进行回顾与评估工作；注意引导组员充分表达结束前的感受，通过赠送小纪念品、小组聚餐等形式来淡化离别情绪。另外，小组工作结束后，社工应该把每次聚会过程整理成小组总结记录，并全面地总结工作过程中的经验教训。若可能的话，还可以适当跟踪部分小组成员，以便考察评估小组工作对于个人的影响程度。

四、案例思考

首先，学习成绩向来是家长和学校最为看重的。强大的学习压力，是中学生产生心理问题的主要原因，而厌学是中学生非常突出的心理问题。学习成绩不好的学生如此，即使成绩很好的同学也有这种倾向。除了案例中小刚同学的种种表现之外，还有一些因其他心理原因引起的厌学状况，如因反应较慢常被人嘲笑从而不愿上课的，因记忆、理解等能力稍差使成绩难以提高而对自己失去信心的……很多学生对学习表现出了强烈的焦躁、愤懑与无奈的情绪，虽然目前社会上大谈“减负”，但学校课业任务仍旧繁重、竞争依然激烈，父母的期望从未降低，学生的心理压力自然未曾减轻过。个案中，小刚的不断逃学就是一种极为常见的厌学情绪的表现。面对繁重的学习压力，我们要努力给予学生们有效的学习动力。这一点，针对不同的个体，方法各不相同。在此个案中，刘老师正是抓住了小刚同学不愿与继母继续一起生活这一点，引导他考入一所寄宿制的学校，给予他学习的目标和动力。同时，刘老师正是通过交流互动分析模式告诉小刚，让小刚明白自己目前的身份，知晓自己应该做什么，应该怎么做。

其次，人际关系问题也是困扰中学生的严重心理问题之一。中学生的人际关系，主要包括与父母的关系、与老师的关系和与同学的关系。此外，我们还应该关注孩子们的种种细节，提早发现问题。“所谓躯体化，就是说人心理上的失调反映在了身体上。”[①]比如很多学生平时身体不错，可一到考试时就拉肚子，吃什么药也不管用，等考完试就什么事都没有了；还有的同学每到考试就吃不下饭，甚至胃痛……心理问题躯体化，会严重影响学生的学习成绩，损害学生的身体健康，必须认真对待。驻校社工刘老师认为，在差生的教育与转化过程中，如果无视他们的心理状况，仅仅用简单、表面的教育方法企图达到转化的目的，其结果只能是望“差”兴叹。此个案中，小刚与父亲、继母、班主任甚至同学们的关系一度恶化，这对于小刚的状态有极大的影响。交流互动分析模式正是一种针对人际关系颇有效果的治疗模式。在整个实施过程中，刘老师第一步的重点工作就是改善小刚和父亲、老师以及同学们的关系。通过和父亲一起打篮球，和同学、老师们的座谈会，小刚在对于自身认识更加清晰的同时，对于周遭人们的了解也加深了。

再次，一个孩子如果总是受到负面评价，就会产生自我的“负驱动”，从而自暴自弃。处在学习过程中的学生就像一杯没有倒满的水，老师们通常看到“一半是空的”，却常常没有看到“一半是满的”——前者是否定，后者是肯定。哪一种会对学生产生激励作用呢？当然是后者，这早已被心理学上著名的“罗森塔尔效应”所证明。

美国心理学家罗森塔尔（Rosenthal）和雅克布森（Jacobsen）做过这样一个实验。他们在一所小学里对一至六年级的18个班的学生进行了一次煞有介事的“发展测验”，等测验结束后，他们给每个班级的教师发了一份学生名单，并告知教师说，根据测试结果，名单上的所有学生都有“更优异发展的可能”。教师们看了名单，发现有些学生的成绩是很优异的，而有些学生则不然，甚至成绩很差。两位心理学家便解释道：“请你们注意，我们讲的是他们的发展，而非现在的情况。”教师们最终解除了疑

① 牧之、张震：《心理学与你的生活》，新世界出版社2006年版，第207页。

惑。心理学家们反复叮嘱教师们不要将这个名单外传，只准教师自己知道。测试结束 8 个月以后，心理学家们又来到了这所学校，对 18 个班的学生成绩进行了追踪检测，结果发现他们先前提供给教师的名单上的那 20%的学生的学习成绩都有了显著的提高，而且这些学生的情感健康，好奇心强，敢于在课堂上发言，学习努力，与老师和同学的关系也特别融洽。

难道这两位心理学家真的能预测学生的发展潜力吗？其实，心理学家只是想通过这个实验证明教师对学生的期望的作用！事实上，各个班级的有“更优异发展可能”的学生，是心理学家们随机抽取出来的。但是心理学家们通过“权威性”暗示，坚定了教师对这些学生发展的信心，也调动了教师对这些学生的感情，教师们“知道了”教室中坐着一些与众不同的孩子，他们将来必然会成为栋梁之材。于是无论是在课堂上还是在课堂外，教师对这些孩子都会充满热切的期待，老师的热切期待会时时体现在老师对待这些学生的眼神、话语、动作中，而这些学生也会时时感受到老师的热切期待，并在不知不觉中接受老师的暗示，最终真的实现了心理学家的预言，像老师们想象的那样去发展了。这正如同皮格马利翁王子对象牙少女的期待而使象牙少女真的有了生命一样，孩子们身上发生的积极变化是教师热切期待的神奇作用。因而，后来人们就把教师对学生的期待被学生接受而转化为自我暗示，最终发生的自我实现的预言作用，称为“皮格马利翁效应”或“罗森塔尔效应”。

由此来看，教师的期望、预言，不管是积极的还是消极的，都在孩子身上一点点得以体现，都在孩子身上一点点变成了现实。有的学者把罗森塔尔效应分为“正效应”和“负效应”。不仅教师“积极的期望”能够在教师“爱心”的感召下，在孩子身上引起积极的变化；消极的期望也会在老师“厌弃”的排斥下，在孩子身上引起消极的变化。在此个案中，刘老师那句“我以性命担保他行！”也充分展示了老师期望的魅力。

最后，差生们最容易破罐子破摔。就是因为反复的失败，导致他们会选择逃避，而这只有通过成功才能加以改变。他们中除极特殊是由先天因素智商低下外，多数智商都是正常的。对于学生们在努力过程中的反复现象，老师们一定不能够轻视。看到学生们的点滴进步，老师们都和学生们一起感到由衷的欣慰，但是常常是好景不长。这也就是通常老师们抱怨的

“三分钟热度”“三天打鱼，两天晒网”……此时引导的正确与否将最终决定成败。此案例中，刘老师准确把握了小刚的反复期，并在这一时期给予更多的鼓励和更高的要求，最终使得小刚在学习习惯、意志力上都有了一个较大的飞跃。

尺有所短，寸有所长；金无足赤，人无完人。学生之间存在差异，不容置疑。不同类型、不同层次的学生都应当有平等的发言权。所以作为教师应当做到心中有数，不能对学生说“你真笨”“你不如别人”等之类的话。要从学生的实际出发，确定符合实际的目标，让学生体验成功，看到自己的潜能，“天生我材必有用”，鼓励学生去争取更好的成绩。同时我们应尊重学生的差异，不能用同一标准来衡量全班的同学，只要学生能达到既定的目标，在原来的基础上有了提高和发展，教师就要由衷地为他高兴，不要认为他还没有追上别人。其实只要特别关注，方法得当，目标适度，不断提高，就会有效，“差生”也有可能追上“优生”。

一个表扬、一个微笑，对成绩好的学生是锦上添花，对那些需要鼓励的学生则是雪中送炭。“锦上添花”轻松而美丽，“雪中送炭”辛苦但重要。所以教师要对学生充满爱心，用真诚和热情对待每一位差生，做学生的朋友和知己，课下常和他们聊天、谈心，去了解他们的内心世界，拉近与他们的距离；课上不要高高在上，要俯下身子，走近学生，和他们共同讨论，共同研究，共同解决问题，为学生营造一个具有安全感的学习氛围，用爱去温暖和照亮每位学生的心灵。学生是一个待点燃的火炬，教师要用自己的热情和爱去点燃他们，使他们发光发亮！

第五节　交互分析理论的主要影响及评价

交互分析理论主要是通过人格结构分析以及心理治疗过程，帮助案主自身成长并改变。它有助于诠释个体的行为，并帮助个体更好地表达自我。它是一种协助沟通的理论，同时它也是一种儿童发展的理论。成年人的生活规律及习惯都印证在其童年生活当中，因此它为精神病理学的相关理论提供了依据。

一、交互分析理论的影响及发展

交互分析理论模式在实践运用过程中也对社会工作者提出了更高的要求。作为一名合格的运用交互分析模式的社会工作者，应当掌握以下基本技巧：第一，建立关系的技巧。包括与案主建立良好的关系，以及协调案主与他人之间建立良好的关系。第二，观察、诊断的技巧。通过对个人、群体以及社会环境的分析和判断，对问题有比较准确的界定。第三，组织的技巧。包括筹备工作、维系工作以及结束工作等方面的技巧。第四，干预的技巧。对于在实务过程中案主出现的各种情绪，例如冲突、依赖、沉默等，以及一些偶发事件、问题、危机，社会工作者能够给予适当的干预的技巧。第五，运用资源的技巧。为了使得案主达到预期的目标，社工工作者应最大限度地调动和运用来自机构、社区及社会的各种资源。第六，记录的技巧。对整个过程中加以完整的记录并合理运用的技巧。第七，评估的技巧。通过科学的指标体系对案主加以评估，以判断工作效果。

交互分析理论在其发展道路上，逐步深入剖析了个体与他者的关系，它提出了四种不同的生活态度，也就是以下四种不同的“生活脚本”。所谓“生活脚本”是指一个人的内在心理状态(Psychological Position)，其实质是一种生活态度。

第一种是“我不好-你好”(I am not OK，you are OK.)型。小孩子自出生以来就需要别人的照顾，尤其是父母的照顾。而孩子对照顾他们的人便深深烙印着“好人”的印象，觉得对方是伟大的、有权力的，自己则是缺乏能力的、无助的，所以自己是“不好”的。同时，这是一种抑郁的态度。持这种态度的人依赖他人的施舍，特别需要被爱抚和承认。这种态度通常源于幼年弱小、无助的感觉，长大之后，如果仍抱持这种生活态度，便非常需要别人的抚慰而且会缺乏独立自主的能力。

第二种是“我不好-你也不好”(I am not OK，you are not OK.)型。当

小孩子逐渐长大，父母给予的照顾也会逐渐减少，不但对他的照顾和抚慰减少了，甚至有时候还会责骂或是惩罚他。这个时候他会有一种被遗弃的感觉，他就会发展出“我不好，那你呢？你也不是好东西！”的生活态度。这是一种厌世者的态度，也有学者认为这种态度源于孩子开始走路的时候，此时“被人照看”的生活已经结束了。有这种态度的儿童其成人意识便开始停止发育。长大成人后，持这种态度的人常会放弃自我，陷入绝境，最终可能在一种极端退缩的状态下了结一生。

第三种是“我好-你不好”（I am OK，you are not OK.）型。儿童到了两三岁的时候，虽然感受过了大家都不好，但往往这种态度会带给一个人极大的苦楚，为了逃避它，也为了要防御“自己不好”的感受，他便会发展出“我好，你不好”的怀疑和独断的生活态度。长期被父母虐待、侮辱的孩子通常会转向这种态度，而且随着年龄的增大，他开始反抗。抱持这种生活态度的人，很可能会缺乏“反求诸己”的内省动机，而成为一个攻击性强、推卸责任、责备他人以及自大孤傲的人。

第四种是“我好-你也好”（I am OK，you are OK.）型。此种生活态度是指一个人经由“成人”的自我状态，理智地思考后而决定采取的一种生活态度。这是一种比较达观且健康的生活态度，也是交互分析模式所追求的终极目标。这是一种健康的生活态度，认可自己也认可他人。波恩认为前面三种态度常常依赖于情感，容易引发心理不适，而这种态度则依赖于思考、信仰以及行动的保证。如果一个人总是被置于能够证明自身的价值以及他人的价值的环境中，就容易形成“我好-你也好”的态度。由于现实生活的重重限制，很多人可能都没有形成这种健康的态度。但是，一个充分解放了个体成人意识、接受了这种“我好-你也好”态度的人，就会产生积极的情感，带来新的生活方式。

二、交互分析理论的优势及不足

交互分析理论向我们解释和描述了人与人之间的互动和沟通，因此它非常适用于各种社会工作领域。在实践应用中，交互分析理论可用于多种类型的诊断和治疗，并为个体、夫妻、家庭乃至群体提供一种良好有效的治疗方法。在治疗领域以外，它还被运用于教育事业，帮助教师保持良好的沟通能力。与此同时，交互分析理论在适当的情况下，还可以被用于开展培训辅导和咨询管理等相关工作。

交互分析理论中对个体三种自我状态的阐述，可以帮助我们分析和领悟自己及他人的人格结构，学习更好地与他人沟通。社会工作者可以帮助案主把焦点放在个人的早年生活上，帮助案主了解自我的生活脚本、沟通形态，以及个人的能力不能充分发挥与个人早年束缚的关系。社会工作者们也可以为案主提供一个互动的情境，使成员可以尝试和练习新的沟通方式，增加他们的自我觉察，改变他们的生活态度，最终帮助他们更好地开始新生活。

此外，在交互分析理论模式中，社会工作者是受助者与所处团体或团体与机构之间的协调人。社会工作者并不参与设计方案，他不是控制团体的先知。他不是要为成员做什么，而是与成员一起做。他的作用在于促进成员的互动及为小组寻求外部资源。一个团体的形成与维持由成员的互动结果而定，成员共担对这一团体的责任。另外，团体的发展是成员们互动的结果，成员在这一团体中分享责任与经验。交互分析模式所关注的即非社会目标，也不是个人，而是互动互助过程本身。这一点在交互分析理论中尤为重要。因为团体将被视为互动的系统，每个成员都是其他成员解决问题的资源。①

由于交互分析理论浅显易懂，界定清晰且操作性强，因此其在实务工作中比较容易与其他理论模式相结合，且效果良好。但与此同时，交互分析理论过于强调个体认知的作用，因而在一定程度上忽略了外在因素对个体的影响。这使得该理论受到了一定的批判。除此以外，交互分析理论在实务工作中虽然也强调社会工作者与案主的对等关系，但与罗杰斯的人本主义理论不同，在实际过程中，案主依然很难完全摆脱社会工作者的操控或是导向。在一定程度上，案主往往依赖于社会工作者。而且，交互分析理论模式在实务工作中极少对处置过程中社会工作者的个人素质及品质给予必要的关注，而这一般也是绝大多数理论模式在实务工作中容易忽视的

---

① Eric Berne. 1964. Games People Play：The Psychology of Human Relationships. Grove Press.

环节。这看似是个小问题，但无论是对于具体操作还是对于理论发展，都有着不可小视的影响。

因此，伴随着交互分析理论的发展，其不应该仅仅局限于个体的心理层面，只关注于个体的认知、行为等能力，而应该更注重帮助个体自我重绘，乃至自我重塑，培养个体形成更适应社会、更能面对困难的个性，并最终达到更为积极健康的心理状态。

第十一章

升学压力与调节

——叙事治疗理论的运用

升学压力是每一个莘莘学子都会遇到的问题，也是每一个家长都十分关注的话题，历来受到社会工作者的极大关注。当面对升学压力时，一部分学生会积极应对，自我减压；一部分学生则会一下子被打倒；还有一些同学刚开始表现得很有信心，过段时间发现没有什么效果，就会消极怠慢，产生退学甚或自杀的想法。在本章中，社工运用叙事治疗理论对一个刚进入重点班学习的高二同学小波开展专业服务，体现出其实务工作中的处置原则、步骤及实务技巧等，最后从社会工作理论建构和社会工作实务运用两个方面的主要影响给予论述和评价。

第一节　叙事治疗理论的形成与发展

随着哲学、社会学、人类学和心理学等诸领域的理论演进，叙事治疗作为一种新的治疗方法开始进入研究与应用领域，并且在社会工作实务中不断地进行经验总结与理论提炼，逐渐形成独特的理论视角与分析框架，最终发展成为后现代社会工作理论中最为重要的一个分支。

一、模式介绍："叙事治疗"的理论脉络

叙事治疗源于20世纪80年代澳大利亚的家庭心理治疗师迈克尔·怀特(M. White)长期以来所进行的开创性工作。迈克尔·怀特与妻子雪莉尔·怀特(C. White)创立了Dulwich中心，并开创了与White方式有关的培训、临床工作。他结合自己的临床心理治疗经验认为，现代心理治疗学派所持的科学决定论、因果论和治疗方法都不足以有效解决案主的问题[①]，进而拒绝并反对系统式思维和控制论。迈克尔·怀特受英国人类学

① 卫小将、何芸："'叙事治疗'在青少年社会工作中的应用"，载《华东理工大学学报(社会科学版)》2008年第2期。

家贝特森(G. Bateson)影响，明确“外化”问题的创造性观念，认为问题操控了人，而不是人们在制造问题。[①]戴维·艾普斯特(D. Epston)是一位来自新西兰的家庭治疗师，由于其人类学的旨趣，他开始阐发叙说隐喻的概念。迈克尔·怀特和戴维·艾普斯特于1990年合作出版了《从叙事方法到治疗终点》(*Narrative Means to Therapeutic Ends*)一书，该书肇始了叙事治疗在心理治疗和社会工作领域的勃兴。吉尔·弗里德曼(J. Freedman)和金恩·康姆斯(G. Combs)作为美国叙事治疗模式的代表，在伊利诺斯领导一个小型的培训中心，其1996年出版的《叙说治疗》是从事叙说治疗的杰出且务实的指南。杰弗瑞·纪默曼(J. Zimmerman)和维克·迪克森(V. Dickerson)首先将叙说治疗应用于青少年社会工作，在《如果说出问题：叙说治疗历险记》一书中详细阐述了叙说实践。可以看到，尽管叙事治疗一开始只是一个宏大背景之中的微弱声音，但如今已经成为颇为流行的社会工作实践的新范式。

迈克尔·怀特在《从叙事方法到治疗终点》一书中指出，叙事治疗的理论脉络包括贝特森、爱德华·布鲁纳(E. Bruner)、戈夫曼(E. Goffman)和福柯(M. Foucault)；[②]在霍夫曼(L. Hoffman)看来，叙事治疗模式产生于后结构主义与解构主义，主要涉及福柯的权力叙事和德里达的解构主义，香港学者梁丽清、陈锦华也持此说；在美国学者库珀(M. Cooper)和莱塞(J. Lesser)所著的《临床社会工作实务：一种整合的方法》一书中，则将叙事治疗作为一种后现代的方法，以叙事理论为理论根基，视建构主义为理论框架，美国心理治疗师黑尔德(B. Held)所著《回归真实——后现代理论在心理治疗上应用之探讨》以及童敏所著《个案工作》也同意此说；[③]美国家庭治疗师沃尔什(F. Walsh)则几乎将以上所有的理论基础都囊括进叙事治疗的传统之中，即叙事治疗模式的理论源自存在主义、后现代主义、

---

① ［美］Michael Nichols，Richard Schwartz：《家庭治疗——理论与方法》，王曦影、胡赤怡译，华东理工大学出版社2005年版，第397－398页。

② 其实，叙事治疗模式的理论脉络也构成弗里德曼和康姆斯(Freedman & Combs)认为的叙事治疗的四个基本理论假设，即现实是社会建构出来的、现实是经由语言构成的、现实是借助叙事组成并得以维持以及没有绝对的真理。详见童敏：《个案辅导》，社会科学文献出版社2007年版，第142页。

③ 当然，晚近以来，一些学者试图在现代主义和后现代主义之间进行一种折中，以此构筑叙事治疗模式的理论基础。详见Guterman J，Rudes J. 2005. A Narrative Approach to Strategic Eclecticism. Journal of Mental Health Counseling，Vol. 27 (1).

符号互动主义、多元文化主义和社会构成主义(Social Constructivism)。[①]值得指出的是,何雪松在其所著的《社会工作理论》一书中将叙事治疗的主要理论归结为一般意义上的社会建构主义,不过社会建构主义的内容十分丰富,包括贝特森的叙事隐喻,爱德华·布鲁纳的解释学、符号互动论、常人方法学,舒茨(A. Schütz)的"常识建构",伯杰(P. Berger)和卢克曼(T. Luckman)的"现实的社会建构"以及后现代主义、福柯对于知识和权力的论述、德里达解构的概念等。

我们认为,叙事治疗模式是对传统的家庭治疗模式的改造,其理论基石就是叙事隐喻和社会建构理论。[②]具体地说,贝特森(Gregory Bateson)在2000年出版的《走向精神生态学》(*Steps to an ecology of mind: Collected Essays in Anthropology, Psychiatry, Evolution, and Epistemology*)一书中认为,我们应该研究如何理解世界的过程,我们需要阐释。贝特森进而指出,我们对于事件的理解,赋予事件的意义,都受制于特定的语境,只有理解这样的语境才能实现真正的阐释。[③]正是在这样的逻辑演绎中,贝特森强调时间维度对于治疗的重要的启示意义,即在时间的流淌过程中,人们才能认识、理解周围发生的事件。此外,贝特森还指出人们认识周围发生的事件时,是对不同信息进行反应的,是对差异性信息的把握。我们可以认为,贝特森对于知识本质的认识给予叙事治疗很大的启发,即叙事治疗区别于一般的解释方法,须转向叙事的视角理解经验的形成过程。

紧随其后的一个问题是,人们是怎样赋予周围所发生的事件以意义,又是怎样组织自己的生活经验的?就社会工作来说,人类学家爱德华·布鲁纳关于叙事结构的论述则给出一个答案。爱德华·布鲁纳指出,人对现在经验的解释同时受制于过去事件的经验和未来事件的预计,即故事的开头和结尾,两者为当下生活经验的解释提供了一个基本的框架,指引故事沿着已有的线索展开。如果是这样的话,人们一般会更愿意筛选出一些与

① Walsh F. 1999. Opening family therapy to spirituality. In F Walsh (Ed.). Spiritual resources in family therapy. New York: The Guilford Press, pp. 28-58.

② 其实,考究叙事治疗模式的理论基础还应该注意到女性主义的影响,考虑到可以把女性主义归入后现代这样一个更大的理论框架下,我们在此不再深究,感兴趣的读者详见Gremillion H. 2004. Unpacking essentialism in therapy: lessons for feminist approaches from narrative work. Journal of Constructivist Psychology, 17, pp. 173-200.

③ Bateson G. 2000. Steps to an ecology of mind: Collected Essays in Anthropology, Psychiatry, Evolution, and Epistemology. University of Chicago Press, pp. 20-40.

主流故事一致的经验，而那些与主流故事不一致的就容易被主流故事忽视或者掩盖，成为日常生活中无法表达的部分流失。[①]可以说，叙事作为一种自我叙事或对自己生活经验的成功描述，可以产生生活的意义和对生活的连续的感受，进而帮助人们在更为广阔的社会和文化环境关系中理解自己的角色，个体的自我或认同在这样的背景中得以发展。[②]换一个角度来理解，我们可以发现，人们在筛选、组织、讲述故事过程的同时就是筛选生活中的经验、建构自己生活的过程，这样一来，势必涉及叙事治疗模式的另一个理论基石——社会建构理论。[③]社会建构的思想源于科学家对人的大脑神经功能研究时的一个论述，即人类根本无法知道所谓的外在客观世界。之后，美国学者伯杰和卢克曼则开始将社会建构的思想引入社会现实当中，他们指出，信仰、习俗、制度和法律等社会现实是经过长时间社会互动形成的，是人们一起构建的"事实"。人们通过互动不仅构建了一个制度化的世界，而且生活在其中，并把它当作客观的事实来看待。[④]戈夫曼在其名著《日常生活中的自我呈现》中，使用拟剧理论呈现出人们的日常互动过程，即揭示出社会秩序是在社会行动者的日常生活实践之中巧妙地进行建构。芸芸众生在日常生活中依照常识推理的逻辑建构我们的日常生活世界，这样的分析展现出人类社会互动过程的复杂性，并凸显现实的建构特征。福柯的作品中关于知识与权力的论述，启发我们洞察到话语背后隐藏的权力运作过程，并在解构（Deconstruction）或重构（Reconstruction）疯癫、监狱、医疗和性的文本中全面展现知识与权力的活生生的关系，即突出现代权力的积极、建构的方式，进而凸显现代权力对人的日常生活方式的构建。[⑤]正如家庭治疗师艾瑞尼·戈登堡（I. Goldenberg）和赫伯特·戈登堡（H. Goldenberg）所言，我们应该寻求的叙事不是人为强加的"空洞的"描

① 童敏：《个案辅导》，社会科学文献出版社 2007 年版，第 58 页。

② ［美］Cooper，Lesser：《临床社会工作实务：一种整合的方法》，库少雄译，华东理工大学出版社 2005 年版，第 200 页。

③ 需要指出的是，有些学者将福柯关于知识与权力的论述列入叙事治疗模式的后现代思潮的理论脉络，如何雪松所著《社会工作理论》；也有学者将福柯关于知识与权力的论述进行阐释，作为单独的理论基础。我们将其划入社会建构理论的脉络中是考虑到几乎福柯所有的作品都是这样的取向。

④ ［美］伯格、卢克曼：《知识社会学：社会实体的建构》，邹理民译，台湾巨流图书公司 1991 年版，第 120 页。

⑤ 有关福柯对叙事治疗模式的影响详见 Besley A. 2002. Foucault and the turn to narrative therapy. British Journal of Guidance & Counselling，Vol. 30 (2).

述(诸如对内部状态如正常/异常或者功能良好/功能失调的肤浅的、不实描述)，而是“丰富的”(丰富的、具有意向性的和多故事性的)描述，这种描述是个人的、历史的、政治的以及文化的力量所共同塑造的。[①]就社会工作而言，凯尼斯·杰治和霍夫曼的有关社会建构主义的理解对叙事治疗影响颇大。在他们看来，社会现实是不同主体之间通过沟通交往相互建构的过程，其中语言起着非常重要的作用。[②]叙事治疗就是要通过社工与案主的对话让案主重新建构自己的问题，并在建构的过程中消解自己的困扰。换言之，社工为案主提供服务是社工与案主共同合作建构的过程，是通过对话交流分享彼此经验、尊重彼此感受的过程，是双方相互合作、共同建构新的意义的过程。

二、理论分析：对“叙事治疗”的阐释与实践

在迈克尔·怀特看来，案主的“问题”往往是被其自身主观建构的，这种建构深受“主流话语”和“正统标准”的影响，并按时间顺序连接起来固化为故事，这些故事是其生命的航标，可以说明他的过去，定义他的现在，影射他的未来。[③]按照这样的逻辑，我们可以发现，叙事治疗的概念框架是围绕叙事、社会建构、知识、权力与语言而形成的，与此相关，其实践框架则围绕叙事治疗的干预原则、干预过程和干预技术而展开，并体现为一种有别于实证取向的社会工作理论。

(一) 对“叙事治疗”的阐释

“叙事”在西方文献中并没有统一的界定，国内学者大都沿用迈克尔·怀特的“STORY”和“DISCOURSE”，取其表译“讲故事”和“言说”。其实，从深层意义分析，“叙”指叙述、言说、阐释，主要指个体的主观层面，由认知、愿望、意图和信念等构成；“事”指事情、经验、经

① [美] Irene Goldenberg，Herbert Goldenberg：《家庭治疗概论》，李正云等译，陕西师范大学出版社2005年版，第257页。

② 童敏：《个案辅导》，社会科学文献出版社2007年版，第60页。

③ 卫小将、何芸：“‘叙事治疗’在青少年社会工作中的应用”，载《华东理工大学学报(社会科学版)》2008年第2期。

历，主要指外在于个体的客观事物层面，由时间次序、事件、人物和情节等构成。两者的结合意在动态地说明自我的形成和发展实际上是个体对“事”的“叙”的过程，即赋予意义的过程。实际上，叙事治疗就其本质而言是围绕叙事而建构起来的，这体现了从系统到故事的范式转移，因为不同的、以隐喻表达的范式都体现为一种干预指引，从而影响我们所看、所听和所知的方式。

我们可以发现，在叙事治疗兴起之前系统隐喻是占据主导地位的，并构成传统家庭治疗和融合性社会工作的基础。所谓“系统”隐喻就是让我们洞察到家庭(或案主系统)内部的循环或与更大环境之间的交换，就像一个外在的观察者从客观的立场研究一架损坏了的机器，不了解其历史、观点和环境。[①]吉尔·弗里德曼和金恩·康姆斯则认为系统隐喻更多地关注问题是如何在互动中产生的，但并没有协助案主去探索价值、制度和习俗对其生活和互动所造成的负面影响，并诱导他们去对抗这样的价值、制度和习俗，从而实现改变。[②]与之不同的叙事隐喻，其核心则在于认识到人的生活是经由不同的故事构成的：① 采取协作性的、通情的立场，并对来访者的历史抱有浓厚的兴趣；② 在案主的历史中寻找强大或者优势的资源；③ 用非侵入式的、尊敬的方式提问，鼓励案主将新故事推向纵深；④ 永远也不为案主贴任何标签，反过来，将他们视为有独特个人历史的人物；⑤ 帮助案主与他们已经内化的优势文化氛围下的叙说分离，以便为其他选择性的生活历史开辟空间。[③]因此，叙事是由帮助案主讲故事、组织生活事件以及他们在社会和文化背景中的经历几个部分组成的。可以说，叙事提供一个框架和意义，来帮助人们在更为广阔的社会和文化环境关系中理解自己的角色，使得个体的自我认同在这样的背景中得以发展。[④]

那么这样的叙事特点何在？吉尔·弗里德曼和金恩·康姆斯认为，首先，我们所听到的经过重新组织的案主记忆没必要是真实的历史；其次，

① ［美］Michael Nichols，Richard Schwartz：《家庭治疗——理论与方法》，王曦影、胡赤怡译，华东理工大学出版社 2005 年版，第 401 页。

② ［美］Freedman，Combs：《叙事治疗：解构并重写生活的故事》，易之新译，台湾张老师文化出版社 2000 年版，第 156 页。

③ ［美］Michael Nichols，Richard Schwartz：《家庭治疗——理论与方法》，王曦影、胡赤怡译，华东理工大学出版社 2005 年版，第 401 页。

④ ［美］Cooper，Lesser：《临床社会工作实务：一种整合的方法》，库少雄译，华东理工大学出版社 2005 年版，第 200 页。

关于同一事件的叙事可以随时因人而改变；最后，社会工作者作为一个观察者参与到治疗过程中，并且叙事也是在这样的背景下听和说的，这是一个经由谈说而改变的过程。[①]换言之，正如吉尔·弗里德曼和金恩·康姆斯所言，借着叙事的隐喻，我们把众人的生活当成故事，以有意义而能实践的方式，体验他们的生活故事，以此治疗他们。借着社会建构的隐喻，我们以人和人、人和习俗制度间的互动，建构每个人的社会和人际现状，并把焦点放在社会现实对人类生活意义的影响上。[②]

简言之，人们共同建构现实，并在其中生活。但是如果我们忘记那些所谓的概念、标准、正常只不过是社会建构的产物，而认为它是某种外在的、现存现实的一部分，这就会导致问题的出现。正是经由社会建构，某些叙事可能成为压制性的话语体系，从而迫使那些与之对抗的叙事成为边缘或异常，这是“问题”产生的根源。解决的方案在于，我们可以抵抗现有的叙事和建构，并代之以新的叙事和建构，这就是解构与重建的交织。对社会工作者而言，在对案主的故事进行建设性的重构之前无疑要对其叙事进行解构，这种解构就是寻求问题故事的替代性方式，帮助案主对问题进行重新定位，从而形成一个更为清晰的视角，并找回自己。

正如上文所揭示的，知识是一种社会建构并经由语言呈现出来，而这样的建构体现了某种权力关系。语言本身就是一种社会实践，它是人们互动的一个动态社会产品，当人们相互交流之时，世界即被建构，我们运用何种语言即昭示某种行动形式。现实经由叙事、谈话和故事组织并维持，它们构成不同的话语体系。而话语则是权力关系的再现，占统治地位的群体可以建构某些话语以排斥或边缘化某些弱势群体，从而支撑权力关系的不平等，并视如此不平等为公正或者是自然而然的。社会建构论就是要打破话语体系的霸权，并揭示背后隐匿的权力关系，这样一来，人们就有机会重新建构新的话语体系，将受制于旧有话语体系的人群解放出来。

其实，在以上论述当中，无论是叙事的隐喻还是社会建构的隐喻都尤为强调语言的重要性。在叙事治疗看来，语言是用来凸显案主优势的，而非用以表达或纠正病理学或认知失调；而治疗的对白应该是动态的谈话，

① ［美］Cooper，Lesser：《临床社会工作实务：一种整合的方法》，库少雄译，华东理工大学出版社 2005 年版，第 202 页。

② ［美］Freedman，Combs：《叙事治疗：解构并重写生活的故事》，易之新译，台湾张老师文化事业股份有限公司 2000 年版，第 26－27 页。

被动的介入应该变成共同的建构。福柯认为语言是体现权力的工具，而社会中拥有权力的人占据着话语权，并决定知识的真实、正确和适当性，因此控制了话语权就控制了知识。福柯强调权力是实践的，而非占有的，这样权力就不仅仅是压制性的，也具有生产性。这暗示知识和权力是可以转换的，因为反抗使人可以在生活中拥有并要求超越主流叙事范围的多种可能性。

（二）实践“叙事治疗”

叙事治疗是一个开放的过程，一个赋予希望和意义的过程，正如《叙事治疗：解构并重写生活的故事》一书中所说的，剥去可怕黑暗的硬壳，一度让我觉得备受吸引、充满挑战、得到启发，一点也不觉得神秘或受到威胁。“我觉得自己以前好像走在充满荆棘尖刺的道路上，受到包围，没有什么选择可言。吉儿(社会工作师)现在却站在我旁边，劈开荆棘，让我看到自己想选择哪一条道路。她让我看到各种选择的可能，所以我有机会自己选择——我也觉得自己可以自在地说是或不是。我们在治疗旅程中，有时可能坐着叙说故事，或者是觉得疲劳时，只是静静地坐着。每一步她都陪着我，而且了解我，这一直令我觉得惊奇而感激。”[①]可以说，这段叙说在一定程度上展现出叙事治疗的干预原则、干预过程和干预技术。

一般来说，叙事治疗在很大程度上偏离了传统社会工作实践的范式，因此它的干预原则是不同于传统社会工作实践范式的，而聚焦于形塑案主生活的叙事，将个人与问题分开、重构自己的主流故事。具体地说，叙事治疗并不试图寻求或建构一个关于案主情景的单一合理解释，而是致力于评估和改变案主关于自己生活的叙事，尤其是挑战那些以病态或负面的方式出现的、对案主造成伤害的叙事，并代之以替代性的、建设性的叙事。其中的前提性条件就是问题与人是分离的，更为简洁的表达就是问题是问题，人是人。这样一来，社工就可以撇开问题去帮助案主找到更多的正面经验，从而替换案主的问题故事。实现这一目标的策略是“外在化”(Externalize)。[②]之后，案主就可以脱离问题的压制，尤其是减少自我污名

---

① ［美］Freedman，Combs：《叙事治疗：解构并重写生活的故事》，易之新译，台湾张老师文化出版社2000年版，第14页。

② 问题的外在化帮助人们辨识到那些具有宰制意义的知识体系，并摆脱它。这样的知识体系迫使案主接受这样一种观念，即问题会持续存在，存在的原因是因为自己没有达到别人或社会的期望。这无疑会使案主产生严重的失败感或失落感，从而出现无权和失语的状态。

和责难，反思自己的生活，从而寻找到新的选择，重构自己的主流故事。简言之，我们可以发现，社工就是先要解构那些宰制案主生活的主流叙事，协助案主看到新的故事讲述方式的可能性，并让案主洞察到故事背后的权力机制。因为叙事治疗的一个解放性意义在于经由询问问题的背景以及背景对问题的影响，可以充分展现主流话语的压制性作用。由此，案主开始体会到一定程度的权力运作影响着他的生活，进而对问题的效应进行抗争。在这个过程中，案主被视为积极的。这样经由讨论、展开与阐释"独特的结果"，故事就可以获得新的意义，一个新的故事就出现了。

考察叙事治疗模式的三个原则不难发现，叙事治疗的目标是将案主从一个有问题的生活模式中唤起，并将其从外在的限制中解放出来，重新书写具有尊严的、体现能力和智慧的故事。这样一来，在整个干预过程中，社工协助案主建构一个不同的、更具积极意义的新的叙事，而并不以专家的身份出现，只是案主故事的听众、新的故事的协商者或者新的故事的共同建构者。①在整个过程中，案主本人才是自己生活的主人、自己故事的讲述者和编写者。正因为社工的工作要随着案主的故事而展开，所以叙事治疗很难提出一个详细的指引，因为每个人的故事都不一样，只能是"法无定法"。

按照爱尔兰都柏林大学心理学系卡尔博士(A. Carr)的观点，叙事治疗的整个过程包括：

（1）采取一个合作性的、共同书写故事的立场；

（2）经由故事的外在化实现个人与问题的分离；

（3）经由发现独特结果帮助案主辨识生活中未遭受压制的叙事；

（4）以行动图景和意识图景技术浓化案主对独特结果的叙事；

（5）将独特结果与过去和现在的其他事件联系起来，从而形成一个关于自我的新叙事；

（6）邀请重要他人的进入从而见证新的自我叙事；

（7）以文字的形式记录下那些支持新的叙事的知识和实践；

（8）以回响的方式与他人分享，促使他人摆脱同样的压制性叙事。②

美国学者弗里曼(M. Freeman)和卡切诺尔(G. Couchonnal)则认为叙事

---

① 何雪松：《社会工作理论》，上海人民出版社2007年版，第183页。

② Carr A. 1998. Michael White's narrative therapy. Contemporary Family Therapy, Vol.20 (4).

治疗的整个过程包括：

（1）倾听和了解案主的故事；

（2）以叙事的方式协助案主定义他们的挑战；

（3）共同致力于寻求意义；

（4）提升案主对权力和宰制关系的认知度；

（5）帮助案主外在化他们的挑战和议题；

（6）协助案主重构具有能力和优势的个人故事；

（7）确认案主具有重构其生活故事和建构替代性叙事的特权；

（8）分享社工的故事。①

美国家庭治疗师尼科尔斯（M. Nichols）和施瓦茨（R. Schwartz）在《家庭治疗——理论与方法》中认为叙说治疗的策略可分成三个阶段：

（1）问题叙说阶段。通过聚焦于问题的后果，而不是其原因，将问题重塑为烦恼（外化）。

（2）发现例外。可以驾驭问题的局部性胜利和采取有效行动的例子。

（3）支持性补充。鼓励某种公开的仪式，强化新的引人入胜的解释，这样可以推动属于个人顿悟的认知建构不只是转向行动，而且转向社会支持行为。②

在整个干预过程中，与以往专注于问题、资源或主诉的面谈不同，社工要让自己配合案主，并从他们的观点出发，以他们的语言来了解他们为什么寻求帮助，这样才能认识到不同的故事，尤其是注意自己所不知道的事。“不知道”这一立场暗示我们一直走向未知之事，拓展并说出“未说出的话”，从而发展出新的主题和叙事，甚至创造新的历史。这就是叙事治疗为社工提倡的倾听技术。

外在化作为叙事治疗的一个特殊手段，是实践叙事治疗的问题与人的分离原则。外在化旨在用来分离个体对前来寻求帮助的问题认同，同时帮助案主修正自己与问题的关系以及问题对其生活的限制性影响。③经由这

---

① Freeman，Couchonnal. 2005. Narrative and culturallybased approaches in practices with families. Families in Society，Vol. 87 (2).

② ［美］Michael Nichols，Richard Schwartz：《家庭治疗——理论与方法》，王曦影、胡赤怡译，华东理工大学出版社 2005 年版，第 416 页。

③ ［美］Irene Goldenberg，Herbert Goldenberg：《家庭治疗概论》，李正云等译，陕西师范大学出版社 2005 年版，第 261 页。

个过程，问题变得客观化，即问题是位于外部的，而不是在人的内部。尽管人们可能会批评外化式对话会鼓励人放弃对自己的行为负责，但吉尔·弗里德曼和金恩·康姆斯争辩说，外化式对话使许多人第一次体验到自己选择的责任，以问题来体验人时，人对问题无计可施，因为问题就是这个人。当问题在人外面时，他就能负起如何与问题互动的责任。[①]一个社工对外在化的体验是这样的："治疗时，我最大的挣扎，就是会掉入所有问题的痛苦里。叙事治疗则为这种挣扎带来新的亮光，它教我'问题是问题，人是人'。把问题外化，使我看到案主的本质。我可以把他们看成问题，也可以把他们看成故事。问题使你陷入痛苦，而故事则有很多可能。"[②]

外在化之后，社工要尝试与案主寻找独特的结果[③]，谈论问题出现或问题成功应付的时刻。所谓的独特的结果包括任何一个与占主导地位的故事不相符的事例或事件，它们可以是计划、行动、感受、陈述、品质、愿望、想法、信念、能力或决心。具体地说，社工将倾听与问题故事不符的事件以及经验的描述，以此作为寻求替代性故事的对话重塑的切入点。[④]这主要表现为关注与问题故事分离的体验，哪怕这样的体验看似并不明显。正是这样，一个人生活的另一面展示出来，从而另外一条道路出现。[⑤]在探索独特事件之后，迈克尔·怀特建议询问类似以下能够引起更为清晰谈话的直接或间接问题，包括：在你生活中需要什么以及生活中你正在尝试什么？你认为你的谈话告诉了我什么？你认为知道这些事情会怎样影响我对你的看法？在你认识的所有人中，谁不太可能对你为了挑战问题而采取这些措施而感到吃惊？[⑥]

除了倾听、外在化、寻找独特的结果以外，还有治疗文件的使用。具体地说，治疗文件主要是笔记、录音、录像和信件等，使用治疗文件可以

① ［美］Freedman，Combs：《叙事治疗：解构并重写生活的故事》，易之新译，台湾张老师文化出版社2000年版，第110页。

② ［美］Freedman，Combs：《叙事治疗：解构并重写生活的故事》，易之新译，台湾张老师文化出版社2000年版，第16页。

③ 细心的读者一定会发现，本案例中，在对小波实施叙事治疗的过程中有采用寻找独特结果的方法，只不过没有明确提出来。

④ ［美］Irene Goldenberg，Herbert Goldenberg：《家庭治疗概论》，李正云等译，陕西师范大学出版社2005年版，第262页。

⑤ Epston D，White M. 1992. Experience，contradiction，narrative & imagination：selected papers of David Epston & Michael White，1989－1991. Dulwich Centre Publications.

⑥ 何雪松：《社会工作理论》，上海人民出版社2007年版，第185页。

使替代性故事变得更为丰富，进而有助于案主长时期处于重构故事的过程中。该技巧一般应用于评估、结案阶段。根据戴维·艾普斯特的非正式调查显示，接受治疗的人认为一封信的价值等于4.5次好的治疗。而美国社会工作师戴维·尼兰德(D. Nylund)对40位案主的调查也显示，一封信的平均价值为3.2次会谈。由此可见，写信对故事的持续和强化有着重要的作用，无疑可以巩固已经取得的成果。因为经由这样的证据记录，案主得到进一步的重视，替代性的故事得以生动地延续下来，案主的改变得到观众的赞赏和鼓励。

以上的技巧反映到具体的治疗中来，则成为吉尔·弗里德曼和金恩·康姆斯的《叙事治疗：解构并重写生活的故事》中提出叙事治疗经常使用的五种类型的提问：解构式提问(Deconstruction Questions)、开启空间的提问(Opening Space Questions)、较喜欢的选择的提问(Preference Questions)、发展故事的提问(Story Development Questions)和意义性的提问(Meaning Questions)。[①]

第二节　案例背景介绍

小波[②]，男，生长在一个大家庭中，同辈们几乎个个都是学习高手，每个人都有一串令人骄傲的学习成绩。在自己家里，小波是独生子，一直以来都很听话，是父母眼中的乖孩子。从初中开始，父母就告诉他一定要好好学习，向同辈们看齐，即使不能超过他们，最起码也得和他们打个平手，要在班级名列前茅，年级位列前十名。总之，不管怎么样，考试的成绩绝不能让父母丢脸，不能让父母在别人面前抬不起头。长大以后，小波才知道由于他的父亲以前不是很努力，他们家现在才没有叔叔、伯伯家过得好，在大家庭里一直都被人瞧不起。每次全家人聚在一起的时候，他的

① 童敏：《个案辅导》，社会科学文献出版社2007年版，第149页。

② 本案例中所涉及的全部姓名均为化名。

父母都在听其他人说话，自己则不大讲话，偶尔说到高兴的时候，才会插一两句。而当他的父母要讲话的时候，经常会被别人抢了白。

也许是当时小的缘故，小波对此并不在意。他的学习总是马马虎虎，平时的作业也不怎么做，因此成绩一般，处于班级里的中等水平。后来，凭着自己的小聪明，加上好运气才考出好成绩，小波幸运地进入高中。高二刚开始的时候，学校考虑到升学压力的问题，划分重点班与非重点班，小波的聪明这一次又帮助他顺利进入重点班学习。人们都说，“进了重点班，就等于半只脚跨进重点大学”。他的父母非常高兴，逢人就说“总算是升学有望，我们家可以望子成龙了”。从此以后，在大家庭里他们家好像也一下子扬眉吐气了，叔叔、伯伯们和小波家也显得很和睦。

可惜这样的喜悦并没有维持多久。刚进入重点班不久，小波就发现重点班是一个卧虎藏龙的地方，他们班里的同学个个看起来都比自己强，都非常厉害。虽然才高二，可班级里的气氛紧张而沉闷。大家都忙于复习功课，就连课间休息也很少有人走动，小波由此经常感到很郁闷。他的同桌小林和他很要好，不过小林的成绩比他要稍微好些。小林经常很谦虚地找他讨论问题，他则是爱答不理的。小林开始很纳闷，他不知道是小波不懂这个问题还是自私不愿意给他讲，反正小林觉得小波似乎一直在回避。实际上，有些问题小波确实是不懂，可有些问题他是知道怎么回答和解决的，但就是不说话，生怕说不好而在小林面前丢了面子。每次上课的时候，他总感觉别的同学好像什么都知道似的，还没等老师开始讲题目，很多同学已经知道题目应该怎么做了。老师让他们回答问题，很多同学轻而易举地就能讲出来，可自己回答问题的时候就懵了。尤其在外语课上，他总是觉得外语老师好像跟自己过不去似的，知道他外语学得不好，发音也差，还经常让他回答问题，小波心里埋怨，甚至都有些仇恨他的外语老师了，到了考试的时候，别的同学的成绩一下子比小波高十几分，甚至有些比他高几十分。这样一来，小波后来在上课的时候也就很放松了，反正破罐子破摔了，作业经常抄同学的，有时候抄也不抄了，干脆不交了。

他知道像他这样的成绩，在班里只能处在中下等，在整个年级里，他也才是个中等偏上水平。他不愿意把这些告诉他的父母，一是怕父母责备自己没有在学校好好学习，二是担心会让父母失望，对自己考重点大学没信心，在别人面前难堪。他总是觉得自己还没起跑，就已经落在别人后面了，好像一直都比别人矮一截似的。尤其是在每次考试之后，看着自己不尽如人意的分数，又看到同学们高傲的表情，他就感到无限的沮丧、焦虑、无助和绝望。

不过班主任吴老师还是把小波的学习情况告诉了他的父母，回到家以后，小波发现自己的母亲很失望。母亲哭着说："你这样的成绩还怎么考大学呀，以后我们家别想在家里抬起头了。"他的父亲则为他的成绩大为恼火，严厉训斥了小波一顿。之后放学一回家，父母就让小波在房间里写作业、看书，每天都是吃饭、看书、睡觉，电视也很少给他看。有时候看到其他同学与家人一起出门闲逛、买东西，小波很羡慕，而他们家则很少一起出门，一般都是小波在家看书、学习，父母外出买东西。小波有时候也想试着努力学习，但不知道是方法不对还是别的原因，他感觉没有一点进步。

期末考试的前夕，老师在考前动员会上提到：高二结束后，各班同学会进行调整，重点班里成绩不合格的学生将离开，而非重点班里优秀的同学会补进来。希望以前考得不好的同学要特别加油，争取在第二学期的期中、期末考试中有好的表现，以保证能够留在重点班。这样的消息对于小波来说不啻为一个噩耗。

随着考期的临近，小波的心情也越来越急躁。只要一看书，就想到老师的话，然后就联想到被赶出重点班，再就是考大学的无望、同学的鄙视、父母的失望、亲戚朋友的嘲笑……这样一想，他的心再也不能平静下来，越是强迫自己看书，就越是看不进去。他的情绪一落千丈，对生活毫无希望，总是觉得自己做人很失败，甚至都不想读书了，再想着家里情况不好，就打算直接去找个工作。

期中考试如期进行，他怀着忐忑不安甚至是有些恐惧的心情参加了考试，结果可想而知，又一次惨败，他成了班级最后两名中的一个，淘汰已成定局，这更加重了他对学习的恐惧。他开始恨自己，恨自己做什么都不行，总是低人一等。有一次，放学后他一个人在教室，对着墙大声喊着："我不要读书了，我要退学找工作！"小波的话被小林听见了，之后小林就一直安慰他。可是他还是觉得做任何事时，只要刚开始有一点不顺利，心情就会变得很坏，感觉像掉进了无底深渊，万分难受。他很害怕，竭力想摆脱这种情况，但又不知如何摆脱。

他觉得自己真的很痛苦，因为始终学不好，永远达不到父母的要求，并且总是让他们失望，甚至有时候都觉得同学们看他的眼神都是异样的。让人担心的是，小波即使这样也不愿意向人求助。他总是想着他能行，并认为求助是塌台、丢脸的事。他不断暗示自己，他能行，可事情做过以后就是不中用，他就又显得非常懊恼。

第三节　社工介入的过程

有一天，小林给他一个电话号码，让他试着打过去。可不管小林怎么劝说，小波开始的时候就是不肯。后来还是小林拨通了学校社工小英老师的电话，再把听筒递给小波。小波听到——“您好！我是学校社工小英老师，能帮上您什么忙吗？”——还是闷着，不讲话，过了一会儿就挂了电话。等了一会儿，他好像做好了准备似的，自己拨通了学校社工小英老师的值班电话。

一、接案：建立关系

半个月前，学习社工专业的小英来到一所学校实习。她感到既兴奋又不安，不过总的来说还是非常幸运的，因为小英计划着获得学位以后去做一名学校社工，所以她自己选择了对口的实习单位。小英热切地盼望着能在学校社工领域做出点成绩，她经常在学校里散步，以便让老师熟悉她，让学生认识她。小英接受的社工专业教育告诉她，学校里的每一个同学都有可能成为求助对象，每一个老师都将可能是自己工作的合作者。

（一）电话谈话

一天下午，社工小英值班，还有一个小时就下班了。此时一阵急促的电话铃声响起，小英心里想：这个时候会是谁打来的呢？不过她还是很快地拿起听筒热情地说：“您好！我是学校社工小英老师，能帮上您什么忙吗？”

接下来是几十秒的沉默。她的电话经常遇见这样的情况，小英认为这个时候案主的心理实际上是很矛盾的，也就是搞不清楚自己现在到底应该怎么办，小英继续说："不管是谁，我们都可以好好聊一聊的。"

电话断了。一阵沉默之后，电话铃声又响了起来。社工小英拿起听筒亲切地说："您好！我是学校社工小英老师，能帮上您什么忙吗？"电话的那端传来一个胆怯的甚至有些微弱的声音："我……是小波，高二的……我有点事……想和老师您谈谈。"

小英关心地说："好啊！先别着急，慢慢说吧！"为了缓和情绪，小英语调非常柔和。

可能是小英的情绪感染了他，小波不再像刚才那样紧张了，不过社工小英感觉小波好像还是很犹豫，过了一会儿，小波说："我猜你总是听到像我这样的故事。"

小英心里想，很显然小波找不到开口的理由，也同时思索着自己该说些什么来帮助他克服因打电话而感到的忧虑。这时小波开口说："我不知道从哪儿开始，不知道该怎么办，也不知道有没有办法。"

小英说："小波，每个人都有自己的故事，每个故事都值得倾听，你为什么不给我讲讲你的故事呢？我保证愿意听。"

又是一阵沉默，之后电话断了。社工小英心里琢磨着，小波肯定遇到什么大的难处了，她在心里说："我想你是碰到什么困难了，不管怎么样，希望你再打过来。"

电话铃再次响起，社工小英拿起电话直接就问道："小波，是你吗？有什么事你就说出来吧，说出来一定会好些的，我可以帮你的。"

电话那端传来小波轻轻的声音："是我。现在打扰您，真不好意思。"接着小波和社工小英说了他要退学去找工作的事情，不过对于退学的原因只字未提。社工小英建议，如果小波愿意的话，可以来她的办公室谈一会儿，小波同意明天中午过去。

结束电话之后，社工小英感到有些忧虑，突然不知道怎么办才好。这个时候她想起上课时老师提到社工实施干预时社工督导老师的重要性，于是小英开始向自己的实习督导黄老师寻求帮助。黄老师建议小英先不要着急，等第一次会谈之后对案主小波进行一次评估。

（二）第一次会谈

小波比约定时间提前了半个小时来到社工小英的办公室，这个时候社工小英正打算去吃午饭。进门的时候，他为自己昨天的唐突道歉。他个子不高，看上去很聪明、长得也很帅气，但似乎很忧虑，语气比昨晚上还要不好，不知道刚才又发生什么事情了。社工小英一边安慰他，一边搬了张椅子让他坐下。他微微侧坐着，嘴里急着很想说出些什么，不过就是没开口说话。社工小英随手倒了杯水给他，他喝了几口之后说耽误老师吃午饭了。这期间他尽量避免与小英目光接触。社工小英拿出前天带过来的蛋糕，他们边吃边聊起来。小英还随手打开了音响，播放起轻快悠扬的音乐，以便让办公室里弥漫着温馨和恬静的气氛。小英当时心里想着，也许这样的话，小波的心情也会放松起来。

或许是受到了环境的影响，小波显然平静了许多。接着，小波鼓起勇气，说他必须把这件事讲出来，否则就要崩溃了。社工小英立即意识到小波此时复杂与矛盾的心情，以前的专业学习在社工小英的脑海里提出了一连串的问题。社工小英在心里告诉自己，要高度重视，密切关注。小波满脸忧愁地告诉社工小英，刚才他的班主任吴老师在班里再一次强调，高二结束后，重点班的学生会进行调整，成绩不合格的学生将离开，而其他班里成绩优秀的同学会补进来。

社工小英发现刚才吴老师的讲话对小波来说实在是一种压力——升学的压力。社工小英知道现在对小波来说一定是一个困难的时期，就开始和他一同分析考取大学的可能性，以减轻他的升学焦虑。小波告诉社工小英，他发现自己这段时间的情绪很不稳定，一点书也不想看，就是看也看不进去；做事情也很毛躁，一遇到困难就不想做了，心情也会随之变得很坏。他很难过，真不想再继续读书了，想要退学找工作。

接着，社工小英和小波一起讨论小波本学期的学习情况。他插话说，他的期中考试考得很差，很丢人的。社工小英用眼神示意他接着说下去。小波低下头，皱着眉，放松的心情一下子又显得很紧张。他想了想接着说，如果他父母知道他的成绩的话，一定会很伤心的。加之家里情况也不是很好，他还是退学去找工作吧。他觉得他就得靠自己，别人也帮不了他。

社工小英用肯定的语气告诉他，他的父母肯定会理解他的。他好像还是有些疑惑。社工小英接着劝慰他千万别这么想，试着再次告诉父母。社工小英这样做是想让小波觉得，每一个人在许多时候都是需要别人帮助的。社工小英鼓励他说，求助并不是什么可耻的事情，就像现在，他获得的帮助越多，他就能更快、更有效地摆脱精神压抑，重新振作起来。他看了社工小英一会儿，微笑着说感觉放松了许多。后来，社工小英才知道，小波本来拿不准今天是不是来见她，来了之后觉得很喜欢和社工小英聊天，并愿意下次再来。社工小英高兴地欢迎小波再来和她谈心，并约定下次再见的时间。

二、预估：收集资料

小波离开之后，社工小英开始评估今天的情况。在她看来，很明显，小波今天刚开始见她的时候很矛盾，可能是考虑到社工小英只是一名来学校实习的社工老师，而小波又是第一次主动来见面，所以，小波的抵触是可以理解的，对于他来说这也需要极大的勇气。小波给社工小英的印象是，他是一个坚决的人，很活泼，很有想法，有愿意冒风险解决自己问题的动力，不然不会单独来见社工小英。同时，小英还注意到，小波是一个聪明的案主，极度自尊、独立，甚至有些误解帮助的含义。不过，小波很懂礼貌，尽管在谈话的大多数时间里他都避免与社工小英的目光接触，但他似乎很投入，很专注地听社工小英说话。另外，小波的父母似乎对他们的儿子寄予厚望，小波也很懂事，很了解家里的处境，只是双方沟通的方式好像不是很恰当，因此需要早点了解小波的家庭资料。

接下来黄老师和社工小英一起评估接案的综述。他们认为最初的工作任务是收集小波的家庭资料，包括家庭成员的资料以及生活中重大事件的处理，在此基础上画出一个图表，以便更好地了解家庭成员对小波的影响。在黄老师看来，图表会让收集的资料更加形象化。黄老师还建议应该早点在学校内安排一次和小波父母的见面，社工小英则觉得她去家访会好一些，或许安排在家里会更有成效。另外，黄老师提醒社工小英注意，小波对自己目前的学习状况很不满意，他期望能迅速改变这种现状，但是不理想的学习成绩一而再，再而三地打击了他。正是这样的不合理的多方加压，使他完全丧失了自信。当然，小波的消极情绪和行为很可能与他的非理性认知有关。

（一）家庭情况

社工小英很快收集到了与小波处境相关的许多资料。社工小英开始查阅有关小波家庭的档案，还和小波的父亲通了电话。他的父亲刚开始一直指责小波不努力学习，期中考试的成绩很差劲，给家里丢脸，让他难堪。当知道小波想退学找工作的时候，小波的父亲就不再指责小波了，倒是显得有些懊悔，好像还若有所思。因为小波父亲讲话的时候中间总是会有些停顿。当问到他是怎样帮助小波的时候，他表达了他的挫败感，说他自己也感到非常迷茫，因为这些事情一般都是小波的母亲在处理，他不怎么参与的。社工小英极力解释自己愿意帮助小波，和小波一起学习，小波的父亲爽快地答应了，并在通话快结束的时候确定了家访时间。

社工小英比约定的时间到得晚些。小波的父母热情地接待了她，小波则出去了不在家。社工小英解释说自己有些迷路了，很长时间都没有找到小波的家，并为自己的迟到道歉。这样一来，小波的父母认识到社工老师是真心诚意地想帮助小波的。

进门后，社工小英发现小波的家里很朴素。后来了解到小波的父亲在一家工厂工作，厂子效益不好；小波母亲的工作则稍微好一些。在这次家访中，小英首先解释了他们会面的目的。小波的父亲在一旁不怎么说话，他的母亲则显得对儿子的行为失去了信心，对他现在的这个样子表示很伤心。她告诉社工小英，他们家只有小波一个孩子。小波的父亲有好几个兄弟姐妹，他们的孩子和小波都差不多大，学习都很好。刚开始的时候小波的父母也没怎么在意，随着小波的成长，小波的父母就开始要求他向同辈们看齐，不然的话，以后在社会上怎么讨生活。当她听说小波这次期中考试考得不好的时候，显得有些生气，并强调自己一定要严格要求他。当社工小英问她有没有采取什么措施帮助小波的时候，小波的母亲说除了要求他要好好学习以外没做什么。

社工小英告诉小波的父母，其实小波现在也是很辛苦的，他学习成绩不好自己也很难过，压力很大。小波的父母表示一定好好和小波谈谈，一起帮助小波改变。后来，当社工小英谈论到和学校老师的沟通时，他的父母告诉社工小英说，学校的老师认为小波在学校里学习不认真，经常抄同学的作业。总的来说，他们对小波在学校的学习很不满意。

社工小英回来后，开始这样评估：小波作为家里的独生子女，父母关注的焦点过于集中，或许因为深深感受到社会竞争的残酷，希望自己的孩子早做准备。家长用别的孩子做例子为自己孩子树立榜样是一种比较普遍的情况，目的在于“激将”。但标准过高，升学压力太大，无异于揠苗助长，当孩子达不到的时候，往往容易导致孩子自信心的丧失和崩溃，产生自卑心理。另外，小波的父母在学习上没有怎么帮助过小波，或者说他们的方法不对头。

（二）学校情况

社工小英回到学校以后，告诉了实习督导黄老师自己的家访结果，黄老师一边鼓励她，一边建议她要做好准备，以了解小波在学校的情况。接着，他们一起商量着怎样和小波的老师们交流。社工小英接受黄老师的建议，她准备和小波的老师们开一次个案讨论会。至于小波与同学相处的情况，可以让小波先试着和同学接触、聊天。

开会前，黄老师告诉社工小英要做好准备，会议可能会很艰难。社工小英刚走进会议室，就发现老师们的双臂抱在胸前，她一下子感觉到了屋子里的紧张气氛。为了缓解气氛，她向在座的老师微笑着打招呼。等小波的语文、英语、数学、物理、化学、政治老师都到了之后，社工小英开始进行自我介绍，并说明召开个案讨论会的目的。她告诉大家，过去的三天里她一直和小波的父母在一起谈论小波的学习情况，希望各位在座的老师努力配合，为帮助小波出谋划策。

一开始，小波的数学老师，也是他的班主任吴老师发言。在他看来，小波是个出色的学生，不过让他非常担心的是，尽管小波的能力很强，但他的数学基础不好，有时候对自己的学习一点也不负责任。接着语文老师提到，小波刚进重点班的时候表现得还不错，能够较好地完成作业，最近都在抄同学的作业，有时候干脆不交。总的来说，他认为小波在学业上是一个失败者。

他的政治老师指出，小波在课堂上表现很好，能够经常参与一些复杂问题的讨论，并且在这样的讨论中表现出令人吃惊的能力。不过大多时候，他只是坐在那里，什么也不干，作业也不交。

紧接着小波的物理老师指出，小波是一个既令人愉快又令人沮丧的学生。他很聪明，在观察力方面很有特长。不过上课的时候不专心听讲，在实验室里极具破坏性，而且粗心大意，这给其他同学做实验造成了困难甚至危险。

他的英语老师开始讲述她遇到的“相当大”的困难。小波的英语基础不好，许多基本的英语单词都拼不出来，发音也不对。从上学期开始，小波一直不交作业，上课的时候还经常迟到。

化学老师立即接上话，他认为小波的学习基础不好，不过在化学方面很有潜力，甚至可以说是天赋。问题在于小波自己不接受辅导。

语文老师也指出小波不能独立完成作业，不过有时候小波的作文写得很好，讲问题的论点新颖、论题明确、论据独到，课堂上表现也还好。

等各位老师发言结束之后，社工小英开始与各位老师商量怎样帮助小波在学习上取得进步。一些老师指出，其实从主观愿望来说，小波还是很希望努力进步的，一个应该考虑到的因素是小波的基础不扎实，同学之间的竞争压力也是很大的。由于高考的压力，进不了重点班要考重点大学还是很困难的。但是分到重点班之后，高手之间的竞争所带来的压力，使得小波害怕面对高考。另外，小波自己也不大愿意和同学接触，不愿意和同学分担自己的压力。

综合考虑之后，社工小英认为，面对开学后一连串的考试挫折，小波逐渐积累起“我不行”的消极情感体验，而得不到形成积极自信心所必需的成功体会，致使他由经常的自我怀疑而走向自卑。另外，“重新分重点班”“成绩排名”等措施也会打击小波的积极性，让小波受到更多的否定、嘲笑、孤立，得到更少的爱、信任和鼓励。

三、计划：目标规划

根据第一次会谈和收集到的资料进行评估的结果，社工小英认为设定以下目标对于下一步和小波的接触应该比较合适。

（一）总目标

合理调整升学压力，协助小波重新建立起帮助、求助以及助人自助的意识，进而逐步改变小波对于“退学找工作”的非理性认知。

1. 具体目标一

从评估的结果来看，来自家庭、学校和同学的压力已经使得小波喘不过气来。因此，帮助小波合理调整学习上的压力、摆脱情绪低落与失败的状态尤为关键，这将直接影响到干预的效果。具体地说，通过和小波讨论他在家庭、学校所面临的压力，让小波以讲故事的方式明确自己遇到的问题，意识到他自己面对这些问题时所具有的行动能力，并鼓励他充分利用好这些优势，帮助自己调整学习压力。

2. 具体目标二

社工小英决定和小波讨论如何看待“退学找工作”的问题，希望这样的做法可以帮助小波找回学习的信心。社工小英认为，小波自己很希望改变现在的状况，只不过当他一想到自己的努力不能达到预期的目的时，再加上家里情况也不好，就会想着退学找工作赚钱。

（二）行动方案

1. 构建起小波的支持网络，帮助他进行自我减压

俗话说“一个好汉三个帮”，社工小英建议小波多与班级里的同学交流，特别是同桌和要好的朋友。如果有心事可以向他们倾诉，同时也能了解他们在遇到不快乐的时候都是用什么方式排解的。

（1）碰到学习中的一些问题，多和同学们讨论，充分表达自己的想法。

（2）课余时间可以参与同学们的讨论。这样一来，可以帮助小波了解到其他同学在所讨论问题上的思路，开阔小波的视野，提高其解决问题的能力。

（3）参与各种体育活动。双休日小波可以抽出一些时间与家人、同学、朋友打球、爬山等，或用其他方式宣泄自己压抑的情绪。

2. 父母情感支持与家庭环境减压

社工小英和小波的父母通了电话，试图说服小波的父母，让小波在家里也能获得安慰。她建议小波的父母可以试着设身处地地考虑孩子的实际情况：在一个重点中学的重点班里，小波的压力本来就很大，如果父母的标准过高、要求过严，无疑会加重小波的心理负担。父母可以试着考虑给孩子减轻过重的精神压力，比如，在家庭环境方面，营造一个良好的、宽松的生活与学习氛围。

（1）小波回到家里后，父母可以和他谈谈学校里发生的事情或者一些新闻，彼此交流对这些事件的看法。

（2）每周安排一次外出吃饭、逛书店、打球或锻炼等活动。

（3）保证小波的休息时间与睡眠质量。充足的睡眠是保证精力充沛、心理舒适与平衡的前提。

3. 改变非理性认知与重塑小波

（1）社工小英和小波讨论对老师上课的看法，让小波自己去适应学习

上的困难。

（2）讨论“退学找工作”的话题，重新找回小波的自信心。

（3）安排小波每周一次和社工小英进行交谈，主要是让小波讲出自己在过去的一个星期所遇到的困难，以及他自己是怎样处理的。

四、实施：叙事治疗模式的运用

确定好目标规划以后，社工小英开始实施行动方案。实习督导黄老师鼓励社工小英多和小波沟通，在运用叙事治疗模式的时候，应当充分考虑到小波在整个过程中的感受。另外，考虑到小波的矛盾心理，谈话时要尽量保持一种友好、轻松和接纳的状态，以便让小波在聊天的时候感觉舒适。

社工小英认识到前一阶段的干预主要是放松、稳定情绪、提供支持、保障安全、增强希望，目前已经顺利完成。现在，她觉得自己能够很好地理解小波的压力：在这样一个“关心”和“支持”的家庭环境里，家庭、学校、同学的因素开始发酵，小波就显得更加孤独和不被理解。她现在决定和小波一同面对这些压力，采用叙事治疗[①]帮助小波走出学习的困境。

（一）第一阶段：外化小波所面临的问题与困难

社工小英认为首先需要和小波讨论所面临的升学压力，外化其问题。在第一次和小波会谈的时候，她已经注意到要提供大量的情感支持以稳定小波的情绪。在此基础上，实施叙事治疗方案的第一阶段则是进一步了解小波对自身的想法，同时也逐步深入他的内心世界，帮助小波了解自己的家庭与社会价值，并且追溯他以往的经验，尝试着让他把过去的经历与现在的问题联系起来。

小波准时来到社工小英的办公室，他微笑着，看上去比上次来的时候心情好了一些。他告诉社工小英，父母不再像以前那样逼他了。讲完后，小波低着头好像在想什么。

---

① 一般地说，叙事治疗的具体步骤很多，不同学者有不同的划分。此部分详见本章第四节“案例分析与思考”中的讨论，在此不再赘述。笔者将其概括为三个阶段：外化当事人所面对的问题、重新编写故事和巩固新故事。

社工小英知道他心里有些不好受，就问道："小波，你刚才提到你的父母已经不再像以前那样逼你了，你自己是怎么想的？"

他坚决地回答说："我一定要好好读书，不过学校里老师和同学的压力仍然很大，这些压力一直在压着我。"说到后面的时候，小波的声音越来越小。

社工小英顺着话题直接说："能具体谈一谈吗？"

他想了想说："有时候我觉得老师和同学看我的眼神都有些讨厌。"

社工小英面带笑容地望着他说："还有呢？"

他有些理直气壮地说："我就不喜欢有些老师上课，尤其是外语老师总是和我过不去，让我回答问题，我的发音又那么差，她最气人了。"

社工小英告诉小波说："你的外语老师也是想帮助你。你想想看，老师上课为什么让你回答问题呢？"

小波想了想，轻轻地"唉"了一声。

社工小英接着问："如果你回答对了会怎么样，错了又怎么样？"

他直接告诉社工小英说："对了的话，那我肯定高兴呀！错了的话，我就感觉很丢人的，在同学面前很没有面子。"

社工小英追问道："然后呢？然后你是不是要努力学习英语了？可是有些老师提到你经常不交作业的。"

他好像知道错了，接着说："我最近都很难把精力集中在功课上，担心自己的成绩会更差，这样的话我就要离开重点班了，可是我不想离开。如果一定要离开的话，我就退学找工作去。我该怎么办，我想让老师您帮我。"

社工小英微笑着说："谢谢你对我的信任，我相信在我们的共同努力下，可以找到好的解决办法，帮助你提高学习成绩。"

接下去的几周里，小波脸上都带着微笑跑到社工小英的办公室。小波告诉小英，在与朋友的交流中，他说出自己的心事后，朋友们都很关心。到了课余时间，同学们也都主动找小波聊天和参加体育锻炼，这样一来，小波的心情好了很多。他接着说："我发现老师看我的眼神也亲切了许多。"

社工小英继续帮助小波分析他现在面临的压力。她发现，小波现在已经很明白家庭、学校、同学给自己的压力，就是不知道该怎样减压。小波遇到这样的事情，就会一味地生闷气、和自己过不去，让情绪一点一点坏下去。社工小英顺着自己和小波谈话的节奏，建议小波多和同学接触、交流，一起讨论学习中遇到的困难和问题，相互帮助，共同提高。小波表示一定会去尝试。

（二）第二阶段：小波自己编写的故事

第一阶段取得效果之后，社工小英和实习督导黄老师商量进入第二阶段，即由小波编写自己的故事。

后面的几个星期，小波都会像串门一样来到社工小英的办公室。看着小波一天一天好起来，小英打算涉及小波的实质性问题。她认为，只有这样小波的学习成绩才能提高，成为一个健康的学生，不过社工小英一时还没有想到一个很好的话题来和小波谈这样的事情。

一天，小波脸上有些疑惑地告诉小英说："老师，我现在的心情是好很多了，可是许多时候一想到自己的学习还是这么糟糕，不免又产生退学找工作的念头。"

小英觉得自己正好可以接着小波的话，和小波谈谈如何看待"退学找工作"。

"小波，你觉得退学找工作可以解决你的问题吗？"社工小英问道。

"不能。"小波坚决地回答。

"我知道退学找工作并不能解决问题。但这是我现在看来解决我的问题的最好办法。我真的很痛苦，因为我始终学不好，永远达不到父母的要求。我知道父母也是为我好，可是我也没有办法，我觉得对不起他们，再这样下去也没有什么意义，还不如现在就去工作。"小波低着头，看上去很痛苦。

"小波，其实你的父母也不是一定要让你学得多么好，要名列前茅。只是现在的社会竞争非常激烈，如果每一位同学都经不起挫折，都去退学找工作，那可怎么办？"社工小英微笑着解释。

小波好像有些想说点什么："我……"

"你也知道的，我一直都在鼓励你自己去体验、发现解决自己问题的方法。"她接着说，"也许你还不知道现在学习机会的珍贵，我们一起看一个西部孩子读书的纪录片吧！”

小波一边看着画面上比自己小的初中学生每天从家里跑30里路去上学，一路上的辛苦、家里的艰苦、校舍的破旧可想而知，一边在思考着什么。在纪录片结束以后，小波明白了似的说：“我知道了，我现在有这样好的条件不好好学习是浪费呀，我们每一个人都不可以轻言放弃。”

……………………………………

（三）第三阶段：巩固新故事

小波编写自己的故事经历了好几个星期，社工小英也不着急，只是从旁协助着，慢慢地进入巩固新故事的第三阶段。

小波决定抛弃“退学找工作”的故事，而开始与社工小英一起探索新的自我叙述。不久，小波开始发现自己所拥有的理性、冷静的特质，他的自我叙述和认知也逐步朝着这个方向发展，行为开始获得矫正。在顺利完成对“退学找工作”的讨论之后，实习督导黄老师建议社工小英应该趁热打铁，和小波制订学习计划。

在后面的一次会谈中，社工小英和小波制订出两份学习计划。一份是从现在开始到期终考试的学习计划，主要是把这段时间进行阶段性的划分，并制订每个阶段的学习目标和要求；另一份则是每星期的学习计划，尽可能具体到每个小时。以后每个星期可根据上星期的执行情况及本周的特殊要求修改“星期学习计划”。除了上课认真听讲、积极参与课堂讨论、独立完成作业以外，小波还根据自己的兴趣参加了学校的社团，实现自我价值。

小波如果能坚持按照学习计划来学习，完成之后小英就会给他一定的奖励，如口头表扬、赞美等；如不能完成则要承受相应的惩罚，如减少打球、看电视的时间。考虑到小波的自控力不是很好，小波同意让自己的父母在家里帮忙监督，而同桌小林则在学校监督小波的执行情况。

五、评估与结案：治疗文件[①]的运用

在之后的几次谈话中，小波向社工小英汇报了他的家庭作业完成情

① 所谓治疗文件简言之就是治疗过程中的笔录、使用到的纪录片等，第一节已详细说明。

况。除此之外，小波还采用写信的方式将自己这段时间的心情告诉父母，父母与小波也进行了一次长谈。这次谈话很成功，小波与他的父母在学习上达成了共识：只要小波尽力而为就可以了。此后，父母也经常与小波交流，对于小波取得的进步都会给予充分的鼓励与肯定。小波也有了更大的兴趣去学习。

关于学习计划，最初由于目标定得太高，而且刚开始时有些不适应，所以小波总不能按时完成。于是社工小英和小波在之后的谈话中对此进行了分析和修改，现在的计划更加合理了，小波也能按照计划实施。在此过程中，小波开始逐渐养成良好的学习习惯。

用小波的话说："在同学、老师和爸妈的帮助下，我调整了期望值，无谓的压力减少了。我渐渐开朗起来，还参加了学校的许多活动，这让我重新建立了自信。虽然现在我的学习成绩与全班的整体水平仍有一定的距离，但是与以前相比，我正在进步中。我已经可以以平和的心态对待考试成绩的起伏，坦然地面对学习中的消极因素，以及生活中的种种不如意。"

经过一段时间的努力，社工小英和小波讨论他在日常生活、学习中遇到的各个方面的压力，一起制订目标规划，实施行动方案，一起重建小波继续学习的自信心。社工小英认为自己也在这个过程中学到了很多。之后，小波常常到社工小英的办公室讨论学习中的问题。社工小英借机也时常地和小波回忆以往遇到同样的问题时，他们是怎么考虑调整学习压力的，怎样去建立起帮助、求助、助人自助的意识，以及如何逐步改变小波关于"退学找工作"的非理性认知的。

适当的时候，社工小英还会拿出自己接案时的笔记和录音与小波共同回顾，或共同欣赏西部孩子读书的纪录片，小波往往会沉浸在这样的氛围中。有时候，社工小英还会建议小波用文字把一些经验写下来，这样一来他们可以更为彻底地共同参与写作的过程，从而有机会思考自己应用的言辞和问话，也可以拓展治疗会谈中引发的想法或故事，或者更为简单地，就是对会谈内容进行总结。无疑，经过这一系列的活动，小波的学习成绩也明显有了提高，和同学的交往多了起来，小波会和同学一起讨论问题，也经常一起去锻炼、郊游。

不久，社工小英的实习期结束了，实习督导黄老师高度评价了社工小英的成绩。社工小英感到非常高兴，她又回到了学校继续学习专业的社工课程，实习期的经历更坚定了她毕业后当一名学校社工的决心。

第四节　理论研习与案例反思

毫无疑问，叙事治疗理论模式视案主为自己生活问题的专家，这也为案主与社会工作者间合作关系的确立奠定了基础，此模式借助建构主义的认识论开辟替代性路径，对解构和建构的强调无疑具有颠覆意义。①在尼科尔斯和施瓦茨看来，建构代表了相互的理解和共享的偏见，它们之中部分是有用的，部分是毫无用处的。②

本案例中，在社工小英刚开始介入的时候，首先就是帮助小波将问题外化。当然，考虑到外化问题是一个长期的过程，社工小英最初先稳定了小波的情绪，为社工介入争取时间。基于此，在制订、实施社会工作计划的时候，社工小英考虑到在初次的访谈中，对小波的处境及感受表示同感，从而建立起良好的案主与社工之间的关系。其次，在干预的实践中，社工与小波一起尝试着将问题外在化，让小波认识到自己的行为是源于非理性思维，这是实现叙事治疗的第一步。再次，社工小英帮助小波认清自己的故事，即小波是在与亲戚、同学的非理性比较中不断体验失败，从而产生强烈的自卑心理，对自己的能力持否定态度，对学习产生恐惧心理，最终发展成为学习心理危机。最后，重建自信心是帮助小波消除危机，把“危险”转变为“机遇”的关键。在巩固叙事阶段，社工小英帮助小波制订合适的学习计划，启发小波解开他的自卑情结，让他正视自己，悦纳自己，相信自己，从而帮助小波走出低潮，拥抱属于他的明媚蓝天。

我们必须看到的是，叙事治疗模式本身还亟待讨论与反思。作为社会工作实习生的小英遭遇到很大的困扰，她可能需要更多的领悟能力，才能在实施干预计划和方案的整个过程中游刃有余。并且，社工小英在接案后收集资料时就特别注意到小波家庭经济状况的不尽如人意，将其关注点聚

① 何雪松：“叙事治疗：社会工作实践的新范式”，载《华东理工大学学报（社会科学版）》2006年第3期。

② ［美］Michael Nichols，Richard Schwartz：《家庭治疗——理论与方法》，王曦影、胡赤怡译，华东理工大学出版社2005年版，第416页。

焦在父母压力的反向作用上。由此，她在实施叙事治疗模式的时候，尽量避免从家庭的负面影响来刺激小波，而是从积极的角度鼓励小波发现事情的另外一面。换言之，在对小波的问题外化之后，我们可以看到最初的叙事特别强调学校压力以及家庭经济状况，社工小英一方面通过理性情绪法缓解小波的压力，另一方面开始引导小波关注学校压力以及家庭经济情况的助推力，即努力学习，迎头赶上。如果社工小英当时只是一味强调小波的叙事，而没有注意到叙事背后家庭的经济状况，那么该案例可能会取得相反的结果。此外，还需要特别小心地处理案主的故事。社工小英在对待小波的叙事的时候，除了倾听小波自己编写的故事以外，还专注于寻找独特的结果，进而激发小波对自己想法的质疑，引导小波自己思考、分析问题，从而达到重构自己的认知模式、建立理性信念的目的。

第五节 叙事治疗理论的主要影响及评价

随着西方社会工作理论的发展，叙事治疗理论已经从后现代社会工作这一宏大背景之中的微弱声音，逐渐成长为堪为社会工作理论的新范式。叙事治疗理论通过问题外化，帮助案主在自己以往的经历中找到与问题叙述不同的经验，借助独特结果的描述、自我身份的描述以及未来生活的计划等方式，把案主的独特经验发展成自己较喜欢的新故事，并在新故事的不断反思过程中拓展故事的发展空间和可能性，进而重新塑造案主的生活。在此过程中，案主是自己生活问题的专家，而社工与案主是合作关系，这对于解构主流叙事施加在案主身上的“问题”叙事无疑是具有颠覆意义的。在社会工作实务的运用中，叙事治疗理论的应用范围也不断扩大，不仅适用于一个单独的个体或家庭，甚至还适用于某些特殊的人群。 不过，叙事治疗理论的广泛应用与发展也在某种程度上表明，叙事治疗的结构化悖论和社工角色的适当性两个问题将显得尤为重要而迫切。

一、叙事治疗理论的优势

就本质而言，叙事治疗旨在帮助案主意识到他们先前没有意识到的，但是又强有力地限制自己生活故事的叙述，也正是在此意义上体现出系统隐喻、结构隐喻到叙事隐喻的“范式”转移。我们可以发现，这一叙事隐喻的特点在于：首先，我们所听到的经过重新组织的案主记忆没有必要是真实的历史；其次，关于同一事件的叙事可以随时因人而改变，因为叙事方式建构在个人叙说和社会建构两个有组织的隐喻的基础上。当个人的记忆说话的时候，它告诉的是一个“叙说的真实”，其影响实际上是比“历史的真实”要大。同样的道理，呈现在社会工作者面前的“事实”，部分是历史的真实，部分则是案主自身建构出来的。在此意义上，对于社会工作者而言，也许案主讲述故事的过程比其所讲述的故事的“真实性”更为值得关注。

此外，更为重要的是，叙事治疗理论聚焦于案主重构生命故事的能力。在干预初期，社工可能会经常听到案主有关自己问题故事的“空洞”描述，甚至是将其以标签的形式贴在自己身上，当作自身不可改变的、充满问题的故事而加以接受。在社工的帮助下，案主会逐渐认识到“问题”故事通常是由拥有一定权力的“他人”强加的，并且一经确立就如同压抑的“真理”一样融合到自我的定义以及自我身份的确认和认同之中。随着案主对自己以往经验叙事的不断整理，他们会从自己所喜欢的关于自身历史与身份故事的讲述与再叙述中获得一些更为丰富的日常生活经历（其中包括希望、欲望、感情、目的、幻想、抱负以及决心等），甚至有可能发现独特的叙事结构，进而重新认识到真实的自己，并以新的姿态建构出一种新的自我叙事。

二、叙事治疗理论的不足

第一，叙事治疗理论本身无法结构化。社会工作者接触的案主是不同的，甚至可以说每一个案主都是一个独一无二的个体，因此在运用叙事治疗理论过程中不可重复。并且，叙事隐喻本身所具有的叙事结构在不同的情境中会表现出不同的形式。但是，在社会工作实务当中，必须面对的则是一个程序化的问题：首先通过外化问题，打破毫无助益的故事的钳制，通过挑战故事的悲观版本，为希望的版本腾出空间；其次，在独特事件中寻找独特的结果，便意味着引入新的、也是好的更乐观的故事的视角，进而鼓励案主，创造倾听、支持证据的机会；最后，社会工作者就可以借助案主所偏好的情节，重述他们生活的方式，促进其进步。同时，我们还应看到，如果叙事治疗理论有一定的结构叙事的话，社工可能会更多地去注重这一结构，而相对忽视了案主本身的“问题”叙事，这对于社会工作实务而言又将是一个潜在的危险。因此，如何克服叙事治疗结构化的悖论值得深思。

第二，在具体的社会工作实务中也存在一个问题，即作为一个社会工作者到底应该在多大程度上相信或接受案主的叙事。之所以提出这一问题，首先是源于叙事治疗理论本身的独特性。因为案主的“叙事”隐喻(包括叙事的结构、叙事过程)在叙事治疗当中具有极为重要的意义，不仅直接关系到社工对于案主叙事的一个总体把握和理解，也间接影响到社工将采取何种策略来帮助案主发现问题叙事、批判主流叙事，还将对于所要建构出的新的叙事图景提供一些重要的暗示。其次，在叙事治疗当中，案主与社工是一个共同合作、建构意义的过程，通过对话、交流来分享彼此的经验，尊重彼此的感受，进而共同建构新的生活叙事和社会意义。在这一过程中，有一种观点认为，社会工作者似乎应当相信或接受案主所说的一切叙事。但是，如果是这样的话，社会工作者在干预过程中的主体性如何得以体现，这都是值得我们深思的问题。此外，有些学者也会担心社会工作者由于过多的干预而可能会在无意识中为案主的故事重构和自我身份的建构强加一种价值观。在那些将社工视为权威的案主的案例中，第二种情况可能会更为繁复。因此，社会工作者不仅需要面对案主的“问题”叙事，而且应当更加警醒自己在叙事治疗过程中如何扮演一个适当的角色。

第十二章

校园暴力与处置

——一般系统理论的运用

近年来，校园暴力行为日渐突出，校园霸凌(Bully)问题严重影响了青少年的健康成长，扰乱了正常的教学秩序，已引起了社会的广泛关注。可以说，这一问题是“先天不良”与“后天失调”的混合产物，是由于家庭结构或功能不健全、学校教师管理失当、接受大众传媒负面影响、结交不良同伴等相互作用的结果。因此，按照社会工作一般系统理论模式的要求，学校社会工作者在处理此类问题的时候，必须充分考虑多方面的因素，把校园暴力事件作为一个整体系统来分析，不但要处理暴力事件本身，还应该就以后校园暴力事件的处置建立一种长效机制，形成校园暴力整治的合力，为青少年的全面健康发展提供良好条件，培养他们正确的价值观、人生观，从而促进和谐校园建设。

第一节 一般系统理论的形成与发展

人作为一个独立存在的个体，是由不同的身体器官和循环系统共同构成的，是一个完整的整体，也可以认为是一个完整的系统。然而，人又是隶属于整个社会的，是在社会这一大环境中生活的，对于社会这个更大的系统而言，个体或由个体所组成的家庭、团体等又成了一个子系统或称次系统。正因为人并不是完全独立的，不是与他人和社会没有任何联结地生存于世上的，因而在针对个体的社会工作中，不仅要从个体出发，而且要将人放入具体的情境和时代之中，考虑众多相互关联的因素及其相互之间的关系，这就是社会工作的系统理论的基本理论和实践预设。

我们通常认为，作为成型的、完整的以及有影响力的系统理论而言，其发端于冯·本特兰菲(L. Von Bertalanffy)的一般系统理论。一般系统理论实质上是一个生物学理论的主张，他认为，所有的有机体都是系统，各个系统由不同的子系统组成并且相应地隶属于更大的系统。①从另一个角

① [英] Malcolm Payne：《现代社会工作理论》，何雪松、张宇莲、程福财等译，华东理工大学出版社 2005 年版，第 146 页。

度来看，尽管层次较高的系统是由其子系统组成的，但是这种系统一旦完成整合，就会具有其子系统并不具有的功能或特质。这一理论的应用范围相当广泛，可以用于解释生物系统，同时在解释社会、家庭、社会团体或社区时，也因其独特的视角而具有一定的优势。

根据伍兹（M. E. Woods）和霍莉斯（F. Hollis）（1990）的说法，最早将“系统理论”这一术语引入社会工作领域的是美国史密斯社会工作学院的汉奇斯（Hankis），他于1930年就对系统理论的社会工作应用有了初步的尝试。[①]但这一时期对于系统理论在社会工作中的运用也仅止于尝试而已，如果要说到系统理论能够作为一种独特的实践视角，系统地应用于社会工作实务的话，那么还应将时间推至20世纪60年代，直到此时系统理论才真正开始对社会工作产生巨大影响。以此为起点，系统理论逐渐成为影响社会工作的重要的理论视角。

海莉（K. Healy）认为系统理论在社会工作中的发展可以大致分为三个阶段：

第一阶段就是以冯·本特兰菲为代表的一般系统理论。其主要观点包括：系统具有边界，在边界之中而非边界之外，物质和精神能量可以进行交换；封闭的系统没有跨边界的交换；当物质和精神的能量穿越边界时，开放系统便形成了。赫恩（G. Hearn）是这一时期的代表，他提出了全人或全貌的概念（holistic conception），将一贯以来对于个人内心心理动力的关注和聚焦，转移到了外在于个人的环境变化之上。这就要求社会工作者不仅要关注案主个人的心理状态或是产生的问题，而且更应该从更大的社会环境出发，从时代的变迁和社会的进步出发，全面而深刻地理解案主之所以产生这种问题的原因以及时代和社会背景，从而能够调动各方力量，更好地解决案主所存在的问题。此后，高登斯坦（H. Goldstein）（1973）提出了整合视角（Unitary Approach），而平克斯（A. Pincus）和米纳汉（A. Minahan）（1973）则以系统观点介绍整合的模式和方法（Integrated Model and Method），并较为详细地讨论了如何将系统观点纳入社会工作的实践模式，这一模式迅速在美国流行起来，被社会工作界正式和普遍地使用。[②]

这一时期的系统理论，之所以能够在社会工作领域获得如此巨大的成

---

① 何雪松：《社会工作理论》，上海人民出版社2007年版，第73页。
② 何雪松：《社会工作理论》，上海人民出版社2007年版，第74页。

功，并且能够如此迅速地发展，除了理论本身的完善，以及社会工作受到接受和重视这些原因之外，社会现实的变革是推动系统理论在社会工作领域不断发展的深层次的因素。此前，社会工作中的心理聚焦倾向一直占据核心地位，但是，随着社会变革的深刻和经济危机的爆发，使得社会工作者更多地将目光投向了社会性因素在社会工作过程中的影响意义，更多地关注个人因素之外的环境和情景因素，更多的社会工作者开始致力于个人和社会的双重聚焦。而系统理论在接受现存社会秩序的前提下，改变了社会工作者和社会福利服务机构的服务理念和工作方式，提供他们以“人在情境中(Person in Situation)”①的思想，这种温和的、不极端的做法使得系统理论与作为国家的一部分以及具有权威和权力的专业和机构构架相契合，并且能够不断地扩大其影响范围。

系统理论的第二个发展阶段是生态系统视角的兴起，时间上大概是20世纪70年代左右，其代表人物为吉曼(C. B. Germain)和杰特曼(A. Gitterman)。生态系统视角认为生活模式是其中的引领者。它聚焦于系统之内和系统之间的互动，个人与环境的不适就成为问题的原因。②戈登(Gorden)早在1940年就提出社会工作应双重聚焦，即同时关注个人与环境。本特兰菲所提出的一般系统理论与社会生态系统具有的共同点在于：关注不同层次的系统，重视人与环境之间的交换，将系统作为一个整体进行考察，关注系统内和系统之间的压力与平衡。③杰特曼在1979年正式提出了“需要对案主的适应性潜能和他们的环境的滋养性品质给予双重的关注”。这一论述具体阐释了对环境重要性的重视。伴随符号互动理论的发展，社会工作理论也更加关注人与环境的互动。直至20世纪70年代末80年代初，社会生态系统理论在美国已相当具有影响力。吉曼和杰特曼(1980)的社会工作实践的生命模式(Life Model)将其作为一种社会工作的实务模式的主要理论依据。④

系统理论发展的第三个阶段是复杂系统理论(Complexity System)阶

---

① 刘丽晶：“生态系统理论视阈下大学生问题的社会工作介入——以人际关系问题为例”，载《黑龙江高教研究》2011年第7期。

② 何雪松：《社会工作理论》，上海人民出版社2007年版，第74页。

③ 何雪松：《社会工作理论》，上海人民出版社2007年版，第85页。

④ Germain C B, Gitterman A. 1980. Introduction to the Life Model. The Life Model of Social Work Practice. Columbia University Press, New York, pp. 1 - 33.

段，它是系统科学中的一个前沿方向，它是复杂性科学的主要研究任务。它的主要目的就是揭示复杂系统的一些难以用现有科学方法解释的动力学行为。与传统的还原论方法不同，复杂系统理论强调用整体论和还原论相结合的方法去分析系统。目前，复杂系统理论还处于萌芽阶段，生命系统、社会系统都是复杂系统，复杂系统理论的应用在系统生物学的研究与生物系统计算机数学建模中具有重要的意义，而被应用到社会科学领域也不过近20年的时间，这其中自然也包括被引入社会工作之中。[①]复杂系统非常敏感，内部有着变化无穷的结构，其中的许多不同元素间有多种相互作用力，而系统的状态则是它们合力的结果。复杂系统随着时间而展开，并不断地发展演绎。

第二节　案例背景介绍

阿丰[②]，男，15岁，某初中二年级某班的班长，一直以来深受老师的喜爱和同学们的欢迎，不仅班级工作做得相当出色，得到大家的一致赞赏，而且自己的成绩也非常优秀，一般都是班级前五名。阿丰平时学习认真，还非常关心同学，乐于助人，人际关系融洽。某天中午，阿丰下课之后在食堂排队打饭，每天的这个时候人总是非常的多，学校为了维护正常的秩序，旁边还有老师值勤，但毕竟学生太多，老师也很难管得住。这不，阿丰同班同学小杰想“浑水摸鱼”，趁老师不注意，一个箭步冲上去插到其他同学的前面，这一情景正好被排在队伍后面的阿丰看到，阿丰立即报告了正在值勤的班主任陈老师。陈老师过来一看是全校有名的“老鼠屎”，早就想找个机会好好地惩治一下他了，于是陈老师先是严厉教训了小杰一番，但是小杰丝毫没有反应，对陈老师的训斥根本就不放在心上，一副不屑一顾的样子。陈老师要求小杰退出队伍，在旁边罚站，没想到小

① 何雪松：《社会工作理论》，上海人民出版社2007年版，第75页。
② 本章案例涉及的人名全部为化名。

杰狠狠地把陈老师的手推开了，这时陈老师再也忍不住了，二话没说就给了他一巴掌，并把他拉出队伍，在旁边教训了一番。而小杰摸着被打得通红的脸，心想自己在这么多同学面前“丢脸”，以后还要怎么“混”啊？！小杰就自然而然地迁怒于阿丰了，因为都是他报告老师的，所以小杰的眼睛一直狠狠地盯着慢慢向前移动的阿丰，心里也不知道在盘算着什么。过了十几分钟，排队的同学也都打到饭了，老师也可以回去了，于是陈老师告诉小杰下午交一份检讨，亲自送到办公室，之后才放他去吃饭，但小杰并没有去吃饭，而是甩手就走出了食堂，老师也没有在意，以为他正在气头上，吃不进饭，过一会儿买个面包吃吃就行了。

但事情远没有这么简单，小杰走后，不是去买面包，更不是回寝室写检讨，而是召集“兄弟”们去了。被他叫到一起的有华子、阿龙、小冰，阿龙和小冰都是初二年级，而且是同班，华子是一名初三的学生，因而被他们几个称作“老大”。小杰把事情的经过详细地介绍之后，另外几个人也都“义愤填膺”，自己“兄弟”被欺负了，这口气怎么也咽不下去，一定要为“兄弟”“出头”，阿杰是被陈老师打的，毕竟是老师，也不敢怎么样，除非是叫“外面的兄弟”来帮忙。他们几个人权衡了一下，觉得这次就算了，但是给陈老师打报告的阿丰决不能“饶了他”，而且事情本来就是因他而起。几个人一商量，决定一点多钟的时候动手，因为这个时候最“安全”，太早了有些老师还在办公室没走，太晚了有些老师又要来上课了。经过一番“周密的计划”，最后决定在寝室“下手”。

终于等到一点一刻，愤怒的小杰再也忍不住了，几个人直接就冲到了阿丰的寝室，这时阿丰正在给同学讲解上午的数学题目，对于突然冲进来的四个人感到很是奇怪，也隐约地觉察到什么不好的事情将会发生。四个人进来之后，先是由“老大”华子发话，直指着阿丰说道：“中午是不是你报告老师，害得我兄弟被老师打而且当面出丑的？你小子是不是欠扁啊？”

阿丰也不觉得害怕，因为自己做得有理，于是正气凛然地回答道：“对，是我报告的，因为他插队！”

这时小杰冲上前来，一把抓住阿丰的衣服，大声吼道：“你以为你是谁啊，我插队怎么啦，关你屁事啊？”

阿丰也毫不示弱，推开小杰的手说：“我是班长，你插队不对，我就要管！”

这样争执了大约五分钟之后，小杰要阿丰向他道歉，并且代写陈老师要求的检讨书，这件事情就一笔勾销，否则就对他“不客气”。阿丰对于这样的无理要求一口回绝了，小杰再也克制不住自己了，狠狠地推了阿丰一掌，阿丰对于这样的动作没来得及躲开，接连后退了好几步，身强力壮的阿丰也不甘心被白白欺负，于是站起身来回了一掌，两人都非常的争强好胜，于是二人厮打起来，但是身体不如阿丰的小杰很快就处于下风，随着小杰的一声“招呼”“兄弟们，给我打”，华子、阿龙和小冰一起冲了上去，他们像发疯的野兽一样，对阿丰拳打脚踢，打红了眼的小杰还随手拿起了身边的凳子向阿丰砸去，阿丰只好用胳膊挡了一下……大约又过了十分钟之后，打斗才被寝室楼下门卫的儿子制止——正好他回来看望父母，不然一个年迈的门卫，怎么敢来阻止这么凶狠的打斗？！如果不是有人强行制止，接下来会产生什么样的后果，实在不得而知。然而告诉楼下门卫老伯斗殴事件的不是同住一个寝室的同学，也不是一直围观的十几个同班同学，而是从寝室旁边路过的其他寝室的一名学生。事件停息之后，相关的老师和保卫人员才陆续赶来。

闻讯赶来的陈老师被眼前的情景惊呆了，寝室里面一片狼藉，桌椅东倒西歪，上面的书籍散落一地。被打的阿丰头破血流，血迹沾得满身都是，而且右手无力地垂着，小杰等四名同学身上也有许多的伤口和血迹，都还正喘着粗气，仿佛依然是不“解恨”。寝室周围被挤得水泄不通，基本上是“无动于衷”的旁观者，都想看看这样的事情到底会怎么处理。陈老师回过神来，立即决定，先将受伤的同学马上送往附近的医院，其他同学立即散开，准备下午的课程，同寝室的几个同学帮忙把寝室收拾干净，损坏的桌椅马上拿去修理，等场面平静下来了，陈老师表示希望不要让更多的同学知晓此事，以免造成更加恶劣的影响。受伤的同学被送到医院之后，医生看着满身是伤的阿丰，怎么也不相信是其同学所为，这怎么下得了手啊？后来经过仔细检查，阿丰右手粉碎性骨折，头被打破，不幸中的万幸是没有其他更严重的问题，但是要完全恢复，还需要很长的时间，而且骨折的是右手，所以对于阿丰的日常生活和学习影响都非常大。其他的几个学生也受了伤，但都只是皮外伤而已，还好影响不大。受伤的同学都进行了处理和包扎，至于阿丰的右手，需立即进行手术，陈老师先行垫付了手术费。

由于这次校园暴力事件影响巨大，所以学校领导和有关负责人非常重视。班主任陈老师在事件发生后，立即电话通知了几个学生的家长赶到学校处理相关问题，等到陈老师带着包扎完毕的几个同学回到学校后，阿丰的妈妈见到浑身是伤的儿子，泣不成声，嘴里一直念着：

“你们学校怎么管的，怎么会有这么狠的学生啊？”

站在一旁一直抽烟的阿丰父亲更是无法掩饰自己的愤怒之情，除了大骂学校领导和施暴学生之外，还表示要将学校和施暴学生告上法庭，用法律手段来惩罚他们！另一方面，小杰的父母却一直未出面，不是不敢或不愿意来，而是他们长期在外打工，根本就不可能在短时间内赶回来，照顾小杰的是七十多岁的奶奶，正卧病在床，同样来不了。其他几个同学里面，阿龙和小冰的父母也是常年在外打工无法赶回来，平常的生活都是爷爷奶奶照顾，老人们只要管好他们吃穿就行了，怎么会知道他们在学校还这么不听话呢？他们就是想管也管不了。而华子是单亲家庭，母亲在他很小的时候就和他父亲离婚了，而华子的父亲不愿意来，而且明确表示学校想怎么处理就怎么处理，他不想管，也管不了，他还说华子成绩本来就差，怎么读也考不上好学校，不读书更好。

一边是被打孩子家长的愤愤不平，另一边是施暴孩子家长的缺席，陈老师感到这件事情处理起来非常棘手，真不知如何是好。在阿丰家长的一再催促下，陈老师给小杰外出打工的父母打了个电话，告诉他们，如果不回来处理此事，小杰将面临被学校开除的危险，小杰的父亲一听孩子可能读不成书了，立即激动地对老师说：

“千万不行啊，孩子不能不读书啊，我和孩子他妈就是因为书读得少，才要辛辛苦苦地出来在外打工，这种苦我们受够了，孩子不能再走我们的老路啊！”他们保证三天之内，会亲自赶回来处理这件事情。至于其他的学生，家长还没有明确表态。

第三节　社工介入的过程

对于现在的情况，即使所有的家长都在，事情的处理依然是很困难的，而且不光这件事情本身，以后肯定还会有类似的校园暴力事件发生。如何积极有效地处理校园暴力事件，寻求一种长效机制，陈老师和其他学校工作人员都焦头烂额，想破了脑袋。最后大家一致决定，请专业的社会工作人员王老师前来协助处理此事，并就以后的校园暴力事件处理进行深入的探讨。

一、接案

王老师听说了学校的这件事情之后，觉得非常有挑战性，自己还从来没有接手过这么棘手的案例，而且涉及人员之多、事件影响之广、解决难度之大，都是以前工作中没有遇到过的，但是王老师还是非常有信心能处理好这次恶性斗殴事件。

学校把王老师请过来之后，由陈老师负责接待，并且作为第一联络人。陈老师大致向王老师介绍了事件经过之后，要求王老师最好能够住到学校里面来，学校会安排住宿，让王老师全面协调处理问题。王老师也很爽快地答应了，因为他觉得真正要处理这件事，不是一天两天可以完成的，而且不只是处理这个事情，还应该就以后类似的校园暴力事件寻求一种长效的处理和解决机制。于是当天下午王老师就赶到了学校。

"王老师，你好！非常感谢你能前来协助处理这个事情，我们老师都觉得特别棘手，不知道该怎么处理了。"

"陈老师，不用客气，请放心吧，我一定会尽量处理好的，另外还需要你们的积极配合才行啊。"

"没问题啊，我们肯定配合，如果有什么要求请尽管提出来。"

"好的，谢谢！"

这是王老师和陈老师的初次见面，基本上就确立了正式的服务关系了，而且也获得了学校领导和陈老师的信任。但是王老师非常清楚，光有陈老师的信任还远远不够，还有许多的事情等着他来做。首要的事情是，他下午一定要去医院看望一下受伤的阿丰，他是此次校园暴力的受害者，作为一名专业社会工作人员，王老师应该先对阿丰进行安抚，稳定他的情绪以及阿丰父母的情绪。

由于时间非常紧急，王老师根本没有时间去设计首次面谈的场景，也没办法按照正常的程序草拟面谈提纲了，但是有些面谈的原则性事情还是要非常清楚的，例如要先稳定他们的情绪，然后用同理心[①]进行安抚，要阿丰好好养伤……

在陈老师的陪同下，王老师提着一些水果和补品走进了医院，守在病房门口的阿丰父母，一见到陈老师就按捺不住自己的愤怒，扬言一定要学校给个交代，否则决不轻饶小杰一伙，并且要把学校和那群施暴的学生告上法庭。陈老师被突如其来的威慑吓得说不出一句话，王老师见此情景，主动开口了。

……………………………

"阿丰爸爸，您好！我是协助处理此事的社工小王。"还没等王老师说完，阿丰的爸爸就不耐烦了。

"我管你是谁，我只找老师，他们要对这件事负责！"

"请您放心，学校一定好好处理此事，对于阿丰被打，我们都感到非常的难过，也对那些施暴的同学感到气愤。"

"气愤有个屁用啊！"

"请放心，我们一定严惩那几个学生，绝不会让阿丰白白受苦。"

听到这话，阿丰爸爸的口气开始有一点缓和了。

"那你说这个事情到底应该怎么办？"

"现在这个时候，最要紧的是阿丰先养好伤，我们现在这样吵闹，只会让阿丰更加心神不宁，不利于病情的恢复。"

"你说得也有道理，但是你们总要给我个说法，况且孩子受伤，我匆忙赶来，钱都没带，这医药费都很贵，你说让谁出？"

"医药费的事情，我们会全权负责！我向您保证！"

"这还差不多，但这事不是就这么完了的。"

"请放心吧，我们会好好处理的。"

……………………………

阿丰的爸爸嘀咕了两句就没再说什么了。反而是一旁的阿丰的妈妈，一直在哭个不停，在阿丰的爸爸和王老师的对话之中，不时地抱怨几句，

① "同理心"就是站在对方立场思考的一种方式。在已发生的事件上，把自己当成是别人，想象自己因为什么心理以致有这种行为，从而触发这个事件。因为自己已经接纳了这种心理，所以也就接纳了别人的这种心理，以致谅解这种行为和事件的发生。

其实她是有气没地方出啊，这时王老师也过去和阿丰妈妈聊了聊，主要是安抚，阿丰爸爸见老婆一直哭哭啼啼的，觉得心里难受，也上前和王老师一起劝说起阿丰妈妈来，终于把阿丰父母的情绪稳定了下来。王老师本来想进病房看看阿丰的，但是他做完手术以后，由于麻醉药的作用，在病床上睡着了。于是王老师和阿丰爸爸商量，明天再过来看望阿丰，他也点头答应了，但还是有一点情绪在，这也实属正常。最后还是阿丰的母亲把王老师和陈老师送出了医院，并轻声说了句“谢谢”。

二、收集资料与预估

对于这类校园暴力事件，涉及的人员一般都比较多，影响也比较广泛，所以很难确定谁是真正的案主，王老师的工作不能只是针对一两个人，这也就注定了在处理这次事件的过程中，收集资料的工作会非常烦琐，任务也非常艰难。

不管怎么说，再难的事情也是一步一步做出来的，踏踏实实地做好每件事情就行了。下午王老师回到学校，就马不停蹄地找小杰等几个同学了解情况。他们是此次暴力事件的施行者，对于他们所做的工作也会异常艰巨。王老师赶到学校后，见到几个学生对着墙壁正在罚站，不时还有老师教训他们两句，但是他们根本就没听进去，站姿也是东倒西歪。王老师进去之后，就意识到这几个施暴的同学，现在的心情肯定也是非常不好，而且大都是不屑一顾的样子。王老师明白当工作者面对非自愿的案主时，确实面临着许多挑战，这些案主往往带着敌对情绪而来[①]，其实他们并不是真的不在乎，而是事情既然发生了，有种“破罐子破摔”的感觉，而且他们对于社工的介入肯定也非常反感，甚至不知道社工是做什么的，以为也是来教训或是惩罚他们的。为了避免以后工作中出现过多的抵触情绪，王老师明白，现在就应该多做努力，来消除这种消极影响。王老师进来之后，其他老师过来和他打招呼，并且当着施暴同学的面说：“王老师，麻烦你了，一定要好好治治这几个学生，太不像话了！”而且直称他们几个为“老鼠屎”。王老师立即打断了其他老师的抱怨，走近小杰他们并对他

---

① 朱眉华、文军：《社会工作实务手册》，社会科学文献出版社2006年版，第42页。

们说道："你们几个同学把头转过来吧，这样站着多难受啊！"几个同学没敢吱声，更不敢扭过头来。王老师见他们没有反应，又说道："放心吧，你们转过来，没事的，有我在这儿呢！"这样一句话似乎起到了效果，小杰最先回头看了看所谓的王老师，心想"他到底是个什么人物，看他能把我们怎么样！"，王老师见小杰回过头来了，微笑地对其他同学说道："你们也转过来吧，大家一起聊聊。"其他同学见小杰扭过头去了也没事，所以也都扭过来了，面对着王老师，但是还是低着头，不敢直视。王老师看到同学们有所反应了，继续说道："你们今天的所作所为自己应该都清楚吧，我会按照相关的规定进行处理，但是你们也不需要过多担心，学习还是要继续的，你们只要态度好，积极配合，会从轻处理的，现在要上英语课了，你们几个先回教室上课，等上完课，最后一节自习课的时候再到办公室来，我会在这里等你们！先自己好好想想吧。"几个同学听完后，也没说话，就离开办公室，回教室去了。

王老师等他们一走，立即开始询问他们的相关情况，收集有用信息，以便更好地处理这件事情。通过询问一些老师，王老师掌握了如下信息。

小杰，父母常年在外，由年迈的奶奶独自抚养，但是奶奶本身也是体弱多病，小杰特别孝顺，他家离学校不远，但是为了减轻奶奶的负担，他决定在学校住宿，这样就不用奶奶天天照顾他了，他一个星期回一次家，每次回家还帮奶奶做家务。由于没有父母的管教，老师平常也不会教导如何交友，所以小杰就"稀里糊涂"地认识了几个不良青少年，但他本质上不是一个无可救药的坏孩子。小杰还有一项特长，篮球打得特别好，平常就非常喜欢打篮球，每次比赛都特别积极，而且为班上赢得了不少荣誉。

小冰和小杰是同一个村子的，平常也非常喜欢打篮球，天性爱玩的他当然不愿意每天回家了，所以他也是住在学校，和小杰一个寝室，他俩平时经常在一起，而且非常能"互相照顾"，学习成绩一般，但是班级活动每次都会参加，是班上的活跃分子。

阿龙也是和小杰以及小冰一个班上的，成绩非常好，而且是班上的学习委员，深得老师的喜欢，篮球也打得挺好的，平常就和他们一块儿玩。但是他也不是安分的孩子，毕竟现在正处于青春期，活泼好动一点也属正常，平常有小杰和阿龙的照顾，他也觉得"兄弟"待他不错，总想着什么时候能回报一下。

华子是一名初三的学生，生活于单亲家庭中，父亲工作比较忙，没时间照顾华子，所以就把他送到学校住宿了。华子成绩本来就不好，再加上父亲也不太看重他的学业，平常也不过问，所以很难提起学习的积极性，就在刚刚结束的分班考试中，华子被分到“慢班”，这样一来他就更不想学习了，所以比以前玩得更“疯狂了”，他自己似乎也根本不把学习放在心上。

等向其他老师询问结束，王老师详细地做好笔记之后，几个同学也上完课了，重新回到了办公室。

“大家能再回来非常好，证明大家还是能积极配合处理好这次事情的！”王老师很欣慰地对几个同学说道。

王老师环顾了一下四周，觉得这么多老师在场，同学们肯定有抵触和害怕心理，所以王老师和陈老师商量，把几个同学叫到了一个单独的房间，王老师招呼几个同学都坐下来，围成一个比较大的圆圈。

“英语课还好吧？英语老师没有提今天中午的事情吧？”

为了打破沉默，王老师对着旁边的小杰首先说话了。小杰迟疑了一会儿，终于还是开口了。

“没有。”

“没有提就好，这件事会由我来全权处理，但是你们一定要积极配合，表现好一点。”

继续交谈了一段时间之后，王老师把其中的利害关系都和几个同学说得很清楚了，同学们也表示愿意配合。王老师到后来还是有两个疑惑：

第一：初二的小杰、阿龙和小冰是怎么和初三的华子认识的？

第二：小杰为什么会这么冲动，如此的不理智？

华子和他们三个认识，也还有一段“见义勇为”的故事。有天下午放学之后，小杰、小冰和阿龙在篮球场打球，玩得正酣的时候，突然有几个初三的学生要“抢场子”，他们学校的篮球场地本来就有限，经常会出现高年级的学生抢低年级学生场地的情况。见初三的几个学生想占场地，小杰他们几个也不甘示弱，争执了起来，这时和小杰他们一起打球的华子站了出来，对那几个初三的学生喊道：“这是我们占的场地，要打明天自己早点来自己占！”那几个初三学生见是华子，多少也听说过，既然有他为初二的几个人“撑腰”，自然也就算了，但是对于小杰他们三个来说，却是“重大的胜利”，因为他们敢于和初三的学生抗衡了。从此以后，他们四个就经常一起玩，有什么事情都是大家一起上。由于华子读初三了，年纪要大一些，而且认识的人也多一些，所以小杰、小冰和阿龙平常都叫华子“老大”。而这次小杰受欺负了，当然要请“老大”出面，为“兄弟”撑腰，为“兄弟”出头。

至于小杰这次的过激行为，他后来自己也承认，说自己太冲动了。当时在食堂“丢脸”了之后，第一反应就是找“兄弟们”帮忙，非给阿丰点“颜色”看看不可。下午到了阿丰的寝室，更是控制不住自己，愤怒像是火山喷发一样，一发不可收拾。经过王老师的追问，小杰最后承认，自己和一帮“兄弟”喜欢跑到学校附近的地方吃饭，而许多餐饮店老板为了吸引这些小顾客，经常放映一些具有暴力色彩的电影，小顾客们也往往是乐此不疲。根据社会学理论的观点，人不是生来便具有攻击性，而是学来的。影视作品中许多用暴力解决冲突的镜头，极易导致青少年意识、品行的重大变化，使一些学生行为变异，并在实际生活中逐渐形成模仿效应。[①]这些天老板都在放映香港的一个系列电影《古惑仔》，而在这部电影中充斥着大量的“兄弟情义”，以及残忍的斗殴和砍杀场景。后来，华子、小冰和阿龙他们也都承认自己也在看，而且是大家一起看，言语之间流露出兴奋与“佩服”，小杰甚至对其中的人物进行赞赏起来。他们都觉得看这类电影没有任何的不妥，没看过的人反而是大家鄙视的对象，同学们私下聊天就经常提到这部电影，而老师也并没有阻止他们。

从这次的谈话中，王老师基本上已经了解了这次校园暴力的前因后果。这当然不是某个人的错，校园暴力的发生受个人、家庭、学校和社会四个方面的影响[②]，这些方面都需要进行认真的思考，忽视任何一个方面都不能很好地处理这类校园暴力的发生。为了对此事有一个妥善的处理，王老师决定让几个同学写检讨还是有必要的，不然他们会以为这事就这么结束了，自己一点反思都没有，这样对于其他同学可能造成不好的影响。另外又不能立即处理，或是处罚太严格，这样不利于学校工作的展开，所以最后要求几个同学回家之后每人写一份检讨，把事情的来龙去脉说清楚，如果不认真对待，明天上学继续写，直到写好为止。送走了几个同学

① 朱晓玉：“校园暴力与暴力文化的社会学思考”，载《河北公安警察职业学校学报》2005年第3期。

② 孙凌寒、朱静：“校园暴力与学校社会工作”，载《河北青年管理干部学院学报》2005年第4期。

之后，王老师开始思索具体的社会工作计划了。

三、制订社会工作计划

晚上回到学校安排的住处，王老师很快就陷入了沉思之中……

这次的校园暴力事件，情况已经非常清楚了，而且经过今天一个下午的谈话，对于暴力受害一方以及施暴者一方都有了比较清晰的认识。通过细致的考虑，王老师觉得用社会工作中的一般系统模式来处理校园暴力事件最为合适，因为青少年的暴力行为是多种因素互相作用的结果，粗略来看的话，就有个人因素、家庭因素、学校因素和社会因素的影响。另外目前我国的青少年工作存在一些缺失，难以满足青少年成长和发展的需要，而一般系统模式对于处理类似的校园暴力事件提供了非常有益的启示。根据一般系统模式的要求，王老师制订了社会工作计划。

首先，阿丰现在还躺在医院里，病情还不是很稳定，将来有没有什么后遗症还不是很清楚，王老师工作的展开必须把阿丰的病情放在第一位。另外阿丰父母的情绪还不是非常稳定，还有许多工作需要做。针对阿丰的情况，王老师制订的工作计划如下：

1. 明天一大早就去医院看望阿丰，代表学校来关心阿丰，表明学校会严肃处理此次事件的决心，让阿丰能安心养伤，不要闹情绪；

2. 向医生询问病情，咨询有没有后遗症、大概的出院时间、此次的医疗费用等情况；

3. 了解阿丰的想法和对此事的处理意见，但不能全听他的，因为他肯定是带着情绪的，主要是看他对于这件事情的认知程度；

4. 和阿丰父母交谈，告知此次暴力事件的处理办法，前提是阿丰父母的情绪要比较稳定，树立阿丰父母对于学校来处理这件事情的信心；

5. 安排阿丰课程的补习，商讨阿丰出院之后，落下的课程具体怎么补习，由谁来补习，对于即将来临的考试，如何应对等问题。

其次，对于施暴的学生，处理起来可能更加棘手，既不能太轻也不能太重。太轻了他们认识不到问题的严重性，而且也给其他同学造成不好的影响；太重了又怕伤害他们的自尊心，对于校园抵触心理更强，甚至于对阿丰实施报复，这样不光事情没有解决，反而越闹越大。王老师在这件事的处理程度上还需好好斟酌，最终的社会工作计划如下：

1. 查看几个同学的检讨，如果是敷衍了事的，坚决要求重写，直到写得比较深刻为止，一定要让他们认识到事件的严重性。

2. 安排他们去医院看望阿丰，真诚地向他道歉。但是一定不能让阿丰父母在场，否则闹出什么事情来，就更加难处理了。

3. 和几个同学说清楚他们的责任，以及必须承担的医疗费用，要将此事通知家长，并且小杰的父母必须到场，同阿丰父母一起当面解决问题。

从学校方面来说，也负有不可推卸的责任，此次校园暴力事件在学校发生了，而且性质比较恶劣，不管怎么说，都存在学校管理失职或是不到位的地方。至于班主任陈老师在处理这件事情当中，也有许多欠妥当的地方。另外，学校的周边环境虽然不是学校直接管理的，但是学校方面也应该尽自己的努力，所以为了改善学校及周边环境，王老师制订了如下的社会工作计划：

1. 陈老师在食堂当着众多学生的面打了小杰的事情，需要进行反思和检讨，并且要向小杰道歉，保证此类事情不会再发生，其他老师也要引以为鉴。

2. 完善学校紧急事件的处理机制，加强对学校的监控和管理，确保能在发生紧急事件的时候，学校领导及相关老师能第一时间赶到现场，适当地进行处理。

3. 改善学校周边环境，整顿校外餐饮小店，对于放映暴力黄色电影的老板进行批评教育，并通告有关部门严肃处理，促进学校食堂餐饮条件的改善，确保学生都能在食堂进餐。

以上所列的都是单方面的社会工作计划，都是针对暴力事件的某一方来制订的，对于事件整体的处理以及今后类似事件的处理，还需要统一起来看，为此，还要制订其他工作计划：

1. 等阿丰回校了，召开一次班会，由小杰几个同学向阿丰道歉，并通报对小杰等同学的处理办法，以警示其他同学，保证此类事件不再发生；

2. 邀请有关专家召开座谈会，共同探讨校园暴力的原因以及治理方法，开展一场普法教育活动，让同学们都能切实体会到校园暴力的后果及危害；

3. 举办一场篮球赛，释放同学们的能量，振奋一下班级气氛，让每个同学都能有积极向上的心态，以更加饱满的精神投入到日常的生活和学习中来。

制订了这么多的工作计划，按说可以按部就班地一项一项来执行就行了，但王老师并没有感到轻松，因为他知道，在这些计划中，每一步都非常重要，都会遇到各种各样的问题，需要认真细致地进行处理，等着王老师的还有更多的挑战。

四、实施社会工作计划

按照前面制订的社会工作计划，王老师决定一步一步地开展起来。昨天去医院的时候阿丰睡着了，所以到现在王老师还没真正和阿丰接触过。今天一大早，天气还不错，王老师买了一束花就自己去了医院，走进病房，看到阿丰正盯着窗外发呆。王老师悄悄地进来之后，把花送到了阿丰眼前，阿丰很是惊讶，回过头来望着王老师。

“阿丰同学，你好！我是社工王老师，是代表学校来看望你的。”

“哦，王老师好！”

“你爸爸妈妈呢？”

“他们买早餐去了。”

“你怎么起这么早，刚刚一个人盯着看什么呢？”

“没什么。”

“是不是睡不着了，医院很无聊吧？想回学校，对吗？”

阿丰停顿了一会儿，然后肯定地点了一下头。

这时阿丰的父母也回来了，见王老师来看望阿丰，还买了花，所以比较客气。在他们吃早餐的时候，王老师走出了病房，但是并没有离开医院，而是找阿丰的主治医生去了。找到医生之后，王老师详细地询问了阿丰的情况。医生告诉王老师，阿丰的病情并不是很严重，身上的一些皮外伤现在都快结疤了，过几天就会好了，至于右手骨折，也恢复得非常好，况且阿丰正值青少年时期，身体发育本来就快，骨骼愈合得也非常快，不出一个星期肯定能痊愈，而且经全面检查，没有留下任何的后遗症，过几天就可以出院。听到医生的话，王老师长吁了一口气，心里踏实多了。谢过医生之后，王老师满脸笑容地回到了阿丰的病床前。这时他们一家人早餐也吃完了，阿丰的母亲还给王老师倒了一杯水，王老师看着阿丰，高兴地说道："告诉你们一个好消息，阿丰的伤势恢复得非常好，而且没有任何后遗症，这是医生刚刚告诉我的！"

"谢天谢地，真是太好了！"阿丰的妈妈首先开口了。接着王老师详细地转述了医生的话，阿丰听后也很兴奋，恨不得现在就出院。对于一个青少年来说，整天待在医院实在是一件很难受的事情。阿丰父母听到这个消息之后，明显心情就放松了许多。大家继续交谈了一会儿之后，王老师就之前的问题开始切入正题了。

"阿丰，对于这次的事情，王老师想听听你的意见。"

"我……我觉得要严厉处理他们几个。"

"请你放心，学校一定会严厉处理他们的。"

"那到底怎么处理？"

"我现在就告诉你对他们几个施暴学生的处理办法，你们觉得有什么问题，可以尽管提出来。"

王老师经过认真思考，参阅了相关书籍和法律文件，并参考了其他学校在处理校园暴力事件中的做法之后，最终决定，建议学校给予小杰同学记大过一次，其他同学记小过一次，并在全校进行通报；对于此次的医疗费用由他们四个同学共同承担，另外必须当面向阿丰道歉。

阿丰及其父母听后，都没有立即表态，这时王老师又说道："你们放心，这样的处理方法绝对是按照相关的法律来执行的，而且考虑到此事的严重性，我还会建议学校适当地加重处罚。"

"我还想加一条，小杰的父母必须到学校亲自道歉！"阿丰的父亲略带气愤地补充道。

"我们已经在联系了，这两天应该就可以赶回来了。"

"这样的处罚决定我们接受，就麻烦王老师一定要督促学校执行好。"阿丰的母亲又补充了一句。

"请您放心，一定按处罚方法进行处理！"

等把处理办法告知他们一家之后，大家也都能心平气和地说话了。这时王老师又具体和阿丰商量了一下出院之后的课程补习问题，最后决定他落下的课将由各门任课老师亲自给阿丰补习，所以阿丰现在的主要任务就是安心养伤。告别了阿丰及其父母之后，王老师又匆匆赶到学校，处理小杰他们几个人的事情。小杰他们几个被叫到了办公室，刚一进门，王老师就热情地同他们打招呼："你们今天能来学校，我感到非常高兴，这证明你们不是逃避责任的人。”

等几个同学坐下来之后，王老师仔细看了每个同学写的检讨，说道：“非常好，你们这份检讨我基本上还是认同的，事情写得很详细，也非常用心，我本人对于你们敢于承担后果的勇气表示赞赏。你们觉得现在是不是应该去看望一下住院的阿丰？”

几个同学都沉默不语。

“你们试想一下，如果是换作你们被人打了，而且住院了，是不是会要打你的人去医院看望一下，才能消气呢？！我给你们五分钟时间考虑一下，把自己写的检讨现在拿过去再看一遍。”

过了一会儿，还是华子最先说话了：“好吧，我们去，毕竟是我们不对。”

“我去医院向阿丰道歉！”小杰也斩钉截铁地说道。

另外两个同学也都表示愿意去医院看望阿丰，于是一行人立刻出发了，并在去医院的路上买了一些补品。

就在去医院的路上，王老师给阿丰的父母打了电话，要他们回学校办理阿丰的医疗保险事宜，这样阿丰的父母就不会和几个同学正面接触，以避免发生冲突。

等一行人到达医院的时候，阿丰也是大吃一惊。

几个同学把礼品都放下之后，首先是小杰走到阿丰的面前，脸“唰”地一下涨得通红，低着头说道：“阿丰，对不起！请你原谅！”

阿丰看着小杰，一时也不知道说什么好。

其他几个同学也都过去向阿丰道歉了，这一情形令阿丰也感到措手不及，被几个同学的真诚打动了，后来反而安慰起他们几个来了：“没事，我的手伤得不重，过几天就好了。”

“阿丰，你打我们几下吧，我当时也不知道怎么了，像疯了一样。”

此时，王老师注意到几个“男子汉”竟然都抽泣了起来。

“你们都是好同学，有什么事情是不能解决的呢？”

王老师打破了这种尴尬的局面，要几个同学都坐到阿丰的病床边上，大家又像以前那样说说笑笑起来了，聊着 NBA 的最新战况。阿丰听说总决赛马上要开始了，竟然激动地站了起来，用左手做了个投篮的姿势……

到了第三天，小杰的爸爸从广州赶回来了，并第一时间找到了王老师。他心情非常急切，态度也非常真诚，因为他真怕小杰被开除，自己这么辛苦出去打工就是希望小杰能有个好的条件，能认真读书，还希望他将来考大学。王老师把情况向小杰的父亲进行了说明，并表示小杰不会被开除，但是这次的医疗费用，他要负责大部分，另外转告了阿丰父母的意见，小杰的父亲立即表示同意。

在王老师的陪同下，小杰的父亲赶到了医院，一见到阿丰父母的面就立即上前道歉："实在非常抱歉，都是我的错，没有好好教导小杰，让您的孩子受苦了！"

"小杰的父母是刚刚从广州赶回来的，一听说这事就非常急切，一定要马上过来给您道歉！"看到小杰的父亲这么真诚，王老师也替他说了两句。

"请您二位见谅，我一定好好教育小杰，保证这样的事情绝不会再发生了，另外您家阿丰的医疗费我一定会负责。"小杰的父亲又恳切地说道。

"这样的事情我们做父母的都不希望发生，但我们还是有重大的责任的，希望您能清楚地知道，孩子不能就这样不管不问！"

"是，是！是我的不对！"

之后小杰的父亲又过去看望了一下阿丰，也替小杰道了歉。阿丰倒是没说什么了，只是微笑不语。

王老师接着又把两位家长叫到一起，具体商讨了一下医疗费用的问题。由于阿丰之前买了医疗保险，所以总的费用算下来并不是很多，医生通知阿丰明天就能出院，所以他们一起把出院的手续都办理妥当了，费用也由小杰的父亲暂时垫付了，至于其他几个同学所需支付的费用，王老师也都做好了记录。

到此，暴力事件双方的问题也算大致解决了，现在等着王老师要解决的还有陈老师的问题，以及学校方面的问题，因为按照社会工作一般系统模式的要求，要把被处理的问题当作一个整体来看待，不能头痛医头脚痛医脚，而是应该进行系统处理。

下午回到学校，王老师立即同班主任陈老师见了面。为了气氛不那么压抑，所以王老师决定将谈话的地点设在办公室外面，就在学校里走走。王老师也没有开门见山，而是先问问陈老师对这次暴力事件的看法，并一步步把话题转到事件的导火索上来。最后陈老师终于明白了，自己不应该随便打学生，自己也有做得不对的地方，并承诺下次班会的时候会向小杰道歉。王老师欣慰地拍了拍陈老师的肩膀就和他回到了办公室。

等学校的几个相关领导都到齐了之后，王老师组织他们召开了一次会议。会议的主题就是“完善紧急事件的处理机制，改善学校周边环境”。最先发言的是学校保卫处的领导，他们表示这起发生在寝室内的暴力事件，他们有不可推卸的责任，今后会安排人员午休期间在寝室楼内进行值班，并且在学生楼内张贴保卫处电话，确保此类事件不再发生。对于其他的紧急事件，承诺3分钟内到场，并且草拟了这一决议，保证在今后得以贯彻执行。对于学校周边环境的改善，学校有关领导指出，已经联络了公安机关和工商税务等部门，对在学校周边设摊开店的店主，进行全面的检查，对于证件不齐全的、违反有关规定的坚决关闭，并且保证餐饮店要远离学校，还学校一个安静、舒适的环境。任务布置下去之后，有关部门立即采取了行动。

第四天，阿丰可以出院了。王老师安排小杰等几个同学去医院接阿丰，告别了阿丰父母之后，王老师把阿丰的食宿安排好了，并给小杰等几名同学做了一张值日表，在阿丰痊愈之前，他们要好好照顾阿丰。下午，王老师又邀请了有关暴力事件的专家，组织了一场班会，并由陈老师来主持。一开场陈老师就说明了有关情况，并当着全班同学的面，向小杰和阿丰进行了道歉，小杰和阿丰感到特别地吃惊和感动，怎么也没想到陈老师会向他们道歉。然后由王老师宣读了对小杰他们几个同学的处理意见，并希望其他同学能引以为戒。之后由到场专家给大家讲解了有关暴力事件的处罚规定，对同学们进行了一场深刻的普法教育，最后组织大家进行讨论。同学们开始时都比较拘谨，后来在王老师的带动下，讨论也热烈起来，发言都比较积极，反应也都比较良好。

为了缓解大家的压力，也为了让同学之间多一次交流机会，当天下午，班会之后陈老师还组织了一场男女混合篮球赛。小杰他们还专门给阿丰搬了张椅子，遗憾的是阿丰不能参加，但是他一直在给同学们加油，一阵阵加油助威声响彻整个校园……

五、评估与结案

几天之后，阿丰手上的绷带可以拆下来了，伤势也基本痊愈了。而小杰和阿丰因为这段时间的接触，反而成了无话不谈的知己，同学们相处得也比较愉快了，没有人再提起此次的暴力事件。经过学校和有关部门的多方努力，学校周边的环境也得到了很大改善，一些非法餐饮店被取缔，嘈杂的商店和作坊也都搬走了，可以说此次的目标基本上都得以完成。

这也证明了王老师当初选择一般系统模式来处理这次校园暴力事件的正确性。依据这一工作模式的要求，王老师有条不紊地处理着这么棘手的紧急事件，由于这次事件涉及的人员比较多，案件的性质比较严重，而且也是一个学校领导和老师常常不知道如何解决的“顽疾”，所以在每一步的处理工作中都必须非常妥当和小心。

这件事情虽然取得了比较圆满的结果，但是为了避免此类事件的发生，王老师还有一些后续的工作需要布置给陈老师和学校其他相关部门人员。从根本上来说，校园暴力最主要的还是以预防为主，事后的处理怎么说都是一种消极的方式，所以校园暴力的预警机制就显得尤为必要。学校在这方面还有许多工作要做，在学校和有关部门的共同努力下，学校建立了紧急报警体系，校园主要区域安置了红外报警器，校内多处地方安装了报警按钮，部分区域启用电子监控，一旦出现紧急情况，警方会在5分钟之内赶到校园。[①]另外，像这样的恶性事件，可能会给阿丰留下一些负面影响，为了避免反弹，陈老师还需要找阿丰等几个同学谈谈话，特别是阿丰的思想工作一定要做好，不能给他的心里留下阴影。最后王老师和陈老师商定，一个月后他会再回学校，看看阿丰及其他同学的情况，对于这次事件做一些跟进服务。

随着这些工作的完成，也到了该结案的时候了。临走的时候，陈老师和有关领导表达了对王老师的感激之情，他们也共同分享了在处理这件事情过程中的认识和感受，几名同学也和王老师纷纷道别。

第四节　理论研习与案例反思

在一个社会问题之中，究竟是工作对象本身出现了问题，还是其所处

① 朱晓玉：“校园暴力与暴力文化的社会学思考”，载《河北公安警察职业学院学报》2005年第3期。

的环境出现了问题，抑或是两者之间的互动出现了问题，这是在系统理论视角下所要考察的关键性因素。因此，系统理论的处置原则以及社会工作者在工作中所扮演的角色和工作任务也就与此紧密相关。一般系统理论是针对各个学科之间分化局势而提出的，而这种分化存在着许多问题，各个学科之间的相互整合势在必行。所以一般系统论的目的是为了说明各学科之间的交叉要以系统的一般理论为中心，通过各学科统一原理，有助于我们接近统一、科学的目标。[①]这是一种思维方式，只有详尽掌握才能更好地指导我们的实务工作。

一、一般系统理论的核心概念及基本假设

人类社会自从专业化分工之后，各学科的研究者们致力于各自专精知识的深入研究，人们也发现知识的整体化已逐渐被片面化所取代，知识的系统化也被部分化所取代，结果物理学家、生物学家、心理学家和社会学家都在个人的天地里，各个学科之间很难找到共同语言[②]，于是失去了人类为追求知识并落实于现实生活中的初衷。因此不同学科对同一理论的重复性多于共同性，导致有限的研究资源未能充分有效运用，更缺乏各学科共通性理论的创立。在对此种现象敏锐的观察和科学家职责感的驱使下，一般系统理论的研究及其理论的创立应运而生。其创始人美籍奥地利生物学家本特兰菲，致力于提倡研究者不要只使用物理学化的分析性(Analytical)与隔绝性(Isolation)的研究方法，而应该了解人类社会与整个世界，能掌握研究对象的层级特征，以综观与广泛的观点来研究问题。同时他也主张研究对象与其环境间的互动，以及各个子系统(Subsystem)、系统(System)与超系统(Supersystem)之间的关系。一般系统理论实质上是一个生物学理论的主张，他认为，所有的有机体都是一个系统，各个系统由

① ［奥］L.贝塔郎斐：《一般系统论》，秋同、袁嘉新译，社会科学文献出版社 1987 年版，第 31 页。

② ［奥］L.贝塔郎斐：《一般系统论》，秋同、袁嘉新译，社会科学文献出版社 1987 年版，第 25 页。

不同的子系统组成并且相应地隶属于更大的系统。①

对系统这一概念，赫尔(Hall, 1962)是这样定义的：系统是一群客体间，以及这些"客体"所具有的"特质"间，存在的各种"关系"。而基尔曼(German, 1978)则提出了一个他认为更为新鲜的关于系统的定义：一个系统是一些在界限(Boundary)内，彼此有互动之部分所组成的集合体，所有的存在或实体都可以说是一个系统。

格里夫(Grief)和林奇(Lynch)(1983)关于系统的一整套概念则聚焦于系统如何运行以及我们如何改变它们：

(1) 输入，即能量跨过边界进入系统；

(2) 流通，即能量在系统之中被利用，又可称为转化；

(3) 产出，即透过系统边界所产生的能量对环境的影响；

(4) 反馈，即信息和能量传递至为输出所影响的系统或环境之中，以实现输出的结果；

(5) 熵，即系统以自身的能量保持运行，这意味着除非它能接受边界之外的输入，否则它将退化且毁灭。②

而对于一个系统而言，它的状况可以用五个特征进行界定：

(1) 稳态(Steady State)，它经由接受输入和使用而维持自己；

(2) 均衡(Homoeostasis 或 Equilibrium)，这是一种维持我们本质的能力；

(3) 分化(Differentiation)，随着时间的推移，系统因更多不同类型的要素而变得更加复杂；

(4) 非加总性(Non-Summativity)，整体不仅仅是部分的总和；

(5) 交互性(Reciprocity)，如果系统的一部分发生变化，这一变化跟其他部分相互作用，因此，它们也会变化。交互性的结果是，系统呈现等效性(Quafinality，以不同的方式达到同样的结果)和多结果性(Multi-Finality，同一情境导致不同的结果)，因为系统的各个部分以不同的方式发生交互影响。

社会系统也许具有协同作用，即它们可以自己创造能量以维持自身的

① ［英］Malcolm Payne：《现代社会工作理论》，何雪松、张宇莲、程福财等译，华东理工大学出版社 2005 年版，第 146 页。

② ［英］Malcolm Payne：《现代社会工作理论》，何雪松、张宇莲、程福财等译，华东理工大学出版社 2005 年版，第 148－149 页。

运行，如果没有协同作用，系统就不得不由外在的能量提供支持或者熵存在。因此，协同作用抵消熵，有时亦被称为负熵。①

此外，一般系统模式有其非常独特的理论假设②，这也是它区别于其他模式的重要方面，其理论假设主要有以下几点：

第一，系统的开放性与封闭性。一个系统如果不能与它以外的其他系统或是它所处的环境进行互动，那么它就属于一个封闭系统（Close System）。反之，如果系统能够与别的系统或是周边环境进行物质或是信息的交换，那么它就是一个开放系统（Open System）。开放系统进一步形成一个回馈圈（Feedback Loops），即双方能够相互影响，循环不已。

第二，系统内的集中化与分散化。如果系统内部存在着居于发号施令领导地位的部分，而其他部分服从其领导并一起为中心进行活动，这就是一个集中化的结构。反之，如果系统内的各部分并没有这样层级性的分工，每个部分完成的任务都大体相同，这样会造成各部分之间的相互依赖性降低，或是在另一种情况下，系统中的每个部分都与其他的系统或是该系统所处环境的联系和互动比之系统内部更为密切，这样就会造成系统的分散化趋势。系统内部的集中或是分散与系统的开放性密切相关。

第三，系统的分化与自律。系统会经历成长、发展和扩张的过程，内部结构也会趋于复杂，由此必然会产生系统内部的分化（Differentiation）现象，系统内部会产生更多的不同层次的子系统。但是，一个有机系统其本身被认为是具有一定的自律性的（Self-Regulation）。这种自律性使得系统内部保持一种聚合（Convergence）的运作态势，使其相互之间不产生分歧（Divergence），从而达到一种能够降低周边环境复杂程度的系统内部的合理性，这样才能够引领系统向着好的方向发展，并且维持系统与环境之间的边界，保持系统一定的独立性。

第四，系统的动态和稳定。系统的整体与部分之间以及各部分之间的关系一直处于变迁和演化的状态之中。但是在这样的变迁之中，系统仍能维持稳定（Homoeostasis）和平衡（Equilibrium）。从另一个角度来看，系统在维持本身范畴的完整性或圆满度（Integrity）的运作目标上，并不在于达

---

① ［英］Malcolm Payne：《现代社会工作理论》，何雪松、张宇莲、程福财等译，华东理工大学出版社 2005 年版，第 149 页。

② 廖荣利：《社会工作理论与模式》，台湾五南图书出版公司 2002 年版，第 158 页。

到静态的平衡(Morphostatsis)(即仅止于消除负面或偏差的回馈)，而是进一步争取更多积极的和正面的回馈，借以追求革新、改变和成长的过程(Morthogenesis)。①

第五，系统的整体和部分。系统整体虽然是由部分组成的，但是整体所能够发挥的作用却远远大于各部分的总和。换言之，整体并不是部分的机械或简单的累加。但是并不能就此忽视部分的作用。每个部分，尽管其在影响力或有效性方面各有长短，但是都会对整体的生存产生影响。而且整体中任何一部分的改变都会引起其他部分的变化，这就是系统内各部分或子系统的互动性。

第六，系统的内部和外部。系统内外在不断地进行着资源和信息的交换，系统外部的其他系统及环境对系统本身而言有着不可忽视的影响和作用。如果一个系统所获得的输入超过其本身的输出，那么它就可以持续地生存，并与环境产生调适(Adaptability)。反之，如果输入不敷输出量，就有可能导致系统的萎缩、衰败甚至灭亡。因而可以看出，系统是否可以从环境中获取充足的资源，是攸关系统生存的必要条件。或者可以这样理解，输入和输出所组成的回馈圈能否持续且顺利运作，是系统能否生存和发展的标志。

二、一般系统理论的处置原则

一般系统理论从建立之初就特别强调“人在情境中”这一思考维度。系统所处的情境是指个人随时随地可以认知到其所处的环境状况的重要部分，并发展出独特的应对行为，所以，情境可以提供个人如何处理和回馈其所认知的外在世界中的各种互动信息，包括生理、心理、社会、文化和政治环境等层面。如果从静态结构对其进行划分，则情境可以分为微观、中观和宏观三个层次。

微观层次，是指个人日常生活中有相当一段时期的实际接触，或可以直接接触和彼此互动的社会或物质环境，比如家庭、学校等，对于个人而

① 宋丽玉、曾华源、施教裕等：《社会工作理论——处置模式与案例分析》，台湾红叶文化事业有限公司 2005 年版，第 219 页。

言就是微观层次的一个环境设置。中观层次，指的是处于微观和宏观之间的一个层次，这一层次可以影响或决定微观层次环境，即向个人可以接触到的主要团体、组织、机构或社区等环境提供与宏观层次相联系的网络结构，并提供支援和支持，比如社会福利机构、医院、工作场所、正式组织、志愿团体等都属于这一层次。宏观层次，则是个人成长的大社会环境中有关物质、社会、文化、政治等结构，这一结构能够影响并形塑前两个层次的环境。隶属于这个结构的设置包括科技、语言、法律等。

对应于上述的三个系统所处的环境层次，并将其运用于社会工作实务之中，就形成了以下三类系统，人们依赖这三类系统，并通过这三类系统获得满意的生活。它们分别是：非正式的或原生的系统，例如家庭、朋友、同事等；正式系统，如社区群体、商会、工会、学校等；社会的系统，如司法、文化等。在系统理论的视角之下，一般认为这三类系统对于案主均有重要影响，而且这种重要的影响基于人们对这三个层次环境的认知和理解。因而情境的概念提醒社会工作人员必须掌握的环境包括实际的环境、案主所认知的环境以及助人者所认知的环境三类，并思考如何协助案主与助人者认知和评估上述三个层次的结构环境，同时规划介入的策略和方法。①

在一般系统理论运用于社会工作实务时，通常社会工作者会将问题的出现看成是案主与其所处的环境之间出现了沟通或是互动上的障碍，而不是单纯地将问题的产生归因于案主个人的问题或是案主所处的外部环境出现了危机。因此，社会工作者介入的目标是在关注“个人烦恼”与“公共困扰”的基础之上致力于处理个人问题的一般后果和更为一般的议题对个人的影响，最终目标是通过协助案主寻求系统的支持，解决案主所遭遇的社会问题，同时促进个人和环境的双重改变。②

比如，如果社会中出现了问题人群，那么造成这个问题的原因可能是社会中缺乏针对这个问题的解决系统，或是缺乏对问题人群的帮助系统。当然也可能是问题人群根本不知道社会中存在着能够解决问题的组织或是能够对他们进行帮助的机构，或是他们知道这样的机构存在但是却因为种种原因不希望利用这样的组织或机构为自己解决问题。也存在着这样的情

① 宋丽玉、曾华源、施教裕等：《社会工作理论——处置模式与案例分析》，台湾红叶文化事业有限公司2005年版，第222页。

② 何雪松：《社会工作理论》，上海人民出版社2007年版，第78页。

况，即人们就某一个问题寻求帮助时，发现存在着很多的机构、组织或是相关部门，它们在解决特定的社会问题时起着不同的功能或作用，但是这些机构或团体在面对同一个问题时，并没有统一的标准或是原则，它们相互之间可能是冲突的、相悖的，当案主求助于这些系统来解决自身问题时，往往感到困惑或是无助。

因此，在进行社会工作的过程中，要准确地把握究竟是在哪个环节或哪个方面产生了社会问题或是使得社会问题不能得到解决、案主不能得到帮助。在对这一问题进行确认之后，才能对症下药，顺利解决案主的问题，同时对社会环境中不合理的部分提出修正意见，以使社会环境、机制以及政策能够更好地为生存于社会之中的每一个个体提供服务。

由此可见，在系统视角之下，社会工作者最根本的一个实践原则就是，不能局限于传统的个人心理归因的分析模式，而是应该同时兼顾产生问题的个人及其所处的社会环境，包括社会资源的分配状况、社会支持网络、社会政策导向、社会信息流通以及传统文化影响等因素。无论是在分析问题的形成原因之时，还是在评估问题的性质之时，抑或是在确定工作的目标和方式之时，都应该既看到案主个人的问题，又关注环境的因素，同时对于个人与外在环境的调试和互动状况也不能忽视。

从案主的角度而言，应该调动与案主有关的各个系统或是案主系统内部的各个子系统，并在这些系统或子系统之间建立相互协调、相互整合的关系，通过改善某一系统或子系统来带动其他系统的改善或改良，并促使各系统或子系统之间的互动与合作，最终达到对于案主系统的帮助和支持，完成社会工作的目标。而从社会工作者的角度出发，他们在进行社会工作时也应该与别人积极合作，尤其是那些与案主紧密相关的重要他人、支持网络或是案主所处的社区等，与他人一起工作，能提高工作效率，更有效地解决问题，更好地服务案主，促进个人和社会的同时改善和变迁。

此外，因为整个社会始终是处于一种动态的平衡之中的，因而与案主相关的各个子系统或是周围环境中的系统，甚至于案主本身也都处于一种不断变化的状态之中，所以在系统视角下处理社会问题、实施社会工作之时，应该不断地对问题以及相关的资源、信息等重新进行评估和鉴定，并不断调整工作方式和策略，以使所实施的社会工作符合当时的实际情况以及案主的实际需要。另外，社工在进行工作之时，还应该持有一种积极的视角，即使在很不利的状况和境遇之下，也首先应该看到改善和进步的空间，应该认识到一切都具有向着好的方向改变的可能性。其他的原则还包括重视过程、维持实践的一致性等方面。

三、案例反思

根据本章的案例，结合一般系统模式的要求，首先应该划分此案例中的四个系统：

（1）改变媒介系统。很显然应该是来处置此次校园暴力事件的社工，以及此社工所在的整个单位或是上级组织。

（2）服务对象系统。此案例中服务对象很多，很难确定，施暴的小杰及其同伙需要社工的介入，被打的阿丰同样需要社工的帮助，另外他们各自的家庭也是需要加以调节的，学生、班主任甚至整个学校都是需要社工服务的对象，那么这么多服务对象系统到底应该选择哪一个呢？王老师在处理的时候，是把此次校园暴力的每一方都当作一个服务对象系统来看待的，同时这些服务对象连起来形成一个更大的服务对象系统，这种处理的方式也是一般系统模式的特点和优势所在，既能处理好部分的问题，也能很好地解决整个系统的问题。

（3）目标系统。此事件中，目标行动系统也非常之多，王老师就服务对象系统的不同而列举了不同的行动目标和工作计划，围绕着不同的服务对象所形成的目标系统也会不同。总的来说，近期目标是把伤者处理好，稳定暴力事件双方的情绪，恢复基本的教学工作；中期目标是对于施暴者给予必要的惩罚，使他们提高认识，对于被打者及其家长给予必要的补偿，并保证此类事件不再发生；最终目标是双方都能从此事件中获得成长，吸取教训，两名同学和好如初，学会互相关怀。

（4）行动系统。社工有可能利用的资源系统包括暴力事件双方的同学协助，学校有关机构的管理，另外一个就是在迫不得已时才需加以利用的社会管制系统。

在此校园暴力案例中，运用社会工作一般系统理论还有一个很重要的问题就是从何处介入以及怎样介入。因为一般系统理论强调开放性、多元性与不确定性，认为一个问题或结果可能是由多种原因或它们之间的互动引起的，是一系列正在发生的循环行为中的一个环节。当我们改变这个系统或循环中的一个环节时，其余的环节也会随之发生改变。所以，同一问题可能有多种不同的解决途径与方式，可以从不同角度对这个循环和互动进行干预和影响。这样看来，社工可以从服务对象所处的循环中的任一环节作为切入点开展工作，也可以从多个环节入手同时介入。此案例中，既可以先做阿丰的工作，也可以先做小杰的工作，还可以先做其家长的工作，同时在人力、精力允许的情况下，对双方办事人、家长和学校同事进行介入，这样有利于提高效率。王老师经过仔细思考，整理出了处理这次事件的顺序，阿丰有伤在身而且还躺在医院里，所以看望阿丰、稳定他以及他父母的情绪是最先要处理的问题，这样王老师就可以介入进来处理此事了。接下来处理施暴学生的问题，而后找班主任陈老师谈话以及对学校周边环境进行改善就可以一步步地处理了。

在此案例中，由于情况非常复杂，涉及的人员和问题都非常多，所以在以一般系统模式为主导模式的同时，还要结合社会工作其他的一些模式来分析此案例。例如行为治疗模式，由于小杰一直以来都以“调皮捣蛋”著称，其所言所行都已经深入其内心，如果这次的暴力事件能让他有所悔悟的话当然很好，但是如果没有那怎么办呢？这时就应该考虑行为治疗模式的运用了，甚至是动用社会强制管制手段，接受一段时间的“特殊管制”也未尝不可。另外还有其他许多的社会工作模式，如危机干预模式、问题解决模式、人本主义模式等都可以适当地加以运用，以达到最后的目标。在这次的校园暴力事后处理方面，王老师也考虑得比较全面，绝不能给同学们留下心理阴影，而且决定过段时间还会再回来看望大家，以便更好地观察，在妥善处理这次校园暴力的同时，更应该预防此类事件的再次发生，还校园一片宁静和祥和，让青少年们能够更加健康快乐，让他们学习生活的校园更加美好和谐。

第五节 一般系统理论的主要影响及评价

一般系统理论的理论依据，是基于对机械观点或归纳论的批判而形成的，它反对将复杂的社会事实或现象简单地拆分为几个部分，并仅仅对其中某一部分或某几个部分进行独立的分析和研究，这样的研究会有失偏颇，陷入“见木不见林”的困境之中。系统理论的主要假定是在一定的界限（Boundary）之内，在有关整体和部分之间形成关系和互动机制，并进而能够扩展到系统与环境之间的交换关系及融合状况，最终系统而又全面地对问题做出考察和研究。

其实，早在社会学创世之初，作为社会学创始人之一的斯宾塞（H. Spencer）就提出了社会有机体论。事实上，斯宾塞的社会有机体理论与作为社会学奠基者的孔德的观点是一致的，他们都强调社会是一个有机整体。因而有一种普遍的认识就是社会学脱胎于生物学，是生物学在解释社会现象时的一种运用。孔德在他的著作中是这样将社会结构与生物体结构做类比的：“对于生物有机体，我们将结构分解成要素、组织和器官。对于社会有机体，我们也可以进行同样的分析，甚至是用同样的名词……我们可以这样看待社会有机体，把他分解为家庭——它们是社会真正的要素或细胞，然后是阶级或种族——它们是社会真正的组织，最后是城市和社区——它们是社会的器官。”①

斯宾塞在社会有机体方面的研究相较孔德来说更为充分，更为具体，所造成的影响也更为巨大。斯宾塞认为社会有机体与生物有机体一样都经历了一个进化的过程。在原始社会中，社会结构比较简单，社会的同质性也比较高，因而是没有分化存在的。但是随着人口的增加和历史的发展，社会结构变得日益复杂，由原来的单一结构向复杂和多元的结构转变，人与人之间的同质性为异质性所替代，社会结构出现了分化的现象，社会各部分的功能也随之出现了分化现象，不同的人或人群开始承担不同的社会功能和社会角色，即角色和功能开始出现了专门化的趋势。且社会越发展，结构越复杂，分化程度就越高。社会有机体由承担不同的社会功能的社会团体、社会组织构成，各部分之间的功能是相互联系、相互依赖、密不可分的，各部分经过整合和协调之后，形成了一个具有整体性的社会有机体，这种社会有机体由各个部分组成，却又凌驾于各个部分之上，具有各个部分所不具有的特质和功能。同时，社会有机体的整体又受制于各个

---

① August Comte. 1875. System of Positive Polity or Treatise on Sociology. London: Burt Franklin, pp. 239 - 242.

功能性的部分，因为在功能分化的社会之中，异质性导致部分与部分之间无法彼此替代，一旦有某个部分功能失效，则很可能全社会都会陷入一种运转无序，甚至是瘫痪的状态。

系统理论在社会学领域内的集大成者则非帕森斯莫属，虽然他的理论在当时或是现今都遭到了不少专家学者的诟病，但是不可否认的是，他的理论所具有的影响力直到今天依然存在。帕森斯的理论在两个方面对系统视角下的社会工作有着指导意义：首先是他的系统理论。帕森斯的系统理论强调的是对系统各部分之间的关系进行分析。在帕森斯看来，社会系统与人格系统、文化系统以及行为有机体系统一起构成了行动系统，每个子系统都有其不同的功能，比如行为有机体系统对应的是适应的功能，人格系统对应的是目标达成的功能，文化系统具有模式维持的功能，而社会系统则具有整合的功能。这就是帕森斯著名的AGIL功能分析范式。帕森斯进一步对社会系统做出了划分，认为在社会系统中，经济承担了适应的功能，政治则负责目标的获取，社会化是维持模式的手段，而社区则负责对社会即社会中的个人进行整合。在这里我们不难看出，系统是分层次的，而系统内各子系统具有的功能也是分化的。

然而，尽管帕森斯的系统理论宏大而又无所不包，但是，在很多人的眼里它仍然存在着很多的问题和漏洞，尤其是受到微观社会学和冲突社会学两方面的攻击。因而，帕森斯的后继者们对帕森斯的理论进行了修正与改进，以应对四面八方而来的各种批评和非议。他们之中，卢曼（N. Luhmann）综合了帕森斯的系统观，在一般系统理论的基础上提出了一种自己的社会系统理论，并称之为“一般社会系统理论”（General Theory of Social Systems），而他也更喜欢称自己为系统论者。[①]相比较帕森斯的系统理论，卢曼更关注每一个系统存在于其中的复杂环境，并且研究了降低社会系统环境复杂性的不同维度和因素。

对卢曼而言，每个特定的系统都处于一个复杂而多维的环境之中，因而注定了系统必须应付环境所带来的种种复杂性，否则系统就有可能与其环境相混淆。为了避免这种危机的出现，系统就发展出了种种的“机制”来降低周边环境的复杂性，维持系统与环境之间的边界。也就是说，对于系统而言，其首要面对的一个功能必要条件就是“减少与某相关行动系统

① 侯钧生：《西方社会学理论教程》，南开大学出版社2001年版，第301页。

有关的环境复杂性的需求”。[1]卢曼的理论体系中，降低环境的复杂性有三个基本的维度：时间维度、物质维度和符号维度。卢曼认为时间在过去、现在和未来的广阔范围内，形塑了系统的复杂性，因而一个社会系统必须发展出能够减少时间所带来的种种复杂性的机制，以使得系统以及行动能够在有序的时间序列上进行定位。而环境中所存在的物质因素也同样会对系统产生很大的影响，系统中所存在的对于物质利用和调动的机制，可以降低环境中的物质因素给系统所带来的复杂性。而符号是人类行动和沟通的重要媒介，这些媒介可以组织社会行动，并维持系统的有序。总之系统沿着这三个维度发生作用，并且发展出各种机制，例如法律、意识形态、媒介等，以减少周围环境的复杂性，同时维持系统和环境的边界，从而能够维持系统的存在以及稳定。

在系统的类型上，卢曼认为社会系统与有机体系统、机械系统和精神系统相互并列。而社会系统又可以分成互动系统、组织系统及社会整体系统这三种子类型。其中，互动系统是最为简单的一种，只要社会中的成员共同存在并且能够感知到彼此的存在时，互动系统就形成了。组织系统则通过一系列的进出规则来协调系统内部不同个体之间的行动，以使系统内部有序，同时使得个体偏好和集体目标之间形成整合。在卢曼看来组织系统在降低环境复杂性方面有着极其突出的作用。在时间维度上，通过长时间以来的各种实践和经验形成的各种规则，系统能够对当前和未来的行动进行规范，以使系统内部有序。而在物质维度上，劳动分工则可以起到权威、协调的作用。在符号维度上，系统所选取的规则以及媒介物可以引导系统内部的各种行动。社会整体系统则兼顾互动系统和组织系统，是一个综合性的系统，包括了一切形式的沟通，而且构成了进一步沟通的意义性基准(Meaningful Horizons)。它利用高度普遍化的信息代码，比如货币或权力，来降低环境的复杂性，以维持自身的有序。

随着社会的不断发展，社会本身会逐渐具有复杂性，并最终形成一种分化。这种分化在三个领域进行：功能领域、进出规则以及所依赖的沟通媒介。这种分化从一定意义上而言是对社会的整合具有阻碍作用的，甚至会导致内部的冲突。但是，卢曼指出，社会的分化事实上伴随着社会的整

① ［美］乔纳森·特纳：《社会学理论的结构》，邱泽奇等译，华夏出版社2001年版，第64页。

合过程，不同层次的系统会在彼此内部进行相互“嵌套”，以此维持社会的整合。社会整体系统通过提供时间、物质和社会保证，以及一定的秩序或结构来推动这种整合的发生。另外，一些分化出来的特定的社会控制组织，会成为一种社会机制，来降低社会环境的复杂性，这些特定的组织能够缓和由分化带来的冲突，形成社会的整合趋势。

卢曼对于系统环境格外关注，在这一点上，最值得社会工作的系统模式对其进行借鉴。案主，作为一个完整的有机体系统，其所处的社会系统就是一种环境，而且是一种极其复杂的环境，而这种社会系统对于更大的社会系统而言，也面对着一个复杂的环境，要解决案主的问题就要从各个层次上降低环境的复杂性，整合系统内部的各个结构和因素，并且明确系统和环境之间的边界，在此基础上，利用环境中的各种有利因素，这样才能最有效地达到目标。

一般系统理论在社会工作上的运用，主要体现在它将社会工作的实务工作分为四个体系，从这个架构可以协助社会工作者们，使工作者的思考重新组织，来认识一个社会工作者应扮演的角色。这四个体系分别是：① 改变媒介的系统，凡是一个社会工作者，经由所属的系统或是某人的付薪，他都将运用其改变的能力，来促使改变目标的确立；② 案主系统，是社会工作者开展工作时首先要接触的开端部分，此部分可能是社会工作者必须干预的目标，但有时为了服务这个案主系统，他必须影响另一个系统产生改变；③ 目标系统，指的是改变的媒介者所需要影响的人，以完成他所要改变的目标；④ 行动系统，指的是经过上述三个系统互动之后，改变的媒介者并不是单纯地努力去改变实际上的案主，他往往和其他关系人一起工作，形成其行动系统。

四种工作系统的划分，提供了一种很好的评估问题及资源的架构方法，有利于社会工作者在多元性的角色及环境中，寻找出适切的角色定位和工作资源。首先，这种分析为社会工作者赋予了新的角色与功能。社会工作者不再是心理分析、认知行为等传统理论模式中孤独、直接的影响者，而是成为一个庞大工作系统的统领者、发现和动员所有资源的组织者，是引发整个系统改变的媒介。其次，这种分析显示了社会工作者的工作过程：对目标系统施加影响，使其改变成为行动系统，然后与行动系统一起行动，去影响和改变服务对象系统。再次，这种分析能使社会工作者比较容易、迅速地看到问题的关键所在。最后，这种分析能使社会工作者看到解决问题的资源所在，不是单单利用自己的力量，而是调动所有能够调动的资源去解决问题。[1]

一般系统理论不仅清楚地说明了案主系统、中观系统、宏观系统内部和系统之间的关系，还将社会工作者系统（Social Worker System）纳入案主问题的解决，显示了案主和社会工作者系统的相互交流与影响。这一理论强调了通过案主系统和社会工作者系统的协同努力，最终案主依靠自己的力量推动周围系统与自身的改变，从而实现与周围环境的良性互动，解决所面临的社会问题，并最终实现社会工作“助人自助、助人发展”的目的。同时这一理论对社会工作本身的发展有很强的促进作用，作为社会工作者，运用自己的专业知识和技能与案主协同工作的过程，也是社工通过不断地积累经验、完善自身工作系统的过程，其与所在的系统、与其他社会生态系统之间的互动也得到改善，从而对其本身的职业化与专业化进程也有帮助。

社会工作采用一般系统理论有两个主要原因[2]，其一是社会工作的传统分类不为一部分社会工作教育家所满意，而寻求一种突破性的理论架构；其二是各种行为科学家即助人专家，争相运用系统理论，因此，同为人道服务体系的社会工作，本来就以行为科学知识为基础，自然对一般系统理论也重视并运用。在《整合社会工作方法》一书中，施比其等指出，社会工作之所以采用一般系统理论，乃是因为当时一些传统的社会工作者，把社会工作区分为三大方法之后，便形成了一种划清彼此界限的趋势，使得社会工作所提供的服务事实上并不符合实际需求，甚至与案主的生活脱节。如此的做法并不是以最实惠的方法服务于社会大众，因此引起了一些争议。平克斯和米纳汉（1973）认为社会工作系统包括以社会工作者为代表的改变主体系统（Change Agent System）、案主系统（Client System）、目标系统（Target System）以及行动系统（Action System）这四类。这四类系统所包括的人员构成以及它们的基本任务描述于表 12－1。

① 董云芳、黄耀明：“试论系统生态理论对社会工作的贡献与局限”，载《漳州师范学院学报（哲学社会科学版）》2006 年第 1 期。

② 廖荣利：《社会工作理论与模式》，台湾五南图书出版公司 2002 年版，第 155－160 页。

表 12－1　平克斯和米纳汉的基本社会工作系统[①]

系统	描　述	进一步信息
改变主体系统	社工和他们工作于其中的机构或组织	社会工作者与他人的关系有可能是合作性的，即彼此存在着一个共同的目的；也可能是协商性的，即需要通过协商达到一个共同目标；但也存在彼此有冲突的可能性，即双方有着截然相反的目标
案主系统	寻求帮助，并从改变主体系统那里接受服务并得到利益的任何个人、群体、家庭、社区组织等	实际的案主为同意接受帮助并且已经进行接触的人或群体；而潜在的案主是那些社会工作者和社区人员试图进行接触的人。案主系统是社会工作者进入社会服务的开端，也是他们进行干预的目标，有时为了服务于这个案主系统，而不得不对别的系统产生改变
目标系统	改变主体系统正试图去改变和影响的人，目的是完成他所要达到的目标和效果	案主系统和目标系统可能是一致的，也可能是不一致的，即案主系统未必就是所要改变以达成目标的系统
行动系统	改变主体系统与之一起工作或已达到目标的人或群体	改变主体与行动系统按照情况的不同有不同的关系：1. 改变主体与行动系统中的成员彼此可以直接互动；2. 改变主体在现存的系统中寻找行动系统，并加入这个行动系统；3. 改变主体与行动系统并不是直接互动，而是相互通过合作以不同方式为案主提供帮助

一般系统论是一种有用的理论工具，一方面它提供的模型可在不同领域使用并可在领域间转移；另一方面，它又防止模型陷入那些常常危害该领域进步的似是而非的类比。此外，现代科学提出的一个基本问题是关于组织的一般理论，一般系统论在原则上能够对那些概念给出确切的定义，在适当的情况下，能够对它作定量的分析。[②]有心者为了把社会工作视为一种整体取向的服务，而发现急需发展一种整合性的理论，在就地取材的情势之下，也就试着应用一般系统理论。约在 20 世纪 50 年代中期，一般系统理论开始被引入社会工作教育界，同时，此种理论也受到一些心理学家的关注，从此，一般系统理论也就开始被逐步推广运用。事实上，一般系统理论在当时也同时受到语言和学习论者、神经物理学家以及生物学家们的关注和运用，影响也越来越广泛。

---

① ［英］Malcolm Payne：《现代社会工作理论》，何雪松、张宇莲、程福财等译，华东理工大学出版社 2005 年版，第 153－154 页。

② ［美］冯 · 贝塔郎斐：《一般系统论：基础发展和应用》，林康义、魏宏森等译，清华大学出版社 1987 年版，第 31－32 页。

纵观社会工作的发展历程，社会工作作为一种职业和专业，正日渐完善与成熟，其理论也不断更新。社会工作的理论发展趋势从微观的以案主为核心的理论发展到考虑案主与周围环境的关系的理论，由此而产生出社会工作的一般系统理论。随后，一般系统理论进一步结合生态与自然领域的复合系统观，并借鉴生物学中的一些术语和研究方法，进而形成了社会工作的社会生态系统理论。这一发展过程同时也是社会工作实务从早期的针对某一类人建立一种工作方法，归结到以事件为中心兼顾其环境与其他系统，将事件作为系统中的一环进行多变量分析方法的过程。

然而，大量的经验研究表明，一般系统理论在实际的运用中也存在着一些问题与局限。主要体现为以下两个方面：机械性与过于强调系统之间的平衡。首先，一般系统理论更注重多重环境对个人的影响，容易忽略或看轻人的主动性。这一问题产生的主要原因在于一般系统理论的思想主要源于物理学领域的一般系统论与生物学领域的生态学。物理世界的机械性决定了发端于此的一般系统论具有明显的机械性。虽然在融入了生态学思想之后，一般系统理论有了更多的接近与适应人类特征的性质，但当它被应用于由思想和感情丰富多彩的人组成的人类社会时，仍然不可避免地带有一定程度的机械性。①表现在具体的社会工作中，则是社会工作者把人看作一个机械的系统，是被动地接受改造的客体，这种单向的处理模式忽视了案主本身的微观系统的作用，案主微观的个人心理与情感系统的作用没有得到足够的重视。②

此外，将案主的问题、人格发展和环境需求定义为“生活中的问题”，是案主所在系统的问题，而非病态的或道德瑕疵的问题，这样的理解在一定程度上摆脱了对案主的污名化，但从另一方面也助长了某些具有真实人格问题的危害社会的不良分子为自己的罪行找借口辩护，例如很多有过犯罪前科的人在进行辩护时，往往将自己的罪行归结为幼年时期不良的家庭环境所导致的不良的行为习惯等。随着理论的发展，在实际的操作中出现了更多的问题，如针对生命模式，特斯特(Tester)就认为生命模式将人类创造的当前环境看成一种既定(Given)的而不是应当被改进以帮助

---

① 董云芳、黄耀明：“试论系统生态理论对社会工作的贡献与局限”，载《漳州师范学院学报》2006年第1期。

② 刘丽晶：“生态系统理论视阈下大学生问题的社会工作介入——以人际关系问题为例”，载《黑龙江高教研究》2011年第7期。

那些案主的社会群体，人类应该发展更为多样的环境，文化的多样性和种族多样性都要求建立一个更加丰富的社会环境以适应人类发展。①

其次，一般系统理论中存在过于强调系统的平衡而忽略冲突的可能性及其正面意义的趋势。如前所述，一般系统理论否认冲突本身的积极意义与存在的必要性，特别注重不同系统及同一系统内部各元素之间的联系，强调维持系统的存在及其内部的平衡。然而这种静态的平衡不符合社会事实本身的发展。在一些特殊的人生阶段，个体与环境的不协调具有其特殊的意义。例如在一些生命历程的转折点，如青少年向成年人过渡的阶段，青少年问题群体的产生很大程度上是由于青春期这一特定的人生阶段所造成的个体环境的不适应，一般情况下，这种不适应在青春期以后会自动消失。这一不适应也有其正面意义，个体面对成长过程中所面临的生理或心理的改变所产生的不适应是个体成熟的开端，只有克服了这种不适应，个体才会成长。这一不适应并非单纯的环境问题，更多的是个体内在微观系统的改变所引起的问题。在这种情况下，盲目地改变个体以适应外在环境的改变或立即改变环境以适应个体的需要，强化个体与环境之间的平衡等，反而会将问题激化，打破个体的生命历程。在这种情况下，在可以控制的范围内，个体与环境的冲突及其自主解决过程并非没有任何积极意义。打破现有的平衡而建立更高水平的平衡，从发展的眼光来看，更有利于案主整体的生命历程。

---

① ［英］马尔科姆·派恩：《现代社会工作理论》（第三版），冯亚丽、叶鹏飞译，中国人民大学出版社2008年版，第163页。

第十三章

扶贫帮困与助学

——问题解决理论的运用

辍学问题是一个世界性的教育难题，防止辍学是与普及义务教育同步的一项艰巨的世界性的教育使命。随着九年义务教育的全面推行和普及，小学和初中学生的教育问题不再像以前那么突出，而高中阶段和大学阶段的教育问题则成为新的亟须解决的重点。按照社会工作问题解决理论模式的要求，在处理高中阶段学生教育资助问题的时候，不仅要解决高中生所面临的实际困难，还应该为他们寻求更多的资源，提供解决问题的机会，在整个过程中，不断地提高他们处理问题的能力。

第一节　问题解决理论的形成与发展

问题解决是心理学上的一个古老命题，广泛运用于心理学、教育领域以及社会工作等方面。要对问题解决模式有一个清晰的认识和理解，就有必要先理解问题和问题解决的含义。“问题”概念始终受到社会工作者的广泛重视，而不只是问题解决模式本身。问题解决模式至20世纪50年代在社会工作领域被提出来之后就得到了广泛应用，并成为之后很多其他社会工作模式产生和发展的概念基础。

一、问题和问题解决的定义

早在1945年，卡尔·登克尔(Karl Duncker)就曾提出有关“问题”的定义：“问题产生于当某一生物具有一个目标，但不知如何达到这一目标之时”，即：“当您不知道怎么做时，您做什么？”①目前西方心理学界比较流行的问题的定义是由美国心理学家艾伦·纽威尔与贺伯特·西蒙(Allen Newell & Herbert Simon)提出的，即“问题”是这样一种情境：个

① ［英］S. lan Robertson：《问题解决心理学》，张奇等译，中国轻工业出版社2004年版，第5页。

体想做某件事，但不能即刻知道做这件事所需采取的一系列行动。现代心理学的研究表明：一个问题包括一个既定的状态（即对现存情景的描述）和一套运算子（即从一种状态移动到另一种状态的规则或程序），当情景处于某一状态而问题解决者希望该情景能进入另一种状态，而这时又存在着某些障碍物阻碍从一情景向另一情景的顺利转换，问题就是在这种情况下发生的。[①]梅耶（R. E Mayer）总结了“问题”的三个一般特点：第一，给定条件（Givens），在解答问题之前所得到的环境、对象及零碎信息就构成了任务的给定条件；第二，目标（Goals），问题的期望状态或最终状态就是目标状态，有时目标是非常清楚的，但其他时候则是定义不良（Ill-Defined）的，问题解决的过程就是由给定状态向目标状态的转变；第三，障碍，由给定状态到目标状态的转变，所需的行为序列对问题解决者来说不是非常明显的，由于不知道众多可能的方法中哪一个是正确的，就导致了问题解决者解决时的障碍。[②]

在心理学上，问题解决是指由一定情境引起的，按照一定目标，应用各种认知技能，经过一系列思维操作，使问题利于解决的过程。安德森（J. R. Anderson）指出，问题解决必须具备以下四个条件：① 目标指引，即要有明确的目标；② 操作序列，即要有一系列操作程序；③ 认知操作，即必须有思维参与；④ 子目标分解，即问题解决必须包含子目标，将大目标分解。[③]此外，梅耶也总结了问题解决的三个重要方面：① 问题解决是认知性的，因为它发生在问题解决者的认知系统内部；② 问题解决是一个过程，因为它包含对问题解决者的知识的操作与应用；③ 问题解决是可以指导的，因为问题解决者尝试去达到若干目标。[④]问题解决是心理学上的一个古老的研究课题，对于问题和问题解决的含义和特征有基本的了解，有助于我们更深刻地了解社会工作领域问题解决模式中所阐释的“问题”以及问题解决。

二、问题解决理论的形成

问题解决模式（Problem-Solving Casework）的理论是在 1950 年由美国

① 高文：“一般的问题解决模式”，载《外国教育资料》1999 年第 6 期。
② 师保国等：“论问题式学习中的‘问题’”，载《上海教育科研》2005 年第 7 期。
③ 张积家：《普通心理学》，广东高等教育出版社 2004 年版，第 272 - 373 页。
④ 高文：“一般的问题解决模式”，载《外国教育资料》1999 年第 6 期。

的海伦·哈瑞恩·波尔曼(Helen Harris Perlman)提出的。她的《社会个案工作问题解决的程序》一书为该流派的代表性著作。她利用社会学和社会心理学理论中的角色理论有效地帮助案主解决问题，这一理论模式在诞生之初就对个案社会工作产生了巨大影响，随后它的主要原则在现代个案社会工作中得以广泛延伸。[①]波尔曼虽然也接受心理动力理论，但不同于诊断社会工作的地方是，她强调处理案主当前的问题与处在环境中的困境，较不强调不合理与内在的动机。[②]在 20 世纪 30 年代以后，以精神分析理论为主的诊断派个案工作和功能派个案工作，均不能使当时大部分社会工作人士感到满意，同时大多数人感到必须寻求新的个案工作理论体系，因此，折中性的问题解决个案工作理论诞生。该派的中心思想有两点：[③]

（1）人的一生都是问题解决的过程：一个人对自己、对事务、对环境以及对内心的情绪生活等，时刻在探究解决问题的途径，从出生到死亡的人生过程都是如此。

（2）人生的目标是在寻求和获取：快乐多于痛苦、报酬多于惩罚、安定多于不平衡、较佳的生活适应多于较劣的生活适应，以及满足多于失望。

问题解决理论源自人类思考程序的主张，此种主张可追溯到问题解决的鼻祖杜威(John Dewey)，其所著的《我们如何想》(*How We Think*)一书中描述了人类面对问题时的思考过程。根据杜威的观点，人类面对问题时，其思考可分为四种不同的程序，即：① 反应式思考(Reflective Thinking)；② 理性式思考(Rational Thinking)；③ 目标取向的思考(Goal-Oriented Thinking)；④ 问题解决式思考(Problem-Solving Thinking)。

因此，当一个人遭遇挫折时，他可能产生怀疑、沮丧以及困惑等反应式的思考，然而为了解决其困难或迷惑，就必须通过一些理性的思考程序，那是因为假如他不通过理性的思考程序，则很有可能会导致错误的结论。这样的话，不但无法解决问题，反而容易误解问题的本质，变成寻求其他问题的答案，甚至于犯一些原先不会产生的不必要的错误，结果不但问题没有解决，反而带来了新问题。要有效地解决问题，就必须事先明确界定此问题的性质，并有次序地推进每一步骤。杜威认为这些步骤就是

---

① 张作检：“个案社会工作中的问题解决模式”，载《民政论坛》1999 年第 2 期。

② 林万亿：《当代社会工作——理论与方法》，台湾五南图书出版公司 2003 年版，第 199 页。

③ 廖荣利：《社会工作理论与模式》，台湾五南图书出版公司 2002 年版，第 57－58 页。

"反应式思考的五个层面"：① 承认遭遇到了问题；② 界定困难并详加记录；③ 提出可能的解决方案，并对这些方案做一些理性的评估；④ 从上述数项提案中，选择一项最适切可行的解决办法；⑤ 达到问题解决的功效。

这就是问题解决模式最初的原型，之后的发展都是建基于此，并不断地扩展，其范围也涉及越来越多的学科和领域。

三、问题解决模式的发展

解决问题的思考办法发展到 20 世纪 40 年代，有一位叫作乔治·普里亚(George Polya)的数学家发展出一套模式，帮助数学老师处理数学上的问题，但他最主要的目标并不在此，他希望通过此论点作为人类问题解决的指南。因此他提出一个问题解决的四阶段模型，即：

（1）了解问题，包括对问题的情景、问题解决者的目标以及解决问题的状况的了解；

（2）设定欲达成目标的计划；

（3）实施计划；

（4）对计划的施行及其结果加以评估。

以科学的方法解决问题也同样可视为一种问题解决的模式，且其中许多架构由行为科学家发明者加以运用，当时最具盛名的首推贝尼兹(Bennis)、贝尼(Benne)和艾应(Ehin)等，他们曾于 1969 年进行了有关人类体系变迁的探究，他们同样认为，问题解决的过程乃是一种以变迁为依据的思考进路。

问题解决模式个案工作，乃是奠基于杜威(Dewey John)的思考模式，他受精神动力学中自我心理学的影响，并采用学习理论的部分观点综合而成。此外，问题解决模式还从功能学派撷取一些论点运用在其实务上，此模式的发展大部分揭露了自我心理学中的情感-认知-行动，以及存在主义的某些哲学观点、社会心理学中的社会自我发展的概念等，因此将问题解决模式视为一种折中性的理论，可以算是客观的看法。

综上所述，杜威最先提出解决问题的程序，波尔曼综合各家理论而提出"折中性"的问题解决模式，同时波尔曼也采用系统理论（System

Theory)作为其基础，并强调社会体系之沟通与变迁。因此，波尔曼认为解决问题不宜仅限于对个人，也可将其扩展至团体、组织以及整个社区。事实上，波尔曼问题解决理论的倡立，开辟了当时个案工作理论体系的另一个新颖的发展方向，也为后来的其他理论奠定基础，包括危机调试理论(Crisis Intervention Theory)、计划性短期治疗法(Planned Short-Term Treatment)，以及任务中心治疗法(Task-Centered Treatment)。[①]波尔曼的模型成为任务中心模型的始源。“问题”概念仍然受到社会工作者的广泛重视，不只是问题解决模式本身。[②]问题解决模式对于其他社会模式的形成和发展也有着深远的影响。

第二节 案例背景介绍

天空下着淅淅沥沥的小雨，并刮着一阵一阵的大风，上海某高校的门口，刚刚上完课的大学生们正三三两两地走出校门。路过校门口的路牌时，一个正跪在地上的小女孩引起了许多人的注意，不时会有几个学生走上前去看一看。“我家住在安徽省××市，我爸生病了正躺在医院里，奶奶身体也很不好，家里一年只有几百元的收入，全靠我妈种地卖粮食换点钱，我和两个弟弟都想上学，可是没有钱，求各位好心人帮帮我吧！”女孩用白色的粉笔在地上写下了以上的一段话，头也不抬地跪在那里，嘴里只是反复地说着四个字“我想上学”，并且伴随着不停的哽咽声。有几个女大学生蹲了下来，看了看女孩写的话，又问了问女孩家是哪里的，女孩简单地回答了几句，便又反复说着“我要上学”，而且哭声越来越大，几个女生只好放下几元钱走开了。

女孩的名字叫丽丽[③]，今年 17 岁，两个弟弟一个 15 岁，一个 12 岁。

---

① 廖荣利：《社会工作理论与模式》，台湾五南图书出版公司 2002 年版，第 58－61 页。

② 林万亿：《当代社会工作——理论与方法》，台湾五南图书出版公司 2003 年版，第 199 页。

③ 本章案例涉及的人名全部为化名。

因为家里穷，她交不起学费，上不了学，虽然两个弟弟一个上初中、一个上小学，现在学费和书本费都不用交钱了，但是生活费对她的家庭来说还是一笔不小的开支。她家住的村子十分贫穷，亲戚朋友也帮不上忙，她听外面打工回来的人说，乞讨也可以挣到钱，便糊里糊涂坐上了火车，独自一人来到了陌生的上海。之所以会到学校门口来乞讨，也是受了“好心人”的指点。刚刚到上海的第一天，她在路边遇到的一位“好心人”告诉她，在学校附近乞讨比在别的地方要容易一些。

这个十几岁的孩子对钱似乎还没有什么概念，只知道它可以供她和弟弟们上学，还有她爸爸的病也需要钱。路过的学生有时会问她为什么不去打工挣钱，有的学生还为她出主意让她去报社，或是找慈善组织，但这些简单的建议，换来的还是丽丽的那句“我要上学”和哭红了的双眼。夜幕渐渐降临，路过的学生越来越少，丽丽也起身将写在地上的字用放在包里的一块抹布一点一点地擦去。

起初很多人也怀疑过丽丽是否真的是因为没有钱上学而被迫到城市来乞讨，但当她用铅笔在纸上为记者写下她和她弟弟的名字以及她家的住址时，再看到这孩子的眼泪不停地滴落在她的膝盖上，便很难再用怀疑的眼神去看待一个十几岁的孩子了。在北京的街头，经常可以看到像丽丽一样的孩子跪在地上乞讨，各种理由都有。对于这个群体，也曾经有过许多媒体予以曝光，很多的“失学”孩子，只是想通过这种方式来换取行人的同情，而这种行为的背后往往是“黑心”的父母或是人贩子，但很大一部分是因为上不起学。失学的孩子分许多种，有的是因为厌学而逃学的，也有的是因为疾病上不了学的，但更多的是像丽丽一样，是因为穷而没有钱上学的。

丽丽在家乡上高中，每次学校让交钱她都在本子上记账，一学期下来，她和两个弟弟向学校共交了 1 500 多元。这 1 500 多元钱对于她家来说是很大一笔数目。她妈妈也很为难，可是再难也应该让孩子上学，她还专门为此找过村长，但村里面的经费也非常紧张，无能为力。有一年学校几乎每个星期都要钱，问孩子交什么钱，孩子说交防疫费、试卷费、勤工俭学费等，每次都是 10 元以上，有时学校半年让交防疫费达 5 次，给孩子量一量身高也要钱。学校给孩子发校服就发了 4 套，两个弟弟为此交了 300 多元。学校根本不征求家长的意见，家长要也得要、不要也得要，硬叫孩子把校服拿回家。没办法，丽丽的爸爸只好出去打工，否则光靠家里的那几亩地根本就不可能供孩子上学。丽丽的爸爸经朋友介绍来到山西做了一名煤炭工人，每次下井都有一定的危险，但是丽丽的爸爸刘刚，为了这个家庭，也为了孩子们都能上学，还是在矿上坚持着。但有一天，不幸还是发生了，刘刚下井没多久，突然听到一声巨响，煤井崩塌了，但是还没有完全堵死，所以大家拼命地冲向出口，由于刘刚身体本来就不好，再加上长期劳累，所以他跑得很慢，但他还是一点点朝着出口奔去，眼看快到出口了，结果再次出现了塌方，煤井里面的支架重重地砸在了刘刚的身上，他感到后背一阵剧痛，之后就晕迷过去了。据他后来回忆，塌方后煤井的出口还没有完全被堵住，但是也没人再敢下去了，所以他是被同事们用钩子一点点地拉出来的。煤炭厂老板把刘刚送往医院进行了简单的处置之后，给了3 000元钱就把他打发走了。这3 000元钱连给他治病都不够，还有以前的1 000元工资也没有发，但是由于煤炭厂老板是当地的一霸，刘刚只好忍气吞声，匆匆出院回到了家里。这一伤等于是断了丽丽一家的生活来源，丽丽本来还有一年就高中毕业了，但是现在她却面临着失学的困境，家里实在拿不出钱来供她读书了，她自己也非常清楚家里的情况，所以只好来上海乞讨，希望能挣到下学期的学费。她真的很想读书，凭她现在的成绩，考取一所好一点的大学应该没什么问题，她想坚持读完这个学期，不想就这样退学，“我要读书”是她的心里话，非常坚定，但也非常无助。

雨下得越来越大了，一点一滴砸在丽丽的脸上，她仿佛没有了知觉，只是一步一步地向前挪动脚步，她自己也不知道该往哪儿走，自己的下一站又是什么地方。丽丽走着走着，眼睛就开始模糊了，眼泪顺着冰冷的脸颊流下来，她想起了自己的学校，想念在教室里大声朗读的日子，现在同学们开学已经有半个月了，自己却没法到学校上课，她觉得无比心痛，她也曾无数次地质问上天为什么对自己这么不公平，连起码的受教育权都不给。她是多么渴望能回到学校啊！多么希望能像以前一样安静地听老师讲课，积极地回答老师的问题，勇敢地向老师提问！多么希望能回到学校和同学们一起玩耍，参加班级的活动！多么希望再看一眼自己做满了笔记的课本！就算是学校的课桌椅不是很好，教室的灯光不是很亮，食堂的饭菜也不是很有营养，但这些对于丽丽来说都不是问题，她只希望能回到学校，继续她的学业。

就在丽丽近乎绝望地想着这些事情的时候，突然一个熟悉的身影出现在不远处，丽丽擦了擦眼睛，不曾想前面的正是胡老师。丽丽冲了过去，抱住胡老师放声地哭了起来，胡老师拍着丽丽并紧紧抱着她，丽丽没有说话，只知道胡老师可以让自己好好宣泄这些日子的委屈与心酸。胡老师是丽丽的班主任，半个月前，高三年级开始上课了，但是丽丽一直没有到学校，胡老师开始以为是刚刚过完年，可能家里有些亲戚还没走，所以晚几天也很正常，但是丽丽一连一个星期也没到学校，胡老师觉得不对劲了。丽丽是班长，平常出勤都是最准时的，而且有什么事情都会提前请假，现在这么长时间没到学校，也没有音信，估计是家里出了什么状况。于是胡老师找了几个和丽丽一个村的同学了解情况。丽丽家庭情况很不好，家里没有电话，所以也没有打电话到学校，几个同学也不是很清楚，只是知道丽丽的爸爸在煤矿出事了，还住进了医院，其他的事他们也不了解。胡老师心想，丽丽爸爸出事了，还有她妈妈可以照顾，应该不需要丽丽在家照顾的，最后胡老师还是决定亲自去丽丽家跑一趟。这一去才发现问题，原来丽丽根本就不在家，更严重的是就连丽丽的爸爸妈妈都不知道丽丽在什么地方，丽丽是偷偷跑出去的，她父母也非常着急，到处托人打听，而且丽丽的爸爸在家养病，妈妈要照顾爸爸，都没法抽出时间去寻找丽丽，父母也是心急如焚。现在胡老师来了，丽丽父母正好可以请胡老师帮忙找找，而且胡老师人特别好，曾多次帮助过他们家，胡老师当然也是答应了下来。没来得及在丽丽家多待一分钟，胡老师就出门到处打听丽丽的消息了。

开始的时候，胡老师也没有任何头绪，根据丽丽父母介绍，丽丽应该不会在亲戚家，而且也不会走太远，因为她身上没有多少钱。胡老师决定还是应该从她最要好的朋友开始，于是回到学校之后找到了几个和丽丽要好的女生，但是她们都说不知道，这可难倒了胡老师。正在一筹莫展的时候，胡老师突然想到，这几个和丽丽要好的朋友都是在学校才有机会在一起的，而暑假期间丽丽应该和她们接触很少，当然也不可能知道丽丽的行踪了。胡老师又匆匆忙忙赶到丽丽的家，询问丽丽在村里要好的朋友，最后找到了小兰。她比丽丽大一岁，初中毕业之后就到上海打工了，她俩从小一起长大，一直以来，小兰都非常照顾丽丽。胡老师在丽丽母亲的带领下来到了小兰家，但是小兰去上海打工了，幸好留了电话。胡老师急忙打了个电话给小兰，据小兰介绍，丽丽前段时间确实常来找她，而且有一次还哭着跑过来问她怎么能赚到钱，到上海的火车票要多少钱。小兰问她为什么想知道这些时，丽丽也没有说，后来小兰还借给了丽丽 100 元钱。胡老师当时就断定，丽丽肯定是一个人跑到上海去了，想到丽丽一个女孩孤苦伶仃地在外地，身上又没有多少钱，肯定受尽了苦头，所以胡老师立即出发前去上海寻找丽丽，苦苦找了两天，才终于找到了她。胡老师把丽丽带回家之后，丽丽发了一天的高烧，迷迷糊糊之中还不断念叨着“我想上学”，一旁的母亲一边帮丽丽擦着汗珠和眼角的泪水，一边自己也流下了眼泪。等丽丽醒来之后，胡老师再次来到她家里，一是来看望一下丽丽，二是来把丽丽带回学校上课。但是令胡老师吃惊的是，丽丽迷茫地望着胡老师，告诉她自己不想回学校了，也不想上学了。经过胡老师很长时间的劝说，最终还是无法改变丽丽的决心。胡老师在万般无奈之下，决定还是请学校的社工王老师帮忙，因为她明白丽丽不是真的不想上学，肯定是有其他的苦衷和难言之隐，而且这么优秀的一名学生如果就这样辍学实在是太可惜了。

第三节 社工介入的过程

目前，除了正统的问题解决取向之外，社会工作者在实务工作中把社工和案主面对的问题做出更为具体的界定，已是社会工作中得到广泛认可的实用基础。[①]接下来我们就结合一个具体的案例来看看在实务工作中，我们的社会工作者是如何运用问题解决理论来服务案主的。

一、接案

胡老师把丽丽的基本情况告诉王老师之后，王老师很快决定接手这个案例，他不想丽丽在历经千辛万苦之后还是不得不接受辍学的现实。王老

① ［英］Malcolm Payne：《现代社会工作理论》，何雪松、张宇莲、程福财等译，华东理工大学出版社 2005 年版，第 95 页。

师也很明白，像丽丽这样的事情，处理起来应该会比较棘手，因为首先丽丽并不是自愿接受服务的，而是其班主任胡老师请社工王老师前来帮助处理；其次，丽丽的事例比较特殊，她的家庭条件非常不好，王老师在接触的过程中，要做好充分的心理准备；最后，王老师还必须妥善处理好接案过程中的沉默问题，由于丽丽不愿对外人吐露自己的心声，所以王老师在和丽丽谈话的时候，可能多数时间丽丽都会沉默不语。这样看来，王老师在初次接触丽丽的时候，必须做好充分的准备工作。为此，王老师还专门拟了一份面谈提纲：①

1. 自我介绍，如学习经历、机构的特点等；

2. 简要说明本次会谈的目的和彼此的角色，目的是了解丽丽家庭的情况和需要帮助解决的问题，以便以后能提供切实的帮助；

3. 向丽丽和胡老师说明本机构的相关政策和基本原则，如机构的服务内容、保密原则、工作过程等；

4. 征求丽丽的反馈，即对上述内容是否理解、有没有什么问题；

5. 询问家庭和家庭成员的基本情况；

6. 了解丽丽的期望，即希望帮助解决的问题和困难；

7. 小结本次面谈的要点，探讨下次面谈的时间、地点和内容。

做好了这些前期准备之后，王老师在胡老师的陪同下来到了丽丽家里。丽丽的母亲非常热情地接待了两位老师，丽丽由于高烧靠在床上没有起来，但是听到胡老师来了，还是非常激动。王老师虽然之前大致了解了一些丽丽的家庭情况，但进屋之后还是被眼前的情景惊呆了：低矮的土房子中，几乎没有一件像样的家具，屋里没有开灯，很是昏暗，就靠屋顶的几片透明的瓦片透射进一点亮光，屋内气氛非常压抑。但是狭小的屋子却收拾得井井有条，丽丽母亲热情的招待也让整个屋里热闹起来，王老师带着一些补品先是来到了丽丽父亲的房间。丽丽的父亲由于在矿上受了伤，现在一直没有好，只能天天躺着，丽丽母亲照顾着他的饮食起居。

"刘先生，您好！我是丽丽学校的老师，来看望您了。"

"哦，感谢你们啊，我身体没事。"

"您出这事，也确实不好办，但是相信政府一定会帮您解决的。"

"煤炭老板太黑心了，我一个老百姓能咋办呢？哎，都是为了孩子

① 朱眉华、文军：《社会工作实务手册》，社会科学文献出版社 2006 年版，第 36 页。

啊，你们一定要好好劝劝丽丽，不读书不行啊！”

“我们来正是为了这事，您安心养伤吧，祝您早日康复！”

“谢谢你们。”

王老师随即来到丽丽的房间，先简单地自我介绍了一下。丽丽也不明白社工到底是做什么的，只是感觉肯定是来劝她回学校的，所以不想多说话。幸好王老师之前有心理准备，明白大多数时候丽丽都会很沉默，不愿表露自己的真实想法。王老师也没有紧逼丽丽谈为什么不想回学校了，更没有问她怎么一个人跑到上海去，而是和胡老师聊起了学校的事情，聊起了丽丽的班集体，聊到大家过年回来后都变得比以前更加刻苦了，而且班上明天打算开班会，大家共同来分享一下学习心得，以及谈谈自己理想中的大学。这时丽丽再也忍不住了：

“胡老师，我们现在谁是班长，班会谁主持？”

“班长还是你啊，还是你来主持。”

“可是……”

“别可是了，同学们都等着你回去呢！”

“我……我不打算再回学校了。对不起！”

“明天身体就好了，怎么能不回学校呢？大家都很想念你。”

丽丽没有再说话，只是轻轻地点了一下头。王老师欣慰地笑了，告诉丽丽班会之后去一趟他办公室，丽丽也答应了。王老师明白，现在突然要她说不想回学校的原因，她肯定不愿意说，而且父母都在家，她估计也不想当着父母的面说什么，还是选择明天回学校再说比较妥当一些。

二、收集资料与预估

第二天一大早，丽丽就来到了学校，但是她没有直接进教室，也没有背书包，而是小心翼翼的像是躲着谁似的，其实她是怕见到同学和老师。胡老师去教室了，监督同学们上早自习，于是王老师招呼丽丽进办公室聊一聊。

“丽丽，来这么早啊，今天身体好些了吗？”

“好了。”

“怎么不进教室呢？你看同学们都在认真读书。”

"嗯……"

"你怎么没背书包呢？你落下的课要好好补起来才行。"

"王老师，其实我是来收拾东西的，我不想读了。"

"你怎么会这么想呢？你成绩这么优秀，将来一定可以上个好大学的，而且你现在回家了能干什么呢？你想过吗？"

"我现在可以去外面打工了。"

"你难道还不知道外面的艰辛吗？你去上海的那段日子，难道你还想再过一次吗？"

"可是……"

丽丽低下头沉默了很长时间，王老师也没有说话，这时候应该让丽丽来宣泄自己的感受。过了一会儿，王老师发现，丽丽竟然抽泣了起来，而且声音越来越大，最后竟然哭出声来了，哭得非常伤心，仿佛要把在上海乞讨的那段日子所受的苦和委屈通通释放出来。王老师只是在旁边递纸巾，也不说话。大约这样过了5分钟，丽丽终于停止了哭泣，但是还是不愿意抬起头来，王老师这时把凳子又拉近了一点，轻声地安慰丽丽：

"哭吧，哭出来会舒服很多的。现在你愿意告诉我为什么要一个人跑到上海去吗？"

"我想去找工作，我这么大了，可以赚钱了。"

"现在应该是你读书的时候，以后等你书读好了，就可以赚很多的钱了。"

"可是我家里现在连学费也交不起，而且我还有两个弟弟要读书。"

"你两个弟弟现在读的是初中，国家有政策可以不用交学费和书本费，而且贫困学生还有补助，他们的问题现在已基本能够解决，根本不用担心。"

"但是他们马上要读高中啊，而且爸妈肯定会让他们读的，到时候我们家要付三个高中生的学费就很困难了，而且我是女孩子，读这么多书也没有用。"

"你这话是听谁说的？你就是因为这个原因才一个人跑到上海去的吗？"

后来丽丽也承认这是她有一天从父亲嘴里听到的，但是不是当面和丽丽讲的，而是她父母小声讲话时被丽丽听到的，所以丽丽才哭着去找小兰，并向小兰借钱，准备去上海找工作。她想自己去赚学费，这样才可以继续她的学业。

王老师终于明白了丽丽的问题了，她不想回学校并不是不想读书了，也不是她父母重男轻女，而是丽丽的家庭经济条件实在难以支付三个孩子的教育费用。既然问题搞清楚了，王老师就要认真着手解决问题了。现在的任务就是要让丽丽回学校来，至于她的学费问题，可以通过希望工程进行捐助，至少高中阶段的学业是要完成的。

这样想明白之后，王老师把所思所想告诉了丽丽，她也没有说什么，只是微微笑了。解决了丽丽的后顾之忧后，王老师让丽丽先回家了，因为她连书包都没有带，今天肯定是没法上课了。王老师让丽丽明天一早再来报到，回家之后和父母好好谈谈。丽丽走了之后，王老师开始查阅希望工程的相关政策以及申请流程等。经过仔细的搜索，终于在一个网站上查到了专门针对高中生的希望工程政策。

王老师仔细阅读了《安徽省希望工程资助优秀困难高中生实施管理细则》，内容包括以下几点：资助对象与申请者为农村或城镇品学兼优且家庭经济困难的全日制在校高中生。申请者应符合如下条件：高中一至三年级在校学生；父母为农民或一方为城镇下岗职工，家庭年人均收入在1 000元人民币(含)以下；遵纪守法，勤奋诚实，品行优良；成绩优秀，每学年总成绩在全班排名前 1/3 以内；在申请本助学金之前没有获得其他奖学金、助学金资助。资助标准 1 000 元/人/学年。申请方式：安徽省资助优秀困难高中生采取个人年度申请制度。凡符合申请条件的学生，每学年均需填报《安徽省希望工程优秀困难高中生助学金申请表》进行申请，其中助学金再次申请的学生必须在新学期开学后一个月内完成再申请手续。助学金优先考虑符合条件的再申请学生，对获得资助后未在新学期提出再申请者，将被视为自动放弃。评选资助时间在新学年开学后两个月内完成。

这样看来，根据这项政策，丽丽完全符合希望工程的资助条件，现在开学才半个月，时间上也来得及办理，目前的工作就是要稳定丽丽的情绪，做好丽丽父母的工作。至于丽丽的生活来源，还可以找一些其他办法，例如学校里的勤工助学。

三、制订社会工作计划

经过辛苦的努力，王老师基本上把丽丽的情况都了解清楚了。对于丽丽的家庭情况、丽丽在学校各方面的表现以及丽丽现在面临的问题，王老师基本上能理出一条比较清晰的线索，接下来就是要把这些想法制订成一份比较完善的工作计划。根据目前所掌握的情况，王老师对于处理丽丽的事情也非常有信心了，但是丽丽的事情处理起来会比较麻烦，必须考虑到事情的方方面面，而且根据问题解决模式的观点，人的一生都是在处理问题，是一个不断解决问题的过程，因此提高丽丽处理问题的能力才是工作的重点。

针对丽丽这个案例，王老师制订了本次工作的总目标：帮助丽丽解决实际困难，帮助其获得更多的外部资源，享有更多的解决问题的机会，最终提高丽丽处理问题的能力。确定了总目标之后，还必须对总目标进行细化，制订出一些切实可行的具体目标。王老师经过认真思考，归纳了一系列的问题，接下来就要将需处理的问题进行排序，然后再一个一个解决，最终这些要解决的问题包括：

1. 确保丽丽能尽快回到学校。虽然丽丽和王老师说好明天会回学校，但是王老师对此也不是很确定，毕竟丽丽下这样的决心还是不容易的，所以一旦丽丽不来学校，则必须同胡老师一起再去趟丽丽家，一定要把丽丽带回来。

2. 这半个月来丽丽落下的课程，必须找同学和老师补起来。高中的课程比较难，如果再落下几节课，以后就很难跟上来，所以必须尽快安排任课老师为她补习，另外老师的时间毕竟有限，所以还必须找班上几个成绩好的学生，在课余时间帮丽丽补习课程，不能落下一个知识点。

3. 征询校领导意见，联系当地希望工程办公室，掌握希望工程资助的申请程序。按照希望工程的政策要求，开学一个月内必须完成申请，所以要抓紧时间准备申请材料，确保丽丽能获得希望工程的资助，这样就能基本上解决丽丽的后顾之忧了，让她尽早安心地读书。

4. 帮助丽丽开拓外部资源，寻求勤工助学的机会，虽然辛苦一些，但是毕竟能解决生活费用的问题。相信丽丽可以吃得了这个苦，同时要平衡好勤工助学和学习的关系，一切以丽丽的学业为重，不能因为勤工助学而耽误了学习。

5. 等把丽丽的事情妥善处理完毕之后，还应该再去家访一次，因为丽丽就是因为听到父母私下说不想让她读书了，所以才跑到上海，想自己挣钱交学费。告知丽丽父母可以申请希望工程的资助，减轻他们的负担，这样丽丽才有可能完成学业。

6. 最后还需要处理的就是丽丽父亲的事情，受了这么重的伤，而且家庭条件这么困难，看看当地政府是否能提供一些帮助，解决当前的困难。另外王老师还需要帮助丽丽的家庭，这需要学校的协助，对于丽丽以及两个弟弟的教育问题是否有适当的补助或是减免政策。

制订了这些具体的目标和需要解决的实际问题之后，王老师还要将这份计划书和胡老师进行讨论，对于其中涉及的某些问题进一步地细化和完善。带着这份计划书，王老师找到了胡老师。

"胡老师，这是我在充分收集丽丽的情况之后，制订的一份工作计划书，你看看还有什么需要补充的。"

"好的，你费心了。"

胡老师接过计划书，非常仔细地从头到尾看了一遍，紧皱的眉头慢慢松开了。

"毕竟是专业工作者啊，制订得非常详细，我有一点点问题想讨教一下，丽丽缺课这么长时间，同学们都在问原因，到时候丽丽应该怎么回应比较妥当呢？"

"你这点补充得非常好，年轻人都是有自尊的，所以还是尽量不向全班同学公布丽丽的事情要好一些。"

"那丽丽明天回来了，同学们问起来该怎么说呢？"

"我个人觉得，就直接说她父亲生病了，她在家照顾父亲，这样丽丽以后勤工助学也不会觉得难为情了。"

"嗯，那等丽丽回来了，我和她讲一下。"

考虑到学校的情况和丽丽的家庭情况，王老师在制订工作计划的时候并没有签订具体的书面服务协议，只是和胡老师口头商量决定了。王老师整理出了这么多的问题，他明白现在最重要的就是付诸行动了，但是"心急吃不了热豆腐"，问题还需一个一个解决。

四、实施社会工作计划

第二天一大早王老师就起床了，为的是看看丽丽会不会来学校。令他欣慰的是，正当王老师在教室门口转悠的时候，丽丽背着书包出现了，王老师立马迎上去。

“非常高兴你能信守我们昨天的承诺，今天能准时来学校。”

“我是想回来的，但是这么长时间了，不知道怎么面对老师和同学，而且我的学习还落下这么多了。”

“你就安心回教室去吧，同学们都很欢迎你，至于你的课程，我和胡老师会安排任课老师给你补习的，你放心好了。”

“谢谢王老师！”

为了让丽丽勇敢地走进离开了这么久的教室，王老师亲自带着丽丽进来了，这时胡老师也在教室里，同学们都在上早自习。在胡老师的带领下，同学们给予了丽丽热烈的掌声，她的同桌还主动上前拉丽丽坐到座位上。最后王老师倡议将原本应该昨天召开的“放飞梦想，我在行动”的主题班会，调整到今天下午最后一节自修课开，大家也都高兴地同意了。

同学们下早自习之后，有十五分钟的时间去吃早餐，这时王老师和胡老师回到了办公室，正好丽丽班上的几位任课老师都在，于是王老师就和几位老师商量丽丽补课的事情。因为丽丽是文科，除了语文、数学和英语之外，还要上政治、历史和地理课，所以这样来看就是六门课。由于丽丽所在的高中是两个星期休息一次，所以周六周日都是要上晚自习的，而且正好是每门课一个晚自习，这样丽丽就从周一到周六晚上可以在学校，每天由任课老师补习一门课。晚自习一般都是九点下课，几门任课老师商量，决定另外再多为丽丽补习半个小时的课，直到丽丽觉得可以跟得上了，再停止补课。几位老师估计丽丽旷课有半个多月，起码要补两个星期才可以，而且平常课堂上老师都同意适当考虑丽丽的情况，讲得慢一点、细一点，这样对于其他同学而言也更容易接受，同时还可以算是一次简短的复习。这样丽丽补课的事情就商量好了，其实丽丽落下的课程最主要的还是要看丽丽回来之后学习劲头足不足，今后是不是能静下心来努力用功了。

接下来王老师要处理的一个很重要的问题，就是询问学校领导有关希望工程的申请事宜了。王老师明白，只有这个问题解决了，丽丽才能不用为学费的事情烦恼，也才能真正地静下心来读书。找到相关领导之后，经过仔细的询问，原来学校是有学生享受希望工程的资助的，王老师认真听了这些同学的案例，对于希望工程的资助政策有了基本了解，回到办公室之后，又查阅了相关的资料和网站，终于知道：根据安徽省的有关文件，随着国家农村义务教育“两免一补”政策的实施，农村贫困小学生、初中生入学困难问题得到缓解，而贫困高中生就学难的问题则日益凸显。安徽省希望工程办公室宣布：在保证义务教育阶段资助基本不变的前提下，拓展工作重点，开展救助优秀贫困高中生工作。据安徽省希望工程办公室曹勇主任介绍，他们曾调查发现，贫困家庭子女即使到一般高中或者职业高中就学，3年的各种费用加起来也要9 000元以上，而贫困地区一个农民两年半不吃不喝，全部收入也只能承担一个子女读高中的费用。但是与资助小学生完成义务教育不同的是，希望工程资助贫困高中生和大学生，更突出成才效应。因此，在被资助对象的选择上，不仅要求他们是贫困的，而且要求他们学业优秀。在资助贫困高中生的活动中，将不采取以往那种集中发放救助金的形式，而是单独发放，“隐性”资助。“我们的目的就是要让受助的贫困高中生们感觉到：你们不是因为贫困而受到资助的，是因为你们在贫困中体现出来的优秀而受到奖励的！”省希望工程办公室负责人强调。通过以前对于丽丽的相关资料的收集，丽丽是符合这个条件的，现在要做的是赶快联系希望工程办公室，因为时间上还要抓紧，希望工程的资助必须在新学年的一个月内完成申请，而现在已经开学有二十天了。王老师随即拨通了安徽省希望工程办公室的电话。

“喂，您好！这里是希望工程办公室。”

“您好！我是一名社工，想帮助一名贫困高中生申请希望工程的资助。”

“那您需要在我们的网站上下载《安徽希望工程优秀困难高中生助学金(再)申请表》，填好后邮寄到我们办公室，如果符合条件我们会立即进行资助。”

“好的，非常感谢！”

“不客气！”

王老师下载了这份表格，上面除了丽丽要填写自己的家庭情况之外，还需要填写操行评语以及学校推荐意见，另外县级希望工程工作机构意见、省级青年发展基金会以及捐方意见可以交上表格之后再填。王老师估计了一下，应该今天就可以把表格填好，明天就可以寄出去了，希望能尽快得到回信。

下午王老师又去找了几位学校领导，除了告知他们丽丽打算申请希望工程的资助之外，主要是想给丽丽找份勤工助学的工作。高中阶段，不像大学里学业任务相对来说比较轻松，可以从事很多勤工助学。像丽丽这样，学业任务本来就重，还面临着高考的压力，很多的事情丽丽做不了，这样来看的话，能在学校找个事情做是最好的了。后来几位老师把学校主管后勤的老师也找来了，大家共同商量如何解决这件事情。最后经过认真的讨论，初步决定给丽丽找了两件事情：一件是每周给同学们发送报纸。学校为了开阔同学们的视野，巩固大家所学的知识，为每个学生都订阅了一份有关学习方面的报纸，以前这份报纸是由每个班的班长来学校办公室取的，但是每次都有班长忘了取或是来取的时候办公室老师又不在而耽误同学的时间，所以现在由丽丽来专门负责这件事情，应该可以减少许多不必要的麻烦。丽丽只需要每周一的中午将这些报纸送到各个班的班长手上就可以，这样就需要丽丽抽出一个中午，而且一个星期只有一次，应该不会耽误丽丽太多的时间。第二件事就是每周五帮忙打扫食堂的卫生。每周五下午同学们吃完饭之后，学校要求食堂的工作人员对食堂进行彻底清洁，由于是周五，所以经常会有食堂的部分工作人员临时有事情，这样剩下来的几个工作人员来大扫除的话，任务还比较重，所以丽丽可以每周五去一次，每次帮忙打扫一个小时，应该不会耽误她上晚自习。这样的两件事经过老师商量，每个月可以发给丽丽 300 元的工资，虽然不是很多，但是基本上能保证丽丽的日常生活消费了。

等把这件事办妥当了，也到了丽丽他们开班会的时间，教室的黑板上整齐地写着“放飞梦想，我在行动”几个大字，同学们也都放下了手上的书本，叽叽喳喳地议论起来。王老师找了个后排的座位坐下来，可以看得出来，同学们都非常兴奋同时又有点拘束，羞于表达自己的想法。胡老师本来打算由丽丽来主持班会的，但是后来觉得这次班会对于同学们来说比较重要，所以决定还是由她亲自主持，而丽丽第一个主动起来发言。

“我的梦想是考取一所好的大学，我理想中的大学是一座美丽的城堡，在那里四季如春，到处鸟语花香，清晨树林里、草地上有我的朗读声，傍晚有我和三两个好友的嬉闹声。在我的大学里，应该是非常自由的，除了上课之外，还有许多想做的事情，我想参加自己感兴趣的社团，多学些课外知识，提高自己各方面的能力。进了大学我还想找一些兼职活动，锻炼自己的实践能力，我要在大学里自己养活自己，进了大学之后，我还想……”

丽丽讲了大概有二十分钟，老师和同学们都沉浸在她所描绘的美妙的大学情景之中了，但是现实的努力才是最重要的，丽丽也非常明白这一点，所以后面她也表明了自己希望奋发向上的决心，同学们对于丽丽精彩的演讲给予了热烈的掌声。等班会结束之后，王老师找到了丽丽，告知了她勤工助学的事情，丽丽也非常开心地答应了下来，随后王老师把希望工程的资助申请表给了丽丽，有些内容需要她本人亲自来填写。下了晚自习之后，丽丽填好了表并交给了王老师，这样明天就可以把表格寄出去了。

第二天一大早，王老师先是把丽丽的申请表找学校的相关领导签字盖章，而后顺利地寄了出去。接下来要处理的问题可能比较棘手，他还需要去丽丽家一次，主要的任务是看看还有没有什么可以帮到丽丽的家庭的。到了丽丽家之后，丽丽的妈妈热情地把王老师迎进了屋，简单的寒暄之后，王老师向他们介绍了丽丽在学校的安排和基本情况，虽然丽丽现在可能比较辛苦，但是起码能保证丽丽继续学业了。说到这里，王老师立即转移了话题问道：

“你们知道丽丽为什么要突然跑到上海去吗？”

“那孩子肯定是觉得家里太困难了，供不起她读书，想自己出去赚钱继续上学，也可以减轻家里的负担。”

“对，这是主要的原因，那你们仔细想想还有其他什么原因吗？”

“这我们还真不知道。”

“那我帮你们回想一下，你们是不是有一次晚上说起孩子上学的事了，并且说打算让两个儿子读书，女孩子读书也没什么用？”

“哎呀，这傻丫头听到了？我俩就是随口说说啊，我们怎么可能真的忍心让她不读了呢？没想到还让孩子给听到了。”

“你们俩的心情我明白，但是丽丽毕竟是个孩子，而且又特别想读书，所以以后啊，千万不能再有这种想法了。”

“是啊，不能再这样想了。”

“而且丽丽如果得到希望工程的资助，再加上学校里勤工助学的补助，生活费和学费基本上不用家里操心了，你们就让她安心读书吧。”

“我们当然希望她好好读书，并且将来考上好的大学。”

“那就好，另外你们家这个情况，你看看我还能帮上什么忙吗？”

这样话题就转到丽丽两个弟弟的生活费问题了，按照目前的教育政策，丽丽两个弟弟的学费和书本费都不用交了，现在的问题就是他们的生活费。以前丽丽的爸爸在外打工的时候，家里还能勉强维持，孩子的生活费基本上能够保证，所以学校的关于住宿生生活补助的费用丽丽家也没有申请，因为还有更多更困难的家庭。但是现在不一样了，丽丽爸爸这次受伤基本花掉了家里的积蓄，再加上现在病还没有好需要补养，丽丽的妈妈因为要照顾丈夫，所以也不能出去做事，现在每个星期两个孩子都要回来拿生活费，家里已经十分困难了，上个星期两个孩子就带着咸菜和家里炒的花生作为平时的伙食去了学校。

王老师知道这个情况之后，就和丽丽的妈妈一起来到了村长家里，因为有关初中贫困住宿生的生活补助名额是由学校和村长共同推荐的，所以让村长了解这个情况也非常有必要。来到村长家表明了来意之后，村长也觉得这种情况应该给予照顾，当即就打了个电话到丽丽两个弟弟所在的学校，经过商量，村长决定明天去学校专门办理这个事情。

从丽丽家回到学校之后，王老师还是感觉放不下心，但是能办的事情也基本都办了，丽丽的问题也都一个一个处理了，关键是看执行得怎么样了。 所以王老师的任务还没有完成，还要继续关注事情的进展。

五、评估与结案

接下来的三天里，王老师没有再找丽丽谈话，而是一直默默关注着丽丽回到学校之后的状态。据他的观察，丽丽的学习劲头比以前更足了，每次放学之后自己还要在教室里学习很久才去食堂吃饭，免得排队浪费时间。老师们对于丽丽的表现也非常满意，丽丽落下的课程也正在补习之中，且效果还不错。由于丽丽的刻苦努力，老师讲的内容也慢慢能跟上了。

丽丽回到学校不久，学校领导收到了安徽省希望工程办公室的回信以及助学金，王老师听到这个消息也是非常兴奋。丽丽接到助学金之后激动得都说不出话来了，其实也不需要说什么了，关键是要用自己的行动和成绩证明希望工程的选择没有错，这才是最好的回答。

周六回到家里，丽丽兴奋地向父母讲述了回学校之后自己的学习和生活情况，她要让父母知道，现在自己的生活不再需要他们操心了，而且自己也会更加努力学习，一定要考上一所好的大学，继续完成自己的学业，实现自己的梦想。另外自己现在处理问题的能力也大大提高了，虽然以后还是会遇到很多问题，但是自己不怕了，自己有信心能战胜任何困难。父母也都替女儿高兴，并且又告诉了丽丽一个好消息，两个弟弟的住宿补助也发下来了，现在他们的生活问题也基本能够解决了，爸爸的伤势也好得差不多了，要不了多久就能痊愈，家里的情况肯定会慢慢好起来的。

丽丽回学校之后，把家里的情况也详细地向王老师讲了。这样随着丽丽这些问题的解决，也到了该结案的时候了。王老师和丽丽一起回顾了这些天来丽丽情况的转变，确认之前制订的目标基本完成了，而且通过这些日子的经历，丽丽处理问题的能力也得到很大提升，这也说明了王老师当初选择问题解决模式来处理这个案例是非常正确的。最后王老师和丽丽一起拟订了一份结案报告，这样丽丽的案例就结束了。丽丽表达了对王老师的诚挚谢意，道别的时候眼睛都湿润了。

第四节　理论研习与案例反思

此案例比较复杂，处理起来也比较棘手，社工王老师在处理的时候采用的是问题解决模式，整体而言比较顺利地解决了案主当前所面临的问题，为其提供了许多有用的资源和机会，在问题解决的过程中也提高了案主处理问题的能力。

一、问题解决理论的基本假设和处置原则

问题解决理论的基本假设是所有人类的生活就是问题解决的过程。一个人自出生到死亡，对其自身、对其他人、对事物或环境、对内在情绪生活，事实上都在致力于寻求解决问题的途径，以获得快乐、报酬、稳定来取代痛苦、惩罚以及不均衡的状况，并追求较为舒适和较佳的生活。因此，一个人每天最主要的事情就是适当地运作其自我功能。所以，通常需要帮助的案主，往往是由于他们自己解决问题的方式不适当或是缺乏能力所致。问题解决观点的隐含性假设认为：一个人缺乏处理其自身问题的能力，往往是由于他缺乏动机以及机会，致使他难以采取适当的方式来解决

或减轻其问题。从上述基本假设与隐含假设来看，解决问题的过程应包含的行动目标有：[①]

1. 尽可能减少案主的焦虑与惧怕心理，并提供支持与安全的保证，使其自我概念增强，自我能力提升；

2. 增强案主的自我功能，包括其认知、判断、选择、理解情感以及行动方面的能力；

3. 提升案主解决或减轻问题所必需的机会与来源。

一个个案工作者在面对申请协助的个人时，首先，他应该视受助者为独特的个体，并接纳他。其次，他应该承认受助者所带来的问题不仅只是其表面上所呈现的问题，在工作中也应该注意到此表面问题背后所隐含的其他人物、受助者过去的生活经验、受助者的人格动力因素与所处的环境等。另外，工作者也应该考虑受助者现实性改变的能力，以及他对未来的看法，如此才能寻获一些最有利于受助者的途径，以帮助他解决问题。

基于问题解决理论的基本假设及目标，我们将重点关注问题解决理论应用于社会工作实务时的处置原则，它主要包括面对案主求助时的原则和社工选择处理案主问题时的原则。这两点均是该理论模式的基本处置原则。

其一，面对案主求助时的处置原则。当一个人无法解决自己的问题时，他就需要寻求帮助。帕尔曼认为在以下几种情况下，一个人往往需要寻求个案社工的帮助：当个人缺乏解决问题的资源时，如物质、经济或情感；当个人期望和个人动机与个人实现这些期望的能力出现不均衡时；当他人对发展的期望和观点与自己的期望和观点发生冲突时；当感情信息出现障碍或困扰，使个人不可能或无能力解决内心冲突时；出现以上各种情况的综合时。

张作俭认为社工在与案主进行互动的过程中还应该尽力做到：思想开放，有激发性以及开发案主的动力；不拘一格，但要多次重复案主精神上、感情上的需要，强调案主个人解决问题潜能的需要；帮助案主在案主自己的社会网络中寻找问题解决的途径和资源，这些途径和资源往往是个案社工帮助案主自己解决自己问题或缓解自己问题时不可缺少的。[②]

其二，社工选择处理案主问题时的原则。问题对于案主来说，必然是

---

① 廖荣利：《社会工作理论与模式》，台湾五南图书出版公司2002年版，第61－69页。

② 张作俭：“个案社会工作中的问题解决模式”，载《民政论坛》1999年第2期。

使其日常生活已产生一种苦楚、不舒适的感受，只是案主所认知的问题，并不一定是最主要的问题或是个人困扰的基本原因，它很可能是案主目前生活情境里所引起困扰或伤害的某些问题，但是案主往往宁可将之排除或忽视。因此，社工在面对案主时，首先必须确知其真正问题所在，什么问题是亟须解决的；另外，面对案主的人格特质与问题的多样性，个案工作者在做问题的选择时，须依循下列三项依据。[①]① 案主的需要与需求的确定：案主所呈现的问题，可能是真正问题所在，但也可能是其主要关切部分的边缘，对此个案工作者应以案主的看法为主，然后慢慢加以引导，使其能觉察或接受不同的解释或看法，并使其真正地认知自己的问题所在；② 专业知识与专业判断为依据：社工以客观的科学态度，依据专业知识与专业判断去处理，才能触及案主的核心问题(Hard-Core Problem)；③ 机构的目标与提供服务的达成：每个机构所提供的服务，往往是特定且有限的，因此社工应熟知并善加运作本机构的目标与功能，在所能提供服务的范围内尽力帮助案主。

总而言之，社会工作者应该依据其专业判断，根据机构特定功能以及案主真实需求做出反应，以协助案主真正解决问题。此外，社工也应该了解案主当前所呈现问题的焦点所在，不仅受先前事件、情况以及结果的影响，同时眼前迫在眉睫的问题，也可能成为将来不断产生的问题的根源，而当前外在的遭遇也可能内化为来日生活的基础。因此，案主处理问题的经验，假如缺乏有效的引导，也许会造成一种长期的恶性循环，使得问题越积越多，情况愈发复杂。据此，社工对于案主真正问题的解决，必须用谨慎的态度加以处理，以期实现“助人自助”的终极目标。

二、问题解决理论的处置过程和实务技巧

从心理学上来看，问题解决是一个极其复杂的过程，所以到目前为止对这一问题仍然没有一致的看法。学者们众说纷纭，主要的观点包括：桑代克(E. L Thorndike)的试误说，其认为问题解决的过程是一个尝试错误的渐进过程，通过多次偶然性地尝试错误，最后找到问题的答案；科勒

① 廖荣利：《社会工作理论与模式》，台湾五南图书出版公司2002年版，第64－65页。

(Wolfgang Kohler)的顿悟指出，问题解决是对整个问题情景的突然领悟和豁然开朗，即突然领悟到手段和目的之间的关系；邓克尔(Karl Danker)的三个水平模式认为问题解决由一系列相互联系的心理组织构成，每一个心理组织都把问题分析综合为更狭小、更明确的陈述，一般要经历以下三个水平，即一般范围、功能解决和特殊解决，可见问题解决过程不是按一个方向简单进行的，而是一个反复曲折的过程；纽威尔和西蒙(Newell & Simon)则采用计算机模拟技术研究人类的问题解决，他们认为问题解决就是在问题空间进行探索，运用一系列认知操作以达到目标的过程，其中问题空间是指问题解决者对所要解决的问题的一切可能的认识状态，包括问题的初始状态、中间状态和目标状态。①

问题解决模式运用于社会工作领域中后，其开创者波尔曼将问题解决程序分为三步：第一步，协助受助者消除焦虑、振作精神、寻觅方向以促成其个人的成熟；第二步，协助受助者疏导其情绪上的困扰，促进其精神、情绪和行为力量的持续演练，以增进其对问题自身以及环境的适应力；第三步，协助受助者发现或解决及减轻问题的可行途径。②问题解决模式处置过程还有其他学者进行过论述，陈德云总结了问题解决模式的三个步骤。③高文指出问题解决可以划分为四个基本过程，即表征(Representing)、策划(Planning)、执行(Executing)、控制(Controlling)。④而王延文等人强调，尽管心理学家、数学教育学家对问题解决模式的描述各有所异，但总括说来，大都注意了这一复杂过程的阶段性，强调感觉、思维及选择的能力水平，注意以启发的方式来引导、描述各阶段的发生过程。概括起来，问题解决大致应包含以下五个步骤：阅读问题；探究问题；选择解题策略；解决问题；复习、回顾和验证解答。⑤

在一篇《问题解决：一种社会工作实施模式》的文章中，作者提出了一个相当详尽的诊断与服务计划的流程表，在这种格式中包含了三个阶段和十个步骤，这样的划分对于专业的社工来说非常具有实用价值。这三个阶段分别是接触阶段、确立阶段以及行动阶段，而这三个不同阶段又包含

---

① 张积家：《普通心理学》，广东高等教育出版社 2004 年版，第 273－375 页。
② 廖荣利：《社会工作理论与模式》，台湾五南图书出版公司 2002 年版，第 58 页。
③ 陈德云："问题解决模式"，载《现代教学》2004 年第 5 期。
④ 高文："一般的问题解决模式"，载《外国教育资料》1999 年第 6 期。
⑤ 王延文等："'问题解决'及其研究综述"，载《数学教育学报》1995 年第3 期。

了十个步骤。[①]

1. 接触阶段

(1) 问题的界定：案主对问题的了解；与案主互动的重要系统（如家庭、学校、社区和其他等）对问题的界定；社工如何看待此问题；社工应处理的问题。

(2) 目标的鉴定：案主希望的问题解决方式是什么（包括短期目标和长期目标）；案主认为在问题解决的过程中，需要什么资源；案主寻求和期待的帮助是什么；社工对问题结果所期待的目标是什么；社工所相信的服务体系能够或应该提供给案主以期达到的目标是什么。

(3) 准备：澄清服务的实际情形和能力极限；了解进一步进行工作的特质；专业关系的确立；肯定案主的权利、期望和自我独立，并确定工作者可以介入。

(4) 了解与分析：动机（不舒服的感觉、希望和期望）；可选择的机会；案主的能力。

2. 确立阶段

(1) 评价与判断：所界定的问题有无或如何配合案主的需要；分析整个情形，以了解主要运作的因素；考虑产生持续的需要，所缺乏的重要因素；鉴定出最具关键性的因素，了解其彼此间的相互关系，并选择出哪些是能够予以进行介入和改善的；了解可运用的资源、力量和动机；从社会工作的专业体系中选择和使用适当的命题、原则和概念；用观念架构来组织所有的因素。

(2) 形成行动的计划：研究与设置一个合理的、可行的目标；决定适当的服务模式；改变努力的重点；考虑案主内部或外在的力量中，有没有会妨碍计划的；考虑社工的知识和技术，以及实行计划所需要的时间。

(3) 预估：社工对于计划的成功有多少信心。

3. 行动阶段

(1) 计划的执行：首先明确介入的重点和工作的分配，其次了解资源与服务的运用，以及如何运用工作方法，在何时、对何人做何事。

(2) 结案：与案主共同评价目标或工作的完成与否，以及整个工作过程的意义；成功调试结束与分离所产生的感觉；维持效果。

---

① 廖荣利：《社会工作理论与模式》，台湾五南图书出版公司2002年版，第67－69页。

（3）评估：持续的过程；目标是否确实达成；使用的方法是否适当。

此外，问题解决模式在实务工作中也具有一些独特的处置技巧。这其中包括建立专业关系的技巧和问题解决过程中的技巧两方面。

其一，建立专业关系的技巧。社工与案主的关系（Caseworker-Client Relationship）是指：当案主与社工共同处理问题，并且社工试着运用其专业知识时，个案工作的关系已经开始。任何持续成长的个案工作关系，都应该包含四个要求，即接受（Acceptance）、期待（Expectation）、支持（Support）以及激励（Stimulation）。[①]借由接受、期待、支持以及激励的作用，社工可促使案主产生自信心，并获得社工的接纳，社工同理心的反应可以让案主产生温暖的感受，同时社工期望通过此种协助关系，促使案主改变自己及其所处的环境。

此种专业关系通常要有明确的目标，同时此种关系具有客观性与目标性，社工应该善于运用自身的专业知识、专业判断力以及专业技术，并以客观的立场为案主寻觅一些适切可行的途径与目标。因此此种关系纯粹建立在专业关系层面上，在此层面上社工对案主要有协助的能力与意愿，还要具备一种专家权威与责任心。在社工和案主连续相互作用的过程中，社工的主要责任是把握和控制社工与案主相互作用的过程，而案主的主要责任则是促使自己发生改变。[②]严格说来，只有在案主与社工之间有了接受、期待、安全以及激励作用的基础上，解决问题的工作方能顺利进行与达到预期功效。这些技巧值得所有专业社工铭记于心。

其二，问题解决过程中的技巧。问题解决模式中的解决问题的含义，一方面是解决一个人的问题，另一方面也在追求更多或更佳的满足。因此当我们说某一个人“适应良好”“心理健康”以及“过得很好”时，并不意味着他的环境是处于一种完美状态，而是指他所面对的问题并没有那么多或没有超过他的承受范围。解决问题的过程本身，就在于尝试激发并支持案主的自我功能的有效运作。因此，在提供服务时，社工有三个方面需要注意：

① 社工要反复地对案主引导、肯定，并反映或模塑案主的认知、思考以及对问题的情绪反应，同时社工也要对于可能解决的办法加以评估，并

① 廖荣利：《社会工作理论与模式》，台湾五南图书出版公司2002年版，第84页。

② 张作俭：“个案社会工作中的问题解决模式”，载《民政论坛》1999年第2期。

考虑整个行动过程和可能产生的后果。

② 社工必须对每一个步骤都有明确的认识，同时借着案主的参与，使案主能知道其实际或潜在处理问题的能力，并积极地视其为一位重要者，而非仅仅是一个受害者。

③ 解决问题的程序并非从问题的研究开始，而是从面对案主时就已开始，问题解决模式的中心，在于使案主有能力去观察与察觉，也要使案主能承认他的困难，了解他应如何做选择和决定，这样才会有助于其对问题的解决。在此过程中，一个人接受帮助，并运用其自愿适应的能力，进而将这些再施用于实际生活中，另外与案主问题有关的重要他人(Significance Others)也要加入到整个解决问题的过程中，只有这样才能为案主带来更大的福利。

三、案例反思

关于此案例中运用问题解决模式，总的来说是非常适合的。丽丽的问题非常复杂，不仅有心理和情绪上的问题，更有许多实际的问题。研究问题解决模式的学者认为，每个人所关注的问题解决的办法实际上掌握在他们自己手中，通过对他们进行有目的的询问，使他们能够发现自己解决问题的出路。其假设是个人能够创造自己的“规则”以及自己关注的特定问题，而这些规则将个人锁定在相应的态度和行为模式中。然而，正如大多数规则一样，总有例外存在，探索这些“例外”可以向个体提供重要的问题解决的信息。以问题解决为核心的模式是一种讨论解决方法而不只是提出问题的能力模式。由于这种模式强调能力和常识，因此其方法和技术已在学校环境中得到越来越广泛的应用。[①]针对丽丽的实际情况，社工王老师考虑得非常全面，整理了六个大的需要解决的问题，而且个个都影响着丽丽，对于丽丽是否能完成学业起着关键的作用。但是这么多问题应该怎样着手，究竟先处理哪一个后处理哪一个呢？这就有必要结合问题解决模式的理论要求来进行思考了。有关学者指出，确立优先处理的问题的标准包括：[②]

① 陈德云：“问题解决模式”，载《现代教学》2004 年第 5 期。

② 龙迪：“发展或问题解决模式——一种实用的助人模式”，载《青年研究》1999 年第 2 期。

(1) 首先要帮助求助者处理心理危机；

(2) 从求助者认为重要的问题开始；

(3) 从使求助者感到痛苦的问题开始；

(4) 无论是否重要，从求助者愿意处理的问题开始；

(5) 从一个较大问题中的某个可以处理的问题开始；

(6) 从一个相对比较容易处理的问题开始；

(7) 该问题一旦处理，会导致求助者的情况全面改善；

(8) 如果可能，可以从不太严重的问题过渡到比较严重的问题；

(9) 集中力量处理收益高于代价的问题。

按照以上标准，有关丽丽的六个问题，王老师进行了排序，并一个一个地加以解决。在运用问题解决模式处理丽丽问题的过程当中，王老师总结出了三个非常重要的问题。

首先，丽丽不来学校上课并不是因为不想上学，而是因为家庭贫困。由于她的父亲在工地受伤，几乎断了一家人的生活来源，而且她还有两个弟弟上学都需要钱，丽丽的学业就很难保证了。直接导致丽丽一个人跑到上海乞讨的原因还在于父母在一次谈话中说到女孩读书没用，所以丽丽才想自己赚钱交学费。这些信息王老师都是后来才慢慢知道的，所以在处理问题的时候，不能只看表面所呈现的问题，而应该看清问题的本质是什么，这才是最重要的。

其次，丽丽没钱上学，独自跑到上海吃尽了苦头，受了很多委屈，这不是说丽丽不懂得赚钱的技巧，不知道天高地厚，而是她的一种非常无奈的选择，她缺乏的是公平教育的机会，而且她也不知道怎样寻求外部资源的帮助。王老师在处理这个案例的过程中发现，丽丽的条件应该可以获得希望工程的资助，通过仔细查询有关信息和资料，最终帮助丽丽获得了希望工程的资助，也解决了丽丽的后顾之忧。

最后，丽丽独自一人跑到上海乞讨，实在是大家都不愿看到的一幕。而对于丽丽来说，如果不是想读书的愿望这么强烈，她也不可能这么做。但是丽丽在解决问题的过程中还是缺乏处理问题的能力，也缺乏获得外部资源的机会。王老师在处理的时候，考虑到丽丽要上课，所以找了在校内勤工助学的机会，以此帮助丽丽获取生活来源。

丽丽终于能回到学校上课了，也能继续着自己未尽的梦想，但是丽丽的问题还会不断出现，有些可能比现在的问题更加棘手。按照问题解决模式的观点，这是非常正常的事情，因为人的一生就是一个不断处理问题的过程，旧的问题解决了，新的问题又会不断出现，周而复始，人生的目标就在这样的过程之中不断地寻求和获取。虽然每个人的追求不同，但是只有提高自己处理问题的能力，才能更快地找到生活的平衡点，以从容的心态面对生活中各种各样的问题，不断朝着理想的目标前进，生活才会变得更美好。

第五节　问题解决理论的主要影响及评价

问题解决理论作为一种“折中性”的范式出现，是因为当时诊断分析式的个案工作模式受到广泛批评，与此同时，它们也不能满足理论和实务等方面日益增长的需求。问题解决理论的形成和发展综合了其他许多流派的思想精髓，并逐渐形成了自己的理论基础。波尔曼强调情景的四个面向：一起工作的人(Person)、待处理的问题(Problem)、工作的地方(Place)，以及工作过程(Process)。这就是著名的问题解决的“四个 P”。后两个“P”是受功能理论的影响而产生的。

问题解决模式假设案主失去解决问题的能力，需要社工协助他们克服那些影响解决问题能力提升的障碍。问题解决模式也受到心理动力理论中自我心理学(Ego Psychology)的影响，强调自我如何管理外在关系。问题解决模式重在问题的诊断与研究，波尔曼认为这是助人过程的要素，助人过程应在最初的几小时内被形成。[①]概括来说，问题解决模式的理论基础涉及许多方面，如杜威的问题思考模式、心理动力论、学习理论、功能理论、存在主义等流派的思想。

问题解决模式在取向上是心理动力的，因为在波尔曼写书的年代，心理动力理论是广为接受的社会工作的心理学基础，对许多社会工作模式保持着持续的影响力，其关于发展、人格和治疗的理论以一些复杂和间接的

① 林万亿：《当代社会工作——理论与方法》，台湾五南图书出版公司 2003 年版，第 199 页。

方式始终发挥着作用。心理动力理论对于问题解决模式的影响主要体现在其强调关系的重要性，而不是一味地指导和控制，并且强调特定情境中人们之间的关系——人在情境中，社工总是要考虑也必须考虑内在心理过程、外在社会因素以及它们如何彼此影响，人们受来自环境压力(Press)的影响，也受内在冲突导致的应激(Stress)的影响，社工的目的是解决由于人们和环境的不平衡而产生的问题，案主受各种社会系统内部或之间的问题的影响，压力和应激以一种复杂的方式相互作用，社工也可能通过直接影响环境而获得成功的效果，但社工很少单独这么做，而通常直接对案主的态度和反应做工作，调整影响案主的各种力量的平衡是重要的，所使用的最重要的社会学概念是角色理论，还有沟通问题。①

此外，功能论的心理学基础来源于弗洛伊德(Sigmund Freud)的学生乐克(Otto Rank)。此派理论不像心理社会治疗理论强调疾病和处理问题，它强调帮助案主个人成长，透过个案工作关系释放出成长的能量。功能论与心理社会治疗最大的不同在于人类成长的社会与文化议题，功能论注重的是社工与案主互动的过程，而不是一连串的诊断与治疗。

史美丽列出了功能论的社会工作的五大原则：① 将案主纳入持续变迁的议题处理的诊断与了解的过程；② 有意识地了解和利用时间阶段(如开始、中间和结束)；③ 运用结构功能来确定工作形式，提供责任让案主明确角色关系；④ 清楚地了解社会工作过程的结构或形式；⑤ 社会工作者利用与案主建立关系来协助他们。功能论避免采用以医疗与问题为基础的模型，而是强调正向、前瞻性的变迁，比心理社会治疗更注重社会因素，也较少关注案主的内心感受，而重视与外在环境的互动，功能论强调时间、过程和成长的观念，对社会工作影响深刻。②

问题情境定义清楚之后，社会工作模式的特征往往蕴含在其假设和目标之中，从问题解决模式的基本假设和目标中，我们可以归纳出问题解决理论的几个基本的特征：首先，问题解决理论认为人的一生都是一个解决问题的过程，因此他是无法达成真正的均衡状态的，所以问题解决模式的主要目的在于帮助一个人或一个家庭处理其目前所无法克服的难题，并利用

---

① ［英］Malcolm Payne：《现代社会工作理论》，何雪松、张宇莲、程福财等译，华东理工大学出版社2005年版，第85－87页。

② 林万亿：《当代社会工作——理论与方法》，台湾五南图书出版公司2003年版，第198－199页。

此方式，充分发挥其自我功能，使其将来在面对同样的难题时，能寻求更佳的处理方式；其次，问题解决模式不仅着眼于对当前问题的解决，更企求通过自我能力的提升，使案主能更有效与更确切地面对未来的问题并加以有效解决；最后，问题解决模式建立在问题已认定与存在的基础之上。

问题解决模式的支持者认为，问题乃起源于个人某些方面的需求受到阻碍，或是他在生活中遭受挫折与不适应等，有时候是上述各种因素的综合。事实上一个人所遇到的问题，往往会影响他生活情境的适当性或处理能力的有效性，所以对于其问题的产生及其影响，必须格外加以重视。

问题解决模式理论是比较复杂的人类思考模式，但其运用于对个人及其家人的助人服务时，它意味着：当案主带着其已显著化和具体性的生活难题来向专业社会工作者寻觅协助或服务时，工作者不仅应该了解其实质需求，并且更应该设法探究与案主难题相关的问题，以便确定案主真正问题的症结所在。另外，当工作者本着理性在协助案主谋求问题解决的有效过程中，工作者应该确切地协助案主调适其内在的情绪困扰，比如冲动、焦虑以及抗拒等。唯有如此才能适时地促使案主充分发挥其解决问题的功效。

通过这一章的阐述我们可以发现，问题解决是一种影响非常深远的理论模式，在不断发展的过程中，其基本概念和工作价值已融入其他的社会工作模式之中。从某种程度上来说，任何社会工作模式都是一种“问题解决”模式，因而问题解决模式的应用范围也非常广泛，不仅可以用于个人，还可以将其扩展至团体、组织以及整个社区，因此社会工作者在实务工作中应该对问题解决模式有很好的了解和运用。

问题解决理论对于社会工作专业的主要贡献在于：它区分了个案社会工作与心理学的不同以及与社会学的不同，着重强调了个体在自身不断发展和问题解决的过程中所扮演角色的重要性，该理论模式由此成为专业社工帮助案主解决问题的有效工具。可以说，问题解决理论在很大程度上为社会工作成为一门独立的学科奠定了坚实的基础。[①]

① 张作俭：“个案社会工作中的问题解决模式”，载《民政论坛》1999 年第 2 期。

视频案例脚本

我是差生我怕谁！
——交互分析理论模式在学业指导与提高中的运用

文 军　易臻真

一、内容概述

现如今，大众对一个学生的评价，尤其是对中小学生的评价，仍是“成绩才是硬道理”。每一位教师在教学工作中，都不会放弃任何学生。在对成绩不理想的学生进行教育转化的过程中，固然需要进行思想品德和文化知识的教育，但心理教育也不容忽视。如果学生没有良好的心理素质，那么任何思想品德和文化知识教育都会显得苍白无力，也无法取得预期的效果。因此，在本书中，我们将看到学校社会工作者是如何运用交互分析理论对学生的学业进行指导与提高的。

旁白：（配动态字幕）

交互分析理论（Transactional Analysis）是一种强调人际沟通交流的分析模式。它旨在将此理论运用于助人专业服务上，强调人与人之间的感情交流与心理互动的分析与治疗功能。从这一理论模式的名称中，我们不难发现，该理论的核心即“交流”“互动”及“分析”。它既可以被视为一种理论流派，也可被当作一种心理治疗方法，还可用来当作训练技巧。因此，其涵盖面和适用面是比较宽泛的。

二、案例背景

镜头一：驻校社工在办公室等待小刚同学。

小刚[①]，今年 15 岁，是一名初三年级的男生。第一次见到他时，是他的班主任派同学去篮球场叫了三趟才“请”来的。进办公室的一瞬间，他带有一种大义凛然的风范，有点儿英勇就义的味道。

① 本案例中所涉及的全部姓名均为化名。

镜头二：回顾事发起因，可用情景拍摄画面也可用旁白叙述方式（镜头给社工写档案画面）。

从小到大，小刚都不是老师、家长心目中的“好学生”。学习成绩总在平均分以下，靠着所谓的“小聪明”，小刚总是在班级倒数十名左右徘徊。小刚长得还不错，帅气，个子又高，篮球打得也很好。但是由于小刚的成绩不好，再加上身高的关系，他一直被安排坐在最后一排。在球场上，小刚总是英姿飒爽；可是在课堂上，他总是眼睑下垂，一副浑身不舒服的样子。尤其是进入初三年级以后，小刚经常说头痛，上课睡觉更加频繁，食欲也有些不振。

小刚的性格略有些孤僻，交谈起来略显困难。班主任老师认为他是全班最顽皮的学生，不听话、上课时不专心听讲、扰乱课堂秩序、常常迟到、打架、不做作业、经常反抗老师。进入初三后，这些情况越发严重了。

小刚也因这些过错受过好几次不同程度上的处分，但是仍旧不思悔改。他自己也真心希望班上的秩序能够变好，免得破坏了班级在学校的名誉。因为爱打篮球的缘故，小刚为班级争得过一些荣誉，但是同学们大多不喜欢他，认为他吹嘘自己的家境，例如他说家中有电脑（其实并没有）。还有一次，班长收齐的班费突然少了一百块，怎么找都没有找到，大家都怀疑是小刚拿了。虽然没有证据，但同学们都很肯定是他干的，这让小刚很难过。

小刚的身世同学们几乎都不知情，曾经家访过的班主任也只是略知一二。小刚生下来还没有满月时，亲生母亲就离开了他，是爸爸又当爹又当妈地把小刚拉扯大。为了小刚，爸爸一直没有再婚。好不容易熬到小刚 15 岁，上了初三，爸爸觉得小刚是大孩子了，才决定再婚。小刚家境也不是很好，住在离学校很远的棚户区。爸爸现在在一家工厂工作，虽然只有四十多岁，但是却显得非常苍老。小刚的家里非常简陋，房子只有一米八高，往下挖了一米，变成两米八，隔成一个阁楼，上面是一张床，一直都是小刚和爸爸一起睡。下面摆了一张桌子后，就显得很拥挤了。

在爸爸看来，小刚绝对不是“坏孩子”！小刚爸爸好几次都被儿子的种种行为所打动。小刚爸爸工作很辛苦，加上省吃俭用，身体一直不是很好。但他总说儿子正是长身体的时候，要多吃一点，虽然家里条件不好，但是小刚的牛奶从来没有断过。有一天，小刚放学回到家，看见爸爸在做饭，小刚操起篮球正准备出门，突然听见厨房里“咣当”一声。小刚跑去一看，爸爸脸色煞白，锅铲掉到了地上……小刚从来没有见过爸爸这样，连忙扶住爸爸，爸爸还没有说话，小刚就哭了起来……小刚这一哭着实让爸爸心头一热，人高马大的儿子心地善良着呢！连着几天，小刚都早早回家，虽然帮不上什么忙，但他总是站在旁边看着爸爸做饭、忙碌。只可惜好景不长，没过两个星期，小刚又回到了从前的生活状态——放学后直奔球场！

小刚的学习成绩才是他父亲最担心的事情。早在小刚进初中的时候，数学老师就断言说他的逆向思维较差，缺乏数的概念。其他科目的老师更是三天两头向班主任抱怨小刚在课堂上以及考试时的表现，说“越教越差了”。小刚早就习惯了被认定为“差生”，谈话间自称“我们差生”。

进入初三后，小刚本来就不理想的成绩开始有了更进一步的滑坡。作业情况也从少做到彻底不做；从早晨到学校来抄作业，到现在干脆连抄都不抄了……无论各科老师怎样强化对小刚的思想和文化知识教育，他就是“刀枪不入”“无法开窍”。小刚成了班级甚至年级中的倒数“前三名”。

进入初三后，老师带领同学们开始了一轮轮的复习，学习压力明显加大，班上的同学似乎也一下子长大了似的，铆足了劲地学习。可是小刚并没有被这种氛围所感染，反而越来越不努力。好几次在课堂上睡觉、看体育类的杂志，有的时候一个人在球场上打球，上课了也不回教室。老师们都不想放弃他，一次次课后把他叫到办公室“补差”。刚开始小刚还有一点儿起色，但是好景不长，过不了几天，小刚就原形毕露了。

日子一天天过去，不少任课老师私下讨论说：“像小刚这样的学生，肯定考不上高中了，自己破罐子破摔！他自己都不想学了，我们干着急有什么用呢？”

小刚自己也说：“我这种差生，老师看着碍眼，同学看着讨厌。反正我就是很笨啊！怎么样都学不会，听也听不懂，老师一讲课我就犯困……那么多作业，我怎么可能记得住，忘记做了也很正常啊！我记得住的作业都做不完……题目难得要命，他们聪明的做起来当然快，我这种差生反正肯定考不上的，我也没有指望要再读书了，无所谓的！”

虽然老师们和小刚自己都这么说，但是老师们并没有真正想放弃他。

（如果可以，还是演员表演更好）

初三上学期的期末考试对于初三的学生们来说是非常重要的，涉及全区的排名，也就是所谓的“定位考”。成绩好的同学，可以通过这次考试获得直升高中的机会。对于成绩不理想的同学，这次考试全区的排名，一是予以警示，更重要的是对这些学生填报志愿时的指导作用。谁知道首场语文考试开场后，小刚竟然不见了。15 分钟后，老师在厕所里找到了小刚。当时为了不影响考试，老师并没有详细询问小刚缘由，只是催促小刚立马回考场考试。

没有想到，小刚愈演愈烈。距离中考还有三个月，小刚居然连续两周逃学。虽然说小刚肯定不可能考进高中了，但是老师们还是相当尽心尽责，除了出于为小刚个人的考虑之外，老师们还考虑到小刚的中考成绩将直接关系到班级乃至全校的升学率。老师们和校长花了很大的力气终于把他“抓”了回来。

班主任非常生气，对小刚说：“学校要处分你的！记大过！”

小刚依旧大义凛然：“记就记，我不在乎！多一个不多，少一个不少！”

班主任老师见这招不管用，继续吓唬小刚道：“你这个样子，我们可是要送你去工读学校的！”

没有想到，这招还是没有吓住小刚，他面不改色地说道：“那正好！我早就想去那里读书了！”

班主任听了，气得脸都绿了，吼道：“那好！既然这样，那你回去就写个申请给我！我们立即送你去！”

更让班主任老师没有想到的是，小刚顺势拿起桌上的纸笔就写了起来。写完后，义无反顾地交给了班主任老师。

这下班主任老师也懵了，没有想到居然这样都没有吓住他。所谓“工读学校”其实是教育那些违反法律、做出越轨行为但还不够进入少管所的未成年人的学校，是一种变相的青少年监管方式。况且工读学校根本不是个人写份申请就能进的，其入学须经当地的区、县教育部门，公安局共同审批。班主任老师之所以这么说，只是想吓唬一下小刚，没有想到适得其反，反而让班主任自己陷入了尴尬的局面。

三、介入过程

班主任老师在和小刚的交流过程中被“将了军”。面对学习成绩不理想的学生，怎样才能真正走进他的内心，了解他们呢？这个时候班主任将所有的希望都寄托在驻校社工刘老师身上了。

（一）接案

刘老师一边安抚不知所措的班主任老师一边笑着说道："不要着急，您带他来我这儿吧！"

镜头三：小刚和社工初次见面。

（小刚在刘老师办公室外探出了脑袋，刘老师笑着迎了上去。）

"小刚，我好久没有见你了，很想念你啊！"

（小刚原本低着头，听到这句话，他抬起头看了看刘老师。）

"你没有来学校一定是有原因的！让我来猜猜是什么原因？"

（刘老师边说边递给小刚一罐可乐。）

（小刚接过去，并没有打开，只是握在手里，抬头看着这位不大像老师的刘老师。）

"一定是遇到什么困难了吧？"

（刘老师拿过可乐罐，帮小刚拉开后再递给他。）"渴了吧？喝点儿！"

（小刚喝了一口，还是不说话，只是盯着刘老师看。可每当刘老师试图与他的目光相会时，他又急忙躲开了。）

"说来听听吧！"（刘老师用期待的眼光注视着小刚。）

（小刚一口气喝完了可乐，一使劲捏瘪了可乐罐。）

"我爸要结婚了！"

（刘老师继续倾听着。）

"我不想和什么后妈住在一起！不要！"

"对的！我非常理解你的心情。"

（刘老师试图用共情来和小刚走得更近。）

（小刚听到这句话后紧紧盯着刘老师的眼睛，委屈地哭了起来。）

（刘老师递给小刚一张纸巾。）

"这么大的人，别哭了！小刚，刘老师特别喜欢你！我这里每天都欢迎你！你课间或是放学后都可以来这里找我。"

"真的吗？"

"那当然！男子汉，一言既出，驷马难追！"

（二）收集资料与预估

刘老师针对小刚的其他情况展开了调查。他除了去小刚家家访之外，还约见过几次小刚的爸爸。听说学校的社工老师肯帮助小刚，小刚的爸爸开心不已，对这位刘老师更是感激不尽，于是保证一定尽全力配合。

镜头四：配刘老师家访、四处奔走的画面，小刚爸爸出镜。

刘老师了解到，其实小刚和爸爸两个人相依为命，感情一直很好。虽然爸爸工作很忙，但是，每天都还是会和小刚聊聊天，听小刚说说在学校发生的故事。在小刚心目中，父亲是慈祥的。小学的时候，小刚的成绩还是不错的。小刚爸爸想到小刚没有妈妈，所以对小刚的要求并不是很严格，他希望小刚能成为一个快乐的孩子。

镜头五：小刚爸爸回忆和小刚的关系变化。

但小刚进入初中后，爸爸渐渐感到"信息短缺"，以往"特别了解"儿子的信心开始动摇。小刚和父亲之间的交流也越来越少，同时，小刚的成绩也开始直线下滑，尤其是小刚的强项——数学。小学的时候，小刚的数学成绩在他所有课程中是最好的。进入初中的第一次期中考试，小刚气急败坏地回到家，爸爸小心翼翼地问："怎么了？"小刚沮丧地说："老师说我没有数学脑子……"

听到小刚这么说，爸爸也懵了，是不是自己儿子真的有问题呢？看着小刚，爸爸也不知道该怎么说。很明显，在学校里，老师对孩子的评价具有决定性的影响。作为家长，小刚爸爸是很信任老师的，他认为老师一定比自己更了解儿子，也许小刚真的缺乏逻辑思维能力。但爸爸一想到小刚从小没有妈妈，就开始心疼儿子："没关系的，你已经尽力了，爸爸不会怪你的！"可慢慢的，爸爸注意到，小刚厌学的倾向越来越明显……

另外，小刚的爸爸等了十四五年才再婚，也算不容易了。刘老师说道："您这次再婚绝对没有错，我能理解！但是，您犯了一个天大的错误！这再婚的事情，您没有和孩子做好工作啊！"小刚的爸爸听到这里，点头承认自己处理欠妥，说自己是个粗人，不知道该怎么跟孩子说。

小刚的家里是有阁层的，房屋很简朴，说简陋也不过分。现在后妈来了，在下面放了一张床。但是，下面的床小刚不肯睡，在上面又不能和爸爸睡一张床了，于是小刚就天天睡在爸爸床旁边的地板上。因为小刚要和爸爸睡在一起！

其实，自从升入初三，小刚就经常说头痛。这学期伊始，小刚上课睡觉更加频繁了，食欲也有些不振。小刚甚至有些憎恶学校，他不止一次跟刘老师谈起过自己感到很孤单，对做什么都不上心，并且憎恶学校刻板枯燥的环境。“为什么我需要每天早上八点来到这里？老师们都不喜欢我！同学们也不愿意和我玩！我觉得我不属于这里。”

镜头六：刘老师整理材料，配旁白。

通过初期的资料收集，刘老师心里已经有底了。首先，对于小刚而言，人际关系可以说是最核心的问题，尤其是和爸爸、后妈，以及老师、同学的关系，小刚不太善于表达自己的情绪，这在一定程度上也影响了他的人际交往。其次，小刚对父亲的依赖感很强，很多时候说话做事情更像个孩子。最后，小刚自己处于自暴自弃的状态，而小刚最近的表现以及身体状态都与他的情绪不稳定有关系。

（三）制订社会工作计划

根据初期的分析，考虑到中考迫在眉睫，刘老师针对小刚的具体情况，最终决定采用交互分析理论模式来实施这一次工作。

镜头七：加入理论学习部分，可用教授授课形式进行讲解。

交互分析理论是一种相当新颖且乐观的社会治疗与变迁理论。它强烈支持人类的生存价值，因为此种理论的最基本假设是人都是处于良好状态下的(People are OK)。这也就意味着人们能按照自我意愿去思考和行动，并与旁人维持亲密的关系。交互分析理论强调人们通常能感受到身体与精神上的良好状态，并且人们也有一种自觉能力来敏锐地察觉社会情境可能会带来的影响。因此人们能借由自我剖析来及早处理各种困难。在社会工作实务中，交互分析理论不但可以协助案主处理其情绪问题及人际关系中的难题等，更可以促使他们对受助机构有所了解，并善于运用此项服务为自身带来更多帮助。

埃里克·伯尔尼(Eric Berne)是加拿大著名的精神科医生，他开创了交互分析理论。他认为映射人际关系的三个“自我状态”(Three Ego-States)分别是父母、成人和儿童。他的研究团队从20世纪50年代起开始发展他的这一理论模式，最终决定用“交互分析”这一词汇来描述他的治疗方法。交互分析理论帮助个体了解“他自身在此刻正处于哪一种状态”，并协助个体发觉自己在做些什么。它在现代助人专业中，是一套极为有效的归纳工具。它将每个人日常表现的各种行为归纳为三个状态，即父母状态、成人状态以及儿童状态。因此，借由交互分析理论，个体可以认清自己的父母、成人以及儿童三种状态，并察觉自己在与旁人互动中这三种状态是如何表现的。交互分析的主要目的在于透过认清自己此刻处于哪一种状态来评估自己的想法是否合乎理性。同时，鼓励案主在不压抑父母或儿童状态的前提下，强化个体成人状态的充分表现。

三种自我状态

概括来讲，自我状态是指一种具有一致性的感觉和经验，它与另一具有一致性的行为反应有直接关联。三种“自我状态”各有其内涵和特色。

1. 父母的自我状态

父母的自我状态，通常是指一种父母行为的翻版。它是从幼小时期模仿得来的，它经常以偏执、批评以及抚养的姿态显现于外在行为。它对内则以“训示”方式不断地影响其内在的儿童自我状态。进一步分析可发现，“父母”又可分为“抚育式的父母”(Nurturing Parent)和“批判式的父母”(Critical Parent)两类。所谓抚育式的父母，是指惯于以抚养、关爱以及无微不至的姿态出现。比如在语言上的表现，常以“你累了吧，休息一下”“多吃一点，多穿一点”等；而批判式的父母则是指惯于使用批判、责骂的口吻。比如日常口头上的“不可以这样、那样”“你实在太笨了”“你应该……”等。如今，现代社会变迁速度加快，儿童往往提早学习模仿，他们除了向父母学习之外，还在学校或是电视节目中通过模仿学习。这些也都成为一个人父母的自我状态的来源。也就是说在当今社会中，一个人父母的自我状态来源增多，其影响因素也更为复杂化。

2. 成人的自我状态

成人的自我状态是指与客观事实有关的自动知觉。它可将外界的资源转化成知识并加以评估，并以最适当的行为表现出来。因此，成人的自我状态是一种有组织、有智慧、有应变能力且有理解力的自我状态，或者可以说它是一种理性的自我状态。成人的自我状态不像儿童或父母的自我状态那样是静态的，它是不断变化的，并且它有能力评价、支持以及改变“父母”及“儿童”忧虑。在不成为人格的统治者的前提之下，“成人”能帮助“父母”和“儿童”运作，它也在适当地保持三个自我状态间的平衡。因此，成人的自我状态常用的话语往往是“根据……”“照理……”“让我想想看”等。

3. 儿童的自我状态

儿童的自我状态指的是婴儿所有自然的冲动行为，以及早期儿童和外在世界接触的经验，当然也包括反应方式所得的经验等。换句话说，一个人的儿童自我状态也就是他在儿童时期的所见所闻、他的感受、他的反应以及他接触经验的记忆。儿童的自我状态对一个人的正常发展是十分重要的，因为它是个体自我概念建立的基础，对个体日后行为反应的方式影响很大。不论是儿童自己所体验到的，还是接受父母的抚养和训练所习得的，儿童的自我状态会发展成以下三种类型，即自然型儿童、适应型儿童以及学者型儿童。自然型儿童(Natural Child)，其特征是所有的表现都是未经训练的，所以它是一种天真的、冲动的、甘心的以及喜怒哀乐形于外的；适应型儿童(Adapted Child)是指自然型的儿童经过外在的修正，发展成为一种适应的儿童，适应父母的要求或情景的需要，这种适应外界的结果使儿童的自我状态分化出“适应型儿童”自我状态；学者型儿童(Little Professor)，一部分是与生俱来的，其特征是他会察言观色，喜欢冒险、探索世界，能满足自己的好奇心，会利用自身的直觉力，富有创造力，有的甚至具有操纵能力。

自我状态之间的相互影响

这三种自我状态的发展过程是依据年龄增长而逐渐形成的。它的发展过程大致如下：首先，婴儿从出生起，就将注意力集中在自身的需求和舒适上，自然的趋向是婴儿会尽力逃避痛苦，并且利用原本的感觉来与外界应对。所以说儿童的自我状态是最早出现的。接着，当幼儿开始模仿父母或是扮演父母角色过家家时，父母的自我状态便逐渐形成；最后，当儿童企图去理解外在世界，且想操纵他人时，其成人的自我状态便逐渐出现。因此，三种自我状态之间也会相互污染及排斥。

1. 污染

所谓污染是指某一自我状态受到其他部分自我状态干扰时所显现的状态。自我状态的污染通常可分为三种情形，即“成人”受“父母”的污染，“成人”受“儿童”的污染以及双重污染等。

第一，“成人”遭受“父母”的污染。此种情况下的行为往往表现出偏见的态度和看法。其污染状态如图 1 所示：

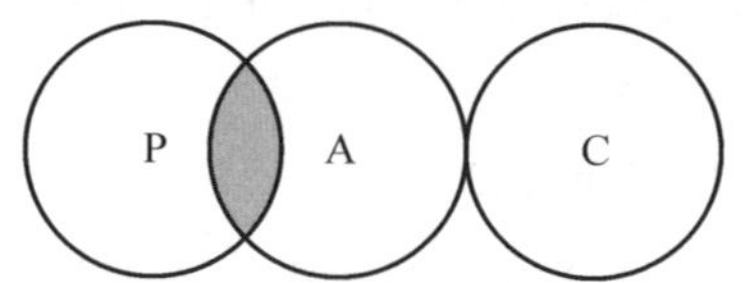

图 1　“成人”遭受“父母”的污染

第二，“成人”遭受“儿童”的污染。在这种情况下，个体易将妄想带入事实中，造成事实和认知的扭曲。其污染状态如图 2 所示：

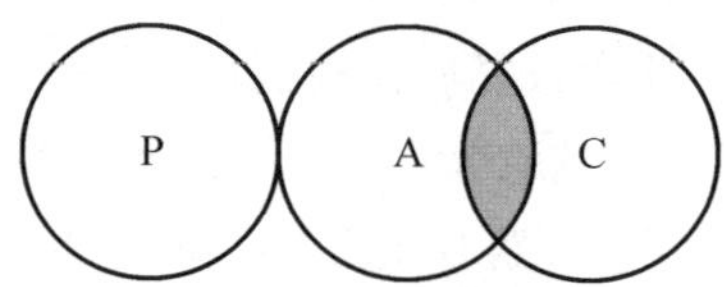

图 2　“成人”遭受“儿童”的污染

第三，“成人”遭受双重污染。这时以上两种情形同时发生，其污染状态如图 3 所示：

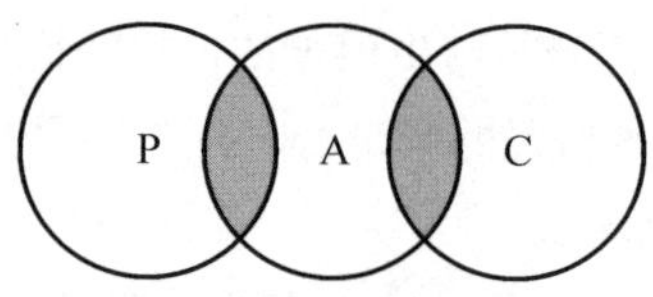

图 3　“成人”遭受双重污染

2. 排斥

排斥是指个人在行为表现时，总有清一色的“父母”“成人”或“儿童”状态，它们均不知变通且毫无弹性可言，只固执于一种状态。它们对事情会有刻板印象，也将会产生人际交流上的问题。自我的排斥现象可分为以下三种情况：

第一，不变的“父母”(Constant Parent)。此种状态下的个体常会表现出操纵他人或捍卫权威的行为，其状态如图 4 所示：

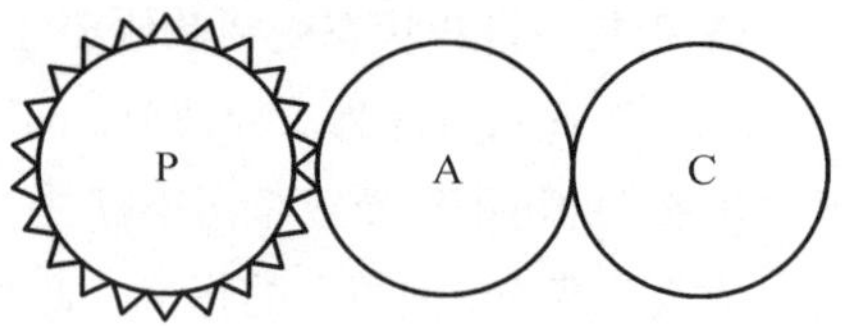

图 4　不变的“父母”

第二，不变的“成人”（Constant Adult）。此种状态下的个体常会就事论事，毫无情感可言。通常情况下，他们成为精神病患者的可能性极高。其状态如图 5 所示：

图 5　不变的“成人”

第三，不变的“儿童”（Constant Child）。此种状态下的个体往往高度依赖他人，或是逃避现实，其状态如图 6 所示：

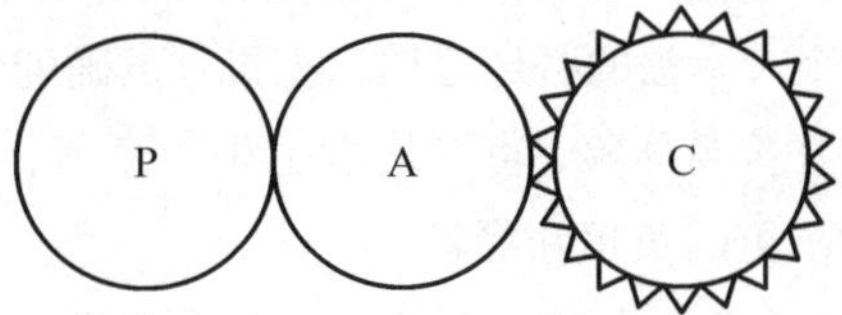

图 6　不变的“儿童”

（教授授课小结画面）

交互分析理论的基本出发点主要是个体人格的结构分析。这里所指的结构分析（Structural Analysis）即分析个体的人格。弗洛伊德的精神分析论把人格分为本我、自我和超我三部分，但交互分析论者认为这种分法太过抽象了，不够具体。因此，交互分析理论主张以一种比较实际的“自我状态”来表示人格的结构。它认为每一个完整的个体，其人格中必定有三种自我状态，即父母的自我状态、成人的自我状态以及儿童的自我状态。这三种自我状态有其共同的特性，主要表现为以下两点：一是每一种自我状态均具有其特有的姿势、态度以及表达方式；二是各种自我状态均具有在某一时刻控制个人态度、思想、感觉以及行为的能力。从比较的角度来看，精神分析论和交互分析论这两者并无对错之分，只是其强调的侧重点有所区别而已。前者强调心理结构，后者强调比较具体且可察觉的行为。因此交互分析理论中所涉及的人格结构分析主要是指一种以自我状态为基础，分析个人的思想、感觉及行为的方法。

镜头八：刘老师与小刚之间的服务关系正式建立。

考虑到时间的紧迫性，刘老师和小刚达成协议，每周他们将会有三次

“活动”，聊天、做游戏或者参加一些活动等，当然其中包括了小刚最喜欢的打篮球。此外，周末要抽一天时间和刘老师一起补习功课。

（刘老师和小刚握手拉钩的画面。）

刘老师决定要从心理、学习习惯以及意志力的培养三个方面下手。目前最重要的是小刚的学习目的不明确，这才是所有问题的症结所在。与此同时，刘老师还需要小刚的任课老师、同班同学以及小刚父亲的配合与帮助。

（以下任务计划可以用旁白也可以通过文件画面形式表达。）

首先，从小刚自身角度来考虑，小刚要学会自我调整。

（1）明确学习目的，树立积极、正确的学习态度。作为一名初三学生，要将学习看作成为社会栋梁之材，报效国家、父母，全面发展个人潜能，获取个人幸福的必经之路。积极、正确的学习态度可以正向影响学生对学习的评价与体验，可以使学生乐于学习，勇于学习，不至于把学习看作是一种沉重的负担和痛苦。

（2）学会自我解嘲。人的一生总会碰到很多不如意的事情。其实很多时候并非是自己的过错，只是自己的力量有限，或者是客观条件不允许，又或者是“运气不佳”，甚至属于天灾人祸。如果考试没有考好，要客观分析原因，不要一味否定自己的能力；要面对现实、调整心态，“提得起，放得下，想得开”，来点儿自我解嘲，不要陷入苦闷、烦恼以及消沉、自暴自弃的泥潭。

（3）注意心理健康，保持一种愉快、和谐、宁静和相对稳定的积极情绪，这才是有效学习的保障。小刚作为一名学生，要经常和老师、家长沟通感情，交流思想，或找同学倾诉心中的想法，这样可以有效缓解压力。相对稳定、积极的情绪，可以为学习创造更佳的环境。和同学、老师之间保持良好的关系，为自己提供愉悦心情的同时，更为自己的有效学习保驾护航。

（刘老师与其他任课老师之间的沟通和交流。）

其次，小刚的任课老师也要进一步地配合。

（1）老师们要树立正确的学生观——要相信学生、尊重学生、理解学生、鼓励学生。教师不仅仅要做知识的传授者，更应做学生精神的关怀者。只有做到细察学生心理，理解学生、关怀学生，才能真正有效地帮助学生提高成绩。

（2）老师们要特别重视指导学生养成良好的学习习惯，掌握正确的学习方法。在多数情况下，学生没有学习兴趣、学习上有困难、成绩差并不是因为智商不高，而是因为没有养成良好的学习习惯，没有掌握正确的学习方法，所以才导致效率低下，信心受挫。这个时候，如果老师们能够帮助学生找到适合自己的学习方法，那么一定会事半功倍。

（3）在教学上，老师们要树立“以学定教”的观念。老师不能只管完成课堂教学任务，而应该看学生是否真正掌握。如果学生们上课不知老师所云，课后必定承受较大的学习压力。

最后，从小刚父亲角度来看，他对小刚没有过高的要求，可以说没有给过小刚过大的压力。这种纵容，尤其是出于小刚从小没有妈妈的一种补偿心理，也使得小刚遇到困难后就想到退缩，没有面对问题、解决问题的勇气。另外，关于父亲再婚的问题，也需要和小刚做进一步的沟通，绝对不是长辈对晚辈的训话，而是需要以朋友之间的对话模式。

此外，刘老师还强调了几个重点：

（1）情感鼓励，建立信心。在转化工作中，我们要坚持正面引导，努力发现并肯定小刚，哪怕是最细微的进步。如小刚上课没听清题目就抢着答题，以此来表现自己，老师应该肯定地说：“你能积极答题，比过去进步了。如果把题目听仔细点再想想，我相信你能答出来。”老师应尽可能地鼓励他，使他有成就感，引起他积极的心理反应，从而使他建立起追求“新我”、战胜“旧我”的信心。

（2）创造条件，改变情境。由于定式的作用，学生一旦在特定的环境下就会自然进入差生角色，相应的自卑、压抑心理就会产生。因此，老师们要注意多创造条件，改变形成不良心理的情境，转移小刚的情绪。让小刚多参加有趣的活动，减轻他的抑郁情绪，使他的心情变得愉快起来，并为他提供更多的参与机会，改变小刚不受重视、不被注意的情况。

（3）沟通思想，疏散积郁。有退缩性行为的“差生”，其心灵就像一只“闷葫芦”，每次失败带来的苦闷都积聚在心里。要疏散内心的积郁，需要与他进行心与心的交流。比如一起外出，让他尽量说出心中的不快、疑虑和希望，融化他内心的积郁，缩短师生之间的距离。

（校领导和刘老师的对话画面。）

“这个学生很差的，这就快中考了……刘老师您有没有把握啊？”当校领导以及任课老师质疑刘老师的时候，刘老师笑着说道：“我以性命担保，他行的！”

（四）实施社会工作计划

镜头九：计划正式开始实施。

小刚下课后如约来到了刘老师的办公室。

“小刚，我一直觉得你很聪明！你不想和后妈住在一起，有没有想过有什么好方法呢？”

（小刚很少听见老师表扬他聪明，所以特别兴奋，抢着说。）“刘老师，我来想！”

（不一会儿，小刚抬起头。）“我想到一个办法，不知道好不好？”

“说来听听！”

“读一个有住宿的学校！我就可以不住家里了！”

“你果然聪明！这是个好办法！但是有几个问题要解决……”（刘老师面露难色。）

“还有什么问题？”（小刚急切地询问。）

“第一，有住宿的学校比没有住宿的学校，考分的要求高还是低？”

“高……”

“那么你就需要更努力地读书，不能逃课！”

（小刚点头。）

“第二，住宿的学校学费是贵还是便宜？”

“贵……”

“第三，学费谁帮你出？”

“这个……应该是我爸爸，但是，现在钱都在那个女人手里。她对我有意见，肯定不会帮我……”

“那你怎么离开你后妈呢？”（刘老师步步紧逼。）

（一片沉寂……）

“小刚，你家现在是民族矛盾上升，阶级矛盾下降啊！到最后，你离开她，只有这一个办法。所以不能继续恶化双边关系了呢！”

（小刚听到这里频频点头。）

“我也会帮你再敲敲边鼓的，但是主要还是要靠你自己哦！”

“那你可一定要帮我啊！”

“那我讲的话你听吗？”

“听！一定听！”

镜头十：刘老师找到了小刚爸爸，和他深谈了一次。

“因为您和小刚没有讲清楚，没有采取相应的措施，所以现在的矛盾才会这么尖锐。但是，你们有很好的维系点。我问过小刚，爸爸妈妈分开是谁的责任，小刚坚定地回答我，说是妈妈的责任。可见，在小刚心里还是一直很感激您的。您一定要稳住他！现在这个矛盾，一定要做工作！不能让后妈也和小刚闹，初三最后三个月一定要稳定他的情绪，否则对于孩子可是一辈子的影响啊！”

“好的，好的！刘老师，那就拜托您了……”

“你现在首先要做你太太的工作。小刚是个孩子，希望她不要和孩子生气，要用爱心多多感化孩子。我觉得小刚这个孩子内心其实是很温暖的，要和小刚来一次成人间的谈话！”

镜头十一：小刚和爸爸之间的互动。

当天，小刚放学回家，抱起篮球就准备出门，爸爸跟了上去，说道：“儿子，敢不敢和老爸较量一把？”

（小刚听了喜出望外。）“我可不会让你哦！”

（两人一场球打下来，汗流浃背，煞是痛快，顺势就躺在了球场上。）

“儿子，你球打得不错嘛！爸爸老了啊……”

“才不是呢！你也打得不错呢！”

“儿子，你要知道，在爸爸心中你永远都是最重要的！但是，爸爸老了，不能陪你一辈子，将来你还有好长的一段路要自己走……爸爸没有本事，让你从小就没有妈妈，爸爸也很希望给你一个完整的家。李阿姨人不坏，她其实挺喜欢你的，真的！她来了以后，牛奶都是她帮你热的，她怕你赌气不喝，从来不说呢！再说了，咱们爷儿们不要和女的计较嘛！”

（小刚笑了笑，从地上跳了起来，伸手去拉爸爸。）

“老爸，走了，我还要回家复习呢！不过，下次你还得陪我来打球！”

镜头十二：刘老师和小刚班主任、班干部及任课老师的座谈会。

刘老师的独白：“我们必须坚信每个学生都至少有两个自我在内心深处并存。尽管有的学生很气人，似乎是铁板一块、顽石一块，那也仅仅是‘似乎’而已。实质上，没有矛盾、没有对立的头脑是不存在的。当教师的一定要善于发现后进学生心灵深处藏着的那个先进的自我，发现打架学生脑子背后躲着的那个不想打架的自我，发现自私学生偶尔表现的关心别人的自我……用学生心灵深处的能量照亮学生的精神世界，是最节省能源的方法啊！”

（刘老师召集小刚所在班级的班主任、班干部以及相关科目的任课老师开了一次小型座谈会。小刚也应邀到场。）

“今天，我们聚在一起，大家不用太拘束，放松一些，我们就是随便聊聊天！我想听听，大家心中的小刚是什么样子的！”

（班上的同学们看见小刚在场，疑惑地看着刘老师。）

“没错！当着小刚的面！我已经和小刚说过了！咱们有优点不骄傲，但是缺点也要虚心接受！对吧，小刚？”

“对！”（小刚点着头。）

（一开始大家还是比较拘束，慢慢地就放开了。）

“小刚篮球打得好！上次我们和三班打校决赛，小刚投进了好多球！不过，他后来摔了一跤，就不打了。”

“我摔得好严重的，都流血了！”（小刚也开始为自己辩护了。）

（大家畅所欲言的画面，小刚试着做笔记，将自己的缺点和优点分开记了下来。镜头淡出。）

镜头十三：两周后小刚进步明显，但是反复期来了。

（这天，小刚拿着刚完成的作文匆匆忙忙跑了进来，按照惯例递给刘老师检查。他忙着走的欲望很强，刘老师知道他一定又想去打球了。）

“且不说中心、选材、语言，单说卷面字迹，你觉得怎么样？”

（小刚自知不好，但一心想走，因此不愿承认，默不作声。）

“你脑子里面有两个小人，一个知道自己写得不好，愿意留下来；另一个呢，也知道自己不好，但想现在去打球，毛病以后再改，对吧？”

（小刚微微点头。）

“老师脑子里也有两种想法，一种是小刚作文写得乱，都乱了 8 年了，不好改了，何况跟我关系也不大，我不管你。”（说到这儿，小刚脸上掠过一丝不快。）

“老师的另一种想法是，你已经乱了 8 年，再不严格要求，还可能再乱 8 年、16 年、32 年，将来咱们见面，看你文章还这么乱，咱俩都会感觉惭愧。为了将来都问心无愧，今天即使费力，也要帮你改好。你说老师这两种想法，哪种想法正确？哪种想法你愿意接受？”

（小刚看着刘老师，犹豫了一下，最终还是撕掉了两页近 800 字的作文，在刘老师给他专门安排的桌椅上重新写了起来。）

（过了不久，小刚递过了自己重新抄写一遍的作文。他看着经过努力写得工工整整的文章充满了自豪感，笑眯眯地说）“我头一次这么认真地写作文呢！”

“快乐吗？”

“快乐！”

“自豪吗？”

“自豪！”

“你知道这快乐、自豪是怎么产生的吗？”

“说不清。”

“你经历了战胜自己弱点的痛苦，刚开始重写时是不是挺痛苦的？”

“是。”

“你战胜自己的痛苦越深，后来享受的快乐和自豪感就越强烈。你愿意再享受更强烈的快乐和自豪吗？”

“愿意！”（小刚脱口而出。）

“愿意，那咱们就试试，再重写一遍，比这次还认真，写完以后，体验体验！老师在这里陪你。”

（小刚犹豫了一下，然后走回课桌，撕掉了新写的作文，一笔一画地又写了起来。刘老师不时看一看，鼓励小刚把字写得更加认真些。）

（快8点了，小刚终于写完了，刘老师将判若出自三人之手的三篇作文展开，频频点头。）

“刘老师，我读了8年书，从来没有这么轻松快乐过。”

“也从来没有这样苦过累过，是吧？你今晚吃饭一定比哪一天都香，睡觉也一定最甜！”

镜头十四：刘老师帮助小刚建立自己的计划系统。

小刚很快就进入了初三学生应有的状态。刘老师继续对他严格要求。首先，刘老师要求小刚建立起自己的计划系统；其次，建立起自我的监督检查系统；最后，建立起反馈系统，看看为自己制订的计划、规矩是否符合自己的实际。

镜头十五：对小刚的进步，大家都有各自的体会。

（爸爸的旁白，对于小刚变化的惊喜。）

经过紧张的训练调适，在老师、同学及父母的帮助配合下，特别是在小刚本人的积极努力下，小刚身上发生了许多喜人的变化。首先在行为方面，他已经减少了许多过去常犯的过失，自主自制能力有了很大的进步。其次，在情绪方面，他已经渐趋稳定，比过去自信多了。譬如，开始喜欢和同学玩耍；不想离家出走了；觉得大家开始了解自己；心理烦恼减少；觉得老师们对自己比以前好多了……这些都是好的现象。最后是在学业方面，他的各科成绩均有进步，作文进步最快。

（画面：小刚的日记本。）

“近来我感觉自己好像换了个人似的，比以前精神多了。我觉得首先要管好自己，虽然困难很多，但我相信我会克服它们的，因为我不能再让老师和同学们对我失望了。我想我真的长大了，因为我有理想，还有希望。”

（刘老师的案例分析日志，可以出现刘老师打字的画面等。）

“显然，小刚在自己不长的人生路上经受的批评打击是够多的，也可以说是过剩的。他不缺少批评，缺少的是鼓励、肯定，缺少的是别人帮他找到长处，使他的自信心有个落脚的根据地。事实上，每个学生都有长处，而且都不止一个，最后进的学生，也会有三五个长处，有的长处还非常独特，不是一般人可以赶上的。问题不在于学生有没有长处，而在于老师和学生自己有没有发现长处的能力。在犯错误的学生面前，困难的不是批评，不是指责，更不是数落他的一系列错误，而是找出他错误的对立面——长处。只有找到了长处，才算找到了错误的克星，才帮他找到了战胜错误的信心。

“后进的学生有上进心，也能上进，但上进的过程充满了坎坷。要反复抓，抓反复。后进学生的反复是正常现象，不要因为看到他又后退了就灰心，就气馁，而应当认识到这是正常的，退回来了，再想法赶上去就是了。进退皆在自己理解之中，便容易把握自己的理智与情感，在反反复复的过程之中把后进同学引上上进之路。许多后进同学都有过这种发自心底的呼喊，遗憾的是，他心中自由散漫的那一面势力太强大了。多年来扎下根，长出了懒惰、散漫、拖拉的大树，一句誓言，几天的热度，当然砍不倒这多年生长的大树。

“老师们无须因为后进同学缺点多就连他们的决心也不相信，以为是假的；也无须因为他有了一句真的誓言就以为能砍倒多年生长在心灵深处的懒树，而是应该帮他将这一句誓言变成具体的实际行动。有行动就好，他头脑中的正义之师和不义之师肯定要斗上几百甚至上千个回合。只要他开始向自己的后进面作战，就应当表扬、鼓励。这样大家才会珍惜后进同学的每一点进步，才会在他们出现反复的时候不至于丧失信心，不至于指责埋怨。”

镜头十六：刘老师送考。

转眼中考就来临了。刘老师亲自送小刚去考场，在小刚临进考场的时候，刘老师带着他大喊了三声——“我能成功！”

（五）评估与结案

镜头十七：中考成绩放榜。

中考成绩出来了，小刚考上了一所不错的寄宿制中专。

（小刚爸爸非常开心，给刘老师送来了锦旗：社会工作，助人自助。校领导也表达了对驻校社工工作的极大认可。）

镜头十八：刘老师开始案件评估和结案工作。刘老师整理材料的画面，和教授交谈的画面等。

不少所谓的“差生”因犯错次数太多而常常受到处罚，以至于对团体生活无法适应，产生精神紧张、敏感、胆怯等情绪。小刚在家里也没有养成自理自制的能力，又因离校太远，常常迟到，由迟到又产生了种种教室内再适应的困难。学业退步与情绪不安又互为因果，使问题愈发严重。在对“差生”进行教育转化的过程中，固然需要进行思想品德和文化知识的教育，但更重要的是心理教育。如果学生没有良好的心理素质，那么任何思想品德教育和文化知识教育都会显得苍白无力。

所谓“差生”，首先是从心理的变化开始的，当心理的变化经历了一定时期后就必然外化为思想品德和学业成绩水准的下降。由于思想品德和学业成绩水准的下降，又改变了他自身在家庭、学校、老师、同学心目中的地位，这种不良的处境，又强化和加速了他的心理变化过程。这种心理的内在变化与思想品德和学业成绩水准下降的外在变化相互促进、相互影响。在我们平常的工作中，只注重后进学生在思想品德和学业成绩方面与正常学生的差异，却忽视了他在心理品质、素质方面与正常学生的差异。只有拨开教育中的这些迷雾，才能找到转化与教育行之有效的方法。“心病还需‘心药’医”说的就是这个道理。

四、案例评析

镜头十九：刘老师和教授之间的案例讨论会，理论学习和巩固。

刘老师：教授，我觉得在此案例中，我及时选取了交互分析理论来开展实务工作是非常成功的。因为该理论本身就特别强调人与人之间的交流互动的反应关系，强调个人必须从群体生活中不断学习。交流、互动有助于个体发展并形成良好的自我与健康的人格；有助于满足人类娱乐、交往与感情交流的需要；更有助于面临共同问题的人们进行信息交流，并获得心理支持、学习正确的态度与行为，从而缓解案主的个人问题。

教授：没错，是这样的。交互分析理论的内涵可以归纳为以下四点：一是交互分析是一种心理治疗的方法；二是交互分析是一种人格结构的理论；三是交互分析是一种人际交流的理论，旨在分析并描述人与人之间是如何互动的；四是交互分析的目的在于提高个人的知觉水准，使个体对未来的行为做出更适当的决策。

我们还应该特别注意，交互分析理论的创建基于一系列对人性的基本主张和认识。第一，社会力量对个体行为有其重要影响力。不过，个体也有能力自动和自觉地重新设计自己独特的生活模式，尤其是当他发现原有的决定不再适用于当前情境时，个体便会自动调整。第二，尽管人们的行为在有些时候多少会出现某些程度上的不合理现象，但是在整个人生中，人们大部分的行为还是维持在合理范围内的。第三，人的本性是善良的。但是，他们之所以有时候会做错事、坏事，是因为受其内在情绪力量的影响。第四，人的问题大多来自其童年时代的不良学习。因此，只要适时察觉并采取明智的决定与行为，其问题和不良行为仍然可以解决和改变。第五，人们均具备一种潜能，使他能借由对情境的理解而产生自动觉悟，从而达到自动实现的境界。

刘老师：嗯，我记下来了！教授，我还有一个问题。交互分析理论的奠基人埃里克·伯尔尼(Eric Berne)总结了三种人际交流的形态，即互补型、交叉型、隐藏型。他认为人与人之间的交往互动必定涉及各自的自我状态。个体在与他人交往的过程中，可能处于“父母”“成人”或是“儿童”的状态，也正是因为自我状态的不同，人们在交流互动过程中往往呈现不同的形态。可我并没有很好地区分和掌握这三种形态。

教授：你这个问题提得很好！我们来举例说明这三种形态，我想这样对于学习和理解会有很大帮助。我们一起来看一下。

(1) 互补型的人际交流。所谓互补型(Complementary)的人际交流，即对方的反应是在预期中的，是一种配合刺激，也是平行且开放的互动。因此，两人对对方的期望都能获得满足，所以能继续不断地互动与交流，此种沟通可以发生在任何两种自我状态之间，如图7所示。

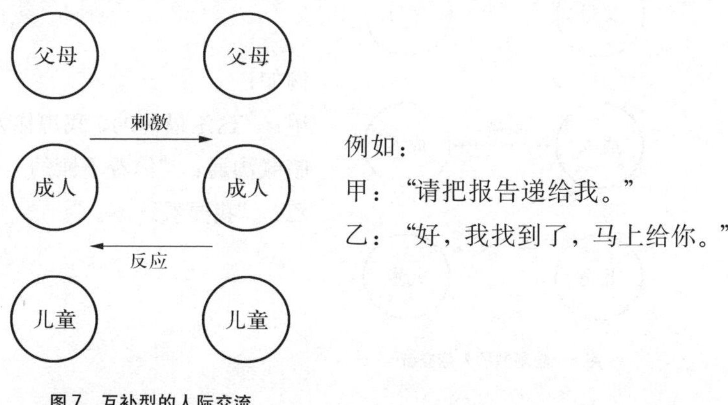

图7　互补型的人际交流

(2) 交叉型的人际交流。所谓交叉型(Crossed)的人际交流，是指对方对刺激所做的反应并非在预期之中，此时个体会体验到痛苦的人际关系，因而可能逃避、退缩、吵架或转换成另一种交流形式，而使沟通中断，如图8所示。

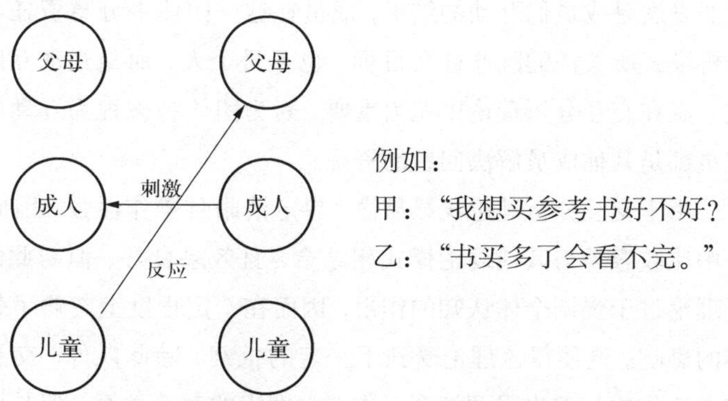

图8　交叉型的人际交流

(3) 隐藏型的人际交流。所谓隐藏型(Ulterior)的人际交流又称为暧昧式的人际交流，它是一种相当复杂的现象，表面上是以社会可以接受的方式表达意愿，而实际上却是另有动机，即有其言外之意。换言之，当此种交流发生时，往往牵动两种以上的自我状态，一种是表面的，另一种是暗藏的。此种交流通常都是“成人”对“成人”自我状态的交流，并非以口语方式表达，而是以身体语言或语气来表达的，如图 9 所示。

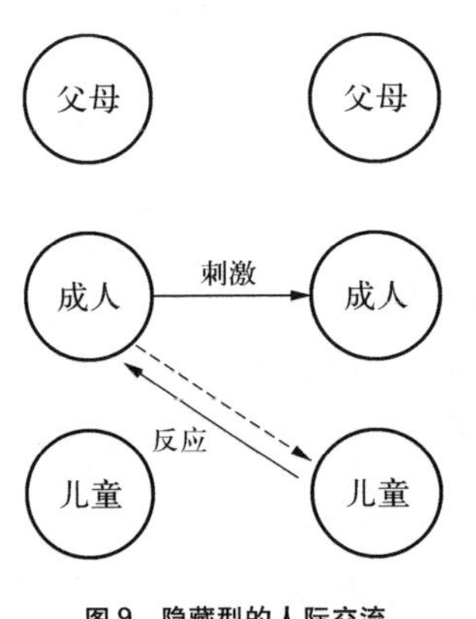

图 9　隐藏型的人际交流

例如：
甲：“这是最深的，我想你大概想看……”
暗藏沟通：“你看不懂的……”
乙：“我要看这本。”

教授：需要特别强调的是，在交互分析理论模式中，社会工作者是受助者与所处团体或团体与机构之间的协调人。社会工作者并不参与设计方案，他不是控制团体的先知。他不是要为成员做什么，而是与成员一起做。他的作用在于促进成员的互动及为小组寻求外部资源。一个团体的形成与维持由成员的互动结果而定，成员共担对这一团体的责任。另外，团体的发展是成员们互动的结果，成员在这一团体中分享责任与经验。交互分析模式所关注的既非社会目标，也不是个人，而是互动互助过程本身。这一点在交互分析理论中尤为重要。因为团体将被视为互动的系统，每个成员都是其他成员解决问题的资源。

由于交互分析理论浅显易懂，界定清晰且操作性强，因此其在实务工作中比较容易与其他理论模式相结合，且效果良好。但与此同时，交互分析理论过于强调个体认知的作用，因而在一定程度上忽略了外在因素对个体的影响。这使得该理论受到了一定的批判。除此以外，交互分析理论在实务工作中虽然也强调社会工作者与案主的对等关系，但与罗杰斯的人本主义理论不同，在实际过程中，案主依然很难完全摆脱社会工作者的操控或是导向。在一定程度上，案主往往依赖于社会工作者。而且，交互分析理论模式在实务工作中极少对处置过程中社会工作者的个人素质及品质给予必要的关注。而这也是绝大多数理论模式在实务工作中容易忽视的环节。这看似是个小问题，但无论是对于具体操作还是对于理论发展，都有着不可小视的影响。因此，伴随着交互分析理论的发展，其不应该仅仅局限于个体的心理层面，只关注于个体的认知、行为等能力，而应该更注重帮助个体自我重绘，乃至自我重塑，培养个体形成更适应社会、更能面对困难的个性，并最终达到更为积极健康的心理状态。

总之，由于交互分析理论的相关概念、架构浅显易懂，所以其可应用性极广。它在处理人与人之间一般的交流问题、社会人际关系的调适、青少年问题的辅导、婚姻关系的调适、酒药瘾君子的行为修正、各种教学上的应用，乃至在企业管理及行政决策等方面均有其独到的用途。

（刘老师做笔记，点头表示赞同。）

镜头二十：刘老师再一次走进了自己的办公室。

刘老师看着墙上的锦旗，看着窗外操场上的孩子们，最后镜头落在太阳升起的画面。

参考文献

中文著作：

[1] [德] 赫尔穆特·E.吕克.心理学史.吕娜，王文君，李秀青，等译.上海：学林出版社，1999.

[2] [法] 让-弗·利奥塔，等.后现代主义.赵一凡，等译.北京：社会科学文献出版社，1999.

[3] [法] 雅克·德里达.书写与差异.张宁，译.上海：生活·读书·新知三联书店，2001.

[4] [美] 理查·罗蒂.哲学和自然之镜.李幼蒸，译.上海：生活·读书·新知三联书店，1987.

[5] [法] 米歇尔·福柯.词与物：人文科学考古学.莫伟民，译.上海：生活·读书·新知三联书店，2002.

[6] [法] 埃米尔·迪尔凯姆.自杀论.冯韵文，译.北京：商务印书馆，2008.

[7] [法] 皮埃尔·布迪厄，[美] 华康德.实践与反思——反思社会学导引.李猛，李康，译.北京：中央编译出版社，2004.

[8] [加] 威尔·金里卡.少数的权利：民族主义、多元文化主义和公民.邓红风，译.上海：上海译文出版社，2005.

[9] [美] Barbara S. Held.回归真实——后现代理论在心理治疗上应用之探讨.汤正匀，苏贞夙，译.台北：扬智文化事业股份有限公司，2002.

[10] [美] Charles D. Garvin.社会团体工作.孙碧霞，等译.台北：洪叶文化事业有限公司，2003.

[11] [美] Charles H. Zastrow.社会团体工作.何金针，谢金枝，译.新加坡：

商汤姆生亚洲私人有限公司台湾分公司，2010.

[12]［美］Marlene G. Cooper，等.临床社会工作实务：一种整合的方法.库少雄，译.上海：华东理工大学出版社，2005.

[13]［美］Jin Freedman，Gene Combs.叙事治疗：解构并重写生命的故事.易之新，译.台北：张老师文化事业股份有限公司，2000.

[14]［美］Burl E. Gilliland，Richarol K. James.危机干预策略.肖水源，等译.北京：中国轻工业出版社，2000.

[15]［美］Irene Goldenberg，Herbert Goldenberg.家庭治疗概论.李正云，等译.西安：陕西师范大学出版社，2005.

[16]［美］Lynn Bye，Michelle Alvarez.学校社会工作：理论到实践.章军，译.北京：中国人民大学出版社，2014.

[17]［美］Michael P. Nichols，Richard C. Schwartz.家庭治疗——理论与方法.王曦影，胡赤怡，译.上海：华东理工大学出版社，2005.

[18]［美］Malcolm Payne.现代社会工作理论.何雪松，等译.上海：华东理工大学出版社，2005.

[19]［美］Paula Allen-Meares.儿童青少年社会工作.李建英，范志海，译.上海：华东理工大学出版社，2006.

[20]［美］Paula Allen-Meares.学校社会工作.陈蓓丽，蔡屹，等译.上海：华东理工大学出版社，2008.

[21]［美］Ronald W. Toseland，Robert F. Rivas.团体工作实务.莫藜藜，译.台北：台湾培生教育出版股份有限公司，2008.

[22]［美］艾伦·艾维，迈克尔·丹德烈亚.心理咨询与治疗理论：多元文化视角.汤秦，等译.5版.北京：世界图书出版公司北京公司，2008.

[23]［美］伯格，卢克曼.知识社会学：社会实体的建构.邹理民，译.台北：巨流图书公司，1991.

[24]［美］查尔斯·扎斯特罗，卡伦·柯斯特-阿什曼.人类行为与社会环境.师海玲，孙岳，等译.6版.北京：中国人民大学出版社，2006.

[25]［美］杜赞奇.文化、权利与国家：1900—1942年的华北农村.王福明，译.南京：江苏人民出版社，2008.

[26]［美］卡尔·罗杰斯.卡尔·罗杰斯论会心团体.张宝蕊，译.北京：中国人民大学出版社，2006.

[27]［美］理查德·谢弗.社会学与生活.刘鹤群，房智慧，译.北京：世界图书出版公司北京公司，2008.

[28] [美] C. 赖特·米尔斯. 社会学的想象力. 陈强，张永强，译. 上海：三联书店，2005.
[29] [美] F. 埃伦·内廷，等. 宏观社会工作实务. 刘继同，隋玉杰，等译. 北京：中国人民大学出版社，2006.
[30] [美] O. 威廉·法利，拉里·L. 史密斯，斯科特·W. 博伊尔. 社会工作概论. 隋玉杰，等译. 11 版. 北京：中国人民大学出版社，2005.
[31] [美] 乔森纳·H. 特纳. 社会学理论的结构. 邱泽奇，张茂元，等译. 7 版. 北京：华夏出版社，2006.
[32] [美] 乔治·H. 米德. 心灵、自我与社会. 上海：上海译文出版社，2005.
[33] [美] 桑德斯. 社区论. 徐震，译. 台北：黎明文化事业公司，1982.
[34] [美] 索尔所，麦克林. 认知心理学. 邵志芳，等译. 7 版. 上海：上海人民出版社，2008.
[35] [美] 韦恩·瓦伊尼布雷特·金. 心理学史. 郭本禹，等译. 3 版. 北京：世界图书出版公司，2009.
[36] [美] C. 詹姆斯·古德温. 现代心理学史. 郭本禹，等译. 2 版. 北京：中国人民大学出版社，2008.
[37] [英] 艾伦·特韦尔威特里. 社区工作. 陈树强，译. 北京：中国社会出版社，2002.
[38] [英] 布赖恩·科尔比. 社会工作研究的实践应用. 刘东，李翠，严成芬，译. 上海：格致出版社、上海人民出版社，2010.
[39] [英] C. W. 沃特森. 多元文化主义. 叶兴艺，译. 长春：吉林人民出版社，2005.
[40] [英] 马尔科姆·派恩. 现代社会工作理论. 冯亚丽，叶鹏飞，译. 3 版. 北京：中国人民大学出版社，2008.
[41] [英] 约翰·麦克里奥德. 心理咨询导论. 潘洁，译. 3 版. 上海：上海社会科学院出版社，2006.
[42] 边燕杰. 关系社会学：理论与研究. 北京：社会科学文献出版社，2011.
[43] 陈成文. 社会弱者论. 北京：时事出版社，1999.
[44] 陈国强. 简明文化人类学词典. 杭州：浙江人民出版社，1990.
[45] 杜高明. 心理咨询与治疗理论. 成都：四川大学出版社，2008.
[46] 杜景珍. 个案社会工作：理论·实务. 北京：知识产权出版社，2007.
[47] 范明林. 社会工作理论与实务. 上海：上海大学出版社，2007.
[48] 范明林. 社会工作方法与实践. 上海：上海大学出版社，2005.

[49] 房列曙，等.社区工作.合肥：合肥工业大学出版社，2005.
[50] 樊富珉.团体心理咨询.北京：高等教育出版社，2005.
[51] 费孝通.乡土中国.上海：上海人民出版社，2007.
[52] 费孝通.江村经济——中国农民的生活.上海：上海人民出版社，2006.
[53] 费孝通.乡土中国：生育制度.北京：北京大学出版社，1998.
[54] 甘炳光，梁祖彬，等.社区工作：理论与实践.香港：香港中文大学出版社，2005.
[55] 顾东辉.社会工作概论.上海：上海译文出版社，2005.
[56] 高万红.个案工作理论与实务(社会工作类).北京：中国劳动社会保障出版社，2008.
[57] 高宣扬.后现代论.台北：五南图书出版公司，1999.
[58] 古学斌，阮曾媛琪.本土中国社会工作的研究、实践与反思.北京：社会科学文献出版社，2003.
[59] 何国良，王思斌.华人社会：社会工作本质的初探.香港：八方文化企业公司，2000.
[60] 何雪松.社会工作理论.上海：上海人民出版社，2007.
[61] 侯钧生.西方社会学理论教程.天津：南开大学出版社，2006.
[62] 韩晓燕，朱晨海.人类行为与社会环境.上海：格致出版社、上海人民出版社，2009.
[63] 黄光国、胡先缙，等.人情与面子：中国人的权力游戏.北京：中国人民大学出版社，2010.
[64] 简春安，赵善如.社会工作理论.台北：巨流图书股份有限公司，2010.
[65] 杨国枢.中国人的心理.南京：江苏教育出版社，2006.
[66] 廖荣利.社会工作理论与模式.台北：五南图书出版公司，1987.
[67] 梁丽清，陈锦华.性别与社会工作.香港：中文大学出版社，2006.
[68] 梁漱溟.中国文化要义.上海：上海人民出版社，2005.
[69] 李勇，等.个案工作.合肥：合肥工业大学出版社，2005.
[70] 李晓凤.社会工作原理、方法、实务.武汉：武汉大学出版社，2008.
[71] 李沂靖.社区工作.北京：中国社会出版社，2010.
[72] 李迎生.社会工作概论.北京：中国人民大学出版社，2010.
[73] 林耀华.社会人类学讲义.厦门：鹭江出版社，2003.
[74] 林万亿.当代社会工作：理论与方法.台北：五南图书出版公司，2006.
[75] 林万亿.团体工作：理论与技术.台北：五南图书出版公司，2007.

[76] 莫邦豪. 社区工作原理和实践. 香港：集贤社，1994.
[77] 宋丽玉，等. 社会工作理论——处遇模式与案例分析. 台北：洪叶文化事业有限公司，2012.
[78] 童敏. 个案辅导：传统辅导模式和后现代主义取向辅导模式的超越与融合. 北京：社会科学文献出版社，2007.
[79] 童敏. 社会工作实务基础：专业服务技巧的综合与运用. 北京：社会科学文献出版社，2008.
[80] 王思斌. 中国社会工作研究. 三辑. 北京：社会科学文献出版社，2005.
[81] 王思斌. 社会工作概论. 2版. 北京：高等教育出版社，2006.
[82] 王岳川. 后现代主义文化研究. 北京：北京大学出版社，1992.
[83] 王瑞鸿. 人类行为与社会环境. 上海：华东理工大学出版社，2002.
[84] 汪大海，孔德宏. 世界范围内的社区发展. 北京：中国社会出版社，2005.
[85] 汪新建. 西方心理治疗范式的转换及其整合. 天津：天津人民出版社，2003.
[86] 魏书生. 班主任工作漫谈. 北京：文化艺术出版社，2011.
[87] 文军. 当代社会学理论：跨学科视野. 北京：中国人民大学出版社，2016.
[88] 文军. 中国特色社区建设：江苏省无锡市经验. 北京：中国社会出版社，2015.
[89] 文军. 西方社会工作理论. 北京：高等教育出版社，2013.
[90] 文军. 社会工作模式：理论与应用. 北京：高等教育出版社，2010.
[91] 文军. 社区青少年社会工作的国际比较研究. 上海：华东理工大学出版社，2006.
[92] 文军. 学校社会工作案例评析. 上海：华东理工大学出版社，2010.
[93] 马伊里，吴铎. 社会工作案例精选. 上海：华东理工大学出版社，2007.
[94] 吴铎，文军. 社会学. 2版. 北京：高等教育出版社，2011.
[95] 吴亦明. 现代社区工作——一个专业社会工作的领域. 上海：上海人民出版社，2003.
[96] 夏学銮. 社区照顾的理论、政策与实践. 北京：北京大学出版社，1996.
[97] 夏建中. 社区工作. 北京：中国人民大学出版社，2005.
[98] 徐永祥. 社区工作. 北京：高等教育出版社，2004.
[99] 徐震，林万亿. 当代社会工作. 台北：五南图书出版公司，1986.

[100] 徐震.社区与社区发展.台北：正中书局，1994.
[101] 姚树.医学心理学与精神病学.北京：人民卫生出版社，2007.
[102] 杨国枢，黄光国.中国人的心理与行为.台北：桂冠图书公司，1991.
[103] 杨美慧.礼物、关系学与国家：中国人际关系与主体性建构.赵旭东，孙珉，译.南京：江苏人民出版社，2009.
[104] 阎云翔.礼物的流动——一个中国村庄中的互惠原则与社会网络.李放春，刘瑜，译.上海：上海人民出版社，2000.
[105] 于晶利.社会工作概论.济南：山东人民出版社，2012.
[106] 翟学伟.人情、面子与权力的再生产.北京：北京大学出版社，2005.
[107] 翟学伟.中国人行动的逻辑.北京：社会科学文献出版社，2001.
[108] 周沛.社区社会工作.北京：社会科学文献出版社，2002.
[109] 朱眉华，文军.社会工作实务手册.北京：社会科学文献出版社，2006.

中文期刊：

[1] 白小瑜.社会建构论的再考量.西华师范大学学报(哲学社会科学版)，2009(4).
[2] 陈丽君，钟佑洁.不同依恋类型对个体发展影响研究述评.集美大学学报(教育科学版)，2009(2).
[3] 陈成文，潘泽泉.论社会支持的社会学意义.湖南师范大学社会科学学报，2000(6).
[4] 陈世海，辛婷茹.阳光下的我们——地震灾区青少年成长小组实务.社会工作(上半月)，2010(4).
[5] 陈树强.增权：社会工作理论与实践的新视角.社会学研究，2003(5).
[6] 程虹娟，张春和，等.大学生社会支持的研究综述.成都理工大学学报(社会科学版)，2004(1).
[7] 陈阳，陶双彬.社会网络分析及其在个案工作中的应用.沈阳师范大学学报(自然科学版)，2007(2).
[8] 崔凤华，汪海燕.依恋理论对心理咨询的启示.西北医学教育，2006(6).
[9] 杜杰.鼓励为桨 信任为帆——差生教育的艺术.新西部(下半月)，2007(1).
[10] 樊富珉."非典"危机反应与危机心理干预.清华大学学报(哲学社会科学版)，2003(4).
[11] 郭玉川.依恋理论视野下的未成年人权益的家庭保护.当代经理人(中旬

刊)，2006(21).
[12] 宫留记.布迪厄的社会实践理论.理论探讨，2008(6).
[13] 苟雅宏.社会支持基本理论研究概述.学理论，2009(12).
[14] 韩晓燕，文旻.青少年正面成长核心能力评估——以上海市都江堰中职学生“青少年正面成长计划”为例.中国青年政治学院学报，2009(6).
[15] 韩家炳.多元文化、文化多元主义、多元文化主义辨析——以美国为例.史林，2006(5).
[16] 韩家炳.加拿大和美国学者关于多元文化主义的评论.国外社会科学，2006(4).
[17] 胡泽卿，刑学毅.危机干预.华西医学，2005(1).
[18] 黄春香，李雪荣.儿童依恋.国外医学·精神病学分册，1997(1).
[19] 黄桂梅，张敏强.依恋的研究进展.心理发展与教育，2003(3).
[20] 黄耀明.社会工作理论发展模式及其基本特征.北京科技大学学报(社会科学报)，2008(1).
[21] 胡平，孟昭兰.城市婴儿依恋类型分析及判别函数的建立.心理学报，2003(35).
[22] 胡平，孟昭兰.依恋研究的新进展.心理学动态，2000(2).
[23] 侯静.依恋理论与社会网络理论的进展.心理发展与教育，2008(1).
[24] 侯珂，邹泓，等.社会人格取向的成人依恋研究.心理科学进展，2005(5).
[25] 贺寨平.国外社会支持网研究综述.国外社会科学，2001(1).
[26] 何雪松.社会工作的认识论之争：实证主义对社会建构主义.华东理工大学学报(社会科学版)，2005(1).
[27] 何雪松.迈向中国的社会工作理论建设.江海学刊，2012(4).
[28] 纪海英.历史地分析建构主义的哲学根源.赣南师范学院学报，2003(1).
[29] 季建林，徐俊冕.危机干预的理论与实践.临床精神医学杂志，1994(2).
[30] 林卡，苏科.论北欧社区工作发展的动力及其制度环境.浙江社会科学，2007(1).
[31] 李建红.当前社区工作的困境与出路.河北软件职业技术学院学报，2011(1).
[32] 李自庆.论“交流互动”模式在高职语文教学中的创新与运用.教育与职业，2007(29).
[33] 李丹丹.社会支持理论视角下农村留守妇女问题研究.青年文学家，2010(18).

[34] 李宁宁，苗国. 社会支持理论视野下的社会管理创新：从刚性管理向柔性支持范式的转变. 江海学刊，2011(6).

[35] 李培林. 社会生活支持网络：从单位到社区的转变. 江苏社会科学，2001(1).

[36] 刘斌志，韩颖，史金玉. 舞动的红丝带——艾滋病与性教育成长小组. 社会工作(上半月)，2010(8).

[37] 刘华丽. 浅议成长小组的社工模式. 华东理工大学学报(社会科学版)，2003(1).

[38] 吕培瑶. 关于社会支持理论研究的综述. 时代教育，2010(4).

[39] 吕依然. 依恋——早期亲密关系的持续影响. 社会心理科学，2010(1).

[40] 陆士桢，徐选国. 优势为本的理论价值在青少年成长小组工作中的运用策略初探. 浙江青年专修学院学报，2010(4).

[41] 马书采，周爱保，杨晓莉. 从依恋理论到慢性疼痛：依恋素质模型. 中国疼痛医学杂志，2009(5).

[42] 马书采，李平，张恒. 状态性成人依恋量表中文版在中国大学生中的应用. 中国临床心理学杂志，2012(1).

[43] 马来平. 西欧社会建构论：理解科学社会性的新视角. 文史哲，2002(2).

[44] 庞金友. 族群身份与国家认同：多元文化主义与自由主义的当代论争. 浙江社会科学，2007(4).

[45] 邱慧. 爱丁堡学派的强纲领. 自然辩证法研究，2009(4).

[46] 仇玺萍. 依恋研究的新视野：依恋剥夺. 南京中医药大学学报(社会科学版)，2009-12(4).

[47] 丘海雄，陈健民，任焰. 社会支持结构的转变：从一元到多元. 社会学研究，1998(4).

[48] 全宏艳. 社会支持研究综述. 重庆科技学院学报(社会科学版)，2008(3).

[49] 桑先军. 论犯罪人的帮困扶助——缘于社会支持理论与社会控制理论之冲突. 广西警官高等专科学校学报，2011(5).

[50] 申庆良. 成人依恋理论研究综述. 华章，2009(23).

[51] 沈黎. 支持与应对：家庭为本的青少年戒毒社会工作模式研究. 中国青年研究，2009(3).

[52] 施建锋，马剑虹. 社会支持研究有关问题探讨. 人类工效学，2003-3-9(1).

[53] 史玲玲. 成人依恋的研究及其进展. 科协论坛(下半月)，2010(8).

[54] 宋海荣，陈国鹏. 关于儿童依恋影响因素的研究述评. 心理科学，2003(1).

[55] 谭文静，李金娟，王丽.浅析社会工作理论与实务的关系——以存在主义取向的社会工作模式为例.社会工作，2007(4).

[56] 谭雪晴.儿童依恋风格形成的影响因素.宁波大学学报(教育科学版)，2005(2).

[57] 汤芙蓉.成人依恋研究进展.社会心理科学，2010(11-12).

[58] 田国秀.从“问题视角”转向“优势视角”——挖掘学生抗逆力的学校心理咨询工作模式浅析.中国教育学刊，2007(1).

[59] 童敏.社会工作本质的百年探寻与实践.厦门大学学报(哲学社会科学版)，2009(5).

[60] 王亚军，刘毅.“社会支持理论”在新建地方本科院校校友工作中的应用.长春理工大学学报(自然科学版)，2010(9).

[61] 王永萍，梅月.社会支持综述.知识经济，2011(9).

[62] 王希.多元文化主义的起源、实践与局限性.美国研究，2000(2).

[63] 王伟立，沈凤英.“军营好男儿”青少年成长小组.社会工作(实务版)，2011(2).

[64] 王群.危机干预与大学生自杀危机干预.上海师范大学学报(哲学社会科学版)，2005(2).

[65] 王玉花，杨一平.依恋类型理论对悲伤辅导的启示.中小学心理健康教育，2007(23).

[66] 王争艳，刘迎泽，杨叶.依恋内部工作模式的研究概述及探讨.心理科学进展，2005(5).

[67] 王德斌，蔡海燕，程静.依恋理论与艾滋病/性病预防与控制.中国健康教育.2005(10).

[68] 汪琪.班主任工作的刚与柔.思想理论教育，2007(10).

[69] 汪斌，王争艳.依恋理论对精神病理现象的解释.赣南师范学院学报，2008(2).

[70] 文军，吴越菲.超越分歧：社会工作整合理论及其应用.社会科学文摘，2016(7).

[71] 文军，何威.灾区重建过程中的社会记忆修复与重构——以云南鲁甸地震灾区社会工作增能服务为例.社会学研究，2016(2).

[72] 文军，吴越菲.灾害社会工作的实践及反思——以云南鲁甸地震灾区社工整合服务为例.中国社会科学，2015(9).

[73] 文军，何威.从“反理论”到理论自觉：重构社会工作理论与实践的关

系.社会科学，2014(7).
[74] 文军.个体主义还是整体主义：社会工作核心价值观及其反思.社会科学，2008(5).
[75] 文军.当代中国社会工作发展面临的十大挑战.社会科学，2009(7).
[76] 文军.论社会工作模式的形成及其基本类型.社会科学研究，2010(3).
[77] 文军.论社会工作理论研究范式的形成及其发展趋势.江海学刊，2012(4).
[78] 吴耀健.小组动力的三个操作因素.社会工作，2010(7).
[79] 肖水源，杨德森.社会支持对身心健康的影响.中国心理卫生杂志，1987(1).
[80] 肖君政，江光荣.成人依恋理论的研究.中华行为医学与脑科学杂志，2006(9).
[81] 熊跃根.从社会诊断迈向社会干预：社会工作理论发展的反思.江海学刊，2012(4).
[82] 严万森.大学生网络成瘾的心理治疗：依恋理论的应用.医学与社会，2010(4).
[83] 岳永华，张光珍，陈会昌，等.儿童的依恋类型与其问题行为的关系.心理科学，2010(2).
[84] 由笛，姜阿平.格兰诺维特的新经济社会学理论述评.学术交流，2007(9).
[85] 尤瑾，郭永玉.依恋的内部工作模型.南京师大学报(社会科学版)，2008(1).
[86] 余斐.婴儿的依恋类型对后期行为的影响.科技信息(学术研究)，2008(8).
[87] 易静.依恋理论之母：安斯沃斯.大众心理学，2011(1).
[88] 叶浩生.行为主义的演变与新的新行为主义.心理科学进展，1992(2).
[89] 闫志刚.社会建构轮：社会问题理论研究的一种新视角.社会，2006(1).
[90] 杨宜音.试析人际关系及其分类——兼与黄光国先生商榷.社会学研究，1995(5).
[91] 杨宜音."自己人"：信任建构过程的个案研究.社会学研究，1999(2).
[92] 张友琴.社会支持与社会支持网——弱势群体社会支持的工作模式初探.厦门大学学报(哲学社会科学版)，2002(3).
[93] 张超.小组动力学在大学生成长小组中的应用及反思.社会工作，2008(2).
[94] 张洪英.社会支持网络及其在社会工作(个案)中的应用.中华女子学院山东分院学报，2002(3).

[95] 张克云，叶敬忠. 社会支持理论视角下的留守儿童干预措施评价. 青年探索，2010(2).

[96] 赵茜. 后现代社会建构主义对社会工作的影响. 广东青年干部学院学报，2008(1).

[97] 赵罗英. 社会工作理论与实务的“优势视角”模式. 国际关系学院学报，2010(2).

[98] 赵力. 依恋类型的稳定性. 中国健康心理学杂志，2010(7).

[99] 郑莉. 从宽容走向团结——探求多元文化主义的内涵及实现的可能途径. 学习与探索，2007(3).

[100] 周林刚，冯建华. 社会支持理论——一个文献的回顾. 广西师范学院学报(哲学社会科学版)，2005(26).

[101] 周湘斌，常英. 社会支持网络理论在社会工作实践中的应用性探讨. 中国农业大学学报(社会科学版)，2005(2).

[102] 周会敏. 增权理论与传统社会工作理论之比较与反思. 东华大学学报(社会科学版)，2008(4).

[103] 周林刚. 激发权能理论：一个文献的综述. 深圳大学学报(人文社会科学版)，2005(6).

[104] 朱海东. 成人依恋研究述评. 宜宾学院学报，2007(3).

外文著作：

[1] Aaron B Rochlen. *Applying Counseling Theories: An Online, Case-Based Approach*. New Jersey: Pearson, 2007.

[2] Albert R Roberts. *Social Workers' Desk Reference*. 2nd Edition. New York: Oxford University Press, 2009.

[3] Albert Bandura. *Social learning theory*. Englewood Cliffs, New Jersey: Prentice Hall, 1977.

[4] Andrew Walder. *Communist Neo-Traditionalism: Work and Authority in Chinese Industry*. Berkeley: University of California Press, 1986.

[5] Anderson Joseph. *Strength Perspective*, in Joseph Anderson and Robin Carter (eds.). *Diversity perspectives for Social Work Practice*. Boston: Ally and Bacon, 2003.

[6] Ann, Scott Greer. *Understanding Sociology*. Iowa: Wmc. Brown, 1974.

[7] Bateson G. *Steps to an ecology of mind: Collected Essays in Anthropology*,

Psychiatry, Evolution, and Epistemology. Chicago: University of Chicago Press, 2000.

[8] Barry Barnes. *Scientific Knowledge and Sociological Theory*. London: Routledge and Kegan Paul, 1974.

[9] Bauman Z. *Modernity and Ambivalence*. Cambridge: Polity Press, 1991.

[10] Beck U. *Risk Society: Towards a New Modernity*. London: Sage Publications, 1992.

[11] Belenky M F, Clinchy, M B, Goldberger N R, et al. *Women's ways of knowing: The development of Self, Voice and Mind*. NewYork: Basic Books, 1997.

[12] Benton Lisa M, John R Short. *Environmental Discourse and Practice*. Oxford: Blackwell, 1999.

[13] Bill Readings. *Introducing Lyotard: Art and Politics*. London & New York: Routledge, 1991.

[14] Bookchin Murray. *Toward an Ecological Society*. Montreal: Black Rose, 1980.

[15] Brugha T S. Social support and psychiatric disorder: Overview of evidence//Brugha T S (Ed.). *Social support and psychiatric disorder*. Cambridge, UK: Cambridge University Press, 1995.

[16] Bronfenbrenner U. *The Ecology of Human Development: Experiments by Nature and Design*. Cammbridge, Mass: Harvard University Press, 1979.

[17] Caplan G. *Support system and communitity mental health: lecture on concept development*. New York: Behavioral Publications, 1974.

[18] Champion L. A developmental perspective on social support networks// Brugha T S (Ed.). *Social support and psychiatric disoder*. Cambridge, UK: Cambridge University Press, 1995.

[19] Chales Rapp. *The Strengths Model: Case Management with People Suffering from Severe and Persistent Mental Illness*. New York: Oxford University Press, 1998.

[20] Clarke J. After Social Work//Parton N (Ed.) *Social Theory, Social Change and Social Work*. London: Routledge, 1996.

[21] Coates J. *Ecology and Social Work: Towards a New Paradigm*. Halifax, Ns: Fernwood, 2003.

[22] Craige V, Wilding P. *Welfare and Ideology*. New York: Harvester Wheat sheaf, 1994.

[23] Dalrymple J, Burke B. *Anti-Oppressive Practice: Social Care and the Law*. Buckingham: Open University Press, 1995.

[24] Eric Berne. *Transactional Analysis in Psychotherapy*. California: Science & Behavior Books, 1970.

[25] Eric Berne. *Games People Play: The Psychology of Human Relationships*. Grove: Grove Press, 1964.

[26] Fasenfest D. *Community economic development policy formation in the US and UK*. London: Macmillan Press, 1993.

[27] Galaskiewicz. *Advances in Social Network Analysis: Research in the Socialand Behavioral Sciences*. CA: Sage, 1994.

[28] Gelder M. *Oxford textbook of psychiatry*. London: Oxford University Press, 1989.

[29] Germain C B, Gitterman A. Introduction to the Life Model. *The Life Model of Social Work Practice*. New York: Columbia University Press, 1980.

[30] Greene R R, Ephress P H. *Human behavior theory and social work practice: Advances in theory and practice*. New York: Columbia University Press, 1991.

[31] Gutiereez, Krishma. Multicultural Organizational Development//Lena Dominelli, Water Lorenz, Haluk Soydan (Eds.). *Beyond Racial Divides: ethnicities in social work practice*. Aldershot: Ashgate, 2001.

[32] Gutiérrez L M, Parsons R J, Cox E O. *Empowerment in Social Work Practice: A Soucebook*. Pacific Grove, CA: Brooks/Cole, 1998.

[33] Gottlieb B H. *Social Networks and Support*. Michigan: Sage Publication Press, 1981.

[34] Johnson D, Johnson F. *Joining Together: Group Theory and Group Skills*. 6th ed. Boston: Allyn & Bacon, 1997.

[35] Levy Charles J. *Social work ethics*. New York: Human Service Press, 1976.

[36] Lin N. Conceptualizing social support//Lin N, Dean A, Ensel W (Eds.). *Social support, life events, and depression*. Orlando, Fl.: Academic Press Inc, 1986.

[37] Lovelock R, Lyons, K, Powell J. *Reflecting on Social Work: Discipline and Profession*. Aldershot: Ashgate, 2004.

[38] Germain C B, Gitterman A. *Introduction to the Life Model*. *The Life Model of Social Work Practice*. New York: Columbia University, 1980.

[39] Germain C B, Gitterman A. *The Life Model of social work practice: Advances in theory and practice*. New York: Columbia University Press, 1996.

[40] Howe D. *An Introduction to Social Work Theory*. Aldershot, Berks: Wildwood House, 1987.

[41] Howe D. *A Brief Introduction to Social Work Theory*. U. K.: Palgrave Macmillan, 2009.

[42] Hartman A. *Family-centered Social Work Practice*. New York, NY: Aldine de Gruyter, 1983.

[43] Hesse-Biber S N. *Handbook of feminist research: Theory and praxis*. Thousand Oaks, CA: Sage, 2007.

[44] Ian Hacking. *The Social Construction of What?* Cambridge: Harvard University Press, 1999.

[45] Jammie Price, Roger Straus, Jeffrey R Breese. *Doing sociology: case studies in sociological practice*. Maryland: Lexington Books, 2009.

[46] Joan Wallach Scott. *Feminismand History*. Oxford: Oxford University Press, 1996.

[47] Jean Francois Lyotard. *Political Writings*. Minneapolis: University of Minnesota Press, 1993.

[48] Joyce Lishmam. *Handbook for Practice Learning in Social work and Social Care: Knowledge and Theory*. London: Jessica Kingsley Publishers, 2007.

[49] Jim Ife. *Postmodernism, Critical Theory and Social Work*. Bob Pease & Jan Fook. Transforming Social Work Practice. Australia: Allen & Unuin, 1999.

[50] Judith S Beck. *Cognitive Behavior*. 2nd ed. New York: Guilford Press, 2011.

[51] Kanfer Frederick H, Schefft Bruce K. *Guiding the Process of Therapeutic Change*. Illinois: Champaign, 1988.

[52] Kemp S P, Whittaker J K, Tray E M. *Person-environment: The social ecology of interpersonal helping Practice*. New York: Aldine De Gruyter, 1997.

[53] Karen V Harper, Jim Lantz. *Cross-Cultural Practice, Social work with Diverse Populations*. Chicago: Lyceum, 1996.

[54] King, Ambrose Y C. *The Individual and Group in Confucianism: A Relational*

Perspective. In Donald J Munro, Ann Arbor. *Individualism and Holism: Studies in Confucian and Taoist Values*. Center for Chinese Studies, the University of Michigan, 1985.

[55] Knox K S, Roberts A R. The Crisis intervention model. In N Coady, P Lehmann (Eds.). *Theoretical perspectives for direct social work practice: A generalist-eclectic approach*. 2nd ed. New York: Springer, 2008.

[56] Lin N. Social resources and instrumental action. In Marsden P, Lin N. Social Structure and Network Analysis. Beverly Hills. CA: Sage, 1982.

[57] Lin Nan, M Y Dumin, M Woefel. *Measuring Community and network Support*. Orlando: Academic Press, 1986.

[58] Lin N, Dumin M Y, Woelfel M. Conceptualizing social support. In Lin N, Dean A, Ensel W. *Social Support, Life Events, and Depression*. New York: Academic Press, 1986.

[59] Lewin Kurt. *Defining the Field at a Given Time*. In Field Theory in Social Science, edited by Darwin Cartwright. New York: Harper & Brothers, 1951.

[60] Lloyd C. Undestanding social support within the context of theory and research on the relationship of life stress and mental health. In T. S. Brugha (Ed.). *Social support and psychiatric disoder*. Cambridge, UK: Cambridge University Press, 1995.

[61] Lee J A B. *The Empowerment Approach to Social Work Practice*. New York: Columbia University Press, 1994.

[62] Lovelock R, Lyons K, Powell J. *Reflecting on Social Work: Discipline and Profession*. Aldershot: Ashgate, 2004.

[63] Hubert L Dreyfus. *Michel Foucault: Beyond Structuralism and Hermeneutics*. Brighton: Harvester, 1982.

[64] Mish F C, et al. *Merriam-Webster's Collegiate Dictionary*. 10th ed. Sprngfield, MA: Merriam-Webster, Inc, 1996.

[65] Meyer C H. *Clinical social work in the ecosystems perspectives*. New York: Columbia University Press, 1983.

[66] Naess Arne. *Ecology, Community and Lifestyle: Outline of an Ecosophy*. Cambridge: Cambridge University, 1989.

[67] Northen Henlen. *Social Work with Groups*. 2nd ed. New York: Columbia

University Press, 1988.

[68] Netting F E, Kettner P M, McMurtry S L. *Social work macro practice*. New York: Longnan, 1998.

[69] Powell F. *The Politics of Social Work*. London: Sage Publication, 2001.

[70] Perlman, T Fredric, Jerrold R Brandell. Psychoanalytic Theory. In Brandell Jerrold R. *Theory and Practice in Clinical Social Work*. 2nd ed. California: Age Publication, 2011.

[71] Peter Lehmann, Nick Coady. *Theoretical Perspectives for Direct Social Work Practice: a generalist-eclectic approach*. New York: Springer Publishing Company, 2007.

[72] Payne Malcolm. *Modern Social Work Theory: A Critical Introduction*. London: Mac Millan, 1991.

[73] Pardeck J T. An Ecological Approach to Practice, *Social Work Practice: An Ecological Approach*. Greenwood Pubishing Group, 1996.

[74] Parsons T, Shils E. *Toward a general theory of action*. Cambridge: Harvard University, 1951.

[75] Paul Kelly. *Multiculturalism Reconsidered*. Malden, MA: Blackwell Publishers Inc, 2002.

[76] Popple K. *Analysing community work: Its history and practice*. Buckingham: Open University Press, 1995.

[77] Roberts A R. Conceptualizing crisis theory and the crisis intervention model//A Roberts (Ed.). *Contemporary perspectives on crisis intervention and prevention*. Englewood Cliffs, New Jersey: Prentice Hall, 1991.

[78] Richmond M E. *Social Diagnosis*. New York: Russell Sage Foundation, 1917.

[79] Shulman L. *Interactional Social Work Practice: Toward an Empirical Theory*. Norwood: Peacock Publishers, 1991.

[80] Storr Anthony. *Freud: A Very Short Introduction*. Oxford: Oxford University Press, 1989.

[81] Sarason B R, Sarason I G, Pierce G R. *Social support: an interaction view*. Oxford: Jon Wiley and Jon Wiley and Sons, 1990.

[82] Solomon B B. *Black empowerment: Social Work in Oppressed Communities*. New York: Columbia University Press, 1976.

[83] Susan Moller Okin. *Is Multiculturalism Bad for Women?* New Jersey：Princeton University Press，1999.

[84] Specht H，Courtney M E. *Unfaithful Angels：How Social Work has Abandoned Its Mission*. New York：Free Press，1994.

[85] Solomon B. *Black empowerment: Social Work in Oppresses Community*. New York：Columbia Universiy，1976.

[86] Taylor Paul. *Biocentric Egalitarianism*. In Louis P Pojman. *Environmental Ethics: Readings in Theory and Application*. Boston：Jones & Bartlett，1994.

[87] Thomas O'Hare. *Evidence-Based Practices for Social Workers: An Interdisciplinary Approach*. Chicago：Lyceum Books，2005.

[88] Tammie Ronen，Arthur Freeman. *Cognitive Behavior Therapy in Clinical Social Work Practice*. New York：Springer Pub，2007.

[89] Turner F J. Social work practice：Theoretical base. In *Encyclopedia of Social Work*. 19th ed. Silver Spring，MD：National Association of Social Workers，1995.

[90] Thomas M，Pierson J. *Dictionary of Social Work*. London：Collins Educational，1995.

[91] Trecker Harleigh B. *Social Group Work: Principles and Practices*. New York：Association Press，1972.

[92] Uma Narayan. *The Project of Feminist Epistemology：Perspective from a Nonwestern Feminist*. New Brunswick：Rutgers University Press，1989.

[93] Vaux Alan. *Social support: Theory，research，and intervention*. New York：Praeger Publishers，1988.

[94] Walsh J. *Theories for Direct Social Work Practice*. Brooks cole Cengage Learning，2006.

[95] Witkin S L. *Social Construction and Social Work Practice: Interpretations and Innovations*. New York：Columbia University Press，2011.

[96] White M. *Narratives of Therapists' Lives*. Adelaide：Dulwich Centre Publications，1995.

[97] Yang，Mayfair Meihui. *Gifts，Favors，and Banquets: The Art of Social Relationships in China*. Ithaca：Cornell University，1994.

[98] Whittaker J K，Garbarino J. *Social Support Networks*. New York：Aldine de Gruyter，1983.

[99] Yuval Neria, Sandro Galea, Fran H Norris. *Mental Health and Disasters*. Cambridge: Cambridge University, 2009.

[100] Zastrow Charles, Kirst-Ashman, Karen K. *Understanding Human Behavior and the Social Environment*. 4th ed. Chicago: Nelson-Hall Publishers, 1997.

外文期刊：

[1] A R Fischer, L M Jome, D R Atkinson. Reconceptualizing Multicultural Counseling: Universal Healing Conditions in a Culturally Specific Context. *Counseling Psychologist*, 1998, Vol. 26, No. 4.

[2] Besford P. Service Users' Knowledges and Social Work Theory: Conflict or Collaboration? *British Journal of Social Work*, 2000, No. 30.

[3] Bretherton I. The Origins of Attachment Theory: John Bowlby And Mary Ainsworth. *Developmental Psychology*, 1992, Vol. 28, No. 5.

[4] Boehm W W. Social work: Science and Art. *Social Service Review*, 1961, Vol. 35, No. 2.

[5] Cassandra B L. Reconciling Paternalism and Empowerment in Clinical Practice: An Inter-subjective perspective. *Social Work*, 2011, No. 1.

[6] Cohen S, Wills TA. Stress, social support, and the bufferinghypothesis. *Psyclological Bulletin*, 1985, Vol. 98, No. 2.

[7] Bonnie E Carlson. Causes and Maintenance of Domestic Violence: An Ecological Analysis. *Social Service Review*, 1984, Vol. 58, No. 4.

[8] Barbara G Collins. Defining feminist social work. *Social Work*, 1986, Vol. 31(3).

[9] Carr A. Michael White's narrative therapy. *Contemporary Family Therapy*, 1998, Vol. 20(4).

[10] Christopher Berry Gray. Comparison of basic couples' encounters and marriage encounters. *Small group behavior*, 1976, Vol. 7, No. 2.

[11] Christina E Gringeri, Stephanie Wahab, Ben Anderson-Nathe. What Makes it Feminist? : Mapping the Landscape of Feminist Social Work Research. *Journal of Women and Social Work*, 2010, Vol. 25(4).

[12] Christina E Gringery, Susan E Rochy. Beyond the Binary: Critical Feminisms in Social Work. *Affilia: Journal of Women and Social Work*, 2010, Vol. 337(25).

[13] David R Hodge, Lacasse J R, Benson O. Influential Publications in Social Work Discourse: The 100 Most Highly Cited Articles in Disciplinary Journals: 2000－09. *British Journal of Social Work*, 2011, July.

[14] David R Maines. The Social Construction of Meaning. *Contemporary Sociology*, 2000, Vol. 29, No. 4.

[15] Deley J G, Peters J, Taylor R, et al. Theory Discussion in Social Work Journals: A Preliminary Study. *Advance in Social Work*, 2006, 7(1), Spring.

[16] Dennis Saleebey. The strengths perspective in social work practice: Extensions and cautions. *Social Work*, 1996, Vol. 43, No. 1.

[17] Dhooper S S, Wilson C P. Social Work and Organ Transplantation. *Health and Social Work*, 1989, Vol. 14.

[18] Diane de Anda. Bicultural Socialization: Factors Affecting the Experience. *Social Work*, 1984, 29.

[19] Freeman M, Couchonnal G. Narrative and culturally based approaches in practices with families. *Families in Society*, 2006, Vol. 87(2).

[20] Goppner J H, Hamalainen J. Developing a Science of Social Work. *Journal of Social Work*, 2007, 7(3).

[21] Goldstein E. The relationship between social work and psychoanalysis: The future impact of social workers. *Clinical Social Work Journal*, 2009, March, 37(1).

[22] I Lewis, S Newnam. The development of an intervention to improve the safety of community care nurses while driving and a qualitative investigation of its preliminary effects. *Safety Science*, 2011, Vol. 49, No. 10.

[23] Joseph D Anderson. Growth Groups and Alienation: A Comparative Study of Rogerian Encounter, Self-Directed Encounter, and Gestalt. *Group & Organization Studies*, 1978, 3(1).

[24] J Diamond, A Nelson. Community Work: Post-local Socialism. *Community Development Journal*, 1993, Vol. 28, No. 2.

[25] Joseph Raz. Multiculturalism. *Ratio Juris*, 1998, 11(3).

[26] Genevieve De Hoyos, Arturo De Hoyos, Christian B Anderson. Sociocultural Dislocation: Beyond the Dual Perspective. *Social Work*, 1986, 31.

[27] Kenig Sylvia. The Use of Theory in Applied Sociology: The Case of Community Mental Health. *The American Sociologist* ,1987, 9(18).

[28] Kirschenbaum H, Jourdan A. The Current Status of Carl Rogers and the Person-Centered Approach. *Psychotherapy: Theory, Research, Practice, Training*, 2005, Vol.42(1).

[29] Lotty Eldering. Ethnic Minority Students in the Netherlands from a Cultural-Ecological Perspective. *Anthropology & Education Quarterly*, 1997, Vol.28, No.3.

[30] Michael Ungar. A Deeper, More Social Ecological Social Work Practice. *Social Service Review*, 2002, Vol.76, No.3.

[31] Mel Gray, Jennifer Boddy. Making sense of the Waves: Wipeout or Still Riding High? *Affilia Journal of Women and Social Work*, 2010, 25(4).

[32] Margie L, Kiter Edwards. An Interdisciplinary Perspective on Disasters and Stress: The Promise of an Ecological Framework. *Sociological Forum*, 1998, Vol.13, No.1.

[33] Mischel Walter, Shoda Yuichi. A Cognitive-Affective System Theory of Personality: Reconceptualizing Situations, Dispositions, Dynamics, and Invariance in Personality Structure. *Psychological Review*, 1995, Vol. 102, No.2.

[34] McLeod J. Narrative thinking and the emergence of post psychological therapies. *Narrative Inquiry*, 2006, Vol.16(1).

[35] Melvin L, Fould S. Changes in locus of internal-external control: a growth group experience. *Small Group Research*, 1971, Vol.2, No.3.

[36] Munro E. The role of theory in social work research: A further contribution to the debate. *Journal of Social Work Education*, 2002, Fall.

[37] M Duane Thomas, Thomas L Morrison. Interdisciplinary team communications TA as a tool. *Clinical Social Work Journal*, 1977, Vol. 5, No.2.

[38] Manuel Barrera J R, Shella L Ainlay. The Structure of Social Support: A Conceptual and Empirical Analysis. *Journal of Community Psychology*, 1983, Vol.11.

[39] Mary Valentich. On Being and Calling Oneself a Feminist Social Worker. *Journal of Women and Social Work*, 2011, 26(1).

[40] Naser F. Overcoming the effects of disaster: A rationale for the Kuwaiti CISM program. *International Journal of Emergency Mental Health*, 2001, Vol. 3, No. 1.

[41] O'Sullivan T. Some theoretical propositions on the nature of practice wisdom. *Journal of Social Work*, 2005, 5(2).

[42] Oxendine A, Borgida E, Sullivan J L, et al. The importance of trust and community in developing and maintaining a community electronic network. *International journal of human-computer studies*, 2003, Vol. 58, No. 6.

[43] Pilalis J. The Integration of Theory and Practice: A Re-examination of a Paradoxical Expectation. *British Journal of Social Work*, 1986. Vol. 16, No. 1

[44] Pietromonaco P R, Barrett L F. The internal working models concept: what do we really know about the self in relation to others? *Review of Genera Psychology*, 2004, 4(2).

[45] Pinderhughes E B. Empowerment for our clients and for ourselves. *Social Casework: the Journal of Contemporary Social Work*, 1983, 64(6).

[46] Pallassana R Balgopal. Sensitivity training: a conceptual model for social work education. *Journal of ducation for Social Work*, 1974, Vol. 10, No. 2.

[47] Rose S M. Advocacy/empowerment: an approach to clinical practice for social work. *Journal of Sociology and Social Welfare*, 1990, Vol. 17(2).

[48] Robert R Knapp, Everett L Shostrom. POI Outcomes in Studies of Growth Group: A Selected Review. *Group & Organization Studies*, 1976, 6(2).

[49] Raymond B Flannery, George S Everly. Crisis Intervention: A Review. *International Journal of Emergency Mental Health*, 2000, No. 2.

[50] Sarason L G, Levine H M, Basham R B, et al. Assessing social support: the social support questionnaire. *Journal of Personality and Social Psychology*, 1983, Vol. 44(1).

[51] Shumaker S A, Browenell A. Toward a theory of social support: closing conceptual gaps. *Journal of social issues*, 1984, 40(4).

[52] Shelia Bienenfeld. A Revolution in Therapy. *The women's review of books*. 1995, Vol. 12, No. 6.

[53] Susan P Kemp, Ruth Brandwein. Feminism and Social Work in the United States: An Interview History. *Affilia: Journal of Women and Social Work*,

2010, 25(4).

[54] Sarason L G, Levine H M, Basham R B. Assessing social support: the social support questionnaire. *Journal of Personality and Social Psychology*, 1983, Vol. 44(1).

[55] Tolsdorf C C. Social network, support, and coping: an exploratory study. *Family process*, 1976, 15(4).

[56] Tracy E M. Identifying social support resources of at-risk families. *Social Work*, 1990, Vol. 35(3).

[57] Trevithick P. Revisiting the knowledge base of social work: A framework for practice. *British Journal of Social Work*, 2008, 38.

[58] Urie Bronfenbrenner. Reality and Research in the Ecology of Human Development. *Proceedings of the American Philosophical Society*, 1975, Vol. 119, No. 6.

[59] Urie Bronfenbrenner. Developmental Research, Public Policy, and the Ecology of Childhood. *Child Development*, 1974, Vol. 45, No. 1.

[60] Weil M. Model development in community practice: An historical perspective. *Journal of community practice*, 1996, Vol. 3, No. 4.

[61] Wendi K Schweiger, Marion O'Brien. Special Needs Adoption: An Ecological Systems Approach. *Family Relations*, 2005, Vol. 54, No. 4.

[62] Zimmerman M A. Taking aim on empowerment research: On the distinction between individual and psychological conceptions. *American Journal of community psychology*, 1990, No. 18.

后记

李克强总理在2016年《政府工作报告》中谈到“切实保障改善民生，加强社会建设”时，特别强调要“支持专业社会工作”的发展，这是继2015年将“发展专业社会工作”第一次写进中央政府工作报告之后，再次强调要“支持专业社会工作”的发展。2017年李克强总理在《政府工作报告》中，第三次强调要“促进专业社会工作、志愿服务发展”。这无论是对加强和创新社会治理，还是对整个社会工作发展而言，都具有非常重要的标志性意义。专业社会工作发展不再是可有可无的领域了，它标志着专业社会工作发展已经进入国家最高决策视野，并成为保障改善民生，加强社会建设和创新社会治理的重要手段。

今天，专业社会工作已经嵌入各种公共服务与治理领域，具有贴近基层民众、直接服务百姓、链接政府与社会的巨大优势。作为社会工作较早开发的领域之一，学校社会工作早在20世纪初就几乎同时在英国、美国和德国开始发展，并创建了家庭、学校与社区相互结合的学校社会工作体系。在发达国家和地区，学校社会工作无论是作为教育领域的一个专业，还是作为一种社会职业，至20世纪80年代都已开始制度化。中国香港、台湾地区的学校社会工作也在20世纪90年代以后基本上完成了本土化，开始了制度化、专业化、职业化的建设。在中国大陆，职业化、专业化的学校社会工作才刚刚起步，但随着中国社会工作和学校教育事业的飞速发展，学校社会工作的职业化、专业化也必将越来越受到关注。

华东师范大学社会发展学院自开设社会工作本科和研究生教育以来，一直把学校社会工作和青少年社会工作作为主要发展目标。笔者自2002年以来，曾先后在上海市浦东新区、闵行区等地开展有关学校社会工作的研究和服务，并担任多家学校社会工作和青少年社会工作机构的理事或顾问，搜集和积累了大量有关学校社会工作的案例材料。经过数十年的发展，我们感觉当前学校社会工作的专业化发展迅速，亟须总结一线学校社会工作者的经验。从学校社会工作的专业角度来进行分析，可以为一线学校社会工作者和高等院校的师生提供理论指导和帮助。有鉴于此，本书注重从实务操作的角度，选取现实性强、工作难度较大、工作方法多样化的案例来展开。与此同时，我们将学校社会工作中常用的代表性社会工作理论模式的学习与案例剖析相结合，充分突出学校社会工作中常用理论模式的实践方法和处置技巧等。为了突出社会工作理论模式的运用，少数案例我们是从多种渠道搜集而来，目的是为了更好地展现学校社会工作专业方法和处置技巧的运用。

本书是在2010年出版的《学校社会工作案例评析》基础上修订而成的，并作为“社会工作理论流派案例研究丛书”之一列入了“十三五”国家重点图书出版计划。在丛书主编上海市民政局前任局长马伊里女士和吴铎教授的直接关心和支持下，华东理工大学出版社曾多次组织参与丛书修订工作的同仁进行专题研讨。在此，要特别感谢参加本书写作的各位作者的辛勤劳动和专业付出，他们是刘一飞、黄锐、易臻真、施文、王亮、梁玉、郑颖芳等。同时，也要感谢原浦东新区社会发展局负责学校社会工作项目的王伟杰老师为我们提供的大量鲜活的学校社会工作案例。本书在修订过程中，由我和易臻真博士共同负责本书的总体构思和新的写作大纲的拟定，并重点加强了对实务案例内容的理论分析力度，突出社会工作理论模式在实务操作中的处置和运用。

由于案例研究在国内社会工作研究中才刚刚起步，本书从开始写作到最终完稿，虽然历时数年，也参考了国内外很多同类书籍，但仍然感觉有许多不足之处。今天，无论是社会和校园环境还是学生本身都在发生重大变化，过于理想主义的学校教育和过于现实主义的家庭教育，以及过于功利主义的社会教育之间存在着巨大的反差，彼此之间的张力与冲突又该如何化解？这一方面需要通过学校社会工作者的实践来不断充实和完善，另一方面也需要从事学校社会工作的研究者来共同参与和总结。我们真诚地希望本书的再次出版能有助于一线学校社会工作者专业水平的提高，也能为中国学校社会工作的研究与发展略尽绵薄之力。

2015年12月完稿于华东师范大学闵行校区

2016年五一劳动节定稿于上海金沙江寓所

2018年元旦前夕修订于华东师范大学中北校区

内容提要

本书的最大特色是注重社会工作实务操作与理论反思的相结合，从大量的实务案例中选取具有代表性的、鲜活的学校社会工作案例，并结合学校社会工作中常用的理论模式，逐一对案例进行剖析和理论探讨，以充分展现学校社会工作实务过程中相关专业理论模式的运用方法和操作技巧。

本书融学校社会工作的经验性、操作性和理论性为一体，既具有较强的可读性和操作性，又不失思想性和理论指导性。它对高等院校的师生从事社会工作专业学习与研究，以及一线学校社会工作者进一步了解和开拓学校社工实务领域的工作具有重要的理论和实践指导意义。同时，本书聚焦学校社会工作的关键议题，为我国正在发展中的学校社会工作的实践者们提供了一定的理论与实务指南。

踏瑞社会工作教学软件新品展列

秉承“专业极致　踏实进取”的理念，上海踏瑞计算机软件有限公司（以下简称“踏瑞软件”）以市场需求为导向，针对专业教学之困惑，率先在国内开发了社会工作系列教学软件产品，目前经多所高校成功应用，反响良好。踏瑞软件以努力架设社会工作专业教学和一线实操之间的桥梁为己任，力求为促进中国社会工作专业教学多元、快速发展更多地铺路架桥。

一、现有产品展列

（一）社会工作三大方法实训系列

1. 个案工作技巧实训软件。通过标准化、流程化的视频观摩，迅速提高学生的沟通技巧、微表情识别等多方面能力，实现课堂知识盲点与实践教学亮点的无缝对接。

2. 小组工作技巧实训软件。通过人机互动模式，让学生有情境感、真实感、立体感地学习专业技巧和锻炼能力，切实感悟小组工作的重点、难点及深刻内涵。

3. 社区工作技巧实训软件。以视频及文字内容呈现社区的真实案例，让学生通过角色扮演，模拟社区工作的各种场景，视频化呈现解决过程，全面提升学生的各项技能。

（二）社会工作平台系列

1. 社会工作职业水平考试平台软件。包含快速智能练习、专项智能练习、组卷模考、真题模考、群组考试、能力评估六大功能，提供完整的真题及模拟题库。根据练习测试生成个人评估报告，以便有针对性地查漏补缺，提高应试能力。

2. 社会工作案例库平台软件。汇集丰富的案例素材，通过多样化的方式，展现各类社工特色和风采。拓宽学生的视野，将值得借鉴的实践经验、有关注性的话题呈现在师生面前，促进深入学习和思考。

（三）社会工作管理系列

1. 踏瑞社会工作实习管理软件。以社会工作专业实习为立足点，将实习所涉及的内容进行系统化梳理，实现专业实习的在线管理、在线督导和在线评估。

2. 踏瑞项目管理平台软件。有效解决纸质文档易丢失、数据统计易出错、人员分散难管理、资料庞杂难检索、信息更新不及时等现存难题，实现全方位信息化管理，大幅度提升管理效率。

（四）在线学习与教学应用系列

踏瑞国际社会工作专业双语词典手机端 APP 软件。以国际授权的社会工作双语专业词典为原型，包含社会工作从基础到进阶的英汉、汉英专业词汇，故事化解读专业概念，配以插画帮助记忆，使教学更具互动性，让自主学习更加生动有趣。

二、即将上线新品

踏瑞软件经过五年努力，不断完善现有产品，探索更多可发展空间，开拓国际市场，将更鲜活、前沿的社会工作专业知识引入国内，近期即将上线的新品有两个。

1. 踏瑞美国南加州大学国际课程实训软件。根据国内市场需求，引进国际优质课程并进行本土化创作。搭建在线学习平台，通过视频或动画片段呈现教学知识，进行实务技巧训练，全面提升学生的实务技能。

2. 踏瑞虚拟社区大型游戏学习型软件。通过计算机技术逼真展现社区工作场景，学生通过角色选择参与到游戏中，通过领受学习任务、解决社区问题进行升级。师生们可在线共同建设和发展社区，全面提升学生的社区工作实务操作技能。

三、现有活动展列

1. 产学研合作平台。通过产学研合作的方式，帮助学生了解社会工作行业现状、获得更多的实践机会，让学生的学习更有目的性；促进学校与企业的对接，提升教师的整体素质，升级学校整体教学的软硬件，实现企业和学校之间的资源交流与互动。

2. 全国社会工作公益电影节。结合大众关注的社会热点话题、社会工作专业教育与实践作为电影节主题，面向全国承办，吸引有社会工作专业的高校、社会工作机构、社会工作协会等广泛参与，培训、收集优秀案例与电影并进行出版，从而推动社会工作教育发展，增强协会、高校、学生、机构之间的交流与互动，实现资源共享。

四、未来产品规划

踏瑞软件将结合自身发展经验，以“互联网和平台化思维、前瞻性培育和再造教学软件行业”为宗旨，全力打造“社会工作教育生态圈”。

1. 互联网化。推动社会工作专业在线教育的发展，紧跟时代步伐，突破时间和空间局限，强化专业社工全方位、立体化、超时空、跨地域的沟通和交流。

2. 平台化。搭建社工专业平台，以最大的包容和开放性吸纳社工，与互联网化相结合，整合各项资源，为从业人员及专业教育搭建一个更大的舞台。

3. 踏瑞软件旨在突破传统教学软件封闭性的弊端，取其精华，去其糟粕，以创建更具开放性、发展性的教学软件及其教学平台。

更多资讯请登录踏瑞软件官网：www.topwaysoft.com。